艺术的网球

网球兰尔兹

网球芭蕾

饿虎扑食

伸手只见五指

雄鹰展翅

球场飞人

王者之风

球场花蝴蝶

球场舞者

英俊少年

红发新星

中国娜姐

中网之舞

网球的艺术

玻璃的彩绘

球场舞者（1890年藏于日本横滨网球博物馆）

画中网球

水彩画：网球场边（1891年藏于温布尔顿网球博物馆）

《女性》杂志封面（1912年）

打网球的小女孩（铜雕，1924年）

雕塑：网球女生
（1900年藏于
美国罗德博物馆）

雕塑：网球女生
（1900年藏于
美国罗德博物馆）

笔筒上的网球

化妆瓶上的网球艺术

远古瓷碗

绘在托盘上的网球

油画：20世纪的
网球明星贝克尔

法网海报
（2010年）

网球电影海报：《乌洛先生的假期》（1953年）

网球电影海报：《博格与麦肯罗》（2017年于瑞典拍摄）

网球

世界因你而精彩

（修订版）

周铭共 著

高等教育出版社·北京

一版序一

一部难得的网球百科全书

与铭共同志相识、相知已有20多年了。20世纪七八十年代，我们同在国家体委“政治部”，他在宣传处，我在组织处。而真正的密切合作是参加在香港举办的新中国成立35周年的纪念活动。

记得那是1984年，中国体育健儿在第23届洛杉矶奥运会上实现了金牌“零”的突破，引起了海内外巨大反响。健儿凯旋，举国欢庆，同时受到香港同胞的盛情邀请。经国务院批准，由15枚金牌选手为主的访港代表团迅速组成，代表团团长是时任国家体委副主任张彩珍，具体工作是由时任国家体委宣传司教育文化处处长周铭共负责。我当时在国家体委机关党委任团委书记，一起参与了组织工作。

代表团的任务是组织一台有获得“三连贯”女排参加的文体表演，二是组织包括15枚奥运金牌在内的中国体育成就展览。在筹备和举办这些活动的日日夜夜，我们朝夕相处，甘苦与共，既有通宵达旦的劳作之苦，又有与奥运冠军及港澳同胞欢聚的快乐时光，更留下了难以忘怀的战斗友情。

此后，我离开机关到体操、田径等业务部门，90年代末，回到机关。铭共同志也先后调至《中国体育》杂志社和人民体育出版社任副总编辑、副社长。去年9月“中网公开赛”期间，偶然相遇，才知铭共兼任《网球天地》杂志主编已10年之久，而且正在编写一本关于网球历史、文化的书。

今年春节前夕，在办公桌上我看到一部名为《网球　世界因你而精彩》的书稿，同时附有一封希望为此书作序的信。面对这摞有半尺厚、近50万字的书稿，我既由衷地感到高兴，又十分感慨。从中我不仅看到了铭共为这本书下的工夫，更看到了他数年来在学习、研究网球方面长期坚忍不拔的精神。我不由自主地在信上写下了两个字：“钦佩！”

铭共是一个很有组织能力的人。他曾在国家体委负责全国的体育文艺工作，组织和策划了一系列体育文化活动，包括第一届体育美术展览、第一台体育文艺晚会、第一次国际体育电影节等。近几年他又成功地组织了全国首届业余网球大赛，多次义务组织社区网球赛、家庭网球赛、网球娱乐节……并为中网公开赛的工作人员、志愿者和大专院校网球爱好者培训和讲座，被誉为中国著名的网球学者。

铭共是一个很勤奋的人，是体育系统中比较能写的笔杆子之一。如在全国曾有很大影响的“拼搏之歌”报告会上，其中由奥运金牌选手和教练讲述拼搏事迹的许多文稿和领导重要讲话稿都出自他的笔下。他还是一位体育业余作家，在工作之余发表大量的体育文学作品。他担任《网球天地》主编以来，通过坚持不懈地学习和勤奋钻研，使自己由一个外行变成了内行，由一个行政领导变成网球评论专家。正是他的拼搏精神，才有了这本洋洋洒洒的网球巨著。

这是一部内容十分丰富的网球百科全书。它概括了网球独特的魅力和对人们的影响；记述了网球起源与发展的艰难历程；描写了重大的网球历史事件和网球的名人轶事；介绍了庞大的国际网球组织及其繁杂的赛事；分析了当代世界网球的格局和最新发展趋势；收集了重要网球赛事和不同阶段的成绩、纪录；总结了网球的基本理念和基本规律以及有关学习网球的基本方法、诀窍和与网球相关的方方面面的知识。

这是一部具有多元文化价值的科普读物。该书涉及网球与历史、文化，网球与经济、哲学，网球与科学、技术，网球与生理、心理……，包含了自然科学和社会科学的方方面面。仅从历史文化方面，该书不仅是世界网球发展史，同时也从一个侧面反映了中国的近现代史，欧洲的中世纪史以及世界文明史。在这部书中，人们可以从浩瀚的历史和博大的文化背景中全面认识网球。在全面了解网球的同时，又可以更好地了解世界，增长知识。

本书还是一部具有示范性的体育教材。从体育教育的角度讲，一项运动的推动和普及，不仅仅是运动技术的教学，首先是这项运动的文化背景和常识的传授，只有如此，这项运动才能被更好地接受和开展。我参加网球运动10多年，深有体会，如果不了解网球基本规律和特点，想打好网球是很难的。《网球　世界因你而精彩》这本书，将历史与人物、观念与方法、技术与知识有机结合，同时具有欣赏性、可读性、实用性，让人们在欣赏文化中学到技术，在学习技术中又获得知识和升华，这在体育教学的教材中，也是不多见的。从某种意义上说，这本网球书无疑是体育教材的一个很好的范例。

网球是由西方传入的体育运动项目，对绝大多数的东方人来讲，是比较陌生的。网球又是具有数百年历史的西方体育文化，对于中华人民共和国成立前近百年闭关锁国的国人来讲，更是陌生。要在中国发展网球，必须首先培养网球文化的土壤，这是发展网球运动的基础。而网球文化的培养，需要众多的网球文化传播者。

古希腊传说中有一位从宙斯那里盗取火种传播到人间的普罗米修斯。在中国网球文化这块贫瘠而荒凉的土地上，我们需要太多的普罗米修斯来点燃网球运动的火种，需要太多的传播者来播种网球的文化理念和知识。实事求是地讲，目前中国对网球了解的人并不多，有研究的人就更少，而社会学家、作家、学者对网球有研究的寥寥无几。在打网球的人中，铭共的学问做得多一些，这为他撰写这本网球专著提供了良好的基础。应该说，铭共同志在普及中国网球文化方面做了一次很好的尝试，而《网球　世界因你而精彩》这本书，可以说是开创了中国普及网球文化之先河。

尽管作者受历史和地域的局限，受知识和水平的局限，该书会有一些不足之处。但无论如何，这部书是当前中国难得的一部网球著作，无论对我国的网球专业人士，还是对广大网球业余爱好者来讲，都会从中受到启迪和帮助。它的出版，不仅对普及网球文化、推动群众网球的开展会有积极的意义，同时对体育文化教育也会产生一定的影响。

我衷心祝贺它的问世。

中国奥委会副主席
国家体育总局副局长　　段世杰
2007年3月于北京

一版序二

一件精美的网球艺术作品

法国杰出的艺术大师罗丹说过："在任何民族中，没有比人体美更能激起富有感官的柔情了。"这位享誉世界的雕塑巨擘、《思想者》的作者说出了人体美在艺术中的地位。

最能表现人体美的体育项目莫过于艺术体操、花样游泳、花样滑冰、体育舞蹈，等等。然而，作为"绿茵芭蕾"的网球，其艺术魅力绝不在前几项运动之下。人们观看网球明星们的比赛，就如同欣赏一台艺术表演。当人们看到中世纪那些穿着白色衣裤的运动员在绿色的草地上潇洒自如地挥舞着球拍，自然会联想起芭蕾舞《天鹅湖》中在月光下翩然起舞的"白天鹅"；当人们看到网球场上各种时尚装束的网球选手，又仿佛看到T型台上穿着流行时装的时尚模特。因此，网球不仅具有古典美，而且极具现代美。

艺术的网球需要艺术的手段去表现。在西方，有网球绘画、雕塑，网球艺术海报，网球小说，网球人物传记，网球博物馆……而中国除了网球的技术书籍，几乎看不到网球与文化艺术关联的东西。今天，我们从《网球　世界因你而精彩》一书中，终于看到了一部用文学艺术去讲述和表现网球历史、文化及技术知识的专著。

你想知道"太阳神"路易十四在凡尔赛宫建造辉煌宫廷文化的同时，是怎样将宫廷网球推向顶峰的吗？你想知道被称为"自埃及艳后以来最美丽的女人"、白宫第一夫人杰姬·肯尼迪是怎样爱上网球的吗？你想知道文学泰斗托尔斯泰是怎样成为俄罗斯第一个网球场的拥有者，及其笔下是如何描写他的主人公打网球的精彩细节吗？你想知道中国的末代皇帝溥仪是如何在被焚烧的神武门内的建福宫建造网球场的吗？……书中记述了18位古今中外名人与网球的故事，人物描写栩栩如生，故事情节曲折生动，让人读起来兴趣盎然，回味无穷。

作者周铭共曾是《中国体育》杂志社副总编辑，我们一起工作多年，也是我多年的网球伙伴。他自幼喜欢文学和艺术，有较好的文化功底。他是中国传记文学学会会员、体育文学作家，撰写了上百万字的体育人物传记、报告文学、散文、诗歌等作品，有的获奖，有的被多家媒体转载。其中《体育之子荣高棠》，海内外几十家媒体争相转载，影响颇大。

书中，作者以一个体育作家的角度和眼光去审视网球历史中的事件和人物。从对网球的描写引申出大量的历史知识和文化背景。如作者从安徒生童话《皇帝的新衣》，引出了法王路易十世穿着“皇帝的网球新衣”跑向网球场，向人们讲述了一个白色网球服的传说故事。如在描写喜欢网球的英王詹姆斯一世因暴政受到革命党人的反对，最后在被网球堵死的下水道中遭到追杀的故事后，接着又讲述了事隔400年，为了续写惩恶扬善，美、德怎样重拍了《V字仇杀队》的电影故事。再如为了反映因网球引发的战争，不仅对英、法百年战争的历史作了介绍，而且大量引用了伟大戏剧家莎士比亚关于英王亨利五世接受法王王子网球的场景和对话，十分生动、有趣。还有少帅张学良与赵四小姐以网球为媒，相识相知，以及在被蒋介石软禁于穷乡僻壤的日子里，用诗书和网球排解心中苦闷，作者对此都有详细描述。诸如此类的描写和联想，为读者创造了广阔的阅读空间，同时也反映了作者较为广博的历史知识和深厚的文化底蕴。

网球运动是一项运动的艺术。铭共兄的这本《网球　世界因你而精彩》无疑是一部精心制作的艺术珍品。作者不仅写了网球的历史、文化与技术，而且还写了对网球的理解、认知和感悟。如在叙述网球的功能和作用时，将网球比作“黄色的精灵”，十分贴切和传神；把网球比作情人、比作绿色鸦片、比作潘多拉魔盒……从而将网球的魅力、神奇表达得入木三分，令人叫绝。

书中采用了大量的比兴手法，使文章大为增色。作者讲述网球的基本理念时，以学习外语为比拟，强调学网球如同学英语“不可速成”，要持之以恒；“不可苦读、苦学”，要在快乐中进行。在介绍如何欣赏网球时,作者提出“欣赏网球如同品茶，如同赏乐”，并引用《红楼梦》中“贾宝玉拢翠庵品茶”情节，将“品球”与“品茶”同为一理；从欣赏交响乐的基本常识谈到欣赏网球的基本方法，侃侃而谈，入情入理。

整部书图文并茂，引人入胜。书中精美的图片和冲击力很强的封面设计及简捷、生动的运动速写插图，使这部介绍体育运动的读物完全变成了一件精美的艺术作品，令人爱不释手，具有收藏价值。

网球是一项强身健心、老少咸宜的运动。我的父亲全国人大原委员长万里，已经年过九秩，但在网球场上仍能看到他的身影。正如他所说：“坚持打网球，可以活百岁。”他从15岁在山东曲阜师范学校上学时开始打网球，除了战争和“文化大革命”时期，从未间断过网球，网球已经成为他生活和生命中不可缺少的部分。一位九十多岁的老人，曾担任着世界人口最多国家的网球协会荣誉主席，而且坚持一周打四次网球，身体力行地推广和带动着群众网球运动的开展，恐怕这也可以列入网球的吉尼斯纪录了。

在他老人家的影响下，我们家有一半以上的人打网球。我的球龄已20个春秋，通过每周两三次的网球活动，真切地感受到了网球的快乐和由此带来的身心愉悦。

网球是西方的舶来品。我国的群众网球基础还比较差，网球文化氛围也很淡薄，要开发网球人口，首先需要大力推广网球文化。我衷心地希望众多的作家、艺术家投身到网球运动中，体验和领略网球的魅力，并以文学艺术的手法更多更好地反映网球、表现网球，吸引更多的人喜欢网球、热爱网球。我也衷心地希望全国的男女老幼积极加入网球运动的行列，通过网球，强身健体，交际会友，和谐社会，享受生活。

古希腊奥林匹亚阿尔菲斯河岸的岩壁上至今保留着古希腊人的一段格言：你想强壮吗？跑步吧！你想健康吗？跑步吧！你想聪明吗？跑步吧！

如今，我们完全可以提出新的网球格言：你想强壮吗？打网球吧！你想健康吗？打网球吧！你想聪明吗？打网球吧！

中国传记文学学会会长
中国网球协会副主席
2007年初夏于苹花书屋

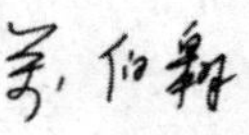

一版序三

一本网球工作者的“圣经”

1999年，在筹建中国网球学校的时候，与周铭共老师相识。虽然相处的时间并不长，但周老师长者的稳重气质，待人接物优雅的风度以及对网球运动执著的热爱，都给我留下了极其深刻的印象。

今年初，有幸开始拜读周老师的巨著《网球　世界因你而精彩》一书。首先感觉是震惊，然后是欣喜，最后是感动。

首先震惊于此书的全面，包罗万象、洋洋洒洒几十万字，从网球运动发展的历史、网球运动自身的文化、网球运动的技战术特点等都有着相当精准、精彩、精湛的描述。读这本书的每一章节，既长知识又有乐趣。这是一本了不起的网球百科全书。

其次欣喜是因为《网球　世界因你而精彩》这本书不但有非常强的可读性、欣赏性、知识性，同时对像我这样的网球工作者有着极强的指导性。周老师优雅的文笔，使我们了解了网球运动是如何起源和发展的以及网球运动自身的文化内涵对参与者及社会的深远影响。周老师对网球技战术发展和演变有着自己非常独到的见解。书中对网球比赛基本要则中关于发球有如下阐述：“发球‘FBI’原则，即‘First Ball In’（第一发必须有效）。一发有心理优势，对接发者处于守势，即使速度不是很快，也可给其造成心理压力，只要不失误，就可占据主动。”我以前理解的“First Ball In”是在业余爱好者的比赛中，只有第一盘第一局的发球进区才算比赛正式开始的娱乐规则，而书中的改变则更加强调了在网球比赛中一发成功率的重要性，使用“FBI”缩写更能让读者过目不忘。在技术指南中对截击技术使用了这样的标题“截击——短兵相接的利刃尖刀”，十分形象地描述了截击的特点和作用，使读者看了标题就马上想学会它。在总结底线击球时，有基本三要领“肩对网、腿下屈、眼盯球”，精练简洁，一语中的。在周老师的这本书中这样贴切生动的描述比比皆是，不胜枚举。作为从事网球运动的网球人，我深深地感受到这本书对我的帮助和启发。通过阅读本书，我可以更加准确地对我的青少年学生们讲述网球运动的发展史、文化知识和技战术，为他（她）们在通向职业网坛的道路上打好基础，使他们能得到更好的发展。

对广大网球业余爱好者来说，《网球　世界因你而精彩》这本书，更是一本认知网球、理解网球、掌握网球的入门必读之物。特别是书中对网球的基本理念、网球的基本规律和特点都有深刻而准确的概括。从某种意义上来说，这本书是每一个网球工作者和爱好者必备的“圣经”。凡是信奉网球这个“上帝”的人们，都可以把它放在自己的身边、床头，作为打球的思想准则和行为规范。

最后是感动。周老师文如其人，他对网球运动几十年的热爱化作几十万字的巨著，与我们共同分享这项运动给我们带来的快乐。书中有这样一段话是周老师打网球的体会：“不打则已，打则用心。如果体力和视觉疲劳，可以休息，可以不打。要打就要全神贯注，全身心地投入。做好每一个动作，击好每一个球。如果人到心不到，手到脚不到，效率会很低，是无法学到真经的。”周老师是用心打球、用心做人、用心写书的。试想如果每一个网球爱好者，每一个青少年网球选手都能用心地学习打网球，他（她）们会有怎样的进步！如果每一个网球工作者都能用心去工作，中国的网球事业将会有怎样的发展！

能为周铭共老师的《网球　世界因你而精彩》一书作序是我一生的荣幸。

国际网球高级教练导师

美国职业网球协会一级教练　　　　　　　　　　　　**王　越**

前中国国家网球队教练

2007年3月31日

我有一个梦

——一版代前言

美国著名黑人民权领袖马丁·路德·金在1963年8月28日纪念林肯遇刺100周年的大会上，激情演讲了《我有一个梦》：我梦想着，有那么一天，我们这个民族将会奋起反抗，并且一直坚持实现所有的人生来平等这一真理；我梦想着，有那么一天，我的四个孩子，能够生活在一个不以他们的肤色，而以他们的品行来判断价值的国度里……

中国著名唐代大诗人杜甫在他的《茅屋为秋风所破歌》中表达了他的梦：安得广厦千万间，大庇天下寒士俱欢颜。

温家宝总理在2006年考察蒙牛集团时深情地说：我有一个梦，那就是让全中国的每一个孩子都能喝上早餐奶。

其实，每一个人都有自己的梦。

我也有一个梦，一个关于网球的梦。提起这个梦，还要从20多年前的一次经历说起……

那是1983年，香港著名爱国人士霍英东先生在广东投资的白天鹅宾馆正式开业。这个位于广州白鹅潭的中国第一家自行设计、自行建设和管理的大型五星级酒店，不仅是中国酒店业的先驱，而且成为中国改革开放的一个窗口，引起中外各界的广泛关注。

在白天鹅宾馆旁边，新修了几片当时国内极少有的塑胶网球场。应霍英东先生的邀请，时任国务院副总理的万里、中国网球及体育界的高层领导吕正操、荣高棠、黄中等出席开业仪式并为网球场剪彩。我作为荣高棠的秘书也荣幸地参与了这项活动。在接下来的两天网球活动中，我在场边来回捡了两天网球，却没有想起用球拍打一下球。这是我第一次接触网球。

1993年8月，我作为北京申办2000年奥运会宣传部的负责人，率领申奥代表团访问美国。从旧金山到纽约恰逢美国网球公开赛，宣传活动结束后，在仅有的一天休息时间，当地的朋友邀请我们去东部的法拉盛大都会球场看网球赛，我因对网球没有兴趣，就跑到港湾的大西洋上钓了一天鱼。千载难逢的网球大餐就这样从嘴边轻轻溜掉。

两年后，为了活跃大家的生活，《中国体育》杂志社总编辑万伯翱请八一网球队教练杜长明在杂志社办起了网球学习班，并亲自送我一副“领导”牌的网球拍，鼓励我学网球。其实，我从小喜欢体育，中学和大学时期在足球、篮球、棒球及田径方面就达到等级运动员的水平，由于对网球毫无知觉，并两次与它擦肩而过。这次我终于抓住了网球。几天后，我仿佛像发现新大陆一样，突然发现这个小小的黄色精灵，竟是那样的有趣，那样的迷人，那样的有魅力。于是我一口气参加了三个完整的培训班,而在最初几十人的队伍中，坚持下来的寥寥无几。

从此，我打开了网球的潘多拉魔盒，为它的魅力所吸引，被它的魔力所征服。它就像我的情人一样，让我昼思夜想，难舍难分。上下班的途中，公园散步的路上，都成为我挥拍和练习步法的机会；出差开会的驻地墙面，都曾是我忠诚的网球陪练。

1997年，我调到人民体育出版社任副社长，同时兼任《网球天地》杂志主编。与其说是工作的需要，更不如说是一种狂热的爱好，我对网球如醉如痴。我关注着网球的赛事和活动，研究着它的历史和文化，分析着它的技术和市场……我像一个在山上挖到宝藏的掘宝者，流连忘返；像一位游向大海的泳者，忘情戏水，越游越远，甚至想游到生命的彼岸。如果说，世界因文化而灿烂，人类因科学而进步，那么，网球足以让世界更精彩，足以使人类更亮丽。

十多年下来，我发表了大量的文章，积累和整理的资料摞起来有几尺厚。一天，中国网协负责宣传的朋友对我说，美国有个巴德·科林斯，是世界最有名的网球记者和学者，有800页的网球巨著。网球有着深厚的历史文化，扩大中国的网球人口，首先要从普及网球文化开始。我多年担任中国网球主流媒体杂志主编，应该有这种责任和义务，也完全有这个能力。

我没有想当中国的巴德·科林斯，只想能为中国网球事业做些事情。面对千千万万个不知网球为何物的大众，上百万虽然打网球却并不了解多少网球知识的爱好者，一种普及网球文化的欲望油然而生。于是，有了编写这本书的初衷。

在网球的海洋里，我一面拼命地吸取它的营养，一面探索着它的奥秘。随着网球圈子越来越大，网球运动的朋友越交越多，于是我开始做起了网球梦：

我梦想有一天，中国的网球场馆遍布城乡，我们的网球爱好者能像打国球乒乓球一样方便，一样容易；我梦想有一天，中国的网球选手像西班牙战舰、像俄罗斯粉红色军团一样令世人瞩目，让世界震惊；我梦想有一天，中国能举办真正的网球文化节，民众能参观我们自己的网球博物馆；我梦想有一天，我和我的朋友能拥有一个真正的网球文化乐园，让更多的网球迷享受网球文化的快乐，让更多的小朋友从网球认识世界，感悟人生……

这不是痴人说梦。中国女网的历史性突破，世界级赛事的成功举办，网球人气的大力提升，已经让世人看到中国网球的希望。

美梦会成真。

周铭共

2007年3月15日于京城

目 录

附　录

第一部分

魅力无限的黄色精灵

人们喜爱运动。
极富挑战和冒险精神的气质
让他们毫不犹豫地选择网球……

——席勒
（美网公开赛组委会主席）

黄色精灵

Chapter 1

第一章 | 世界体育运动的宠儿

第一节　现代奥运的元老

古希腊的美丽传说

关于奥林匹克运动的起源，古希腊有许多美丽的传说。其中最主要的有两种：一种传说认为，古代奥运会是为祭祀宙斯而定期举办的运动会。还有一种传说认为，古代奥运会是为庆祝宙斯的儿子——赫拉克勒斯的胜利而举办的运动会。埃利斯国王承诺谁打扫完堆满牛粪的牛棚，谁就可得到300头牛的奖励。赫拉克勒斯力大无比，有“大力神”之称，他以超常的力量仅用半天就完成了任务，但后来国王却毁约了，愤怒的“大力神”把国王赶下了台，人们以运动会方式为他举办了隆重的庆典。

古代奥林匹亚竞技场遗址

从历史资料看，古代奥林匹克运动会正式登台是在公元前776年(希腊纪年之始)。那年，斯巴达城邦与埃利斯城邦结成神圣同盟。为了庆祝结盟，他们决定举办竞技运动会，并商定每四年一次。

奥林匹亚位于伯罗奔尼撒半岛西北部，是全希腊最重要的宙斯崇拜中心。古代奥运会在奥林匹亚举办后，希腊最优秀的运动员都云集到了那里，因此它的魅力大增。举办奥运会，许多运动员要在各个城邦之间穿梭，有的还要从遥远的海岛和殖民地赶来。为了保证运动员的安全，为了奥运会能够顺利举行，各城邦还签订了神圣和约，许诺在运动会期间中止一切战争，谁要是违背了诺言，将被剥夺其祭神的权力。因此，古代奥运会从一产生就超越了政治和战争，在理解和信任的前提下，通过体育的对抗和竞争达到沟通与交流的目的。

公元前4世纪，马其顿入侵希腊，古代奥运会衰落。公元前146年，罗马人征服了希腊，把奥运会变成竞技观赏会。公元394年，罗马皇帝狄奥多西一世立基督教为国教，奥林匹克竞技会被当作异教活动废止。公元426年，狄奥多西二世下令烧毁了奥林匹亚残余的庙宇。百年后经过数次洪水和地震的冲击，古代奥林匹克竞技遗址被掩埋到了地下。

公元5—17世纪，欧洲处在漫长的中世纪黑暗中。公元14—18世纪，欧洲相继爆发了三次大规模的思想解放运动，即文艺复兴、宗教改革和启蒙运动。在思想解放的社会大背景下，人文主义者竭力颂扬人的价值、人的尊严和人的力量，以人性来反对神性。同时，他们认为古希腊体育运动张扬了人性，促进了个体身心发展，因此，他们提倡复活古希腊体育，并将体育作为培养人的重要手段。

带着对奥林匹克运动的憧憬，英、法、德等国的学者纷纷来到希腊，探寻古代奥运会遗址。1871年，德国与希腊达成协议，共同发掘古代奥运会遗址。1875—1881年，库尔提乌斯率领德国学者历时6年挖掘，终于让古代奥运会遗址重见天日。1887年，德国人在柏林展出了他们在奥林匹亚发掘的大量文物，欧洲人复兴奥林匹克运动的热情被点燃了。

法国教育家顾拜旦（Lebaron Pierre De Cobertin）被公认为现代奥运会的创始人。1888年，他出任法国学校教育、体育训练筹备委员会秘书长。1889年，顾拜旦参加了在美国波士顿举行的国际体育训练大会。这次会议使他深感近代体育正在走向国际化，并产生了复兴奥运会的想法。

现代奥林匹克之父——顾拜旦（1863—1937）

1891年，他创办《体育评论》杂志宣传自己的主张，随后他遍访欧洲，宣传奥林匹克理想。1892年11月25日，他在庆祝法国体育运动协会联合会成立5周年大会上，第一次正式提出创办现代奥运会的倡议。他倡议现代奥运会应该像古代奥运会那样，以团结、和平和友谊为宗旨，向一切国家、一切地区和一切民族开放，并在世界各地轮流举办。

1894年6月16—24日，根据顾拜旦的建议，来自美国、英国、俄国和希腊等12个国家49个体育组织的代表，参加了在巴黎索邦神学院举行的国际体育运动代表大会。这次大会通过了成立国际奥委会的决议，规定奥运会每四年举行一次，决定首届奥运会于1896年在希腊首都雅典举行，顾拜旦为秘书长。

奥运史上的动人故事

1896年4月6—15日，第1届现代奥运会在希腊雅典举行。此次运动会虽然组织不太完善，但它却是现代奥林匹克运动正式诞生的重要标志。

本届奥运会共设有田径、游泳、举重、射击、自行车、网球、体操、击剑和古典式摔跤等9个项目。由于当时许多国际单项运动联合会尚未建立或健全，因此竞赛规程、项目安排和场馆设施都很不规范，但在这个现代奥运会的第一个竞赛场上却涌现出许多动人的故事。

获得奥运会第一个冠军的是美国哈佛大学的康诺利。他是未经学校同意自动退学而来的，因为他十分热爱古典文学和体育运动，十分向往希腊这个神话之国。在他意外地以13.71米的成绩获得三级跳远冠军时，惊喜之余又担忧校方会对他的违纪行为给以处分。但意想不到的是在他凯旋之时，却受到学校的欢迎。他们认为这是哈佛大学的光荣。后来康诺利成为一名记者和作家。美国运动员在那届奥运会的田径项目中成绩优异。

就在康诺利夺冠后两小时，又一名美国普林斯顿大学学生加勒特以29.15米的成绩获得铁饼冠军。说来也很有趣，他从来没有见过有人投掷铁饼，自己更没有投过铁饼。他仿照希腊雕塑家米隆《掷铁饼者》的样子做了一块铁饼，并按其投掷方法去练习。到雅典后他发现比赛用的铁饼比他仿制的要轻一些，于是他非常兴奋，比赛时，他超过了有希望夺冠的希腊选手，一举获得冠军，爆出了冷门。后来他还取得了铅球冠军。古希腊奥运会很重视铁饼这个项目，当时是把大会的《和平宣言》刻印在铁饼上，作为一种和平的象征。

那届奥运会最轰动、最激动人心的比赛要算马拉松比赛了。说起马拉松，大家会联想起那段动人的故事：

公元前490年，希腊在马拉松河以少胜多，大败入侵的波斯军。担任传令兵的菲迪皮得斯奉命把这一胜利消息迅速报告固守待援的雅典总部，当时没有任何通信工具，只有靠人跑步来传递军情。这名传令兵不顾疲劳，一口气从马拉松跑到雅典。但他到达雅典时已精疲力竭，只说了一句话："我们胜利了"，就倒在广场上身亡了。这一英雄事迹一直在希腊传诵。本届奥运会前，法国语言学家穆里斯·布里尔曾赴希腊考察，对这位马拉松战役中的传奇英雄十分钦佩，于是他向顾拜旦提出建议，在奥运会田径项目中专门增设一项马拉松赛跑，以纪念这位希腊的民族英雄。同时，他捐献了一个"布里尔银杯"作为对冠军的特殊奖励。

雅典奥运会的马拉松赛全程40千米，是按照当年菲迪皮得斯跑过的距离设定的，这与现在的马拉松赛距离42.195千米不同。希腊由于在田径赛中出师不利，还未拿到一项冠军，因此对这一具有希腊传统色彩的马拉松赛跑抱有唯一的希望。4月10日，马拉松赛终于盼来了。有4个国家的17名运动员参加了比赛。雅典当时只有13.5万人口，而观看马拉松赛的人超过10万人，真可谓万人空巷，气氛空前热烈。在看台上翘首以待的观众看到第一个进场的是身着浅蓝背心的希腊运动员斯皮里东·鲁易斯时，全场热烈欢呼。担任大会总裁判长的希腊王储康斯坦丁情不自禁地拥着鲁易斯跑向终点。这时国王乔治一世和王室成员也都走下观礼台，迎接这位希腊英雄凯旋。一束束鲜花、一件件礼物投向鲁易斯。几千只系着希腊国旗和彩带的鸽子飞上天空。看台上的人无法控制自己的感情，纷纷进入场内，欢呼、拥抱，并把鲁易斯抛向天空。奥林匹亚变成了欢乐的海洋，雅典城迎来了有史以来最盛大的节日。

对于这位奥运史上的第一位马拉松冠军以及当时的比赛情形，顾拜旦在他的《奥林匹克回忆录》中有这样一段记述：

希腊没有什么跑步运动员。我们几乎没有人相信冠军会从他们这些没有经过训练的运动员当中产生。斯皮里东·鲁易斯是一个健壮的农民，穿一身苏格兰短裙。他对运动训练一无所知，或者说他根本就不懂什么叫训练的现代概念。他在准备参赛时就懂得快跑和祈祷。

据说他每晚在跑步练习前，面对烛光前的祖像祈祷。他的胜利是依靠他的天赋和纯朴。他跑到拥有6 000多名观众的运动场终点时，毫无疲惫或衰竭现象。当康斯坦丁王储和乔治王子情不自禁地拥着他去觐见站在大理石王座前的国王时，就好像古希腊奥林匹克精神跟随鲁易斯走进了运动场。这时欢声雷动，祝贺运动员的胜利。这是我平生难得一见的非同一般的热烈场面。这使我终生难忘……

米隆的《掷铁饼者》

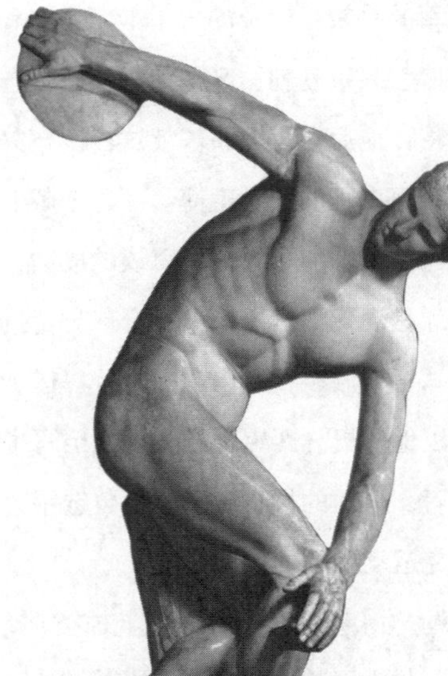

穿皮鞋的网球冠军

19世纪末期，蒸汽机的发明和工业革命的浪潮使世界进入一个工业文明和精神文化享受时期。现代网球的诞生和迅速发展，引起顾拜旦和现代奥林匹克的关注。于是，这项从宫廷贵族走出的运动被列为现代奥运会的唯一一项球类竞技项目。于是，这项具有悠久历史和传统的运动项目成为现代奥林匹克运动会的元老。

和前面几位奥运冠军不同，获得这次奥运网球冠军的是一位在雅典旅游的大学生——爱尔兰人约翰·博兰（John Boland），当时就读于英国牛津基督学院。作为研究希腊众神的历史系学生，博兰非常欣赏古希腊人的伟大人文观："理想的人物是充满智慧的头脑，善良高尚的心灵与硕壮健美的体魄。"同时，博兰是最积极和最热心的网球爱好者。当顾拜旦复兴奥林匹克运动的想法成为现实时，博兰立即成为奥运计划最坚定的支持者和参与者。

约翰·博兰与远在希腊的好友玛拉奥斯用通信的方式共同撰写了《复兴希腊奥运会》的演讲稿，在演讲稿中他们用如歌如泣的史实历数了古希腊奥运带给人类精神的欢愉："奥林匹亚的残垣不能成为苍凉或者颓然的白色大理石碎片，希腊人如果永远都在抚摩和亲吻那些想说话的死石头中成长，人类历史就会停留在精神悲哀的层次……"博兰在这次著名的演讲完毕后，背上行囊走向雅典，他决定以一个观光旅游的大学生身份，到雅典这个神奇的地方去见证和体验这一神奇的历史一刻。

他的好友玛拉奥斯在希腊迎接了博兰的到来。也许是那篇演讲稿的成功，也许是奥运情结所致，玛拉奥斯担任了第一届奥运会组委会的秘书。在好友的安排下，博兰在奥运会网球比赛空缺的签位中报上了名，于是他四处奔走为的是借一支网球拍。

带着这支借来的网球拍，博兰竟然一路闯关夺隘，打进了首届奥运会网球比赛的决赛。与他争夺冠军的是来自埃及的选手卡斯达格利斯。约翰·博兰是这场争夺的最终胜利者。单打结束后，约翰·博兰兴致勃勃，又与德国的田径选手费里茨·特劳恩搭档参加了男子双打比赛。他们一路过关斩将，最后夺得冠军。就这样，1896年第1届奥运会网球比赛的首位单打冠军、双打冠军都是穿着带跟皮鞋的大学生博兰。这个戴上胜利花环和橄榄树叶桂冠的爱尔兰青年用获取两枚奥运会网球比赛金牌的令人不可思议的成绩，为自己也为奥运会网球赛事留下了堪称奇迹的历史话题。

网球是现代奥运史上第一个球类竞技项目，博兰自然成为现代奥运史上球类竞技运动的第一位冠军。背着旅游行囊出门，带着奥运金牌回家的博兰后来成为一名爱尔兰都柏林市的著名教师，同时也以他的奥林匹克理想实现经历写了一本名为《光荣奥运》的著作。作为写进历史的奥运网球先行者，博兰的故事激励了无数选手去争取实现奥运会梦想的同时，也印证了网球运动在现代奥林匹克运动中的地位和影响。

约翰·博兰是现代奥运史上球类项目的第一个男子冠军。然而，女子何时进入现代奥运会的？第一位女子奥运冠军又是哪个项目？哪一位选手？让许多人并未想到，这个项目还是网球，第一位女子冠军是英国网球女选手夏洛特·库珀（Charlotte Cooper）。

众所周知，古代奥林匹克是一项男子的专利运动，而顾拜旦也是一直反对女性参与体育运动的，直到1926年才对女选手开禁。因此，第1届奥运会的311名选手中没有女性。

1900年，第2届奥林匹克运动会在法国巴黎举行。浪漫的法国人专门为女子设立了两个项目：一个是网球，有6名运动员参加；另一个是高尔夫球，也有6名运动员参加。来自英国、瑞士、美国、波希米亚（现为捷克的一部分）和东道主法国的12名女子，在传统的世俗和顾拜旦的反对中勇敢地走向了奥运会的赛场。在女子网球单打决赛中，英国女子夏洛特·库珀虽然身着长裙，但她很机敏，球速很快，以6–1和6–4击败了法国的普利沃斯，夺得了现代奥运史上的第一个女子冠军。接着，她还与本国选手多海蒂兄弟中的老大搭档夺得混合双打冠军。之后，库珀还连续三次获得温布尔顿锦标赛的冠军。

这位奥运会女子冠军，不仅成为奥运史上的第一位女子冠军，也是打破奥运会对女子限制的第一个体育运动先驱，从而引领了更多的女选手参与了网球，参与了奥林匹克运动，为世界体育和现代奥运会翻开了新的一页。

第二节　世人眼中的网球

权威部门的调查数据

运动项目形象是一项运动本质精神的体现，只有得到广大民众群体的认同，这个项目才能生存发展下去。所以，形象对一个运动项目的推广来说是至关重要的。

运动形象主要通过竞赛规则和礼仪来体现。网球之所以被称为绅士运动，除了表现在诸多的礼仪规范之外，还表现在独特的竞赛制度上，如信任制，这需要运动员具有较高的道德水准；发球时观众不能发出声响，保证运动员之间的公平竞争；设置众多的司线员，以减少评判误差等。

那么在人们的心目中，网球的形象是怎样的呢?

德国的里特纳和姆拉策克两位学者于20世纪90年代对科隆1 041名成年体育积极分子做了一项书面调查，其中列举了13个形象特征，由被调查者对有氧运动、健美、足球、体操、田径、体育舞蹈、网球和排球8个运动项目进行评价。在这个调查中，网球在“时髦”“快乐”“紧张”“优越感”四项上均列第1位，在“成就感”“高雅”“好玩”三项上均列第3位，在“消除疲劳”上列第4位，在“丰富经历和与雅人为伍”两项上均列第5位，在“自然”上列第6位，在“亲身体验”上列第7位。

网球一直是西方国家的主要体育运动。前不久，法国的一家咨询公司公布了欧洲最受欢迎的运动项目排行榜，其中足球以37%名列第1，网球以34%名列第2。2000年，美国著名的《运动画刊》列出了100位最有影响的运动员，其中网球运动员占11人，名列各项运动之冠。

2011年，西方媒体曾就世界名人的声望和影响做抽样调查，在5万名被调查问卷中，南非总统曼德拉被排在第1位，网球明星费德勒超越了比尔·盖茨、乔布斯及其他演艺、体育界众多明星，被排在第2位。

网球是一项斗智斗勇的竞技体育项目，据权威人士统计，每一盘打下来，运动员至少需要近万次的判断。因此需要极高的智商。当然，所有球类比赛都需要较高智商。那么，在足球、篮球、排球、手球、冰球、棒球、高尔夫球、乒乓球、羽毛球、网球十个球类项目中，哪个项目智商要求最高？哪个项目智商要求最低？在美国某杂志公布的一项统计数据中，专家们通过抽样调查、样本分析等系统评估，在指定的十项球类运动中排出了“智慧榜单”。专家们在对这十项球类项目的运动员进行智商测定后，发现了这十项球类项目的运动员智商排序及原因。

第10名：高尔夫球。排尾并非说高尔夫球运动员是低智商的，只是说相对其他运动项目的运动员而言智商稍低一些，高尔夫球运动的特点是在击球之前有足够的时间对现场情况进行分析，所以反应稍微慢点儿也不打紧，但它需要计算，同样难度很大。

第9名：手球。手球就好似篮球加足球的混合物。手球似篮球，除了其中一个原因是手球、篮球都需要用手打之外，另外也因为在手球的发展过程中，有一些规则是由篮球的规则演变而成的。手球运动员需要具备高度的身体柔韧性和正确的发力才能达到射球的目的。

第8名：排球。排球球场呈长方形，中间隔有高网，比赛双方（每方六人）各占球场的一方，球员用手把球在空中（网上空过去的球）打来打去。规则相对简单，技战术要求不高。

第7名：篮球。全美著名的智商研究网站——测智网，曾对美国男子职业篮球联赛（NBA）球员的智商进行测试。结果，姚明在当时的现役球员中智商最高，达到了132，超过科比、奥尼尔。姚明当时所在的火箭队，智商的平均值只有98。而NBA球员的平均智商仅为83，甚至还略低于普通人的平常智商。

第6名：曲棍球。曲棍球又称草地曲棍球，是奥运会项目中历史最为悠久和光辉的项目之一。作为世界上历史最悠久的体育项目之一，曲棍球的出现要比最初的奥林匹克运动会早许多年，因需球杆控制，比只用手的球类项目难度大、要求高。

第5名：足球。足球是集体项目，既讲究集体配合，同时又注重个人的身体技术能力，还需要天才的创造能力。球场上不仅要求智商高，更需要很好的“执行功能”，包括即时的创造性、找到对策和快速改变战术等。

第4名：棒球。从运动项目特点来分析的话，棒球是一项对人的综合能力要求极高的运动，要求运动员必须在瞬间综合判断场上局势并作出决定，智商不高当然不行。

第3名：冰球。冰球也叫“冰上曲棍球”，其将多变的滑冰技艺和敏捷娴熟的曲棍球技艺组合。它是对抗性较强的集体冰上运动项目之一，也是冬季奥运会正式比赛项目。冰球技术分滑跑技术和攻防技术，都包括起跑、正滑、倒滑、惯性转弯、左右压步转弯、急停等基本技术。

第2名：乒乓球。乒乓球的场地虽小，但技术复杂，攻防中有提、拉、搓、旋、扣等多项技术，需要稳、准、狠技战术，比赛中，对反应能力、灵敏能力、协调能力和操作思维能力要求很高，需要勇敢顽强、机智果断等心理品质。

第1名：网球。网球的场地大，范围广，球拍长，球质量重（相对乒乓球、羽毛球），技术复杂，含金量高。如果随机调查，十人中会打乒乓球、羽毛球的有八九人，会打篮球、排球的有五六人，而会打网球的恐怕只有一二人，打时甚至连网球都碰不上。网球比赛速度快、变化多、情况复杂，需要运动员思想高度集中，迅速判断反应。据专家测算，一盘10局的比赛，运动员要做近万次的判断。由于科学的比赛规则，网球比赛比一般项目的局点、盘点、赛点要多，比赛瞬息万变，跌宕起伏，不仅让观众如坐过山车一样紧张刺激，更要求运动员要有一个大心脏，具备极其良好的心理素质。因此，将网球运动员智商排于众多球类项目之首，就不足为奇了。有专家统计，哲学家柏拉图智商为170，音乐家贝多芬为165，科学家爱因斯坦为160，微软创始人比尔·盖茨为160，科学家斯蒂芬·霍金为160。法国网球运动员巴托丽在网球届并不能算顶级选手，她曾夺过一届温布尔顿网球锦标赛女子单打的冠军，世界排名曾高居女单第七，但圈里圈外人都知道，巴托丽是个非常聪明的人，她的智商高达175。

据搜狐体育讯：德国《金融时代》公布的2005年全球运动员收入排行榜，尽管法拉利及舒马赫本赛季的战绩不佳，但舒马赫还是以5 800万欧元排在第2。美国高尔夫球选手“老虎”伍兹以7 700万欧元蝉联第1，美国网坛常青树阿加西、巴西足球球星罗纳尔多、F1丰田车队车手小舒马赫、俄罗斯网坛美少女莎拉波娃依次从第11名排至第14名。

受世界瞩目的美国《福布斯》杂志，曾公布了最富有的25位女运动员中，有4人为网球运动员，俄罗斯选手莎拉波娃以1 820美元的收入位列榜首，小威和大威分列第2位、第4位，而当时世界女网的头号选手达文波特名列第5位。另外，《福布斯》公布了Top100最有价值和最受关注的明星（包括演员、歌手和运动员）中，莎拉波娃是排位最高的女运动员，列第57位，塞雷娜·威廉姆斯第62位，维纳斯·威廉姆斯第81位，达文波特第87位。

在最近几年《福布斯》的排行榜，网球运动员的表现更让世人刮目相看。

● 2014 年运动员收入前百强中网球运动员排行（网球运动员 6 人）

排名	姓名	国籍	总收入（万美元）	基本收入/奖金（万美元）	代言费（万美元）
7	罗杰·费德勒	瑞士	56.2	4.2	52
9	拉斐尔·纳达尔	西班牙	44.5	14.5	30
17	诺瓦克·德约科维奇	塞尔维亚	33.1	12.1	21
34	玛利亚·莎拉波娃	俄罗斯	24.4	2.4	22
41	李娜	中国	23.6	5.6	18
55	塞雷娜·威廉姆斯	美国	22	11	11

● 2014 年运动员收入前百强中男网球运动员排行（男网球运动员 3 人）

排名	姓名	国籍	总收入（万美元）	基本收入/奖金（万美元）	代言费（万美元）
7	罗杰·费德勒	瑞士	56.2	4.2	52
9	拉斐尔·纳达尔	西班牙	44.5	14.5	30
17	德约科维奇	塞尔维亚	33.1	12.1	21

● 2014 年女运动员收入前十中网球运动员排行（网球运动员 7 人）

排名	姓名	国籍	总收入（万美元）	基本收入/奖金（万美元）	代言费（万美元）
1	玛利亚·莎拉波娃	俄罗斯	24.4	2.4	22
2	李娜	中国	23.6	5.6	18
3	塞雷娜·威廉姆斯	美国	22	11	11

排名	姓名	国籍	总收入（万美元）	基本收入/奖金（万美元）	代言费（万美元）
6	维多利亚·阿扎伦卡	白俄罗斯	11.1	3.6	7.5
7	卡洛琳·沃兹尼亚奇	丹麦	10.8	1.3	9.5
8	A.拉德万斯卡	波兰	6.8	3.8	3
9	阿娜·伊万诺维奇	塞尔维亚	6.4	1.4	5

- 2015 年运动员收入前百强中网球运动员排行（网球运动员 7 人）

排名	姓名	国籍	总收入（万美元）	基本收入/奖金（万美元）	代言费（万美元）
5	罗杰·费德勒	瑞士	67	9	58
13	诺瓦克·德约科维奇	塞尔维亚	48.2	17.2	31
22	拉斐尔·纳达尔	西班牙	32.5	4.5	28
26	玛利亚·莎拉波娃	俄罗斯	29.7	6.7	23
47	塞雷娜·威廉姆斯	美国	24.6	11.6	13
64	安迪·穆雷	英国	22.3	6.3	16
92	锦织圭	日本	19.5	4.5	15

- 2015 年运动员收入百强中男网球运动员排行（男网球运动员 5 人）

排名	姓名	国籍	总收入（万美元）	基本收入/奖金（万美元）	代言费（万美元）
5	罗杰·费德勒	瑞士	67	9	58
13	诺瓦克·德约科维奇	塞尔维亚	48.2	17.2	31
22	拉斐尔·纳达尔	西班牙	32.5	4.5	28
62	安迪·穆雷	英国	22.3	6.3	16
90	锦织圭	日本	19.5	4.5	15

- 2015 年女运动员收入前十中网球运动员排行（网球运动员 7 人）

排名	姓名	国籍	总收入（万美元）	基本收入/奖金（万美元）	代言费（万美元）
1	玛利亚·莎拉波娃	俄罗斯	29.7	6.7	23
2	塞雷娜·威廉姆斯	美国	24.6	11.6	13
3	卡洛琳·沃兹尼亚奇	丹麦	14.6	3.6	11
5	阿娜·伊万诺维奇	塞尔维亚	8.3	1.8	6.5
6	佩特拉·科维托娃	捷克	7.7	5.9	1.8
7	西蒙娜·哈勒普	罗马尼亚	6.8	5.3	1.5
10	A.拉德万斯卡	波兰	6	2	4

- 2016 年运动员收入前百强中网球运动员排行（网球运动员 7 人）

排名	姓名	国籍	总收入（万美元）	基本收入/奖金（万美元）	代言费（万美元）
4	罗杰·费德勒	瑞士	67.8	7.8	60
6	诺瓦克·德约科维奇	塞尔维亚	55.8	21.8	34
21	拉斐尔·纳达尔	西班牙	37.5	5.5	32
29	锦织圭	日本	33.5	3.5	30
40	塞雷娜·威廉姆斯	美国	28.9	8.9	20
74	安迪·穆雷	英国	23	8	15
88	玛利亚·莎拉波娃	俄罗斯	21.9	1.9	20

- 2016 年男运动员收入前百强中网球运动员排行（网球运动员 5 人）

排名	姓名	国籍	总收入（万美元）	基本收入/奖金（万美元）	代言费（万美元）
4	罗杰·费德勒	瑞士	67.8	7.8	60
6	诺瓦克·德约科维奇	塞尔维亚	55.8	21.8	34
21	拉斐尔·纳达尔	西班牙	37.5	5.5	32
29	锦织圭	日本	33.5	3.5	30
73	安迪·穆雷	英国	23	8	15

- 2016 年女运动员收入前十中网球运动员排行（网球运动员 8 人）

排名	姓名	国籍	总收入（万美元）	基本收入/奖金（万美元）	代言费（万美元）
1	塞雷娜·威廉姆斯	美国	28.9	8.9	20
2	玛利亚·莎拉波娃	俄罗斯	21.9	1.9	20
5	A.拉德万斯卡	波兰	10.2	5.2	5
6	卡洛琳·沃兹尼亚奇	丹麦	8	1	7
7	加尔比妮·穆古拉扎	西班牙	7.6	4.6	3
8	阿娜·伊万诺维奇	塞尔维亚	7.4	1.9	5.5
9	维多利亚·阿扎伦卡	白俄罗斯	6.6	3.6	3
10	尤金妮·布沙尔	加拿大	6.2	0.7	5.5

从上面列表中，值得关注的是女网球运动员的表现。从2014—2016年连续三年的统计中，《福布斯》女运动员收入前10名中,2014年女网球运动员有7人,2015年有7人,2016年有8人。由此可见，女网球运动员收入不仅是各项运动中收入最高的，同时充分证明，网球运动是世界第一大女子运动项目。

“在过去这么多年，费德勒的商业价值都得到了很好的开发。在他的案例中，能否拿下冠军往往并非是最重要的事情。”ESB的总裁布鲁克斯说，“一个品牌的价值往往来自于其销售和盈利的能力，这就是为什么谷歌和苹果能成为最有价值的品牌之一。”

《福布斯》收入榜的排名，说明运动员的富有程度。而运动员的商业价值，还要看其影响力。网球运动员的商业价值在所有运动项目中，也是十分突出的。

以《福布斯》2013年“最具商业价值运动员”排名为例，网球选手费德勒与高尔夫球选手伍兹，被《福布斯》推选为2013全球最有商业价值运动员，两人在过去一年的代言收入都赚到了4 600万美元。而中国金花李娜也进入前十，她过去一年的广告和代言收入超过了足球明星梅西和C罗。

李娜

商业价值很重要的方面是运动员的影响力。如果用影响力衡量，李娜早已成为各大媒体的头条。澳大利亚媒体曾以《李娜超过悉尼歌剧院》为题评价李娜的商业价值：2011年澳网的门票销售量在中国增长了将近30%，有高达50万中国人来到澳洲度假，而这一数字可能在未来五年内翻一番，这些都归功于“李娜效应”。2011年李娜法网夺冠后，世界三大财经媒体——英国《金融时报》、日本《产经新闻》和美国《华尔街日报》先后对李娜的商业价值进行解析，他们对这位亚洲第一人的商业估价均高于2亿元人民币。而在2014年澳网李娜夺得自己的第二座大满贯冠军奖杯后，其在个人商业价值方面就成倍增长。2014年，李娜有13个代言，几乎都是行业内一线品牌，而这个阵容已经超过巅峰时期的刘翔和姚明所保持的12个代言产品的纪录。而李娜夺得澳网女单冠军后，商业价值也将创历史新高。

网球看台上的大咖

网球比赛历史悠久，观赏性极强。一百多年来，网球一直是最吸引世人眼球的世界主流体育项目。人们知道，足球是世界第一大竞技体育项目，足球的观众可以以数十亿计。足球世界杯，每次十多天，累计现场观众有200万人～300万人。网球现场观众数量如何呢？四大网球公开赛，每年的赛事几乎都是爆满，特别是进入半决赛后，一票难求。每个网球公开赛的观众，最少接近50万人，最多的2017年澳网现场达70万人，按平均60万人计算，每年四大网球公开赛现场观众就240万人，而足球世界杯四年一次，网球大满贯一年四次。由此比较，平均每年现场观众数量网球并不输给世界第一大竞技体育项目足球。

网球赛事的电视收视率也是令人意想不到的。据东方网2006年10月23日消息，德国某咨询公司于2005年对欧洲电视观众的调查结果表示，在欧洲的德国、英国、意大利、法国和西班牙五大电视节目销售市场中，最受欢迎的体育节目是足球、网球和世级一级方程式（F1），分别得到了44%、35%和21%的支持率。

再从观众的构成来看，观看足球等比赛的政要、名人不少，但比起网球看台上的大咖，显然有些逊色。最近，作者请人做了一些粗略统计，统计经常光顾网球比赛的有众多的各国政要、体育明星及演艺界明星。

喜爱网球的政坛要人

各国喜爱网球的政要之多，英国皇家当数第一。

从1907年当时英皇家威尔士王子和玛丽公主来到全英网球俱乐部看球开始，开辟了“皇室包厢”，有英国女王、王子、王妃、公主等观看比赛，直至传承到110年后的今天，实在是个奇迹。1977年温网女子决赛，时年51岁的女王伊丽莎白二世目睹了英国本土选手韦德获取女子单打冠军的情景。时隔33年后的2010年，85岁的女王又亲临温网现场，见证了穆雷夺取男子单打冠军。后来经常光顾温网的皇家成员有英王乔治五世之孙肯特公爵及肯特王妃、爱德华亲王、查尔斯王子及戴安娜王妃、安德鲁王子及比阿特丽斯公主等。

英国女王伊丽莎白二世

除此之外，英国不少政界领袖也是网球迷，包括英国第49任英国女首相玛格丽特·希尔达·撒切尔，英国第53任首相卡梅伦，伦敦市长、后任英国外交大臣的鲍里斯·约翰逊等。

查尔斯王子

美国除21世纪前许多喜爱网球的政要外，当代的老布什、克林顿、小布什及现已离任和新上任的总统及亲属都与网球有不解之缘。

美国前总统奥巴马对网球可谓情有独钟，他在位的时候，每年都会出席白宫的儿童网球日活动，邀请世界著名网球运动员来参加，塞雷娜·威廉姆斯、沃兹尼亚奇以及科贝尔、斯蒂芬斯等人都曾受到过奥巴马的邀请，并与奥巴马共进午餐。

戴安娜王妃

奥巴马夫人米歇尔·奥巴马，第一位非洲裔总统夫人也十分喜爱网球。

新任美国第45任总统的唐纳德·特朗普，在高尔夫球场内修建网球场，从地面到灯光都堪称豪华至极，修好后塞雷娜·威廉姆斯被邀请出席揭牌仪式，当时特朗普还拿起球拍和塞雷娜·威廉姆斯过招。

唐纳德·特朗普的女儿伊万卡·特朗普，她非常热爱网球，早在1991年起就同特朗普一起观看网球比赛。在2016年美网男单决赛时，其父亲在忙着竞选总统，伊万卡仍割舍不了对网球的喜爱，她和丈夫贾瑞德·库什纳、超模卡莉·克劳斯以及邓文迪等名流一起现身赛场。

伊万卡·特朗普

粗略统计，出现在网球看台的其他国家政要有：法国现任总统马克龙，俄罗斯前总统叶利钦、现总统普京，塞尔维亚总统尼科利奇，白俄罗斯总统卢卡申科，阿根廷总统毛里西奥·马克里等。

此外，第8位联合国秘书长潘基文、国际奥委会原主席萨马兰奇、雅克·罗格伯爵都是十足的网球迷。

热爱网球的体育明星（网球明星除外）

大卫·贝克汉姆：前英国著名职业足球运动员，获世界足球先生银球奖，欧足联最佳球员，2010年获得BBC终身成就奖。

安德烈亚·皮尔洛：意大利足球运动员，两次欧冠联赛冠军、两次欧洲超级杯冠军和一次世界俱乐部冠军，2006年世界杯冠军队成员。

克里斯蒂亚诺·罗纳尔多：葡萄牙足球队长，获英超最佳射手、欧冠最佳射手、世界足球先生、金球奖、欧洲金靴奖等个人荣誉。2013—2015年连续三年获年度国际足联金球奖。2017年1月10日，第四次获得国际足联世界足球先生。

贝克汉姆

亚历克斯·弗格森：著名足球教练。在执教曼联的近27年间率队获得13个英超联赛冠军和2个欧洲冠军联赛冠军。1999年，率队获得欧冠三冠王，被英国王室授予爵士爵位。

博比·查尔顿：原英格兰著名足球运动员，4次代表英格兰足球队参加世界杯足球赛，是英格兰夺得1966年世界杯足球赛冠军的最大功臣。

罗纳尔多

蒂埃里·亨利：法国足球传奇巨星，企业家，足球评论员、教练员，演员。足球大满贯得主。法国足球历史上进球最多的球员。2014年12月16日，加盟英国天空电视台，担任常驻嘉宾和形象大使。

舍甫琴科：乌克兰足球运动员，前乌克兰国家足球队队长。荣获2004年欧洲足球先生（金球奖）和2005年金球奖。2016年7月15日，成为乌克兰足球新一任国家足球队主帅。

何塞·穆里尼奥：切尔西教练，连续获得国际足球历史与统计协会（IFFHS）颁发的年度最佳教练奖。

沙奎尔·奥尼尔：美国职业篮球运动员，绰号“大鲨鱼”。曾效力于奥兰多魔术队、洛杉矶湖人队等。15次入选NBA全明星阵容，8次入选NBA最佳阵容。1996年，入选NBA50大巨星。2016年4月4日，入选奈·史密斯篮球名人纪念堂。

丹尼斯·刘易斯：英国最优秀的女子七项全能运动员。在2000年悉尼奥运会上，夺下女子七项全能金牌。多次获得英国年度最佳女运动员。

卢克·唐纳德：2001年转入高尔夫球职业，2011年成为历史上第一位同一赛季赢得欧巡赛、美巡赛双料奖金王的球手。

卡尔·弗朗切：英国职业拳击手，曾4次获得世界职业拳击拳王头衔。

克里斯·霍伊：英国的著名男子自行车职业赛车手。

经常出现在网球看台的演艺时尚界明星

休·杰克曼：澳大利亚电影演员。2012年，凭借音乐剧电影《悲惨世界》中冉·阿让一角获得第70届金球奖音乐喜剧类最佳男主角。2013年9月，西班牙圣塞巴斯蒂安电影节授予其终身成就奖。

凯文·史派西：美国男演员、导演、编剧及制片人。2000年，凭《美国丽人》获得奥斯卡最佳男主角奖。2006年，主演《超人归来》。2008年，被授予大英帝国司令勋章。2015年1月12日，凭借《纸牌屋》获第72届金球奖剧情类最佳男主角。

露皮塔·尼永奥：墨西哥影视演员。2014年，凭借《为奴十二年》中的表演获得第86届奥斯卡最佳女配角。2014百名最美面孔女星榜单第三名。

休·格兰特：英国影视演员。1987年，凭借《莫里斯的情人》获得威尼斯电影节影帝。1995年，因《四个婚礼和一个葬礼》获得英国奥斯卡影帝和美国金球奖最佳男演员。

莱昂纳多·迪卡普里奥：美国影视演员、制作人。主要作品有：电视剧《成长的烦恼》，电影《罗密欧与朱丽叶》《泰坦尼克号》等。2016年，凭借电影《荒野猎人》获得第73届金球奖最佳男主角奖和第88届奥斯卡金像奖最佳男主角奖。

希拉里·斯万克：美国影视演员。主要作品有：电视剧《成长的烦恼》，电影《男孩别哭》。1999年，凭借《男孩别哭》获得第72届奥斯卡最佳女主角奖和金球奖最佳女主角奖。2005年，凭借《百万美元宝贝》再度获得奥斯卡最佳女主角奖。2009年，凭借《艾米莉亚》获得好莱坞电影奖年度女主角奖。2016年12月15日，荣获第21届华鼎奖评委会大奖。

休·杰克曼

戴博拉·梅西：美国著名女演员。因在NBC幽默剧集《威尔和格蕾丝》中饰演格蕾丝而一跃成为著名女星。曾获得4次艾美奖提名、5次金球奖提名、2次公众选择奖提名和2次美国喜剧奖提名。2003年，获得艾美奖最佳女演员称号。

苏珊·萨兰登：美国演员、制作人。1980年，凭借爱情犯罪片《大西洋》入围第54届奥斯卡奖最佳女主角奖。1990年，凭借《末路狂花》入围第64届奥斯卡最佳女主角奖。1996年，凭借犯罪片《死囚漫步》获得第68届奥斯卡金像奖最佳女主角奖。

米歇尔·道克瑞：英国演员及歌手。2010年，出演ITV迷你剧《唐顿庄园》中的大小姐玛丽·克劳利而声名大噪。2012年，主演电影《安娜·卡列尼娜》。2013年，凭借《唐顿庄园》获得第65届艾美奖剧情类剧集最佳女主角提名。

米歇尔·道克瑞

丹·史蒂文斯：英国影视演员。2004年，因出演莎士比亚戏剧《皆大欢喜》获得伊恩·查理森奖提名。2010—2012年起出演电视剧《唐顿庄园》中马修·克劳利一角。2015年3月，获得第41届美国科幻恐怖电影奖土星奖最佳男主角提名。

杰西卡·贝尔：美国演员、模特。2008年，她与克里斯汀·斯科特·托马斯等合作了喜剧片《水性杨花》。2009年，她为动画片《51号星球》配音。

凯特·阿普顿：美国模特、演员。2011年，因《体育画报》的泳装写真而受到关注。2012年2月，男性网站Askmen评选出2012年99位全球最性感女人，她名列第2。获得2015MTV电影大奖最佳半裸表演提名。

布莱德利·库珀：美国影视演员。2013年，凭借《乌云背后的幸福线》中一角获得第85届奥斯卡金像奖最佳男主角提名。2015年1月获第87届奥斯卡金像奖最佳男主角提名。

达科塔·范宁：美国女演员。2005年，主演《世界大战》，凭借该片获得第32届土星奖最佳电影年轻演员奖。2006年，凭借喜剧电影《夏洛特的网》获得第20届美国儿童选择奖最受欢迎女演员奖。

安东尼奥·班德拉斯：西班牙籍男演员、导演、编剧及制片人。1996年，凭《贝隆夫人》提名金球奖音乐喜剧类最佳男主角。1999年，凭执导影片《疯狂阿拉巴马》提名威尼斯电影节金狮奖。2004年，凭《墨西哥风暴》提名艾美奖迷你剧最佳男主角。2007年，导演爱情片《夏季雨》获得柏林国际电影节欧洲院线奖。

本尼迪克特·康伯巴奇：英国演员、制片人。2004年，因电视电影《霍金的故事》获得蒙特卡洛国际电视节最佳男主角奖。2010年，开始主演电视剧《神探夏洛克》，获得艾美奖、金卫星奖等多项最佳男主角奖，亦得到金球奖、英国电视学院奖最佳男主角提名。2014年，凭影片《模仿游戏》获得好莱坞电影奖最佳男主角奖和奥斯卡金像奖、金球奖、英国电影学院奖等最佳男主角提名，并入选《时代周刊》年度“全球最具影响力人物”榜。

黛博拉·梅辛：美国女演员。2002年，被人物周刊评为全球最美丽的50位女性之一。2003年，被“电视指南”评为“最会穿衣打扮的女性”。梅辛是好莱坞电视屏幕上最受宠的公主，电视艾美奖的最佳女演员桂冠得主。

彼得·萨斯加德：美国电影演员和戏剧演员。代表作品是《欲盖弥彰》《情归新泽西》《空中危机》等。

克里斯·海姆斯沃斯：澳大利亚演员。2012年，获得第14届青少年选择奖夏日最佳男演员奖。2013年，以《复仇者联盟》《白雪公主与猎人》中的角色获动作电影明星奖。2014年，获选美国《人物》杂志全球最性感男人。

凡妮莎·威廉斯：美国歌手、作曲家、演员。曾获格莱美奖、艾美奖、托尼奖提名。1983年，威廉斯成为美国首位有非裔血统的美国小姐。她曾被选为“全世界最美丽的50位人物”“全美最美丽的十位女人”。

安娜·温图尔：《Vogue》时尚杂志美国版主编。英国《卫报》把她称为“纽约的非官方市长”。2017年5月，被授予大英帝国勋章中的“爵级司令勋章”（DBE）。

维多利亚·贝克汉姆：英国歌手、时尚设计师。

王薇薇：著名华裔设计师，婚纱女王。在每年的奥斯卡金像奖星光大道上，都有她的婚纱作品。

J.K.罗琳：英国作家。《哈利波特》系列的作者。2017年6月12日，美国《福布斯》2017年度全球百位名人榜排名第3。

J.K.罗琳

戴安娜·罗斯：美国歌手、演员。她是1960年代摩城唱片组合The Superemes主唱。

卡罗莱娜·科库娃：捷克超模，被誉为“捷克最伟大的诞生”“性感女神”。

米兰达·可儿：2007年代言维多利亚的秘密，签约成为“天使超模”。

妮基·希尔顿：模特，时装设计师。《Lucire》杂志的专属模特。

玛莎亨特：美国天使模特。

碧昂斯·吉赛尔·诺斯：美国女歌手。《福布斯》2017年度全球百位名人榜中收入排名第2。

道格拉斯·布斯：英国影视演员、模特。

罗伯·布莱顿：英国演员、编剧、制片。

索菲·特纳：英国演员。

梅格汉·马克尔：美国女演员。

艾米丽·伯林顿：英国演员。

艾伦·里奇：爱尔兰舞台、电视电影演员。

杰玛·阿特登：英国影视演员。

托尼·班内特：美国著名流行音乐，爵士音乐歌手。

濮存昕：中国戏剧家协会主席，曾任北京人民艺术剧院副院长，著名演员。2012年起，他每年都会资助从少数民族中挑选出来的好苗子——山花队来到中网现场观赛。他积极致力于提高中国网球水平，培养贫困山区少数民族孩子从事网球训练，目标是将他们培养成为有文化素养、有专业实力、能够冲击世界网坛的球员。

葛优：中国演员，国家一级演员。1993年起先后获第13届中国电影金鸡奖最佳男主角、第47届戛纳国际电影节最佳男主角奖。1998年、2002年、2004年三度获得大众电影百花奖最佳男主角奖。2011年8月，凭借《赵氏孤儿》获得第14届中国电影华表奖最佳男演员奖。

张丰毅：中国电影表演艺术协会副会长，中国电影协会理事。1990年，凭借《龙年警官》获得第3届中国电影表演协会优秀男演员奖。1993年，凭借《霸王别姬》获得戛纳国际电影节金棕榈奖。1996年、2005年先后凭借《和平年代》《历史的天空》夺得全国电视剧飞天奖优秀男演员奖。

郭涛：中国演员。2004年，凭借话剧《死无葬身之地》获得文化部优秀表演奖。2012年，凭借喜剧冒险片《黄金大劫案》获得第11届中国长春电影节最佳男配角奖。2015年，凭借犯罪片《烈日灼心》中杨自道一角获得第18届上海电影节最佳男主角奖。

姜文：中国演员、导演、编剧。1987年，凭借《芙蓉镇》获得大众电影百花奖最佳男演员奖。1988年，主演《红高粱》，获柏林国际电影节金熊奖。1993年，主演《北京人在纽约》，获中国电视金鹰奖。自编自导的《阳光灿烂的日子》被《时代周刊》评为“九五年度全世界十大最佳电影”之首。2017年6月，美国电影艺术与科学学院正式宣布姜文成为“2017年奥斯卡”新成员。

冯绍峰：中国演员。2012年，凭借古装动作片《鸿门宴》获得第24届哈尔滨冰雪电影节2011年度最具商业价值男新人奖。2014年5月，凭借动作片《狄仁杰之神都龙王》获得第21届北京大学生电影节最受欢迎男演员奖。

李晨：中国影视演员、导演、监制、赛车手。2008年，凭借电影《极限救援》获得第11届上海电影节传媒大奖。2011年，凭借电影《唐山大地震》获得第5届娱乐大典年度电影飞跃人物大奖。2016年，获得第18届华鼎奖中国最佳电视剧男演员奖。

杨澜：中国电视节目主持人、媒体人、传媒企业家。阳光媒体集团主席和阳光文化基金会主席。1990—1994年，担任中央电视台《正大综艺》节目主持人，并获中国第1届主持人“金话筒奖”。1999年，担任阳光文化影视公司董事局主席。2000年，创建第一个以历史文化为主题的卫星频道——阳光卫视。被福布斯评为全球最具影响力的100位女性之一。2015年7月，任2022年冬奥会申办委员会总体策划及法律事务部副部长。

媒体对网球的青睐

美国《时代》杂志是全世界影响最广的时事杂志，它用全球的视角，严格地按照搜索量和热度来挑选报道内容。历史上的《时代》杂志，对网球运动情有独钟。据《网球》杂志统计，截至2013年，在《时代》杂志90年历史中，网球题材共有366次出现在封面标题里，作为封面共有20次。

在《时代》杂志创刊的第二年，也就是1924年，就出现了第一个网球人物封面，封面的球员是德怀特·戴维斯，也就是著名的戴维斯杯创建者。此后，有海伦·威尔斯、克劳福德、顿·布奇、克莱默、吉布森、里格斯、康纳斯、博格、威廉姆斯姐妹、莎拉波娃、李娜……。《时代》杂志在每一个时期都有网球人物入选封面，它们挑选的标准也绝对不是大满贯成就，而是这些人物背后代表的世界格局、科学进步和思想上的碰撞，这些网球封面浓缩了90年的网球风云，具备了极其鲜明的时代特征，简直就是一部最鲜活的网球历史，也体现出了《时代》杂志宽容而进取的价值观，从网球的裁判问题到女权运动，它们一直都把网球当作世界文明进步的象征。现在介绍网球发展史上一些主要阶段出现在《时代》杂志封面的网球运动员。

1924年｜德怀特·戴维斯

戴维斯曾经作为哈佛的学生赢得过全美单打冠军，他于1900年捐献的那只著名的银杯早已蜚声四海，此时戴维斯却淡出了网球圈，成长为一个政坛新星。他由网球开始的人生故事充满了传奇色彩，自然受到《时代》杂志的关注。

1934年｜弗里德·佩里，英国网球选手

这一年国际体育交流异常活跃，英国选手佩里来访美国轰动了美国，他在戴维斯杯和美网上都让美国人“颜面扫地”，让美国人不得不开始尊重他。从宾夕法尼亚到纽约，无数美国人追寻他在美国的旅行，为他欢呼。他干净的微笑和黑色的短发都让美国人赞叹不已，他代表了一种正宗的优雅的网球。《时代》杂志正是展现了这种轻松的氛围。

冯·克莱姆

1937年｜冯·克莱姆，德国网球选手

他是《时代》杂志上出现的最考究、最帅气的运动员，《时代》杂志是在强调他的国家和他的时代。1934年和1936年，他2次获法网冠军，他被纳粹强迫做了国家象征，希特勒和戈培尔都喜欢他的球技和外貌。1935年，戴维斯杯半决赛美国队和德国队狭路相逢，冯·克莱姆已经拿到了赛点，他竟

然主动放弃了得分，导致德国队失利。1937年戴维斯杯比赛，冯·克莱姆在决胜盘以4–1领先美国队的顿·布奇，但布奇随后上演了翻盘大战，以8–6获胜。人们后来给这场比赛附加了伟大的政治意义。后来布奇回忆说，在比赛开始的前一分钟冯·克莱姆接到了一个电话，是希特勒亲自打来鼓励他的，他马上变得脸色灰白，嘴唇发抖。后来对冯·克莱姆判处一年徒刑，罪名是同性恋。

1947 年｜杰克·克莱默，美国网球选手

第二次世界大战之后，是国际网球运动恢复的时代，人们重新以巨大的兴趣欣赏那些出色的网球选手。

第二次世界大战期间，杰克·克莱默在美国海岸警卫队服役。战后，他连续两年赢得温网冠军。他是强力网球的开创者，在木拍时代足以惊世骇俗，能够摆脱漫长的拉锯战，简洁迅速地得分。时间证明《时代》杂志给予克莱默的封面地位是值得的，他大大地推动了网球运动的发展，在20世纪60年代坚定不移地推动了ATP的成立。1970年，他创建了职业积分排名系统。1973年，克莱默带头抵制温布尔顿锦标赛。他改良了网球器材，从1948年起，维尔胜生产的“杰克·克莱默”网球拍畅销世界35年。

1951 年｜迪克·萨维特，美国网球运动员

这个美国运动员大个子，身高1.91米，体重85千克，在当时的网球场上绝对是巨人。萨维特最喜欢的运动是篮球，是德克萨斯全州明星前锋。第二次世界大战时在海军服役，代表军队打球，因为膝盖受伤，他只好选择了网球，他在网球场上的才能完全是无师自通。1950年，他没有教练，单枪匹马杀进美网四强，轰动了全美。

《时代》杂志选择萨维特还有另外一个原因，当时美国给予犹太复国运动不遗余力的支持，萨维特是大满贯历史上第一个犹太族的冠军。

1957 年｜艾尔西·吉布森，美国黑人女子网球选手

1957年，美国发生了小石城事件，阿肯色州的九名黑人学生被国会获准进入白人高中就读，但阿肯色州政府竟然派出国民警卫队在校门口拦阻学生，加上还有黑人学生的支持者和白人学生的家长，几方发生了拉扯对抗，差点演变为大规模冲突，后来总统艾森豪威尔派出了101空降师部队来维持秩序。

就在这一年，生长于哈姆莱特的黑人区女孩——吉布森在温网和美网都夺得了冠军。她从小没有得到过和白人孩子平起平坐的机会，只能用双脚在街上练习奔跑。她不能进入白人社区球场练球，甚至成人后，她不能参加有白人的正式比赛。她年复一年申请参加森林山的全国锦标赛，而年复一年被拒绝。此时，《时代》杂志采用黑人女子网球选手作封面，展现了其对小石城事件的坚决立场，并为她声援：“如果网球是一项男女皆宜的运动，绅士和淑女都可以参与，那么如今是展现绅士风度的时候，不要再像伪君子一样假惺惺地把平等放在嘴边！”

她后来的荣光不只是黑人的荣光，而是美国整个国家的荣光，她在1957年成为了第一个赢得温网冠军的黑人选手，伊丽莎白女王对她说：“我相信全世界都为你着迷。”

1973年｜博比·里格斯，美国网球史上一个出色的小丑

博比·里格斯

他已经完成了母亲节大屠杀，击败了想挣钱买新车的考特夫人，他现在又邀请另外一个女人决斗，并扬言“比利·简·金是超级明星，但她没法和我斗，女子网球选手实际一直都是靠男人吃饭的家伙”。这次杂志封面是一张印象深刻的漫画，带着老花镜的里格斯正得意扬扬对着你看，他的头发像猪鬃一样披散着，上面是焦黄的而下面是泛白的，最可怕的是他的牙齿，充满威胁和无知。这份杂志出版于性别大战前一周，很多观众等待着这场戏剧性的挑战。文章标题叫作《喋喋不休的恶棍里格斯》，他真的是个恶棍吗？直到里格斯临死之前，他才说出了他的秘密，他既不是好人也不是恶棍，他只是一个演员，他太明白怎样演戏才能达到效果，他要做历史上最出色的一个网球配角。后来他输了，输掉10万美元，但他一生都为这场失败暗自得意，他把男权主义演绎得足够丑陋，他获得了满分！

1975年｜吉米·康纳斯

那时22岁的吉米·康纳斯，身上有太多惊人的故事。1974年，他横空出世，横扫了法网之外的其他三个大满贯，成为罗德·拉沃的终结者，但他输给了纽康比。推广人里奥丹看中了康纳斯与纽康比适合做一对一单挑的对决，便将对决安排在拉斯维加斯凯撒宫。网球比赛罕见地采用拳击比赛的方式，胜利者拿走一切，失败者只能倒地流血。这个疯狂的比赛吸引了全世界的目光，凯撒宫为比赛投入了20万美元，CBS创纪录地为单场网球赛全美直播付出了60万美元转播费，其他来自世界各地的十几个电视台都付了15万美元转播费，这在当时都是了不得的高价。康纳斯带了大批随从杀奔拉斯维加斯，光陪练就有三个，并为他的人马买下536个座位。纽康比则动员了澳洲网球所有的高人，如托尼·罗切、罗斯维尔和拉沃。有什么样的网球比赛能比这场比赛更吊人胃口？观众一直在等着这场史无前例的挑战赛。《时代》杂志为这场火热的比赛又倾泻了一桶柴油，他们如愿以偿地得到了这个封面的赌注，康纳斯以6–3、4–6、6–2、6–4获胜，奖金是50万美元。他成了年轻的百万富翁，只用了一年的时间，就挣到了纽康比和拉沃需要干上十年的钱。

1976年｜性与网球

这是一个关于网球的精神分析，哥伦比亚大学教授亨丁对混双网球比赛发生了兴趣，因为在所有的球场都会看见男女搭对在游戏，其乐融融，到底是什么吸引他们在一起？在美国人的假期里，人们似乎越来越乐意将时间放到网球场上，好像一夜之间，成年男女都喜欢在网球场上展开约会，网球到底有什么样的荷尔蒙吸引他们呢？有个封面采用了美国报纸流行的讽刺漫画风格——一个网球女孩暴露的臀部，让一群男人都心不在焉。

1980年｜比约·博格

这篇温布尔顿之后的文章标题是《网球机器》，因为他实在太完美了，这样没有缺陷的天才并非人类，当时的编辑也许还没有想到还有“冰人”这个更合适的词。用机器来形容博格并不适当，

因为他是用强大而温暖的内心来驾驭着击球，并非没有情感地击败对手。博格不是机器，而是真正的诗人。1980年，博格第五次夺得法网冠军，第五次夺得温网冠军，也是连续第三次包揽法网冠军和温网冠军，他横跨两种区别最大场地的成绩，和全满贯一样令人敬佩。博格是最早来到中国的世界级球员，他的球技和金发令广州的一些老球迷至今津津乐道，因为他们见过年轻时的博格。

2001年｜威廉姆斯姐妹

对于已经声名鹊起的威廉姆斯姐妹，《时代》杂志在这篇文章中表现出了高明的技巧，威廉姆斯姐妹的骄傲是很单纯的，人们对她们的嫉妒也是单纯的，这和她们的肤色和为人根本没有关系。维纳斯声称自己只是比别人聪明那么一点点，这代表了当时威廉姆斯姐妹为人处世的态度。2000年维纳斯夺得美网冠军之后，克林顿总统亲自打来电话祝贺，她竟然要求总统为她减税，同时指出总统车队恶化了纽约堵车现象，并责问为什么不等她的比赛开始就离开了法拉盛？全世界都在讨厌她们的同时，又在为她们送上掌声。威廉姆斯姐妹改变了WTA的处境，让WTA赛事变得扎实而有力量，她们不但对得起刚刚实现的男女奖金平等，而且改变了广告公司对WTA的看法。

2013年｜李娜

2013年4月29日出版的新一期美国《时代》周刊上，李娜成为封面人物。同时，《时代》周刊公布了2013年度全球100位最有影响力的人物名单。它从这100名人物中挑选了最具代表性的7人作为周刊的封面人物，其中有中国网球明星李娜、美国说唱歌手Jay Z、美国肯塔基州参议员兰德·保罗、印度宝莱坞明星阿米尔·汗、倡导女性受教育权利的巴基斯坦少女马拉拉·优素福、Space X创始人伊隆·马斯克和奥斯卡新科影后詹妮弗·劳伦斯。《时代》周刊对他们进行了较为详细的介绍。其中对中国网球金花李娜写道："她是中国网球的巨星，可能将在很短的时间内成为世界上收入最高的女运动员。李娜是第一位打入澳网决赛的亚洲球员，2011年更是成为法网冠军。她同时还是中国首个排名世界前十的网球选手。今年，李娜再一次打进澳网决赛，现排名稳居世界前五。"

美国网坛巨星埃弗特为李娜撰写"百大人物"的推荐词：2011年李娜赢得法网女单冠军，成为亚洲第一个获得大满贯单打冠军的选手，那场比赛共有1.16亿人观看，这样的曝光率对于网球运动至关重要。

WTA官网评价称"《时代》全球百大最有影响力人物评选特刊世界版把李娜作为封面人物体现了女子网球的影响力以及亚洲网球的飞速崛起"。

得知自己成为封面人物，李娜表示："能够成为《时代》杂志全球百大最有影响力人物评选特刊世界版的封面人物我感到非常荣幸，这让我处在更好的位置去推动女子网球运动在世界范围内的推广，尤其是在我的祖国——中国。能够与一些世界精英同列这份榜单让我无比自豪，这将对女子和女子运动产生深远影响。我很感激《时代》杂志能够给予女子网球它理应得到的认可。"

后来，李娜在2014年澳网夺冠，排名WTA世界第二，使她的名望达到顶峰。

2015年1月，日本网球新星锦织圭登上了最近一期《时代》周刊封面。封面上的锦织圭霸气十足，看起来充满自信。美国网球名宿阿加西对锦织圭给予了高度评价。

网球对人类和社会的影响

网球运动成绩往往是一个国家、一个民族荣誉的象征。获得大满贯赛事冠军的网球运动员，往往也是这个国家、民族的自豪。

网球运动员费德勒、纳达尔、德约科维奇等在国内外都享有极高的地位。2011年，西方媒体曾就世界名人的声望和影响做抽样调查，在5万份调查问卷中，南非总统曼德拉排在第1位，网球明星费德勒战胜了比尔·盖茨、乔布斯及其他演艺、体育界众多明星，排在第2位。

在号称体育界的奥斯卡“劳伦斯”评选中，费德勒力压众多体育明星，从2004—2007年连续四年获最佳男运动员奖；德约科维奇在2012年、2015年、2016年3次获最佳男运动员奖。2011年，网球运动员纳达尔力压足球运动员梅西、篮球运动员科比获“萨马兰奇”奖。2013年，阿根廷网球运动员德尔波特罗获大满贯冠军，力压足球明星梅西荣获阿根廷年度最佳运动员。2013年，穆雷在温布尔登网球锦标赛决赛以3:0力克德约科维奇，成为1936年来继弗雷德·佩里夺冠之后第一位拿下温网冠军的英国本土选手，当年穆雷荣获大英帝国勋章。

由于网球的巨大影响，颜值高、形象好、素质佳的网球运动员成为许多国家奥运会旗手的最佳人选。据不完全统计，近几届担任奥运会旗手的网球运动员竟有十多个国家，包括瑞士的费德勒、瓦林卡，丹麦的沃兹尼亚奇，波兰的A.拉德万斯卡，西班牙的纳达尔，塞尔维亚的德约科维奇，英国的穆雷，阿根廷的德尔波特罗，俄罗斯的莎拉波娃，白俄罗斯的米尔尼……

2010年底，著名国际排名网站Wiplist根据国际互联网收入和曝光率搜索评选出了最具影响力的100位华人。其中，体育圈名人里共有7人上榜，李娜的排名超过姚明、刘翔，成为中国体育圈第一人。2011年李娜法网夺冠之后，李娜已经成为中国体育新名片，甚至是一个开放的、自信的、强大的中国新名片。美联社称“李娜‘引领中国网球实现新的革命’，‘是耸立在拉沃尔球场上的中国国家形象的宣传片’”；法新社称“李娜是‘中国体育新的民族英雄’‘承载中国重量，影响超越体育’”；CNN称“李娜是个性网球选手和人民偶像”；新华社认为“继姚明的高度、刘翔的速度、丁俊晖的准度后，李娜代表了中国的力度！鉴于网球在世界上的地位，李娜在某种意义上已经超越上述中国体育明星”。

在运动员收入方面，网球运动员一直名列前茅。《福布斯》杂志在2011年8月2日公布的世界女子运动员排行榜中，最富有的25位女运动员中，有4人是网球运动员，当时WTA排名第2的莎拉波娃以2 500万美元的收入位列榜首，连续第7次成为世界最富有的女运动员。中国网球运动员李娜以800万美元收入排名第8。2012年6月20日，《福布斯》杂志公布了全球运动员年度收入排名前100位的榜单，莎拉波娃以2 790万美元排在第26位，李娜以1 840万美元排第81位，李娜也是唯一上榜的中国运动员。

从网球场上的观众数量也可看出网球运动在世界的巨大影响。足球是世界第一大运动，其现场观众数量之多，影响也是巨大的。足球世界杯的现场观众可达270万人左右（2010年）。四大网球公开赛按平均每次是60万人计算，但每年四大网球公开赛现场观众可达240万人次。何况足球世界杯每四年才一次，而四大网球公开赛每年一次。从总体上说，网球的观众并不输给足球。

网球对经济的影响和人们观念的改变，最典型的要数俄罗斯了。

有媒体报道：叶利钦这辈子做得最牛的两件事，一件是站在坦克车顶上冲进克里姆林宫，另一件就是推动俄罗斯网球运动的发展。叶利钦亲手放下了俄罗斯网球金字塔的第一块基石，现在，这座金字塔俨然已经是一条完整的产业链。记者曾经问："如何摆脱穷日子？"叶利钦回答："打网球！"

十月革命前，苏联领导认为网球是资产阶级体育，与工人阶级不相容。所以每次国际网球比赛只允许男女各两名选手参赛，奖金还必须充公。但叶利钦上台后反复上镜打网球，从而在俄罗斯的新贵中掀起一股网球热。克里姆林宫杯赛，正是在这样的大环境下催生，并逐渐变成俄罗斯最有影响力的体育赛事之一。

对人均年收入9 000美元的俄罗斯人来说，网球产业已经成为他们最挣钱、最有前途的一项新兴产业，同时也是既能成为亿万富翁又不必担心被请到监狱去的安全致富之法。在俄罗斯，最赚钱的体育明星无一例外是网球明星，这和其他国家完全不同。

莎拉波娃和萨芬是这条产业链最成功、最具知名度的标志性产品。身为贵族运动的网球，它可以把你送进贵族阶层，使你拿到上流社会的入场券。榜样的力量是无穷的，一大批"准莎拉波娃"蓄势待发，即使冲不到顶部，网球赛事的丰厚奖金也足够让她们过上小康生活了。

从2006年至2015年，莎拉波娃连续十年成为《福布斯》全球收入最高的女运动员，被《体育画报》评为全球最美丽运动员，誉满全球。当年15岁的俄罗斯女孩尤利娅·利沃托娃将莎拉波娃海报挂在卧室，以激励自己更好地投入网球学习中，她说："我希望自己能够像莎拉波娃一样优秀，像她一样挣钱，可以在纽约的悉罗舞厅替自己过生日……"。而俄罗斯家长们则从莎拉波娃的父亲那里找到了致富的新方式。

对此，二十年来一直关注俄罗斯网球运动发展的WTA特殊项目部主管吉姆福赛认为："自从叶利钦上任后，俄罗斯人的观念发生了变化，他们不仅将网球看作一项精彩的职业，而且是摆脱经济窘境的方式。"

俄罗斯人在通过网球获得经济效益的同时，当然也不会忽略网球对政治的影响。2004年，当2名俄罗斯女娃双双出现在罗兰·加洛斯决赛时，人们才惊讶地发现，这是俄罗斯首次拿下法网冠军的崭新历史开端。离这个成绩最接近的是1988年，当时的苏联选手兹沃列娃首次打入法网决赛，面对格拉芙时仅在32分钟内就以两个0–6留下了法网决赛最差战绩，创造了比分最悬殊的决赛成绩和最快完败记录。所以，俄罗斯人从不承认这个成绩，但2004年法网的骄人战绩终于让俄罗斯挽回了所有面子。

米斯金娜以令人信服的决赛胜利登上了红土圣殿王位，这是一次成功地"王位篡夺"。米斯金娜终于在第5次参加法网赛事中取得了冠军。唯一使人生疑的是，她在前4次参赛中仅有1场胜绩。一名连大满贯前四强都没有进的平平选手，如何就顺利摘取了罗兰·加洛斯灿烂后冠呢？

整个俄罗斯已完全被这帮女娃的优异表现所感动。在全俄发行量最大的《消息报》上登出了这样一段话："国际网坛的所有精英都已被我们的姑娘征服了，就像'阿芙乐尔号'炮声，宣告了未来的网坛将由我们的姑娘开始统治。"俄罗斯网协主席塔尔皮谢夫在电视采访节目中激动万分："这对于俄罗斯网坛是真正具有历史意义的一天。"而俄罗斯总统普京则在6月7日赶往巴黎，向米斯金娜和德门蒂耶娃表示祝贺，这是他首次专门为运动员而改变了自己的行程。

普京表示："我会永远记住这一天，并希望你们能不仅一次地进入大满贯决赛，保住这个好传统，我爱你们，并且为你们加油。"他珍藏的米斯金娜和德门蒂耶娃运动衫上写着"我们的胜利就是整个俄罗斯的胜利"。

第三节　劳伦斯奖的最大赢家

权威的劳伦斯

劳伦斯在拉丁语中的意思是桂冠，是世界体坛胜利的象征。一年一度的劳伦斯世界体育大奖是唯一全球性的体育大奖，是对世界上最杰出的男女运动员在各个领域所达到的运动成就予以最高的奖励，被誉为体育界的"奥斯卡"。其颁奖仪式将由世界上最顶尖的40个广播单位进行实况直播及转播，吸引来自165个国家，超过3亿的观众。劳伦斯世界体育大奖由创始和赞助方戴姆勒－克莱斯勒公司和Richmond公司于2000年发起。戴姆勒－克莱斯勒公司和Richmond公司下的品牌Mercedes奔驰轿车和Cartier是赞助商。

劳伦斯世界体育大奖赛的得主由两个阶段的投票过程选出。首先是由来自世界上75个国家的主要体育媒体记者组成的评选团为每个奖项提名5个个人或者团体作为候选人。选票由独立的核算单位普华公司计数，然后由劳伦斯世界体育学会选出得主。劳伦斯世界体育学会由世界上富有传奇色彩的41名男女运动员组成。

由世界体育媒体评选团和劳伦斯世界体育学会选出得主的5个奖项分别为：劳伦斯年度最佳男运动员奖、劳伦斯年度最佳女运动员奖、劳伦斯年度最佳体育队伍奖、劳伦斯年度最佳新人奖、劳伦斯年度最佳复出运动员奖。由专家小组和劳伦斯世界体育学会选出得主的2个奖项分别为：劳伦斯年度最佳另类运动员奖和劳伦斯年度最佳残疾运动员奖。创始和赞助方及劳伦斯世界体育学会还颁发另外2个奖项：劳伦斯终身成就奖和公益体育基金奖，以表彰那些通过体育为社会作出巨大贡献的人。

劳伦斯奖自2000年创建以来，已经举办了18届（截至2017年）。由世界体育媒体评选团和劳伦斯体育学会选出的5个项目获奖情况如下：

● 第1届大奖得主（2000年）

年度最佳男运动员	泰格·伍兹	美国	高尔夫
年度最佳女运动员	马里恩·琼斯	美国	田径
年度最佳体育队伍	曼彻斯特联队	英格兰	足球
年度最佳复出运动员	阿姆斯特朗	美国	自行车
年度最佳新人	塞尔中奥·加西亚	西班牙	高尔夫

● 第 2 届大奖得主（2001 年）

年度最佳男运动员	泰格·伍兹	美国	高尔夫
年度最佳女运动员	凯西·弗里曼	澳大利亚	田径
年度最佳体育队伍	法国足球队	法国	足球
年度最佳复出运动员	卡普里亚蒂	美国	网球
年度最佳新人	萨芬	俄罗斯	网球

● 第 3 届大奖得主（2002 年）

年度最佳男运动员	迈克尔·舒马赫	德国	F1 赛车
年度最佳女运动员	卡普里亚蒂	美国	网球
年度最佳体育队伍	澳大利亚板球队	澳大利亚	板球
年度最佳复出运动员	伊万尼塞维奇	克罗地亚	网球
年度最佳新人	蒙托亚	哥伦比亚	F1 赛车

● 第 4 届大奖得主（2003 年）

年度最佳男运动员	阿姆斯特朗	美国	自行车
年度最佳女运动员	塞雷娜·威廉姆斯	美国	网球
年度最佳体育队伍	巴西国家足球队	巴西	足球
年度最佳复出运动员	罗纳尔多	巴西	足球
年度最佳新人	姚明	中国	篮球

● 第 5 届大奖得主（2004 年）

年度最佳男运动员	迈克尔·舒马赫	德国	F1 赛车
年度最佳女运动员	索伦斯塔	瑞典	高尔夫
年度最佳体育队伍	英格兰橄榄球队	英国	橄榄球
年度最佳复出运动员	赫尔曼·迈尔	奥地利	滑雪
年度最佳新人	魏圣美	韩国	高尔夫

● 第 6 届大奖得主（2005 年）

年度最佳男运动员	罗杰·费德勒	瑞士	网球
年度最佳女运动员	凯丽·霍尔姆斯	英国	田径
年度最佳体育队伍	希腊国家足球队	希腊	足球
年度最佳复出运动员	扎纳尔迪	意大利	摩托车
年度最佳新人	刘翔	中国	田径

- 第 7 届大奖得主（2006 年）

年度最佳男运动员	罗杰·费德勒	瑞士	网球
年度最佳女运动员	科斯特里奇	瑞士	高山滑雪
年度最佳体育队伍	雷诺车队	瑞士	F1 赛车
年度最佳复出运动员	玛蒂娜·辛吉斯	瑞士	网球
年度最佳新人	拉斐尔·纳达尔	西班牙	网球

- 第 8 届大奖得主（2007 年）

年度最佳男运动员	罗杰·费德勒	瑞士	网球
年度最佳女运动员	叶莲娜·伊辛巴耶娃	俄罗斯	田径
年度最佳体育队伍	意大利国家足球队	意大利	足球
年度最佳复出运动员	塞雷娜·威廉姆斯	美国	网球
年度最佳新人	毛瑞斯莫	法国	网球

- 第 9 届大奖得主（2008 年）

年度最佳男运动员	罗杰·费德勒	瑞士	网球
年度最佳女运动员	贾斯汀·海宁	比利时	网球
年度最佳新人奖	刘易斯·汉密尔顿	英国	F1 赛车
年度最佳复出奖	保拉·拉德克里夫	英国	田径
年度最佳团队奖	南非橄榄球队	南非	橄榄球

- 第 10 届大奖得主（2009 年）

年度最佳男运动员	尤塞恩·博尔特	牙买加	田径
年度最佳女运动员	叶莲娜·伊辛巴耶娃	俄罗斯	田径
年度最佳新人奖	瑞贝卡·阿德琳顿	英国	游泳
年度最佳复出奖	维塔利·克里钦	乌克兰	拳击
年度最佳团队奖	中国奥运代表团	中国	综合

- 第 11 届大奖得主（2010 年）

年度最佳男运动员	尤塞恩·博尔特	牙买加	田径
年度最佳女运动员	塞雷娜·威廉姆斯	美国	网球
年度最佳突破奖	简森·巴顿	英国	F1 赛车
年度最佳复出奖	吉姆·克里斯特尔斯	比利时	网球
年度最佳团队奖	布朗 GP 车队	英国	F1 赛车

● 第12届大奖得主（2011年）

年度最佳男运动员	拉斐尔·纳达尔	西班牙	网球
年度最佳女运动员	林赛·沃恩	美国	滑雪
年度最佳突破奖	马丁·凯梅尔	德国	高尔夫
年度最佳复出奖	瓦伦蒂诺·罗西	意大利	摩托车
年度最佳团队奖	西班牙国家足球队	西班牙	足球

● 第13届大奖得主（2012年）

年度最佳男运动员	诺瓦克·德约科维奇	塞尔维亚	网球
年度最佳女运动员	维维安·切鲁依约特	肯尼亚	田径
年度最佳突破奖	罗里·麦克罗伊	北爱尔兰	高尔夫
年度最佳复出奖	达伦·克拉克	北爱尔兰	高尔夫
年度最佳团队奖	巴塞罗那足球队	西班牙	足球

● 第14届大奖得主（2013年）

年度最佳男运动员	尤塞恩·博尔特	牙买加	田径
年度最佳女运动员	杰西卡·恩尼斯	英国	田径
年度最佳突破奖	安迪·穆雷	英国	网球
年度最佳复出奖	菲利克斯·桑切斯	多米尼加	田径
年度最佳团队奖	欧洲莱德杯队	欧洲	高尔夫

● 第15届大奖得主（2014年）

年度最佳男运动员	维特尔	德国	F1赛车
年度最佳女运动员	富兰克林	美国	游泳
年度最佳团队奖	拜仁慕尼黑	德国	足球
年度最佳突破奖	马奎斯	西班牙	摩托车
年度最佳复出奖	拉斐尔·纳达尔	西班牙	网球

● 第16届大奖得主（2015年）

年度最佳男运动员	诺瓦克·德约科维奇	塞尔维亚	网球
年度最佳女运动员	根泽贝·迪巴巴	埃塞俄比亚	田径
年度最佳团队奖	德国男子足球队	德国	足球
年度最佳突破奖	丹尼尔·里卡多	澳大利亚	F1赛车
年度最佳复出奖	沙尔克·伯格	南非	橄榄球
特别贡献奖	李娜	中国	网球
体育精神奖	姚明	中国	篮球

● 第17届大奖得主（2016年）

年度最佳男运动员	诺瓦克·德约科维奇	塞尔维亚	网球
年度最佳女运动员	塞雷娜·威廉姆斯	美国	网球
年度最佳团队奖	新西兰全黑队	新西兰	橄榄球
年度最佳突破奖	乔丹·斯皮恩	美国	高尔夫
年度最佳复出奖	丹·卡特	新西兰	英式橄榄球

● 第18届大奖得主（2017年）

年度最佳男运动员	博尔特	牙买加	田径
年度最佳女运动员	西蒙·拜尔斯	美国	体操
年度最佳团队奖	芝加哥小熊	美国	棒球
年度最佳突破奖	尼科·罗斯博格	德国	F1赛车
年度最佳复出奖	迈克尔·菲尔普斯	美国	游泳

从以上18届评选结果的统计来看，网球竟获得23次奖，将世界公认的许多热门运动项目，如田径、足球、篮球、游泳、高尔夫等远远抛在其后。其中，费德勒从2005—2008年连续4次荣获年度最佳男子运动员，这恐怕也是空前绝后的奇迹。而德约科维奇分别在2012年、2015年、2016年3次荣获最佳男运动员，也是其他运动项目运动员远远不能企及的。

媒体的结论

特别是在2006年5月第7届和2007年4月第8届的评选中，网球项目在5个大奖项中均获得3项。难怪媒体报道用的大标题为："网球是劳伦斯的最大赢家"。

其中法新社报道：

24岁的罗杰·费德勒（Roger Federer）风头无人可及，作为男子网坛的第一人，费德勒已经取得了自2005年温网开始后的连续3个大满贯赛事的冠军，如果能够在6月份的法网称雄，他将成为46年来第1位连续夺得四大满贯冠军的男子选手。此外在2005年费德勒还取得了9项冠军，本赛季已经连获印第安维尔斯大师赛和迈阿密大师赛男子单打冠军。

费德勒在评选中击败了在2000年和2001年蝉联年度最佳男运动员伍兹，巴西足球明星、世界足球先生罗纳尔迪尼奥，2005赛季F1世界冠军阿隆索以及7届环法大赛冠军阿姆斯特朗，在2005年获得年度最佳男运动员。

美联社报道：

网球项目成为本届劳伦斯体育大奖的最大赢家。费德勒连续两年当选最佳男运动员。81胜4负，11个冠军头衔，24场决赛连胜，这些成绩奠定了瑞士费天王的地位，他也因此与伍兹比肩，成为第2个蝉联年度最佳男运动员的选手。纳达尔当选年度最佳新人，辛吉斯则获年度最佳复出奖，几位网球明星们成为最风光的人物。

2006年5月23日一篇题为《一个可能改写劳伦斯奖历史的网坛天王——费德勒》的报道：

当今男子足坛最炙手可热的运动员罗纳尔迪尼奥、历史上最年轻的F1世界冠军阿隆索、7届环法自行车赛冠军阿姆斯特朗、MOTO GP五连冠得主罗西、高尔夫传奇人物“老虎”伍兹，这里的每一个人在世界体坛都有着举足轻重的地位。可是在罗杰·费德勒面前，他们还是显得有些淡而无光。

2005年，81胜4负的完美战绩，历史上第5个在全年都屹立世界第1宝座上的男子球员、创造历史上最长决赛、24连胜的纪录。这一切的一切，都是费德勒所创造的。2005年一整年，费德勒都站在了世界体坛的最前沿，就像麦肯罗所说的那样，“他是这个时代中极其杰出的一个单项运动的霸主，或许也只有伍兹才可以和他相提并论”。

“对我而言，连续两年赢得劳伦斯最佳男运动员奖是一份巨大荣耀。”费德勒说，“最重要的是我已经和其他被提名的明星人物一起被整个世界体坛所认可。现在我所想的是网球运动或许会借助这次劳伦斯奖提升到一个新的高度，如果我将来能够继续为网球的发展出力的话，我将不遗余力。”

连续赢得温网和法网对于费德勒来说并不是一件新鲜事了，因为瑞士人在去年已经成为80多年来第1个连续两年赢得温网和美网这两项大满贯冠军的人了。而最关键的就是，费德勒目前对网坛的统治还在继续，今年他已经将四大满贯之一的澳网和第五、第六大满贯冠军统统收于囊中，如果费德勒能够在本周日开幕的法网上折桂的话，那么明年的劳伦斯奖很可能会成就历史上第1个连续3次蝉联劳伦斯单项奖的奇迹，而这个奇迹的创造者，就是罗杰·费德勒！

费德勒三捧“劳伦斯”大奖

一年后的事实，见证了这家媒体的正确预见。据2007年新华网马德里4月2日电：瑞士网球巨星费德勒获得2007年劳伦斯最佳男运动员称号。这是他连续3年获得此项殊荣。在由128个国家1 068名记者投票的角逐中，他击败了阿隆索、卡纳瓦罗、鲍威尔、舒马赫和伍兹。在这次评选中，网球运动员小威获最佳复出奖，海宁、莎拉波娃获最佳女运动员提名。

劳伦斯每个奖项的得主将获得一个由Cartier精心制造的劳伦斯雕像，五大洲的人们聚在一起发扬体育的真谛，被刻在雕像的底座上。雕像高30厘米，重2.5千克。每个雕像含有670克坚固的白银和650克黄金。戴姆勒–克莱斯勒公司和Richmond公司不仅通过和劳伦斯世界体育大奖联手来表彰体育成就，而且开创了一项新的慈善事业——劳伦斯体育公益基金。

劳伦斯的评选，为网球提供了大放异彩的机会，网球则让劳伦斯评选在世界体育运动中精彩绽放。网球的杰出表现，让世人刮目相看，网球在国际体育中的超然地位毋庸置疑。

第四节　网球背后的故事

鉴于网球运动的巨大影响，网球运动成为一个国家、民族荣誉的象征，有时甚至成为民族之间战争外的冷战，成为政要的竞选工具。

先从德国在柏林举办的第6届夏季奥运会说起。柏林原定为1916年第6届奥运会的会址，但因德国成为第一次世界大战的策源地，未能如期举行，战后德国受到惩罚，直到1928年才重新获得参加奥运会的资格。1927年1月29日，德国奥委会向国际奥委会提出申请，要求德国举办第11届奥运会。

1932年国际奥委会欲选址柏林，但对此有争议，于是组成调查委员会前往德国调查，负责人是美国委员布伦戴奇。调查委员会成员发现德国纳粹排斥犹太人和扩军备战，并发觉了德国当局的政治意图，但布伦戴奇坚持体育与政治无关，认为德国有条件举办奥运会。

尽管在1936年6—7月间先后有20多个国家集会反对在柏林举办奥运会，主张改在西班牙巴塞罗那举行，但国际奥委会未改变初衷，坚持在柏林举行。国际奥委会的全体成员，包括已退休的顾拜旦都被希特勒的阴谋和假象所蒙蔽，顾拜旦在一次发言中还错误地赞扬了这届奥运会和希特勒本人。这次错误的决定造成奥运史上一次无法挽回的遗憾和惨痛的教训。

柏林奥运会于1936年8月1日开幕,8月16日结束。在这次奥运会上，希特勒借用奥运会的舞台，进行了露骨的表演。为了达到其政治目的，不惜花费巨资兴建了能容10万人的大理石体育场和能容2万人的游泳馆，以及其他场馆，并建造了豪华的奥运村。从物资设备来说大大超过了洛杉矶。

为了掩盖种族歧视，希特勒允许犹太人参加运动会。还特地邀请了一名侨居美国的犹太女击剑选手、1928年奥运会金牌获得者海伦娜・迈尔回德国参赛。而奥运会开幕那天，开幕式会场上到处是纳粹旗飘扬，五环旗反倒黯然失色，德国运动员在经过主席台时，一反奥运会传统的注目礼，而行纳粹的举手礼并高呼：“希特勒万岁！”

具有讽刺意味的是，在有种族歧视的希特勒面前，一名美国黑人欧文斯，在田径赛中获得100码、220码、220码跨栏和跳远4项冠军，平、破了6项世界纪录，而这些优异成绩仅仅在45分钟内完成，真是人间奇迹，这给法西斯头目们一记响亮的耳光。新闻界甚至把本届奥运会誉为“欧文斯奥运会”。

柏林奥运会，是历史上一次决策失误和举办失败的奥运会，也是被纳粹利用和严重政治干扰的奥运会。当1954年国际奥委会庆祝奥林匹克运动60周年时，国际奥委会对此进行了严肃的检讨，在发表的公报中承认军国主义和纳粹分子利用了柏林奥运会，产生了严重的后果。

一年后的1937年，每年一度的网球团体赛——戴维斯杯赛在英国温布尔顿拉开了战幕。现代网球自诞生以来，一直都是以个体参与的个人竞技项目。从1900年戴维斯杯创立，就成为当时唯一体现一个国家整体实力的网球团体赛，也变成了国与国之间实力竞争的一个战场。第二次世界大战前，戴维斯杯冠军基本由英、法、美、澳四国轮流做庄垄断。而野心勃勃的纳粹希特勒在政治上想霸占全世界，在体育上也想征服全球，同争办第11届奥运会一样，想利用德国的网球去实现他的政治目的。

冯·克莱姆，德国选手，1934年和1936年两次获得法网冠军，他的种族和他的国家注定了他一生的悲剧。1936年，他击败了弗雷德·佩里，再次夺得温网冠军，也暂时摆脱了危机。作为优秀的选手和纯种雅利安人，他被纳粹强迫做了国家象征。希特勒和戈培尔都喜欢他的球技和外貌，觉得那是多么适合用来做纳粹的宣传画和挂历。冯·克莱姆的比赛背上巨大的精神包袱。

1937年的戴维斯杯半决赛，温布尔顿球场见证了一场惊心动魄的对决。比赛在美国和德国两队之间进行。赛前，纳粹元首希特勒在电话中向德国选手冯·克莱姆发出“为祖国赢得一场胜利”，使这场平常的比赛被赋予了更多的政治意义。在这次戴维斯杯的比赛中，冯·克莱姆在决胜盘以4–1领先美国队的顿·布奇。这是一个让对手接近绝望的比分，是一个让所有美国人几乎崩溃的比分。希特勒的美梦似乎就要变成现实。然而，美国选手布奇并没有因为压力而表现出沮丧。换边休息时，布奇用坚定的眼神向领队做出自己的承诺，“别担心，我一定可以的。”逆境中布奇越战越勇，将比赛拖入抢七。在第7个赛末点，最终布奇以一个漂亮的正手穿越宣告了比赛结束，比分定格在8–6。受此鼓舞，后来在决赛中美国以4–1击败德国，11年来美国首次问鼎戴维斯杯。在取得胜利后，布奇说道：“这是我一生中所打得最棒的比赛，我很高兴能和他较量。”

而对于德国选手冯·克莱姆来说，布奇随后上演的翻盘，使人们后来给这场比赛附加了伟大的政治意义。而冯·克莱姆内心是远离政治的人。随后，德国当局要求他在国外比赛时承担宣传国家的任务，因拒绝，而遭到纳粹的监禁。

1939年，当冯·克莱姆出狱后试图参加温布尔顿网球锦标赛，结果被拒绝了。他被祖国抛弃，其实也是被全世界所抛弃。“他们不可能接受声名狼藉的囚犯参加比赛。”美网也以同样的理由拒绝了他，这是大满贯不可挽回的错误，他们和纳粹一样给他贴上了标签。他最后一次参加比赛是1940年在罗马，中途被德国当局勒令退赛，因为他可能面对德国同胞，那个家伙是纳粹扶持的新网球偶像。在网球世界里，冯·克莱姆根本无路可走。

在现代社会，可能没有人会想到，网球也会成为政要竞选的武器。2004年10月《世界网球》杂志刊登了一篇精彩的《纽约争夺战》，现摘录如下：

> 2004年9月，美国共和党全国代表大会在纽约召开，小布什将毫无悬念地被正式提名为该党总统候选人，参加11月开始的新一届总统大选。作为竞选对手的约翰·克里则是早于7月26日在波士顿召开的民主党全国代表大会上提名。当纽约大会结束之日，争夺美国总统宝座的战役立即打响。
>
> 标榜独立于政治之外的美国体育运动其实需要金钱和政策来维持的。当然，作为竞选需要，庞大的体育运动人口也可以成为政治人物的票源，而能否得到选票的关键，是他必须参与或者假装参与这项运动。
>
> 棒球项目，这个号称全美第一项目的运动，其运动人口超过千万。波士顿既是民主党的约翰·克里的家乡，也是波士顿红袜棒球队的大本营。7月25日是来自纽约的扬基队挑战波士顿的红袜队，作为两党根据地的争斗，克里似乎感到了棒球以外的其他意义。
>
> 在红袜队的主场地——芬威棒球场，克里手里握着事先分发到的宣传单一直不放，上面用漂亮的印刷体字写上了“波士顿和红袜队都会支持克里。”克里一家与红袜老板汤姆·温克勒一起坐在包厢里为红袜队加油，在此之前作为开球嘉宾的克里演砸了开球仪式，过于温

柔的手法只把球开出了726英寸（18.440 4米），正常的开球距离在1 000英寸（25.4米）以上，投了极坏球的克里用惯常的微笑摆脱了尴尬，回到妻子身边。他微笑着看完了比赛，红袜队以9–5击败了作客的扬基队，克里意味深长地说道：“我们赢下纽约，红袜队做到了。”

现任总统小布什自认纽约州是他的地盘，为了替纽约的世贸大厦复仇，他已经搞定了阿富汗的本·拉登，抓到了伊拉克的萨达姆。在纽约受屈的死难者家属眼里，小布什总统是他们心中的英雄和真正的硬汉。除了上述原因外，小布什也是一名忠实的网球观众，他关心每年在纽约举行的美国网球公开赛，熟悉每一个知名的美国网球选手，这些都起因于受他父亲乔治·布什的耳闻目染。作为美国历史上的第41任总统，乔治·布什在任内就十分喜爱网球运动，几乎每一个知名的美国网球选手都曾到白宫享受老布什的茶点。退休之后，乔治·布什立即担任了美国职业网球协会（USPTA）的副主席，凭借这一职务，无论谁出任共和党总统候选人都应该得到来自网球圈的选票。

尽管小布什更热衷长跑、高尔夫和山地自行车等运动项目，但面对700万以上的美国网球人口，小布什必须把网球作为一项政治武器。因此，针对克里的“棒球攻势”和外部世界的仇美恐怖活动，小布什和他的竞选班子更愿意美国选手能在纽约的美国网球公开赛上夺得佳绩。心领神会的美国网协也决定要在美网的颁奖仪式上挂上美国国旗，专门报道美网赛况的CBS也做了大量的美国网球选手的宣传，而纽约的主要报纸则重点和全面地刊载对罗迪克、阿加西和小威廉姆斯等人的专题访谈。今年的美网成为小布什针对克里的“棒球攻势”而发起的“网球反攻”和竞选秀场。

处在天堂和地狱两极的纽约人每年都以极富表现力的热情来打理自己家里的盛大赛事，在长达123年的美网历史里，纽约人总能在美网看到自己钟爱的选手登上奖台。两代美国总统——老小布什也认为最靠得住的爱国热情表演就是在法拉盛的美网公开赛。

但到这次美网决赛时，纽约人将第一次看不到美国选手的身影。这种巨大的失落和痛苦远远超过了红袜队战胜扬基队。

这一年，美国运动员在美网决赛上一无所获，而小布什却通过美网的表演取得巨大成功。他如愿以偿地赢得美国第43任总统连任。

Chapter 2

第二章 | 美丽、健康的和谐大使

第一节　健身健心的百宝箱

健康机体的沃土

现代奥林匹克运动的创始人顾拜旦，作为教育家、历史学家和人文主义思想家，他高瞻远瞩，从文化教育和社会发展的角度审视体育这一国际社会文化现象。他对体育的社会地位和功能有独到的见解，他对体育运动理解的高度是前无古人的。

体育具有多种社会功能，这在中外体育理论界已基本取得共识。人们一般归纳为健身、教育和娱乐三大基本功能（本质功能），在此基础上还有延伸功能（非本质功能），如对政治、经济、文化、科技等方面发挥的作用。为了深刻阐述和宣传这些功能，顾拜旦，这位在文学、艺术、历史学、教育学及心理学等诸多学科均很有造诣的思想家和实践家，于1908年7月24日在伦敦的第4届奥运会上发表了著名的《体育颂》。该文运用浪漫的情怀、优美的文字、形象的比喻、流畅的诗句分别以美丽、正义、勇气、荣誉、乐趣、沃土、进步与和平来歌颂体育的本质和功能。

网球是竞技体育运动中最具有代表性的项目。顾拜旦对体育的所有赞美，几乎都是网球所具有的特色和魅力。

“啊！体育，你就是培育人类的沃土！你通过最直接的途径，增强人民体质，矫正畸形躯体；防病于未然，使运动员得到启迪；希望后代茁壮有力，继往开来，夺取桂冠的胜利。”

网球，是沃土，是培育人们健康机体的沃土。网球运动是一项全身心的有氧运动。网球运动可以使人体的多种功能得到锻炼和提高，特别是心肺功能、心脑血管的机能。

心肺功能是人体心脏泵血及肺部吸入氧气的能力。心肺功能是否良好，是身体主要机能运作是否健康的重要标志。良好的心肺功能，可以使患心脑血管病、内分泌系统疾病及呼吸道疾病的概率大大降低。因此，人们把增强心肺功能作为参与各项体育运动的主要目的之一。据专家建议，长跑、长程游泳、打网球等都是提高心肺功能的有效手段。然而，长跑比较枯燥、单调，长程游泳又比较累。打网球却是十分有趣的运动，使人能在愉快、欢乐的气氛中达到锻炼的目的。

据有关部门实验，打1小时网球（连续抽击或比赛，包括休息）会将心率提升至心跳极限的80% ~ 90%，带氧功能则会达到带氧极限的60% ~ 75%。因此，对心肺功能不强的人来说，网球无疑是一项增强心肺功能的极佳手段，对于本身心肺功能较强的人，则可以通过网球运动进一步提高带氧功能。

网球运动同其他有氧运动一样，对人体脂肪代谢和控制体重有着积极意义。多得·兰瑟姆说过：“幸运的人，其实就是那些对自己有着极为准确的评价，并且使自己能够获得的东西与自己能够用掉的东西恰好保持平衡的人，不管这些东西是多还是少。”

最新研究表明，我们对能量平衡及热量吸收和消耗这个等式必须进一步的完善，尤其是注意脂肪平衡，脂肪的存积是很难控制的，而且增长能力较强。脂肪平衡，一是降低饮食中脂肪的摄入，二是进行能量消耗的体育锻炼，通过运动燃烧多余的脂肪。

美国著名运动生理专家布莱恩·萨克博士在其《运动健康完全手册》一书中列出了从一般活动到若干体育项目所消耗的热量比较，见下表。

● 各种运动消耗热量比较表

活动	千卡/分钟	活动	千卡/分钟
爬楼梯	10.0 ~ 18.0	台球或桌球	1.8
排球（从娱乐到比赛）	3.5 ~ 8.0	高尔夫球（四人到两人）	3.7 ~ 5.0
棒球（除投手外）	4.7	乒乓球	4.9 ~ 7.0
健美操	5.0	划船（从休闲到激烈）	5.0 ~ 15.0
骑自行车（从轻松到费力）	5.0 ~ 15.0	滑冰（从休闲到激烈）	5.0 ~ 15.0
羽毛球（从娱乐到比赛）	5.2 ~ 10.0	保龄球（不间断）	7.0
网球（从娱乐到比赛）	7.0 ~ 11.0	足球（不间断）	13.3
橄榄球	9.0	滑板	9.0 ~ 13.0
手球或壁球	10.0	爬山	10.0 ~ 15.0
跳绳	10.0 ~ 15.0	柔道或空手道	13.0
摔跤	14.4	滑雪（越野，3 ~ 10英里/小时）	9.0 ~ 20.0
游泳（休闲形式）	6.0	跳舞	
爬泳（25 ~ 50码/分钟）	6.0 ~ 12.5	现代舞（舒缓到激烈）	4.2 ~ 5.7
蝶泳（50码/分钟）	14.0	交谊舞（华尔兹到伦巴）	5.7 ~ 7.0
仰泳（25 ~ 50码/分钟）	6.0 ~ 12.5	跑步12分钟1英里（5英里/小时）	10.0
蛙泳（25 ~ 50码/分钟）	6.0 ~ 12.5	8分钟1英里（7.5英里/小时）	15.0
走路公路或田野（3.5英里/小时）	5.6 ~ 7.0		

注：1千卡=4.18千焦

从表中这些运动耗热的比较中，显而易见，网球是一项运动量适中，但耗热量却并不低的有效运动。

这位美国体育博士在书中特别强调了有氧和肌肉锻炼对发展力量、耐力、柔韧性以及速度、爆发力、灵活性、平衡性、神经肌肉的协调性等的重要作用。在说到“灵活性”时，他说：“通过训练和实验可以帮助我们提高灵活性，但是身体超重显然会阻碍灵活性，由于疲劳会使灵活性降低，有氧和肌肉锻炼应该有助于使灵活性维持更长时间，比如在长时间的网球比赛中。”

在“协调性”一节中，他说：“协调性是完成动作时的一种和谐配合关系，是动作流畅的组合和连贯性。打网球时，发球需要连续发力，当转体产生的（从蹬地、转髋、转肩所传递的）动量达到高峰，手臂自肘部伸展，随着手腕突然发力，球拍最终获得最大速度。”

亚健康的克星

现代社会人们追求生活的品质，关注身体健康。但什么是高质量的生活？什么是真正的健康？许多人并未能准确地回答。

世界卫生组织（WHO）在其宪章中对“健康”做出了权威的定义：

“健康不仅是免于疾病或衰弱，而是身体、精神的健康和社会幸福的完美状态。”这就是说，健康不仅仅包括身体健康，而且包括心理健康、精神健康和社会适应健康等方方面面。

随着经济的发展，社会竞争的加剧，人们承受的精神压力也随之倍增，人们在享受现代物质生活的同时，也产生了各种现代的疾病。这种疾病被称为“亚健康”。其在临床上被诊断为疲劳综合征、内分泌失调、神经衰弱、更年期综合征等。在心理上反映为精神不振、情绪低落、反应迟钝、白天困倦、注意力不集中、记忆力衰退、浮躁焦虑、紧张不安、晚上失眠、多梦。在生理上则表现为活动时气短、心虚、多汗、腰腿酸痛，不活动时也身心疲劳、周身乏力，严重的则出现心慌、心律不齐等多种症状。据有关部门统计，我国人群中患病者占15%，无病的健康者也只占15%，而“亚健康”状态的占70%以上。“亚健康”对个人健康是“隐形杀手”，对社会则是潜在的危机，切不可小视。

在医治“亚健康”问题上，可有多种渠道和方法。运动生理学研究证实：运动可以促进大脑分泌内啡肽和血清素等化学物质。内啡肽是一种由大脑产生的吗啡样化合物，能产生愉悦的心情，减少痛苦。据专家们建议：每周能在灿烂的阳光下呼吸着新鲜的空气，打打有趣的网球，对治疗“亚健康”会起到积极作用。它可以帮助人们转移、分散生活中的压力和应激源。它使人充实，避免在苦闷、孤独的心情中用喝酒、吸烟等不良嗜好来摧残身体。运动疲劳是克服紧张的最佳良药，激烈的网球比赛对消除和减轻焦虑如镇静剂一样有效。

原在中央某部委任司长的一位干部，60岁退休后，生活极不适应，表现为忧虑、焦躁，食不甘味，夜不能寐。在朋友的推荐下，她参加了网球运动。打网球讲究“用脑、用心”，追求从容放松。网球场上没有高低贵贱，只有平等球友，没有忧愁、恩怨，只有球声、笑声。几个月下来，她从身体状况、精神状态，比上班时还好……

正像顾拜旦所说：“体育，你就是乐趣。想起你，内心充满欢喜，血液循环加剧，思路更加开阔，条理愈加清晰。你可使忧伤的人散心解闷，你可使快乐的人生活更加甜蜜。”

美丽身材的奥秘

法国杰出的艺术大师罗丹说过：“在任何民族中，没有比人体美更能激起富有感官的柔情了。”这位创作了享誉世界的《思想者》雕塑的大师说出了人体美在艺术中的地位。其实，早在公元前，古希腊艺术家就创作了一大批以体育人体美为题材的艺术作品。米隆的《掷铁饼者》就是传世之作。在现代艺术中，人体美仍然是艺术家创作的重要主题。

人体美受到古今艺术家青睐是不言而喻的，体育在塑造和表现人体美所具有的巨大作用，也是尽人皆知的。如今流行的健身健美运动、形体美训练和舍宾等无不包含这一因素。最能表现人体美的体育项目莫过于艺术体操、花样游泳、花样滑冰、体育舞蹈，等等。然而，作为“绿茵芭蕾”的网球，其艺术魅力绝不在前几项运动之下。

罗丹的《思想者》

有人将网球爱好者分为三种类型：一是健身网球——为出汗，为健身；二是竞技网球——为比赛乐趣；三是唯美网球——为欣赏，为享受。这在其他运动项目中是不常见的，特别是“唯美”。为什么会出现这种现象？原因就是网球本身的美丽。在观看明星的比赛时，且不论竞技结果如何，单就其外在的击球动作，就能让人如欣赏翩翩起舞的艺术表演一样，让人如醉如痴。当人们看到中世纪那些穿着白色衣裤的运动员在绿色的草地上挥舞着球拍，自然会联想起“天鹅湖”中在月光下翩然起舞的“天鹅”；当人们看到网球场上各种时尚装束的网球选手，仿佛又看到T型台上穿着流行时装的模特。因此，网球不仅具有古典美，而且极具现代美。

“白天鹅”——朗格伦

人们观看网球与其说是在看比赛，不如说是在欣赏网球运动员的人体美，是在欣赏网球的运动美。人们会发现，网球运动员的背很宽，拥有发达的背阔肌和胸大肌，显得人挺拔，有如高挑的衣服架子。他们发达的腰腹肌群，正是时尚界最流行的标志，Y形小腹是众多女性追求的目标。网球运动员的双腿细长而笔直，更是众多青年梦寐以求的。

为什么网球运动员大都有令人羡慕的身材呢？这就要从网球运动能改变人体肌肉说起。打网球是一项全身运动，其各个动作都与腰腹密切相关，每个击球动作都需要腰腹力量的配合。例如，网球中最常用的动作是正手击球，而正手击球的第一个动作是引拍。在引拍时，需要向后转体，需要胸大肌和肱二头肌同时用力。在击球时，又需要向前转体，需要运用背阔肌和肱二头肌。而在击球后要完成挥拍动作，同样背阔肌随之往前伸。这一套连贯的技术动作，会使腰、腿、肩、背同时得到锻炼。再比如发球，发球者需要侧身，抛球时腰成“弓”形，持拍臂要“挠背”，击球瞬间，要“甩鞭”，整个过程必须用腰发力，扭转腰腹。正是这种长期的发球练习，可以使腰腹肌肉群得到锻炼，在锻炼中不知不觉会塑造形体。

纤长匀称的人体美，取决于肌肉的形状。只有纤长的肌肉才能构成纤长的身材。根据力学原理，只有细长的、弹性非常好的肌肉才会产生爆发力，而爆发力和肌肉的作用是相辅相成的：细长肌肉产生爆发力的同时又对肌肉产生拉长作用。所以打网球，会使肌肉变得细长，从而拥有纤长的身材。

第二节　知识与力量的百科书

网球的哲学

顾拜旦在《体育颂》中，把体育比作勇气，这意味着体育对完善人类的教育作用。网球对于培养人的智慧和思维，培养人的品质与勇气方面尤为突出。

网球具有丰富的内容和深厚的内涵。网球是文化，它有厚重的历史，流行的时尚；网球是艺术，有超人的韵律和节奏，极高的欣赏性；网球是科学，其技术动作和器材（球、球拍）均有很高的科学含量，仅其击球的技术就涵盖了运动力学、流体力学、运动生物学、运动心理学、数学等学科知识。网球甚至还有天文学的知识，如其计分办法就是根据天文学中的航海六分仪设定的。

网球更是一部哲学大典。哲学是一种给人以智慧的科学。在网球运动中，除了胜与负、成与败、强与弱、顺境与逆境等一般运动竞赛中的哲学问题外，网球更有自己的一套哲学。

古希腊哲学大师赫拉克利特说过："我们存在既有固定性，又有着不断地变化。"这正如比赛中的动与静，网球要求必须保持双脚随时移动，调整击球的身体位置，但一旦调整好击球瞬间，又必须保持身体的稳定（极特殊情况可动中击球）；如水平的高与低，无论技术多棒，但仍需不断完善，无论技术多差，可总有人还差；如强项和弱项，弱项上去了，强项又可能变成弱项了，总有学不完的东西，翻不完的技术高山；如击球力量的大与小，会借力的可以以弱制强，四两拨千斤，不会借力的，发死力反而失误丢分；如机会球的成与败，看似极好机会，把握住了可能得分，反之准备不足、判断不准，有了机会反而拱手送给了对方。还有技术动作中的眼与手、臂与腿、球拍拍面大与小、拍框宽与窄、拍弦磅数高与低等无不充满了哲学。

有记者报道，我国夺取2004年雅典奥运会网球双打冠军的李婷就是特别喜欢读哲学类书籍的人，她掌握了许多哲学方面的知识，对打球有所促进，而通过打网球又使她明白和领略更多的哲学，变得更加聪明。

心智运动

打网球是一项身心并用的运动，是一种斗智斗勇的竞技，除了对技术、身体有各种要求外，对注意力的要求也很高。无论职业选手还是业余选手，只要注意力不集中，球必定打不好。网球看似用手臂挥拍，实际是用心体味，用大脑判断。网球场上千变万化，情况千差万别，判断便成为关键。天王费德勒球技精湛，打球几乎滴水不漏，技术几乎无懈可击，达到完美的程度。但有人统计过，就单项技术，发球他不及罗迪克，网前不如亨曼，正手不如纳达尔，反手不及库尔腾，移动不如休伊特。但综合起来，却无一人像费德勒这么全面。有人说看费德勒打球，似乎很轻松、从容，极少有被动的时候，极少有被对方调动满场跑的现象。其实，根本原因在于判断准确，起动早。正如田径百米赛跑的起跑若起跑慢了，即使速度再快，但等反应过来，哪怕晚零点零几秒，都已被人拉出一截了。网球比赛在左右（单打场地）8.23米、前后（单打半场）11.88米的距离中进行，只要反应比别人快一点，那么跑位就会很及时，准备就很充分，回球自然很从容。但起动早的前提是判断，判断准确，才能及时到位，回球准确；判断失误，必然造成到不了位，击不准球。由此可见，在回击球时，重要的是快速反应、快速判断。对于网球爱好者而言，特别是青少年参加网球运动无疑对提升注意力，开发大脑的判断力有着十分重要的作用。

网球竞赛是高体能、高技术、高心智的竞技，三位一体。选手整体水平的高低，取决于这三者融合的程度。在21世纪前后几年，在这方面融合最好的当属桑普拉斯。他的外表冷漠得像一尊希腊石雕，有着希腊血统中的沉静、严谨。机敏、朴实性格的他把力量与速度、发球与接球、底线与网前、正手与反手、理智与灵感等元素通通调动起来，组成了一辆攻无不克的战车。曾与之并肩称雄的阿加西，打出那种飘忽而怪异的线路和落点，很多情况是靠他的第六感官完成的。与其称他们为天才，不如说他们是智者。

此外，网球还是励石，可以激励创业，激发创新。在打网球比赛中常常有被动的开局，初学网球会遇到重重困难。在逆境中奋起，被动中化为主动，网球运动可以给人生以极大的启迪。霍英东先生从一个贫困潦倒的打工仔艰苦创业，发展成为百亿富翁。在香港文艺书屋的《香港亿万富翁列传》中将他列为开卷首富。仅以1978年以来粗略统计，他在中国内地的捐款、低息或无息贷款投资总额在10亿港元以上。而这些恐怕只是他资产的百分之一。香港媒体称他“白手起家、艰苦创业、名成立就、爱国爱乡”。

这位起点极低的香港大亨成功的秘诀是什么？我们从其传记中也许会找到蛛丝马迹。文中记述到：他那视为掌上明珠的小女儿霍利娜，曾经对采访她的记者说，我不晓得父亲是在什么时候工作。每天下午两时他乘车抵达办公室，处理公务。四时左右，他直赴当地华人会所，打四五局网球，有时则去小足球场活动。也许他在办公室里很忙，但我想他大部分工作是搭车或打网球时完成的。因为他所做出的决定都是突如其来的。他的秘书陪他到网球场，而他往往就在球局间签署文件和发送世界各地的信函。直到午夜回到家里他才松懈下来，像一个平平常常的爸爸一样，和我们围在饭桌前谈天说地，又笑又闹，直至凌晨二时。网球也许只是霍英东的生活爱好，但从他这位宝贝女儿的谈话中，人们不难看出，网球对于这位成功创业者的意义。

日本有个国际知名企业是三菱重工。这个于1870年创办的企业年销售额达27 000亿日元，在船舶、航空、航天、动力机械方面领先世界的庞大企业，担任企业主要负责人的原三菱副社长佐久间先生，就是一位颇有影响的网球人。

佐久间少年时代受表兄、表姐的影响开始打网球，一打就是70年。中学时代他获关东地区中学生网球赛第一名。20世纪50年代考入东京大学后，代表东京大学获得全国大学生网球赛的优胜。由于常年坚持打网球，从体力到精力都十分充沛。年轻时每月加班160多个小时，从未感觉累。年过70岁后，他曾患食道癌、胃癌及前列腺炎，股骨也曾断裂，经过大手术后，是网球让他重新站立起来，并有了健康、快乐的晚年。78岁时，老人还每周至少打3次球，每月还参加两三次比赛。他说：“网球可以让你克服许多矛盾和困难，常常能在烦恼中获得解脱，在失望中获得勇气。是网球让我保持了一个积极、奋斗的人生。”

网球对佐久间获得事业上的巨大成功也起到积极的帮助和作用。他回忆说：“年轻时通过教上司打球，可以很快领会上司的意图，学到很多东西。当企业副总后，要面对大量的业务和人事方面的难题。但是通过打球、娱乐，与部下有一种心灵相通的感觉，彼此沟通变得轻松、融洽，合作十分愉快。网球还常常能使人获得创意和灵感，在长年的业务交流和谈判中，我经常是背着网球包到各国各地出差，有许多信息和机会是从球场上获得的。”

从霍英东等成功人士身上我们看到网球对照亮人生、改变命运的积极作用。而网球那种“永无止境”的要求，同样会给一些不断创新、不断寻找机会的人励志。

了解和接触过网球的人都知道，网球有一个最大特点，也是最吸引人的地方就是技术永无止境，天外总有更阔的天，山外总有更高的山。网球是一项“挑战自我”的运动，不仅在技术动作上，更有精神和心理上。这对于培养塑造一个全面的人，提高人的整体素质有着积极的意义。我国著名电影导演夏纲，其参与网球运动有十几年，技术水平在演艺界已列为高手。其爱人孟朱是著名的编剧，二人除了拍戏，只要有空就会活跃在网球场。有时既无场地也无对手，孟朱就对墙苦练，一打就是几筐球，其痴迷之心，墙壁可鉴。当笔者问起他们为什么这样着迷网球时，他们回答：“当打出一个符合自己对网球的理解、动作很舒服的球时，那是最爽的时候。那种击球的声音，那种完成一次漂亮动作的感觉，是其他任何东西所不能比拟的。”当问起网球与拍电影有没有关系？夏导说道：“电影是一种遗憾的艺术，每完成一件作品，都会感觉到有一种不足，总想要在下一部作品中去加以弥补。网球也是一种没有止境的运动。即使练得很好，即使赢得一场比赛，但事后总有不足，总想在下一次或下一个球中要改进，要提高。因此，网球永远有学不完的东西，永远有需要奋进的理由。艺术生命在于创新，网球的魅力在于变化，二者异曲同工。网球对于我们从事需要不断创新的艺术事业来讲，无疑有巨大的帮助，这也正是我们热爱网球、积极参与网球的缘由所在……”

第三节　神奇诱人的潘多拉魔盒

情人与鸦片

网球运动与其他竞技体育项目还有两个最大的不同，那就是参与性和自我欣赏性。据有关部门统计，足球球迷有90%以上的是只看不踢，只有10%的球迷是又看又踢。而网球却有90%以上的球迷是又看又打，只有不到10%的人只看不打，由此可见，网球参与的广泛性。在参与网球运动的爱好者中，绝大部分的人能自我欣赏，有一种自我满足感。当打出一个好球之后，当打赢了一场比赛之后，往往能让人兴奋不已，回味无穷。

正因为如此，许多年轻人把“网球”比作情人。一旦接触，就像遇上情人一样，日思夜想，难舍难分；因为打网球很容易上“瘾”，但同时它又是健康的，所以许多人把“网球”比作“绿色鸦片”，沾上手就扔不下，而且越打越上瘾。我国著名的乒乓球国手、国家体委原副主任徐寅生有一句名言：“网球不好打，一打就上瘾。”徐寅生、李富荣、郗恩庭等乒乓名将打了一辈子乒乓球，业余时间几乎都交给了网球，他们被称为“活跃在网球场上的乒乓国手”。李富荣已是60多岁的人了，搭档和对手都是三四十岁的年轻人，每次比赛他都要打满三盘，有时对手不强，就专门再找高手单练几局，其着迷程度和专注精神实在令人吃惊。

曾经笔者经朋友推荐，采访了一位网球迷。以《用网球划出的彩虹》为题，发表在2004年《网球天地》杂志上。此文记述了一个网球奇人。很有意思，现摘录如下：

何为网球人？一曰为专职从事网球运动者，包括职业运动员、教练员、官员等。二曰为网球迷。当今，找网球人，不乏其人，而作为完全的网球人却不多见。举世闻名的大牌球星阿加西曾说过："我离不开网球，但网球并不是我生活的全部。"由此可见，阿加西还不能算完全的网球人。本文的主人公，虽不是专业从事网球运动，更无法与阿加西相比，但他却把自己的全部都赋予了网球。可称一个完全的网球人。他就是北京奥林匹克体育中心网球俱乐部的路天宇。

（一）

今年夏天，听朋友说，北京奥林匹克体育中心的网球培训搞得红红火火，是一个姓路的在组织，值得一写。再一打听，竟是路天宇。

路教练和他的学生

奥林匹克体育中心（简称奥体中心）曾是第11届亚运会的主赛场。由于种种原因，室外7片球场上打球的人寥寥无几，经营入不敷出。2001年奥体中心决定对外联合经营，此时一心想做网球推广的路天宇主动上门，于是双方"一见钟情"，一拍即合。

万事开头难。从广告宣传到组织招收学员，从安排组织授课到场地、器材的准备，无不充满了艰辛和曲折。很难相信，路天宇开始是在球场边一个小水泵房里开始了他的"创业"。他的家是三室二厅的楼房，距奥体中心几站路程，但为了节省时间，他索性在水房里架上床铺，白天泡在球场教学，晚上就坐在挂着蚊帐的小床上办公、休息。不久，老路发现网球场边有一个废弃的大冰柜，虽说这个铁皮家伙仅一个汽车车厢大小，但毕竟不像水房那样潮湿阴冷、四处透风。于是，老路就把他的"大本营"转移过来。后来，学员越来越多，很多人不为别的，单是看到老路这个举世无双的三合一（集办公、住宿、仓储为一体）冰柜，就被感动得拿起了网球拍。而老路却戏谑地称自己为"从冰柜里走出的网球魔王"。

从此，奥体中心成了北京颇有名气的业余网球培训中心，而路天宇也成为北京业余网球圈小有名气的人物。

（二）

从表面看，路天宇不过是一个网球经营者，然而，接触深了，你会发现他更像一个社会工作者。

刚开始办班，为了搞好服务，不仅免费提供球拍、球、矿泉水，有时，还自己花钱买些游泳票送给学员。为了动员更多的人学网球，路天宇常常对那些爬在网边观看打球的人宣传打网球的好处，并免费教学……

网球，是一门较难掌握的运动项目。学网球自然就有"有心栽花"和"无心插柳"的事了。一次，一位大腹便便的老板来学球。也许是他太胖，也许是体育基础太差，学了几次，掌握动作很慢。而一直帮着拣球的司机却显得手脚十分灵活。于是，老路让这位"编外学员”也学起来。几天后，老板长进不大，而司机却已能打许多回合。有些嫉妒的老板对司机说道：“嗨！我花钱，倒让你学会了！”老路立即打趣地说：“他会了，就是你的随身教练兼陪打，多好哇！”“那也是！”老板听后顿时也乐了……

（三）

路天宇对网球的执着，基于他对网球独特的理解。他认为，“网球不仅给人类带来健康的机体，而且可以医治社会疾病。”正是他长期坚持打网球，使他多年的高血压征、前列腺炎等疾病得到根除。他逢人便说：“虽然我是60岁的年龄，但网球给了我16岁的心脏，6岁的心态和6个月的灵魂。”看着他用拳头用力敲打自己胸膛的动作，有谁还怀疑呢？至于说到医治社会疾病，他解释说：“网球是一项高尚运动，是造就高素质公民的工厂。它像一个净化器，可以净化人的灵魂。学会网球能使人忘掉许多不应有的欲望，同时学会怎样做人，怎样有爱心，怎样去爱人。”

对于网球的看法，路天宇多少有些理想主义的色彩。然而，他对网球的理解无疑要比一般人深刻得多。他用自己的行为和方式，揭示了网球运动的妙谛，提升了网球运动的境界。

至于网球带给人们的幸福和快乐，路天宇更是滔滔不绝：“有了网球，可以忘掉年龄、忘掉烦恼和忧愁，留下的只有欢乐和享受。教网球，让别人快乐，自己享受，一举两得，何乐而不为！”他说：“一天打网球，快乐一天，一年打网球，快乐一年，一辈子打网球，快乐一辈子！网球就是我的天堂！”这也许正是对路天宇将网球视为生活全部的诠释吧！

……

变幻莫测的游戏

网球吸引人，非常重要的原因还在于其特有的竞赛规则和游戏规则。人们知道，体育比赛最大的魅力在于有悬念和不可预见性。正是这种不可预见性和悬念才使比赛能一波三折、引人入胜。世界第一大运动足球，最大的看点是罚点球。罚点球，可谓惊心动魄，斗智斗勇。罚球者要判断守门员扑球的位置，守门者则要猜测罚球的角度，对他们都是一种考验。

正如此，足球才有巨大的吸引力。但是，在足球比赛中，点球的概率毕竟比较少。而在网球中，这种类似罚点球的情况却屡见不鲜。比如，发球上网，发球者要选择发出球的位置，然后上网要判断对方回球的角度，从而确定封网的位置；接球者首先要猜测发球的落点，回球后又要准备回击对方拦网的角度。又如，中前场球，是接球方进攻的机会，但往哪个方向攻击，接球员从哪个方向扑救，如同足球的点球斗智斗勇。再如，高压球、放小球、截击球等几乎如同足球的点球一样。二者都具有偶然性和不可预见性，都具有押赌的悬念和感觉。所不同的是在程度上有些差别。

球类比赛另一大悬念表现在局点和赛点上。因为这是决定一局或一场比赛结果的关键分，因此，比赛极有戏剧性、观赏性。应该说，这种关键球越多，悬念越大，吸引力就越强。比如和乒乓球比较，乒乓球在改革赛制之后，变7局4胜，如果按最少局数的比赛，即4-0算，那么每局按一个局点计，比赛共有4个局点，网球比赛每4分为一局，6局为一盘，三盘两胜制，按最少局数算，6局即6个局点（其中3个局点，3个破发点）。网球比赛赛制比乒乓球多一个层次，如果按盘数2∶0计，整个比赛最少有12个局点（或破发点），也就是说网球的局点是乒乓球的3倍。欣赏一场精彩的网球相当于欣赏3场精彩的乒乓球。

此外，网球的轮换发球机会均等，公平合理。“抢七”决胜局的设置，如同对决的两个枪手，双方都有机会。特别是此刻的发球，往往一个球决定命运，但又充满了变数：发上了可能成为置对手于死地的致命一枪，也可能是使自己死而复生的强心针剂，而发不上，情况又完全相反。网球史上许多经典的翻盘大战，往往是在一两个关键球的争夺之中。正是如此，网球选手才演绎出许许多多惊心动魄、令人难以置信的决战场面。

终身运动

网球是一项老少皆宜的终身运动。美国网球联合会的格言就是：“网球是终身运动的项目。”这在众多体育项目中尤其是球类项目中也是不多见的，网球场上，参赛者完全可以根据个人的身体状况，自我调节、自我控制，速度可快可慢，跑动可多可少，击球力量可大可小，特别是在双打比赛中，调配搭档，优势互补，灵活性极强。因此，小到六七岁，大到八九十岁，不仅都可以打网球，而且可以同场竞技，十分有趣。

美国每年都举办国际性的老年网球比赛，许多国家的老年网球迷年年在这里聚会。在中国北京，由北京国际体育中心主办的“北京国际元老网球赛”自1986年以来已持续了20届。参加比赛的数十个国家和地区的数百名选手乐此不疲。日本的左藤国三郎、浅川义基等从60多岁开始届届到场，已连续参加了20年，他们表示，只要能动，就要一直参加下去，令人叹服。

20世纪80年代初，在万里、吕正操等领导的支持下，由白介夫、袁成隆、刘建章等人的积极运作，先后成立了北京市老年网球队和中央直属机关老年网球队，队员都是60岁以上的离退休干部，人数从最初的几十人发展到后来的数百人。1992年，“北京八十不老网球队”正式成立，男队员80岁以上，女队员70岁以上。此前成立的国家体委老年网球队，至今仍有几十人，有不少人近80岁，每周活动3次，在球场上生龙活虎，完全同年轻人一样。作者对此感叹道：网球让人年轻20岁！尤其令人感慨的是，人大常委会原委员长万里年逾90，仍每周4次上网球场，挥拍不辍。2000年，93岁的日本老年网球协会会长铃木义一先生在北京以球会友。当记者询问老人的健康秘诀时，他回答说：“我自幼喜欢打网球，没有哪一项运动能让我如此着迷。我的健康完全归功于网球。网球使我快乐无比，网球使我健康长寿。”对于网球的感受，老人说：“打网球是一种享受，打好一个球的那种愉悦难以用语言来表达，那种心理满足，在我看了是对心灵的按摩。托网球的福，我会健康的工作和生活着……”

2005年，年届98岁的铃木先生在东京过世。日中友好委员会99名委员（象征久久）之一的浅川义基先生深情地回忆到：“铃木先生是日本网球的骄傲，他荣幸地被日本天皇、天后邀请打球；他是日本网球的楷模，打网球打到生命的最后一刻，实在令人感动……”

近年来，随着人民生活水平的提高以及我国网球在国际竞争力的提升，打网球的人数也随之增加，层次也越来越高。中国网球公开赛以及上海大师赛等国际网球赛事的举办，也极大地提升了广大群众参与网球运动的热情。网球俱乐部等群众网球组织如雨后春笋迅速发展，令人可喜。

在全国数千个网球俱乐部中，位于美丽的深圳湖畔，以网球培训、比赛为主的深圳越通体育发展公司，不仅是全国十大最美网球俱乐部之一，而且每年的网球活动开展得红红火火，参与的人数达上千人，影响大、效益好，受到当地政府的肯定和群众的好评。

深圳越通网球俱乐部（简称“越通”）从2009年起，就致力于幼儿网球，注重“网球从娃娃抓起”，将网球推入幼儿园。他们通过有计划地组织开展公开课和网球游戏，使得数百名娃娃从小了解了网球。为了更好地普及青少年网球，他们连续多年坚持举办深圳市中小学冬季/夏季网球训练营，受到广大师生的欢迎，近十年学员人数达数千人。他们还和区、市相关单位联合举办“禁毒杯”青少年网球比赛，从2005年举办至今，已有12年之久，参赛人数累计数千人。“越通”坚持免收赛事报名费，坚持赛事与培训相结合，收到很好的社会效益和经济效益。该项赛事已经成为深圳市乃至全国规模最大，参赛人数最多，影响最大，历史最为悠久的青少年网球赛事。这项赛事不仅传播绿色健康理念，宣扬“珍爱生命，亲近网球，远离毒品，活出精彩人生”，同时培养了众多优秀青少年网球选手。

精神宝藏

网球比赛的精彩有人形容为“一波三折”“跌宕起伏”，让人“荡气回肠”“终生难忘”，但有时带给人的感觉竟是难以言状的。笔者在观看2000年澳网桑普拉斯对阿加西的龙虎大战时，就有这种难忘的经历。赛后，笔者随即写了一篇观球感，现摘录如下：

这是一个历史的时刻！

同世界上所有网球爱好者一样，我早早地打开了电视机，等待着一场被看好的“提前”的澳网大决战，一场新世纪的龙虎斗。

在企盼中，两位网坛巨星登场了。桑普拉斯，同往常一样，身着白色的运动服，那张棱角分明的脸庞，那副不苟言笑的表情，那种带有希腊和犹太人血统的肤色，使人联想起罗丹的那一尊尊不朽的人体雕塑。阿加西却一反往常地换上了一套黑色的运动服，活力四射的目光以及那匆匆而有力的行走，让人感受到生生不息和青春的涌动。

激战开始了，随着比赛的跌宕起伏，中央电视台的孙正平在滔滔不绝地评论着。他把桑普拉斯与阿加西比作一块硬币的两面引起了我的共鸣。确实如此。桑普拉斯是世界上最好的发球手，而阿加西则是世界上最好的接发球手，桑普拉斯有最凌厉的网前截击与高压扣杀，而阿加西则有最全面的底线技术和穿越能力，从这个意义上讲，他们二人无疑构成了网球场上的两极，无疑是网坛上最完美的矛与盾。

由此，我想起了这则中国百姓家喻户晓的寓言故事《矛与盾》。然而，对于这两个世界顶级选手来说，他们之间不存在谁高谁低，谁好谁差。从技术上，他们属于两种不同流派，两种极致；从性格和外表，他们代表了两种不同的风格，不同的神韵。两人蕴藏着一种共同，那就是无可挑剔的精湛球技，心静如水、不计较胜负得失的绅士风度以及亲善友好、宽容大度的美好人格。因此，称他们为最锐利的矛和最坚固的盾，绝无“自相矛盾”之嫌。相反，正是这种矛与盾的激烈碰撞和完美组合，才演绎出无数生动的故事，迸发出巨大的美的火花，产生无穷无尽的魅力……

桑阿双雄世纪战

经过两个多小时的激战，双方前四盘打成2∶2。为了交流观感，趁比赛间隙，我急忙走进了《网球天地》编辑部。此时，包括其他体育杂志的五六位编辑正在为谁能取胜而争论不休。我随即问道："你们希望谁胜？"不想三位女士异口同声支持阿加西，而其他男士则全支持桑普拉斯。当问及为什么时，女士说阿加西有一种亲和力，认为他睿智、潇洒、幽默、随意。男士们则回答桑普拉斯有一种英雄豪气，他沉稳、持重、严谨、大度。

此时，他们反问我："你希望谁获胜？"我不假思索地回答："我希望他们都胜！"看似有些"中庸"的回答，自然引起了大伙的"攻击"。但是，说心里话，这对世界上最好的矛与盾，实在是难分高下，因为他们都是世界上最好的网球选手。

然而，体育竞赛是残酷的。比赛有了结果。女孩子们击掌相庆，而男孩子们却一脸遗憾。桑普拉斯输了！但他没有像有的选手懊丧地捶首顿足，更没有拿着拍子撒气。他微笑着，温情地拍着阿加西向他祝贺……反观阿加西，也没有手舞足蹈，他同往常一样，向四周观众一面鞠躬，一面飞吻，是那样的虔诚，那样的郑重。

现场的15 000名观众都在为这场"富有感情色彩"的比赛而欢呼着。我相信，包括电视机前数亿名网迷都会为之感动。此刻，对所有的观众来说，胜负、输赢全不重要，时空、地域全不复存在。在他们心中留下的只有欢乐和赞叹！

第二天，我仍旧处在亢奋之中。早上翻看《中国体育报》，忽然看到美联社对这场球的评论："精神恍惚、筋疲力尽的观众在看台上面面相觑，仿佛刚刚分享完一笔神秘的宝藏。"我顿然醒悟。原来，我正是这笔神秘财富的分享者！

噢！感谢伟大的明星带来这场伟大的比赛，感谢伟大的网球带给人们伟大的财富。

一次难得的精神愉悦，一次深刻的心灵升华，一次难忘的人生感悟……

文章一蹴而就。很快在第二天发表在《中国体育报》上，我用了一个《分享财富》的标题。从笔者的经历，人们是否会感觉到网球就是财富，网球就是幸福呢？

顾拜旦在他的《体育颂》中写道：

啊！体育，天神的欢娱，生命的动力。你猝然降临在灰蒙蒙的林间空地。受难者，激动不已。你像是容光焕发的使者，向暮年人微笑致意。你像高山之巅出现的晨曦，照亮了昏暗的大地。

他把体育看作是天神的一种欢娱，同时也是天神赐予人类的一种欢娱。

然而，网球何尝不是这样呢？它代表了美，表现了美，塑造了美。它带给人们愉悦，给予人们健康，赐予人们幸福，从这个意义上讲，网球就是天神。

第四节　和谐社会的使者

超越网球的英雄

和谐社会，是人类梦寐以求的理想社会，在历史上，有着各种各样关于和谐社会的构想和实践。自古以来，人们总是向往和追求“国泰民安”“政通人和”“安居乐业”这样的稳定和谐社会。党中央把“社会更加和谐”作为全国建设小康社会的目标之一提出来，十六届四中全会明确提出把提高构建社会主义和谐社会的能力作为党的执政能力的一个重要方面。

和谐社会的内容极其丰富，构建和谐社会涉及方方面面。但究其基本点讲，和谐社会，首先要有和谐的个体的人，要构建和谐社会必须完善个人。一个完善和谐的个人，包括良好的身体素质和思想素质。而网球运动在这方面的作用是不言而喻的。网球非常讲究礼节和球德。对运动员有高雅的礼仪要求，对观众、球迷同样有高雅的要求。网球运动员赛后彼此握手，与裁判道谢，打出擦网球或击在对方身上表示歉意，业余比赛中主动为对方发球提供球以及采取信任制，等等，均表现出了网球运动员的高雅的礼仪。

网球是一项文明、高雅的运动，不仅完善自我，还会建立一个会友平台，搭起友谊桥梁，能结交许多没有利益相争的朋友，使人际关系更加和谐，生活更美满。高雅运动塑造出高雅的运动者。

20世纪70年代，美国著名黑人网球选手阿瑟·阿什（Ather Ash）就是典型一例。被称为“超越网球的英雄”的阿瑟·阿什说过：“真正的英雄绝不是以不惜一切代价超越别人，而是全力以赴服务于他人。”

阿瑟·阿什的名字并不仅仅意味着网球，他的传奇给他生活的世界带来了不同的、更积极的东西。他给网球的发展注入了永恒的内容。

阿瑟生于弗吉尼亚的里士满，童年的他最大的乐趣是同他虔诚的母亲玛蒂一起听音乐、阅读圣经，他向往圣经中人物的英雄气质——正直、坚韧、与人为善。不幸的是，母亲在他6岁时突然去世，于是对母亲的回忆始终是他生命灵感的源泉。

在他第一次触摸球拍的时候，就像所有伟大的运动员一样，显露出令人吃惊的天分。他很快就成为学校和社区的高手。高中毕业后，他获得了加利福尼亚大学的网球奖学金。在那里，他成了美国一流的网球球员。

1963年，20岁的阿瑟就以大学生的身份入选美国戴维斯杯代表队，他始终将此视为最大的荣耀。他是第一位非洲裔的美国戴维斯杯队员，是继女子网球运动员埃尔西亚吉布森之后运动事业上美国黑人的开拓者。随后他又赢得了1965年全美大学生个人和团体的冠军。1966年，他以优秀的成绩获得工商管理学士学位。

1969年是阿瑟·阿什生命中重要的一年。作为一颗正在上升的国际级球星，他夺得了美国网球公开赛的冠军，并以主力身份为美国赢得当年的戴维斯杯。接着，为了球员们的利益和公正待遇，他与其他几名运动员在那一年发起并创立了国际男子职业网球协会（ATP）。就是那样一个小小的、举步维艰的开始，成就了今天健全的网球世界。那一年晚些时候，作为美国1号选手和世界最佳球员之一，阿瑟为参加南非网球公开赛而申请签证时，因肤色原因而被拒绝。对此，他采取了更为勇敢的行动。他呼吁将南非从ATP巡回赛和戴维斯杯中排除，以示对种族隔离制度的抗议。很快，阿瑟·阿什的提议得到网球圈内很多名流和组织的支持。事实上，他提升了全世界对南非种族问题的关注和反感，而南非国内反种族运动也被他的行动所鼓舞，南非诗人唐马特拉在给他的信中写道："你使我们的黑人青年看到，我们能与白人竞争并获胜。"

1975年，他31岁时，收获了一个美妙的赛季和辉煌时刻——美国70年来第二个温布尔顿冠军。他也成为第一个世界排名第1的黑人运动员。

1980年，阿瑟·阿什正式退役。在1979年和1983年两次心脏手术后，阿瑟将全部精力投入媒体、慈善事业中。他出版自传《通往荣耀的艰难之路》。他担任了HBO和ABC的长期体育评论员、华盛顿邮报和网球杂志的专栏作家、美国戴维斯杯队的领队。他还发起了几个慈善组织和基金会，包括国家少年网球联盟、ABC城市网球计划、运动事业联合会、安全通道基金会等。1985年他入选国际网球名人堂。

然而就在他平稳地步入中年之际，灾难却悄悄地降临。1988年，他获知他的HIV病毒检测呈阳性。那是在1983年第二次心脏手术的输血中所感染的。出于让女儿卡米拉能在正常环境中成长的考虑，在好友和医务机构的帮助下，他们保留了这个令人震惊的消息。1992年4月8日，他在记者会上才公开了病情，随即他得到了广泛的同情和支持，并促使他将最后的生命投入防治艾滋病和帮助艾滋病人的事业中。他的高尚品格和工作效率一直保持到生命的最后时刻。

阿瑟·阿什于1993年2月6日去世，美国以国葬的礼仪为他送别。他故去的时候，艾滋病在美国已不再是恐慌的厌恶的代名词。阿瑟·阿什生前说过："如果今后的人们在想起我时，仅仅把我当成一名成功的职业网球运动员，那对我将是莫大的讽刺。"正如他期望的那样，人们并没有只把他当作成功的球员。在人们的心中，阿瑟·阿什的人生早已超出网球的范围，他是无数青年人的榜样，是人类争取自由、平等和独立历史中一座永恒的纪念碑。

常青树的慈善事业

网球明星中，大多有令人赞叹的善举。在社会慈善事业中，他们往往走在其他明星的前列。35岁的网坛常青树美国选手安德烈·阿加西（Andre Agassi），绝对算得上慈善事业的先行者。早在20世纪90年代初，在他拿到大满贯冠军之后，他就决定要为他出生和生长的地方做些事情。不久，阿加西以自己的名义成立了"安德烈·阿加西慈善基金会"，以专门帮助在拉斯维加斯受到遗弃虐待和由于贫困而导致流浪生活的孩子。从20世纪90年代中期，阿加西将自己越来越多的精力和金钱投入慈善事业中。1997年，一个专门帮助贫困儿童的"安德烈·阿加西男孩女孩俱乐部"成立。2001年，阿加西投资1 400万美元又开办了"阿加西预科学院"。学校专门接收那些原本没有经济条件接受良好教育的孩子。学校设置了从三年级到七年级的课程，培养他们独立人格，谦逊和严格自律的品质。

基金会从1994年成立以来，共筹集到近5 000万美元的善款。在阿加西和他的朋友们努力下，当年那座曾被人们视为堕落之都的拉斯维加斯已经成为阿加西的爱心之城，围绕着阿加西慈善基金会已经延伸出11个不同方向的慈善机构和组织。2005年7月，美国《体育画报》评选出的“十大体育慈善家排行榜”中，安德烈·阿加西慈善基金会以1 104万美元的捐赠款额成为当年首当其冲的体坛慈善机构。而阿加西本人也当之无愧地成为这一年最受人尊敬的网坛慈善家。

2006年8月8日，阿加西在慈善年会上演了感人一幕：第11届阿加西儿童慈善基金会年度音乐会上，刚刚退役的阿加西将他本人最为珍惜的两把拍子和在美网退役时使用的最后一把拍子捐赠给基金会进行拍卖。

拍卖被安排在阿加西大满贯儿童慈善晚宴之前进行。令阿加西意想不到的是，他的爱妻格拉芙在事先没有告诉他的情况下，出现在拍卖会的现场。而此时，两把球拍的价格已炒到了32万美元，更让阿加西意想不到的是爱妻以36万美元的出价一锤定音竞拍成功。格拉芙在拍得球拍后表示：“这些球拍应该留在家里，和我们在一起。”

对于格拉芙的贴心举动，阿加西激动不已，他拥抱着自己的妻子说：“我实在不知道说什么好，我只能对我的妻子说声谢谢，有了她我仿佛有了一切。”当天的慈善拍卖共筹得善款8 600万美元，这笔款项将用于救助那些在阿加西的家乡拉斯维加斯的贫困儿童。阿加西把这个晚上称为“惊喜的一夜”。

比球王更有价值的头衔

在人们惊叹网坛常青树费德勒那出神入化的球技时，却很少了解费德勒同样还是一位受人尊敬的年轻的慈善家。

费德勒的母亲琳奈特是一位南非人。1979年，严格的“种族隔离”将她赶出了南非，但她坚信：人与人是平等的。而从小受到母亲养育和熏陶的费德勒，继承了母亲这种坚强的信念和平等待人的原则。无论是赛场上的对手、身边的朋友，还是远在数千英里之外素不相识的南非乡亲，平等始终是他待人的准则。他认为，世界上不应有因肤色而产生的歧视，人与人之间也不应因国家、民族而存在巨大隔阂。2004年，年轻的费德勒在母亲的帮助下，建立了以他名字命名的“罗杰·费德勒基金会”，用以援助南非的儿童和那些由于种族歧视而遭受不幸的人们。数年来，罗杰·费德勒基金会为南非曾经作为种族隔离地区的医院、公共设施、学校和艾滋病患者提供了许多无偿的援助。在他的基金援助对象中，不论肤色、种族、宗教信仰、国籍或者性取向的不同，所有人都得到了平等的对待，费德勒以他的宽容化解人们心中的痛苦和阴影，也帮助他的母亲完成了多年以来的心愿。

我国网球资深专家何嘉，在2004年《世界网球》杂志上介绍了这位网球名人的善举：

新布莱顿，南非港城伊丽莎白市中占地不足5平方千米的黑人聚居区，世界上很少会有哪个地方会像这里一样因为贫穷而举世瞩目。在这块前南非政府遗留下的种族隔离区中，居住着超过50万的人口，这里一眼望不到边的用垃圾和废物搭建起来的小屋，低矮、黑暗、没有水、没有电，饥饿的孩子像迁徙的羚羊一样流浪在街头，从白人的垃圾箱中寻找他们的食物，晚上则蜷缩在破败的屋檐之下与死亡擦肩而过。而即使是这样的流浪生活，在白人政府的时代也是被禁止的。所有的人都知道自己应该为此做些什么，却很少有人愿意亲自走入其中。

今天至少有30个新布莱顿孩子得到了上学的机会，这要感谢罗杰·费德勒基金一年来的资助，但费德勒不会就此满足。2005年年初，他与家人一同来到了这里，就像他儿时与母亲一同回到南非的家乡一样。从艾滋病医疗中心到学校，再到学生们简陋得称不上房屋的窝棚，费德勒在新布莱顿待了整整一天的时间："尽管只有我一个白人，但我并不害怕，我要亲眼看见那里的情况，亲身感受那样的生活，也要亲自见证一年来基金会带来的改变。"

费德勒与南非儿童

虽然，对于一个每年赛事奖金与赞助收入超过1 000万美元的人而言，真正感受到新布莱顿的疾苦也许并不现实，但费德勒还是会坚持尽力改变那里的一切。对此，费德勒相信这是他的义务，他要做的就是唤醒人们的良知，唤醒人们的同情。

费德勒的慈善之举，受到国际上的称赞。2005年，费德勒被联合国儿童基金会任命为亲善大使。也就是这一年，突尼斯青年体育部、体育部和俄国体育部根据2004年第58届联大决议，率先向联大倡议发起"体育运动国际年"。

2006年4月3日，联合国秘书长体育促进发展与和平特别顾问、瑞士前总统奥击，向安南秘书长和联大主席埃里亚松提交了"体育运动国际年"的报告。

报告指出：

联合国正在全面发挥体育的力量促进教育、卫生、和平与发展……在2005年的一年时间里，世界各地以"体育运动国际年"的名义发起了数千项活动，并增强了人们把体育运动纳入和平与发展规划之中的自觉意识。2005年"体育运动国际年"在世界范围内取得了很大成绩，并凸显出体育运动在促进联合国千年发展目标的实现方面具有强大的推动力……

体育是使世界变得更加美好的一个重要工具，每一个大陆都需要更加健康、更有文化的人民。我们需要发展，我们需要和平。体育可以帮助我们达到这些目标。

在这天的报告呈递仪式上，费德勒和智利著名足球运动员菲格罗亚、肯尼亚马拉松女将劳鲁普等做了主题发言。他们以切身经历介绍了体育运动的社会功能。人们有理由相信，罗杰·费德勒等能够真正成为体育与拯救贫困之间的桥梁，网球等体育运动也能够成为推动世界和平与发展的一种强大力量。

罗杰·费德勒基金会，自2004年成立以来，用于支持和发展埃塞俄比亚、南非、马拉维等地的教育事业和体育项目，致力于帮助残疾儿童，推动青年体育运动的开展。截至2017年7月，基金会对马拉维的儿童教育工程项目投入1 300万美金，并计划在2018年底完成对100万名孩子的教育资助。2010年，在瑞士一家媒体举办的过去十年最有影响力的公众人物票选活动中，费德勒在短短一天的时间内就获得了83%的选票，并最终毫无悬念地问鼎。瑞士哲学家昆茨曾对此评价称："他和我们有同样的一本护照，但对他的成功，你只能用哈里路亚这个词。倘若要选出一个瑞士偶像，非费德勒莫属。"在某种意义上，费德勒成了这个国家的代名词。

2013年年底，费德勒收获埃德博格体育风尚奖、阿瑟·阿什人道主义精神奖及最受球迷欢迎奖三项大奖，尤其是以超过半数的选票连续第11年当选最受球迷喜爱球员。

为了表彰费德勒在网球运动中取得的非凡成就，在德国和瑞士都有了以他命名的地标。前有德国哈雷市的“罗杰·费德勒大街”，后有瑞士比尔市的“罗杰·费德勒路”。有趣的是，后面这条街道改名之后，让原本位于那里的瑞士国家网球中心有了新的地址——“罗杰·费德勒路1号”。而这在所有运动员中绝无仅有。

Chapter 3

第三章 | 网球与名人的对话

第一节　欧洲名人

对话之一：皇帝的网球新服——法王路易十世

安徒生的童话里，有一个肥胖愚蠢的国王，他下令大臣给他编织一件世界上最美丽的衣服。他的大臣们陷入了困境之中。一些人相信世上有那样一件衣服，他们就把这个任务交给了可怜的编织匠们，让编织匠陷入困境中。可是有一个更加聪明的大臣，很快想出一个办法：他找来几个裁缝戏子，让他们围着皇帝装模作样地量体裁衣……后来，皇帝的新衣就诞生了。这是一个流传久远的童话。

在法国的中世纪时代，也有一位皇帝，他在一次尴尬的境况下，穿上了一件新式的衣服，跑到了网球场，被誉为新式的网球服，并被流传下来。这不是童话，但可能是个笑话，从中，可以看出当时网球在法国宫廷中流行。

这位法王就是法国卡佩王朝的路易十世。路易十世（Louis X，1289—1316）1305年继承其母胡安娜一世的纳瓦拉王位。1315年父王死后，他成为法国国王，此时，他将纳瓦拉王位让给其二弟（即腓力五世）。不久，他将纳瓦拉与法兰西两王冠合二为一。他的统治很短，在位仅两年（1314—1316），但在这期间，他积极地推行着历代卡佩王朝国王们扩大王权的事业。

法国的历代君主，特别是在中世纪前后，如加洛林王朝、卡佩王朝、瓦卢瓦王朝等对其君主都冠一个绰号。有的是以其生理特征起的，如“秃头”查理二世，“结舌者”路易二世，“狮子”路易八世，“美男子”腓力四世，“高大的”腓力五世，“漂亮的”查理四世；有的则是以人品或业绩特征起的，如“昏庸的”查理三世，“懒王”路易五世，“疯子”查理六世，“圣徒”路易九世，“好人”约翰二世，“英明的”查理五世等，其中被誉为“圣徒”的路易九世。法国著名历史学家、年鉴学派代表人物之一的雅克·勒高夫，撰写了一部反映路易九世的著作《圣路易》，他在书中写道：

> 圣徒的特征主要是在于他的一切言行都是严格地遵照耶稣的旨意。作为国王，他努力谋求国家和人民的幸福；作为个人，他热切希望自己得到拯救。在为人方面，圣路易真正做到了严于律己，宽以待人。他褒奖当面责骂他的民妇，面对烫伤他的仆人一笑了之；他习惯于和臣民席地而坐，亲切交谈；他时常带领王室成员及贵族子弟参加修道士们的劳动。圣路易的政治纲领是为人民造福。他四处奔走，救济穷人，救助病人。他甚至谦卑地给穷人们端汤、喂食、洗脚。为了救助麻风病人和结核病人，他亲切地接触他们，全然不顾病人的脏血滴到自己的身上。圣路易还授予巴黎大学特权，实现司法公正（他的司法改革被孟德斯鸠誉为一

次“革命”）；他大力扶持城市的发展；统一原本分裂的南北方；首次取得王室对货币的铸造权，由此结束外国货币垄断法国市场的局面；首先使用法语……这些都是有益于法兰西民族的形成。

法王路易十世继承了路易王朝的业绩，同时也继承了祖辈的统治。为了缓和贵族的不满，从而为发动对法兰西斯的战争求得援助，他给许多个贵族集团及教会教士颁发特许状。此外，他将其父腓力四世王朝时一些为非作歹、不得人心的大臣和顾问革职，有的还投到监狱关押。特别值得称道的是，他于1315年发布了“关于农民赎金”的教令。美国法律史学专家哈罗德·丁·伯尔曼在其《法律与革命》一书中说道：

> 在法国，最早宣布释放农奴的是王室。法兰西国王路易十世和腓力五世于1315年和1318年宣布释放某些王室土地的农奴时，使用了将会在后来数个世纪产生反响的语言：“根据自然法，人皆生而自由……但我们普通人中的许多人已经陷入奴役的枷锁之中。鉴于本王国称作自由人的王国，我们已经命令，应恢复这些受奴役者的自由。”14世纪的国王竟能说出法国大革命时期才会有的语言，宣扬自由观念并率先解放农奴，这实在是令人惊讶。

这位令人惊讶的路易十世，还做了一件令贵族们欢迎的事，那就是恢复了宫廷网球游戏。据史料记载，公元10世纪流行于教堂的一种手掌击球游戏，传入宫廷并用球拍击球代替了用手掌击球。由于其有较强的游戏性和娱乐性，很适合于贵族休闲、享乐的生活方式和人际交往。这种活动很快受到大小贵族和上层社会的欢迎。然而，在路易二世和路易四世期间，他们认为这种网球游戏有损于贵族的高贵风度，将其禁止。在这以后，传到英国的这项游戏运动因朝廷担心玩球而耽误射箭等军事训练，也曾下令限制这一活动。被称为“固执的”路易十世，却十分喜爱这项运动。他认为，这种网球游戏既适应了贵族休闲生活的需要，也融入了贵族的文化、礼仪，并具有文雅社会的“绅士”风度，因此，这是真正的贵族运动。于是，他不仅解除了过去的禁令，而且带头玩起了这种游戏。在他的倡导下，这种网球游戏逐渐演变为宫廷网球，并迅速在宫廷贵族中传播、发展起来。

年轻、能干的路易十世，喜欢网球，同时与许多君主一样，喜好美色。于是便流传下了一段新的“皇帝的新衣”——路易十世的网球服故事：

> 当年，路易十世看中了他的一位年轻美貌的女厨师，一天，路易十世潜入厨房，企图威逼女厨师就范，但这位女厨师坚决不从，她激烈反抗，拼命挣扎，猛地把路易十世一推。这位国王一下子没站住，仰身掉进面粉桶里。路易十世狼狈不堪地从面粉桶里爬出后，惊慌失措地来到网球场，装模作样地打起网球来。由于他的衣服上沾满了面粉，满身白乎乎的，善于逢迎的朝臣们还以为这是国王倡导的一种新着装，便纷纷仿效，都穿上白色衣服打网球，于是这种穿着盛行起来。久而久之，便成为网球场上的一种特殊颜色，这就是今天运动员都穿白衣服打网球的来历。

网球为宫廷带来了欢乐，却想不到为路易十世带来灾难。据英国卡梅隆·布朗《温布尔顿常识、名人与趣事》一书介绍，一次，路易十世患感冒，身体虚弱，仆人劝他休息，但固执的他却网球瘾发作，硬是在万桑奈斯城堡带病打了一场网球，结果从此一病不起，并很快身亡。真是“祸兮福之所倚，福兮祸之所伏”。

对话之二：因网球而非命的国王——法王查理八世

查理八世（Charles Ⅷ）于1470年出生在著名的古堡昂布瓦兹。1471年，昂布瓦兹的领主路易斯企图刺杀法国查理八世的宠臣，阴谋破产后被判处死刑。1474年路易斯以城堡为交换条件，获得赦免，从此，昂布瓦兹城堡成为法国皇家主要的居住地。1483年，查理八世继承王位后，受意大利文艺复兴的影响，在路易十一的旧祈祷基地上按照哥德式风格建成了礼拜堂，用意大利建筑风格装点出了自己的“法兰西花园”。据专家验证，这座由查理八世修建的昂布瓦兹城堡是首次把意大利建筑艺术带到了卢瓦河畔。

查理八世
（1470—1498）

1491年，查理八世迎娶了布列塔尼公爵之女安娜为妻，他们的联姻，使布列塔尼亚归于法国统治。1494年1月，那不勒斯国王一世去世，查理八世随即称自己为安茹王朝（原法兰西王朝旁系）的继承人。被拒绝后，他发动了对意大利的侵略战争。1494年8月，查理八世率3万大军跨过阿尔卑斯山。由于意大利诸公国无防范，法国很快穿越了罗马全境。1495年1月，罗马教皇向查理八世颁发了那不勒斯国王授职书。2月23日，法军兵不血刃占领那不勒斯城。

达·芬奇
（1452—1519）

在此期间，查理八世在米兰看到了雄伟壮观的歌德式建筑，包括大教堂及教堂广场，供奉众神的万神殿等寺庙以及大型圆形竞技场、各种雕塑、喷泉等，便调集法国人在米兰大教堂下，修建了著名的西班牙广场。该建筑为法国风格，以登上教堂的137层阶梯而闻名。广场建成后，法式、英式咖啡店随之而来。很快，西班牙广场成为当时意大利文艺复兴的著名文学家、艺术家的集聚地。其中包括著名诗人济慈、拜伦、雪莱，雕塑家卡诺瓦、巴森，作家易卜生、果戈理，音乐家肖邦、李斯特等。

1495年7月，由教廷、威尼斯、米兰及罗马帝国和西班牙联合组成的“神圣同盟”，向入侵的法国军队宣战。不久，法国战败，年底撤回了法国。战场上失败的查理八世，在网球场却是十分骁勇善战。据卡梅隆·布朗书中介绍，查理八世网球球技高超，常常打败对手。1498年4月7日，他准备去参加一场网球赛，由于时间晚了，他匆匆换好衣服，手拿球拍向网球场走去。因为过于匆忙，在走进球场时一头撞在球场大门的横梁上，顿时鲜血如注。虽然经过抢救，无奈失血过多，几小时后便身亡，时年28岁。

查理八世死后，未留子嗣，王位由查理的叔叔路易十二继位。根据婚约条款，查理八世遗孀安娜又下嫁新一代法王，并将其侄子弗朗索瓦接来居住，直到接掌王位成为弗朗索瓦一世。1516年，弗朗索瓦一世继位一年后，即把著名的意大利画家达·芬奇接到昂布瓦兹城堡。以每年700金币的薪金雇请达·芬奇在宫廷讲授绘画、建筑。3年后，即1519年，达·芬奇去世，并永远安息在这座古堡。

对话之三：“太阳王”的宫廷网球——法王路易十四

“太阳王”路易十四（1638—1715）

路易十四（Louis XIV）时代是法国历史上一个辉煌的时期。国家强盛，人民安居乐业，文化高度繁荣；国王拥有至高无上的权力，把专制君主制度推向高潮，并获得“太阳王”的美誉；在他的统治下，法国彻底取代哈布斯堡家族而成为欧洲的霸主。

路易十四最伟大的功绩，在于他通过一生的政治实践和戎马生涯，在欧洲确立了绝对君主制度的典范，缔造了一个空前统一的法兰西，他最崇奉的治国准则是“朕即国家”“法律出自我”。路易十四的时代，正好处于欧洲自中世纪后期以来加强王权和建立民族国家潮流的顶点。达到这一目标必需的工作是肃清国内封建割据势力，统一国内市场，建立民族宗教和确立国王至高无上的权力和地位。路易十四在祖辈业绩的基础上，进行了艰苦卓绝的努力，使一个统一的法国和具有威严的王国初露端倪，使父辈的理想成为现实。在他的统治下，君主权威达到不容置疑的地步，政治、司法和财政高度统一，曾经位高权重的地方贵族已经沦为陪侍国王左右的随从，国王甚至凌驾于神圣的教皇之上。路易十四所实践的君主专制制度成为近代中央集权制国家机器的典范，为普鲁士、奥地利和俄罗斯等专制君主国家所效仿和追随。

路易十四的另一个功绩是，扶植、鼓励了古典主义文化潮流的发展和繁荣，并将其推向高峰。正如威尔·杜兰所言：“自西罗马奥古斯都大帝以来，没有一个王朝像路易十四时代拥有如此多伟大的作家、画家、雕塑家与建筑家，并在礼节、时装、思想、艺术上为他国所艳羡模仿。路易十四朝代的法国，和伯利克里时的希腊、奥古斯都时的罗马、文艺复兴时的意大利、伊丽莎白—詹姆斯一世时代的英国一样，都是人类历史上的一座座高峰。”

路易十四时期的法国文化以宫廷文化为基地和源头，宫廷不但体现了王国的威势，张扬了国家财富，而且培育了社交礼仪，为各种文化类型提供了成长舞台。当时最能体现宫廷文化的基地是凡尔赛宫。凡尔赛宫本是路易十三在凡尔赛树林中建造的狩猎宫。1661年，路易十四聘请当时的著名建筑设计师将其改造成豪华王宫。该宫殿的建造动用了大量人力，耗资2亿法郎，于1689年全部竣工。宫殿气势磅礴，布局严密、协调，外观宏伟、壮观，内部陈设和装潢更富于艺术魅力。

如果说，凡尔赛宫及其装饰品构成了一个静的文化宝库，那么，路易十四所倡导的宫廷生活则为文化发展提供了一个活跃的舞台。宫廷里聚集了大量皇室人员、高等贵族、娱乐人员以及艺术家和作家。为了让这些贵族和仕女们在宫廷里休闲娱乐，宫廷里招纳了各行各业的艺人，提供各种各样的娱乐节目、体育节目和艺术表演。而路易十四则是这些宫廷文化体育活动的积极倡导者。

据法国著名历史学家让·克里斯蒂安·柏蒂菲斯记述：路易十四4岁丧父，从小在道德和宗教方面受到母后的严格教育，在知识方面得到家庭教师佩雷菲克斯巴黎大主教的悉心传授。13岁时，路易十四已有相当丰富的文学和历史方面的知识，拉丁语已达到相当高的水平。此外，路易十四还有多位老师：有教授数学、文学和写作的，有负责拉丁语、意大利语、西班牙语的，有教他学习演奏吉他、诗琴、古钢琴的，有教他学习骑马、打网球和打猎的。路易十四在音乐、写作、绘画，特别是舞蹈和体育方面都具有较强的技能。路易十四在学生时期对基本知识并不很用功，他很喜欢跳舞、打猎和体育运动。

另据史料记载，台球、击剑（轻型佩剑）等都是在路易十四时期发展起来的。由于法王路易十四的御医建议国王餐后做台球活动，有利于健身，因此得到法王喜爱和关心，所以在17世纪，台球在法国逐渐风行起来。路易十四在凡尔赛宫玩的台球是“单个球”（Single Pool），在桌上放一个用象牙做的拱门（Port）和一根象牙立柱叫“王”（king），用勺形棒来打球，把球打进门或碰到柱上便可得分，这可能就是台球起源于法国的根据。而对于网球，路易十四则是钟爱有加，他不仅在富丽辉煌的凡尔赛宫修有网球场，而且常组织一些网球选手进行锦标赛。

对话之四：让仆人代替抛球的网球君主——英王亨利八世

英国都铎王朝，是英国15—16世纪发展的一个重要历史时期。这个时期，社会发展剧烈变革，封建制度解体，资本主义因素迅速发展，这为此后英国超越其他国家，发展成为一个资本主义工业强国奠定了基础。

亨利八世（1491—1547）

作为都铎王朝的第二个君主，亨利八世（Henry Ⅷ）也是一个非常有个性的人物。他喜欢女人，一生先后娶过6个妻子，并处死了其中的2个。1533年，因离婚另娶，被天主教所不容，亨利八世公开和罗马教皇决裂，同时宣布改信新教。1534年，议会通过了“至尊方案”，宣布国王是英国教会的最高首脑，对一切宗教之务具有最高权力，废除了罗马教廷的最高权力。1536年，又通过了解散修道院并没收其全部财产的法令。被没收的土地、房产归国王所有，朝廷里的大臣、宠幸和地方上的支持者都得到亨利八世的赏赐。约有2/3的教会土地被抛入市场，转到了新贵族手中，既得到他们的支持又充实了国库，增强了国力。

亨利八世政治上强悍，手段残忍，在英国历史上声名狼藉。但从另一方面看，他英俊、潇洒，在处理国家政务的同时，用大量时间享受生活，被史学家称为“世间第一得意人”。他喜欢美酒佳肴，整天在宫廷摆流水宴；他喜欢舞刀弄剑，经常和人比试剑法；他精通音乐、骑马、网球、外语。

根据亨利八世时代的作家拉马斯·艾略行描述，当时的足球与现代足球并不是一回事，球是被吹了气的猪膀胱，经常被踢爆，而通常是很多身强力壮的年轻人一拥而上，将猪膀胱从一个村庄踢到另一个村庄，互相追打，经常发生伤亡事故，因而被看作是一项野蛮残忍、充满暴力的运动，根本不是绅士的作为，贵族们不屑一顾。

然而，前不久，人们惊奇地发现，这项当时为贵族不齿的足球运动却受到亨利八世的钟爱。他被称为“第一个喜欢上足球的英国统治者”。

据英国《卫报》2006年2月18日报道，南安普敦大学的历史学家玛丽亚·海瓦德教授最近正在研究古典服装，她在温彻斯特艺术学校纺织品保存中心查阅一本关于亨利八世的宫廷服装记录时，发现了一份1526年的王室清单，亨利八世要求负责他衣饰的官员帮他订做一双足球鞋，以便忏悔节那天踢球用，那是根据传统规定可以踢球的日子。

据悉，这双足球鞋由亨利八世御用裁缝科涅洛斯·乔森一针一线缝制而成，价值4先令，这在当时不是一个小数目。除此之外，亨利八世还定做了两双练剑用的鞋以及37双天鹅绒鞋。

亨利八世宫廷里养着一批年轻人，他们陪着他从事各种运动，包括足球。海瓦德教授说："当然，最后的胜利都属于亨利八世，因为他是国王。此外，据说，亨利八世与当今足球巨星贝克汉姆有同样的嗜好，即比赛上场前要先化妆。"

与足球不同的是，网球是法国宫廷里的一项高雅运动。自从14世纪20年代从法国进入英格兰后，就受到达官贵人的喜欢，亨利八世就是一个网球迷。

海瓦德教授在其研究中指出："亨利的体格天生强健，在年轻时是一个擅长网球的摔跤好手。虽然他块头很大，且因暴饮暴食导致晚年体态臃肿，但他的身体仍很敏捷，他喜欢网球、打猎和剑球，是一个不错的运动员。"

然而，在另一个学者和其著作中，却也有不同的说法，《温布尔顿的常识、名人与趣事》一书中写道：

> 亨利八世对网球十分热衷，尽管他身体肥胖，行动不便，但他经常和别人赛网球。在比赛中发球时需要一手抛起网球，一手挥拍击球，可惜他因肚皮肥大，无法弯腰和扔球，只好要仆人为他抛球。在1531年的汉普顿王宫的账上记载一笔5先令（45美分）的付费，付给在网球游戏中为国王服务的人。因此，发球的英文Service一词就是这样由来的。
>
> 亨利八世是一位上瘾的赌徒，在他的财政问题中，许多都是由于在网球场所下的大赌注造成的。传说中记载，亨利八世在得到王后安妮·博林被处决的消息时，他正在汉普顿王宫打网球。

对话之五：被网球惩罚的暴君——英王詹姆士一世

作为英国斯图亚特王朝的第一位君主——詹姆士一世（James Ⅰ,1566—1625），竟同法王查理八世一样，一生热爱网球，最终却因网球而命丧黄泉。

1603年，都铎王朝的最后一个统治者伊丽莎白女王逝世，由于无嗣，遵照女王遗嘱，其堂弟苏格兰国王詹姆士·斯图亚特（詹姆士六世）登上英王王位，史称詹姆士一世。从此，苏格兰与英格兰二王合一，并开始了斯图亚特在英国的统治。詹姆士一世专横跋扈，主张"王权神授说"。他认为王权是上帝授予的，国王是上帝派到地上来统治人民的，因此国王的地位神圣不可侵犯，臣民必须礼之若神明。他宣扬"国王是法律的创立者，而非法律创造国王"，并通过操纵教廷大会，对温和派委以重任等手段，加强了他的统治。他对内实行专制统治，无视国会权力，迫害清教徒。他颁布命令，无条件禁止非国教的任何教派组织的生存及活动。许多清教徒被迫逃亡国外。

在迫害清教徒的同时，詹姆士一世利用各种办法搜刮民财。他解散国会，强制推行他的征税独占制度，以提高关税、出售独占特许权、出卖爵位的办法赚取大量黑心钱。詹姆士一世无限制地搜刮政策，损害了资产阶级和新贵族的利益，同时严重影响了广大群众的生活，因而引起了人民的极大不满。

詹姆士一世生活上花天酒地，腐化奢侈。詹姆士一世是苏格兰君王中最有学问的君主，当时在宫廷文化影响下，他还十分热衷于网球运动，几乎每天都要去宫廷附近的网球场打网球。由于他的横征暴敛，引起极大民愤，刺杀他的事件屡屡发生。有一位盖·福克斯的英国英雄，为推翻詹姆士一世的暴行，在1605年11月策划了地下革命行动，企图用强大的火药把国会大厦炸毁，同时炸死他们的暴君。当他把36桶炸药运到国会大厦的地下隧道后，正准备爆炸时被当局卫兵发现，结果行动失败，盖·福克斯及其同伙遭捕，被绞死。詹姆士一世逃过一劫，但最终他受到历史的惩罚。据说最后一次是遭到另一些人的追杀后，他匆忙逃到网球场附近的一条下水道中，按理也可以安全逃脱。但恰恰下水道的出口被平时他打过的网球全部堵塞，下水道不通，他最终未能逃出下水道而被追杀身亡。

21世纪初，由美国和德国合拍的一部电影《V字仇杀队》。该影片正是以盖·福克斯爆破国会大厦、刺杀詹姆士一世为背景，续写了以“V怪客”为代表终于完成了刺杀詹姆士一世，实现了17世纪的英烈未完成的壮举。影片充分反映了人类惩恶扬善的美好愿望和真情。

在詹姆士一世死后24年，他的继承人查理一世不仅继承了他的王位，同时继承了他的专横、暴政，而被愤怒的人们推上了断头台。而英国从此走上了资产阶级共和，翻开了新的历史一页。

第二节　美国名人

对话之六：总统的“网球内阁”——美国总统罗斯福

美国第35任总统约翰·肯尼迪曾说过：“我们不想让美国是一个国民只看体育的国家。”也许正是这种理念，从美利坚合众国建国以来，绝大多数民众都有参加体育健身的爱好和习惯。据有关资料统计，迄今为止，在美国历任的43位总统中，至少有23位是亲身参与体育锻炼的，他们或跑步或游泳或打高尔夫或打网球，其中至少有17位都喜欢或打过网球。

据一篇文章介绍，艾森豪威尔一直被批评对高尔夫过于沉迷。在椭圆形办公室工作的八年时间里，艾森豪威尔打了太多的高尔夫，以至于大多数民主党，包括肯尼迪在内都嘲笑这位老将军发明了36洞工作日。笑话的背景是真实的。艾森豪威尔的确在星期三下午打18洞，接着在星期六上午又打18洞。艾森豪威尔打球的地点在华盛顿郊外的焦树乡村俱乐部。

接任艾森豪威尔的肯尼迪被称为最优秀的高尔夫总统。在1960年的总统大选之前，他差一点就在美丽的柏树岬高尔夫俱乐部打出一杆进洞。肯尼迪完美的6号钛一点点直向洞杯滚去，当小球最终停在洞口边缘，他高声地尖叫起来。小球最终在离洞杯6英尺（1.828 8米）的地方停住。肯尼迪长吁了一口气，他对好朋友瑞德·弗雷（Red Fay）说：“如果那个球真的进洞了，不到一个小时，就有新闻传遍全国，另一个高尔夫球手正在试图进驻白宫。”但肯尼迪不希望像他的前任艾森豪威尔那样遭到议论。肯尼迪将他热爱高尔夫的事实隐藏得很好，公众根本不知情。他不想被人当作是伪君子，因为他也曾批评过艾森豪威尔的高尔夫爱好。1960年，以微弱劣势被击败的尼克松对于这一点非常愤慨，尼克松对媒体宣称高尔夫是肯尼迪的“秘密嗜好”。

高尔夫已成为美国总统最受欢迎的娱乐方式，而这并没有引起美国人的反对。但现实也不总是这样。第37任总统理查德·尼克松就是因为在不合时宜的时候去打高尔夫，事后不得不向美国公众道歉。

第26任总统西奥多·罗斯福（The oclore Roosevelt，1858—1919）曾警告过一些参与总统竞选的人们“打高尔夫将是致命的”，但他却是一个十足的网球迷。据有关资料显示，罗斯福不仅亲身参加网球运动，而且经常组织一些内阁成员及英、法驻美使节举办网球比赛。由于他喜欢网球，所以身边的工作人员包括不少执政官员都会打网球，因此罗斯福的内阁被称为“网球内阁”。

罗斯福喜欢网球，热心体育。正是他的积极参与，美国圣路易斯争取了第3届奥林匹克运动会的举办权。

来自大洋彼岸的美国人，在第1届奥运会和第2届奥运会上都有过出色的表演。巴黎奥运会后的奥林匹克会址，国际奥委会当然优先考虑在美国的某个城市。这也符合顾拜旦等使奥林匹克运动国际化的理想。美国北部工业重镇芝加哥和另一个城市圣路易斯为取得第3届奥运会的主办权展开了激烈的竞争。在相持不下的情况下，最后只好求助美国总统西奥多·罗斯福。国际奥委会主席顾拜旦很尊重罗斯福，也为此专门拜访了这位美国总统，让他定夺。罗斯福在了解情况、征询有关人士意见后，倾向于由圣路易斯承办。当1902年国际奥委会讨论这一议题时，顾拜旦力主尊重罗斯福的意见。就这样，圣路易斯成为第3届奥林匹克城。在人口、经济实力上都远逊于芝加哥的圣路易斯，之所以能夺取胜利，主要是原定于1903年举办的庆祝该市开市一百周年纪念的世界博览会改在1904年。主办者想使博览会、奥运会同时举行，互增光彩。

罗斯福力主承办奥运会也是出于政治上和经济上的考虑，所以美国当局对奥运会并未给予足够的重视，他们只想把奥运会作为国际博览会的陪衬，锦上添花，为世博会牟利服务，加上种族歧视在美国盛行，企图把奥运会变成蔑视和欺负有色人种的场所，取悦白人，结果造成奥运史上的奇耻大辱。客观方面，当时的交通通讯很不方便，举办跨洋过海的大型运动会条件不太成熟。

基于以上种种原因，于1904年7月1日开幕的第3届奥运会，美国总统罗斯福未出席开幕式，而国际奥委会主席顾拜旦也未来美国。按惯例，一国首脑和国际奥委会主席都应参加运动会的开幕式、闭幕式，这次二者同时缺席是极为罕见的。无疑，这对奥运会的气氛会产生一定影响。此届奥运会参赛国家仅有12个，是迄今奥运会参赛国最少的一次。由于美国远隔重洋，旅费昂贵，加之忧心远东日俄海战事态发展，包括法国在内的许多欧洲国家均未出席，仅有英国、德国、希腊、挪威、奥地利、匈牙利、瑞士7个国家，派出了总共只有41人的欧洲队伍参加，而其中有些国家的选手还是客居美国的侨民或留学生。

此次参赛运动员共625人，其中美国运动员占了533人，8名参赛的女运动员，全由美国派出。由于外国选手总共还不到100人，以致一些项目的比赛，如拳击、摔跤、射箭、网球、水球等，几乎都是清一色的美国人，无怪乎人们把这届奥运会称之为美国运动会。

对话之七：网球俱乐部里的国际部长——麦克纳马拉

2004年2月16日的《国际先驱导报》发表了一篇题为《美国前国防部长角逐奥斯卡》的文章。文章说道：

在今年紧张的奥斯卡角逐中，美国前国防部长麦克纳马拉也许是年纪最大、演技最差、最没有明星吸引力的电影演员。这位曾经的高官、学者、商人在整部影片中所做的唯一事情就是坐下来，对着摄影机回忆。这是只有一个演员的电影。片名叫《战争之雾》，麦克纳马拉是唯一出现在镜头中的“演员”。尽管已是垂垂老矣，棱角分明的面孔仍然有一种催眠的力量，他回忆当年的战争决策、讲述军事冲突、探讨战争中的人性这个话题，轻而易举地把观众引入了自己的记忆深处。不管是越南战争还是古巴导弹危机，他都是现在当局的最接近秘密核心的人。

时光倒流到1966年的1月31日，那一天约翰逊总统向美国人民宣布，美军恢复了中断5周的越南北部军事行动，发起了新一轮空袭……直到1973年，大约有6万名美国人死于这场战争。

而今，当87岁的罗伯特·麦克纳马拉坐到摄像机前，对着镜头侃侃而谈时，导演埃罗尔·莫利已经成功了。作为肯尼迪和约翰逊时期的美国国防部长，麦克纳马拉当年光滑的黑色头发和佩带的镶边已经成为那段历史的一个经典象征，他能够成功地唤起美国人对本国历史最惨痛教训的反思。

2004年2月7日，这部名为《战争之雾》的纪录片在全美上映。此前，它已经获得了当年的奥斯卡纪录片奖提名，并且成为美国的一个热门话题。

麦克纳马拉（Mcnamaya）生于1916年，从小他就习惯于用一种统计学的眼光来分析问题，这使他顺利考入哈佛商学院，并成为学院历史上最年轻的教授。第二次世界大战时，他加入美国空军。战后，他进入福特汽车公司工作并成功地做到了总经理的职位。1961年，约翰·肯尼迪邀请他进入内阁，成为美国新一任国防部长。第二年，他协助解决了著名的古巴导弹危机。4年后，他领导下的美国军队正式进入了越战。

1965年的麦克纳马拉依然信心百倍，但随着越来越多的美军士兵阵亡，美国被彻底拖入战争泥潭中，麦克纳马拉在1967年开始感到难堪，这场战争与原先计划中的全然不同，他精明的算计生平第一次出现失误，战争正在变成一场噩梦，苦苦支撑了一年后，麦克纳马拉离开了国防部长的职位，至于是他主动辞职还是白宫施加了压力，至今众说纷纭。

尽管离职，麦克纳马拉仍然风光不减，从1968年到1981年，他担任了长达13年的世界银行行长。曾经担任过《华盛顿邮报》的董事长和海外开发理事会主席。但越南战争一直是他心中的一个阴影。经过多年的反思，他提出了15条教训，其中包括“我们夸大了他们的行为将带给美国的危险”“我们只看重最先进的武器、装备和军队，而忽视了如何赢得不同文化背景的人民的心”“上帝并没有赐予美国任意塑造每个国家和民族的权力……”。

在人们了解了麦克纳马拉的政治生涯之后，让我们再说这位退下的国防部长的业余生活。

圣·奥尔本学校是华盛顿一所私立名校，坐落在华盛顿西北部，国家教堂美丽的山顶广场上，距白宫大约3英里（约4.83千米），距国会大厦5英里（约8.05千米）。学生是从四年级到十二年级的男孩。在1962年的春天，学校新成立了一个网球俱乐部。俱乐部可以在学生课前、课后，周末和节假日使用10片圣·奥尔本网球场地。附近那些忙碌的政策执行者可以利用早晨在圣·奥尔本网球场练习或比赛，然后在华盛顿官方开始办公时投入工作中。

因为太多的人在7:00时间段开始打网球，《华盛顿邮报》称，在圣·奥尔本进行网球晨练在国家的首都成为时尚。这是引自《运动》杂志在报道横跨全国的网球热的描述。这本杂志把网球的繁荣追溯到起源于圣·奥尔本，归于在那里打球的学员和会员身份显赫。肯尼迪政府中一群年轻富有活力的官员引发了网球热并带动了百万爱好者。网球是短暂的美国历史的重要组成部分，人们称它为卡洛特（Camelot）。

麦克那马拉就是活动在这个网球俱乐部中的一员。担任该网球俱乐部经理兼教练的阿利·里岑伯格与这位前国防部长打了整整40年网球。在其《首都网球场》一书中他讲述了麦克那马拉的网球故事：

> 一件凸显罗伯特·麦克纳马拉性格的事是他时间观念特别强。每次训练或比赛他都比规定时间提前2分钟到达，训练或比赛结束后立即离开。在网球场上只有网球，不谈论其他闲杂事，这种习惯一直坚持了40多年。
>
> 有一次他训练时间没有露面，当天晚些时候，他派司机亲自来道歉，并解释麦克纳马拉是由于猪湾事件而缺席。
>
> 与罗伯特·麦克纳马拉打了近40年的网球。我始终觉得我还不能够真正了解他。我尊重他，知道他是一位正直、有人情味的人。他在世界银行任期就是最好的佐证。但我不支持他在越南战争中的所为。即使他自己的小孩，据我了解到的，也不都同意他在越南战争中奉行的政策。除此之外，我认为他把自己看作是团队中的一名成员，奉行对事务看法鲜明的处世哲学，但是我们在网球场从不谈政治。

对话之八：传奇女人的网球往事——杰姬·肯尼迪

前面提到众多与网球对话的名人，大多都是皇室君主和帝王将相，现在说一位最负盛名的奇特美女，即美国总统约翰·肯尼迪的夫人杰姬·肯尼迪（Jakie Kennedy）与网球的趣事。

杰姬（杰奎琳的昵称）的影响从20世纪60年代开始，她被称作“自埃及艳后以来最著名的女人”，她代表了美国形象，她所产生的巨大影响力使她被奉为“美国最有影响的风格设定者”，时尚界的人士像押宝一样仿制她穿过的服装样式，而令大家吃惊的是这往往得到丰厚的回报。在《WWD》上一张高膝7 ~ 8厘米的露膝短裙，几周之后，就风靡了办公室和社交圈。同样引起轰动的还有平顶、无边、矮圆的女帽，太阳镜架在头上的戴法，像吹气一样蓬松的头发，等等。杰姬式的太阳镜，购买人数就数以百万计。

杰姬并不太漂亮，五官并不出色，但身材苗条，且有明朗的笑容，最重要的是品味出众，魅力无穷。她为同时代及以后的女性所带来的时尚感觉，早已超越了她自身的样貌，以至于她60岁在《时尚》杂志上的封面照片一样大获好评。她为20世纪60年代的时装业带来的活力也是无可比拟的。

美国圣·奥尔本网球俱乐部经理兼教练阿利·里岑伯格，亲自教授肯尼迪家族网球技术。在《首都网球场》一书中，他回忆了他与杰姬的故事：

1961年的一天，我接到蒂施·博德瑞治打来的电话，她是肯尼迪政府白宫的社交秘书。因为蒂施是网球场的常客，那时候，我是那里的专业教练。蒂施在电话中邀请我在转天到白宫给第一夫人上一堂网球训练课。在答复她之前，我已答应去教一群年轻人打球，他们是报名参加市中心区网球训练营的学员。我犹豫了一下，不过很快我告诉蒂施，建议择日来回应她的召唤。

然而，也许是运气所至，蒂施同意了我的请求，重新安排了训练时间。在约好的那天，我穿上了新的运动衫、舒适的网球鞋以及衬衫和裤子，我以最好的姿态出现在白宫门前，警卫已接到通知来等我，他们指给我通往网球场的方向，我紧张地等待着有史以来我教过的最著名、最具魅力的学生的到来。

就在我考虑如何使用合适的礼节时，看见两个女人牵着一条小狗从大厦走向网球场。由于距离太远，我认不出她们是谁。突然小狗径直跑向一群正在白宫草坪上摇摆散步的鸭子，并且露出了极度贪心的犬牙。这时一个女人一边尖叫着一边跑向小狗。我立刻加入追逐中，并设法用手够到了小狗的后腿，之后我试着掰开它的嘴巴，慢慢让它平静下来。

在完成我的使命时，我已筋疲力尽。从我处的位置看，杰姬·肯尼迪一双黑色的大眼睛，和无数次在杂志的封面、电视上和报纸上的照片一模一样。第一夫人也很累了，她用毛刷掸去运动短裤上的草屑。在这第一次会面的气氛中，我们都笑了。

然后，第一夫人把我介绍给她的伙伴——托尼·布拉德利，她是时任《新闻周刊》华盛顿办事处主任本·布拉德利的妻子。后来她成为《华盛顿邮报》的执行编辑，并主导了水门事件丑闻的报道。

在我和杰姬初次见面后，我们在白宫内的网球场开始了日常训练课。通过这些训练课，我和杰姬建立了轻松愉快的关系且不拘礼节。

在一次训练课中，杰姬提到总统应接受更多的训练，建议他也练习网球。我告诉她我有一台旧的发球机，已经不再使用了。我很高兴把它送到白宫供总统使用，但它需要一个电源插座。在网球场的旁边是花工的小屋，屋门锁着，我们从窗户爬进了布满灰尘的小屋。在这里我们发现了电源插座。后来我把发球机送到白宫，尽管我不知道这台机器以后是否被使用过。

白宫内的网球场看上去真的很惬意，一棵巨大的木兰树矗立在网球场旁，足以让选手们与外界隔绝，独自享受网球带来的乐趣。球场四周的景观也使人心旷神怡。我在1997年回到这里时注意到我和杰姬爬进去的小屋已被彻底装饰一新，作为更衣室供选手们使用。在一次重要的国宴前的训练中，由于判断失误，球碰到了杰姬的眼睛，尽管无大碍，但是我们担心这将导致她带着一只青紫的眼睛参加晚上的活动。幸运的是，这并没有引起大家的注意，那天晚上她看上去很正常。

在我给杰姬上训练课时，总统和副总统莱顿·约翰逊经常穿过花园散步，还常常在网球场驻足。一天，约翰·肯尼迪一个人走在白宫的广场上，他停下来打了几拍球。他身着西装，但他脱了外套，我们打了起来，可以明显看出，背痛困扰着他，而且他疼得很厉害。

在肯尼迪家族中真正的网球高手是埃塞尔，她是一位打法凶狠、实力强劲的选手。博比·肯尼迪也很出色，但他没有像他妻子那样在网球上投入那么多。

我教杰姬打网球这件事在大多数时间里是保密的，肯尼迪家族希望保密，不想让公众知道杰姬在学习网球。有一次,华盛顿最为好斗的记者中的一位找到我，在请我吃午饭时直截了当地问我，"你在白宫教杰姬·肯尼迪打网球吗？"我回答我不谈我的学生。在同一时间，一位在密歇根州的女士宣称，她将飞往华盛顿教第一夫人打网球，白宫发表声明给予了否认。此后，他们决定公开了杰姬确实是在学习网球，而且我是教练，以澄清这些传闻。我教杰姬训练持续了两年，那一段时光是我一生中最为愉快的经历……

对话之九：一对总统父子的网球情缘——老小布什

老布什的矫健身影

白宫被称为美国的核心领地，热爱运动的总统们把各种喜欢的运动项目引进白宫。1933年，富兰克林·罗斯福建了游泳池；1953年，艾森豪威尔修了高尔夫练习场；1969年，尼克松把保龄球、台球、乒乓球搬进白宫；1975年，福特又在宫外建了一个游泳池；1989年，乔治·布什（Gorge Bush）则在白宫修建了一块8米×8米的运动场，供雇员打篮球，而他常让网球高手与他在此对垒。乔治·布什同时也是美国职业网球协会（USPTA）的副主席，可以知晓将满80岁的老布什有多么热爱网球了。

乔治·布什在耶鲁大学上学的时候就对网球非常着迷。技术水平相当于6.0级，这在业余球手中已是一个很高的水平。要知道，中国现在省级队的队员也就是这个水准。他手法娴熟，落点精确，弱点是眼神不够好，跑动不够快。20世纪60年代，乔治·布什和当时的网球巨星、澳大利亚人约翰·纽康姆成了好朋友，并有了一段40年的友谊。纽康姆数次夺得温网冠军，在美国建有一个自己的网球中心，两人经常一起打球，乔治·布什因此技艺精进。

20世纪70年代，乔治·布什在北京当外交官，经常去现在的国际俱乐部网球场打球。2004年，乔治仍然出现在了大师杯的比赛现场，他还参加了美国职业网球协会举办的慈善活动，在数千观众面前和全美硬地赛车冠军打了一场比赛。除了纽康姆外，他还喜欢后来所有出色的美国选手，比如艾弗特、卡普里亚蒂、阿加西和罗迪克。这些选手几乎都是老布什当政时请到白宫的座上客。

在老布什离任8年之后，小布什竞选上了美国总统。也许是遗传，也许受到父亲的影响，小布什同样喜欢运动。他经常参加马拉松赛跑，最好成绩是3小时44分。对于网球，则更是由衷地热爱。平时，在豪华的总统间，在戴维营的林间小道，在白宫楼顶的健身房，总能看到他的身影。小布什几乎是天天都在那儿锻炼，即使是出访。他出访英国，英女王伊丽莎白二世还特意在他的房间内配置了自行车健身间。2001年，一枪手在白宫墙外向白宫开枪射击，他此时正在楼顶的健身房健身，当他听特工汇报说是一个偶然事件后，他依然继续锻炼。

除骑车、健身外，跑步一直是小布什坚持的项目。1992年，休斯敦举行马拉松比赛，这时距老布什竞选失败刚两个月，为了激励自己的意志，希望能有朝一日继承父业，他毅然参加了这次比赛。

小布什就任总统后，虽然公务缠身，但他还是尽可能抽出时间参加一些公众体育活动，如为棒球赛、高尔夫赛开球等。对于网球，年轻时的小布什就十分爱好，但打得最激烈和尽兴的要数2000年他就职前的那次了。

2000年12月13日，美国一媒体发了一张照片，标题是《布什把网球拍打成这样了》。后面文字说明是："头戴牛仔帽，身穿训练服，手里握着一个打破了的网球拍，布什回到了他的宫邸。昨天，布什一直躲在家中安安静静地支持着联邦最高法院的裁决，漫长的白宫争夺战就要结束了。布什的心情会不会也如他的打扮一样平静呢？"

在任总统职后，他也始终关注着网球。2006年5月初，小布什在白宫请美国记者协会的成员，同时还有美国政界、商界精英、要员聚会。有一次，小布什特意邀请了居住在美国的俄罗斯网坛名将安娜·库尔尼科娃，十分热情地与她交谈网球、天气。

据小布什的安全顾问赖斯回忆："在小布什刚出任得克萨斯州州长时，他并没有考虑外交政策和竞选总统。他经常和妻子在周末一起去肯纳贝克港的夏季别墅打网球、钓鱼、郊游。1998年8月，我正好在老布什处遇到了小布什。他们共同跑步、打网球，玩得愉快，谈得更投机。这时的小布什已经是壮志盈胸。从此，他们就外交政策和下届总统的竞选形式一起认真讨论起来，而且在以后的很长一段时间里都是边打网球边交流。"结果小布什最终竞选成功，而赖斯成了小布什的"第三只手"。

2000年，在离美国总统大选决战只有4天的关键时刻，美国一家媒体突然披露共和党候选人小布什曾于1976因酒后驾车被罚的一次历史。据说当时小布什车上有3名乘客，除他妹妹外，还有一对年轻夫妇，其中丈夫是老布什交情甚深的老朋友纽康姆。纽康姆是澳大利亚20世纪70年代网球名将，先后获过包括温网、美网、澳网在内的7座大满贯冠军。20世纪70年代中期退役后移居美国，在得克萨斯州开了一家著名的网球训练营。老布什十分喜欢网球，在1968年结识了这位昔日网球冠军，并很快成为朋友，老布什担任美国中央情报局局长期间，纽康姆经常陪老布什打网球，而老布什邀请他到缅因州的度假别墅去度假、休息，就在这儿结识了小布什，并且也成了朋友，于是就发生了酒后驾车被罚之事。

此事曝光后，媒体纷纷转向纽康姆，希望从他口里能得到更多的新闻"猛料"。然而，纽康姆却仿佛消失了一般，使想借此做文章的人大失所望。事情过去多年，纽康姆还经常拿这件事和小布什开玩笑。也就是那次酒后驾车事被罚之后的第二年，小布什带着当时是图书管理员的女友劳拉在纽康姆网球训练营打网球。几个月后，劳拉成了小布什的夫人。由此看来，正是网球让小布什结识了网球明星，还是网球让他喜结姻缘。

与布什家族三代打过网球的阿利·里岑伯格回忆：

乔治·布什很好地利用了网球场。他的父母、参议员和布什夫人，在我的喜来登公园饭店网球场打过球。总统本人，作为国会的一员，经常在圣·奥尔本与他妻子芭芭拉打球。他的儿子，尼尔和马文是出色的网球选手，经常在白宫的网球场打球，马文在他父亲担任总统时，邀我到白宫一起打球，但我们一直没抽出时间。我与布什家的三代人或教他们网球或与他们比赛，我感到很自豪。

对话之十：最爱看网球的领导人——比尔·克林顿

1993年，在击败老布什后，比尔·克林顿（Bill Clinton）就任美国第42任总统。没想到，他同老小布什一样，也是一个十足的网球迷。

克林顿夫人希拉里在其《亲历历史》的回忆录中，描述初见比尔·克林顿的情形时说道：

> 1970年秋天的比尔·克林顿很难令人忽视。那年他从牛津大学学成归来，刚进耶鲁法学院，可他的模样与其说有罗德学者般的气质，不如说更像维京大盗。他体型高大，长相在红棕色胡须与一头卷曲浓密的头发衬托下还稍英俊，每个毛孔都散发着活力……
>
> 在加州，我和比尔合租了一间小公寓，我的多数时间为律师事务所的马尔·伯恩斯坦律师工作。一到周末，他会带我去他事先勘查的景点，诸如沙滩的餐厅、电极街的宴古服装店等，我则教他打网球或是消磨于厨艺……

克林顿年轻时就经常看网球比赛，而入主白宫后仍如此。新闻媒体曾报道说，尽管澳大利亚的霍华德和大腹便便的叶利钦都喜欢观看网球，但他们都不如克林顿“职业”。无论哪个大满贯赛事几乎都少不了他，他被称为是世界上“最爱看网球的领导人”。

2001年在他刚刚卸任之际，便一气看完了当年的美网、法网和温网比赛。这年6月6日是法网男单的1/4决赛，由阿加西和法国的格罗斯让对决。第一盘，阿力晒以6-1轻松取胜，这时克林顿悄悄走进观众席。尽管没有太大动静，但还是被观众发现了，包括在场上比赛的阿加西。

总统的到来并未给阿加西带来好运，相反，很快在第二盘他以1-6落败。在比赛中，这位美国总统甚至不顾法国人的白眼大失风度地为格罗斯让的失误叫好。可能意识到他带给场上阿加西的压力，在比赛未结束时，便悄悄地离去。但也并未改变阿加西的命运，最终这位美国老将连失三盘，以总分1∶3而被淘汰。

法网后不到一个月，克林顿于6月7日又匆匆赶到了温布尔顿。此行他主要是看卫冕冠军、美国选手大威廉姆斯和比利时选手海宁的女单决赛以及英国选手亨曼和克罗地亚选手伊万尼赛维奇之间的半决赛。比赛之中，天落阵雨。在等候的一个多小时里，记者们抓住克林顿大肆发问，而他毫无顾忌地说了他卸任后的生活及对网球的看法。他说：“离开白宫后，我才开始新的生活，我很喜欢能够像现在这样随心所欲地到处走走，做自己想做的工作。如今，我用一半时间参加公共服务活动，另一半时间享受自己的生活，和自己的家人享受天伦之乐……”

说到网球时，他自我解嘲地说：“我从来就不是一位好的网球选手，我更擅长打高尔夫，不过那要看当天的天气如何。当你年过半百，好像许多事情都要看老天怎么安排了。”对于比赛，他说：“虽然我也喜欢美网和法网，但我认为温网是最棒的。它仍然是世界上最伟大的比赛，我认为亨曼极有可能为英国人实现65年的夺冠梦想。”尽管这个梦想已经化为泡沫，但克林顿当时的一番吹捧，得到在场所有英国人的热烈掌声。

克林顿爱看网球，更交了不少网球界的朋友，阿加西就是其中一位。2001年，克林顿到现场“督战”使阿加西输球，但阿加西并未归罪于“邪门”的克林顿。相反，他们成了朋友。2001年，阿加西在拉斯维加斯用自己的慈善基金建立了预科学校，克林顿亲自去为他祝贺，并亲自讲课，与学生讨论问题，极大地提升了学校的名气。

克林顿的女儿也是个网球迷，那要从1999年的美网说起。那年美网比赛期间，正适克林顿到新西兰参加亚太经济合作论坛首脑峰会。克林顿的女儿切尔西是斯坦福大学的学生，她利用假期，跟随父亲。

这天，美国黑人选手塞雷娜·威廉姆斯与瑞士马丁娜进行决赛。最后威廉姆斯夺冠。赛后，路透社专门做了报道：

芳龄17岁的美国女黑人网球员塞琳娜，前天在美国网球公开赛女子单打以6-3、7-6(7:4)打败世界头号瑞士球员马丁娜，在隶属大满贯网球赛立下历史性的创举。她成为自1957年美国选手吉布森在美国网球赛女单夺冠以来，首位在大满贯网球赛夺冠的女黑人，同时成为美国男黑人网球员阿瑟赢得1975年温布尔顿网球锦标赛后，第一位在大型网球赛夺冠的美国黑人网球员。

而此时无法到现场观看比赛的克林顿父女，只能从新西兰的大酒店看电视实况转播。当他们看到小威举起美网的冠军奖杯时，克林顿立即拨通了小威的电话，向她表示热烈的祝贺。克林顿在电话里说：“这真是精彩的网球赛，你成功夺标，我们为你感到骄傲，你的家人一定为你感到高兴，这是了不起的成就！”

塞雷娜听说总统在新西兰看了她的比赛，并打电话向她祝贺时，她大为惊喜，激动地说：“总统先生看我比赛，为我鼓掌加油，太令人感动了！”而当她搞清楚，纽约与奥克兰时间相差16小时时，她再次惊呼。

就在克林顿与小威通话时，身旁的切尔西已迫不及待地要与小威通话。于是，克林顿把电话交给女儿，这两个年纪相仿的姑娘兴奋地交谈起来。

19岁的切尔西与17岁的塞雷娜谈得很投缘，她们已经将周末的活动安排好，塞雷娜参加过联合会杯后，切尔西要带着塞雷娜到她就读的斯坦福大学走一番。就在这次电话里，克林顿同时还邀请威廉姆斯一家到白宫做私人访问，小威兴奋地表示一定会在年内拜访。

第三节　苏、俄名人

对话之十一：文学泰斗的私家球场——列夫·托尔斯泰

美国著名的网球专栏作家巴德·科林斯在《完全网球：终极网球百科全书》中叙述道：“俄罗斯人历史上就热衷于打网球。文学巨匠托尔斯泰本人曾经拥有俄国的第一个网球场，在苏联时代，苏维埃领袖列宁也会抽空去打网球，据说这也是他唯一的业余爱好。在斯大林执政时期，有名的外交部部长莫洛托夫是一个利用打网球来搞外交的高手。

绿色网球首先出现在托尔斯泰的名著《安娜·卡列尼娜》中。苏联时代，尽管网球当时被认为是一项资产阶级运动，但国家领导人依然喜欢这一运动，包括他们的夫人。托尔斯泰本人就是一个热心的网球爱好者，早在1896年，在他的Yasnaya Polyana网球场就拍有他自己打网球的照片。

列夫·托尔斯泰（Lev Tolston，1828—1910）是19世纪后半期俄国最伟大的作家。他的《战争与和平》《安娜·卡列尼娜》《复活》，都是举世闻名的文学巨著。托尔斯泰于1828年9月9日出生在离莫斯科不远的雅斯纳亚·波良纳的庄园里。父母都是古老而有名望的大贵族，虽然他不满10岁父母先后亡故，但家资丰厚，他的童年始终是在无忧无虑的环境中度过的。1844年，他考进喀山大学。在读书期间，他受到了法国启蒙思想的影响，确立了反农奴制思想，对沙皇专制统治不满。1847年，他退学回家，在自己的领地波良纳庄园尝试改革，设法改善农民生活，但这种改革很快失败。1851年，他到比加索的沙皇队中当了一名下级军官，参加了克里米亚战争，在此期间，他完成了处女作《童年、少年、青年》。

文学巨匠托尔斯泰

青年时代的托尔斯泰，不仅爱学习，善思考，而且注意锻炼身体。他说过“不健康的只有傻瓜和放荡自己”。

有一次，一位法国青年拜访托尔斯泰。两人一同散步、闲聊，身边恰好有一幅单杠。法国青年跑过去，一跃而起，抓住单杠做了几个动作，炫耀地说：“伯爵，这门艺术，你大概是外行吧。”托尔斯泰笑了笑。法国青年似乎怕他尴尬，连忙为他解脱：“文人不会武，这也不必苛求。”托尔斯泰看了一眼伙伴不慌不忙地抓住单杠，并干净利落地做出了几个高难度动作……法国青年看得眼花缭乱，紧张得吐出舌头，大半天没缩回去。他哪里知道，体育活动正是托尔斯泰的爱好呢？他喜欢骑马、打猎、游泳，经常在自己的私人球场打网球等。当托尔斯泰从单杠跳下来后，这位法国青年心悦诚服地说：“伯爵，您单杠上的动作也是真正的艺术……”

19世纪末，托尔斯泰不仅是俄国群众的重要精神领袖，也是国际粉丝的膜拜标准。他不是那种古板守旧，完全不知变通的老家伙。他对新生新奇事物，有着自己独特的态度。一个如此德高望重的巨擘，也会有模有样地骑自行车、打网球，当年绝对是一个“另类”。

《纽约客》的专栏作家Gerald Marzorati在一篇文章中记述：

在我研究老年人如何能够打好网球的时候，一张Tumblr里的照片吸引了我的注意。照片里的老头蓄着一脸东正教主教般的大白胡子做挥拍状，而他穿的就好像是要去参加一场乡村婚礼。

照片注释里写着，这个老头就是列夫·托尔斯泰。在球网的另一侧，是一个穿着及踝束腰长袍的女人，左边是她的球伴，脸被托尔斯泰的头挡住了，没办法仔细辨认，只是看起来要比托尔斯泰要年轻一些。这个女人莫非就是托尔斯泰的女儿Alexandera？

托尔斯泰的妻子索菲亚从19世纪80年代末开始摄影，期间留下了上百幅关于托尔斯泰家庭生活的作品，其中一张拍摄于1896年（托尔斯泰68岁），照片被收录在《Bud Collins网球史》中。照片里的他头戴一顶哥萨克式无檐折叠帽，身着深色系带的厚布农夫衫和暗色长裤。只见他右手拎着球拍，脸上稍有愠色，看起来像是刚刚丢了一个赛点。

在《托尔斯泰是如何工作生活的》中，作者P.A.Sergeenko叙述，托尔斯泰在位于距莫斯科20英里（约32.19千米）的Yasnaya Polyana拥有一处4000英亩（约16.19平方千米）的房产，他在那里搭建了属于自己的网球场，每星期都要在球场待上很长时间。Sergeenko在文中提到了一次球赛，对于托尔斯泰而言，打网球可以帮助他锻炼肌肉。球场上的他专注认真、发力如火，又不失风度，可见他真的很享受这项运动。

在《托尔斯泰的后半生》一书中，作者Maude讲道：自己经常和托尔斯泰一起打球。谈及托尔斯泰的球风，Maude表示托尔斯泰不会像18世纪90年代的英国人那样使用大力击球技术。

“托尔斯泰尽管是个近视眼，但他打球时的快速移动让人印象非常深刻。我虽然经常打球，而且打得还不错，但和托尔斯泰对阵时，还偶尔会输球。”

据说，一位耶鲁大学的教授还曾经做过一次关于托尔斯泰晚年网球情缘的演讲。托尔斯泰在他开始打网球的时候，学会了骑自行车，就在此前一个月，托尔斯泰7岁的儿子去世了，沉浸在无尽悲痛中的他接到了来自莫斯科脚踏车爱好者协会赠送的一辆自行车和免费的单车课。于是托尔斯泰便每天骑车穿梭在花园小径中，非常享受这项运动带来的快乐。于是骑车就像网球那样，逐渐变成了他日常生活的一部分。

托尔斯泰作为一个精神领袖又怎么可以像个小孩子一样踩着脚踏车四处乱逛呢？这恐怕也是当时许多人对托尔斯泰打网球一事的态度。

托尔斯泰在日记中对此以沃伦斯基为类比做过解释。在他心里，餐后的网球赛其实早在20年前就应该开始了，就像沃伦斯基那样早就应该三省吾身。

也许事实上，托尔斯泰只是想锻炼身体，抑或是单纯地尝试一种新的生活方式。

托尔斯泰作为一位颇古道热肠的伟大作家、一位大时代中的静观者，也只是想要好好玩乐一下而已。

体育运动为作家带来灵感，也为他创作提供了丰富的素材。

在他的巨著《安娜·卡列尼娜》一书中，有一段专门描写主人公和她的朋友打网球的细节：

午餐后他们在凉台上坐了片刻。以后他们就去打草地网球。球员分成两组，站在仔细碾平的槌球场上，分别站在系在两个镀金杆子的球网两边。达里娅·亚历山德罗夫娜试着打了一阵，但是好久也弄不懂怎么打，等她刚摸着一点门路，却已经疲倦不堪了，于是她坐在瓦尔瓦拉公爵小姐身边看着人家打。她的对手图什克维奇也不打了，但是其余的人却打了很久。斯维亚日斯基和弗龙斯基两个人打得又好又认真。他们机警地盯着对方打过来的球，不慌不忙，毫不迟疑，灵活地跑上去，等着球一跳起来，就用球拍准确地、恰到好处地将球打回去。韦斯洛夫斯基打得比别人都差。他操之过急，但是他却用欢乐的情绪鼓舞着同伴的情绪。他的笑声和闹声一会也没有间断过。他像其余的男人一样，得到妇人们的许可，脱掉了上衣，他穿着白衬衫，魁伟而漂亮的身材，红润的浮着汗珠的脸和急遽冲动的举动，深深地印在人们的记忆里。

那天夜里达里娅·亚历山德罗夫娜躺下睡觉的时候，她刚一闭拢眼睛，就看见瓦先卡·韦斯洛夫斯基在草地上东奔西窜的姿影。

打球的时候，达里娅·亚历山德罗夫娜闷闷不乐。她不喜欢打球时安娜和韦斯洛夫斯基之间不断调笑的态度，也不喜欢孩子不在场大人居然玩起小孩游戏这种不自然的事。但是为了不破坏别人的事情，而且消磨一下时间起见，她休息以后，又参加了游戏，而且装出很高兴的样子。一整天她一直觉得，好像她在跟一些比她高明的演员在剧院里演戏，她的拙劣的演技把整个好戏都给破坏了。

在这段文字里，作者对打网球的动作、神态做了极为准确而生动的描写，特别是“他们机警地盯着对方打过来的球，不慌不忙，毫不迟疑，灵活地跑上去，等到球一跳起来，就用球拍准确地、恰到好处地将球打回去”，十分到位，十分内行。从中足以显现作家精通网球技术。还有“韦斯洛夫斯基打得比别人都差，他操之过急，但是他却用欢乐的情绪鼓舞着同伴的情绪，他的笑声和闹声一会也没有间断过”，不仅表现了小说中人物从网球运动中获得了乐趣，同时也反映了作家对网球运动的深刻理解。

托尔斯泰创作非常勤奋刻苦，他有句名言：“天才，十分之一是灵感，十分之九是血汗。”他为了创作《战争与和平》，跑遍了莫斯科所有的图书馆，阅读了大量的历史书、回忆录和有关材料，还亲自考察了当时的战场、地形，访问参加战争的老人，整整花了6年的时间，才完成这部巨著。

1910年11月7日，托尔斯泰因患肺炎而去世。他以自己漫长一生的辛勤劳动，登上了当时欧洲批判现实主义文学的最高峰。他的作品为人类文化宝库留下珍贵的遗产。无产阶级伟大导师列宁称赞托尔斯泰是“俄国革命的镜子”。

对话之十二：俄罗斯红粉军团的后盾——叶利钦

几年前，世界网坛还只知道俄罗斯有个美女球星库尔尼科娃。而库尔尼科娃的成名跟当时俄罗斯总统叶利钦不无关系。但凡俄罗斯领导人青睐的体育项目，似乎都能立竿见影，叶利钦喜爱网球，于是俄罗斯网球水平在过去十余年突飞猛进。随着库尔尼科娃的成功，米斯金娜、德门蒂耶娃以及更年轻的库兹涅佐娃、莎拉波娃，逐渐开始让世界注意到俄罗斯粉红军团的整体崛起，直至如今占据了女子职业网球半壁江山。

关于叶利钦对俄罗斯网球的贡献，从上到下都是众说一词的。

俄罗斯网球协会副主席维克哈列夫说道：“俄罗斯人对网球的热爱可以追溯到苏联时期，而俄罗斯前总统叶利钦则是第一个真正在俄罗斯推动职业网球运动发展的人。”

莎拉波娃的父亲尤里曾对采访的记者说：

在苏联时代，所有体育项目的最高目标都是奥林匹克运动会，为国争光。但网球并没有这样的资格，因为那时候网球运动的水平很低，它一直没有找到发展的契机。一项水平不高的运动，是不会指望出现超级明星的。但只要出现了一个超级明星，全国就有无数的孩子去模仿她，这样，一个明星就可以改变一项运动的命运。

前总统叶利钦促成了这样的改变，他给俄罗斯网球带来了契机。喜爱网球的叶利钦，在俄罗斯建立初期就开始大力发展网球运动，他让体育部门向网球投入了大量的资金，他甚至亲自过问小选手选材的事情。我们今天看到的俄罗斯姑娘，正是叶利钦时代播下的种子。

正像著名的美国网球资深专家巴德·科林斯的评价："叶利钦成为俄罗斯总统后，他改变过所有的东西，但偏爱网球不移的名声却远播四海，由他批准的网球发展基金成了俄罗斯网球运动必然崛起的推进剂……"

1988年，网球被正式列为奥运会项目，苏联的体育主管部门开始重视这项运动。前总统叶利钦任命国家网球队原队长为体育委员会主任，开始大力推广网球运动，在政府大力注入资金的同时，赞助商也纷纷进入网球竞赛的行列，从而使一批青少年拿起了网球拍。

叶利钦对网球是十分关注的，对网球运动员更是关怀备至。2004年的法网上，由俄罗斯选手瓜分了女单的冠亚军。叶利钦在赛后立即把获冠军米斯金娜、亚军德门蒂耶娃请到家中做客。叶利钦边为她们敬酒祝贺，边十分专业地点评了米斯金娜的技术，希望她"加强和改进发球"底线击球的落点需要更深一些……"。米斯金娜之后说，叶利钦总统的鼓励使她们更加努力，争取为自己的同胞夺得更大荣誉。

自20世纪80年代起由叶利钦创办的莫斯科克里姆林宫公开赛，叶利钦几乎每年都要亲自去为夺冠选手颁奖。而对于四大网球公开赛，只要有可能，他都要去现场为俄罗斯选手呐喊助威。

2004年温网，酷爱网球的叶利钦被邀请到中央球场豪华包厢里，不过萨芬与同胞特索诺夫的首轮比赛被安排在温布尔顿2号球场。这让叶利钦坐不住了，他乘机"溜"出来到2号场观看"俄罗斯内战"。不过，这个俄罗斯"大个子"萨芬太不争气了，在以6–4赢得首盘后，第二盘以5–3领先却连输四局，以5–7失利。这时候，叶利钦不得不离开了2号场地。

2005年7月9日，联合会杯团体赛世界组首场半决赛的争夺在夺冠热门俄罗斯队与美国队之间率先展开，主场作战的俄罗斯队凭借两员主将米斯金娜和德门蒂耶娃的出色表现，在首日比赛以大比分2∶0领先。挚爱网球的叶利钦更是不会错过欣赏此次赛事的机会，这次他还带来了一位久违网坛的人物卡费尔尼科夫，同这位前奥运会冠军、世界顶级高手一起为俄罗斯队呐喊助威。

叶利钦对俄罗斯网球的关注，很重要原因来自他对网球的热爱。据在叶利钦身边生活多年的原总统安全局局长科尔扎珂夫回忆说："叶利钦年轻时曾获排球运动健将称号。叶利钦的女儿塔吉扬娜也喜欢排球。有几次在外地度假时，他曾经把警卫、值班人员、厨师和园艺师组成一个队同当地一支冠军队比赛，结果赢了，他兴奋好几天，若输了球则在很长时间会情绪低落。"

"叶利钦开始打网球还是在1988年。那时叶利钦受到冷遇，心情不好。一次在波罗的海沿岸休假，认识了时任苏联网球协会的主席、著名网球教练沙米利·塔尔波谢夫。沙米利邀请他作为荣誉嘉宾观看尤尔马拉网球赛。之后开始辅导叶利钦打网球。1991年，叶利钦开始同沙米利搭档双打。当时一起打网球的还有俄罗斯财政部长、第一副总统米哈伊尔·扎多尔诺夫。他打得一手好球，但击球姿势非常可笑，叶利钦经常被他那滑稽的旋转动作逗笑。从那时起叶利钦开始迷上双打，尤其是与沙米利并肩作战，别人想要赢他们几乎不可能。有时候扎多尔诺夫也想'教训'一下叶利钦，有意识地向他那边打。打完之后，免不了要洗浴一番。叶利钦爱洗俄罗斯蒸汽浴和芬兰桑拿浴，他们常常边洗边聊，十分开心……"

75岁的叶利钦对网球的热情依旧不减。2005年9月，他去意大利度假，不慎将腿骨摔折，之后回莫斯科动了手术。数日来，因为不能动，无法去现场看球，心情十分着急。2006年法网前夕，法国总统希拉克得知叶利钦腿已痊愈，立即邀请他们夫妇前往巴黎观摩网球大赛。

接到邀请，叶利钦欣喜万分。6月1日，他们一到巴黎，他的礼宾官舍甫琴科即刻对新闻界说："作为一个超级球迷，俄前总统很高兴能在骨折伤势痊愈后前往罗兰·加洛斯观战。在逗留巴黎的两天内，叶利钦将为莎拉波娃和达维登科等8名'仍在战斗着'的本国选手助威。"

舍甫琴科说，这是叶利钦退休后第二次到法国观看网球赛。他曾于2002年在巴黎"督战"俄法对垒的戴维斯杯决赛，结果俄罗斯不负众望，历史上首次问鼎该项赛事冠军。

米斯金娜在叶利钦的关注下进入第三轮后，兴奋地说："总统连看了两天比赛，他说我打得非常好，人也显得很开心。他来到赛场后，我打得特别顺利，我希望他能一直待在这里，我知道他会给我带来好运。

"当我们在场上发挥好的时候，他会请我们喝茶或吃午饭表示祝贺。叶利钦全身心投入网球，他热爱这项运动，我从来没有见过这样痴迷的球迷。他是发自内心的，所以他常常能给我们带来好运。"

叶利钦为俄罗斯红粉军团带来好运，叶利钦也给整个俄罗斯的网球会带来好运。正如第一个打进温网决赛的俄罗斯人、德门蒂耶娃的教练米雷特维利所说："叶利钦是推动网球在俄罗斯发展的最不可或缺的人物，正是在他的推动下，俄罗斯的网坛开始迎来了丰收的季节。"

第四节　中国名人

对话之十三：清朝末代皇帝的网球故事——溥仪

中国清朝末代皇帝溥仪，是一位兴趣广泛的帝王。他的宫廷洋老师庄士敦给他带来不少新鲜玩意儿，因此，他的体育活动丰富多彩。据有关史料记载，溥仪对各项球类都十分喜欢，如网球、高尔夫球、篮球、乒乓球、羽毛球等，此外对拳击、滑冰、游泳、骑马、骑自行车也都很感兴趣。美国记者布拉克尼在溥仪当"康德皇帝"的年代所写的文章中说：

清朝末代皇帝溥仪在网球场

> 小皇帝发现一件新玩意——脚踏车，决心要一辆。可顽固分子们反对这件事，理由是有失体统。但在庄士敦的协助下，他获得了胜利。以后，人们便可以看见他骑着脚踏车，很快活地在庭院中溜来溜去。溥仪确实是"胜利"了，为了骑车，他命人锯断了宫内许多门槛，以便畅通无阻地穿行各宫，这真是数百年来的宫闱之奇了。

1932年10月1日，伪国务院总务厅嘱托中岛比多吉发表一篇《执政日常放送达词》，叙述溥仪的日常生活，从中可以看到他在平日从事体育运动的状况：

> ……中餐（实际为早餐）大抵为午前11时半或正午，食后稍稍休息，于是或散步庭园，或与随侍者做网球等戏，于执政府中网球场内……（晚饭）食后每偕执政夫人或与随侍等做

弹子戏……

中岛叙述溥仪的日常生活时，谈到他的体育活动：执政阁下对于运动，喜散步、网球、高尔夫、乒乓球及弹子戏等。前寓天津时作郊外散步，或高尔夫球戏；就任新国家元首后，执政府内既感狭隘，又不宜出外，高尔夫、郊外散步更不能行，主要运动仅为网球及庭园间散步。故武元帅悬念执政阁下之运动与健康，特献上日本之名马二头。最近，执政府外廓内马场成立，想将开始乘马运动。

在各项体育活动中，溥仪对球类运动格外喜欢。为了方便打球，溥仪竟在紫禁城里修起一个大运动场，而这个运动城也是一场大火之后的产物，这就不能不提起那场“紫禁城救火”的闹剧。

紫禁城，取名于紫微星居于天地中心之意。明清两朝有24位皇帝住在这里。甚至到民国十二年（1923年），末代皇帝溥仪仍然住在这个戒备森严的皇家城池里。那年6月26日晚，附近居民惊见，在紫禁城西北角，红光满天，火焰高达十丈余，内里夹杂着叫喊和哭嚎。原来是神武门内建福宫的德日新斋起火，并迅速延及其他建筑。

就在城里火光冲天的时候，意大利使馆的消防队员、警察总署薛之衍、卫戍司令王怀庆、步兵统领聂宪藩等人，都来到神武门，准备进宫扑救。但门卫却以“清室向例未奉谕旨，外人不许入神武门一步”为由，不敢擅自为他们开门。消防人员只能在宫门外等着溥仪下“谕旨”开门。

内各府总管绍英急忙入宫四处找溥仪，让他下谕。在宫里找了将近1小时20分钟，才在西宫见到溥仪。溥仪还满脑子装着“家训不得外人入宫”的观念，有些犹豫不决，绍英一再陈请，溥仪决定召集临时御前会议，这才下谕旨，准许各消防人员入宫救火。

建福宫花园建于清乾隆五年（1740年），位于故宫内廷西六宫的西北侧，为历代帝后休憩、娱乐的场所。这个花园深得乾隆皇帝的喜爱，经常在这里作诗赋词，还将众多喜爱的珍宝玩物存放此处。里面古玩、字画、瓷器、珍宝堆满了库房，数不胜数。

大火过后，这些都只能封存在人们的记忆里了。内务府事后呈报说：这次大火共烧毁房间120间，金佛2 665尊，字画1 157件，古玩435件，古书几万册。其实这也不过是内务府的一笔糊涂账，究竟建福宫原有多少东西，监守自盗的内务府本来就搞不清楚。

溥仪、溥佳（溥仪的亲叔伯兄弟）都曾回忆说：“到了八月初，内务府的人找来一百多人清理火场，虽然灰烬里已经找不出字画、古瓷，但是金佛、金塔烧熔后成了碎块，有的化成金水，结成的半土半金的板块还有很多。内务府曾经找来北京各个金店投标，一个早已经打通关系的大金店以50万元的价格买下了灰烬处理权，从中找出金块金片17 000多两。金店找完了，内务府的人又把余下的灰烬装麻袋，分发下去。”

据说，后来施舍给北京雍和宫柏林寺的黄金“坛城”就是从麻袋里的灰烬中提炼出来的。烧剩下的尚有这么多，可想损失有多么大了！

火后，追查事故原因，聂宪藩、薛之衍等目击者向国人发布的通电说：“本月26日夜12时，神武门电缆走火，由德日新斋内起烧。”当时，妃嫔们为了消遣，经常在宫内放电影，德日新斋是电影场所在地，电影机、电灯房也在这里。负责管理的太监等缺乏用电知识，漏电失火不无可能。

但皇室的溥仪、溥佳等则怀疑是宫内偷盗珍宝的太监放火灭迹。宫里太监等偷盗珍宝，到外面古玩店抵押变卖的情况非常多见。大火发生之前，溥仪曾接受师傅庄士敦的建议，清点宫内藏宝。没料到，建福宫的清点刚刚开始，大火就发生了。

大火后的20天，7月16日，溥仪下了一个破天荒的谕旨："将宫内太监裁撤，立即出宫"，这引起了北京城及全国的轰动。当然也不是一个没有留下，三位太妃、溥仪、淑妃等所在的五个宫各留下20名驱使。

大火之后喜欢运动的溥仪忙不迭地把这片废墟改成球类场地。这件事，当时的记者曾以《宣统组织击球场》为题作过报道："清帝宣统性好击球，故现派人将前次被焚之中正殿等处火场清理改组，为一最大之击球场。内设盘球、地球、网球、篮球各组，装设齐备。宣统于每日午后必至场中击球为戏，以资消遣。"

在各种球类活动中，溥仪特别爱好网球。严桐江介绍溥仪玩球的情况说："关于球类，对台球、网球、乒乓球、羽毛球虽都有爱好，但不如网球之甚。早在天津静园庭院中，就设立一个网球场，练习硬式网球。除了和日本人大崎打球以外，就是郑垂（郑孝胥之子）及随侍们练习打球。溥仪在天津时，凡有网球名手来天津比赛，他总要前往一观。"

当时华侨林宝华（英文名字戈登·卢穆）是球迷十分崇拜的网球名将，也博得了溥仪这位球迷的喜欢。在一次网球比赛上，溥仪认识了林宝华。

1931年2月，林宝华致信溥仪，希望给溥仪的家人们当网球教练，他毫不隐讳地写道："我想，如果您和您的妹妹们愿意雇佣我担任你们的英文教师、秘书和家庭网球教练等兼职，那样我不会感觉到是担了一个沉重的担子，而同时会感激您的慷慨，并通过这些工作取得慰藉。也许当下次我陪您打网球的时候，您会商量这一问题，并与此同时得到满意的解答。"于是这位旧中国的网球球星，当上了末代皇帝的网球教练。

在溥仪的档案中，至今还保存有林宝华委托梁梅向溥仪索要网球费用的信件："戈登·卢穆送上两打莱特及狄特森牌网球，陛下当已查收。他曾留下一些账单，须要尽快清偿。如果不太劳神的话，麻烦陛下将这笔总数为叁拾柒圆的欠债结清，我将代受此款并为其结外债。我是向您献身的梁梅。"信中的梁梅是溥仪之女秘书，当林宝华离开天津时，他总是要托这位女秘书代办事。

在天津时，溥仪的二妹、三妹以及他的随侍李国雄、赵荫茂、李体玉、祁继忠等都是他的球伴。从当时留下的球局记录看，溥仪时赢时输，甚至有的时候连续输给随侍，在这一点上他还算民主。

溥仪到长春之初，仍然保持着对网球的浓厚兴趣，连在天津找到的专职球伴——四川吴少香也被带到了长春，且当上了勋五位的宫内务处营缮科科长，其主要工作还是陪溥仪打网球。溥仪还专门在西花园内铺设一个网球场地。后来修建德殿，也建了一处网球场地，内廷里的人常常可以看到溥仪穿着球衣上场。他曾和日本关东军司令打过球，尽管在政治较量中溥仪是失败者，但拿起球拍来他或许有机会取胜。

对话之十四：网球伴君度终生——少帅张学良

2001年，伟大的爱国将领张学良先生在美国夏威夷仙逝。他在半个多世纪的困难和逆境中能够活到101岁应该说是个奇迹。

网球场上的张学良

张学良将军，在少年时代便与网球结下了情缘。张学良的父亲张作霖虽然出身行伍，但对子女要求很严，更希望把张学良培养成为比他更有作为的继承人。可是张学良童年身体很不好，经常生病，还时常咯血。1916年，张作霖请奉天交涉署英文科科长徐启东一面教张学良英文，一面教他打网球，以此健身增加抗病能力。少帅从此爱上了网球运动。

1990年6月，因“西安事变”被蒋介石软禁了54年的张学良开始公开露面。在接受日本NHK记者的采访时，他讲述了少年时代参加体育锻炼的趣事：

> 我小时候很顽皮，是在家中的私塾念书，不是去学校。我老师曾跟我父亲说，你这个儿子要不得。我很喜欢运动，奉天（今沈阳）有个俱乐部，都是外国人，就唯有我一个中国人，那时我十七八岁，喜欢打网球，那时运动场很小，只有到那里去打。后来跟青年会发生了更密切的关系，在那里打网球、打乒乓球……

1918年，17岁的张学良对网球更加迷恋，经常去球场挥拍上阵，直到大汗淋漓为止。通过网球锻炼，他战胜了病魔，练出一身铮铮身骨。那时他在德国学习航空驾驶，经常同一些网球高手交流、切磋球艺，技战术提高很快。他的大力发球、凶狠的扣杀常常使对方一筹莫展，望球兴叹。在航校的网球比赛中，他经常名列前茅。回国时，张学良还带回了一副高质量的球拍，这副心爱的球拍与他相伴转战南北，度过了美好时光。后来，张学良出任国民党海、陆、空副总司令，每天重任在身，但他还时常忙里偷闲，忘不了用网球放松身心。

1928年，张作霖在皇姑屯被日军炸死，年轻的张学良宣布东三省易帜。此时张学良决心重振军威，杀敌报国，收复国土。为了强身健体，肩负起历史重任，他每天闻鸡起舞，挥拍健身。在沈阳打网球，由于张学良球技很高，与一般人打不过瘾，常常请网球高手和他对垒，我国著名网球球星林宝华在沈阳打表演赛，赛后张学良还抓住时机与他切磋球技。

1935年9月，张学良被蒋介石任命为西北剿匪副总司令，率东北军移驻陕西西安。在西安，他仍忘不了打网球，在张公馆后院专门修了一个网球场，用他从东北带来的那副球拍打球。

1936年“西安事变”后，张学良送蒋介石回南京，蒋介石言而无信，逮捕张学良。军事法庭判张学良10年徒刑，后被军委会“严加管束”。次年1月13日，蒋介石回溪口养伤，将张学良送到溪口雪窦山幽禁。溪口是蒋介石的老家，蒋介石两次下野都在此休整，将张学良囚禁于此，蒋介石的说法是：“对于张学良这只东北虎，只有将他关在我们家的后院，我才放心！”

蒋介石对少帅的照顾是周到的，但只是在生活上。软禁时张学良的物质生活依然是优厚的。按照蒋介石的指示，只要张学良高兴，用钱没有限制。知道张学良喜欢体育运动，好动不喜静，特务头子戴笠特意让特务队长刘乙光在招待所前安置了一架单杠，在旅行社后面辟出个球场，既可以打篮球、排球，又可作为网球场地，同时还让人在溪口上游围了一个游泳池，派人送来钓鱼竿。

1937年冬，张学良移居湖南郴州。住在离郴州城约4华里（2 000米）的“天下第十八福地”苏仙庵。一天，特务头子许建业陪张学良打网球，不小心把网球拍挥到脚上，腿脚顿时肿胀起来，腿麻木不能走动。张学良提来两个木桶，叫人烧了一锅热水，倾入一个桶内，另一个桶里装满冷水，让许建业把伤腿放在热水桶里浸，等腿发红后，拿出来又放在冷水桶里浸，随后再放回热水里去，如此交换，不一会儿，许建业的伤腿居然被治好了。后来，打球的伙伴臂上或是腿上有了小毛病，都如法试治，每试必灵。后来，据张学良自己讲，这个方法并非他所发明，而是从意大利墨索里尼那里学来的。

1938年10月至1939年末，张学良被囚禁在湘西沅陵凤凰山。在此期间，为了清除软禁时心中的痛苦和愤懑，张学良由赵四小姐陪同，上午打网球，下午去沅水江垂钓。据说，还是网球的缘分，使张学良和赵四小姐当年在北戴河网球场上走到了一起。在山里，场地很小，稍不慎球就会被打到密林中或滚到山下。有一次，张学良用力一击，把球打飞到山下沟内，他同赵四小姐下山找了一个下午也没有找到。当晚，他翻来覆去没有睡好觉。第二天上午，张学良、赵四小姐及炊事员等五人全部下山寻找，最终把他心爱的球找回，张学良高兴得不得了。

后来，当地政府听闻张学良酷爱网球，便带领一些能工巧匠上山，在他的住处附近填沟移石，修建了一块标准网球场，使少帅有了一处称心如意的健身场所。

明朝大学者王阳明怀才不遇，后来又遭朝廷贬官，在贵州戴罪立功。王阳明出生在浙江，早年曾在江西讲学。蒋介石居心良苦，为了让张学良效法王阳明刻苦改造，修身养性，让张学良通过读王阳明的书，幡然悔悟，便派人先后把张学良转押到江西的阳明洞和贵州修文县的阳明洞。直到1949年把张学良骗到台湾，仍然在台北近郊的阳明山下。

在贵州修文县阳明洞的日子里，赵一荻仍像从前当秘书时那样，夜以继日地守候在张学良身旁，帮他抄写心得笔记，替他起草给蒋介石每月必送一次的心得材料。同时，赵一荻还承担了张学良为研究《明史》搜集资料的笔记整理工作。大量笔记和从民间搜集的明代野史，足可让她每天守在案前抄写不尽。她娟秀的钢笔字就是在修文煤油灯下熬夜时练出来的。赵一荻每天只有上午9时至10时这段时间，才能到洞外陪同张学良打网球。每到这个时间，她和他都格外珍惜。赵四小姐不仅利用这个时间锻炼身体，还可以通过与少帅打球，回忆当年他们在北平顺承郡王府网球场上的美好记忆。

张学良被送到台湾后，50年代居住在新竹县王峰乡桃山。在十多年的时间里，他与当地的泰雅族同胞结下了深厚友谊。据当地居民回忆，少帅对大家十分亲切，常常和大家打网球、聊天。年节喜庆时还邀请部落长和村邻吃饭联谊。

在幽禁岁月里，张学良从未沉论，更未屈服，支撑他一路走来的除了信念，还有他的性格。在《张学良的遗稿》一书中他这样说道：

> 一个人讨厌的是，常把自己挂在口头上。可是现在我必须得把我的性格说一说，使人明了并容易去研究与我们有关的那些历史上的问题。我这个人，用好话来说，是从善如流，知过必改。用另一个字眼来讲，是轻信易惑，见异思迁。我对中国的传统礼教，是接受的不大多。自幼就具有不柔顺的性格：违犯我的父母，违犯我的老师，违犯我的长官。富有同情感：同情他人，同情对方，甚至钦佩我的敌手。我想，实际情况许是由于我爱好运动而来的，所谓公正处理、竞技精神。
>
> 举例来说吧！我少年时最喜欢打网球，常同人家竞赛，凡是我打输了，我没有赖过账或者是羞恼。我自己打输了，我就承认我的技术不如他，我觉得这并不是我的对手怎么样的高

强，而实在是我自己低弱。

这位中华民族英雄，这位永垂历史的千古功臣，用体育和网球诠释了他的人生。

对话之十五：中国最早接触网球的女性——宋庆龄

网球运动在中国开展得比较晚，许多人对这项运动并不熟悉。那么，最早接触这项运动的中国女性到底是谁呢？

宋庆龄美国留学集体照

2004年7月，宋庆龄基金会与美国威斯里安女子学院在北京共同举办了“宋庆龄和她的姐妹与美国威斯里安学院”展览。由威斯里安学院提供展出的1911年校志中，人们意外地发现了一张极其珍贵的照片。

这是一张网球俱乐部的合影，13位朝气蓬勃的女学生，穿着一样的白衣白裙，手持网球拍排列在球网前。在后排中间，我们看到一张熟悉的面孔——她就是宋庆龄。在照片下方所列的名单里，有着用英文书写的“Chungling Soong”字样（Chungling后多译为Ching ling Soong宋庆龄）。

1911年，中国正经历着推翻封建专制的“辛亥革命”。那时，女子还在为放开“裹脚布”而斗争，根本谈不上去参加任何现代意义的体育运动。而在这个时期，只有十八岁的宋庆龄，正在美国的威斯里安学院求学。

据由陈廷一编著的《宋氏三姐妹》记述，1907年，14岁的宋庆龄携带小自己4岁的小妹宋美龄赴美国求学，与两年前已经先期到达的大姐宋蔼龄汇合。庆龄与美龄被安排在新泽西州萨密特小镇一所私立学校预习，为考大学做准备。1908年9月5日，庆龄如愿以偿，考取了佐治亚州梅肯市威斯里安女子学院文学系。一年后，大姐毕业回国，被父亲推荐任孙中山大总统秘书。而在大洋彼岸，宋家两个姐妹，聪敏好学，思想活跃，经常参加学校的活动。社会主义思潮、工人罢工、学生罢课引起庆龄姐妹的关注。辛亥革命的成功和孙中山就任大总统，更让她们兴奋不已，在校园高喊“打倒皇帝”“高举共和旗帜”的口号。在学校的业余生活中，宋家姐妹也十分活跃，积极参加文艺朗诵和体育活动。打网球便是她们经常参加的体育项目。在威斯里安女子学院的另一本校志上，还有一段文字专门提到，宋美龄也曾是学校网球俱乐部的成员。

宋庆龄的父亲宋嘉树是孙中山革命事业的坚定支持者，儿时的宋庆龄就常听父亲讲起孙中山的英雄事迹，其为国为民的理想与革命精神都给她留下了深刻的印象，并产生了崇拜钦佩之情。二次革命失败后，孙中山流亡日本，宋嘉树也在日本帮助孙中山筹集革命经费，并安排大女儿宋霭龄担任孙中山的秘书。

1913年8月，宋庆龄从美国威斯理女子学院毕业后，抵达日本与父母汇合，并于9月16日随同宋霭龄第一次拜访孙中山，与姐姐一起协助孙中山工作。1914年9月，宋霭龄因在横滨与孔祥熙结婚，宋庆龄正式接替她担任孙中山的英文秘书。在工作中，孙中山对她非常信赖，让她保管通讯密电码，还让她承担对外联络工作，极大减轻了孙中山的工作量。闲暇时间，两人相处也十分融洽，孙中山喜欢静静地听宋庆龄弹琴唱歌。孙中山为革命忘我工作的精神，深深感染着宋庆龄，不知不觉渐渐地被他所吸引。随着交往的加深，两人的爱慕之心愈来愈强烈，很快坠入爱河。在宋庆龄的恳请下，孙中山决心娶这个20世纪惊世骇俗的女子。

1915年6月，宋庆龄依照孙中山意见回国征求家人对自己婚事的态度。但由于孙已娶妻，且年龄比女儿大27岁，故遭到父母的坚决反对。不仅如此，父母还为她另择对象，准备择日成婚，并且将其软禁在家中。孙中山得信后，遂派朱卓文于1915年10月抵达上海，希望他将宋庆龄接回日本。朱卓文将孙的电报给宋庆龄过目，并告知了她关于孙中山已离婚的消息。是月，宋庆龄在女佣帮助下，给父母留下告别信后，连夜同朱卓文乘船返回日本。

1915年10月24日，宋庆龄自沪抵达日本东京，孙中山在东京车站亲自迎接。10月25号上午，22岁的宋庆龄和49岁的孙中山到日本著名律师和田瑞家中办理手续，又委托和田瑞到东京市政府办理了结婚登记。在婚礼上，孙中山送给宋庆龄的礼物不是珍贵的钻石珠宝，而是一支德国毛瑟手枪。孙中山说："这枪配了20颗子弹，19颗给敌人准备，最后一颗，是危急时留给自己的。"中华人民共和国成立后，宋庆龄曾经回忆起当年结婚时的往事，她深情地说："10月25日，在我的生活中，这一天是比我的生日更重要的日子。"

尽管父母之前反对宋庆龄的婚事，但在两人结婚后，宋家还是补办了丰厚的嫁妆，一套精致的藤木家具——由双人床、衣柜、五斗橱、梳妆台组成，一条绣着百子图案的被面以及母亲倪桂珍结婚时穿的锦缎绣袍都送到日本。宋庆龄不仅是孙中山生活上的伴侣，也是革命事业的忠实助手，两人可谓是同甘苦，共患难。1916年4月，孙宋两人返回中国，投入反袁复辟斗争。

1918年5月，在滇、桂系军阀的排挤下，孙中山被迫辞去大元帅，第一次护法运动失败，孙中山被迫离开广州来到上海。回国后他们暂住在上海环龙路63号。两个月后，4位旅美华侨得知孙先生还在租房住，便购置了莫里哀路46号的一所住宅送给孙中山。他们不仅配置了室内的家居陈设，安排了庭院的花木，还在花园里布置了网球场。宋庆龄喜爱网球运动，孙中山也有长期在西方生活的经历。每天清晨起床后，他们便在这里打网球，黄色的网球在空中飞舞着，二人你来我往，前后奔跑，不一会就满身大汗。约莫一个小时，二人冲凉更衣，然后早餐。之后精神饱满地开始一天的工作。

1922年6月，陈炯明在广州发动兵变，炮轰总统府，已怀有身孕的宋庆龄怕目标太大，坚决让孙中山先安全撤离，并表示："中国可以没有我，不可以没有你。"宋庆龄也在此事变中流产，孙中山在一个新笔记本扉页上，为宋庆龄特意题写了两句诗："精诚无间同忧乐，笃爱有缘共死生"，表达了两人患难与共的真情。

此后，孙中山、宋庆龄在上海与李大钊等中共代表以及列宁派来的特使进行多次交流，总结经验教训，磋商国共合作，着手改组国民党。1924年1月20日，有共产党人参加的国民党第一次全国代表大会在广州召开。会议通过了孙中山制定的"联俄、联共、扶助农工"三大政策，实现了第一次国共合作。

1925年3月12日上午，孙中山病逝于北京。他在临终前嘱托儿女及下属要善待宋庆龄。此后，宋庆龄继承孙中山的遗志，"志先生之志，行先生之行"，一直以孙中山革命事业的继承人与革命精神的维护者的姿态，捍卫孙中山坚持的革命精神与原则，为中国革命作出了杰出贡献。

20世纪初，当绝大多数中国妇女还在为放开裹脚布而斗争时，宋庆龄姐妹已经开始打网球了。她们早年参加网球运动的经历，在黑暗沉滞的旧中国，开了风气之先，对今天追求全民健身的中华民族，无疑具有表率的意义。

对话之十六：百岁将军的网球情结——吕正操

2005年1月4日，吕正操将军喜度百岁大寿。在57位开国上将中，吕老为开国将帅中唯一百岁者。

网球场上的吕正操

吕正操出生在辽宁海城县一个贫穷的山村。1925年被少帅张学良看中，推荐到东北讲武堂深造，后来成为少帅的随身副官。“西安事变”使他亲身感受到“没有共产党就没有新中国”的道理，随即秘密加入了共产党。

1937年，在广阔的冀中平原青纱帐里成立了共产党领导的抗日军队，他指挥着这支英雄的部队，运用地雷战、地道战、麻雀战有力地打击着日寇。尤其是平原游击队，白洋淀雁翎队，更是威震敌胆！在决定中国人民命运的三大战役中，踏着战争的硝尘，他奉命率队挺进东北，成为埋葬蒋家王朝的一员战将。这时他担任东北民主联军副总司令兼西满军区司令员。

新中国成立初期，他任铁道部第一副部长。1958年任代部长、部长，还兼任中央军委铁道兵司令员。

当人们都祝将军健康长寿、百岁快乐时，他重复了一句经常讲的名言：“人不在活多久，主要是多做事呀。我这辈子干的事也不多，主要有三件事吧：打日本鬼子，管铁路，打网球。”

将军打网球始于20世纪20年代。那时他是少帅张学良的副官和内务秘书，少帅打网球时，他也跟着练，这个爱好在战争中都没有停过。仗打胜了或者是稳操胜券时，他一高兴就命令战士在麦场空地上划上线，拉个网子就打起来。

20世纪50年代的北京，网球场很少，只是在最早的国际俱乐部（北京市委大楼对面）有一块网球场而已。那时会打网球的人也很少。出任中国网球协会主席的吕正操，为了组建中国网球队，一直催问贺龙元帅：“什么时候成立国家网球队？建设场馆要钱我们没有，要人要物我们还有办法呢！”后来，他找到同样爱打网球的北京市副市长万里，共同修建了北京最早的先农坛和体委训练局网球馆，使国家队有了自己的网球训练基地。

从小在中央领导身边长大，热爱文学和网球的万伯翱先生在采访吕正操后写了一篇《百岁开国上将——吕正操的网球情结》，文中写道：

> 我记得20世纪50年代天坛公园内曾修建过一个简易网球球场，曾吸引了吕司令、万里、孙志远（当时的国务院副秘书长）、空军曹里怀将军，甚至第一任体委主任贺老总也都光临过。
>
> 将军那时才60多岁，在网球场上“能征善战”，网上封得严，底线守得稳，对方放小球还能疾步上前救起。有时对手的球打在他的光头上弹起老高，对手歉意地说：“吕司令，打疼了吧？真是对不起！”他嘿嘿一笑：“又不是炮弹，有啥关系，快打吧！”

当然，将军喜欢和高手过招，最早的全国网球冠军朱振华、梅福基及全运会的各位冠军都陪他打过球，包括17岁就拿了全国冠军的胡娜。去年老将军还表示，“小胡当时还是个孩子，知错能改就好嘛，允许她第二次发球！我欢迎她回到祖国，为网球再作出贡献。”

“文化大革命”前，老将军打球基本上在星期日和平时下班后，几位老同志一丝不苟凭胜负轮番上场，一打就常常过了吃饭的点儿。吕老的儿子彤欣说：“我和妈妈在家里左等右等，我都快饿死了，爸爸打球还不回来！”后来小伙子到美国学习，也学会了打网球。打起球来如其父，也常常忘了吃饭的点儿！

凡是和吕老打过球的党和国家及各省市领导人或是陪练的好手，他都常常慷慨相送球拍。无论是他的火车专挂车厢里，还是专用轿车后备厢里总少不了他的网球拍和运动服。他外出视察之余，都要和本地领导人或运动员、教练们开打。如果没有网球场馆，他这个网协主席常常会不客气地批评：怎么这么落后呢？这可是体现文明程度的运动，少搞点宴会就能建场地了！

北京国际网球中心此前还专门为吕将军留了一个办公室，因为吕主席说过：“我这个主席不能只挂名不管事！而且我这个主席是要一直当下去的！”在这里老将军打到90岁，在医生和家人的再三要求下，才封印挂拍。

吕主席十分关心中国网球运动的发展，曾接见阿加西、博格、张培德等名将，和他们畅谈网球并合影留念。他大力鼓励青少年尤其是女运动员一定要不断进步，像其他金牌项目一样，早日打出威风，打出好成绩来！当一听到孙甜甜、李婷在雅典奥运会中为中国首次摘取网球项目女子双打桂冠时，将军按捺不住兴奋得立即命令秘书：“打电话祝贺她们！”

在北京举办的重大国内外比赛，他不顾百岁高龄总是驱车到赛场，鼓掌叫好观战助威。去年在中国网球公开赛上，他欣然同意百岁挂帅担任了组委会的名誉主席，几次亲临露天球场观战。有一天当万里有事先走一步时，他还叫板：“老伙计，别退场，看完最后一场嘛！”

为了表彰吕老将军对中国网球作出的贡献，1990年9月，由国际网联主席签署，授予了他“最高荣誉奖”。

对话之十七：九秩老人的网球格言——全国人大常委会原委员长万里

全国人大常委会原委员长万里，他90岁左右，还能在网球场上看到他的身影。关于网球，这位中国网协的名誉主席有一句名言：“坚持打网球，可以活百岁。”1986年2月28日，为表彰当时任国务院常务副总理的万里对发展中国体育运动作出的突出贡献，国际奥委会主席萨马兰奇在北京人民大会堂向万里颁发了奥林匹克金质勋章……

万里九十，宝刀不老

20年后，萨马兰奇再次在中央电视台将一项大奖——2005年体育风云人物“终身成就奖”颁发给了万里。身为中国网球协会名誉主席的万里，在退休后的日常生活中，他不仅始终不渝地关心和支持着中国网球事业的发展，而且以90岁高龄仍坚持每周打四次网球的惊人实践，诠释着一种难能可贵而又耐人寻味的体育精神，而这种精神正激励并感动着每一个人……

2006年4月17日，《中国体育报》资深网球记者张耀光在该报发表了长篇通讯《一生淡名利，九十不称翁》，详细记述了万里的网球生活，现摘要如下：

网球——生命中不可缺少的部分

2003年春节过后，万老在打球时用力过猛，腰部受到了损伤，经检查诊断为骨折。医生对万老说，年岁不饶人，年轻人伤筋动骨也得静养一百天，你就安心休养吧，不能打球了。

起初，万老还比较“听话”，腰缠钢套，每日静卧，坚持吃药，耐心在家熬过了两周的“软禁”。两周之后，万老实在沉不住气了，他想念先农坛那片熟悉的沙地球场，想念那些跟他一起打球并能随时说些新鲜事和真心话的球友。于是，万老以退求进，对医生说：“我不打球，去看看球场，去看看大家总可以吧！”医生无奈，只好点头。

到了球场，看着那一张张熟悉的笑脸，听着那一声声清脆悦耳的击球声，万老顿时眉开眼笑，喜上心头，他对围拢过来的球友们说：“我不能打了，今天专门来看你们表演呢！”老人家一看就是两小时，看罢，还不忘记点评两句：“大家都有进步，身体都很棒啊!”

一个多月后，万老坚持要从轻微活动开始。他认为绝对静止不利于身体的恢复。他从上场挥拍10分钟开始，逐步过渡到30分钟、60分钟，这样循序渐进地在球场上开始锻炼，不久又能像往常一样进行网球比赛了。

万老从15岁在山东曲阜师范学校上学时就开始打网球，除了战争年代和“文化大革命”时期，万老的网球从未间断过。可以这么说，打网球已是万老难以改变的运动习惯，运动更是其生命中不可缺少的一部分。

推广——从身边做起

在75年的网球生活中，万老不仅自己坚持打网球，同时也鼓励和动员身边的同事亲友积极参加网球运动，在任期间，他常把外国友人、港澳台同胞赠送的球拍转赠给其他领导同志和运动员、教练员。他每次到外地视察和休息都不忘带上球拍，并鼓励各地修建网球场馆，成立网球队，以推广这项老少皆宜的健身运动。

他常说，网球是一项高雅而文明的运动，经常参与这项运动能陶冶情操，磨砺心智，同时还能使参与者保持旺盛的工作精力。在万老的带动下，中央和地方很多领导人都积极投身于网球健身，如已谢任的中央领导李瑞环、李岚清、胡启立以及现任的吴邦国、贾庆林、李长春、罗干、李铁映等，网球已成为他们工作之余健身的主要手段之一。

此外，万老身边的工作人员，从警卫员到秘书、从保健医生到司机，个个也都会打网球，而且网球技术水准都很高。万老的五个子女网球也打得很好，其中老大万伯翱在全国新闻网球大赛中多次获得总编组的双打冠军。

2005年9月初，中国网球协会等单位联合举行了“万里同志网球生活75周年庆典”座谈会，并联名向万老赠送了由著名书法家欧阳中石题写的“长征方举步、挥拍正从容”的金匾。老人家十分高兴，不但挥拍上阵参加了联谊，而且还向北京市的优秀少年网球选手赠送了一批高质量的网球拍，并鼓励小将们努力学习、加倍苦练，力争在世界网坛创造优异成绩。

2007年初，当得知中国女双选手郑洁、晏紫在澳大利亚网球公开赛首次获得女双冠军，老人家更是喜不自禁。2月14日，在北京先农坛网球馆，万里亲切接见了在四大网球公开赛上取得了历史性突破的郑洁和晏紫，鼓励她们再接再厉，勇攀高峰。

退休——三做三不做

万老身边的工作人员和亲朋好友都知道，万老退休后给自己定了一条“铁律”，即“三做三不做”。三做，即网球、桥牌加看书看报看文件；三不做，即不干预现政、不在集会上出头露面、不题词。十几年来，万老一直恪守着这一铁律，雷打不动。

就前者来说，只要是高水平的比赛或是涉及青少年的活动，无论是刮风下雨，天凉天热，老人家都尽力参加。中国网球公开赛在北京网球运动中心举行，老爷子一连看了好几场，常常是大夫不劝不走。

搞过大型活动的人都知道，想请万老爷子出席开幕式或是颁奖会，那可是难上加难，但如果是青少年的活动，无论规模大小，只要身体状况允许，他都兴高采烈到场。因此有人摸透了老爷子的脾气，想请老爷子出席某个活动时，总要捎带着青少年。记得前些年流行搞名人网球赛，赞助的商家大多数是冲着领导们来的，见此，老爷子就多次提议要厂家多多支持青少年的网球赛，他说：“老同志打网球也就是为了健身娱乐，而青少年是中国网球的未来和希望，他们才是最需要赞助的。”在老爷子的倡导下，很长一段时间里，北京网球协会举办名人网球赛都要带上青少年的比赛。

比赛——搭建轻松外交

说到北京国际俱乐部网球馆，不禁让人想起两个鲜为人知的故事。

故事一：那是20世纪80年代在老布什当美国副总统时候，在戒备森严的北京国际俱乐部网球馆，万里和老布什展开了一场激烈的“网球对话”。

此前，老布什出任美国驻中国联络处主任时曾经和万里交过手。他升任副总统后访问中国，即通过外交途径提出要与万里进行网球比赛，因此中方非常重视，并按接待总统的规格接待了布什。安全保卫自然也十分严密。

网球馆里，万里的搭档是一位业余选手，而布什的搭档则是美国驻华使馆的一位左撇子运动员。万里的特点是网前球技术娴熟，放小球手感好，落点刁钻。而布什这对组合则是以进攻为主，他们并不像过去陪万老打球的运动员那样客气，一上来就猛攻万老，眼看打到4–1了，布什仍没有谦让的意思。第一盘，万里组合很快以4–6输了。中场万老换上一位退役运动员搭档，那个小伙子势大力沉，底线球也很有攻击力，这样万老网前优势得以充分发挥……第二盘战至6–6，直到“抢七”局，万里组合才胜出。1∶1，双方握手言和，一笑两欢，中美双方合影留念。

后来，布什当了总统乃至期满退休后，每每到北京访问，都要约万里打上几个回合，他们已经成为很好的球友。

故事二：万里还“发起”过一次中澳网球对抗赛，那是与澳大利亚前总理霍克进行的两场主客场比赛。第一场是万里在北京主场赢了，霍克很不服气，说是万里占了天时、地利、人和，一定要万里到澳大利亚再较量一番。万里应邀前往，其搭档是国家体育总局副局长李富荣。李富荣是乒乓球高手，网球也相当出色。到了澳洲，人家知道李富荣是大名鼎鼎的乒乒球世界冠军，便开玩笑地问：比赛时你是用网球拍打还是用乒乓球拍打？一句话，引起大家一片笑声。那次比赛，霍克赢了。

此后，在万里同志的建议下，总理级的中澳对抗赛转化为了中澳专业选手的对抗赛。这个对抗赛延续了多年，对中国竞技网球水平的提高起到了不小的促进作用，当年的国手刘树华、张帆、马克勤均受益匪浅。

也许正是因为其政治主张比较民主和善用网球外交，万里在西方国家元首和百姓中的形象非常好。

……

万老是一位健康老人，90岁时，须发皆白，但精神矍铄，气色很好。他走起路来从不用拐杖，生活坚持自理，而且时常走得很快。他脑子清晰，许多事情依然过目不忘，读书看报看电视都不戴花镜。他说：“我的身体很好，这主要得益于长期坚持锻炼。打网球活动四肢，保持血脉畅通；打桥牌活动头脑，预防老年痴呆。这两项活动只要坚持，再加上现在这么好的生活和医疗条件，人活到100岁是完全可能的。”

第二部分

穿越网球历史隧道

一代又一代的人们无法舍弃它，且不惜一切代价拽住它，

从而得以广泛流传的事物——那就是经典。

经典有属于自己的历史过程，

这其中包括了历史中具体的事物及人物，更涵盖了历史进程中的社会形态和文化汇融……

——库切

（诺贝尔文学奖获得者、著名文学大师）

博物馆里的网球模特

教徒与网球

Chapter 4

第四章 | 从手掌游戏走出的古代网球

第一节　众说纷纭的网球起源

寺院里的手掌戏

追溯古式网球的起源，共同的看法是来自于游戏。但网球游戏源于何时、何地及什么方式，众说纷纭。

《麦克米伦体育和游戏字典》所列出的有关网球的早期部分有以下记载：

10世纪，爱尔兰出现了一种手掌对墙击球的游戏；

11世纪，法国出现了手掌击球的游戏，它是古式室内网球的先驱；

1399年，网球的英文字“tennis”首次出现；

1496年，发现了残存的巴黎最早的古式室内网球场；

15世纪，发明了穿线的网拍；

16世纪，古式室内网球成为法国的国球，并开始传入英国……

据《网球起源》一书介绍，掌球游戏是由一位古希腊（或波斯）的诗人周游欧洲，将该游戏带入法国宫廷。由此有网球游戏起源于古希腊、古罗马和波斯之说。

《网球天地》2004年第7期题为《奥运网球、雅典盛宴》一文报道：

提起现代网球，人人都知道始发源于英国贵族之间，但很少有人知道古代网球起源于希腊。根据史料记载，大约在公元5世纪，古希腊人发明一种叫“satirist”的运动，人们用手或者肩膀来回击打一个轻质的球，后来发展为用绑在手臂上的木板击球，开始与今天的网球类似。

在《简明大不列颠百科全书》中，关于网球有如下记载：

室内网球起源于十二三世纪法国的手掌球。1292年，法国已有13家制造网球的厂商。

美国著名网球评论家巴德·科林斯在其网球巨著《完全网球：终极网球百科全书》一书中介绍：

网球运动从何而来？历史似乎给了我们肯定却并不详尽的解读。在很长一段时间内，网球曾作为一项室内运动被保留和继承下来（也许有些像今天的壁球），而且那时的网球还是一项绝对少数人的游戏，仅仅存在于欧美国家为数不多的一些私人俱乐部中。从它当年曾经使用过的名称中可见一斑，那时的网球动辄冠以“皇家”“贵族”或是“宫廷”的称号，高高在上而又与世隔绝。

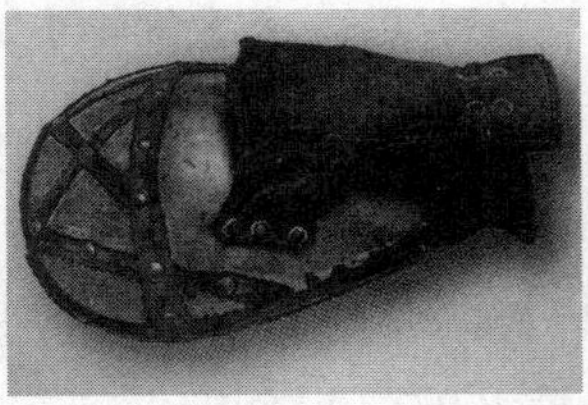

手掌游戏的手套

其实真正意义上原始网球的雏形，出现在公元12世纪的法国，当然，也有人认为是意大利或者西班牙。一些无所事事的僧侣为了打发他们无聊的时间和分泌过盛的男性荷尔蒙，开始用手掌对着寺院的墙壁反复击球。他们将这项“发明”称为“jue de paum”，也就是法语“掌中戏”的意思。慢慢地，有人开始用球拍代替手掌击球，那大概是在16世纪的意大利，于是，法国的“掌中戏”又有了它的意大利名字：“gioco di rachette”（球拍间的对抗）。

宫廷网球

至于网球运动更精确的起源，由于缺乏历史文献的记载，虽然历史学家们进行了不懈的探究，却依然隐匿在各种猜测和论证之中，人们甚至无法说清楚“tennis”一词的由来和网球计分规则是如何诞生的。但这一切都无法阻止这项来历不明，却拥有无穷魅力的运动从僧侣们的寺院和皇室的宫廷中走向民间，走向大众。直到今天，我们还可以在很多中世纪壁画中看到当时普通百姓打球的场景，正如当时流传的一句谚语所说：“英格兰的酒鬼如牛毛，法兰西的球手数不清……”

由于手掌游戏的趣味性及流传的广泛性，在12—13世纪逐渐传入宫廷。在最初流入法国宫廷时期，该游戏难免带有一些平民和大众的特点，因而曾遭到法王路易四世的禁止，其理由是该游戏有损贵族高贵的形象和身份。

14世纪初，网球游戏已经演变为一种竞技活动，喜爱网球活动的路易十世，不仅对过去路易四世的网球禁令解禁，而且经常举行网球比赛。

14世纪30年代，法国宫廷网球传入英国。据史料记载，英王爱德华三世（1330—1376）为了打球方便，在温莎城堡内修建了网球场，至今仍保留着，供后人参观。

14 世纪的网球歌谣

英国作家斯各特（Scott）最著名的一部作品《英雄艾文荷》（简称《艾文荷》），在他的历史小说中占有一个特殊的位置。随着《艾文荷》的问世，斯各特才真正成了名副其实的历史小说家。作为一个浪漫主义作家，富有传奇色彩的中世纪正是最适合他的创作才能发挥的时期。巴尔扎克正是在读了《艾文荷》之后发出了由衷的赞美：“毫不奇怪，小说发表后立即不胫而走，成了斯各特最畅销的一本书，它理所当然地成了他的代表作品。”

《艾文荷》以12世纪末英国狮心王理查一世在位时期的民族矛盾和阶级矛盾为背景，描写了一个充满骑士精神、绚丽多彩的英雄故事。本书虽然以《艾文荷》为名，但着力描写的是狮心王理查一世。理查一世是亨利二世的儿子，于1189年继承王位，次年即组织第三次十字军，远征巴勒斯坦，1192年与苏丹萨拉丁休战，在惊险的回国途中被奥地利公爵逮捕，两年后按照骑士制度的规矩，缴纳了大量赎金才获得释放。本书故事便发生在狮心王回国的短暂时期。不久，他离开英国，前往诺曼底，与法王腓力二世进行了长达五年的战争，最后于1199年在法国利摩日附近阵亡。理查虽然在位十年，但他英勇无敌，豪放不羁，又力大无穷，任侠豪气，不仅喜欢战争生活，而且喜欢单枪匹马，建立他所谓的功勋，成了民间传说中的英雄人物。

斯各特在《艾文荷》一书的导言中说明了该书书名的来源：

“艾文荷”这个名称来自一篇旧歌谣。所有的小说家都像福斯塔夫一样，有时希望知道，哪里有好名字出卖。当时作者正好想起一篇民谣中提到过三个庄园的名字，这是著名的汉普登的一个祖先，由于在打网球时发生争吵，用球拍打了一下黑王子，因而被没收的。

只因用球拍打了一下，汉普登便丢掉了三座庄园：特林、温格和艾文荷，这使他追悔莫及。

作者在注释中指出：这里著名的汉普登指约翰·汉普登（1594—1643），英国著名政治家和国会领袖；“黑王子”系英王爱德华三世的长子爱德华（1330—1376）的诨名，他以作战骁勇闻名，曾在英法百年战争中屡立战功。英国人姓的来源十分复杂，有一种即以地名或该人所有的领地或庄园的名称为姓，如本书中威尔弗莱德是教名，艾文荷是庄园名称，因此本书中称他为艾文荷的威尔弗莱德，有时便直接称他为艾文荷，仿佛这便成了他的姓。

由此可见，网球早在14世纪初已经传入英国，并风靡乡间。14世纪中期，随着人们对网球兴趣的增加，以球聚赌的现象也开始出现，并愈演愈烈。有的还在球场上放上金属器皿，让打球的人和观众放钱，由胜利者将钱拿走，公开进行赌博。被称为“英明”的法王查理五世也喜欢网球，但为了整治社会风气，不得不忍痛割爱，颁布禁令，禁止在巴黎打网球。而在1388年，英格兰宫廷因顾忌士兵们打网球而影响他们正常的射箭军事训练，也曾下令限制了这一活动。

第二节　宫廷网球盛衰记

网球引发的战争

许多资料记载法国的宫廷网球传入英国是在14世纪，由法国王储赠送网球给英王亨利五世开始的。其实，这是一种误传。众所周知，自公元843年凡尔登条约后，法兰克国家西部地区成为法国。1154年，安如伯爵亨利被立为英国国王，他占有法国的安如、曼恩、图陵、诺曼底、阿奎凡艾地，面积占到法国的一半还多。法国为了统一，就必须和英国开展斗争，这种斗争绵延好几个世纪。

其中，最为突出的是历史上称为的“英法百年战争”。该战争从1337年到1453年，一直打打停停，停停打打。开始法国处于劣势，到中期时互有胜负。1415年，法王查理六世（1368—1422）神经错乱，国内发生混乱，英王亨利五世（1387—1422）想趁机进一步扩大占领法国土地，发动新的战争。恰在此时，妄自尊大的法王王子却对亨利王表示了蔑视，并下了战表。而这种战表正是一箱网球。法王子是如何用网球来羞辱亨利王的？亨利王又是如何借网球回击法国的？著名英国戏剧大师莎士比亚在其《亨利五世》的第一章中有着详细描述：

亨利王：现在，我们就准备洗耳恭听我们的皇兄法国皇太子有什么见教？我听说，你们两位是奉太子的命，而不是奉皇上的命来到敝国。

沙翁与他的戏剧

大使甲：不知陛下是否恩准我们只管按照我们所负的使命行事？还是，我们只可以略略提一提皇太子的本意和我们来此的任务？

亨利王：我并不是什么暴君，而是一个基督徒国王，一切无常的喜怒都为理性所控制——就像那不法的歹徒被囚禁在我们的狱中。所以你们不必存什么顾忌，尽管把太子的意见对我直说吧。

大使甲：那么，话并不多：陛下最近派人到法兰西来，凭着您伟大的祖先爱德华三世的权益，提出割让某些公国的要求；回答这一个要求，我们的主公——皇太子说：您怎么还是稚气未尽，该多懂些事理才好呢。在法兰西，凭着一番快步舞，您别想得到什么东西。法兰西的公国，不是凭您花天酒地就能夺取的。所以，为了更适合您的脾胃起见，他给您送来了这一箱宝贝，只希望您收下之后，从今别再提什么公国了吧。这些就是皇太子所说的话。

亨利王：什么宝贝呀，王叔？

爱克塞特：网球，我的主。

亨利王：我们真高兴，皇太子这样富于风趣；他的厚赐和你们的辛苦又多么叫人感激呀！如果我们拿起球拍来拍这些球，老天在上，我们要到法兰西去打一局，一下下打得他尊大人头上的皇冠摇来晃去！去告诉他，他已经找到了这么一个对手，只怕要把整个法兰西当作网球场，看着进攻，叫你们坐立不安。我们很了解他的用意，他这是在取笑我少年时代的放浪，却不曾理会，在这一个时期，我们有些什么收获。这英格兰的可怜的王位，我从来没有放在心头，因此曾经疏远了宫廷，沉湎在胡闹中——人从来就是这样啊，一旦摆脱了家，浑身都是痛快。可以去告诉皇太子吧，我会登上宝座，显出一派人君的威严气概，只要我振作起来——在法兰西的王位上。怀着这个宏志，我不惜纡尊降贵，像一个干活的工人，忍受劳苦；可是我就要从那升起，光芒万丈，叫全法兰西的人民睁都睁不开眼来，嘿，叫皇太子向我们望一下，就会立刻瞎了眼。去告诉那挺有风趣的太子尽管取笑吧，那网球就给他取笑成了炮眼里的石弹；他的灵魂将要受到深重的责难——为了那跟着炮弹而降落的灾祸，为了他今天开这个玩笑，成千成万的女人将要成为寡妇，就此再看不见亲丈夫；他今天取笑我，明天可“笑”坍了城堡，“笑”掉了母亲的孩子——有些还没有成胎，有些还没降生，他们全有理由咒骂王子太轻狂。可是这一切都听凭于上帝的意旨；让我向上帝祈求。请凭着他的名义，告诉皇太子吧：我就来了，跟他算账来了——我理直气壮地来了，来干我的正大光明的事业。你们现在一路平安地回去吧，去告诉皇太子，他这玩笑开得多愚蠢，为了一两声笑声就哭坏了千万人。好好地护送着他们。再会吧。（两大使下）

爱克塞特：这不是个挺有趣的照会吗？

亨利王：我倒是想叫那送球的人为这个而涨红了脸。那么，各位大人，别坐失了有利于我们出兵的大好时机；如今除了法兰西，我们再没旁的念头，让我们立即把出兵所需要的兵力征集起来。我们有上帝引领，要当着法王的面，把他的儿子教训教训。现在，让这一正义的战争见之于行动吧。

法国王子送网球的玩笑，正好为亨利五世提供了洗刷“屈辱”、出兵法国的理由和口实。1420年，英王亨利五世重新点燃起英法战争。他亲自率领大军侵入法国。在著名的阿金库尔战役中，亨利五世身先士卒，唤起勇士们的荣誉感，以1–5的劣势兵力，取得胜利。据史料记载，当时法国年轻的奥尔良大公在阿金库尔战役中被英军俘虏，之后被关在伦敦塔中多年。在那里，他写给妻子无数首情诗，其中大约60首保存至今。为了纪念他们，人们流传下来了今天的情人节。

阿金库尔战役之后，英军很快占领了法国的若干城镇。同时，亨利五世还以胜利者占有和迎娶了法王的公主。

尽管如此，两年后，好战的亨利五世却在战场上丧生。33年以后，即1453年，英法百年战争以英国失败、法国胜利而告终。

其实，在英法领土之争以外，两种文化冲突也表现得十分激烈。

15世纪中期，英法一度修好，从平民到皇室都有相互往来。法国人观念超前，经常有一些流行时尚，而英国人却相对保守，固守传统。“日不落帝国”虽然败在法军之下，却对法国的文化处处排斥。由于历史上英法的领土之争，由于互相的诋毁和蔑视，网球作为一种外来文化受到英格兰当局的抵制。亨利八世时期，英国就针对一些游历法国的英国人回来后，效仿法国的时尚行为，特地在宫廷大门张贴告示向人们提出警告。告示上的条例上说道：

> “必须抛弃从法国学来的那套弄臣装束的痕迹，取消帽子上插的羽毛，以及他们的无知头脑认为是光荣的一切行为，如决斗、花炮……必须完全放弃对网球、长筒袜、胖短裤的信仰，这些都是国外游历的标记；必须恢复正派人的理性。否则，就滚回去，去找他们旧日的吃喝玩乐的朋友吧。这样一来他们这套荒淫无耻的行为，他们的这些‘专利特权’，就会在他们的‘喂、喂’声中，在人们的嘲笑声中，像块破布头一样，被扔掉了。”（摘自莎士比亚《亨利八世》第一幕第三场）

传统、古板的英国人把法国的所谓“新时尚”诋毁为“荒唐可笑”，把网球与长筒袜、胖短裤以及决斗、花炮视为必须放弃的信仰和无知头脑认为的一种“光荣作为”。但网球的魅力却无法使他们保持冷漠，相反，他们以自己的方式将宫廷网球发扬光大，后来者居上。据《温布尔顿的常识、名人与趣事》记载：

> 1625年，查理一世在汉普顿王宫修建了一座网球场，距温布尔顿约6英里（约9.66千米），至今作为锦标赛场地仍在使用。游览者在参观汉普顿王宫时，能够游览皇家网球场。许多后来的国王和其他皇室成员都参加了皇家网球游戏。在汉普顿王宫的更衣室里仍可看到一个标有阿尔伯特王子名字的存物柜。

网球的金色岁月

16—17世纪，法国和英国的网球进入了最兴旺时期。尤其到了“太阳王”路易十四时代。路易十四凭借着果敢、坚毅和大刀阔斧，将父辈的理想转为现实，确定了绝对君主制度的典范，缔造了一个空前统一的法兰西。特别值得肯定的是路易十四积极扶植和鼓励了古典主义的文化潮流，并将其推向了高峰，使17世纪的法国不仅成为当时的霸主，而且成为现代的文化中心。

在路易十四时期的宫廷文化中，深受贵族欢迎的宫廷网球无疑成为这个大厦中的一项重要内容。在当时的法国，网球已成为贵族的象征和符号，皇家王室如果不会打网球，将会如同不会跳舞、击剑一样被人耻笑。而会打网球的人往往会受到青睐。据当时的一份报纸记载：“路易十四的财务主管约翰·劳年36岁，拥有运动员的身材，是网球好手，在女子圈中相当吃香……”

当时最能体现宫廷文化的当属凡尔赛宫。宫廷里聚集了大量皇室人员、高等贵族、娱乐人员以及艺术家和作家。人们互相攀比，身着华丽服装，讲求礼仪、仪态。为了让这些贵族和仕女们在宫廷里不感到生活沉闷，路易十四在宫廷里招纳了各行各业的艺人，提供各种各样的娱乐节目、体育节目和艺术表演，其中有锦标赛、打猎、网球、撞球、游泳、晚宴、舞会、舞蹈、歌舞、芭蕾、歌剧、演奏会等。路易十四创造的宫廷生活，逐渐遍传各国中产阶级，成为欧洲传统的一部分。在许多贵族或者贵妇人的宅邸里，都以国王的宫廷为样本，形成小的文化中心，拓展宫廷文化的空间。

在皇室的带动下，网球又很快推向中产阶级和平民中。有资料显示，法国在十七八世纪仅巴黎市就拥有1 800个网球场，有上千人打网球。网球已成为法国的国球。甚至有书记载，在一艘2 000吨的游船上还建有网球场。其狂热程度可见一斑。

网球，作为一项社会文化现象，作为法国的宫廷文化，在法国占有十分重要的位置。据《简明不列颠百科全书》记载：

> 1530年，法兰西国王弗兰西斯一世在卢浮宫兴建网球场。1596年，巴黎有250处室内网球场。到16世纪末和17世纪则是宫廷网球的黄金时代，在皇宫贵族中十分风靡。在路易十四时代，宫廷网球的发展到鼎盛时期，仅法国巴黎就有超过1 800个网球场地。截止到18世纪末，法国的网球发展到一个黄金时代，而法国的阶级矛盾和政治斗争也发展到了一个高峰。

1789年6月20日，法国国王路易十六因反对将三级会议改为国民会议，封闭了会场，不允许第三等级的代表召开三级会议，法国三级会议第三等级代表即在会场附近的网球场举行宣誓：不制定法国宪法绝不离散。在那里，第三等级的代表们发誓将继续开会并通过了誓言。除一名代表拒绝签字外，其余577名代表都在誓言上签字。这是一次革命性的行动，史称“网球厅宣誓”。它是法国大革命的序幕，也被认为是法国大革命诞生的标志。法国大革命使法国宫廷网球荡然无存，直到19世纪中期，网球才又恢复并再次兴盛。

在英国，网球虽然在都铎王朝曾被人视为法国的、不适合宫廷贵族的运动，也曾一度被禁止，但达官贵人仍挡不住这项运动魅力的诱惑，自觉不自觉地打起了网球。其中首当其冲的仍是皇室贵族。

据巴德·科林斯介绍：“早在伊丽莎白女王一世时，在英国就有一种室外游戏长网球（long tennis），也用球拍（柳条球拍）、球和球网，但没有正式的规则，不久就‘销声匿迹’了，而这个时期的连续几代英王如詹姆士一世、查理一世、查理二世、乔治四世、阿尔伯特王子等均有打网球的记载。特别是查理一世和查理二世因为整天沉湎于网球，而被认为‘拙劣功绩远不如对宫廷网球的贡献’。”

英国对网球的风靡，很快达到一个顶点。与法国相比，有过之而无不及。这为它后来成为现代网球的兴起地提供了充足的条件和基础。

19世纪初的宫廷室内网球游戏

就在英法的网球进入黄金时期的同时，室内网球迅速流传到意大利、德意志、奥地利、瑞典、俄国和荷兰。

有资料显示，约在17世纪中期，宫廷网球传入俄国。沙皇彼得一世（1689—1725年在位）不仅自己打网球，还举办了皇家网球赛。18世纪90年代，在俄罗斯圣彼得堡的宫殿里就修建了皇家网球场，后来在此基础上改建成了体育馆。

第三节　古代网球的变迁与发展

网球的轨迹

五百年前的球拍与球

从14世纪前的民间手掌球游戏到逐渐形成的网球运动，并进入宫廷，从宫廷网球的出现发展到18世纪的网球鼎盛，古代网球经历了一个漫长而曲折的历程。从场地、用球、球拍、球网都有一个渐进演变过程。

先从球说起，最初民间手掌球游戏用球，只不过是用布包裹着果核，为软木塞的“布包”。有的传说是用线绳缠捆布料而成的布球。随着时间的变化，球的外表逐渐由布改为毛皮和绒布，球内的填充物由果核、软木塞变为毛发、锯木屑之类，从而减轻了球的重量，增加了球的柔软性和弹力。古代网球的发展、打球人数的增多使网球的需求大量增加，在13世纪至14世纪已有专门制造和出售网球的作坊。

最初的古代网球雏形是用双手击打球，故称“手掌球”游戏。后来人们发现手套或用手拿着木板条之类的东西击打球更有意思，于是出现了类似球拍的东西，只不过有的是用木板蒙上毛皮，有的是蒙上羊皮底板，有的是用柳条编成椭圆形的圈后再蒙上布或皮子，总之，这种游戏已经由“手掌”击变为用“拍”击。而到了18世纪，这种球拍框已逐渐被木质材料所代替，并被固定下来，而木质的拍面也逐渐变为线绳之类的网状。随着球拍的需求，15世纪在巴黎已出现了专门的球拍作业工会。

据卡梅隆·布朗（Cameron Brown）介绍：“早先的网球是由皮革做面内部填充毛织物和人的头发制成的，这种球在飞快运行中碰到运动员足以使其受伤。在15世纪，网球一般是白色的，与黑色的墙区分开。在西班牙，上述情况则相反。现代网球在外表上看与草地网球相似，但是是用软木塞作球芯，包上布，用绳绑紧，最外面是一层毛毡。19世纪前，尽管古代网球形成已达数百年，但由于工业尚不发达、生产力低下，制作网球及球拍的材料极其有限。因此，几百年中，古代网球和球拍几乎没有发生实质性变化……网球拍最初是由硬木制成的小拍子。到了1500年，球拍就不再是完全木制的，它包括木制的拍把和由羊肠线穿制的拍头。”

直到19世纪，由科技和生产发展引发的工业革命，才使其发生了根本改变。

英国资产阶级革命后不到一百年的时间内通过圈地和殖民地掠夺，完成了其发展所需的资本原始积累，使英国从一个欧洲的二等农业岛国，变成了最大的资本主义殖民帝国，为从18世纪60年代起的工业革命创造了条件。

1733年，机械师凯伊发明飞梭织布法，促进了纺纱技术的改革。1785年，卡特莱特发明水力织布机，把织布效率提高40倍，大规模织布工厂随之出现。

1769年，苏格兰机械师詹姆斯·瓦特在前人发明的基础上，制成了第一台蒸汽机，随之广泛应用于其他工业部门，解开了“蒸汽时代”的帷幕。

1860年，查尔斯·古德伊尔发明了硬橡胶制造法。不久，天然乳胶硫化成型技术的发明进一步扩大了橡胶的应用领域。

纺织、橡胶工业的飞速发展，为网球材料提供了巨大空间，使之发生根本改变。19世纪60年代，在英国就出现用橡胶制作的网球。

1850—1870年，美国球场上出现用印度橡胶制作的网球。1873年，J.M.希思柯特发明了在橡胶表面包上一层法兰绒，后来又改为毛毡，从根本上改变了网球弹跳、旋转、速度等技术性能，从而触发了古代网球全面性地、根本地改变。

古代网球的场地、用网及其规则的变化也是极其缓慢的。最初的“手掌球”游戏是法国的传教士为调剂刻板的教堂生活，多在教堂的走廊或回廊里进行。14世纪传入宫廷后，这种游戏从室内转到室外，在一块开阔的空地上，将一条绳子架在中间，两边各站一人或数人，来回击打裹着头发之类的布球。游戏没有什么规则可言。不久，随着最原始的“球拍”出现，中间的绳子也逐渐由拴若干个竖条发展成用线绳编织的网子。而场地上开始标有不同的线，并相应制定一些游戏规则。在宫廷网球兴盛时期，网球场地不再是空地或走廊，而是四周有建筑围墙的四边形场地，或建在城堡之中，以墙为界，是封闭式。有的则是在室外画有各种线条，同时有一套规则，开始了竞技形式。

据美国鲍布·依塔莉雅著的《高尔夫传奇与网球的起源》一书叙述：“当网球传入英国时已经变成了室内场地运动。场地呈长方形，四周有墙，并有突出部分，屋顶向下倾斜，并带有通风

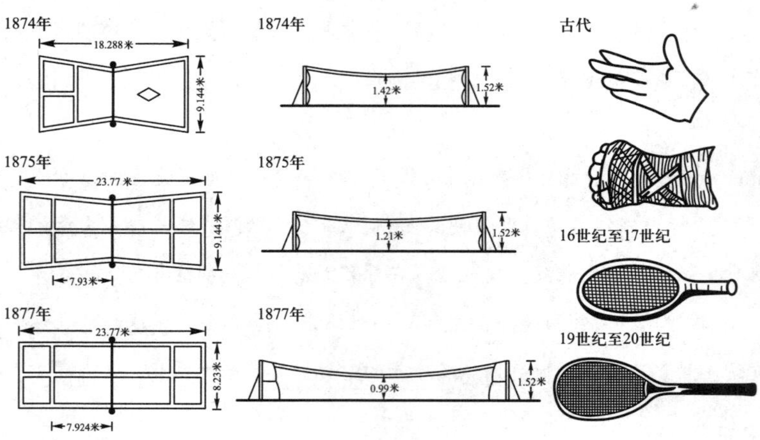

网球器材的变迁

口——一切都是为了比赛。”

卡梅隆·布朗认为：“皇家网球场并不是都一样大，汉普顿王宫网球场的宽度就比英格兰其他的网球场宽度宽一些。不同之处包括球场四周看台走道上方的屋顶棚的宽度或倾斜角度，其可覆盖球场四面中的三面。每个球场约110英尺（33米）长，40英尺（12米）宽，30英尺（9米）高，球网两边高5英尺（1.5米），中间下垂至3英尺（低于1米）……网球游戏在英国，最初是在四周有墙的场地上进行的。此项运动，如今所熟知的真正（即皇家）网球游戏，在15世纪和16世纪的英格兰非常流行，特别是在亨利八世统治时期的庭院里。从那时起，这项游戏几乎没有变化。”

关于早期网球运动的服装，在网球游戏阶段，显然还没有所谓的网球服，传教士及僧侣们打球时都穿着一身长袍。到了中世纪，打网球的贵族们就十分讲究服饰了。男士们羊绒衫、白色衬衣、灯笼裤，女士们则是清一色的长到脚踝的白色连衣裙、束腰马甲、衬裙、礼帽或者头巾。在讲述近代网球运动起源与发展的《网球物语》一书中，有一段对1880年一场网球赛场面的描写：“在夕阳余晖的照耀下，天空被渲染成一片殷红。那些绅士们身着羊绒长衫和灯笼裤，脚下踩着橡胶底的鞋子。从英国定制的球拍或者被他们握在手中，或者斜放在一旁……”

神秘的计分系统

对网球比赛计分的说法，据说古式网球最开始计分就采用一局4球计分法，第一球记为15，第二球记为30，第三球记为45。据《温布尔顿的常识、名人与趣事》记载：“神秘的网球计分系统至少可以向回追溯到15世纪早期。因为在查尔斯·德奥里恩1435年写的描写阿金库尔战役的诗中提及。”那时的计分办法与现代网球基本相同，不同的是每盘只有4局，从17世纪初开始改为每盘6局，此规则至今未变。

这种计分办法的来源有多种说法，有的解释为当时欧洲法国60进位制，如60秒为1分，60分为1小时；巴德·科林斯认为，15分、30分、45分都与表盘相符，因此很可能是按钟表的四等分表盘而定的。他说：“或许它是一种布谷鸟钟，可能缩短了时间跨度，用缩略5代替15。没有人真正知道。据说这是根据钟表表盘制定的计分规则，但是为什么是‘40’而不是‘45’呢？也许是为了偷懒吧，就像今天我们常说的‘1:3’‘2平’，而不说‘15:40’和‘30平’了。最明白的大概要算‘Deuce’，Deuce一词是来自法语的a deux，是清干的意思。好像没有人怀疑它来源于法语‘à deux’，也就是‘平分’的意思。”

大多数的说法，目前网球的计分是参照天文学六分仪而来。在古代航海中，船上都有六分仪，即一个1/6圆的弧形仪口上刻60度，每度刻有60分，以此来确定航船在海中的位置。根据六分仪，网球比赛将60度称为一局，均分4份，即第一分为15，第二分为30，第三分为45（为读起方便，将45分省略为40），一盘为6个60度，正好构成一个圆周。

爱等于一无所有

至于在计分中为什么将0说成Love？《完全网球：终极网球百科全书》一书中这样记载：

同样让人们迷惑的是网球计分规则中的术语“Love”。今天，在世界的每一个角落，无论人们是否使用英语，几乎都清楚这四个字母的含义代表着“爱情”，这种令所有人神往的感觉，在网球比赛中却表示“一无所有”。绝大多数人相信，这一表述方法来源于法语“I’ oeuf”——鸡蛋，形象而不失法国人的幽默和浪漫。

当然，也有人相信Heiner Gillmeister在《网球：文化的历史》一书中提出的观点，他在书中写道：

love，源自荷兰语或称弗拉芒语词汇lof，原本是“荣誉”的意思。也就是说，当英国人在网球场上说“love”的时候，也是一语双关地向比赛中落后的一方致敬，彰显所有的人都是在“为荣誉而战”。

到了19世纪七八十年代，当时美国网坛的佼佼者Eddie Dibbs又为原本已经复杂的网球计分术语带来了新的“混乱”，他给“0分”起了新的绰号：“bagel”——“面包圈”。真不知那些饿着肚子看比赛的观众们会做何反应了……

关于对tennis的考证

对于网球tennis一词的来源，更有多种说法。巴德·科林斯这样记述：

古式网球早期被称为“jeu de paum”（掌玩游戏）。Paum法文为手掌。发球前常喊“tenetz”。另一种看法认为制作网球的绒布来自埃及的“坦尼斯”镇，故将网球称为“tennis”。1399年，美国诗人高尔旅居法国，在其作品中，是首次将“tenetz”（tennis）作为网球见诸文字。至于网球的名称“tennis”一词的起源，就如同网球运动起源本身一样扑朔迷离，众说纷纭。

在20世纪初期的美国，草地网球运动迎来了一个小小的高潮，当时的美国总统西奥多·罗斯福酷爱这项运动，在他的影响下，当时的美国国会甚至出现了一个“网球内阁”，还在今天白宫椭圆厅的位置上修建了白宫历史上的第一座土地网球场，供总统和他的阁员们娱乐消遣。其中最为出色的球手要数当时的法国大使J. J.吕塞朗，这个身材矮小却灵活敏捷的法国人经常与人高马大的罗斯福总统在球场上斗得不可开交，人送外号“胡安山双雄”。

就是这位法国大使吕塞朗先生，不仅仅是擅长皇家网球和草地网球（在当时是两种不同的运动）的运动高手，还是这两项运动历史的研究者，在他的研究中就曾涉及“tennis”一词的起源问题。当时比较流行的一种说法是，tennis来自于法语“tendre”，是“接球”的意思，后世的语源学家们据此推断，以前的人们在打球的时候，发球的一方会在发球前喊出“接球”以提醒对手，算是这一分的正式开始。这种理论很令学者们满意，因为这似乎很合乎中古时代的骑士精神，问题是吕塞朗先生对这种说法并不买账。

经过一番对古法语的深入研究，吕塞朗先生发现，过去的法国人在球场上确实什么都喊，基本上都是骂人的脏话，就是从来没有人喊过“接球”或者类似的东西。这位法国大使还研究了其他几种理论，却发现所有这些说法不过是以讹传讹罢了。

就像朱利安·马歇尔在1878年撰写的《网球编年》一书中提到的，关于“tennis”一词，他发现了不少于10种不同的拼写方法，就是没有一种能够让他满意地指出一个起源。

马尔科姆·惠特曼，是1898—1900年蝉联美国网球锦标赛桂冠的伟大球手，同时也是戴维斯杯赛事的创立者和早期美国队成员之一，在他的著述《网球的起源与未解》中详尽地叙述了这个问题，他总结了当时最为广泛流行的几种辞源，发现它们无不涉及某个以“ten”开头的法语词汇，无论是“tendre”“taut”“tendon”还是“tense”，成为法语说的有力证明。

还有一种说法，认为网球得名与地名有关。这种理论也很经得起推敲，因为在埃及的尼罗河沿岸，有一座名叫“泰尼斯”的城市，以出产优质的长绒棉著称，由于古老网球一直使用某种棉织物做填充，所以很多人自然而然地联想到了埃及的泰尼斯。

第三种理论认为，“tens”是“tennis”的辞源，这个词的意思之一是“织布的梭子”或者其他飞来飞去的东西，与网球的飞行颇为相似，因此得名。但大多数人认为这种说法不足为信……

关于网球辞源的说法各种各样，有些入情入理，有些却牵强附会，也许有朝一日人们能找到确凿的理论依据，但是在此之前，还是让我们保留网球的这一份神秘吧。

Chapter 5

第五章 | 现代网球风云录

第一节　英国少校的专利

发明权的争议

现代网球创始人——温菲尔德少校

人们公认现代网球的创始人是英国的少校军官沃尔特·克洛普顿·温菲尔德（Walter Clopton Wingfield），他于1873年提出的“草地网球”被看作现代网球运动的里程碑。他从事古式网球多年，对古式网球有很深的研究。当时古代网球运动已开始在草坪上出现，在一次游园会上，温菲尔德向公众介绍了一套可以在草地上打的并可以折叠的古式网球，同时他称此运动为“草地网球”。不久，他在英国《体育杂志》发表了有关文章，并制定了比赛规则、器材和场地标准，于1874年以“Sphairistike”为名注册专利，不久改为“Lawn tennis”。他对现代网球运动的形成和发展作出了重要的贡献。为此，英国女王授予他维多利亚勋章。在伦敦草地网球协会的会址里放有温菲尔德的半身塑像。

巴德·科林斯在其《网球完全：终极网球百科全书》中，为我们披露了这位少校的故事：

1877年，在伦敦，一个夏季的下午，有一对绅士，名叫高尔（Gore）和马歇尔（Marshall）在一个大约25步的长条形草坪上，用球拍相互击打橡胶球进行比赛，最终高尔获胜。这是温布尔顿比赛的雏形，被公认为是第一次网球比赛。至少是最早的草地网球比赛。

对此种说法，有赞同的，也有不赞同的。

在此之前三年，即1874年，一位英国人已获得网球的发明专利。

尽管早期的网球起源仍然隐藏在历史的迷雾背后，但现代网球的发展历程却有着清晰的文献记载。最早将现代网球运动付诸铅字的，是1874年3月7日出版的两份报刊——《宫廷日报》与《陆海军公报》，前者把网球运动介绍给了当时英国上层社会的达官显贵，而后者则随着日不落帝国的军队将网球带到了世界各地。

就在这两份报刊对于新生的网球运动报道前不久的2月23日，英国专利局将一份关于“便携式网球场设备”的专利授予了温菲尔德，专利号685。而2月21日出版的权威体育杂志《The Field》也向读者们详细介绍了一项名为网球的运动，告诉人们这项运动的历史，它的复兴和温菲尔德的专利故事……同时，还具体列出了运动的场地、规则等细节。

在此后短短几周的时间内，这项新兴的运动立刻风靡了英伦三岛，并在随后不长的时间里传播到日不落帝国的每一块领地。一时间“洛阳纸贵”，代理销售温菲尔德专利产品的Messrs French and Co公司大发其财。

早期的网球活动箱

销售文献资料记载着：网球游戏就在一个36英寸×12英寸×6英寸的彩绘盒子中，盒子中包含有杆、钉及球网，用它们可以搭成1个网球场。另外还有4个球拍、1袋球、槌和刷子，以及1本指导网球游戏的说明书。

根据Messrs French and Co公司销售记录中的记载，从1874年7月到1875年6月，在不到一年的时间里，网球器械卖给了俄国的皇室，也卖给了威尔斯王子及其他王子，其中包括42位贵族、44位贵夫人和国会议员。产品还被卖到了遥远的加拿大、印度、中国和俄罗斯，几乎遍及世界各地。

伦敦代理商对网球器材的销售记录是很不完全的，因为销售业务是通过伦敦的零售商进行的，很多器材卖给了不知名目的团体。还有难以计数的类似产品在最短的时间内被仿造、生产和销售出去。网球运动成了潮流和时尚，它以火山爆发的速度获得了传播上的巨大成功。几乎所有人都相信这是一项真正适合所有人，无论男女老幼都可从事的运动。同时，由于槌球运动在19世纪60年代曾经风靡一时，无数的槌球场地遍布英国各地，这些平整、宽大的槌球场符合一切网球运动的条件，只需在它30码×20码的场地中划出一块小得多的网球场地，再配上一套便携式网球设备就万事大吉。

卡梅隆·布朗在其著作中对草地网球的起始也有详尽描述：

在1858年，詹姆少校和佩拉拉发明了一种改在室外草地上进行的皇家网球，仿效西班牙类似的游戏，把它叫做回力球。

大约在1873年，温菲尔德少校发明了草地网球，作为一种在特别划出的场地上进行的游戏，场地的两侧和两个底边都没有挡墙（有别于皇家网球游戏）。最初把它叫作“斯菲尔里斯戴克”（Sphairistike），一种古希腊的球类游戏的名字，有些时候被简称为“斯菲戴克”。草地网球一词可能是一位叫亚瑟·巴尔弗发明的，他是英国的一位政治家和最早的斯菲戴克选手。但是詹姆少校也曾声明自己发明了草地网球一词。

斯菲戴克游戏的最老照片

斯菲戴克游戏的场地是沙漏（古代计时用）型的，场地中间球网的宽度比两端的宽度窄。

温菲尔德在他1873年出版的《斯菲尔里斯戴克游戏》或名为《草地网球》一书中写道：

第一本网球书《草地网球》

实际上，新手只需要5分钟的学习就能够掌握，……在黑霜天气中，球网直立在冰上，选手们穿上滑冰的装备，这项游戏又展示出新的特色……

温菲尔德在他的书中列举了一些已购买过斯菲戴克游戏器材和装备的人，这些人包括10位王子和王后，7位公爵，14位侯爵夫人，1位女侯爵，1位总督（加拿大的），49位伯爵，10位伯爵夫人，8位子爵，以及一个又一个的庄主、贵妇人、骑士、准男爵，等等。

游戏规则的修改和统一

在网球运动早期推广和规范化的过程中，温菲尔德和他的合作伙伴们却遇到了不少麻烦。缺少统一的游戏规则和专用的球、球拍，人们可以手持羽毛球或是其他球类运动的球拍走上网球场，随心所欲地制定自己的规则，然后随便用1、2、3、4……记录比分。更让人头疼的是，温菲尔德不但没有得到所有网球参与者的赞扬和尊重，甚至还有不少人觉得这项运动根本不值一提，是个人人都能想出来的"拍脑袋的发明"。所谓"文人相轻，艺人相贱"，看来当时的英国人同样犯了这样的毛病……

据巴德·科林斯介绍说：

确实，一种酷似网球的室外球拍运动早在伊丽莎白一世的时代就已经悄然出现在英国和法国的上层社会了，它被称作"长网球"（long tennis），这项运动在法国一直被保留到了今天。历史上还有很多类似网球的运动或者游戏，但它们的诞生和消失犹如昙花。

由于在温菲尔德先后五次改版的网球入门著作《游戏指南》中都曾提到了"谨以此书献给1873年12月的南特科尔维德聚会"，因此后人推断正是在那次聚会中温菲尔德第一次将改良后的网球运动介绍给世人，但这一推断却始终找不到有力的证据。当时出版的《Wrexham卫报》曾经详细地报道了那次长达三天三夜的聚会，提到了当天上演的歌剧和一场大型舞会，却只字未提任何与体育有关的活动。

看起来，最有可能成为温菲尔德网球"首映式"场地的地方，是一个叫做Onslow Hall的地方，此地属于温菲尔德家族所有，由他的表兄经营。1881年，这位表兄曾经写信给英国的《每日电讯报》，说明"大约7或8年前，温菲尔德第一次在这里建起了一个网球场"。

温菲尔德认为只有网球运动得到规范化才标志这项运动的推广取得了成功，因此，在1874年，他再版了《游戏指南》，并将第一版中的6条规则增加为12条，同时加大了球场的面积，进一步完善了网球运动的雏形。转过年后，约翰·莫伊尔和他的妻子致信Marylebone板球俱乐部（MCC）的秘书长菲斯杰拉德，希望能够召开一次集会，探讨网球运动的现状。正是这对夫妇在原始的橡胶网球外包裹上了两片棉织物，使网球成为今天我们熟悉的模样。

在温菲尔德的斡旋下，曾经为宫廷网球制定规则的组织与MCC规则委员会的成员们答应坐下来共同商讨并最终制定了草地网球的游戏规则。规则一共25条，刊登在1875年5月的《The Field》杂志上，随后也出现在温菲尔德第三版的《游戏指南》中。新规则规定，网球场为78英尺×27英尺的长方形，替代温菲尔德中间窄、底线宽的沙漏形球场。温布尔顿成为一年一度的固定赛事，由琼斯担任裁判长。在此后的数年里，琼斯依据球员们在比赛中发球的成功率不断调整了球网的高度和发球区的大小，直到1882年将球网高度定格在与今天相同的“两边高3.5英尺，中间3英尺”，同时规定发球线距离球网21英尺。至此，网球比赛的规则基本与今天无异，除了奇数局交换场地的规则是到8年后的1890年才得以最终确定。

就在1875年5月2日，《The Field》杂志刊登全新草地网球规则的前夕，温菲尔德曾致信MCC，言明他“出于对公众负责”的立场已经同MCC规则委员会达成共识，执行新的规则，并宣布放弃他之前自己制定的游戏规则。此后，随着这封信见诸《The Field》杂志，温菲尔德却从此淡出了网球运动的台前。

第一个草地网球图片

1877年春，在温布尔顿举办了一场网球赛事。令赛事组委会感到担心的是，新规则的使用很有可能侵犯温菲尔德当年的685号专利。其实他们的这种担心是多余的，因为在这一年的2月23日，也就是685号专利申请3周年的时候，按照英国当时的专利法案规定，专利权的持有人必须上交50英镑才能在随后的7年中继续保留这一专利，但是温菲尔德却主动放弃了这一权利。从此网球真正成了一项“所有人”的运动，而温菲尔德的壮举也被赛事组委会载入史册，人们将永远铭记这位网球运动的先驱。

第二节　涌向世界的网球大潮

俱乐部与赛事的诞生

现代网球运动从贵族圈子走进民众之后，为了组织网球活动，在一定范围成立了不同性质的网球组织及俱乐部，并开展了俱乐部内部和俱乐部之间的网球活动和比赛。有的还成立了国家网球协会或总会，组织管理全国性的网球活动。重要赛事的形成，大大提高了网球运动的竞技性和观赏性，增强了网球的影响力和吸引力。

在现代草地网球诞生后很短的时间内，几乎所有的槌球场和公园草坪都建立起了网球场地，这项运动在植根民间的同时也步入了上层社会，在很多俱乐部中竞相展开。但是直到1875年，位于伦敦西南郊的全英槌球俱乐部才第一次接纳了这种带有对抗性的运动。而后来，人们则习惯用这家俱乐部所在地的名字称呼它——温布尔顿。

亨利·琼斯，笔名“凯文·迪许”，曾经是《The Field》杂志“流金岁月”栏目的编辑，同时也是一位网球爱好者和全英槌球俱乐部的创始人之一。正是他将草地网球带进了全英槌球俱乐部，这位职业医生放弃了自己的专业转而投身体育运动行业。

1877年春，在亨利·琼斯的倡议下，全英俱乐部成功地举办了一场网球赛事，这场比赛后来被确定为第一届温布尔顿锦标赛。当时《The Field》杂志为比赛的冠军和亚军提供了丰厚的奖金和一座价值26英镑的银质奖杯。英国网球运动发展较快，当时全英槌球协会不少会员的兴趣转向网球，于是1877年该协会改名为全英槌球与草地网球协会，并开始组织网球比赛活动。协会举行的全英草地网球锦标赛，当时只是国内赛事，每年举行一次，比赛只限本国本土人员参加。1901年后接受英国自治领地的国家也可以参加，1905年开始对其他国家开放，成为重要的国际赛事之一。

与此同时，苏格兰和爱尔兰也先后在1878年和1879年分别拥有了自己的草地网球赛事。值得一提的是，1879年在都柏林举行的第一届爱尔兰网球锦标赛上创造性地设立了女子单打和混合双打的比赛。

1880年，英格兰北方草地网球协会宣布成立。三年后，这一模式被应用在全英草地网球协会的创办中，却遭到失败，原因是未能争取到全英俱乐部的认可与合作。此后，全英俱乐部逐渐排挤掉了早期的草地网球重要组织板球俱乐部，成为草地网球运动中的权威机构，并引领这项运动此后的发展方向。但是无论如何，必须承认，也应当牢记，板球俱乐部对于早期网球运动的诞生和推广确实功不可没。

1888年，在全英俱乐部的支持与合作下，英国草地网球协会（LTA）宣告成立，并且由这两家共同管理温布尔顿赛事的全部收益。整个19世纪90年代对于网球运动而言并不好过，这是网球诞生以来遭遇的第一个寒冬，好在这样的局面在20世纪到来的时候有所缓解。

法国虽然开展网球运动最早，但是第1届法国网球锦标赛却比全英网球锦标赛晚14年，开始于1891年，以后每年一届。法国网球锦标赛开始也是国内的比赛，到1925年之后才对外开放，成为又一重要的国际赛事。法国网球锦标赛开始没有专用球场，直到1928年才在巴黎西部修建起罗兰·加洛斯大型红土球场。

走向美洲大陆

古代网球的脱胎换骨，换来一个全新的现代网球，从此一发而不可收。特别是在英国、法国现代网球的快速发展，形成一股巨大的洪流，汹涌澎湃，将网球带入浩瀚的世界之海。

首先是北美地区的美国。网球是如何传入美国呢？对此曾有几种说法。

一种说法是：1874年美国的M.奥特布里奇女士在百慕大群岛旅游度假时，看到英国驻军进行打网球的活动，感到有趣，于是设法将一副球拍、球和球网带进美国。在斯坦特岛她哥哥所在的板球和垒球俱乐部的草坪上，修建了一片草地网球场。

另一种说法是：与此同时，J.怀特和F.R.希尔斯在纳亨特也修建起草地网球场。

因此，谁最先将网球引入美国，尚有争议。

关于网球在美洲的兴起和发展，在《完全网球：终极网球百科全书》中有详尽的叙述：

> 美洲大陆的新移民们在第一时间接受并深深地爱上了网球运动，这大概要感谢当时著名的体育杂志《The Field》，它在欧美两地拥有大量的读者。北美大陆的第一场网球比赛大概已经无史可考，但有据可循的第一场比赛则是在1874年10月8日，奇怪的是，这次记录并不是来自发达的新英格兰13州，而是来自遥远的亚利桑那·阿帕奇兵营。这一小段叙述来自于《消失的亚利桑那》一书，书中写道，威尔金斯·巴里军官的夫人艾拉在打一种叫做网球的东西……由此推断，当他们一家在1874年8月6日离开旧金山来到亚利桑那之前，网球运

动就已经在美国的西海岸登陆了。

同样，网球运动也相继来到东海岸的纽约、波士顿、费城和新奥尔良等大城市。没有人确切知道究竟是谁在何时何地第一次挥动球拍，却没有人怀疑詹姆斯·德怀特先生是名副其实的“美国网球之父”。据说，他在1874年的时候就和表兄弗雷德·希尔斯在自家位于波士顿的土地上建立了网球场，到了1876年，此人又组织了第一项网球赛事，称作“Nahant Tournament”，德怀特本人成为那次比赛冠军。

就在德怀特先生创立Nahant Tournament锦标赛的1876年，美洲大陆的第一个网球俱乐部在波士顿宣告成立。两年后，属于希尔斯家族的Longwood板球俱乐部也接纳了网球运动。在早期的美国网球发展史上，希尔斯家族可谓显赫一时，除了迪克·希尔斯蝉联了7届美国网球锦标赛的男单桂冠以外，Eleonora.希尔斯入选网球名人堂，Evelyn.希尔斯获得1907年美国网球锦标赛冠军。

1880年，一项称为国家锦标赛的赛事在纽约开赛，据说参赛的德怀特质疑比赛用球，却被裁判告知那是符合全英俱乐部规则的标准用球。

1880年9月1日，纽约斯达坦岛板球和棒球俱乐部的草地球场上正式上演了网球比赛。遗憾的是，标准的计分规则和计分术语没能得到采用，于是，在一种奇怪的计分规则下，来自英国的伍德豪斯以54:50击败了加拿大人海尔姆斯。

同年在波士顿举行的另一场赛事中，裁判又应用了皇家网球的计分规则，这种混乱的局面让所有人意识到，统一的规则势在必行。于是，在1881年5月21日，33家网球俱乐部齐聚纽约的第五大道饭店，成立了全美草地网球协会，并宣布全英俱乐部的网球规则将被应用在日后协会所举办的所有赛事当中。

这次会议的另外一个重要决定就是在1881年将举办一项一年一度的全美网球锦标赛，也就是日后美国网球公开赛的前身。

相比之下，美国的女子网球发展则更为独立，从一开始就拥有一项独立的女子网球赛事。1887年，第1届全美女子网球锦标赛在费城的费城板球俱乐部场地上举行。在此后的33年里，费城板球俱乐部掌管着这项赛事，直到1921年移师纽约著名的森林山赛场。1889年2月9日，全美草地网球协会宣布，正式接纳女子球员参赛，并在全美网球锦标赛中增加女子项目。

全美国家草地网球协会（USNLTA）在1881年建立后，德怀特先生成为协会的第二任主席，并在协会成立后的31年中担任这一职务长达21年。他的两本著作《草地网球》（1886）和《草地网球实战》（1893）为这项运动在美国开展起到了启蒙和引导作用，直到1920年，比尔·蒂尔顿的《草地网球艺术》出版之前，德怀特的著作一直是所有美国人走上网球场前的标准教科书。

19世纪末20世纪初，美国网球得到迅速发展。在两次世界大战中，全世界的网球都停赛了，唯独美国没有停下来。相反，美国的网球运动还出现了令人惊讶的高峰。极盛时期，竟有4 000万人参加网球运动。

向世界蔓延

关于草地网球在世界的传播，巴德·科林斯是这样说的：

草地网球运动诞生后的短短几年之内，就在世界上的很多国家风靡一时。1875年，苏格兰、巴西和印度建立了自己的网球场地和网球俱乐部。第二年，德国人也拿起了网球拍，到了1877年爱尔兰的都柏林和法国的巴黎也有了自己的网球组织。1878年，澳大利亚、瑞典、意大利、匈牙利和秘鲁建立第一批网球场。1880年，网球运动传播到了瑞士和丹麦。1881年阿根廷，1882年荷兰，1883年牙买加，1885年希腊和土耳其，1889年黎巴嫩，1890年埃及和芬兰，1891年南非……也纷纷开展了网球运动。沙俄的领主和贵族们也被这项运动的魅力所吸引，纷纷在各自的领土上修建球场，这其中就包括俄国著名的作家列夫·托尔斯泰。1879年，波西米亚的一位公爵注入重金举办了一场网球大奖赛，同年在波西米亚和匈牙利举行另外两场赛事的冠军奖品却是一大桶葡萄酒和一根黄瓜！

据有关资料记载，1878年以来，草地网球已由英国的移民、商人或驻军等传到全球，如加拿大（1878年）、斯里兰卡（1878年）、捷克斯洛伐克（1879年）、瑞典（1879年）、印度和日本（1880年）、南非（1881年）。

现代网球传入亚洲大约是在19世纪70年代。2007年5月笔者对位于日本横滨的日本网球发祥地——山手公园网球博物馆进行了访问。从中了解到，日本明治三年（1870年），由在横滨的欧洲人在横滨山手修建了第一个洋人公园。明治九年（1876年）由洋人在山手公园修建了日本的第一块网球场，不久便举行了第一次网球比赛。从此，网球在日本各地逐渐开展起来。

19世纪的日本网球爱好者

澳大利亚开展网球运动虽然较法国、英国晚，但是进步很快。早在1770年英国奋进号船长詹姆斯·库克来到杰克逊港也就是今天的悉尼港之后，揭开了澳洲大陆的神秘面纱。1788年1月26日，阿琵·菲利浦船长带领300名部下和被押解的700名罪犯也来到这里，把英国国旗插上这片荒芜蛮夷的土地，开始了澳大利亚的殖民岁月。

1880年前后，澳大利亚网球已有坚实基础。1885年，举行了洲际间锦标赛。1904年，成立了澳大利亚网球联合会。1905年，在墨尔本举行了第1届澳大利亚草地网球赛；1968年，被批准为公开赛。因为澳大利亚距欧美路途遥远，气候炎热，欧美选手很少去参赛，初期参赛的主要是本土运动员。

据德国汉堡驻中国联络处文章介绍，19世纪初，一群自称为足球运动的英国商人来到汉堡，将滑船、帆船、马术比赛和网球、高尔夫带过来，汉堡从此开始了这些运动。网球从此进入了德国。

俄罗斯最伟大的网球男选手之一萨芬被称为网球场上的沙皇。事实上，当年的沙皇对网球运动也充满了兴趣。他不仅自己打网球，而且在俄罗斯皇宫内举办过皇家网球赛。曾获得19个温网冠军的伊丽莎白·莱金在1917年参加过最后一届俄罗斯皇家网球赛。后来她回忆："我们受到皇家待遇，沙皇酷爱网球，我们还和他打混双比赛。球童都是穿着制服，用银盘子把球递给我。"

前文提到在大文豪托尔斯泰的笔下，不仅对19世纪中期俄罗斯绅士、淑女打网球的动作、神态有细致入微的描写，而且特别提到“仔细碾平的网球场”和“系在两个镀金杆子的球网”，充分说明当时俄罗斯网球在贵族中的流行。至于网球何时从英美传入俄罗斯，现尚无据可查。

在20世纪初，网球进入了一个新的阶段。由于国际网球活动增多需要设置一个能够组织管理国际网球活动的机构。于是在1913年国际草地网球联合会（ILTF）诞生。美国人杜安·威廉姆斯是最早提议建立协会的发起人，遗憾的是，就在ILTF筹建期间，杜安搭乘泰坦尼克号从英国返回美国，却在大海中遇难，幸好他的儿子迪克·威廉姆斯大难不死，成为日后一位伟大的冠军。

在ILTF成立前，一直以来掌管国际网球事务的机构都是不列颠草地网球协会，协会旗下会员国众多，到1913年移交时有澳大西亚、比利时、波希米亚、锡兰、智利、芬兰、匈牙利、爱尔兰、牙买加、毛里求斯、荷兰、挪威、里维埃拉、俄罗斯、南非、西班牙和瑞士17个会员国，以及15个国家的26家独立俱乐部。

ILTF成立时有17个国家受邀请，只有英国、法国、美国等12个国家派代表参加，后来发展到100多个会员国。它的成立为网球的进一步发展开辟了一条更加广阔的道路。

而在此前的1900年，由美国人德·戴维斯开创了一项新的男子团体赛，它是以国家为单位组队的国与国之间的比赛，银质奖杯也是由戴维斯捐赠的，因此被冠名为“戴维斯杯”。百余年来，此项赛事一直是国际网球最重要的男子团体赛事。

第三节　五环旗下的悲情网球

巴黎的性别突破

1896年，网球作为第一个球类项目出现在首届现代奥林匹克运动会上，既显示了网球这个奥运会元老的地位，又反映了国际奥委会对其重视。

四年之后，在巴黎举办了第2届奥运会。巴黎奥运会从1900年5月20曰开始，到10月28日才结束，历时5个多月，真可谓近代体育史上第一个“马拉松奥运会”。参加这次奥运会的共有21个国家的1 330名运动员，与第1届相比，参加范围有所扩大，比利时、西班牙、意大利、荷兰、挪威、波希米亚、加拿大、古巴和海地均有首派队参赛。亚洲的印度派团参加，第一次打破了欧美垄断奥运会的局面。

特别值得一提的是喜欢创新的法国人再度让世界跌破眼镜，他们突破了奥运会不许女性参加的禁令，组织了12名女选手分别参加了网球和高尔夫球比赛。比赛并未得到国际奥委会的正式认可，却开创了女性走向体坛的先例。在网球比赛中，来自英国的夏洛特·库珀摘走了女单和混双的金牌，成了历史上第一个获得奥运会冠军的女选手。这一年在网球赛场上大出风头的是后来在温布尔顿书写传奇的道尔提兄弟，他们包揽了3项冠军，其中大劳伦斯获得单打金牌，弟弟雷吉纳德则与库珀一起夺走了混双冠军。

第3届奥运会于1904年7月1日在美国圣路易斯开幕，历时145天，仅次于巴黎奥运会，是又一届“马拉松”式的奥运会。它遇到的最大难题是欧美之间的交通问题，当时通航只有轮船，不仅船价昂贵，而且要航行10天。这使参加者望而却步。因此只有12个国家参加，欧洲仅有英国、德国、希腊、挪威、奥地利、匈牙利和瑞士7国41名选手参加，其中有些还是在美国的侨民和留学生。参赛的另5个国家是古巴、加拿大、澳大利亚、南非和东道主美国。澳洲和非洲有运动员参赛，这不失为奥林匹克运动的一个进展。本届参赛人数为625人，其中女运动员8人。而美国运动员就占553人，达总人数的88.48%，被称为“美国的奥运会”。

由于远隔重洋，旅费昂贵，参加网球比赛的几乎全是美国选手。结果在这一年的两项网球比赛当中，美国人获得了所有的奖牌，而这种情况在历史上也是首次出现。

英国风光与非洲旋风

第4届奥运会于1908年4月27日至10月31日在英国伦敦举行，历时6个多月，创造了“马拉松奥运会”的纪录。当时参赛的有22个国家的2 304名运动员，其中女运动员36人。在参加人数上也是创纪录的，几乎超过前三届参加人数的总和。尤其值得一提的是本届参加的有南非和土耳其的运动员，第一次实现了五大洲运动员的聚会。首次参加的国家有冰岛、新西兰与澳大利亚联队、俄罗斯和土耳其。这对于奥林匹克运动的国际化无疑是一个促进，具有重大的历史意义。

此届奥运会首次将网球比赛分为室内和室外两个项目。作为东道主的英国人在这届奥运会上将本土作战的优势发挥得淋漓尽致，不仅囊括了所有冠军，而且只让3块奖牌旁落到德国、瑞典和波希米亚人的手中。而获得男双冠军的雷吉纳德·道尔提则成为奥运史上夺得金牌最多的男网球选手。

第5届奥运会于1912年5月5日至7月22日在瑞典斯德哥尔摩举行。有28个国家的2 547名运动员参赛，其中女运动员57人。从各方面来看，现代奥运会已日趋成熟，初步建立了一种模式，这是本届奥运会的一大贡献。比赛结果，瑞典名列榜首，美国第二，英国第三。遗憾的是，本届奥运会也出现了一桩冤案，就是在奥运会历史上著名的索普事件。这也是美国种族歧视在体育史上的又一例证。吉姆·索普是美国的一位天才黑人运动员，他出生在印第安的贫困人家，从小有非凡的运动才能。他在本届奥运会上以绝对优势取得了五项全能和十项全能两项冠军。发奖时被瑞典国王誉为“我们时代最伟大的运动员”。但他却不幸地遭到美国种族歧视分子的陷害，告发他是职业选手，最终在美国田径联合会的诬陷下，1913年5月26日国际奥委会追回他的金牌，取消了他的冠军资格。但替补运动员出于良知，拒不接受，只好把金牌存放在国际奥委会博物馆。这是奥运史上极不光彩的一页，也是政治干预的恶性事件。直到70年后的1982年10月，国际奥委会才恢复了索普的名誉，由国际奥委会主席萨马兰奇亲自把追回的金牌送到美国给索普的女儿。

本届奥运会保留了上届对网球项目的改进。在这届奥运会上，法国选手在网球项目上大获成功，夺走了3枚金牌。而真正在这届奥运会网球比赛中引起轰动的是男子项目刮起了非洲旋风。来自南非的查尔斯·温斯罗和哈德罗·基德森突破了欧美选手的重重包围，不仅双双晋级男单决赛，还合作拿下了男双冠军，为非洲在奥运史上创造了新的传奇。

战争的阴云及向五环告别

第6届奥运会原定于1916年在德国柏林举行，因德国在1914年7月发动了第一次世界大战，不得不终止。

时隔四年后的1920年，在战争消烟刚刚散去的比利时安特卫普举办了第7届奥运会。本届奥运会的恢复意义大于它的举办意义。

1920年，比利时《体育画报》发表文章说：“这个世界遭受了一场可怕的劫难。1916年的第6届奥运会没有得到举办，这将在历史上留下一个血腥的记号。当世界又露出和平的曙光时，我们看到青年一代又继续他们被打断的梦，准备迎接即将到来的奥运会。我们还能要求什么比运动的生命力更为惊人的证明呢？”

在这届网球比赛中，涌现了20世纪20年代最伟大的网球选手苏珊·朗格伦，当时她年仅21岁，在这届比赛中她摘得了女单和女双2块金牌，还获得了混双铜牌。而女双比赛也是在这一年首次进入奥运会。在男单比赛中，欧洲选手首次与奖牌无缘，而日本选手则成为亚洲代表第一次站在了奥运会网球的领奖台上，他们获得了男单和男双两项亚军。

1924年，恰逢现代奥林匹克运动30周年，为了庆祝这个历史性的日子，纪念和表彰顾拜旦为奥林匹克运动所作出的杰出贡献，国际奥委会一致通过1924年再次在巴黎举办第8届奥运会，并允许女子运动员正式参加比赛。本届参加的女运动员有136人，是上届女子人数的一倍，从此大大促进了女子竞技体育的发展。

在这一届奥运会的网球比赛中，当时名声显赫的4个法国火枪手原本雄心勃勃，希望能在家乡父老面前为法国赢得荣誉，但来自美国的选手文森特·里查德斯却无情地击碎了他们的梦想，一人独得男单和男双两项冠军，只让法国人拿到了1枚银牌和2枚铜牌。美国女选手哈·惠特曼在女双和混双比赛中两度获胜，后来的网球赛“惠特曼”杯就是为她而设的。

由于国际奥委会和国际网球联合会在职业运动员和业余运动员的理解上发生分歧，连续参加了8届现代奥运会的网球项目，1928年起被国际奥委会取消奥运会的比赛项目资格。从第9届到第22届奥运会的60年间，奥运会一直未设网球比赛项目。

网球是辉煌的，它从一开始就作为奥运会的元老，受到国际体育的重视，引人注目；网球又是悲情的，由于国际组织之间的矛盾，它被远离奥运会整整60年之久；网球是不幸的，它遭遇到种种不公，遭遇到战乱的灾难；但网球又是幸运的，它并没有因此而受到扼杀，相反，在自己的世界里与各种矛盾在磨合、发展，并终于成为世界最成功、最现代化的伟大运动之一。

第四节　现代网球在中国

网球在中国的最早记载

19世纪中叶，我国在鸦片战争后陆续开放了一些沿海通商口岸，西方的官员、商人、传教士和驻军络绎而至，网球运动由他们带进中国。

1843年，上海被辟为商埠对外开放，西方人士纷至沓来。根据1848年的有关资料记载，当时就有一些外侨拍打戏耍英式古老的室内手墙球（即网球的前身）。1860年，英法联军侵华，英军占领天津紫竹林做练兵场，随后逐渐增设田径场、足球场以及网球场，这是在我国建立网球场的最早记载。1876年，上海以外侨为主的网拍总会建造了2片草地网球场，球场两端的挡墙是水泥与石块砌成的。这些建筑原材料，皆从日本的长崎市海运而来。这2片草地网球场，是上海最早的标准网球场。当时，上海网拍总会还专门雇用了2名中国人为场地管理人员，负责草坪的整修和保养，同时他俩还兼职陪会员打球。

据《中国网球史》介绍，1888年，广州沙面已划为英租界，并修建了网球场。而在此前后，美国基督教在沙面东侧创建格致书院——岭南大学的前身，开展了网球活动。岭南校园中网球场曾多达15片，嗣后如真光、培英、培道、培正等教会学校，粤海关、邮政局、东校场、中山大学都辟有网球场。

在中国传播网球运动得力于基督教会。19世纪后期，英、法等国先后在上海、北京、天津、广州、香港等地创办教会学校，在全国大中城市建立基督教青年会。许多传教士和外籍老师喜欢打网球，他们的工作对象是青年学生，体育又是青年会的主要活动内容，网球活动应运而生，甚至有些县城都建了网球场。在19世纪末20世纪初，建校较早的教会学校都有网球活动，如上海圣约翰大学、沪江大学、震旦大学、苏州东吴大学、长沙雅礼大学、广东岭南大学、北京燕京大学、广州夏葛医科大学、北京协和医科大学、浙江之江大学、南京金陵大学、山东齐鲁大学、四川华西协和大学。其他如天津、青岛、香港、福州、厦门、宁波等许多城市都有教会学校（包括中学），当时教会大学在校学生占我国在校生总数的80%。他们参加网球活动，也带动当地其他学校师生参与网球活动，校际经常举办网球比赛。

网球活动在我国各大城市逐渐开展起来以后，网球比赛随之产生。有资料显示，1899年，上海圣约翰大学曾举办斯坦豪斯杯网球比赛。上海网拍总会、华侨总会及板球总会，每年都举办比赛，只有外侨才能参加。中国人举办网球比赛较早见诸报端的是1905年北京汇文学校与北京通州协和书院的校际比赛，嗣后清华大学加入成为三角对抗的校际比赛。在此前后，上海、南京、苏州、杭州、广州、香港先后都举办过校际比赛。

1908年前后，美国教师那爱德在四川拍摄的老照片中就有一张四川大学前身四川大学堂打网球的照片。1910年，法国人修滇越铁路时将网球运动带入云南。1914年，太原已有中国和外国人参加的近50人的“国际网球会”。

从1910年在南京举办的第1届全国运动会开始，到1948年在上海举办的第7届全运动会，在38年间一共举办了7届全国运动会。每届运动会都设有网球比赛项目，参加人数也不断增加。第4届以后的全国运动会，女子也参加了网球的角逐。

首届全国运动会网球比赛仅有华南、华北、武汉、吴宁（苏州、南京）与上海等5个地区和城市的学生参加，竞赛制度及规则极不严密。项目只有男子单打。当时，潘文焕、马约翰、林全诚、何信道4名大学生成绩优异，获得了决赛权。然而，比赛因雨未能继续进行，临场裁判擅自决定，改为4名学生返回原地自行安排比赛，确定胜负。上述4名学生，均系上海圣约翰大学的学生，裁判认为让他们返校比赛，既不影响整个大会的赛程，又能按预期决出相应的名次，可谓“两全其美”了。但结果却成为中国网球史上的一页笑料。最终潘文焕获冠军。

走向世界的足迹

1912年，侨居在菲律宾的美国人布朗倡议召开远东运动会，目的是促进东亚各国体育运动的发展和提高，为参加奥林匹克运动会做准备，同时加强东亚各国之间的友谊。运动会的组织者是远东体育协会。

远东运动会从1913年开始举办，每两年一届。我国从1915年第2届首次参加网球比赛，每届都是日本、菲律宾、中国三国角逐。第8届至第9届时隔三年，第10届时隔四年，增加了印度尼西亚（爪哇地区）。在第10届远东运动会期间，围绕“满洲国”参加比赛的问题发生争执，中、日双方意见迥异，于是，经历21年的远东运动会遂告解体。

我国在历届远东运动会网球赛上，只在1927年依靠林宝华、邱飞海之力，得过一次冠军。第10届印度尼西亚参加，被菲律宾以4∶1淘汰，中国以1∶4败于日本。日、菲决赛因天公不作美，连日降雨而未进行。除第1届日本未参加外，其他各届网球冠军均被其夺走。

远东运动会网球比赛采用戴维斯杯赛制度，设有四场单打，一场双打，共五场比赛，五场中胜三场者即为胜方。

戴维斯杯赛发端之时，我国网球尚属启蒙时期，主要是在沿海城市和教会学校偶有开展，又难于筹募比赛经费，多年未曾问津。直到1924年，热心的旅美华侨叶崇勋负责向华侨募捐，由中华业余运动会向国际网联报名，从旅美留学生中选出韦荣洛、江道章及黄景濂三人，前往澳洲参加戴维斯杯比赛。由于赛前没有准备，球员们的技术太差，结果以0∶5败北。次年，我国继续报名参加，抽签对日本，后因经费和人选发生困难，没有派队出赛。1926年和1927年均未报名。

1927年，华侨林宝华和邱飞海分别从澳洲和马来西亚归来，代表我国参加在上海举行的第8届远东运动会网球比赛，他们在远东运动会上的胜利，使国内网球界精神振奋，于是又报名参加了1928年的戴维斯杯赛，选派林宝华和邱飞海组成中国戴维斯杯队赴美国参赛，由梅其驹任领队。邱飞海因事未能成行，后选江道章代替。首战即逢美国，美国队阵容强劲，队员中有多次获得温布尔顿大赛冠军的蒂尔顿，已是七年连续保持戴杯锦标赛的冠军队，中国队失利乃意料中事，这次比赛中国队以0∶5告负。

20世纪30年代初，被誉为网球新星的印尼华侨许承基回国，我国网球实力增强，遂从1935年起，连续三年报名参加戴维斯杯赛。

许承基和郑兆佳同时被选为1935年中国戴维斯杯队赴美洲参赛。不巧第一轮又碰上了美国队。美队主将唐·布奇曾获后来两届温布尔顿大赛单打桂冠。许承基乍逢强敌，敢打敢拼，虽以3–6、1–6、8–6、2–6败北，但其不畏强手，发挥了精湛球艺，博得网坛好评。另外四场比赛虽均以0∶3失利，但每盘都可得三四局，有一盘还得5局。这一成绩较1928年算是进步了。

1936年，我国参加戴维斯杯欧洲区的比赛，队员仍是许承基、郑兆佳、蔡惠全，林宝华任领队兼队员。抽签结果，首战又逢欧洲网坛霸主、连续六年夺杯的法国队，结果还是0∶5告负。

1937年，我国继续涉足戴维斯杯赛。那年郑兆佳在美国留学，未能请假参赛。技术、经验俱佳的林宝华也因故未参加。首选许承基，他有两次参加戴维斯杯赛的经验，技术水平提高很快，在与新西兰的首轮交锋中，连胜马弗雷和史德曼，独得2分，非人们始料所及。可惜另外两名队员蔡惠全和徐炜培水平尚差一档，结果总分以2∶3被淘汰。但国际评论，认为中国运动员球艺已竿头日上，此次虽败犹荣，许承基被列为世界一流选手。

1933年参加戴维斯杯的中国选手

第二次世界大战结束，停办了六年的戴维斯杯赛于1946年恢复比赛。我国成立了参加戴维斯杯赛委员会，筹集了4 000英镑的比赛经费，选派许承基、蔡惠全、史孝建组队赴欧洲比赛。第一轮对丹麦，以4∶1获胜，这是我国参加戴杯赛以来的第一次胜利，许承基连胜2场单打和1场双打，为中国队争取了3分，立了头功。

第二轮对比利时，许承基胜了2场单打，但因队友蔡惠全实力欠佳，终以2∶3被淘汰，重现了1937年败于新西兰的情形。

尽管如此，1946年戴维斯杯赛初战的胜利还是使国内沉寂的网球界为之激动，给中国体育界很大鼓舞。

旧中国的网球三杰

中国第一个参加温布尔顿网球锦标赛的选手是邱飞海。

邱飞海于1902年出生在马来西亚的槟榔屿，自小学打网球，16岁时就为校内首屈一指的人物。18岁那年，他夺得了槟榔屿当地的冠军。1923年，他登上了马来西亚网坛的宝座，一度成为当时的显赫人物。报界人士倍加赞赏，视其为今后网坛中的一颗明星。次年，他荣幸地去英国参加了温布尔顿网球赛。成绩虽不突出，毕竟单打晋级一轮；与日本选手搭配双打，晋级两轮。

继温布尔顿比赛之后，他又参加了英国的苏塞克斯锦标赛。他在单打中击败了牙买加的全国冠军；与英国选手拉柴德配对双打，荣获冠军。当时，人们对中国运动员能获得如此优异的成绩，无不刮目相看，频频跷拇指以示钦佩。

邱飞海曾三次代表中国参加第8届、第9届和第10届远东运动会。前两届，他与林宝华并肩作战，分别取得了团体赛冠军和亚军；第10届他与许承基组队，初赛败于日本队。1935年，他与上海的王文正搭配双打，勇夺菲律宾双打冠军。遗憾地是他从未代表中国参加戴维斯杯网球赛。1936年，他不幸早逝，是年34岁。

林宝华生于澳大利亚，较早地接触网球，拥有大力发球、多样化截击技术等技术。他回国后的第二年，代表中国参加戴维杯比赛，首仗与美国队相遇。他很荣幸地与当时被公认为“网球之王”的蒂尔登在双打中交手。1936年，林宝华参加戴维斯杯欧洲赛区的比赛，与许承基搭配双打，迎战素享“法国四骑士”盛名之一的博洛特拉组合。林、许组合在世界强手面前毫不退却，奋勇作战，虽以1∶3失利，但表现颇佳。

林宝华回国后，积极参加上海草地网球锦标赛。1929年，林宝华在上海草地网球单打赛中，面对诸多洋人，过关斩将，所向披靡，一举获得单打桂冠。此举震惊了网坛，国人无不为此感到扬眉吐气。

邱飞海与许承基
（1933年全运会）

另一位在旧中国的网球史上放光彩的人物叫许承基。

许承基自小在印度尼西亚（爪哇地区）长大。早期就显示出他在网球方面的天赋。20世纪30年代，他在印度尼西亚的一家由外国人经营的体育运动器材商店当职员，利用业余时间积极练习网球。他的技术水平提高很快，不久就在印度尼西亚崭露头角。

当时的印度尼西亚，是荷兰王国的殖民地。殖民当局要求许承基代表荷兰参加国际比赛，遭到许承基的拒绝。当局一怒之下，竟悍然取消许承基参加一切国际比赛的资格。当地的华侨为其打抱不平，纷纷集款筹资，赞助许承基去瑞士进修、深造网球技艺。他没有辜负大家对他的期望，在瑞士勤学苦练，努力提高了网球水平，练就了超群的功夫。

1933年，在第5届全运会网球比赛中，许承基以大力发球，轻灵快速的突击技能，加上不时轻吊网前小球，以悬殊的比分战胜邱飞海。从此，许承基名声大振。

自1935年起，许承基连续三年参加了戴维斯杯赛。战绩虽不佳，但他在1935年与美国的一仗中，同首次获得“大满贯”头衔的美国选手唐·布奇，打满4盘方分胜负。许承基在第三盘中以8∶6获胜，实非易事。1936年，许承基打完戴维斯杯网球赛后，参加了法国网球锦标赛，他在单打第二轮中以3∶2战胜了法国“四骑士”之一的拉考斯特，得到众人盛赞。

1938年，许承基参加了英国硬地网球锦标赛。比赛中，他击败了曾获世界单打亚军的英国选手奥斯汀。接着许承基与英选手陆荻平搭配双打，一举获得了这次硬地赛的双打冠军。当年，许承基就被评为世界第10号最佳选手。同时他被列为温布尔顿大赛的8号种子，并进入第四轮。这是中国男子网球选手有史以来的最佳成绩。1939年，他又一次获得英国硬地网球赛冠军以及欧洲、埃及一些比赛的冠军。此外，他还连摘三年英国伯明翰杯的桂冠。

邱飞海、林宝华、许承基三人于20世纪三四十年代，为中国网球事业的开创与发展，作出了贡献，奠定了基础。特别是许承基，以其不凡的身手与打法，为后人作出了值得效仿的榜样。

Chapter 6

第六章 | 职业网球的艰难历程

第一节 职业赛事的导演和他的演员

草台搭班

应该说，从宫廷网球的诞生到现代网球的发展，网球基本上属于阳光下的运动。没有利益驱动的网球选手，是出于真正热爱网球运动才参与比赛，不需要兴奋剂，更不会打假球，缺少大额资金支票点缀的胜利花冠似乎也是一样美丽辉煌，赛场的竞争更多是为了切磋技艺和表现自我。每个人除了对荣誉和掌声追求外，别无他求。而乐呵呵的观众除了同样热爱运动外，也是为了打发多余的时间或凑热闹。

基于历史和观念，当时各项重大网球赛事只为“业余”选手开放。业余的界定和解释由网球协会（NTA）和设在伦敦的国际草地网球基金会（ILTF）持有。尽管业余选手也可以从体育用品公司和赞助人那里获得一定的资金，但他们不能接受比赛资金。

那些参加几大主要赛事的男女选手必须相当富有，这样才能付得起长年旅行、练习和比赛的费用，而根本不用过度操心获得多少奖金。而那些想要靠网球天赋来谋生的选手不得不放弃他们的业余身份，放弃参加像温布尔顿网球锦标赛、美国网球锦标赛、戴维斯杯网球锦标赛和其他一些主要赛事的机会。

而一些有头脑的经纪人和网球运动员也开始做一些开创职业巡回赛的零星尝试。这样，网球在世界发展的潮流中形成了两种流向，就像两条轨道的列车，在各自的轨道上行进着。

第一个职业网球推广人叫查尔斯·C.派尔（Charles C Pyle）。出生在美国俄亥俄州一个偏远小镇的派尔，白手起家，从社会底层拼搏进取，44岁时已成为一位非常成功的商人。敏锐而超前的直觉使他看到了组织网球职业赛事的商业利益和前景，在美好的构想和投入资金的基础上，开始组织他的职业队伍。

那个时候，有两个超级明星统治网坛。美国的比尔·蒂尔顿（Bill Tilden）是1920—1925年6年间的世界第一。女子方面，法国的苏珊·朗格伦（Suzanne Lenglen）自1919年以来7年6夺温布尔顿赛冠军。唯一有可能挑战她的是小她6岁的美国姑娘海伦·威尔斯（Helen Wills）。她们唯一一次交手是在1926年戛纳的决赛，海伦·威尔斯以微弱差距落败。

查尔斯·C.派尔首先联系了蒂尔顿，条件是当场支付双倍的现金，但是蒂尔顿拒绝了。于是派尔又从女选手中打主意，他首先想到了苏珊·朗格伦。

比尔·蒂尔顿

朗格伦于1899年出生于巴黎，在父亲的严格训练下成长为一位风格凌厉、移动迅速、有着无比的专注力和精准落点的高手。1926年法网女单决赛，朗格伦在下过阵雨的潮湿土地上轻松击败对手玛丽·布朗（Mary Brown）。布朗只是偶尔打出一些好球，她的大部分截击在慢速的泥地上无法构成威胁。她仅仅赢得一局。赛后，满场观众为朗格伦起立欢呼。

苏珊·朗格伦

面对参加职业赛可能会失去朋友、失去社会地位和失去荣誉的风险，这位法国姑娘犹豫不决，而派尔则对她诚恳地说："金钱从不会破坏一个人的社会地位。"几周后，她退出了温布尔顿网球锦标赛。当年8月初，在经过几个月的协商与考虑之后，她同意了一份酬金10万美元的北美系列职业赛事的合同。在稍后她发表的文章里，她批评那种使她像她这样的球员滞留于"业余状态"的犹豫、逃避及其他原因。她认为网球应该逐渐开放业余与职业间的禁忌。至于她本人，无论是处于业余圈还是职业圈，都会竭尽全力打出最好的水准。

有了朗格伦，谁可以作为她在职业巡回赛中的对手呢？海伦·威尔斯和莫拉·马洛里都是理想的人选。威尔斯VS朗格伦的比赛在网球史上多年来都是最精彩的。派尔同她们都接触过，均未能成功。但他以3万美元签下了玛丽·布朗。曾赢得过1912—1914年美网冠军并任美国惠特曼杯队长的布朗，那时35岁，她曾在签约时公开声明，她需要这笔钱，她以能参加这样的职业赛事为光荣。

经过努力，派尔又签到了当时世界排名第4的法国人保罗·弗雷，还有金赛和斯诺德格拉斯2位男子球员，但他并不满足。不久在一个盛大的酒会上，派尔迎来了理想的贵宾，美国年轻的希望之星文森特·理查斯，他宣布将参加为期4个月的北美职业巡回赛。

23岁的理查斯被世界一号蒂尔顿称为"世界上最好的截击手"，并在最近的4场对垒中取得3胜1负。他加入职业圈，是业余网球尤其是美国网球的重大损失。在美国最近一次获得戴维斯杯的阵容中，理查斯是唯一一位32岁以下的选手。他没有为退出业余网球寻找理由，而只是声明："他将像过去一样努力打好每一场比赛。"

对于朗格伦和理查斯的举动，得到新闻媒体和业余网球内部不少人的支持。《纽约时报》的体育评论认为，职业比赛会吸引观众，而且没有人鄙视用自己的技艺挣钱的理查斯。很多专业杂志的编辑也认为，没有理由反对运动员为参加比赛获取报酬。至于网球职业赛事最终前景如何，仍众说纷纭。

1926年10月9日《纽约时报》报道：星期六的夜晚，纽约麦迪逊花园广场座无虚席。总共有13 000人来看他们比赛。观众中有业余网球的头号选手蒂尔顿，当他在现场出现并走向自己的座位时，全场掌声雷动。第一场比赛是理查斯对阵弗雷。球风稳健、上网时机恰到好处的理查斯完全压制住了对手，以6–3、6–4获胜。

当晚的压轴戏是两位女选手的较量。布朗显得矮一些，也更壮实。拥有浓密黑发的她倒显得比朗格伦还要年轻。整场比赛布朗尽管拼得很凶，但基本处于守势。朗格伦的压迫力和精确的落点令对手疲于应付。

报道评价："这是人们迄今为止所见到的最出色的球技展示。最终朗格伦以两个6∶1获胜。"《草地网球》杂志资深编辑华莱士·麦里修（Waills Merrhew）评论说："虽然职业赛事还有不少问题，规则和程序也还有待完善，但他们已经开始了，这是与业余网球完全不同的世界。"

马戏团的巡演

派尔和他的草台班子就像古老的马戏团一样，乘坐火车在北美各个城市进行着职业巡回赛的演出。他们先在多伦多、巴尔的摩、波士顿、费城等地四处漂泊着。接下来他们又去了蒙特利尔、布法罗、克里夫兰、匹兹堡、哥伦布、辛辛那提、芝加哥。6位职业球员的赛事日程安排十分密集。理查斯先与弗雷、金赛、斯诺德格拉斯其中一人交手，在2位女将的单打之后，晚上是混双比赛。

20世纪20年代
职业网球巡回赛

据著名网球撰稿人黄子麟在《网球天地》杂志刊登的《职业网球之路》一文介绍：

理查斯的胜率很高，而朗格伦则完全压制住了布朗。虽然布朗每战皆败，但观众仍然为她的顽强斗志喝彩。混双出人意料地受欢迎，由于水准的原因，还安排过朗格伦/理查斯组合对2位男选手的比赛。为了提升比赛的激烈程度，派尔甚至为在理查斯那里赢得一盘和布朗拿下一定的局数设立额外的奖金。

巡回赛的影响力在不断提高。在他们到达一个城市的前几天，当地就有连篇累牍的报道。虽然不少专业记者不喜欢那种马戏场式的气氛，但观众并不在意。朗格伦无疑是其中最具吸引力的人物。观众为她的活力、优雅的姿态和高超的技艺而着迷，她也没有让观众失望。对手布朗偶尔也有很好的发挥，在芝加哥的比赛一开始她曾连拿4局。但不管布朗有怎样的表现，朗格伦都会提升到一个更高的层次。

在接受《波士顿环球报》记者的一次采访中，理查斯回答说："职业赛事一定会成功。欧洲和澳洲也将会有职业巡回赛。当时高尔夫已经向职业选手开放，网球为什么不行呢？……"

尽管没有国际网协的帮助，赛事仍然组织得很好，而且有很多包括司线在内的志愿者。《草地网球》杂志曾刊出了一个丹佛球迷的附言："我从未见过如此高水准的比赛。比赛开始后，就完全看不出业余与职业的区别，我也不在乎。我只是被他们出色的技艺吸引住了。"

在东部掀起高潮后，职业巡回赛往西部进发。经过在维多利亚、温哥华、西雅图的停留后抵达波特兰。朗格伦在路上患了感冒并受到失眠的困扰。在波特兰，朗格伦不得不退出了比赛。

但他们的厄运还没有结束。不久，理查斯检查出有黄疸病嫌疑，不得不留在佛罗里达接受治疗，而其他人接着前往哈瓦那。等到他归队全团再次前往东部时，朗格伦又因扁桃腺炎使赛事计划改变。在朗格伦不能参赛时，观众数量明显下降。

球场外的纠纷也没有中止。虽然只是业余赛季休赛期间，草地网球协会提前宣布取消了这几位职业选手的排名。此时赛事本身也出了问题。尽管处于盈利状态，派尔却因朗格伦私自同其他经纪人谈判要求更多的报酬而宣布取消了进一步的计划。

一直关注职业网球的媒体也做出结论：职业赛事能够吸引大量的观众，但如果缺乏高手间真正的较量，而只是一种表演性质的比赛，那就不会延续很长时间……

派尔和他的马戏团巡演虽然几经周折，但终于打开了职业网球的道路。同时，职业网球的组织也陆续建立。

1927年3月，美国第一个固定的职业巡回赛事在佛罗里达的棕榈海滩网球俱乐部拉开战幕。大部分参赛者都是冬季在佛罗里达工作的网球教练。保罗·海斯顿（Paul Heston）获得首届冠军。

不久，第1届美国职业冠军赛在纽约举办。参赛人员基本上由美国东部的职业教练组成。头2号种子是刚从欧洲返回的金赛和巡回赛中最强的理查兹。他们两人均不失一盘地打入决赛。

理查兹和其他几位选手的激情也开始点燃，他们筹建了美国职业草地网球协会。那一年9月在纽约召开的会议上，棕榈海滩的亚军阿加特当选会长，金赛成为五位执行委员之一。英国职业网球协会此前一个月已经在伦敦成立，而法国在三年后诞生了同样的组织。

第二节　欧美职业大会战

双雄对话

在美国的职业网球方兴未艾之时，欧洲的职业赛事也开始鸣锣登场，很快涌现出一批职业高手，其中欧洲冠军——捷克的卡雷尔·科泽卢就是一位佼佼者。

卡雷尔·科泽卢（Karleir Kursoru），1896年生于布拉格，家里六兄弟都是运动好手。他擅长橄榄球、足球、冰球，16岁接触网球，两年以后就开始做职业教练。因为做教练挣钱的缘故，他从未作为业余选手参加过比赛。他身高1.74米，体重66千克，矫健、结实，单手握拍，移动速度快，挑高球和穿越极具威胁。在那个时期，科泽卢打遍欧洲无敌手。

而当时网球界的业余顶尖选手属美国的比尔·蒂尔顿，已经五夺美网冠军和两夺温网冠军。资深评论员图尼斯（John R Tunis）曾说过：“如果蒂尔顿和科泽卢有缘交手的话，我会用一切办法第一时间从地球的另一头赶来目睹这场较量。”

然而，在当时“业余”与“职业”网球水火不相容的情况下，让两方的顶尖人物对话，只能是梦想。但是，如果能举办世界性的职业网球巡回赛，让2位职业双雄理查兹和科泽卢对决，不是不可能的。

在赢得美国职业网球冠军赛之后，理查兹前往日本履行一个教学和表演赛的合约。这是他在太平洋地区、亚洲和澳洲系列旅行的开始，并于年末，前往里维埃拉参加比赛，而科泽卢也正雄心勃勃地准备迎战夺冠。如果理查兹能成行，两位职业双雄将会对话，但是，在马尼拉理查兹因岳父病重，与妻子返回了美国。于是两大职业网球顶尖选手擦肩而过。

这样，直至1927年底，人们所设想的世界职业网球巡回赛仍未实现。科泽卢是欧洲冠军，理查兹在美国称雄，两位当时最好的职此选手还无缘同场较量。

历史经常与人们开玩笑，历史也常常会赐予人们实现美好愿望的机会。

1928年7月，理查兹抵达欧洲。在罗兰·加洛斯为他和科泽卢提供了一次共同的练习机会。科泽卢经过五盘大战获胜。观众认为理查兹总体上更全面，但还是无法破解对手稳健的防守战术。

一个月后伦敦传来一个消息，理查兹与科泽卢将参加一系列比赛以决定职业冠军的归属。正如球迷所料，8月25日，科泽卢在布拉格以3∶1赢得两人之间首场正式比赛的胜利。9月初，两位职业双雄在女王俱乐部的土场上进行了第二场对决，科泽卢再次获胜。

9月23日，2位选手乘船前往美国。在纽约的土场进行了第三场比赛。现场有两千多名观众，另外还有数百人在附近的建筑上观看比赛。《纽约时报》的丹齐格称，这是整个赛季以来美国最好的一场比赛。9月25日，第2届美国职业冠军赛开幕，共有包括理查兹、金赛、斯诺德格拉斯等几位原派尔巡回赛球员在内的27名选手参加。科泽卢是其中唯一的欧洲知名选手。

不出所料，决赛在“网前球攻击手”理查兹和底线大师科泽卢之间展开。从前，理查兹从未击败过科泽卢。不过科泽卢显然不喜欢草地，而草地经验丰富的理查兹则早早准备了阴雨天专用的鞋钉，科泽卢在湿滑的场地上甚至还有一局被迫尝试光脚打比赛。在这样一个令人不快的天气中，理查兹以3∶1获得胜利。

美国职业冠军赛后，理查兹和科泽卢参加了在北美的系列巡回比赛，理查兹在布鲁克林又一次取胜，但随后在哈特福德、诺特雷克、波士顿、蒙特利尔、纽约的比赛，科泽卢都是胜利者。这样频繁的转战对球员是一个艰苦的历程。理查兹曾在信中写道：“……这种节奏的比赛绝不是开玩笑。”他在那一次巡回比赛中体重下降了15磅。

理查兹最终在芝加哥的五盘大战中才再次击败科泽卢。接着在明尼阿波利斯和巴尔的摩两人各胜一场。在纽约，这次系列赛的终点站，理查兹以奇迹般的发挥压倒性地以3∶0结束比赛，但总成绩以5∶15落后。

1928年，职业网球已经有了进展。在法国、美国和英国已有了3个形式较为固定的职业赛事。它们成为后来更多职业赛事的基本架构。要对那些职业选手进行评价和排名的话，毫无疑问，科泽卢遥遥领先。理查兹在美国职业冠军赛的获胜在很大程度上得益于场地和鞋钉，他在一系列对抗赛中还是负多胜少。

走出低谷

正如前面所说，业余与职业到底谁更强，谁的比赛更有吸引力是当时人们很关心的话题。综合多种观点和表现，可以大致判定：那个时候职业选手中最顶尖的科泽卢和理查兹没有超过业余网球最强的科歇、拉考斯特、蒂尔顿。在1929年末如果要将业余选手和职业选手进行混合排名的话，科泽卢大致可以排在科歇、拉考斯特、博罗特拉、蒂尔顿之后，居第5位，理查兹则排亨特、洛特之后，居第8位。

显然，职业网球从选手水平及赛事影响还远不及业余方面。然而在1930年，一个历史人物让职业网球发生了根本改变。这个人物就是美国的威廉比尔·蒂尔顿。

威廉·比尔·蒂尔顿，1893年2月10日生于费城，作为一名球员，他拥有理想的身体素质，身高1.88米，体重70千克，双腿细长，肩膀宽厚，有极快的速度和极佳的灵敏性，有良好的协调性和完美的平衡感。

美国本土的网球赛是蒂尔顿成绩最辉煌的赛事。1918年，25岁的蒂尔顿第一次进入美网决赛。1919—1925年，他与“小比尔”约翰斯顿连续7次在决赛中相碰，这也是大满贯赛事的纪录。1920年在温布尔顿中央公园的决赛中，他以精湛的底线技术击败拥有强大发球和网前截击的上届冠军澳大利亚选手帕特森，夺得他的第一个大满贯单打冠军。随后连续6年的美网决赛，蒂尔顿再未输给“小比尔”，并对约翰斯顿保持了11胜6负的优势。

1928年，蒂尔顿在温布尔顿大赛期间因要求得到报酬而违反了业余体育的精神，因此被取消戴维斯杯队长和球员的资格。但是法国队却因此极为不满。这是法国首次举办戴维斯杯的决赛，是一个骑士精神仍未消失的时代，他们希望迎战最强的美国队。因此，应法国要求，美国驻法国大使海利克不得不用外交关系介入，使蒂尔顿最终回到戴维斯杯队参赛。具有戏剧性的是，蒂尔顿在决赛的第一场就击败了法国的头号选手雷恩·拉考斯特（Ren lacoste），法国上下顿时弥漫着自嘲和指责。好在知耻而后勇的法国球员在本土观众的助威声中赢下后四场比赛，在戴维斯杯历史上留下了一段佳话。但蒂尔顿回国后并未逃脱违反业余体育精神的指控，并在当年被美网拒之门外。

1929年，惩戒结束后的蒂尔顿重返美网，并在决赛中击败双打搭档弗兰克·亨特（Frank Hunt），第7次夺得冠军。1930年，他以37岁的高龄第三次捧得温布尔顿冠军。在那一年美网半决赛失利后，蒂尔顿宣布退出业余网球加入职业网坛。蒂尔顿的加盟，使失去苏姗·朗格伦而走下坡路的职业网球为之一振。同时，也让业余与职业两个阵线的力量发生了转变。据当时专家分析，1930年如果混合排名，业余方的选手仍排第1和第2，职业方的选手只能排第3、第4，而到1931年，业余方已跃居第1，而后几名则已难分伯仲了。

人们对蒂尔顿成为职业球手一点也不惊讶。1926年，查尔斯·C.派尔曾对蒂尔顿说：“你如果还留在业余圈你就是个傻瓜。”蒂尔顿在回忆录中写道：“我浪费了自己运动生涯宝贵的5年时光……被毫无意义的业余框条所束缚。”到1930年末，他与米高梅公司出品3部介绍网球的电影。很快他正式宣布脱离业余网球。

蒂尔顿团队

1931年初，蒂尔顿就签下了与顶尖职业选手卡雷尔·科泽卢进行一系列对抗赛的合同。

这是人们期待已久的比赛。黄子麟先生在其《职业网球之路》一文中，对蒂尔顿VS科泽卢之系列战做了详细介绍：

> 1931年2月18日，首场比赛在麦迪逊花园广场开战。美国草地网球协会对这场重量级赛事表示了良好的祝愿。当晚，裁判、球童服装整齐，场地设施无可挑剔。14 000名观众坐满整个球场，有些人还身着正式的晚装。首先是亨特和佩尔进行近乎表演性质的比赛。亨特先下1盘，第2盘打到5–5时中止，主角上场开始比赛。精彩的对决时时引起全场热烈的掌

声，比赛结果，经验丰富的蒂尔顿以6-4、6-2、6-4获胜。

接着，两位巨星在几个城市展开了马拉松式的9场系列赛。这些比赛上座率相当不错，大部分人一直到最后双打结束后才离场。人们发现那种带有表演性质的辅助比赛引不起记者的兴趣，却让观众着迷。

美国巡回赛的成功，使蒂尔顿更加雄心勃勃。1931年下半年，蒂尔顿任主席且其拥有股份的集团成立。亨特是财务监督，资深体育经理人杰克·科里为推广人和总经理。接着他们开始了第一个欧洲巡回赛。

这一年10月14日，蒂尔顿的团队抵达巴黎。这是巴黎有史以来第一个大型职业赛事，每场观众人数都超过9 000人。10月30日在柏林的比赛使欧洲巡回赛达到了高潮。观众席场场爆满。他们是为目睹蒂尔顿的风采而来，但也对纳斯林的成长充满期待。

1932年初，蒂尔顿的机构组织了一个由10位职业网球球员参加的五城市系列赛。随后，他们前往柏林的红土场参加9月20—26日的世界网球职业锦标赛。它的前身是德国国际网球锦标赛。1931年，由纳斯林获得冠军。这一年随着一批美国职业好手的入围，蒂尔顿的职业网球锦标赛成为一项与美国职业网球锦标赛同等分量的网球职业大赛。

随着科泽卢、维恩斯的加入，职业网球第一次在声势和份量上开始超越传统的业余赛事。职业选手水平大大提升，如果按混合排名，1933年的排名为：获得3项大满贯的杰克·克劳福德排第1，佩里·可列第2，而职业的纳斯林、蒂尔顿、科泽卢紧随其后，业余的萨托、奥斯丁、维恩斯排第6—8位。双打排名中，巴恩斯·蒂尔顿和纳祖克·纳斯林可排前两名。

第三节　两条战线的较量

哗变

职业网球如同不断冲向堤岸的浪潮，虽然一次次地被坚硬的堤坝挡回，却日复一日，年复一年地在拍岸冲击。随着理查兹、蒂尔顿、科歇、维恩斯等业余选手的不断哗变，职业方面的力量逐渐增大，随着职业赛事的扩大，从业余方倒戈的业余选手开始日渐增多。职业网球开始与以国际网联为首的业余方进行全方位的较量。

1932年底，法国的科歇表示了退出业余圈的意愿。他不仅是法国戴维斯杯著名的英雄，而且是连续四年年终第1的业余头号选手。科歇加入职业圈是他早已心仪之事。虽然他曾经表示职业赛事对他没有太大的吸引力，但丰厚的奖金是他无法拒绝的诱惑。终于，在第二年的8月他宣布了加盟职业圈的消息。

1933年10月1日，蒂尔顿又与温网、美网的冠军维恩斯签订了参加1934年的北美职业巡回赛的合同。签约不久，便投入麦迪逊花园举行的北美职业网球巡回赛上。

1934年底，温网和美网的双打冠军、美国的洛特（George Lott）和斯托芬（Lester Stoefen）签约加入职业网球。他们是美国当年获得戴维斯杯冠军的主力。28岁的洛特曾是芝加哥大学棒球队的成员，他不以力量著称，但技术全面。力量强劲的斯托芬正好与他形成互补和默契。他们两人的单打排名也一度排到美国的2号和5号。

1934年，蒂尔顿已成为公共推广和组织的行家。在巴黎室内职业网球锦标赛期间，由蒂尔顿牵头的职业球员成立了国际性的球员协会。1934年末，蒂尔顿从以职业教练为主的职业草地网球协会（PLTA）退出，组建了国际职业网球球员协会。

蒂尔顿长期以来的目标就是为职业球员组织一个类似戴维斯杯那样的团体赛。不久他和一个巴黎赞助商共同创办了波纳德尔杯（Bonnardel Cup）。

1935年，蒂尔顿还举办了第二场仿波纳德尔杯的职业网球团体赛，影响力更大。1936年，34岁的科歇做了一项新的拓展。他在埃及、印度、西印度群岛、菲律宾和中国进行了一系列巡回表演赛。直至11月底最后抵达澳洲，参加澳大利亚和新西兰举办的第一个职业网球赛事。

1936年夏天，第一个将四大满贯拿齐的弗雷德·佩里（Fred Perry）与新近在职业网球圈拓展的经纪人沃希尔（Howard Voshell）签约。后来佩里回顾道，他加入职业网球主要是为了经济上的利益，他和妻子希望在他退役时能有可观的收入积累，并定居于美国加州。

在此期间，世界上最好的网球球员前四位中有三人是职业球员。但面对业余网球球员协会的抵制，职业网球还是没能有实质性的突破。

转折

1938年，在业余网球与职业网球的抗衡中，双方的力量开始发生了转折。特别值得一提的是，3个美国加州人和2个澳大利亚人在其中起了十分重要的作用。在这一年，长着一头红发的加州人唐·布奇完成了网球史上第一个大满贯。虽然加入职业网球是他心仪已久的愿望，但他还是委婉拒绝了职业圈好友的邀请，专心打完了1938年的比赛。1938年底，深得维恩斯和布奇信任的经纪人杰克·哈里斯（Jack Harris）以保底收入7.5万美金签下了23岁的布奇。

第二次世界大战的爆发使三项大满贯赛事及很多赛事都停办，众多的网球手应征入伍，有人甚至失去生命。唯有美网和在美国举办的一些业余比赛、职业比赛还未停顿。在1940年和1942年2次夺得美国职业网球锦标赛冠军的布奇加入了空军。战后，他仍在1946年、1947年、1949年、1953年4次打入美国职业网球锦标赛决赛。

自1939年布奇转入职业网球之后，原来排名世界第二的波比·里格斯（Bobhy Riggs）便顺理成章地成了业余网球统治者。他也是美国加州人。那一年，他包揽法网、温网和美网三大满贯冠军。在1940年美网决赛中，他输给了唐·麦克尼尔（Don McNeil）。1941年，他在美网决赛中击败弗兰克·科瓦奇（Frank Kovacs）夺回冠军。随后他追随布奇加入职业网球。

那一年年初，女子五项大满贯的拥有者艾丽斯·马布尔（Alice Marble）也在纽约麦迪逊花园广场开始了她的职业生涯。女子职业赛事重新展开，职业网球进入了一个新阶段。

在布奇、里格斯之后，美国又一个加州人成为职业网球的统治者，他就是杰克·克雷默（Jack Kramev）。

1921年8月1日生于拉斯维加斯的杰克·克雷默，长在洛杉矶。1939年，还是少年选手的他就和好友亨特（Joe Hunt）作为双打组合被选入美国戴维斯杯决赛阵容。一年后，18岁的他就成为戴维斯杯最年轻的正选单打选手。

克雷默和亨特是来自加州的一对黄金少年，但他们的事业被世界大战阻断。随着太平洋战争的爆发，两人双双应征入伍。1943年，他们获准在休假期间参加唯一还在进行的美网。两位好友又一同打入决赛，亨特最终以3∶1获得冠军。一年以后，大西洋海域永远吞没了亨特和由他驾驶的战机。

战后，重返赛场的克雷默获得重新恢复的1946年温布尔顿冠军，并在1946—1947年连续在美网称雄。在帮助美国队获得1946—1947年戴维斯杯冠军后，他结束了业余球员的生涯，投身职业圈。克雷默接替了里格斯的位置，成为职业网球新的当家人。在整个北美巡回赛与里格斯对抗中，克雷默以69∶20取得压倒性胜利。他还获得1948年美国职业网球锦标赛和温布尔顿网球锦标赛等一系列职业网球赛事的冠军。他的职业网球统治地位延续到1952年，因为背伤退出赛场。

在20世纪五六十年代，澳大利亚涌现出多位超一流的巨星。常青树肯·罗斯维尔（Ken Rosewall）和大力神刘·霍德（Lew Hoad）是其中的佼佼者。

他们都来自悉尼，生日相差21天，罗斯维尔稍长。两人的体型差别很大，罗斯维尔身高170厘米，身形瘦削，体重也就60千克出头。霍德稍高几厘米，但肩宽背厚，力气极大，生就一双钢腕。他们刚出道时被称为澳大利亚的双子星。应克雷默的邀请两人在1956年、1957年先后加入职业球员的行列。两位澳洲兄弟加盟的第一年就已经显示出取代老职业球员的潜力。

虽然罗斯维尔在之后几年拥有优势，但真正树立起网坛统治地位的是另一位来自澳大利亚的传奇人物——“火箭”罗德·拉沃尔（Rod Lawer）。

拉沃尔是人们熟知的两次完成全满贯的球员。1960年澳网，他获得第一个大满贯单打冠军，1959—1962年以及1968年、1969年6次闯入温网决赛，这是以前只有7届冠军威利·伦肖才能做到的事情。1962年，他更是狂飙一般席卷四大满贯，并且再次帮助澳大利亚蝉联戴维斯杯。

澳网球迷与罗德·拉沃尔雕像

接到克雷默邀请的拉沃尔成为网球职业时代最后一位霸主。那个时候，潘科·冈萨雷斯（Pancho Gonzalez）已经被罗斯维尔取代，不过他们还是有能力对拉沃尔形成挑战。在1960—1966年法国职业网球大赛，罗斯维尔硬在冈萨雷斯和拉沃尔两代强豪手中连续7届夺冠。至此，在克雷默等人的经营和众多强手的参与下，职业网球在世界网球发展的天平上，已经成为重要的砝码。

对峙

随着越来越多的顶尖高手毫不隐讳他们对获取比赛报酬的肯定以及他们在技艺成熟的时候纷纷加入职业圈，国际网联的权威也面临越来越严峻的挑战。

在20世纪20年代至60年代的几十年中，业余网球组织却始终保持了强硬的态度。1929年末，美国草地网球协会提出修改章程允许网球公开赛的举办，并提议1930年在费城的Germantown板球俱乐部举办首届美国网球公开赛，以便让世界真正的网球高手，无论是业余选手还是职业选手实现同场竞技，让人们欣赏到最激动人心的比赛。英国网协经过投票决定支持这一动议。但这一提议却在巴黎国际草地网球协会（ILTF）的会议上被否决。《美国草地网球》资深编辑梅里休为此强烈地批评了国际网联的观念保守和效率低下。

1929年3月，在美国佛罗里达棕榈海滩的南部职业冠军赛上产生了一位新冠军——布赖恩·诺顿（Brian Norton）。他是移民美国的南非人，也许是受到法国网协重新承认前职业球员保罗·费雷（Paul Feret）的业余球员身份一事的影响，诺顿放弃了比赛奖金，终结了短暂的职业球员生涯，正式要求重新作为业余球员参赛。

1933年2月，在纽约召开的美国草地网球协会（USLTA）的会议上，比赛向职业选手与业余选手均开放的构想又一次被提出，并建议在费城举办这样的公开赛，但这一提议遭到多数票的否决。

随着职业赛事的不断扩大，接连不断的优秀业余选手倒向职业，业余网协已经无法承受市场和观众的流失，于是在1935年国际网联指令各成员国约束所属俱乐部不得举办职业比赛。如果比赛能够盈利，对各俱乐部确是一个不合呼实际的要求。受经济利益的诱惑，在部分地区和国家陆续出现了一些松动的迹象。1935年，英国网协开始允许属下球员拍摄电影赚钱，这一措施使佩里在业余网球圈多待了一年。业余网坛对职业网坛的责难也越来越无力。当时英国戴维斯杯队队长巴瑞指责职业球员只知挣钱而不会为教导青少年出力，但蒂尔顿和他的团队每到一地都会与当地青少年球员见面并上指导课，这也是蒂尔顿系列赛的传统之一。在这一年，美国网协提出业余赛、职业赛趋向合并的公开赛决议也再次被否决。

1938年10月，蒂尔顿和他的同事在美国西弗吉尼亚州冒着风险组织举办了网球史上第一个公开赛，共有28名职业选手、10名业余选手参赛。然而这些声名不够显赫的业余选手，在赛事结束后全部被国际业余网协除名。

自现代网球诞生以来，业余与职业这对对立统一的矛盾，始终在不断地斗争着，尽管业余方掌控着赛事和球员的大权，但职业方却在夹缝中坚强地生长、壮大，最终成为一支强大的力量。历史的潮流不可逆转。矛盾对立统一规律不可违背，正是这种不断的斗争，才推动了历史的前进，推进了网球的发展，为20世纪60年代后期网球进入公开赛时代开辟出一条宽广大道。

Chapter 7

第七章 | 分久必合的大一统

第一节　进入网球新纪元

“风暴”中的公开赛

自19世纪后期现代网球诞生以来，关于业余与职业两个阵线的斗争从未停止。它们互为矛盾，却又各自按照自己的轨迹运行着。这种局面一直延续到20世纪60年代。

1960年和1964年全英网球俱乐部先后再次向国际网联（ITF）建议将锦标赛改为公开赛，允许职业球员参赛，但未取得2/3以上的票数，最后未获通过。1967年6月，英国广播公司为庆祝彩电开播，邀请8名职业网球运动员举行比赛，十分成功。之后全英网球俱乐部再次申请仍未通过。1967年12月，英国网球协会代表会议决议，温布尔顿网球赛对职业球员开放，并单方面宣布，在英国废除业余球员与职业球员的区分。为回避矛盾，ILTF于1968年3月做出决定：球员的身份由各国自己认定，ILTF保留限制公开赛数目的权利。这实际是对职业选手开放的信号。在得到ITF默许的情况下，英国网协准备在1968年6月第一次举行职业运动员和业余运动员共同参加的温布尔顿网球公开赛。

机灵的法国人在得到ITF有可能对职业球员打开禁令的信息后，立即捷足先登，率先宣布，将原定于温布尔顿网球锦标赛之后的法网提前到五月倒数第二周的周一举行，同时正式宣布允许所有职业选手参加。这样便把第一个向职业网球球员开放、第一个举办的国际公开赛抢到手。

然而，历史却又一次开了一个小小的玩笑。正当法国人踌躇满志地准备迎接世界第一个盛大的网球公开赛时，天有不测风云，一个曾让世界震惊的“法国五月风暴”登陆了法国，影响了罗兰·加洛斯。

5月，正是法国春暖花开的季节。在1968年5月，法国却突然爆发了现代历史上最波澜壮阔的一次社会运动，像一场巨大的风暴，席卷了整个法兰西大地。在一个感受不到任何明显的政治或经济危机的现代西方资本主义社会，却毫无任何征兆地发生了如此惊天动地的事件，完全超乎了任何人的想象，当然也包括法国人自己。

事件表面的导火线，源自于当时的大学生对整个高等教育制度的不满。20世纪60年代，法国的经济快速发展，整个大学体系却相对落后。硬件设施明显不足，无法满足战后大量拥入高等学府学生的需要，所传授的知识内容也无法跟上社会的脚步，特别是人文与社会科学方向的学生，在激烈的市场竞争下，对大学教育变革的要求也格外强烈。

面对学生的诉求，当时的法国政府非但没有积极的回应，反而粗暴的镇压，使得事态不断恶化。由于学生的组织行动得法，议题切中社会问题的症结，以至于事件迅速蔓延。在极短的时间里，不仅席卷全国各大学，并且扩展至社会各阶层，引发了全国性的大罢工，引起整个社会瘫痪与国家权力的暂时真空，最终导致内阁的瓦解与总理蓬皮杜被迫下台。

然而，如此巨大的事件，在持续近一个月之后，却悠然地落幕。除了少数托洛斯基派与毛派团体继续坚持斗争外，整个社会又迅速地恢复了旧有的秩序。

在这种动乱中，世界网坛的业余高手和职业选手第一次站在同一竞技场，虽然很兴奋，却又为时局的动荡而无法安心比赛。动乱结束后，他们几经周转，才离开法国进入英格兰岛，参加下一站温布尔顿大赛。但那些曾经追随网球明星的法国球迷却没有那么幸运，他们未能同参赛球员一样亲临温布尔顿，只能在电视转播中满足对网球的追求。

法网人捷足先登，夺得四大公开赛的头魁，但从严格意义上讲，举办第一次消除业余与职业隔阂的公开赛还是英国人。据史料记载，1968年4月，在英国伯恩茅斯曾举办了第一次各种选手都可参加的硬地公开赛。当时罗斯维尔和英国的维吉尼亚·韦德分获男女冠军。

新纪元的开始

1968年的温布尔顿，是个令人感慨的场所，那么多球员曾经在这里有过出色战绩，因为投身职业圈的缘故而无法再涉足中央场地，现在他们又回来了。首届温布尔顿公开赛的总奖金是2.615万英镑，其中男单冠军奖金为2 000英镑。拉沃尔在决赛中击败托尼·罗歇夺回久违的奖杯。他继而又在第二年再次上演全满贯的神奇，为公开赛时代打出了一个响当当的开头。拉沃尔是职业选手中第一位奖金超百万美元的人，150余万美元的奖金数直到康纳斯出现才被超过，而那时各项赛事的奖金额已大幅飙升。

到1973年，戴维斯杯也最终向职业选手开放。35岁的拉沃尔时隔11年后得以再次为国效力。他与纽康姆合作，在决赛中以5:0击败连续五年夺冠的美国队。拉沃尔也创造了一个奇迹，5次代表澳大利亚出战戴维斯杯全部夺冠。

继法网、温网向所有选手开放后，美网、澳网很快成为对一切选手公开的赛事。至此，国际网坛的两条轨道，终于合在一起，两股并行的大河终于汇合一处。国际网坛实现了大一统，开始了新纪元。

一个全球公开赛时代降临，同时标志着和平时期的网球战争大幕徐徐开启。

在各种网球赛事组织接受“一切选手都可以参加比赛”的观念后，真正高水平的职业选手体制开始建立并完善。蜂拥而来的职业选手在高水平赛事赢得普遍喝彩和掌声时，也把那些真正业余级别的网球选手赶出了网坛顶尖赛事的参赛队伍。

公开赛时代的到来，引入了网球广告和赞助赛事的商业机制，职业选手的阵容日趋扩大。网球市场的空前繁荣和竞争白热化交互并行，在更多报酬欲望的支配下，许多职业选手开始虚报年龄，服食禁药，甚至行贿赛事官员买卖参赛资格，而另一方面，为了多参赛，有的选手拒绝代表国家名义出参加如戴维斯杯和联合会杯之类的公益性赛事，甚至奥运会网球比赛都成为职业选手的“鸡肋”赛事。

强调遵守现行规章，有权利管理各国选手日程安排的ITF成了职业选手的对立面。许多职业选手指责ITF克扣选手奖金，强令选手参加没有任何报酬的表演赛，滥用权力处罚选手。为了维护选手自身的权益，许多选手自发组织了类似的“球员工会”与ITF抗衡。

公开赛时代进入了“短兵相接”的战争状态。

第二节　球员工会与罢赛风波

现代网球的先行者

仅仅进入公开赛三年时间，闻球运动就出现最严重的危机。ITF以操控网坛的统治者自居，望能利用权力的杠杆让桀骜不驯的职业选手心服。许多不按ITF安排而自行其是的球员被罚款，扣除积分，甚至禁止参赛。球员方面也聘请了顾问和法律专家，并着手自行建立自己的组织，双方矛盾的加剧终于导致了国际网坛出现了山头割据的局面。

1972年美网公开赛期间，被巴德·科林斯称为“出类拔萃的运动员、改革者、推广人和尖锐的电视评论员”的现代网球先行者脱颖而出，他就是50年代职业网坛头号选手，后因伤退出赛场的杰克·克雷默。

克雷默不仅是天才运动员，更有着惊人的组织才能。在面对国际网坛的种种困境，面对来自球员、赞助商和国际网球组织的种种压力，毅然挑头成立了类似球员工会的国际男子职业网球联合会（ATP）。克雷默亲自担任ATP执行总裁。他早在1968年就为公开赛设计了不同等级的巡回赛和年终八强赛的制度，这是公开赛时代沿用至今的基本框架。他的座右铭是“我整个生命，都将致力于为球员们创造优良的赛事”。

ATP在成立之初就制订了一份名为“十字路口的网球”的发展计划，详尽分析了男子网坛面临的问题和挑战，以及推广和市场方面蕴藏的巨大机会，该计划由著名球员马茨·韦兰德（Mats Wilander）、蒂姆·马约特（Tim Mayot）及汉米尔顿·乔丹（Hamilton Jordon）（曾经担任美国前总统卡特首席秘书，并两次从前列腺癌中死里逃生的传奇人物）共同拟定。ATP由罗伊·埃默森（Roy Emerson）等60个职业运动员组成。

ATP强调自己是全世界男子职业网球选手的“自治性”组织机构。ATP将自行组织所属球员的赛事安排，设立自己的排名系统和积分规则，作为独立负责男子职业网球选手的专门机构，只接受球员代表大会的任命或聘请，除此之外，不会听从任何国际网球管理组织的管辖。ATP公布的主要任务是协调职业运动员和ATP赛事之间的关系，并组织和管理职业选手的排名、积分、奖金分配等工作，同时制定ATP比赛规则和对所属选手的处分等相关事宜。

在ATP刚刚成立不久，就面临了一次严峻考验。

1972年温网开赛前夕，传来南斯拉夫头号选手尼基·皮里克不能参赛的消息。南斯拉夫网球协会声称皮里克拒绝为国征战戴维斯杯（尽管皮里克本人坚决否认这一点），并对他处以禁赛，由ILTF批准执行。

ATP在伦敦召开了几次球员集会，讨论这个问题。许多优秀球员都非常同情皮里克的遭遇，并对网球协会和ILTF的专横不满。ATP就皮里克的参赛资格与ILTF进行了谈判。担任ATP执行官的杰克·克雷默代表球员们提出，如果问题不能得到解决，球员将罢赛以示抗议。不过ILTF并没有把ATP的警告放在心上。谈判没有获得成功。球员联合罢赛成了眼前的事实。

ILTF主席阿兰·海曼曾经乐观地认为：没有一个球员会拒绝温网。特别是对身为上届冠军的史密斯而言，卫冕的机会更是难以抵御的诱惑。然而，事实并非如此。

一个基督徒的大胆决定

1971年6月，美国人斯坦·史密斯（Stan Smith）在那次温网经过一路拼杀，终于获得决赛权。决赛前夜，26岁的斯坦·史密斯接到了一个神秘的电话。来电者自称是位牧师。“星期日是上帝规定的休息日，在这个神圣的日子里上场比赛，对上帝是大大的不敬呀！您是一位基督徒，怎么可以做这种大逆不道的事呢？”这位牧师的执拗让史密斯有点哭笑不得。“我从高中时就全心信奉上帝，但是我并不迷信。在别的地方，星期日比赛是很普通的事儿。为什么温布尔顿就偏偏不行？”

斯坦·史密斯

第二天，史密斯就走上了温布尔顿的中心赛场。

比赛一波三折，史密斯先以4–6丢掉首盘，随即以6–3、6–3扳回两盘。比赛进入决胜盘，他以7–5拿下，这场跌宕起伏的比赛被认为是大满贯史上最精彩的决赛之一。笃信上帝的史密斯在星期日实现了一个梦想。

在1971年他又夺得美国冠军。第二年被列为温网头号种子。然而，在准备参加比赛的前夕，这位基督徒又一次接到一个电话。这次来电的不是牧师，而是新成立的ATP领袖克雷默。在电话里他得知，南斯拉夫头号选手尼基·皮里克不能参赛。ATP决定组织球员罢赛。作为温网的卫冕者史密斯，参与球员行动的作用是巨大的，但是温网的卫冕者却会失去巨大的荣誉和奖金。在上一次违背了上帝的意愿后，史密斯毅然又放弃了可能到手的卫冕冠军，坚决地站在了ATP这一边。

对自己的选择，史密斯并不后悔。他认为，作为职业球员，虽然在场上互不相让，但是，在关键时刻，大家应当为获得应有的利益、尊重而共同进退。与这种团结一致的精神相比，个人荣誉是微不足道的。

史密斯是1973年罢赛事件中的一员，但这并不表示他不愿在ITF的赛事中为国争光。事实上，从1968年开始，史密斯就代表美国参加戴维斯杯。身高1.90米的史密斯身兼单打、双打，凭借犀利的发球上网辅助美国队一路前进。他帮助美国队7夺戴维斯杯，1968—1972年，美国队连续5次捧得戴维杯冠军，每次都由史密斯拿下关键的第三分。

史密斯打戴维斯杯打了11年，被认为是戴维斯杯历史上表现得最出色的球员之一。

罢赛风波

在克雷默的带领下，79位球员联合罢赛。由于史密斯的带头，原先的19位种子选手有16位退出了比赛。1971年的温网亚军纳斯塔斯在罗马尼亚统治者齐奥塞斯库的命令下不得不参赛，结果也未能取得好成绩。

这次集体罢赛在网球史上是一个重要的时刻。此后，网球职业化的改革势头愈发势不可挡，ATP也逐渐发展壮大，1973年的温布尔顿无疑是一个里程碑。史密斯又一次在关键时刻做出了抉择，意义非凡而深远。

集体罢赛事件使克雷默和新成立的ATP名声大振。也就在这一年，历史悠久、具有团体赛权威的戴维斯杯开始向职业选手开放。到了1988年，由于当时掌管巡回赛的男子网球理事会没有采纳“十字路口计划”，克雷默和他的球员工会决心对顽固势力再次发起冲击。他们想利用这一年美网之机，研究制定新的策略，但比赛主办者禁止ATP使用美网的设施，他们不得不在一片停车场上召开了决定网球命运的一次会议。当时的ATP领袖乔丹巧妙地利用这次会议扩大了ATP的影响。在“停车场会议”上，ATP宣布他们将从此接管这项运动，创办一项全新的巡回赛，由球员自己来唱主角并承担相应的义务。此后几周内，世界排名前100位中的85名球员都表示支持ATP，大多数顶级赛事的组织者也为ATP实施计划提供了援助。

第三节　WTA与性别大战

传奇的金夫人

20世纪70年代，女网比赛远没有今天这样受重视，很多比赛只有男子项目才设奖金。1970年，玛格丽特·史密斯·考特（Margaret Smith Count）在美网折桂并包揽四大满贯冠军得到相当于男单冠军1/3的奖金，仍然引起了争议。一些女球员决定以冒险的举动来抗议这种不公平，9名球员签下了价值1美元的象征性赞助合同，格拉迪丝·海德曼自己出资5 000美元来举办赛事，迈开了女网职业化的一大步。

球员们的“叛乱”很快遭到美国网协的“镇压”，她们被禁止参加大满贯、联合会杯以及其他一些重要的“官方”赛事。然而，“野火烧不尽，春风吹又生。”两年后男子球员工会的成立以及集体罢赛事件的爆发，让职业网坛的女选手感到振奋。

1973年，女子网球的职业选手也学起男选手，闹起了独立。以比利·简·金（Billie Jean King，被称为“金夫人”）为首的8名职业女子网球选手自筹资金，在美国佛罗里达州成立了女子网球联合会，英文缩写为WTA，这个初期连办公经费都没有的组织，在金夫人的张罗下，得到了绝大多数女子职业网球选手的拥戴，WTA独立负责所有女子球员的参赛、排名、积分和奖金分配，并且自主经营WTA的赛事，制定比赛规则和维护女子球员的正当权益。

很快，在弗吉尼亚Slims公司的赞助下，WTA独立创办了第一项赛事，虽然在每年3月举行，但它仍然被看作当时的WTA年终总决赛，这项比赛也是现在WTA巡回赛的雏形，直到1994年因为失去赞助而终止。

担任WTA首任主席的比利·简·金曾是20世纪60年代温布尔顿成绩最辉煌的明星之一。

1962年，18岁的她就在温布尔顿公开赛上获得双打冠军，这是她20座温网冠军杯中的第一个。随后，她在全英俱乐部赢得了1966年、1967年、1968年的单打冠军，1967年、1968年的双打冠军，1967年的混双冠军。1967年是比利·简·金年，她赢得了温网和美网两项大满贯的女单、女双和混双头衔，取得一份令人难以置信的成绩。1968年，她获得澳网冠军后作为一名顶尖业余选手正式转入职业圈，并成为第一位奖金收入超过10万美元的女运动员。

从1962年击败超一流的玛格丽特·史密斯·考特开始，她连续17年占据女子排名前10名，连续5年始终第一，同格拉芙一样，在她退出单打职业圈时仍是排名靠前的选手。然而金夫人的名字并不仅仅意味着冠军的荣耀。她不只是一个冠军，更是网球运动的先锋人物。她同时是女权运动的组织者，她的出现改变了这项运动，为女运动员争得了与男子同等的待遇。

10万美元的赌注

性别大战

20世纪70年代，最让国际网坛轰动的事件就是“性别大战”。在这场男女网球大战中，金夫人虽然是绝对的主角，但她却只是被挑战的对象。事情是这样的：

20世纪70年代的美国正处于骚动和混乱的时期。越战刚刚停息，水门事件又掀波澜，很多事情都在发生着不可思议的变化。女性地位仍旧没有改变，始终如一地被认为是世界的弱者。女子参加体育运动会受到男女双方面的夹击。人们把女运动者误解为一群极端痛恨男人的人。尤其是大多数女人也不支持女子参加运动。

20世纪40年代曾作为职业高手的波比·里格斯，退役后做生意。他预计男女之间进行一场网球比赛一定会有很高的票房收入，于是极力邀请金夫人与他同台竞技。

其实，在几个月之前，里格斯已经同1973年的女子头号种子玛格丽特·考特打过一场比赛，结果是里格斯以6–2、6–1的比分击败了玛格丽特。比赛正逢“母亲节”，因此人们戏称这场比赛为“母亲的屠杀”。对此，金夫人也十分清楚。她倒不是怕输球，而是认为里格斯是投机商和骗子，她不愿做他的赚钱工具，于是她拒绝了。可是，里格斯和比赛推广商杰里·帕伦奇奥很快找上门来，并下了10万美元的赌注，后来经协商，答应分给金夫人5 000美元。

此时的金夫人正为实现女子网球职业化的伟大理想而积极努力，也想创造男女运动员同场竞技的机会。她觉得在场上证明男女平等是求之不得的机会，所以就答应这场比赛。

事后，金夫人写文章回忆了当时的真实情景：

> 比赛日期定在9月20日，场地是休斯敦网球场。同时，我们还商定了特殊规则：局与局之间相隔2分钟，每盘休息4分钟，比赛中间发生损伤可要求暂停10分钟。至于盘数，里格斯的态度很强硬，坚持要求打满五盘。我觉得这个提议有些荒唐，尤其是对他的自身情况极为不利。
>
> “女子运动员打不了五盘三胜制。”里格斯说。
>
> “你知道自己体内有多少脂肪吗？”我反唇相讥。

“你什么意思？”

“比赛拖得越长，我就会有更多的机会击败你。既然你不嫌自己老。你说打五盘，那就打五盘。”

要知道，他当时已经55岁，而我直到今年才55岁。现在的我几乎打不赢一个3岁的孩子。也许，当年的里格斯只想到自己占据了性别优势，却不曾想自己在年龄上处于劣势。

比赛那天，我先到运动员休息室做心理调整。里格斯在女朋友的陪伴下来到赛场。进场前1分钟，我的哥哥，圣弗朗西斯科巨人队的投手帕伦奇奥突然问我，是否介意让一个年青男孩陪着我带着花冠走入赛场？我回答：“好啊！”因为我喜欢表现自己。当我们出现在赛场中央时，音乐、掌声以及各种用于马戏团表演的器具一同响起来。

可能是我比赛太投入，只顾着与里格斯周旋，所以记不太清比赛中的细节。直到三年前，我才有勇气看当年的比赛实况。但我清楚地记得，第一局休息的时候，里格斯汗流浃背地对着观众席的朋友示意，要他们将财注从5 000美元升到10 000美元。当时的我看到这些没有受到丝毫影响，只是面无表情地继续比赛。直到比赛进行到最后一刻，里格斯击球下网——我赢了，他跃过场中间的网子向我表示祝贺。我的第一个反应是：“他真是不容易，这么累居然还能跳起来”。几秒钟后我才意识到自己是这场比赛的赢家。我一下子松懈下来，念念有词“感谢上帝，终于结束了”。我高高举起双手，向场上的观众致意，但有点尴尬和拘束。这次特殊比赛的胜利场面与平常完全两样，我甚至不太适应……

这次比赛之后，里格斯又出价30万美元，想与我再次较量。但我说：“算了吧。”一次比赛就足够了，它将我和里格斯永远地系在一起。我认为里格斯是个真正的对手，他懂得竞争的残酷性和现实性。后来我们居然成了好朋友。1995年10月，就是他去世前2周的时候，我还打电话向他告别。

里格斯生前跟我说过无数遍：“我们成功了，是吗？比莉，我们的比赛是与众不同的。”他说得没错。人们也总问我，这算不算我网球运动生涯中最重要的一次比赛。从竞技意义上讲，当然不是，但就其社会影响及对旧事物造成的冲击波来说，确实是。它不仅让男女网球运动员更好地了解对方，更繁荣了弗吉尼亚斯林姆斯女子网球赛。从那以后，男女运动员开始配对，一起观球，一起评球。应该说，我们的比赛让世界上两种性别在网球场上实现了真正的融合。但是，我想比赛最深层次的意义还在于，它从某种程度上对女性取得平等的社会地位做出了贡献。

与里格斯的比赛无疑是我整个经历中最精彩的一幕。我想当我辞世时，没有人会在葬礼上谈及我个人的事。他们只会站在我的灵柩周围，相互询问我击败里格斯的那天晚上，他们都在哪，都在做什么。

这次轰动一时的“性别大战”早已烟消云散，但金夫人的形象和她的影响却一直留在人们心中。1973年，她被美国《体育画报》评为年度运动员。《纽约时报》称她为“为人权而战的角斗士”。1985年，她被授予“传奇人物”奖并进入国际名誉。1990年，她被美国《生活》杂志评为20世纪最重要的100位美国人之一。

ATP和WTA的诞生，是历史的必然，更是世界网球的进步；客观上缓和了ITF与职业选手的严重对立局面，极大地推动了网球运动的发展。从此，独立、分立、自立成了公开赛时代的三个特征。

第四节　回归奥林匹克

尤伯罗斯的启迪

自20世纪以来，由于业余与职业的交织及错综复杂的关系，对于提倡非职业化赛事的奥运会而言，这些职业、准职业、非职业的取舍标准很难界定，因此，奥运会网球项目成了网球选手身份纷争的场所。最终，混乱无序和低水平的网球赛事退出奥运会成为必然。这是一个离家出走了64年的悲情赛事。

缺少网球比赛项目的奥运会和完全职业化的ATP、WTA所组织的赛事平行展开，其间再也没有任何交集，但并不影响各种赛事向前发展。在奥运会的崇高理想于全球推广开来时，职业化的网球赛事也成为最具广泛影响的运动项目。看起来，平等发展的两个项目各自向前推进，成了“鸡犬之声相闻，老死不相往来”的一对欢喜冤家。

强调非职业特征的奥林匹克运动会在20世纪80年代受到了重挫，这一次挫折是完全出于政治原因。奥运会成了交战双方利用于惩罚和被惩罚的工具，从慕尼黑奥运会到莫斯科奥运会再到洛杉矶奥运会，抵制参赛和反抵制参赛以及报复抵制参赛的事例愈演愈烈。事态严重到几乎没有任何国家再愿意花钱承办奥运会。

1980年，西班牙人胡安·安东尼奥·萨马兰奇（Juan Antonio Samaranch）接过了基拉宁的帅印，开始对奥运会进行大刀阔斧的改革。财政危机一直是奥林匹克运动发展的障碍，为了巩固奥林匹克运动的经济基础，萨马兰奇突破了视商业为猛兽的陈腐观念，紧跟时代步伐，大胆引进市场机制，使奥运会摆脱了经济困境。

1984年奥运会在美国洛杉矶举行。为了保护市民的利益，洛杉矶议会做出决定，第23届奥运会不得动用任何政府资金。美国总统也宣布，不许动用联邦国库资金来办奥运会。于是，组委会做出惊人决定，选择美国企业家尤伯罗斯担任组委会主席。尤伯罗斯上任伊始，发现组委会在银行竟然没有账户。面对困境，他发挥了一个商人的想象力，最后终于把奥运会这个沉重的包袱转变为厚重的金矿。他充分利用洛杉矶的现有设施，拉赞助商直接提供设施，大幅提高电视转播费。最终，洛杉矶奥运会不但没有亏损，反而赢利2.5亿美元。

第23届奥运会后，国际奥委会敏锐地捕捉到了民间力量办奥运会的伟大意义，开始总结洛杉矶的经验，萌发了经营奥运的思想。1985年，国际奥委会实施“奥林匹克计划”（TOP，The Olympic Program），把国际奥委会、奥运会组委会和各国奥委会联合起来，组成一个联合的大型招标单位，在全球范围内选出各行业最著名的大公司作为正式赞助商。借助电视为首的众多传媒力量打造品牌，扩大受众的同时也吸纳了更多的运动爱好者，借助资源和整合资源让每一个奥运会的参与者都能从中受益，达到了双赢或者多赢的效果。奥运会最终成为一个国家、一座城市的荣誉象征，同时也成为一个充满商机和利益诱惑的“金矿”。

一个具有历史意义的决定

国际奥委会终于从1984年洛杉矶奥运会的成功案例找回了信心，但一个重要的问题被提到议事日程上，即如果不开放有职业选手参加的比赛项目，如何能使奥运会成为最高水平的赛事呢？而并非最高水平的赛事又如何去做市场化运作？一句话，谁会给二流水准的奥运会买单？

很显然，奥运会的“业余原则”已经成为提高竞技水平的绊脚石。萨马兰奇的改革瞄准了“业余原则”，为了保证奥运会比赛具有最高的竞争水平和观赏价值，他宣布奥运会的大门向世界上最优秀的运动员打开。

在由大卫·米勒（David Miller）撰写、梁丽娟翻译的《萨马兰奇与奥林匹克》一书中，作者对网球重返奥林匹克的过程做了详细记述：

网球重返奥运的过程中关于运动员资格的谈判是最难办的。萨马兰奇的说服工作已达到痛苦的程度，他说服同事：按照定义奥运会应包括最优秀的运动员。后来，连保加利亚斯托伊切夫将军这样90多岁的老前辈也同意这一原则。斯托伊切夫曾对我说：“在第二次世界大战前，作为骑兵军官，我的生涯几乎全都是与马匹有关。我的工作几乎每个小时都同马打交道。作为奥运会的马术骑手，我怎能说是个业余运动员呢？一个要重复某种练习数千次以达到完美的体操运动员，怎能仍叫做业余运动员呢？”

1985年柏林全会上，关于业余主义的辩论仍在继续。威利·道默这位主席做了个报告，报告的特点和内容证实了国际奥委会非常真诚地关心奥林匹克运动的前途。72岁的道默，曾经是篮球运动员，他身材矮胖，脸色红润，由于多年跳跃遗留下来的膝关节炎使他步履蹒跚。猛一看会以为他是那种年岁超过了智慧的国际奥委会委员。其实不然。在长达10页的发言中，他讲得很透彻：

体育的不断发展已推翻了所有过去的规定。不管我们喜欢与否，事实上奥运会体育的发展已远远超过了现实……

国际网联允许所有属于某国网球协会的运动员参加奥运会网球赛，不论运动员是否有收入、收入有多少。国际网联要遵守宪章，不支付出场费或奖金，而且要求网球完全符合奥运会的条件……实际上所有网球运动员都由代理商管理……既然我们承认国际网联是奥林匹克的单项联合会，我们就应当加以支持。

在1985年、1986年、1987年的年会上关于运动员资格的讨论中，1987年奥运会引入网球比赛的讨论最受批评，萨马兰奇几乎一言不发。道默谈这个问题时，他回忆说：“作为顾拜旦事业的继承人，萨马兰奇懂得国际奥委会不应墨守成规，而应当顺应时代发展。一些老委员对这一政策不满意，但这是唯一出路。当他支持我对放开业余运动员资格规定的见解时，我很高兴。从前国际奥委会允许国家对运动员提供各种支持，却禁止从其他方面特别是从商界得到财政援助。已经再也没有平等机会这回事了，除非是撒谎骗人。每个人都知道幕后的策划和资助。现在这种情况已发展到防守不住的地步，因此国际奥委会应该改变态度……对运动员的要求应该随着时代发展而改变。”

1987年伊斯坦布尔的全会是有历史意义的。在辩论运动员资格时，31个委员做了大会发言，这是过去从未有过的。第五个发言的是阿尼塔·德弗朗茨，这位得过铜牌的委员以渴望达到更高水平的运动员的名义向委员们呼吁。她说，像网球这项运动，只有当职业运动员才能达到顶峰水平。应该给最优秀的网球运动员以参加奥运会以及欢庆奥运会的机会。希腊的尼科斯·菲拉雷托斯很快就支持她的意见，但认为只能是试验性的。瑞典的贡纳尔·埃里克松认为国际奥委会应当支持国际网联以及其完整性。韩国金云龙博士提醒大会说网球曾经是最早的奥运会项目……

这次会议批准了关于重新接纳网球的建议。这一天，无论对网球，还是对奥林匹克都是重要的一天。

萨马兰奇的诡谲术

关于恢复运动员资格的谈判中网球是最难办的。国际奥委会原主席萨马兰奇，他要解决网球问题，但又不能靠行政命令，更何况国际奥委会不是行政单位。他只能用自己的办法去说服同事，在这个艰难的过程中，萨马兰奇不止一次地采取诡谲的办法。在大卫·米勒的《萨马兰奇与奥林匹克》一书中写道：

有一天上午开会当中没有喝咖啡的休息时间，他就把运动员资格问题作为午饭前最后一个议题，从而避免了已感到饥饿的委员们要求进行一次正式投票，尽管会场里有足够的支持者可以说服委员们同意接受这个尝试。

国际网联主席菲利普·沙特里耶在3年后当选为国际奥委会委员。沙特里耶对我说："要是没有萨马兰奇，这个决议就永远通不过。有的委员表示可以接受一个年收入10万美元的运动员，但不能再多了。我对萨马兰奇说，自从巴黎奥运会把我们网球排除在外以来，已经64年了。要么所有人都回来，要么谁都不回来。在网球界内并不是所有人都支持我，因为英国人和美国人都不愿意奥运会同他们竞争。萨马兰奇已准备在运动员资格问题上做妥协，这个决定与其说是我的，不如说是他说的。对参加1992年奥运会网球赛的运动员，萨马兰奇不要求他们具备参加过戴维斯杯和网球联合会杯的资格。沙特里耶告诉萨马兰奇："我们不能为适合两个女人（蒙尼卡·塞莱斯和马丁娜·娜芙拉蒂洛娃）而改变规则。"萨马兰奇告诉他这是他的网球赛，他想怎么干就怎么干。沙特里耶回忆说："萨马兰奇是我们自顾拜旦以来最好的主席。布伦戴奇从来没有打过同样的仗。"

沙特里耶说："网球回到奥运会后将很快地推动网球在非洲、亚洲的发展。许多国家要推广网球。这应当成为国际单项体育联合会的优先考虑，而不能只照顾已有的各种比赛。"他对那些认为网球不需要奥运会的人很不以为然，这种人还真不少。他问："他们是站在哪个立场上说话？"也许那些尖子球员不需要奥运会，但沙特里耶已毫不动摇地说过网球只能在要么都回来否则都不回来的基础上回到奥运会。当卡尔·刘易斯在田径大奖赛中每秒获2万美元时，你怎能排斥埃德伯格参加奥运会呢？在这个问题进行首选辩论时，都认为网球有理由进奥运会。奥运会多数尖子运动员的收入、发展与他们的成绩有关。例如，1976年现代五项的击剑比赛中鲍立斯·奥尼斯琴柯作弊，因为获胜了他就能当上苏联高级教练。但是，网球运动员却相反，为了参加奥运会而要牺牲可观的收入。埃德伯格在汉城说过：“我到这里来因为在洛杉矶奥运会上打网球是个美妙的经历，就好像在戴维斯杯中为自己国家打球一样，对我很有意义。它四年才有一次，我不认为有什么不好。我喜欢不需要太紧张地去争分，也喜欢和我的同行一起住在奥运村里，去看其他体育比赛，如昨天的男子200米游泳。这些是我平日根本做不到的。当然，这并非温布尔顿网球赛，但也许在将来它将更加重要。”

1987年5月11日，萨马兰奇多年的努力有了结果，职业球员终于可以正式参加奥运会的网球比赛了。这位离家出走了64年的奥运元老终于回家了。那一刻，也是奥运会开始向商业妥协的时刻。这只是个开始。1992年，奥委会首次同意“梦之队”全明星职业篮球选手参赛，坚持了将近一个世纪的奥运会的非职业原则被真正打破。

回家的感觉真好

离开奥林匹克整整64年的网球终于回到了奥运大家庭中。这一次“回家的感觉真好”！奥运会网球赛事等到了“黄金时刻”。尽管重新回家的网球赛事仍有许多令职业选手疑惑的问题，如奥运会网球赛事一开始时并不提供任何奖金，比赛的胜负结果也不反映到积分和排名上，况且竞争激烈的比赛还会影响到职业选手的状态调整，但这些问题的解决与否并不会减少职业选手对奥林匹克运动的景仰和崇敬。

奥运会网球赛事成为唯一不需要支付奖金和出场费就可以召唤到大牌职业选手亮相的“黄金赛事”。比起至今仍在奥运会大门外徘徊的职业高尔夫和职业拳击、职业足球等项目，职业网球选手已经是很幸运的了。

网球回归奥运会后，获得首枚金牌的职业选手是斯蒂芬·格拉芙（Steffi Graf）。那一年，19岁的格拉芙刚刚攀上世界第一不久，并且已经拿下了当年的四项大满贯桂冠。之后她第一次参加奥运会，就摘走了金牌，实现了“金满贯”。从此，格拉芙被称为“网坛女皇”，直到她退役都没人能够企及。

格拉芙在1988年汉城奥运会上夺取了女子单打冠军后，她成了第一位获得“金满贯”的网球选手。在同一年度夺得四大满贯和奥运会冠军是百年难遇的。格拉芙在《回忆录》中写道：“战胜萨巴尼后夺得的这枚奖牌是我所有获得的荣誉中最有价值的，这种用升国旗奏国歌的方式带给我的感受是任何比赛胜利后所无法替代的。”

1988年，在汉城奥运会上接纳职业网球选手参加比赛，是一个标志性事件。至此，所有国际重大网球赛事都全部对职业网球选手开放。尽管ATP和WTA都并不属于国际奥委会管理，但奥运会把三大国际网球组织和各个国家协会与具体赛事组织聚到了一起。在这一年，ITF、ATP、WTA三大组织合作方案正式推出。方案中明确了三大组织各自的职责和分工范围，同时制定了共同遵循的赛事规则和选手积分与排名方法，但在涉及重大经济利益的赛事经营权上仍然存在分歧。另外，ATP也提出有权利制定新的和简便的积分与排名方法。尽管如此，国际网坛毕竟有了构建新格局的可能。

第三部分

走进网球新时代

“以网球运动发展速度和规模考量，
网球运动已成为人类社会
新经济程序基因库中的重要成员。”

——ITF 主席
比蒂

巅峰对决

Chapter 8

第八章 | 向全球化迈进

第一节　科学技术引发的网球革命

新材料的威力

木质球拍时代，跨越了古代网球与现代网球两个时期，在几百年时间里没有根本性的变化，只在拍框的拼层上和拍面的形状上有些变动，制拍的科技含量不高。

进入20世纪60年代，法国网坛著名的四剑客之一拉考斯特在1963年大胆地设计制造了一支钢制网球拍。拉考斯特和他的钢制网球拍只是“球拍革命”的第一次尝试，他或许没有意识到，这次对球拍材质的变革却影响了网球运动的命运。

三年之后，Wilson公司的T2000问世。吉米·康纳斯手中的T2000就像是更加强健却更轻盈的“延伸手臂”，这帮他赢得了5座美网冠军奖杯。新材质的网球拍大大提升了击球的精准度，不断增大的球拍面积帮助选手更加稳定地击球。后来更新的碳素球拍在防震、击球威力等方面又有了进一步的提升。

材料科学是20世纪重点学科之一。碳素纤维研制成功，为航天航空技术提供了密度小、强度高的适用材料。这种材料的性能正符合网球拍的要求。20世纪70年代后期，研制出以碳素纤维为筋骨的碳素网球拍及其复合材料制成的网球拍，一上市便很快取代了木质球拍和金属球拍，成为继橡胶网球之后网球器材上另一次重大改革。新材料球拍钢度大，击球更加有力；质量轻，挥动灵活；抗扭变性好，击球稳定。新材料球拍使网球技术再次跨上新的台阶，被誉为“网球王”的B.博格挂拍后一度持木质球拍复出与碳素球拍较量，结果在法网第一轮就被淘汰。虽有年龄原因，但他也承认碳素球拍的威力。如果让发球速度纪录创造者罗迪克用木质球拍发球恐怕打不出每小时252千米的球速。新球拍推进网球技术的提高，使网前截击灵活易控制，同时使后场破网更加凌厉，降低了上网型选手优势，从而使比赛更加精彩。

制作球拍所用的新材料有10多种，性能和价格相差很大，超强碳纤维系列Ⅱ是碳纤维价格的26倍，是钛的24倍，是玻璃纤维的240倍。现在又研制出了压电纤维，显露球拍智能化苗头。用不同材料和各种结构设计可以生产出适合各类人群需用的个性化球拍。拍弦的质料、结构、性能、规格也是多种多样，在提高球拍性能上起着不可替代的重要作用。

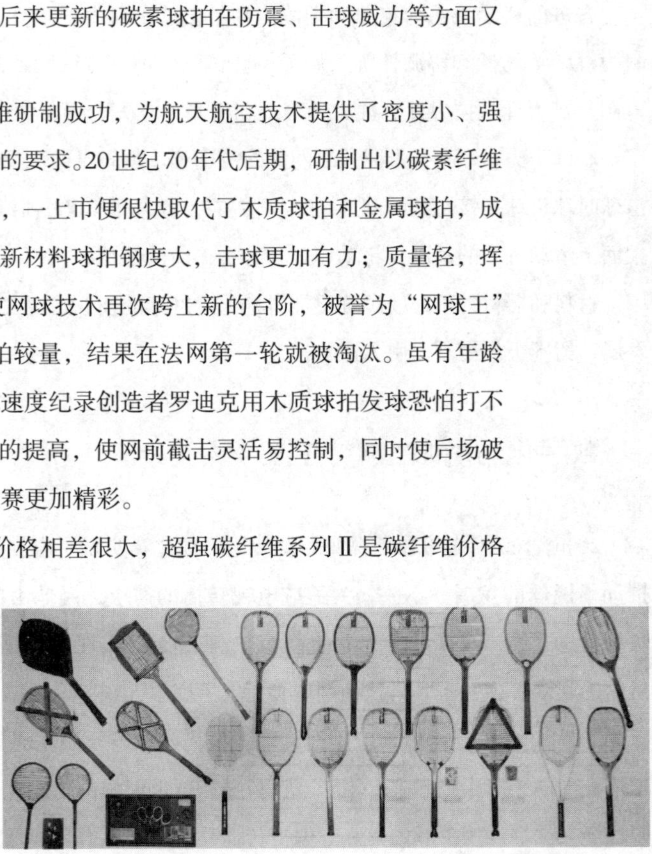

网球拍的变迁

关于网球的用球，从其成长的经历中，可以清楚地看到科学技术的力量。

13世纪末的法国人戏要着“掌球游戏”的时候，所用的道具不过是由埃及坦尼斯镇生产的以布片缝制、包裹着毛发的球状物。此后，缺乏弹性的“皮制球”或是没有加压的“实心胶球”又陪伴嗜球者度过了数百年的时光。1912年，设在英国的邓禄普公司率先成功地制造了全世界第一颗以空心橡胶作为可充气内胆、外层包裹毡布的网球。而在当年的温布尔顿，这颗小小的网球收获了惊人的好评。

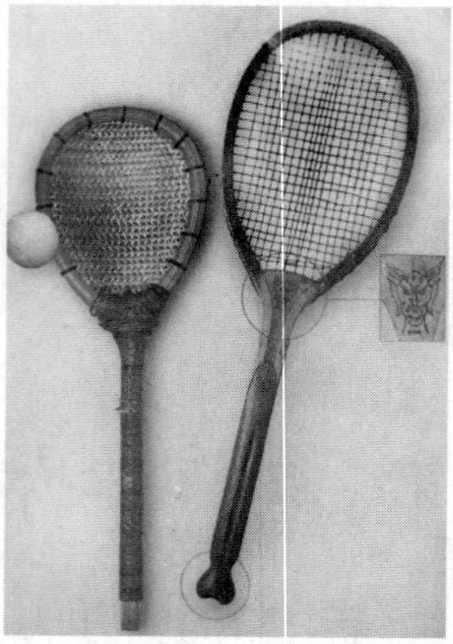

球与球拍

20世纪50年代，越来越多的网球生产商投入新的网球制作工艺的研发工作中。此后，以空心橡胶为内壳、以专用网球呢为外层包裹材料的传统制作工艺几乎成为无法超越的固定模式。直到1988年汉城奥运会，传统的机织网球呢被“针刺植绒毡布”替代，韩国人奉献给世人一颗颗外表柔软均匀且不易脱毛的网球。然而，网球的“泄气”问题却迟迟难以解决。最终，最能与天然橡胶、防老剂和碳粉等添加物分子结合的超微细钛粉末被糅合到了制造网球内胆的橡胶合成材料中，恼人的“泄气”问题迎刃而解。如今，纳米材料也被运用到了网球的制作工艺中，橡胶中可能漏气的细孔被纳米材料牢牢堵住，网球保持弹性的时间比过去提高了一倍。此外，高分子材料提供了塑胶球场、地毯球场、人工草地等多种性能的球场，从而取代了大部分草地球场。网球内胆用Hevea橡胶，加压用电脑自控，使球的弹性准确、均衡。

先进的科学技术为培养和训练运动员创造了科学的条件。在体能训练上对力量性、速度性、耐力性、柔韧性和协调性等采用了一套科学的训练方法和检测手段。例如，测量肌力可利用肌电图、打力计、拉力计、握力计等，利用测太空失力现象的Cybex Machine；利用跑步机测心率，了解心肺耐力；利用X光测关节的伸缩范围等。数码摄像机使对分析选手的击球技术更加有成效。击球时球与球拍接触的时间在0.004秒左右，如果用4 000帧/秒的摄像机拍摄，可得到16帧球在拍面上滑动过程的动画，将动作过程分析得清清楚楚。

材料和器材的革命使训练更加科学化，网球的技战术也发生了剧烈变化。技术向高、精、尖发展，比赛更加激烈，引人注目。

数字化与鹰眼

20世纪60年代随着影视业的发展，网球比赛实现了电视转播，极大地推动了网球的发展。不久，为适应电视转播的需求，网球由白色变为黄色，决胜盘抢七制，双打规则不断完善等，这都是为了实现一个目标：吸引电视机前的观众。这一次，科技让网球真正成了娱乐大众的运动。

鹰眼技术在网球比赛中的应用

当进入21世纪之后，应用在网球上最先进的科学技术可能就数判断网球落点的电子鹰眼技术了。由于球拍科技让球员们的击球速度越来越快，肉眼已经无法准确捕捉球的落点。电视转播让比赛的压力越来越大，球员无法承受任何一个误判时，鹰眼技术就不可避免地被提到了议事日程。

“鹰眼”的正式名称是“即时回放系统”。该系统是一种高速计算机成像系统，通过安装在赛场各个角落的十几台高速摄影机，结合计算机成像软件，迅速得出网球飞行路线和落点图像，通过大屏幕回放，以判断球的落点。鹰眼技术是美国人保罗·霍金斯在2001年研究发明的。在使用方面，鹰眼技术基本上仅限于判断球的落点。

鹰眼技术在体育赛事中的首次应用是在2001年英国超级联赛。后来，在NBA以及全美橄榄球联赛等美国的职业赛事中都已经引入了“即时回放”技术。国际网联也希望能用上高科技，但认为在大满贯赛事中应用之前，应该先在一些小型比赛中试用，在实践中检测。国际网联对鹰眼的尝试一直比较积极，并在阿瑟·阿什球场进行了多次试验、检测。在2003年澳网电视转播首次应用了这项技术，那也是第一个采用鹰眼技术的大满贯赛事，后来在四大满贯的电视转播都用上了鹰眼，还包括伦敦草地赛、霍普曼杯和戴维斯杯，可这只是在电视媒体中广泛应用，而鹰眼技术在比赛现场的使用却一直未能实现。

2004年美网，小威在与卡普里亚蒂对阵的四分之一决赛中打出一记反手斜线压线球，然而主裁判其出界。虽然小威有可能完成美网三连贯，但比赛的结果已经锁定，那一分错判无从改正。正是这一分，引起了关于比赛慢镜头重放是不是应该用于裁判判罚的争论。这场不愉快的比赛也成了“鹰眼革命”的导火索。正是这场比赛从真正意义上促使了网球比赛现场引进鹰眼的决心。

美国网协做出过在2005年美国网球公开赛试行鹰眼技术的提议，由于客观原因，当年还是未能实现。百年澳网，休伊特不止一次地蹲在地上期待改判的举动也“提升”了人们对鹰眼技术的期望值。而且这种球员与裁判“过度交涉”的情景在前些年已经见怪不怪，每场比赛都会有不同程度的“质疑”，这让人不得不去借助更有说服力的武器。2005年美国迈阿密大师赛成为第一个采用此技术的赛事。2006年美网系列赛及美网，2007年澳网全面采用鹰眼挑战。

在比赛中，球员每盘可有2次挑战的机会，逢“抢七”可增加一次。如果挑战成功则仍保持原来次数，如失败一次，则减少一次，直至丧失挑战机会。

2007年温网，保守的温网组委会终于在继美网、澳网之后（法网红土因球速慢，且落点清晰，故尚未提出运用鹰眼技术）采用了鹰眼技术系统。不过其挑战的规定略有不同：选手每盘可以有三次挑战机会，抢七中再增加一次。此外，长盘决胜时，该盘前面的鹰眼挑战次数清零，每人均有三次挑战机会。

据有关方面统计，2006年迈阿密大师赛球员总共有161次鹰眼挑战，其中有53次成功并得以改判。而其中男子球员有84次鹰眼挑战，成功32次，女子有77次鹰眼挑战，成功21次。

目前看来，鹰眼技术对网坛的冲击与前两次科技革新颇为不同，支持与反对的观点泾渭分明。支持者认为：有研究报告已经证实当选手面朝或者背离球的方向运动时，他们的视线是存在盲点的。司线的头部有任何轻微的晃动都肯定会让他们错过网球砸向地面的那个瞬间。在这种情况下，比赛中针对球的落点出现的争议越来越多。鹰眼技术的应用势在必行。

当然，也有反对者认为，科技不该过多涉入体育竞争领域，比赛吸引人就是因为存在着很多偶然和不确定的因素，包括误判等，这些都是人类应有的行为。“鹰眼”到底带来了什么？它究竟是实现了“公正客观”，还是加剧了人类对电子设备的依赖？鹰眼技术形成的初衷，是为了让网球比赛更加公允客观，但比赛仅有客观公正是不够的。对于一个伟大的球员来说，如何与裁判打交道，如何消除误判对心理的影响，同样是比赛不可或缺的一部分。鹰眼技术的出现，改变的绝不仅仅是球员、司线以及主裁在判断争议球时的技术手段，还有观众的消费趣味。费德勒说："现在，制胜球落在距离底线或边线附近的时候，已经没有太多球迷鼓掌了，他们都等着看鹰眼，这才是我担心的地方。"当然，这只是最初的看法。

实践初步证明，有限的、并不会打断比赛节奏的鹰眼挑战，受到网球界各方的欢迎。鹰眼技术已经逐渐为更多赛事组织者和运动员接受。网球运动中新一轮的科技革命，使网球运动更加富有魅力。

第二节　发达的网球产业与成熟的网球市场

体育产业中的网球

体育作为一项产业活动是随着资本主义制度的产生与确立而萌芽和演进的。据中国体育科学学会体育产业分会副主任鲍明晓《体育产业》一书介绍：

> 体育作为产业必须有开展经营所不可或缺的组织形式。这一组织形式就是俱乐部体制。而俱乐部体制最早产生于英国。1750年在英国纽玛科特的一批贵族资助成立了著名的"赛马俱乐部"。正是该俱乐部开创了现代体育俱乐部的法人治理结构和与之相配套的规章制度及运行机制。同时，"赛马俱乐部"的模式很快就被板球、拳击等其他运动项目仿效，并进一步在欧美许多国家流行……
>
> 美国是当今世界上一些最为成功的商业化经营体育项目的创始国。
>
> 19世纪初叶，"赛马俱乐部"模式开始在美国流行，许多年轻人纷纷按照英国人的传统建立体育俱乐部。1828年，美国纽约的一个赛马俱乐部会员考德沃德·科尔顿（Caldwalder Colden）为解决俱乐部的资金问题而向俱乐部提出在俱乐部内部出售1万美元的股份和向观众出售门票的建议。由此，开创了体育商业化的先河。美国内战以后，棒球超过板球成为当时美国最流行的运动。1871年部分职业棒球球队联合成立了全美棒球协会。1876年有"棒球沙皇"之誉的威廉·赫尔伯特（Willian Hulbert）接管了全美棒球协会，并在上任不久就将全美棒球协会改名为全美棒球联盟。随后有计划、有步骤地开发棒球的联赛市场，进行联盟的垄断经营。棒球职业联盟的成功运作，使得这种体制很快在篮球、美式橄榄球和冰球等项目中推广。

当人类历史进入20世纪，美国已率先在自己的职业体育领域建立和完善了联盟体制。如今，除了熟悉的NBA之外，美国职业棒球大联盟（MLB）、美国职业橄榄球大联盟（NFL）、国家冰球联盟（NHL）和美国职业足球大联盟（MLS）都创造了令世人叹服的商业奇迹。

网球的第一次经营活动应追溯到19世纪70年代。巴德·科林斯《完全网球：终极网球百科全书》一书中记载：

> 1874年2月23日，英国专利局将一份关于"便携式网球设备"专利授予英国少校沃尔

特·温菲尔德后，这项运动立即获得了成功，并在数周内传遍大不列颠岛和爱尔兰，此后不久又很快传播至世界说英语的国家。这套网球的器械、设备由发明人的代理商Messrs French and Co公司负责销售。代理商公司设在伦敦查尔顿街46号。当时的售价为5几尼。销售资料记载，从1874年7月6日到1875年6月25日销售了一年。1874年7月15日，一位名叫汉密尔顿的代理商结清了他在5月份为加拿大购买的网球器械，为印度和中国购买网球器械的账目。同时记录了网球器械卖给了俄国的皇室，卖给了威尔斯王子及其他王子，其中包括42位贵族、44位贵夫人和国会议员。在他们之中有农业学家沃德亨特，有因粗大的半圆腰围而有名的海军上将。伦敦代理商对网球器材的销售记录是不完全的，因为销售业务是通过伦敦的零售商进行的，很多器材卖给了不知名目的团体。

第一个网球俱乐部也是在英国创立的，这就是名声显赫的全英草地网球俱乐部，这是1877年在全英槌球俱乐部基础上创建的私人俱乐部，俱乐部只有375个正式会员和100个临时会员及若干荣誉会员。会费为每年18.5万英镑，在温布尔顿中心赛场有独立的包厢，可以享受独立的休息和餐饮。另外平日可以在温布尔顿外围球场消费，而这些场地是不向非会员开放的。

第1届全美网球锦标赛于1881年举行。据史料记载：在1881年5月21日，美国的33家网球俱乐部齐聚纽约第五大道饭店开会。在这次重要的会议上，宣布成立了全美草地网球协会，并决定从当年起举办一年一届的全美网球锦标赛。史料说明，美国网球俱乐部成立时间并不比英国晚，网球俱乐部的数量也不比英国的少。

目前，美国大约有20个运动项目进入了市场，走上职业化和商业化的道路。仅棒球、篮球、橄榄球、冰球和足球5个项目就拥有近800个职业队（含少量加拿大的球队）。

据鲍明晓《体育产业》一书介绍：

20世纪80年代初期，美国职业体育的总收入大约在30亿美元，而到了90年代中期，这个数字已经突破了70亿美元。其中，NFL的收入大约在17亿美元，MLB的收入是15亿美元，NBA的收入是7亿美元，NHL的收入大约是4亿美元。四大职业体育联盟的收入情况见下表：

● 四大职业体育联盟的收入情况表

收入门类	MLB	NFL	NBA	NHL
收入（亿美元）	15	17	7	4
门票收入（%）	38.9	29.1	40.6	60.5
媒体转播权收入（%）	38.2	55.4	36.9	14.9
赛场收入（%）	19.1	9.8	13.1	18.9
其他各项收入（%）	3.8	5.7	9.4	5.7

美国的职业网球经营情况如何？据2000年《中国体育报》的一篇报道：网球带来巨大的经济效益最好的例子是美国网球公开赛，这项比赛已经成为纽约市财政收入的一大来源。这项为期两周的比赛可以创造出4.2亿美元的收入，实在是令人惊奇。其实美国流行的项目并不是网球。比较棒球、美式足球及冰球，网球只是个不起眼的项目，然而，一个美国公开赛就可以相当于其他项目一年甚至几年的收入。比如，两支最好的棒球队一个赛季的收入也不超过4亿美元。此外，

美国网球公开赛还产生了连带效应，在比赛期间，前来观赛的人为纽约市创造出3%的旅游收入，并提供了11 000个工作机会。

网球的产业市场

○ 网球娱乐消费业

关于观赏比赛的消费，1887年温布尔登网球决赛的门票为0.05英镑，而2000年门票为40 ~ 50英镑，黑市场炒到2 000英镑。一次大赛消费27吨草莓、13.5万份冰淇淋、1.25万瓶香槟酒。比赛使用1.5万个网球。纪念品的销售额也很高，2001年美网期间销售12.5万件T恤衫。每年的网球四大公开赛直接观看和参与消费的人数平均可达50万人次，如果平均每人按100美元消费，一个公开赛即有5 000万美元的收入，这还不包括门票等。

《体育产业》一书曾写道：1993年法国居民用于购买体育用品的总支出近300亿法郎（1970年为11亿法郎，1982年为51亿法郎），平均每个法国人购买体育用品的消费支出超过500法郎，不同运动项目的消费价格有很大差异。据统计，高尔夫球的价格最高，月平均消费支出为11 238法郎，游舰为9 557法郎，骑马为9 318法郎，高山滑雪为8 265法郎，登山为6 086法郎，有氧健身操为2 321法郎，棒球为2 164法郎，柔道为2 027法郎，排球为2 010法郎，足球为1 924法郎，游泳为1 333法郎，体操为625法郎。

笔者曾在法国了解到，法国人的网球消费应在棒球与柔道之间，约2 000法郎/人/月。据笔者的调查，在中国，每周打一次网球的爱好者一年在网球拍、网球包、网球、场地等相关方面的消费至少为1 000元人民币。目前，美洲网球爱好者有3 000万人以上，欧洲有5 000万人以上，亚洲和大洋洲2 000万人以上。粗略计算，全世界网球爱好者至少有1亿人。在全球范围，保守估计按每人每年100美元计，1亿人的网球消费就是100亿。有资料显示，2005年世界体育用品消费总额为1 500亿，网球消费竟占到整个体育用品消费的1/15。可见网球产业和市场的巨大。

2013年美国的体育产业增加值达到9 000亿美元，占GDP的3%，全球平均水平为2.08%。2014年，我国体育及相关产业总规模为13 574.71亿元（人民币），实现增加值4 040.98亿元，占当年GDP的0.64%。2015年，我国体育总产值1.8万亿元，产业增加值占当年GDP的0.7%，远低于同期美国水平（3%）及全球平均水平（2.1%）。

○ 网球服装产品的品牌经营

网球运动的服装、器材等消费是整个网球产业中的主要部分。根据美国网球产业协会统计，每年网球拍、网球、辅件等的批发额为2.4亿美元。网球专用服装销售额为19亿美元。据美国网球协会报告，2005年在全美销售成人网球拍294.2万支，儿童球拍108.1万支。销售总额8 800万美元。销售网球1.13亿个。

这些年来，网球运动服、运动鞋和球拍等产品企业选择著名选手为代言人，在为网球做出巨大投资的同时，又通过“名人效应”大力地宣传企业的产品，有力地提升企业知名度，促进产销。这种投资愈大，回报愈大。

○ 耐克（Nike）

早在1984年，耐克还只是一个年销售额几百万美元的球鞋生产商的时候，就为当时22岁的迈克尔·乔丹开出了5年250万美元的天价赞助金。此后，从桑普拉斯、阿加西到费德勒，从塞莱斯、达文波特再到小威、莎拉波娃，十年来统治网坛的顶尖选手都被它笼络旗下，包括田径场上的刘易斯、约翰逊以及职业高尔夫选手伍兹等。

从1988年第一次与耐克公司联手合作时算起，阿加西与耐克公司签订了17年的赞助合同，其中最大的一笔为10年1.22亿美元的赞助金。2004年，阿加西的年收入高达4 570万美元，仅次于伍兹，美国运动员年收入排名第2。2005年，随着阿加西、休伊特、毛瑞斯莫几位球星“转会”，耐克网球阵地营中在ATP前10位的代言人就只剩下了费德勒和纳达尔，然而这是以一当十的招牌。在ATP与WTA排名前20位的球员中，与耐克公司签约的分别有4人、5人，在过去的一年中，耐克的全球零售营业额达到了137亿美元，占到了运动服装和运动鞋市场的1/3，而它的竞争对手阿迪达斯、锐步销售额加起来也不过111亿美元，即使是面对阿迪达斯和锐步的合并，耐克也并不处于下风。

自2002年起，费德勒被耐克公司签下，成为其旗下的一位赞助球员。而在第一份合约到期之后，耐克以每年1 300万美元的金额与瑞士天王续签了一份十年的合同，这份天价合同在体育界最昂贵的合同排行榜上排到了第九，也是网球明星中的第一位。不仅如此，耐克还为他设计了专属的“RF”标志，这既显示出费德勒网坛传奇的尊贵地位，更凸显耐克对于顶尖球员超人的笼络能力。耐克公司的另一位当家男球员，则是西班牙天王纳达尔。自13岁起，纳达尔就与耐克签约，将所有服装“承包”给了耐克公司。2014年，耐克为纳达尔开出了每年1 000万美元长达5年的合同。作为WTA女子网球的领军人物小威，不论从成绩、话题度还是服装上来说都是绝对的女皇。2003年，小威曾与耐克签下了一份长达8年、总额5 500万美元的合约。而在这份合约结束后，耐克依然以高价赞助小威。2014年，耐克以7 000万美元与莎拉波娃签约8年，以史上最昂贵的女子运动员合同将这位网坛美女收于麾下，还为她特意开设了“Maria Sharapova Collection”的副线产品。作为全满贯得主，莎拉波娃自己还创立了Sugarpova糖果品牌，无论是球场还是商场都是当仁不让的吸金女王。

○ 阿迪达斯（Adidas）

阿迪达斯于1931年在德国诞生。三年后，便开始了网球鞋的生产。阿迪达斯曾经作为这一行业的老大，在世界上独领风骚近50年。2005年，阿迪达斯果断地与阿加西签订了三年的合同，接着融资38亿美元，吞并了世界第二大运动鞋生产商和长期以来的竞争对手——锐步公司。凭借阿加西在美国人心中建立的“神圣”地位，再加上锐步公司旗下的姚明、埃弗森、大威和一干演艺界名流大腕，与锐步原先的北美四大职业联赛的赞助合同，这个崭新的阿迪达斯—锐步公司在美国恐怕想不火都不行。阿迪达斯作为与耐克齐头并进的体育装备公司，旗下同样拥有不少球星，其中包括塞尔维亚美女伊万诺维奇、法国特松加、丹麦美女沃兹尼亚奇等，虽然没有顶尖的巨星，但在数量上与耐克保持了相近的水平。伊万诺维奇的签约时间惊人，为从2010年起直至其职业生涯结束。伊万诺维奇，作为塞尔维亚头号美女网球运动员，曾斩获了2008年的法网女单冠军，也曾来到过世界第一的位置，让她成了与阿迪达斯签下终身合同的最年轻的一位球员。

○ 优衣库（Uniqlo）

优衣库与德约科维奇的签约时间为2012年，时长五年。2012年，德约科维奇已经在世界前二扎稳了根基，而优衣库也适时将其从阿迪达斯挖过来，成为自己旗下赞助球星。除了德约科维奇这位球王之外，作为日本本土品牌的优衣库自然格外关注本土球星。亚洲一哥锦织圭便是优衣库旗下另一位赞助球星。2014年，美网亚军的好成绩，让锦织圭的市场价值迅速增加，也带动了优衣库的市场效应。

○ 安德玛（Under Armour）

安德玛与穆雷的签约时间为2015年，时长四年。2015年，穆雷开始穿着并使用安德玛的服装、鞋类及配件，并在全球范围内参与市场品牌宣传，参加各种训练及网球活动。刚刚登顶的穆雷成了新的世界第一，安德玛下对了注，在网球界找到了一位金字招牌。

○ 亚瑟士（Asics）

作为一个早有建树的专业运动品牌，亚瑟士已在网球界打响了自己的名声。从2016年开始，亚瑟士成为中网独家合作伙伴，为赛事独家提供包括服装、鞋类、配件等在内的官方运动服饰。2016年年初，比利时球员戈芬、德国好手格尔格斯正式成为亚瑟士全球网球大使，为亚瑟士在全球网坛的推广与宣传担任形象大使。

○ 锐步（Reebook）

锐步是有着一百多年历史的运动品牌，在1896年的第1届现代奥林匹克运动上，由锐步公司创始人威廉姆·福斯特开创了体育赞助行为的先河。从20世纪90年代中期，锐步公司为美籍华裔张德培开出每年300万英镑的天价“年薪”。2000年，锐步公司大胆选择了罗迪克和大威作为新的形象代言，而其中与大威签订的5年4 000万美元的赞助合同，也在当时创下女子体坛的一项“高薪”纪录，随着大威在2000年和2001年疯狂地夺得了4座大满贯女单冠军奖杯，以及罗迪克在2003年美网夺冠，锐步公司网球产品的市场占有率曾一度逼近20%，而锐步公司的股票价格在2000年以来也暴涨了将近300%。2005年，锐步公司以每年700万美元的赞助金与大威继续合作。同时与在2004年排名达到世界第一的法国姑娘毛瑞斯莫签下一份赞助合同。锐步公司没有向外界披露，但不少人猜测不会少于每年400万美元。

从2005年被阿迪达斯以38亿美元收购之后，锐步公司就开始一直走下坡路了。曾经美国排名第二的运动品牌，市场份额已经从十年前的8%下降到了现在的2%。2010年，锐步公司重新设计了品牌策略：关注健身市场。在这年搭上了新兴健身品牌CrossFit。2013年，锐步公司先后和新西兰健身品牌Les Mills，以及被誉为“地狱障碍赛跑”的Spartan Race签约，进一步扩大自己在健身市场的影响力。2014年，为了重新找回消费者，将自己的商标改成了三角形，代表健康的生活方式带来的生理、心理和社交体验。

在世界网球服装产商中，有些属于第二阵营。来自意大利亚的Serigo Tacchini在20世纪七八十年代，其在职业网坛的地位就相当于今天的耐克，众多网坛名将如纳斯塔斯、康纳斯、麦肯罗、韦兰德、卡什、纳芙拉蒂洛娃和桑普拉斯都曾是它旗下的成员。到2005年，Serigo Tacchini手中位列ATP前20位的签约球员，只保留了费雷罗和罗布雷多等人。

同样来自意大利的运动品牌斐乐（FILA）和迪亚多纳（DIADORA）在职业网坛中的影响也

经过几度沉浮。早在1973年，斐乐与瑞典球王比约·博格签下了每年50万美元的天价合同。90年代末，斐乐笼络了卡普里亚蒂和菲利普西斯，而迪亚多纳则签下了法网三冠王库尔腾。2005年和2006年克里斯特尔斯的优异表现使斐乐得到了最好的回报。

拉考斯特是法国历史上颇具丰碑意义的网球选手。在1927年的美网，这位法国选手亲手用轻盈材质设计了白色短袖上衣，同时还邀请朋友画了一条尾巴弯曲、张着大嘴、通身绿色的鳄鱼图案，成为近百年来网球场上裁判和工作人员服装的鳄鱼标志。同年，拉考斯特（Lacoste）品牌诞生，至今依旧是不少网球比赛的赞助商。如今拉考斯特的经典款式是Polo衫。五年前从斐乐“叛逃”到锐步的罗迪克在2005年5月成为拉考斯特旗下的一员，这也使这个诞生在法国的传统网球品牌在世界顶尖高手的行列中占有一席之地，据说这个合同的金额每年超过500万美元。2005年，拉考斯特公司从美国网球公开赛过去22年的合作伙伴斐乐手中的抢来2005—2008年四年赛会官方指定服装的冠名，为此拉考斯特公司至少掏出了2 000万美元。

网球球拍的品牌经营

○ 威尔胜（Wilson）

威尔胜是全球网球拍销量最大、最受职业选手和业余选手欢迎的品牌之一。威尔胜旗下产品十分丰富，包括几乎所有网球产品，威尔胜也是最早把金属投入球拍的设计和制造中来的公司，威尔胜无论是在亚洲、欧洲、北美洲都有广阔的市场。威尔胜的旗下从来就不缺少大牌球星的加盟。从20世纪40年代的传奇人物杰克·克雷默，七八十年代的吉米·康纳斯、克里斯·埃弗特，至叱咤90年代网坛的一代球王桑普拉斯，再到费德勒、海宁、达文波特和威廉姆斯姐妹，几乎在每个时代，威尔胜都能凭借敏锐的洞察力和对网球运动深刻的理解寻找到出色的品牌代言人。在进入公开赛时代以来的37年中，使用威尔胜球拍的球员一共夺得了超过80座大满贯单打冠军的奖杯。而在此期间登顶世界球王和球后的38人中也有16位先后成为了威尔胜的签约球员。

2005年，威尔胜再次与ATP和WTA中超过60位重量级球员联手进军职业网坛，在大满贯和巡回赛中继续书写他们的辉煌。更令威尔胜高兴的是在2005年以来四大满贯的男子赛事和女子赛事中，总会有使用威尔胜球拍的球员。2005年，达文波特、海宁和威廉斯姐妹四人包揽了3个大满贯冠军和2个亚军。在WTA排名前50位球员中，威尔胜与其中12人签订了赞助合同。早在2006年，费德勒就与球拍赞助商威尔胜达成终身赞助协议，他也将成为该品牌的终身形象大使，而后者将为瑞士球王提供其职业生涯中所需的一切球拍、球线、训练用球以及其他网球装备。已退役的桑普拉斯、埃弗特、格拉芙、比利·简·金等历任网坛球王、球后都在威尔胜名人堂之列。此外，锦织圭、拉奥尼奇、孟菲尔斯等众星均使用的是威尔胜球拍。现役女球员中包括威廉姆斯姐妹、哈勒普、科维托娃、阿扎伦卡等均为威尔胜签约球员。

○ 海德（Head）

海德公司在今天ATP和WTA排名的前20位选手中拥有9位代言人，足以与老对手威尔胜分庭抗礼。在男子方面，海德公司的商业阵营中拥有众多球星的身影。传奇名将阿加西曾为海德的代名词，萨芬、费雷罗等偶像选手的加盟也让海德拥有大批追随者。在WTA的赛场上，海德始终与俄罗斯姑娘有着密切合作，钟爱海德的女子球员几乎有半数来自俄罗斯。2005年，俄罗斯夺得联合杯的时候，海德公司在宣传中干脆将它称为“海德的胜利”。近年来，海德专门为优秀网球选手量身定做了系列球拍，包括德约科维奇御用新款系列、穆雷全能系列、伯蒂奇力量系列、加斯奎特旋转系列等。

○ 百保力（Babolat）

百保力是法国著名的网羽品牌，在欧洲是No.1，有着超过130年的球线制造历史而研发球拍的时间却不超过10年。在ATP排名前10球员中就有3人使用百保力球拍，而前20位中则多达6人。纳达尔在2016赛季尝试用新球拍以增加更多上旋，而这个举措也大获成功。2017赛季，纳达尔澳网获得了亚军，之后的红土赛季更是展现了自己的红土之王本色，一连豪取蒙特卡洛、巴塞罗那、马德里三个冠军，更是史无前例地夺得了法网第十冠。除此之外，新科温网女单冠军穆古拉扎、世界第一普利斯科娃以及沃兹尼亚奇、齐布尔科娃、布沙尔等人均用该品牌球拍。其实百保力最出名的是球线，ATP和WTA前100位选手中很多球员使用的是百保力球线。所以，百保力的穿线机在业内也备受推崇，是ATP的指定专用器材。

○ 邓录普（Dunlop）

邓录普是英国的著名品牌，有着超过百年的历史。邓录普对世界体育用品的发展，尤其是对网球运动的发展，可谓是功勋卓著，贡献良多。诞生于1917年的Maxply Fort是木拍时代最经典、最成功的网球拍。自诞生日起至80年代初木制球拍被淘汰的数十年间，Maxply Fort一直都是专业网球手最喜爱选用的型号之一。在1981年诞生的Max 200G是世界上第一支采用注射铸模技术（Injection–Moulded Frame）制成的球拍，为许多著名球手竞相选用，如麦肯罗、格拉芙、纳芙拉蒂洛娃、桑切斯等。而1995年面世的Superlong，是世界上第一支采用特长拍柄设计的网球拍，自邓录普发明此种设计后，其余厂商才开始发展“加长球拍”。Superlong可说是继80年代Widebody拍框后，最有代表性的球拍设计新发明。邓录普独家拥有一系列球拍专利技术，如ISIS（Impact Shock Isolation System，避震系统）、ACS（Advanced Control System，易控避震系统）、Shot Blok（手柄避震）、D–HOOP Section（甜区扩大）、Power Wedge、Muscle Weave 3D Braided Construction（立体编织肌体组织）等。为提高球拍的动力、控球能力及舒适度，这些都是革命性的发明。所以，邓录普一向被世人誉为“球拍专家”。当年曾经成就了麦肯罗和格拉芙的200G系列球拍至今仍然在职业赛场中攻城略地。近年来在ATP中少有顶尖球星加盟邓录普，而曾经排名WTA世界第一的毛瑞斯莫是当年邓录普旗下最为炙手可热的明星。虽然邓录普在我国市场占有率不高，但是在欧美等国其网球、壁球和高尔夫用品一直占据三甲。

○ 尤尼克斯（Yonex）

尤尼克斯是日本著名的网羽公司，最早是生产钓鱼网和木制漂流物的，后转向高尔夫、网球和羽毛球。尤尼克斯的网球拍大多以方拍头、大拍面为主。球拍平衡性较好，甜区也很大，本身硬度适中。尤尼克斯以其独特的球拍设计和精良的工艺已经在职业网坛中驰骋了多年，当年的女金刚纳芙拉蒂洛娃和塞莱斯、库尔尼科娃、辛吉斯都曾从尤尼克斯手中领走不菲的“年薪”。如今，尤尼克斯既有休伊特、纳尔班迪安这样的底线高手，也有乔金·约翰森、安西奇这样的发球机器，更不乏汉图楚娃和扬科维奇这般才貌双全的市场明星。

使用尤尼克斯球拍的男子球员中，最著名的当属三届大满贯冠军瓦林卡，在2014年澳网决赛上，瓦林卡首次进入大满贯决赛就击败纳达尔夺冠，所使用的就是尤尼克斯的VCORE TourG97球拍。在女子球员中，在2016年豪夺澳网、美网，并打入温网决赛的科贝尔也是使用该品牌的球拍。

○ 王子（Prince）

王子是美国著名网球品牌。从一个网球机的制造商起步，随着球拍相关类职业运动之制造业上的发展，王子已经确立了它是该行业的一个领导品牌。在网球运动上，王子的革命性创举是“OVERSIZE”（大拍面）和“LONGBODY”（加长拍）。布莱恩兄弟、伊斯内尔等人均为王子签约球员。

当年因为张德培，多少中国球迷对它宠爱有加，后来科里亚和达维登科也得到其支持、赞助。2005年，王子与莎拉波娃签约，凭借女王出色的表现，会让王子有良好的市场前景。

在比赛和训练用球方面，主要国际品牌有史莱辛格（Slazenger）、海德、威尔胜等。其中史莱辛格使用较多。史莱辛格是一个源于英国，拥有百年辉煌历史的国际品牌，也是英国的皇室贵族品牌。从1881年到现在已有120年的历史，一直以来从事上层社会的运动，如高尔夫球、网球、马球、板球、曲棍球等，其中马球为英国皇室专用品牌，而高尔夫球更是在20世纪60—70年代影响了整个欧洲。史莱辛格网球是世界网球精英的专用品牌。在过去的100多年里，作为温网的官方独家赞助商，史莱辛格成为历史上为时最久的体育赛事的赞助者。

场馆经营

美国各职业俱乐部经营有方，收入颇丰。以NBA的纽约尼克斯队为例，该队在纽约麦迪逊广场花园的主场有89个包厢，每个包厢以25万美元～30万美元的价格出售，仅这一项，每个赛季该就可获利1 240万美元，约占其总收入的50%。

英国的温布尔登网球中心经营非常成功，一方面靠数百名会员会费（金卡为18.5万英镑，一年按400个卡计，可收入7 400万英镑），另一方面场地和设备的维护和保养的资金是通过每五年一次出售债券来筹集的。债券持有人在五年内可以购买每个比赛日中央场地的门票一张。目前发行的债券数量是2 300张。一张2006—2010年的债券价格为23 150英镑（合4.05万美元），通常在债券刚一发行便被抢购一空。此项收入可达9 315万美元。

中国网球的产业发展处于起步阶段，但在场馆的建设和经营方面已有较大成效。以北京为例，现北京网球场馆444个，1 000余片场地，其中多数为宾馆、饭店经营，大多实行会员制，经营情况良好，到节假日，虽然价位很高，但却经常订不到场地。这些网球俱乐部都可赢利，达到了逐步收回成本、实现赢利的目的。

据统计，目前中国网球场地约28 000片。中网协场地器材委员会副主任，深圳奥悦公司合伙人、法人代表、董事长张啸龙分析，自1996年以来新建和翻修的进口材料场地累计22 000标准片，加上国产丙烯酸及沙土场、红土场（约占2/3），全国网球场地总计60 000 ～ 65 000片。

赛事经营与影视转播权开发

赛事是网球最大额度的经营，四大网球公开赛的经营额都在数亿美元。9个大师系列赛每个赛事经营额都在3 500万美元，大师杯赛也在1 300万美元以上。而如此大的经营额，这些赛事都均在良性的盈利状态。

国际网联亚洲区监督庭尚弘在接受记者时曾说："网球公开赛不仅是一项吸引人的赛事，它还是一项不错的生意。四大公开赛全部盈利。每年的温布尔登网球锦标赛大约能盈利2 000万美元。"

根据法国媒体公布：2012年法网，媒体权限出售收入达到了4 900万欧元，票务收入2 800万欧元，公共关系收入进账3 000万欧元，还有额外的3 300万欧元收入来自赞助商。法网的总收入达到1.74亿欧元。球员的奖金，只占这块大蛋糕的5%；门票的收入占总收入的20%。除了门票，法网收入大部分来自电视转播权，占到30%。

四大网球公开赛的收入中，门票是最显而易见的收入，2003年，法网的门票总收入为2 000万欧元；2016年，法网的门票收入达到3 200万欧元。但四大网球公开赛收入中门票收入所占比重并不大，收入主要来源是电视转播。1992年，法网的电视转播费为100个国家共支付了6 500万法郎；1993年，133个国家共支付了8 600万法郎；1994年，转播费涨到了1亿法郎；到了1995年，这个数据已经变化为157个国家共支付了1.15亿法郎；2003年，它的电视转播权卖到了4 000多万欧元了（相当于2.6亿法郎，5 200万美元）。

为期两周的澳大利亚网球公开赛到目前为止是澳大利亚每年最大的运动转播赛事。据悉，2016年操盘澳网的澳洲网协（Tennis Austrailia，TA）最新财年年收入已逼近3亿澳币，与2015年的2.546亿澳币相比，其增长令人惊讶。在2002年，澳大利亚本土的7大电视网中超过30%的观众都观看了澳网比赛。2002年，澳大利亚国内的电视转播共收入1 800万美元。来自42个国家的1 264家媒体都加入这项赛事，每年墨尔本公园球场的赛事直播总收入高达4.7亿万美元。2015年，澳网历史上第一次对全世界现场直播411场正赛比赛，制作的节目总时长达到1.7亿分钟之多。根据澳洲网协2014—2015的年报，目前澳网在全世界200多个国家和地区播出，澳网组织者称目前的转播已将这项网球赛事传播到全球9亿多家庭。

据卓易斯·施瓦泽2004年7月13日在一篇《温布尔登公开赛的市场营销》一文中指出："NBC电视台每年赞助温网1 300万美元，劳力士、IBM各赞助1 500万美元……温布尔登拒绝透露赛事的收入和赞助金额，但说去年净收入为6 800万美元。"

温网的商业开发虽然受到多方面限制，没有过多的商业广告，也不靠会员赚钱，但其依然能够靠比赛日收入、售卖周边商品、电视转播获取巨大盈利。每个比赛日，温网的门票一票难求。2016年，有大约50万人次购买了温网门票，再加上饮食和周边商品售卖，这一部分的收入就能达到5 000万英镑的水平。一件T恤（约合人民币1 076元）差点卖断了货。10个草莓就卖2.25英镑（折合人民币25元）。据统计，2009年温网期间草莓的消费量高达27吨。另外，虽然温网的场地旁很少有商业广告曝光，但包括劳力士、IBM、依云在内的几大供应商每年都能为温网奉献数千万英镑的收入。

当然，温网的主要收入还是来源于电视转播。在英国本土，BBC是温网的指定转播商，双方已经合作了80年。新合同至少持续到2024年。据《每日邮报》透露，BBC每年向温网支付的转播费高达6 000万英镑。另外，ESPN也在2011年与温网签订了为期12年的转播合同，每年的转播费用在2 500万英镑左右。再加上其他地区贡献的2 500万英镑转播费。有部门统计，2008年，温网就赚了2 500万英镑（约合人民币2.8亿元），而12年仅电视转播这一项，温网每年就能够进账1.1亿英镑。

另外，全英草地网球俱乐部还升级了与Twitter的合作，双方达成战略合作伙伴关系。据体育数字化代理商WePlay调查，在2015年的社交媒体平台上，温网官方供应商史莱辛格、拉夫·劳伦和岚颂香槟被提到1 211次，覆盖的潜在消费者高达550万人。其中，大约445次是积极信息，只有29次是消极信息，口碑打造得最好的品牌是依云、IBM和软饮料品牌Robinsons。

网球的经纪业与赞助

体育经纪业尽管从产值上看在体育产业所占的比重不大，但是，它在推动一个国家整个体育产业发展中却起着至关重要的作用。一方面，体育经纪业直接推动职业体育产业发展和壮大，另一方面，体育经纪公司和体育经纪人卓越的专业化服务，尤其是拓展市场的能力，在带动体育无形资产的开发、体育书刊及音像制品的生产和经营，以及体育广告业和体育用品业的发展等方面也发挥了重要作用。

1925年，戏剧推销商C.C.帕莱与芝加哥熊队的老板乔治·哈拉斯签订了代理合同，成为美国第一个体育经纪人。但是，美国体育经纪业实际上直到20世纪70年代才得以真正发展壮大，因为在70年代以前，美国职业运动员中只有极少数人有经纪人，而现在每4名职业运动员中就有1人有经纪人。

网球运动的第一个经纪人当属第一个职业网球推广人查尔斯·C.派尔。这位美国商人在1926年8月与当年的法网女单冠军、著名的法国选手苏珊·朗格伦签下了一份10万美元的合同。以后随着职业网球的发展，越来越多的选手获得经纪公司或经纪人的赞助合同。

至21世纪初期，美国的三家体育经纪公司，国际管理集团（IMG）、帕罗梭夫公司（ProServ）和优势国际公司（Advantage International），成为全球最大的体育经纪公司。其中规模最大、影响最大及效益最好的是国际管理集团。该公司因为代理经营我国的甲A足球联赛和甲A全国篮球联赛而为中国人所熟悉。于20世纪60年代由马克·H.麦考梅克创办的IMG，经过30多年的艰苦奋斗，目前已经成为一个能够开展多种经营业务的大型跨国集团公司。

IMG在全球38个国家设有78个分支机构，雇员超过2 000名，年收入超过10亿美元。IMG代理过的著名运动员已超过千名，几乎包括各年代的代序明星，如斯图尔特、博格、纳芙拉蒂洛娃、阿加西等。IMG还是诺贝尔基金会、温布尔顿网球锦标赛组委会、安德鲁斯皇家古典高尔夫球俱乐部的代理人。IMG的电视业务遍布全球，它的“全球国际传播公司”代理着奥运会、世界杯和欧洲杯花样滑冰锦标赛、全美橄榄球联赛以及全世界所有重要的网球和高尔夫球比赛的电视转播权。

经过长期的培养和发展，网球已成为商业化运作最成功的体育项目之一。除了四大网球公开赛的冠名主赞助商外，许多世界知名企业纷纷参与了世界网球的赛事的赞助。

经常参与赞助的有可口可乐公司、耐克公司、雷达手表厂、NEC电气公司、德国的几家汽车公司……。奔驰汽车公司以每年1 000万美元取得四年ATP巡回赛主要赞助商地位，Sanex公司赞助WTA赛事五年，赞助金额超过4 000万美元。

据《新经济导刊》载文《世界杯便车不一定要搭》介绍："从去年开始，索尼爱立信（简称索爱）宣布成为 WTA的全球赞助商，合同长达六年，赞助金额为8 800万美元，这不仅是网球史上，而且是有史以来女子职业运动规模最大、涉及面最广的赞助"。

2006年10月26日，美国记者杰克・劳伊克纳在采访瑞雷公司赛事赞助商高级主管马修・潘辛格先生后，在mediapost.com网络发表了一篇题为《在美国赛事品牌的价值》文章，文章指出"在美网男、女单打决赛中，有37个品牌投入了广告宣传。37个品牌总计得到超过5 600万美元的价值回报"。

文章列举了二十几个品牌在2006年美网分别获得广告价值回报数额。其中包括雷克萨斯（Lexu），广告价值回报1 350万美元；摩根大通集团（Jpmorgan Chase）通过女单决赛转播，获广告价值回报1 600万美元；其他如西铁成手表、耐克服装、依云矿泉水、American信用卡等回报均在800万美元～100万美元。

目前，澳大利亚网球公开赛的主要赞助商是韩国起亚（KIA）公司，温布尔登网球锦标赛的主要赞助商是劳力士，法国网球公开赛的主要赞助商是王子（Prince）公司，美国网球公开赛的主要赞助商包括IBM公司和蔡斯公司等。

澳洲网协目前拥有30多家世界各地的合作伙伴和赞助商，其中既包括起亚、澳新银行（ANZ Banking Group）和阿联酋航空（Emirates）等传统大公司，也包括William Hill这样的博彩公司。2015年，澳洲网协的企业赞助金额从前一年的0.453亿澳币上涨到0.662亿澳币，上涨了46.1%。而这之中，并没有包括第一次和Willian Hill博彩公司的合作和咖啡品牌Lavazza的新合约，以及和Canadian Club的续约。澳新银行以每年700万澳币的价格续签了与澳网合作伙伴关系。与Seven West Media的赛事转播新合同每年收取3 500万澳币赞助金额，这也远高于之前每年2 100万澳币的赞助金额。

美网年度营销总收入为2.2亿美元。2015年，美网的赞助收入总计在6 000万美元左右。在2007年与美网的续约中，摩根大通集团以六年9 000万美元的价格促成了当时网球行业价格最高的赞助合约。作为美国网球协会的官方合作伙伴，摩根大通每年投入其举办的青少年网球赛事和教育活动，和美国网球协会致力于下一代网球选手的培养。自2012年起，阿联酋航空公司不仅作为美网的官方航空合作伙伴，同时也是美网系列赛的冠名方。巨额的赞助费用不仅使阿联酋航空公司拥有美网所有赞助品牌中最多的曝光时间和最佳的广告宣传位置，同时也在阿瑟・阿什球场中享有观赛位置最佳的独立包厢。意大利咖啡品牌Lavazza在2014年开始尝试赞助美网，拥有美网比赛期间在赛场免费发放产品以及销售产品的权利。从2014年美网结束后至2015年3月底的一段时间内，这家公司在美国国内的销售额度增长了121%。

第三节　网球的国际化

网球赛事全球化

各类体育项目的世界级赛事都是最高水平的比赛，一年中比赛次数并不多。例如，世界杯足球赛是四年一次，其他竞技项目也是每年1 ~ 2次。而各国国内体育项目比赛频繁，其中不乏世界知名的比赛，如足球有德甲、法甲、意甲、英超等赛事；篮球有美国的NBA；乒乓球有中国的全国乒乓球俱乐部赛等。

而网球运动不同，每年仅全球范围内的世界级赛事（四大公开赛和两个年终总决赛）就有6个，其他著名的赛事每年可达上百个，如ATP负责的重要国际性比赛全年有70个左右，除参与主办的四大公开赛外，有ATP1000大师系列赛、国际巡回赛、世界系列赛、挑战赛、卫星赛等赛事；WTA负责的主要国际性比赛有60个左右，除参与四大公开赛外，主要包括WTA年终总决赛、四项WTA皇冠明珠赛、五项超五赛及四个等级的女子系列赛；ITF负责的主要赛事有100多个，除四大公开赛、戴维斯杯、联合会杯外，包括男子希望赛、卫星赛、女子挑战赛、巡回系列赛等。三大网球组织全年主要的国际网球赛事就达数百个。除此之外，还有各种元老赛、世界青年杯赛、世界少年杯赛等。

如今，网球赛事已经形成一个严密、巨大的竞赛大网。这些赛事分布在五大洲，可以说日日有赛事，周周有大赛，月月有精彩，在地域、时间、空间上覆盖着全球和全年。网球运动已成为全球化的比赛项目。网球比赛如此频繁，安排如此紧凑，这在所有国际体育比赛项目中是独一无二的。

网球人口的国际化

网球运动从来没像现在这样在世界如此广泛推广和普及。原来网球在经济发达的国家普及，现在发展中国家已经开始推广和普及网球，网球人口迅速增多。国际网联的会员及会员国已由1980年的69个发展到200多个。在普及的基础上，许多国家都培养出了优秀的网球选手，原来美国、澳大利亚、英国、法国等少数国家独霸网坛的局面已被打破。20世纪70年代德国、瑞典、意大利、西班牙、俄罗斯、捷克斯洛伐克、南斯拉夫等国异军突起，屡现顶尖高手。90年代至今，巴西、阿根廷、克罗地亚、瑞士、比利时、摩洛哥、南非，以及亚洲的中国、日本、印度、泰国等都出现一流网球球员。国际网坛形成群雄争霸的多极化局势，排名百位之内的球手击败顶尖高手已不稀奇。

据原中国网球国家队领队杨明训提供的资料表明：如果按每人每月能打1 ~ 2次网球标准，网球人口统计如下：

美国全国2.5亿人，网球人口3 000万，平均8个美国人中有1个人打网球。西欧本是富庶之地，无论是经济和网球都有基础，发展十分迅速。法国、德国、意大利人口有5 000万人～7 000万人，网球人口在500万人～700万人，约10人中有1人打网球。日本于20世纪60

年代后复苏，经济腾飞，一跃成为世界第二经济强国，网球随之振兴。亚洲一些高水平、高投入的国际比赛，如联合会杯、公开赛、大奖赛都在日本举行过。狭小的日本国土上修建了上万个网球场，修建了可容纳上万观众的中心场地，网球人口超过600万，约12个人中有1人打网球。印度的男子网球技术水平，在亚洲堪称老大，多年来，独占鳌头，但它绝不是网球大国，其经济发展缓慢，网球人口远远低于我国。我国的网球运动，拿新中国成立前与现在相比，拿“文化大革命”前与现在相比，都可以套用一句话：昔者，属而和者千百人；而今，属而和者百万人。这一百万人的数字，是中国网协2000年统计的数据。不仅反映我国网球运动的兴盛，而且反映我国发展良好的经济形势。

根据国际相关部门统计，世界球迷数量排名靠前的球类运动依次是：

（1）足球：33亿～35亿球迷（欧洲、非洲、亚洲、美洲等）。

（2）板球：20亿～30亿球迷（印度、英国、巴基斯坦、澳大利亚等）。

（3）曲棍球：20亿～30亿球迷（亚洲、欧洲、非洲、大洋洲）。

（4）网球：大约10亿球迷（欧洲、美洲、亚洲）。

需要说明，足球、板球球迷绝大多数是只看不踢（打），而网球球迷绝大多数是又看又打的。

按照中国网球协会官方认定的“平均每周打一次的人群”为“核心网球人口”。根据这个定义，在2015年，中国网球人口为120万人～150万人。

美国泰勒研究集团的研究报告指出，依据网球球拍销售统计，仅2008年美国的网球参与人口就创纪录地达到2 700万人。

2011年西班牙网协的统计：全国有超过1 000家网球俱乐部，全西班牙4 500万人口中，每周至少打一次网球的人达到200万人。

2014年，日本有600万网球人口，经常参与网球运动的青少年应该有50万人～100万人，网球俱乐部则有1 500个。

6 300万人口的英国，有422万人注册网球会员，网球人口占比为6%～7%。

ITF主席比特在施政感言中认为：“今天从悉尼到圣彼得堡，从阿卡普尔科到奥克兰，由东至西，由南到北，这项运动每天都有新人涌入。世界上最优秀的选手每周都会相聚一起，让世界球迷有机会去欣赏和体验这些充满激情的、戏剧性的、激动人心的表演。”

的确，以网球运动的发展速度和规模考量，“网球运动已经成为人类社会新经济秩序基因库中的重要成员”。网球运动体现的文化元素和“精神愉悦催化剂”正日益吸引着一批又一批的忠实拥趸。网球已成为仅次于足球的第二大运动项目。

按比特主席的施政感言所说，网球运动已被以国家为单位计量的广泛地区所包容和接纳，即使在最为保守的伊斯兰教，包括阿拉伯都已经能够接纳WTA举办的女子比赛。当网球场修到了喜马拉雅山脉的锡金、不丹、尼泊尔时，当非洲索马里和尼日尔、卢旺达的男女少年也会握着网球拍打网球时，可以认为网球运动已经或者趋于全球化。

网球观众的国际化

网球比赛历史悠久，观赏性极强，一百多年来，一直是最吸引世人眼球的世界主流体育项目。足球是世界第一大运动项目，足球的观众可以数十亿计。足球的世界杯，每次十几天，现场观众累计有200万人～300万人。网球四大公开赛，每年的赛事几乎是场场爆满，特别是进入半决赛后，一票难求。每个公开赛的观众最少也接近50万人，2017年澳网现场观众达70万人，按平均60万人计算，每年四大网球公开赛现场观众就240万人。足球世界杯四年一次，网球大满贯赛一年四次。由此比较，网球比赛现场观众并不输给世界第一运动的足球。

同时观看一场网球比赛的观众最多不过二三万人。而电视的出现，使包括网球在内的所有体育项目，观众发生几何级数增长。

诞生于1925年的电视机是一项伟大的发明。1936年冬天，英国广播公司在伦敦郊外的亚历山大宫，播出了一场颇具规模的歌舞节目，开创了电视转播的历史。而电视也从此彻底改变了人类的生活与认知习惯。

1968年，国际网联与温网组织者达成协议，职业网球选手获准参赛，温网正式变身为“公开赛”。而BBC也抓住机会，对比赛进行了电视转播。从那时起，即便无法亲身体会温布尔顿的古老与优雅，也能够通过电视银屏分享中央球场的激烈对抗。对于BBC这样的电视媒体来说，收视率意味着广告利润；对于赛事组织者来说，BBC支付的转播费用也让他们看到了新的盈利点；对于观众来说，能够在家里吃着热狗看麦肯罗和对手在网前的缠斗，绝对是种超级享受。

1973年9月在休斯敦，世界女子头号选手金与里格斯的比赛现场观众有三万多人，观看电视直播的观众约有五千万人，被称为“世界网球大赛”，是网球观众全球化的一个先声。1978年法国电视台首次不间断直播法国网球公开赛。20世纪80年代后期发射了广播卫星，三个与地球同步的广播卫星可以覆盖整个地球，直播电视布满全球。

据美国网协提供的数据，2005年仅美国观看美网的电视观众达8 700万人，收看美网系列赛的有4 100万人。以全年、全球收视率而论，每项网球公开赛收视观众达上亿人次，全球可达5亿人次以上。这在其他运动项目中是不多见的。由于收视率高，一方面扩大了网球的影响，有助于普及网球运动；另一方面各大电视台愿意高价购买转播权换取高利润的广告收入。网球赛事以系列化方式向全球扩大，给各地人们带来了全球的文化融汇和沟通。在相互认可文化的同时，让不同肤色、不同民族、不同文化、不同社会环境与国家体制的人，在同一时间、同一地点、围绕同一话题，不懈追求共同的荣誉，这正是网球运动全球化的意义所在。

精彩的大满贯赛事，常常使许多欧美发达国家万人空巷。西方有一个笑话：正在举行网球公开赛，一些小偷在街头迅速地相互转告：“趁罗杰比赛时赶紧犯罪，因为上帝都在看他打球！”虽说是笑话，但以此足见网球收视率之高。

2011年，CCTV–5直播李娜法网夺冠那场比赛，全国收视率达到2.75，收视总人数高达9 577万人，加上CCTV–13收视人数，全国收视总人数达到1.6亿人，这相当于当年热播剧《咱们结婚吧》在CCTV–1和湖南卫视日均观众规模之和。在眼球经济时代，精彩的网球赛事无疑是最吸引人们眼球的运动之一。

第四节　现代网球发展的新趋势

传统的技术分类

自公开赛时代以来，到20世纪末，网球技术得到迅速发展。按传统的方式划分，网球的打法分为上网型、底线型和全能型三种类型。

○ 上网型打法

上网型打法的特点是以发球或随球上网为自己创造上网的机会，再通过网前截击、高压等手段限制对方的底线抽击，直接得分或造成短兵相接的中前场搏杀。

发球上网是上网型选手在发球局中的主要战术，根据发球技术可以细分为“艺术型”发球上网和“强力型”发球上网。

“艺术型”发球上网的代表人物有拉夫特、埃德博格、亨曼等。他们的发球有非常强烈的旋转，为此不惜以牺牲球速为代价，上旋发球能高高跳过接发球者的肩膀，迫使对手在难以发力的高度击球，并快速上网，用出色的网前技巧拿下这1分。“强力型”发球上网，其代表人物是伊万尼塞维奇、桑普拉斯和鲁塞德斯基等，他们强大的发球往往能直接得分，至少能以球速破坏对手的接发球质量，然后上网轻松得分。女选手则以“女金刚”娜芙拉蒂洛娃最为典型。

○ 底线型打法

这种打法的特点是以底线抽球的节奏、旋转、球速、落点变化来争取主动，摆脱被动。当对手在底线时，则到处调动他，寻找制胜的机会；当对手在中前场时，则用破网和挑高球来化解。网坛75%的男选手都属底线型的打法，张德培、休伊特及费雷罗等一批西班牙选手便是这种打法的杰出代表。女选手有90%以上均采用底线型打法。

○ 全能型打法

全能型打法的特点是既能发球上网、随球上网，在网前和中场进行短兵相接的搏杀，又能通过底线抽杀控制局面，战术手段多样，能根据对手的情况有针对性地实施战术。

在实际比赛中，全能型的打法大多有两种倾向，一种更倾向于网前和中场，如阿加西、比约克曼等；另一种则更倾向于底线，比如菲利普西斯、纳达尔。

此外，还有一些按力量和技术分类的，将以力量为主的视为力量型，如20世纪90年代的库里埃、穆斯特、菲利普西斯等，女选手中的威廉姆斯姐妹等；将一些力量不足，但以技巧见长的选手视为技术型，如阿加西等，女选手则又以辛吉斯为代表。

进入21世纪后，随着网球运动员身材增高，力量加大，其灵活性和速度都有极大提升。更加优异的球拍工艺也为网球技术的发展起到了助推器的作用。人体力学的合理运用也使得击球力量变得更大。这些因素加快了网球比赛的节奏，缩短了判断时间和反应时间。所有这些因素都不同程度地对现代网球的比赛方式产生了明显的冲击。由于运动员的各方面技术都得到了长足的进步，尤以接发球技术最为突出，他们可以把速度200多千米/小时的来球接到对方场地的任何一个角落，不仅给对手上网增加了难度，而且还经常直接得分。

此外，随着技战术整体水平的不断提高，运动员破网能力不断增强，即使在底线接角度很大、难度很高的球也可以回击更大角度和更快速度的穿越球，无形中给上网型选手造成巨大的心理压力。而且球速减慢，降低了发球的威力，降低了发出ACE球的概率，也增大了上网截击的难度。所有这些因素导致传统意义上的单一上网型打法落伍并被淘汰。当然，在草地，由于球速比土地和硬地更快，为发球上网和随球上网提供了一定的机会，但对截击技术也提出了更高的要求。

现代技术发展趋势

对于传统上的单纯防守底线型打法，随着力量和速度的变化，这种被动的战术已被更加积极主动的进攻型打法所代替。面对力量更大、速度更快、角度更刁、旋转更多的底线回球，单纯防守型底线打法只能处于被动、挨打地位，常常会被对手调动满场跑。在当今激烈的对抗中，即使比当年张德培更有耐力的"跑不死"也无济于事。休伊特逐渐的衰落就是最好的例证。那么，现代网球技术发展的新的潮流和趋向是什么呢?

2005年国际网联教练员培训班导师弗兰克曾指出：目前国际上主要战术打法以底线进攻型、全面进攻型和发球上网型为主。

根据国际网联整理的《国际著名网球教练关于世界职业网球技术发展主流和趋向》的介绍及国家网球队教练傅众及陶志翔、祁兵等人著文，现代网球技术发展趋势可以概括以下四点：

全面进攻打法成为当今网坛技战术发展的主流

在比赛中可以看到，优秀网球选手都具备全面进攻型技术，能够充分运用各种进攻型战术，尤其以大力发球抢攻和底线迎上进攻战术为主。费德勒、阿加西、休伊特、罗迪克、威廉姆斯姐妹等更是这方面的杰出代表。桑普拉斯、鲁塞德斯基、米尔尼等优秀男选手在自己的发球局中依靠强有力的发球以发球上网战术为主，但同时都具备底线的快速进攻能力。对方变换节奏的挑高球，即使落点很深，优秀选手往往也会很容易地抢高点进攻得分或迎上凌空抽击得分。优秀网球选手在技术上没有明显缺陷，网前技术也十分突出。比如小威的网前技术给我们留下了十分深刻的印象，快速迎前，动作干净利落。由此可见，运动员一定要在进攻性极强的基础上掌握全面的技战术。人人都称赞费德勒的技术无懈可击，瑞士人却说西班牙的纳尔班迪安几乎没有弱点，在当今打法普遍极端的男子网坛，两人都称得上是难得的全面型选手，都不过分依赖发球或者底线强力上旋，步法和技战术运用都相当精湛。

力量、速度、旋转是当代网球技战术的主旋律

网球运动的主要技术动作是在动员全身力量参与下全力挥拍完成的。在高水平对抗中不论男女，每一板击出的球力量都非常大、速度非常快（网前反弹球、放小球、防守性挑高球等除外）、旋转非常快，在整体打法中谁慢谁被动，谁加快谁主动，选手越是关键时候越敢抢攻、越敢拼搏。网球技术的运用需要保证成功率，但优秀的选手拥有的却是在力量、速度、旋转极高水平上的成功率。例如，男子优秀选手第一发球时速为120 ~ 130英里，女子选手大威一发时速最高也达到120英里左右，并且在这个速度上都达到了60%以上的成功率。他们的发球技术正是建立在速度和成功率基础之上的。所以，网球技术的形成一定是建立在力量、速度、旋转的对抗中，并要适应全力、快速击球的要求。

快速灵活的步法和充沛的体能是获胜的重要保障

随着进攻性底线型打法逐渐占据网坛的主导地位，步法和体能在比赛中起着重要的作用，它是获取胜利的重要保障。

快速灵活的步法一方面可使运动员及时、准确地找到最佳击球点，提高回球的质量；另一方面还能救起许多令对手认为是制胜球的来球，从而在技术上和心理上不断给对手施加压力。这对运动员的步法移动和体能提出了更高的要求，即一定要跟上网坛发展的需要。

2002年大师杯冠军得主—休伊特的身高和体重与其他运动员相比，均处于劣势，但是他充沛的体力和快速灵活的步法让对手惊叹。从网球大师杯赛的比赛时间统计来看，休伊特在6天5场的比赛中，一共打了16盘163局比赛，共耗时13小时零7分钟，平均每盘比赛时间是49.2分钟。在与费雷罗的决赛盘中，他利用快速灵活的步法，通过两次大范围的跑动击球，拿下了2分，阻碍了费雷罗的进攻，成为自己由劣势向优势转移的转折点。

身体素质对球员的打法类型和技战术起到决定性作用，纳达尔的忍耐力、爆发力和快速的脚步就是挑战一代球王、创造新纪录的基石。

稳定的心理素质和顽强的意志品质是取胜的关键

随着当代网球运动的高速发展，运动员职业化进程不断加快，各国教练员运用了大量科学的手段来最大限度挖掘运动员各方面的潜能。世界高水平运动员在身体、技战术等方面都相差不多。运动员水平越接近，在比赛中出现的关键比分机会越多，比赛的胜负往往在一两球之间。这时运动员的心理因素就对技战术的影响更大。谁心理稳定，谁捕捉机会的能力强，谁就能赢得这场比赛。

高水平选手之间的较量是心理素质、意志品质的较量，稳定的心理素质和顽强的意志品质是获胜的关键。

关于当前国际网球技术的发展，比较认同的看法是“快速、进攻、全面、变化、稳定”。

快速：并不是指击球或跑动一味求快，而是一种急停、急起、急转的专项速度和预判能力，在快速中保持相对稳定，是一种有节制的专项的快速。快速与对球的预见性有很大关系。

进攻：现代网球讲究进攻，强调培养进攻意识。按传统观念，应站在底线范围击球，看谁失误少。谁失误少，谁取胜的机会就越大。现今发展方向强调的是进攻意识和愿望，以攻为守，进攻是最好的防守。

全面：这里所说的“全面”并不等于面面俱到，而应当是在没有明显技术缺陷下特长突出的全面，绝对全面是不可能的。

变化：改变打法的单一性，根据不同的对手采用不同的打法方式，方法越多越好。如果能以同一种击球姿势击出不同方向、不同角度、不同旋转速度的球，将会增加对手回球的难度。

稳定：并不是说要在某一次击球或是某一次比赛中稳定的发挥，而是要在整个比赛中或网球生涯中稳定的发挥。

国际网联开发部总监、全英男子单打三届冠军戴维先生认为：

第一是技术更加全面化了。从底线到网前，从防守到进攻，几乎不能有短板。在全面的基础上，必须有一招制胜的武器。过去那种单纯防守如张德培的打法已经落伍。必须攻守兼备，转换快速，在全面的基础上要掌握致命武器，具备得分的杀手锏，比如费德勒的致命反手直线；纳达尔强烈的侧上旋；德约科维奇的防守反击……

第二是发球、接发球的技术更为重要、更为突出。比如德约科维奇、穆雷，发球技术、接发球技术都无与伦比。新生代的迪米特洛夫、蒂姆、兹维列夫等，发球和底线都相当的好，非常全面，几乎没有弱点。费德勒回挡式的快速接发，几乎不给对手任何机会。

第三是在身材方面追求越来越高。比如新涌现出来新星澳大利亚的格里高斯、加拿大的拉奥尼奇、奥地利的蒂姆等身高几乎都在1.9米以上，韩国的郑泫、中国的吴亦昺身材都有竞争性。这些高大的球员身高臂长，发球有非常大的优势。女子选手中大小威廉姆斯、莎拉波娃的发球堪称世界女子之最。一批后起之秀，如普利斯科娃、穆古拉扎、斯维托丽娜等都具备了较高的发球、接发球能力。

第四是移动速度和击球速追求更加快速。特别是击球时拍头速度大大提高，双脚的移动也更加迅速，不能像过去只是单纯地追求稳，而是要求快，快的节奏才能争取主动。

中国网球协会教练员委员会副主任、中国女网前总教练付众认为，当前国际网球技术发展已经到了一个更高的阶段，可以归纳为五个方面：一发球的速度和落点越来越重要，特别是二发，平击球与一发无二，旋转更加强烈，又转又高，常常使对方很难接发，即使接住也很难对付；即使勉强接回，也很难发力攻击。二选材方面越来越强调高大，男子网球四大天王身高都在1.85米以上，新涌现的新秀，身材普遍高大，身高基本在1.9米以上。三技术要求越来越全面，技术不能有任何短板，在攻防全面基础上必须要有特长，有一招制胜的法宝。四快字当头，速度第一。彻底打破过去稳字当头的观念。过去比赛看谁比谁能够多打一拍，现在要求是接发要快，步法要快，移动要快，谁快谁主动，谁快谁赢球。五要打攻势网球，主动进攻、主动变线、主动上手、主动进攻；不攻则无出路，被动必然输球。

关于现代女子网球运动中的打法类型，《网球天地》杂志刊登的由张伟编译的《现代网球战术名家精华》一文中做了详细介绍：

如今女子网球打法更接近于男子。底线型打法的女选手具有更强有力的发球，并能打出攻击性很强的底线球。这种进攻型打法，不仅仅依赖力量，还包括打上升球。打上升球不但能加大击球力量，而且还能使对手承受更大的时间压力，并给自己创造更多的进攻机会和进攻角度，由此可获得绝好的得分机会或打随球上网并在网前拦击的时机。达文波特、大小威廉姆斯最具有代表性。

在未来的网球运动中，单纯底线型选手很难成为女子网坛中的佼佼者，她们只能是女子网坛中的“二等公民”。

相比之下，发球上网型选手发生的变化就更大了。当对手具备强有力的破网技术时，发球上网型选手只有在非常快速的球场上，像从前一样运用这项技术，而在其他场地上，她们却很少能冲到网前，有时上网只是一种战术变化。在这方面，比利时双姝海宁、克里斯特尔斯最为突出。

如今全面型打法选手与10年前相比也有了很大差异。底线击球的力量较以前有明显加强，随球上网技术是在底线对峙的过程中，当对手处于被动，并且有机会打出进攻性的随球上网时才使用的战术。从现代女子网坛来看，全面型打法的选手，看上去更接近底线型打法，只是在选择上网的时机上、频率上略多于底线型选手而已。底线型选手总是等待能全力打出强力底线球的机会，而全面型选手则总是试图去寻找进入场地内并在网前结束一分球的良机。

在现代女子网球运动中，以上三种打法类型无论哪种，进攻性底线击球已变得越来越重要，这点无可置疑。

如今的女子网坛很难去预测什么，三种打法轮流坐庄，百花齐放。2005赛季的盘点很能说明这个特征，四项大满贯、年终总决赛的冠军和年终世界第一分别被6位球员获得（澳网小威、法网海宁、温网大威、美网克里斯特尔斯、年终总决赛毛瑞斯莫、年终世界第一达文波特）。今年再加上辛吉斯的搅局，就更乱了。

进入21世纪第二个十年以来，世界女子网坛更是精彩纷呈，令人眼花缭乱。

近年来，世界女子网坛的变化有多大？从2017单赛季世界第一四次易主，大满贯赛场的竞争场面便可见一斑。

2017年的四大满贯中，任然延续了2016赛季的乱局。

澳网：由大小威垄断了决赛，最后小威以6–4、6–4，总比分2∶0直落两盘击败大威，获取桂冠，而鲁西奇、拉德万斯卡、萨卡里、布拉迪、普利斯科娃都有不俗的表现。

法网：当人们普遍认为哈勒普将大满贯首冠和世界第一揽入怀中时，顽强的奥斯塔彭科用暴力的回球大逆转哈勒普，将自己的处女冠留在了罗兰・加洛斯。

温网：曾是大小威的后花园，小威七次加冕，大威五度封后。在小威怀孕待产之际，大威连续战胜后辈，继2009年后再次闯入温网女单决赛，决赛面对西班牙小天后穆古拉扎，大威由于体能遗憾被逆转，桂冠被小将穆古拉扎夺得。

美网：五轮比赛过后，斯蒂芬斯、凯斯、范德维格、大威闯入法网四强，两位年龄更小的“小小威”击败范德维格、大威，会师女单决赛，最终斯蒂芬斯发挥出色，直落两盘战胜凯斯。

到了2017赛季末的总决赛时，女子网坛的局面更加混乱不堪。2017赛季参加本次总决赛的8位球员分别是哈勒普、穆古拉扎、卡–普利斯科娃、斯维托丽娜、大威、沃兹尼亚奇、奥斯塔彭科和加西亚，其中前七位球员依然保留着争夺年终第一的机会。结果令人意外，没有大满贯冠军头衔、前世界排名第一的沃兹尼亚奇战胜呼声很高的大威而夺冠。

随着竞争的日趋激烈，网球的技战术也在发生变化：首先发球速度和落点普遍提升，一向靠顽强防守的沃兹尼亚奇，正是提升了发球速度，改变了发球的短板，才战胜了强大的大威，而新生代的女子球员发球都可与发球出色的大小威抗衡。其次是击球的速度和力量的提升，使比赛节奏加快，更加激烈。再次是体能和技术的全面提升，中生代和新生代球员的技术更加全面，体能充沛，几乎看不到过去比赛场上停顿大喘、抽筋等现象。

产生如此变化的局面，女子网坛新人涌现自然不可忽视，但另一方面顶尖集团对于原有阵地的失守则成为主要原因。网球之家作者Duke在《大跌眼镜！ 2017赛季她们甚至连总决赛替补席都无法入围！》一文中写道：

而在这其中最为典型的代表则莫过于科贝尔和齐布尔科娃。一年之前二人还在新加坡总决赛为最后的冠军展开激烈角逐，而一年之后状态堪忧的两人甚至连入围替补席的资格都没有。

2016赛季打进8站赛事决赛并赢得包括2个大满贯在内的4个冠军——科贝尔迎来了职业生涯最为辉煌的时刻，但也就是在抵达巅峰的第二年德国姑娘便开启了无底线的下滑模式。4站赛事全部卫冕失利，单赛季吞下21场比赛的失利，扣掉总决赛的积分后前世界第1的世界排名已经下滑至第18，创下一系列惨败的纪录后，科贝尔交出近6年来的最差表现。29岁的年纪已经接近职业生涯的尾声阶段，如果不能及时止住下滑，科贝尔无缘总决赛替补席的惨淡状况便会仅仅是个开始。

本以为齐布尔科娃可以凭借年终总决赛的冠军开始平步青云，但斯洛伐克姑娘没能用成绩撑起外界的期待。2017赛季仅打进一站巡回赛决赛，超重的保分压力甚至让齐布尔科娃喘不过气来，扣掉新加坡总决赛的冠军积分，前世界第5的世界排名已经下滑至第24位。

2016赛季的全面爆发，2017赛季的陷入沉寂，一年的时间科贝尔和齐布尔科娃呈现截然不同的表现，“德国战车”的钢铁意志不再奏效，“小钢炮”的进攻火力完全哑火，首轮出局，陷入连败。如果要选出2017赛季让人大跌眼镜、令人失望的球员，科贝尔和齐布尔科娃又怎能难以逃离这样的名单。

当今网球教科书

曾经世界排名第一的纳达尔、费德勒，可以说是当代世界网球技术的教科书，在他们身上，既体现出全面进攻型的特点，又是现今具有上述四条综合素质的代表和典范。

关于费德勒，一些技术专家是这样评论他的：

发球：他的发球没有罗迪克、约翰森那样霸道的力量，但落点控制精准、稳定、富于变化，速度稍慢却更具威胁。费德勒的发球也是他重要的得分武器之一，往往在比赛的关键时刻，面临破发点之时，他总是能发出ACE球或是通过发球直接得分来化解危机。费德勒的发球并不是最快的，但他的发球角度无疑是最刁钻、最有效果的。发球是赢得比赛的关键，好的发球往往能帮助运动员在比赛中确立优势。费德勒在发球时充分利用了整个身体的力量，从腿到腰到肩再到手臂，最后传导到球拍上。他的动作轻松而舒展，最重要的是隐蔽性高。

正手：攻击性上属于当今最强的几人之一。在场上任何一个位置都能打出致命一击。阿加西指出，费德勒的这种能力使他不得不修正自己在相持局面下的优劣判断力。

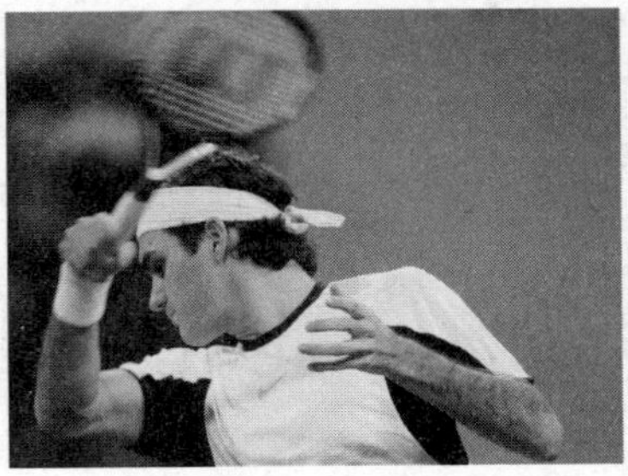

费德勒

反手：曾经是他技术环节中较弱的一项。单手反拍因为力量和控制上的难度在如今变得越来越罕有。近几年，费德勒的反拍已经有了长足的进步，并能借此发挥他协调性和球感上的长处。不仅打起来赏心悦目，而且也是他克敌制胜的利器。

网前：网前实力强于大多数底线选手，底线功夫亦胜过大多数上网选手。在网前截击日渐稀少的时候，他的网前实力无疑是当代底线风格潮流中少有的亮点，也给他增添了控制比赛的手段。当然，他网前的一击很大程度上要归功于强大的正反手攻击力，这使他能获得更多、更好的上网机会。

移动：这是最为人们所忽略的一项。在回味费德勒那些精彩的击球、洒脱的姿势时，很少有人注意到他从球场一边到另一边只需三步。而且他在幅度极大的挥拍之下，也能将球控制得很好。快速移动能力和身体的柔韧性是他技战术的基础。没有人能像他那样自如地在快速移动中将攻守迅速逆转。

重回巅峰的费德勒依靠出色的运动能力爆发出成熟的刚猛之力，但他的勇力中更多地带有柔韧和多变的节奏。对于打网球，仿佛带着与生俱来的轻松感，他凭借着这多出的一份放松、弹性和节奏变化击败那些挑战者。

赛场上的攻防绝非孤注一掷的赌博，成就一个霸主也绝不是单纯的技术，它需要判断力、耐心、自律并持之以恒的意志。

看看萨芬，你不会怀疑有谁能在力量和野性上战胜这个人；看看休伊特，你不会怀疑有谁在速度、耐力上超越这个人；看看罗迪克，你不会怀疑有谁能在发球和正手攻击上强过这个人；看看阿加西，你也不会怀疑有谁能在相持、控制和经验上压倒这个人；再看看那些不断涌出的少年球员，所有人都知道没有人能抵挡青春的洪流。要在这么多恐怖的对手面前长久地保持依靠优势，需要独到的心境和智慧。

在球风上费德勒就更多地体现出冷静和克制。他曾经说过一句颇有意味的话：“我有不错的球感，在球场上能做到流畅和放松。也许正是为此人们才说我能力超群。”2006年，在迈阿密大师赛决赛中被费德勒实现大逆转的天才少年纳达尔说：“让费德勒在着急时刻不犯错误的可怕武器就是那种不败的信念和胜负的执著。这种信念和执著随着他不断巩固的优势而变得更加强大。”

费德勒并不追求打出让观众疯狂的球，他知道那种球并不能保证赢得比赛。如果说桑普拉斯像一个孤独的求道者，那么费德勒更像一个力图适应时代和各种场地的胜负师。在他所执著的每一场比赛中，以最简洁实用的方式，以坚定明确的意志让比赛不知不觉间走到赛点。

2017年1月29日，体坛+特约记者温嫒以《35岁费德勒再拥有全世界激昂岁月里他与网球永生》为题报道，记载：

当冠军点来临时，看得出身经百战的费德勒内心的小紧张。错过一个，继续。直到纳达尔挑战失败，直到第18座冠军终于到手，忘掉矜持，扔了镇静。优雅的费德勒也开始肆意宣泄着自己圆梦的心情。他的坚持，在这一刻，终得偿所愿。毕竟，距离上一次拿到大满贯冠军，已经过去了漫长的四年。

四年前，费德勒摧毁了穆雷的封王之梦，带着第7座温网金杯重回NO.1。即将年满31岁的他又有了拥有世界的美妙感觉。

可惜，美妙不长久。伤病突袭，悍将崛起，2013年，费德勒只有1座单打冠军奖杯入账，一项项纪录被可畏的后生终结：连续36次打进大满贯八强的9年纪录被终结；排名跌出前十；无缘当年任何一座大满贯决赛……

质疑声四起，费德勒为自己解释：“我知道自己不再是TOP4，没什么，我已经不再在乎排名，对我来说，最重要的是继续享受比赛。”

如果没有了胜利，该如何抱着平常心去享受？如果没有了冠军，该如何抚平“自己起伏的心情？

这四年，格局在裂变。男子网坛的墙头变幻大王旗，德约科维奇一人当道，将大满贯数量提升至12座。费德勒却只能一次次地回忆着自己的第17座大满贯，然后小心翼翼地张望四方，是否有人能超过这一历史标杆？是否有人已经在暗地里向自己发起了反攻？

而费德勒要面对的不单单是外敌，还有内忧。时间流逝，伤病不走。战斗力下降，统治力不再，让费德勒回归“凡间”，不再是高高在上的“神”。就连第18冠的问题问得人也越来越少，因为这个梦想渐行渐远，看似遥不可及。

直到2016年，费德勒35岁时，他连一个完整赛季都没有了。手术、恢复，漫长的半个赛季里都不见踪影。

如果说还有人愿意相信他会等来第18座冠军，也许只有骄傲的他自己了。直到神奇上演，这个完美的美男子以“一枚炸弹”的身份连克劲敌，连过难关，站到了纳达尔面前。

所有事情到最后都是好的，如果不是，说明还没到最后。35岁的费德勒和30岁的纳达尔打了一场情怀满分的澳网决赛，费德勒拿到了他的第18座澳网冠军。

“如果网球有平分，我愿意与拉斐尔分享这个冠军。拉斐尔请你留下来，网球需要你，继续做你能做的一切。”这是抱着冠军奖杯的费德勒的讲话，请拉斐尔留下来，和费德勒一起，期待着第36次，甚至更多的对决。

我们总在生命最澎湃的时候会对一些人或物炽热地追逐，以一种原物崇拜的激情将自己的华年与那些最伟大的人或物裹挟在一起燃烧，当我们走过这段激昂的岁月，回眸过往留下的刻骨的爱，平淡的岁月之河将他冲洗冷却。那时我们大概不再去看网球，但仍记得曾有位天王与网球永生。唯愿岁月慢些走，留住他。

在网球界，费德勒的名字永远都是一个传奇，自他2003年夺得职业生涯第1个大满贯开始，年仅21岁的费德勒开启了一段专属于他的时代。

进入2017年赛季，36岁的费德勒逆流而上，突破自我，再次书写了传奇。年初夺得2017年澳网冠军后，7月16日在温布尔登网球锦标赛男单决赛中，直落三盘战胜了克罗地亚名将西里奇，时隔五年之后重夺温网男单冠军。随着费德勒高举“挑战者金杯”，他也再次刷新了一系列新的纪录！这是他第8个温网男单冠军，从而超越了美国名宿桑普拉斯，成为温网赛事夺冠次数最多的男子选手。同时，这也是费德勒职业生涯第19个大满贯单打冠军。费德勒在连胜七场拿下温网冠军之后，大满贯胜场数来到了321胜，超越了小威廉姆斯的316胜，重新夺回了这项榜单的第一。值得一提的是，费德勒35岁的年龄，使得他成为公开赛时代以来最年长的温网男单冠军。

此前由于伤病，费德勒退出了所有的红土赛事。2017年温网夺冠后，费德勒带伤回归参加美网，由于背伤费德勒并未能够将他的状态与能量释放出来。在男单1/4决赛中，费德勒鏖战四盘以5–7、6–3、6–7^{8}、4–6不敌24号种子阿根廷名将德尔波特罗，遗憾无缘四强。对于曾经的五届美网冠军费德勒而言，再一次征战美网也是他的创纪录之旅，凭借次轮鏖战五盘击败尤兹尼，他收获生涯第80场美网胜利，一举超越传奇名宿阿加西的79场胜利纪录，跻身历史第二人纪录，仅次于康纳斯的98场胜利纪录。更为关键的是，费德勒自此在四大满贯赛事中，均取得至少80场胜利，他也得以成为网球历史上第1位能够取得如此功绩的传奇球员，无疑奠定历史第一人的地位。

费德勒为什么能在国际网坛十数年保持球王地位，除了他那无人比拟的超强的网球技术和完美的人格、强大的心脏之外，适应时代，不断进取的精神也是重要因素。近年来，随着国际网坛技战术的发展变化，费德勒在自己的战略观念和技术上进行了积极的改变，主要是：

（1）球拍的变化。2014年，费德勒更换球拍，球拍面积由90平方英寸增大到97平方英寸。之后，其发球、接发球的得分率明显提高，发球和接发球的失误率明显降低，破发效率和挽救破发点的效率也高于往年。

（2）观念的变化。压缩时间，缩短球在空中飞行的时间。在击（接）球技术环节，击球时间点大大提前，击打球的上升期的中段而不是末段高点，在很好地借到来球力量后，使击出的球尽量低平过网，缩短球在空中的飞行时间，扰乱对方的节奏。同时延伸空间，依靠不断变换的底线正手击球、反手击球和精湛的放小球、切削球，最大限度延伸球的飞行空间，使球在前后左右快速低平的飞行，让对手在更大范围内奔跑，有效遏制了对手的发挥。

（3）战术的变化。对方发球局更多采用发上时，采用推挡手法，加快回球速度，加快节奏。有时对方一发也快速上网，压迫对方。自己发球局，从发球开始就为下一次进攻铺垫，上一接（击）球为下一回击球做铺垫，环环相扣，步步紧逼，一气呵成，从不拖泥带水。

（4）战略的变化。其以最小体力代价获取最大效益的战略思想。对每一局、每一盘、每一赛事、每一赛季，均以最小体能代价获得最大效益。从发球局开始，力保发球局，破对方发球局。避免与对手缠斗，避免打阵地战。

（5）参赛的变化。基于以最小体力代价获取最大效益的战略思想，费德勒不像过去或者其他球员频繁参赛，获取积分。而是根据身体状况，精简赛程，高效参赛，坚持少而精，不打则已，打则要胜。2017年，费德勒主动放弃了红土赛季的比赛，全年仅参加了16站（世界排名前10的选手中，除瓦林卡因伤病外，费德勒参赛最少），但他获得包括澳网和温网在内的7项冠军，创造了最年长的世界排名第二的纪录。

费德勒一直被体育专家、同行、媒体以及球迷认为是史上最佳网球运动员。截止2018年1月，他的20个大满贯冠军列历史中第一，他还30次闯入大满贯决赛，连续23次闯入大满贯半决赛，连续36次闯入大满贯八强。他是历史上第8位实现全满贯的运动员。此外，费德勒创造了ATP巡回赛的独有纪录——连续24个决赛胜利。费德勒在ATP排名纪录302周世界第一，其中连续237周世界第一，连续3年年终世界第一。费德勒的澳网纪录是6次进决赛（平小德的纪录）、5次夺冠；费德勒的温网纪录是10次进决赛、8个冠军（超过桑普拉斯的纪录）、连续5个冠军（平比约博格的纪录）；费德勒的美网纪录是连续5个冠军、5个冠军头衔（平桑普拉斯、康纳斯纪录）。

被称为“红土之王”的纳达尔，同样是世界网坛的教科书。

2001年转入职业网坛的纳达尔，在2008年8月首次登上世界第一。2010年，纳达尔第5次夺得法网冠军。2013年10月他重返世界第一。在2016年里约热内卢奥运会，纳达尔担任西班牙代表团旗手。2017年6月11日，在法国网球公开赛男子单打决赛中，纳达尔以6–2、6–3、6–1战胜瓦林卡，以不失一盘之姿第10次夺得法网冠军，成为公开赛年代第1位在一个大满贯里夺冠次数上两位数的球员，将大满贯冠军数提升为15个，包括10次法网冠军、2次温网冠军、1次澳网冠军和2次美网冠军，超越桑普拉斯，居历史第二。纳达尔获得过北京奥运会单打冠军和里约奥运会男子双打冠军。纳达尔是现役男运动员中三位全满贯得主之一，也是历史上男运动员中两位金满贯得主之一。

纳达尔

31岁的纳达尔在2017赛季（2017年8月21日前）取得了获得了6座沉甸甸的冠军奖杯，包括大满贯赛事法网（击败瓦林卡，取得史无前例的第10冠）、ATP 1000大师赛蒙特卡洛（击败拉莫斯）、ATP 500巡回赛巴塞罗那（击败蒂姆）、ATP 1000大师赛马德里（击败蒂姆，夺得第5冠）、大满贯赛事美网（击败安德森，赢得第3冠）、ATP 500巡回赛北京（击败克耶高斯，夺得第2冠）。此外，他还在澳网（负于费德勒）、阿卡普尔科（负于奎里）、迈阿密（负于费德勒）和上海（负于费德勒）收获了4个亚军。凭借2017赛季的优异表现，西班牙天王纳达尔已确认将在2017年8月21日公布的ATP最新世界排名中重登男单第一的宝座。

纳达尔在2008年8月18日首次加冕ATP球王。当时，年仅22岁的他在辛辛那提大师赛闯入了四强，从而锁定了世界第一的桂冠。时隔九年，西班牙人将以头号种子的身份出战本周的辛辛那提大师赛。由于费德勒因背伤退出辛辛那提的比赛，纳达尔确保能取代穆雷，成为下周一公布的新的世界排名第一。西班牙天王纳达尔已经提前锁定了本赛季ATP世界排名第一。

2017年巴黎大师赛上，凭借漂亮的两盘胜利击败郑泫，纳达尔在巴黎大师赛上取得了开门红，同时也是他2017赛季第66场胜利。对西班牙球王而言，这场胜利最重要的意义在于：它将确认纳达尔继2008年、2010年、2013年后第四次荣膺ATP年终世界第一。自2008年8月18日（22岁）首次登顶ATP世界排名第一以来，截至2017年11月5日，纳达尔在球王宝座上一共152周时间。自公开赛以来世界第一球王中位列第七，排在他前面的男子选手为费德勒（302周）、桑普拉斯（286周）、伦德尔（270周）、康纳斯（268周）、德约科维奇（268周）和麦肯罗（170周）。

31岁的纳达尔是自1973年ATP世界排名系统创立以来年纪最大的年终世界第一。他曾经于2008年、2010年和2013年获得过世界第一，成为历史上第一位3次失而复得年终第一的男单球员。除此以外，在ATP的历史中，纳达尔也是唯一一位4次年终世界第一都是在非连续年份实现的球员，还是第一位在30岁以上加冕年终第一的球员。这一次年终第一与上一次年终第一（2013年）相隔4年，与第一次年终世界第一（2008年）相隔9年，这两个间隔都是ATP之最。

现在纳达尔将与德约科维奇、麦肯罗、伦德尔一样4次成为年终第一。榜单上排名第一的是6次加冕的桑普拉斯，紧随其后的是5次登顶的费德勒和康纳斯。尽管名次不在最前列，但纳达尔却是史上唯一一位3次从年终第一跌落，却又再次回到顶峰的球员，这就展现了纳达尔永不言弃、全力以赴的精神。事实上除他以外，还没有人能两次夺回年终第一头衔。还记得纳达尔初出道时外界曾经对他的苛刻评论吗？——“纳达尔极其消耗身体的打法，注定他的辉煌注定不会持久。”然而，他在2017年强势回归，世界排名从2016年年底的第九跃升到了年终第一。这也是自罗迪克从2002年终世界排名前十到2003年中世界第一之后，取得年终世界第一选手的最大排名飞跃。

ATP执行主席兼总裁科莫德表示："ATP年终世界排名第一是一项至高无上的荣誉，需要球员展现出最高水平的球技、毅力和恒心。在31岁这样的年龄成为ATP历史上最年长的年终世界第一，拉斐尔又一次证明了他对于网球事业的追球、决心和激情。他一直都在创造新的纪录，他是我们这项运动的宝贵财富。我代表ATP向他表示最热烈的祝贺。"

● 纳达尔成绩数据统计（截至2018年1月）

大满贯冠军：16个	大师赛冠军：30个	ATP其他赛事冠军：25个
奥运会冠军：1个	戴维斯杯冠军：4个	单打冠军头衔：67个
双打最高排名：26	双打冠军头衔：9个	
场地类冠军：硬地16个，红土47个，草地4个，室内2个，室外65个		
年终世界第一：4次（2008年，2010年，2013年，2017年）		

在红土赛场上拥有统治地位的纳达尔，近年来在硬地球场也有了尚佳的表现。《电讯报》在2017年8月22日发文，对纳达尔的网球技术提升做了总结，摘录如下：

提升反手：美网场地的特性，使纳达尔不得不在较早的时间点，用双手反拍击打来球，在过去的比赛中，这种击球方式给西班牙人带来了不少问题。然而回顾2013年美网以来，你会发现，纳达尔难得的通过这种方式，形成有效的进攻。当时，西班牙人放弃惯用的正手inside-out战术，转而采用反手抢点击球的策略，经常令网带另一侧的德约科维奇措手不及。那场比赛中，纳达尔的击球时间点大大提前，以至于他的一些反拍回球几乎等同于底线的半截击球。

自那以后，纳达尔的反手有了极大进步，尽管略有起伏，但关键时刻总能派上用场。今年六月的法网上，西班牙人的表现就证明了这一点。

精进发球：今年纳达尔技术上的一大突破，就是在发球技术上的进步。本赛季，西班牙人的一发得分率高达74%，相较于去年的69%提升了5个百分点。与此同时，他每个发球局的平均ACE数量，也从去年的0.21个上升到0.3个。

积极上网：如今的ATP巡回赛中，论起网前表现最佳的球员，西班牙人绝对名列其中。他强大的高压球效果极佳，而2016年的奥运会男双金牌，也突显了纳达尔正反手、截击技术的稳定。利用大角度和强旋转的击球，偷袭上网，扰乱对手战术，常常获得奇效。值得一提的是，虽然纳达尔向来以底线能力闻名，但在今年的澳网上，他在后场也只拿下了52%的得分。

正手提速：纳达尔对红土比赛的统治很像巨蟒捕食，会一点一点地将猎物带向死亡。这位世界第一在比赛中，会使用大量的正手上旋球猛攻对手的反手位。一旦对手丢掉了防守位置，他就会进而完成绝杀。在今年法网的前五场比赛中，纳达尔72%的正手制胜分，是通过攻击对手的正手位得到的。要知道，在纳达尔打出这些制胜分的时候，他的对手早就被远远甩出目标区域了。

2017年9月9日，腾讯体育李田友以《可怕的不是纳达尔又赢了　可怕的是他还在进步》为题，对纳达尔能不断创造奇迹做了最好的诠释：

在今日进行的2017赛季美网公开赛第二场男单半决赛中，赛会头号种子、西班牙天王纳达尔鏖战四盘以4-6、6-0、6-3、6-2逆转击败阿根廷名将德尔波特罗，时隔4年再次杀进美网男单决赛，他将和南非重炮安德森争夺冠军。

纳达尔最终赢球可以说完全是在情理之中，这是他时隔4年再次杀进美网决赛，是他职业生涯第4次美网决赛暨第23次大满贯决赛，这些数据足以证明纳达尔的强大，在决赛中纳达尔非常有希望斩获自己第16个大满贯冠军，继续缩小与老对手费德勒之间的差距。

纳达尔赢球并不会让竞争对手感到可怕，真正可怕的是，在31岁的年龄，纳达尔和费德勒一样，依然保持着稳定的进步势头，这是最让那些后起之秀感到担忧甚至是绝望的一点。以本次美网比赛为例，纳达尔的体能依然非常充沛，正手击球依然稳健有力，而他的发球和上网拦截能力相比过去正变得越来越出色。

纳达尔的发球并不以力量著称，他在一场比赛中很难动辄轰出两位数以上的ACE球，但如今的纳达尔在发球方面十分稳定，对于落点的选取十分精准，线路的变化也更加令人难以预测，这直接使得他的发球得分率有了最牢固的保证，也使得他的发球局变得更加难以被攻破。此外，随着莫亚加入自己的教练团队，纳达尔的网前能力也呈现上升趋势，从底线到网前，纳达尔一直都不缺少奔跑能力，但如今他在上网时机的选择以及小球的处理上更有大师风范，今日比赛中他有多个精妙的勾斜线和回头球处理，让人看到他的武器库资源变得更加丰富。

费德勒在30岁之后进一步提升了自己的发球能力，补强了自己的反手，这使得他在36岁的年龄依然能够赢得大满贯冠军，而如今的纳达尔在体能充沛、正手强劲、心理素质强大的基础之上，进一步丰富了自己的发球和网前能力，这也成为他在本赛季有望两摘大满贯冠军的主要原因。这两位天王，用相同的方式证明了，长时间留在世界之巅的最正确方式。

纳达尔在夺取众多冠军的同时，还于2016年8月担任里约奥运会西班牙代表团旗手。为表扬纳达尔在网球界的成就，西班牙马略卡天文台将一颗于2003年5月28日发现的“128036”行星命名为“纳达尔星”，纳达尔成为首位获行星命名的网球选手。国际奥委会原主席萨马兰奇高度评价纳达尔：“纳达尔为整个网球运动都做出了贡献，不仅仅是骄人的成绩，他永不放弃的精神更是激励着观看比赛的每一个人”。

第五节　崛起的新生代

中生代男选手

米洛斯·拉奥尼奇（Milos Raonic）

1990年12月出生于黑山共和国波德戈里察，加拿大网球运动员，身高196厘米，体重98千克。拉奥尼奇出生于高级知识分子世家，他的父亲是一位工程师，他的舅舅曾经是黑山共和国的副总理。拉奥尼奇16岁就高中毕业，学习成绩十分优秀，虽然此后因为打球，放弃了进入大学深造的机会，但遵照父亲的要求，拉奥尼奇在世界排名闯进前100位之前，已经通过互联网修完了多个大学的金融学课程。2011年，拉奥尼奇在ATP圣何塞站夺得生涯首个巡回赛冠军。2014年

12月，拉奥尼奇连续第4年当选加拿大网协年度最佳男运动员。2016年1月，拉奥尼奇在澳网首次打入四强。同年7月，拉奥尼奇在温网男子单打半决赛中逆转罗杰·费德勒，成为首位打进大满贯单打决赛的“90后”男子球员，在决赛中拉奥尼奇不敌安迪·穆雷，获得亚军。在2013年罗杰斯杯、2014年巴黎大师赛、2016年印第安维尔斯大师赛也都闯入了决赛。

最高单打排名：3（2016-11-21）

职业单打冠军：8个

拉奥尼奇

格里戈尔·迪米特洛夫（Grigor Dimitrov）

迪米特洛夫

1991年5月出生在保加利亚哈斯科沃，保加利亚籍职业网球运动员，身高191厘米，体重80千克。2008年，迪米特洛夫夺得温布尔登网球锦标赛和美国网球公开赛的男单青少年组的冠军。2013年，在斯德哥尔摩公开赛中，迪米特洛夫首次夺得ATP巡回赛的冠军头衔。2014年7月，在温布尔登网球锦标赛中，迪米特洛夫职业生涯首次闯进大满贯四强。在整个2014年赛季中，迪米特洛夫收获硬地、红土、草地三种类型的男单冠军——罗马尼亚、墨西哥和女王杯公开赛，成为第1位打进男单前10的保加利亚人。在2017年辛辛那提大师赛上，迪米特洛夫战胜克耶高斯，生涯首获大师赛冠军。

最高单打排名：8（2017-8-4）

职业单打冠军：7个

多米尼克·蒂姆（Dominic Thiem）

蒂姆

1993年9月出生于奥地利维也纳新城，奥地利职业网球运动员，身高185厘米。蒂姆12岁开始在布莱斯尼克网球学校学习网球。蒂姆的父亲沃尔夫冈和他的母亲卡琳都是网球教练。青少年时期，蒂姆也经历了很多青春期成长的痛苦。他在16—17岁那年身高长了16厘米，免疫系统变得很脆弱，经常生病。蒂姆13岁时就开始参加国际性的比赛。2011年，在法网青少年组打入决赛。2016年，在法网中打进四强，世界排名首次进入前10。2014年5月，ATP1000马德里大师赛第二轮，蒂姆在先输一盘的情况下以1-6、6-2、6-4逆转世界第三的瓦林卡，获得生涯对阵世界前10的首场胜利。2017年，蒂姆打入马德里站决赛，最终不敌纳达尔，获得亚军。

最高单打排名：7（2016-6-6）

职业单打冠军：8个

未来之星（男选手）

亚历山大·兹维列夫（Alexander Zverev）

兹维列夫

1997年4月出生于德国汉堡，德国职业网球运动员，身高198厘米。兹维列夫的哥哥（Mischa Zverev）也是职业网球运动员。兹维列夫5岁开始学习网球，他也喜欢高尔夫和篮球，冬季一般和家人在佛罗里达生活、训练，也因此成为迈阿密热火队的忠实粉丝，偶像是罗杰·费德勒。青少年时期他的最高排名是世界第一，是2014年澳网青少年组冠军（击败科兹洛夫）。2014年，兹维列夫在德国不伦瑞克击败3位世界前100选手，赢得了第一个挑战赛冠军。2017年，兹维列夫在罗马大师赛和加拿大大师赛分别击败小德和费德勒，最终夺冠。

最高单打排名：6（2017-8-21）

职业单打冠军：6个

尼克·克耶高斯（Nick Kyrgios）

1995年4月出生于澳大利亚首都堪培拉，身高193厘米。小时候曾被建议去打篮球。2010年，年仅15岁的克耶高斯在斐济拿下了个人第一个ITF青少年组冠军，转年他开始全面参加比赛，并在澳网完成了生涯大满贯青少年组首秀。2012年，他拿下了2个大满贯青少年组双打冠军，世界排名升至第3，而且当年他还因病错过了澳网比赛。2013年澳网，克耶高斯以3号种子身份最终夺冠，世界排名也上升至第一。同年的温网，他卫冕了男子双打冠军。2014年温网1/8决赛中，克耶高斯以3∶1（7–6、5–7、7–6、6–3）击败拉斐尔·纳达尔。2015年5月，克耶高斯在ATP1000系列赛马德里大师赛次轮的争夺中，淘汰头号种子、瑞士球王费德勒。克耶高斯曾在2014年温网和2015年澳网进入八强。

克耶高斯

最高单打排名：13（2016–10–24）

职业单打冠军：3个

卡伦·卡恰诺夫（Karen Khachanov）

1996年5月出生，俄罗斯网球运动员，身高198厘米。2016年，ATP250成都网球公开赛，超级黑马卡恰洛夫男单决赛激战三盘，一黑到底，击败了5号种子拉莫斯，职业生涯首次问鼎ATP冠军，在成都网球公开赛男单奖杯上留下自己的第一个名字。在2017年的澳网上打进16强。

最高单打排名：29（2017–8–21）

职业单打冠军：1个

卡恰诺夫

郑泫（Hyeon Chung）

郑泫

1996年5月出生于韩国，身高188厘米。这名在韩国土生土长的男孩来自网球世家，父亲和哥哥都是网球运动员。为了治疗眼疾，他循着父兄的足迹打起了网球。郑泫眼睛不大好，因此不能戴隐形眼镜，而眼睑太小也不适合做手术，一直以来，他也习惯了戴着眼镜比赛。现在，特制的运动眼镜是他的标志。在比赛中，他不得不每打一分就去擦擦眼镜上的汗。郑泫多次获得挑战赛冠军，在2017年巴塞罗那站上打入了8强。2018年澳网，在击败了哥哥米沙·兹维列夫后，郑泫又在男单第三轮中击败了弟弟小兹维列夫，爆出了本届澳网男单赛场至今最大的冷门，这也让他成为首位闯入澳网男单16强的韩国人。

最高单打排名：47（2017-8-28）

职业单打冠军：无

丹尼尔·梅德韦杰夫（Daniil Medvedev）

梅德韦杰夫

1996年2月出生于俄罗斯，身高198厘米。来自俄罗斯的梅德韦杰夫，2016年赛季的世界排名从329位提升到98位。他从ATP执行主席科莫德的手中，接过了总奖金5万美元的支票，同时他也成了本赛季的泰尼飞最佳新人奖获奖人。2017年温网，梅德韦杰夫击败世界排名第三的瓦林卡，锁定了生涯首场大满贯单打胜利。在2017年的清奈赛中，他也闯入了最终的决赛。

最高单打排名：48（2017-7-24）

职业单打冠军：无

安德烈·卢布列夫（Andrey Rublev）

卢布列夫

1997年10月出生于俄罗斯，俄罗斯网球运动员，身高188厘米。卢布列夫的父亲曾是一名拳击手，他的妈妈和一个姐姐都是网球教练。除了网球，卢布列夫和同龄的大男孩儿一样爱好广泛，他不仅喜欢拳击、音乐，还喜欢篮球，是NBA迈阿密热火的忠实粉丝。集父母运动天赋，卢布列夫从3岁多起就显露出不一般的网球天赋。2014年12月18日晚，ITF公布了2014年ITF年度冠军得主，卢布列夫获得青年男冠军。在2017年乌马格站上，卢布列夫获得自己第一个职业单打冠军。而在今年美网赛场，卢布列夫先后淘汰迪米特洛夫、戈芬等好手，生涯首次跻身大满贯八强。

最高单打排名：49（2017-7-24）

职业单打冠军：1个

博尔纳·丘里奇（Borna Ćorić）

1996年11月出生于克罗地亚，克罗地亚网球运动员，身高185厘米。2013年，丘里奇在澳洲网球公开赛和法国网球公开赛的青少年组比赛中都打进了四强，在美国网球公开赛一举夺冠，并成为青少组世界第一。2014年美国网球公开赛，丘里奇从资格赛打进正赛，在首轮的比赛中挑战赛会28号种子卢卡斯·拉索尔，成为继德约科维奇于2006年美国网球公开赛之后，第二位以最小年纪打入美网正赛的球员。2017年4月17日,ATP250赛摩洛哥马拉喀什公开赛男单决赛，丘里奇最终在鏖战三盘之后以5–7、7–6（3）、7–5逆转击败科赫尔斯奇雷伯，获得自己职业生涯首个ATP赛事单打冠军。在2017年马德里站上，战胜了穆雷，进入八强。而在美网赛场上，丘里奇更是把夺冠热门之一的小兹维列夫淘汰出局。

丘里奇

最高单打排名：33（2015–7–27）

职业单打冠军：1个

弗兰西斯·蒂亚弗（Frances Tiafoe）

蒂亚弗

1998年1月出生于美国，美国网球运动员，身高188厘米。2015年，转入职业网坛。在2017年美网首轮比赛中，蒂亚弗和瑞士天王费德勒战满五盘才输给对手，让这位小将引起了更多人的关注。

最高单打排名：60（2017–7–24）

职业单打冠军：无

中生代女选手

卡洛琳·沃兹尼亚奇（Caroline Wozniacki）

沃兹尼亚奇

1990年7月出生在欧登塞，丹麦籍波兰裔女子网球运动员，身高177厘米。2006年成为少年组女子世界第一并取得温网少年组女单冠军，同年首次闯进WTA巡回赛正赛。2007年5月，首次进入大满贯单打正赛。2008年7月，在斯德哥尔摩获得个人职业生涯首个单打冠军。2008年10月，在北京获得个人职业生涯首个双打冠军。2009年9月，凭借马德里赛亚军，美网单打亚军等佳绩，同年11月首次进入WTA年终总决赛。2010年，沃兹尼亚奇在印第安维尔斯闯入决赛，罗杰斯杯获得冠军，而后获得中网女单冠军，同年10月成为WTA史上第20位登上世界第一宝座的球手，在年终总决赛上获得亚军。2011年，获得迪拜大师赛冠军，印第安维尔斯皇冠赛冠军。2013年，印第安维尔斯站获得亚军。2015年，获得WTA顶级巡回赛保时捷公开赛亚军。2015年4月27日，女子单打世界排名第五。2017年，在迪拜赛、迈阿密站、罗杰斯杯等六站比赛中获得亚军。

最高单打排名：1（2010–10–11）

职业单打冠军：25个

约翰娜·孔塔（Johanna Konta）

1991年5月出生于澳大利亚悉尼，英国著名女子职业网球运动员，身高180厘米。2016年澳大利亚网球公开赛，在和张帅的黑马大战中，孔塔凭借更强大的发球和凶狠的底线，笑到了最后，成了33年来第1位打入澳网女单四强的英国人。在2016年的中网上，孔塔连克多位强敌打入决赛，排名也提升至世界前10，结束了英国女网对世界前十长达32年的等待。在WTA年度奖项评比中，孔塔以超过80%的支持率毫无悬念地获得2016年“最快进步球员”这一荣誉。2017年迈阿密站，孔塔力克沃兹尼亚奇夺冠。

孔塔

最高单打排名：4（2017-7-17）

职业单打冠军：3个

佩特拉·科维托娃（Petra Kvitova）

捷克人，身高182厘米，世界女子网坛第一位“90后”大满贯冠军。2011赛季夺得6座冠军奖杯，其中包括温布尔登网球公开赛冠军、马德里站冠军、伊斯坦布尔WTA年终总决赛冠军等。随捷克队击败东道主俄罗斯队赢取联合会杯冠军，她的年终排名从上赛季第34名跃升至第2名。在年终总决赛顺利夺魁后，科维托娃于2011年11月14日在美国佛罗里达州的WTA颁奖典礼上一举拿下年度最佳球员、年度最快进步奖、运动精神奖和球迷最喜欢的最佳突破奖4个奖项。2014年7月5日温网决赛，科维托娃战胜布沙尔，收获个人第2座大满贯单打冠军。此外，科维托娃在2012年罗杰斯杯、2013年迪拜、2015年马德里、2014年及2016年武汉均取得冠军。

科维托娃

最高单打排名：2（2011-10-31）

职业单打冠军：20个

阿纳斯塔西娅·帕夫柳琴科娃（Anastasia Pavlyuchenkova）

1991年出生，俄罗斯职业网球选手，身高177厘米。她曾经是青少年组的大满贯冠军，在2006年澳网（击败沃兹尼亚奇）、2006年美网（击败塔米纳·帕斯泽克）和2007年澳网（击败布伦格尔）中夺冠。转入职业赛场后，2010年美网，首次在大满贯中打入第四轮。2011年，在法网中刷新了自己大满贯的最好成绩，闯进了八强。在蒙特雷站曾四次登顶（2010年、2011年、2013年、2017年）。

帕夫柳琴科娃

最高单打排名：13（2011-7-4）

职业单打冠军：10个

可可·范德维格（Coco Vandeweghe）

1991年12月出生于美国，美国网球运动员，身高185厘米。范德维格出生于体育世家，叔叔Kiki Vandeweghe是前NBA明星队队员亦担任New Jersey Nets的总经理，母亲Tauna曾于1976年获得奥运会女子游泳亚军及1984年奥运会排球亚军的好成绩。范德维格于2008年勇夺美网女青少年组冠军。在大满贯赛场上，2015年，范德维格就打进温网八强。2017年，范德维格在澳网先后战胜科贝尔和穆古拉扎进入四强，在温网第四轮击败沃兹尼亚奇。

最高单打排名：19（2017–5–15）

职业单打冠军：2个

范德维格

卡洛琳娜·普利斯科娃（Karolina Pliskova）

1992年3月出生在捷克娄尼，捷克籍女子网球运动员，身高186厘米。发球出色，正拍爆发力强，属于底线力量型选手。2010年1月30日，捷克美少女普利斯科娃成为澳网青少年女单新科冠军，这也是她获得的首个大满贯头衔。转入职业网坛后，普利斯科娃曾在2016年辛辛那提站、2017年多哈站等取得冠军。在2016年，美网她打入决赛不敌科贝尔获得亚军。2017年，澳网打进了八强，在法网打进了四强。

最高单打排名：1（2017–7–17）

职业单打冠军：9个

普利斯科娃

伊莉娜·斯维托丽娜（Elina Svitolina）

1994年9月出生于乌克兰哈尔科夫，乌克兰网球运动员，身高174厘米。2015年5月10日，斯维托丽娜被评为WTA四月份最佳新秀。2016年，斯维托丽娜在纽黑文和珠海站都获得亚军。2017年是斯维托丽娜爆发的一年，在这一年中，她连夺迪拜、罗马、加拿大三站超五赛冠军。此外，在大满贯赛场，法网进入了八强，在美网进入了16强，也是创造了自己在美网的最好战绩。

最高单打排名：4（2017–8–14）

职业单打冠军：9个

斯维托丽娜

加尔比妮·穆古拉扎（Garbine Muguruza）

1993年10月出生于委内瑞拉，西班牙女子职业网球运动员，身高182厘米。3岁开始练习网球，打法极具侵略性。在2014年法国网球公开赛的第二轮比赛中，穆古拉扎以黑马的态势横扫世界一姐小威。在八强战中以6–1先下一盘的情况下被俄罗斯名将、前世界一姐莎拉波娃连追两盘逆转，遗憾止步八强，后者也是该赛事的冠军得主。但穆古拉扎也创同样造了个人大满贯最好成绩。2015年，温网她不敌小威获得亚军，在中网夺冠。2016年法网，

穆古拉扎

力克小威，首夺大满贯冠军。2017年，穆古拉扎澳网进入八强，温网决赛上战胜大威，夺得自己的第二个大满贯冠军。此外在辛辛那提站上也击败哈勒普一举夺魁。随着普利斯科娃在2017年美网无缘四强，穆古拉扎将在新的一周世界排名上登上世界第一的宝座，而她也会是WTA历史上第24位世界第一。

最高单打排名：1（2017–9–11）

职业单打冠军：5个

西蒙娜·哈勒普（Simona Halep）

1991年9月出生，罗马尼亚网球运动员，身高168厘米。曾夺得2008年法网青少年组女单冠军，并在2008年青少年组女单世界排名榜上高居榜首。2014年，哈勒普在马德里、法网、年终总决赛都闯入了决赛，但均屈居亚军。2015年，多伦多、辛辛那提站获亚军；2017年，罗马、法网、辛辛那提站获亚军。2015年，哈勒普在迪拜和印第安维尔斯分别击败普利斯科娃和扬科维奇夺冠。2016年，在马德里和罗杰斯杯站上夺冠。2017年马德里站成功卫冕。

哈勒普

最高单打排名：2（2014–8–11）

职业单打冠军：15个

未来之星（女选手）

叶莲娜·奥斯塔彭科（Jelena Ostapenko）

出生于1997年6月，拉脱维亚网球运动员，现效力于拉脱维亚国家女子网球队，身高177厘米。2016年2月28日，超级大黑马拉脱维亚姑娘奥斯塔彭科在比赛中被8号种子、西班牙单反名将纳瓦罗以1–6、6–4、6–4逆转，奥斯塔彭科虽然与冠军奖杯擦肩而过，不过这位拉脱维亚小将依然迎来了个人排名的大幅飙升，从原来的第88位蹿升至第41位，世界排名首次进入前50行列。2017年6月10日，奥斯塔彭科获得法网女单冠军，成为拉脱维亚历史上首个大满贯冠军，法网历史上首位以非种子球员身份夺冠的女单冠军，世界网坛首位“95后”大满贯单打冠军。2017年6月24日，ESPY奖公布了候选人名单，奥斯塔彭科获得最佳女子网球运动员提名。2017年7月，奥斯塔彭科入围2017年ESPY大奖最佳女子网球运动员。

奥斯塔彭科

最高单打排名：12（2017–6–12）

职业单打冠军：1个

大坂直美（Ōsaka Naomi）

大坂直美

日本网球新星，身高180厘米。大坂直美1997年10月出生于日本大阪，她的父亲莱昂纳多是美国国籍的海地人，母亲环是日本人。据说大坂直美很小的时候，就跟着父亲在居住地附近靭公园的网球场玩，开始接触网球，从很小的时候，大坂直美就显示出了运动天赋，她的发球尤其令人惊异，能够达到200千米/小时的球速，接近女子选手最快速度209千米/小时。所以很多女选手在第一次碰到大坂直美的时候都会很不适应。2016年，大坂直美世界排名首进前100。2016年，她在东京赛战胜斯维托丽娜进决赛，还在第二轮战胜齐布尔科娃；澳网、法网、温网均进入第三轮。2018年美网，大阪直美在决赛中击败小威，一“黑”到底。

最高单打排名：7（2018–9）

职业单打冠军：3个

梅尔滕斯（Elise Mertens）

梅尔滕斯

1995年11月出生，比利时网球运动员，身高179厘米。在2017年霍巴特站中，梅尔滕斯一举夺魁。在伊斯坦布尔赛上，梅尔滕斯进入决赛，不敌斯维托丽娜。在纽黑文站上，闯入了半决赛，最后不敌齐布尔科娃。

最高单打排名：39（2017–8–28）

职业单打冠军：1个

多丁（Oceane Dodin）

多丁

1996年10月出生，法国网球运动员，身高183厘米。在2017年马德里站中，战胜齐布尔科娃，进入16强。在华盛顿比赛中，也是打入了半决赛。2017年美网，战胜帕梅蒂尔，晋级次轮。

最高单打排名：46（2017–6–12）

职业单打冠军：1个

阿什雷格·巴蒂（Ashleigh Barty）

巴蒂

1996年4月出生，澳大利亚网球运动员，身高166厘米。在2017年伯明翰站上，巴蒂战胜穆古拉扎，闯入决赛，最后不敌科维托娃，屈居亚军。在辛辛那提站上，三盘淘汰大威廉姆斯，进入16强。在2017美网，巴蒂淘汰了康纽和萨斯诺维奇，闯入第三轮，不敌斯蒂芬斯。

最高单打排名：42（2017–8–21）

职业单打冠军：1个

凯瑟琳·贝丽斯（Catherine Bellis）

凯瑟琳·贝丽斯

1999年出生4月出生，美国职业网球运动员，身高168厘米。3岁时，贝丽斯第1次拿起网球拍。其母亲年轻时参加过青少年比赛，她带着贝丽斯到当地的乡村俱乐部打球，但11岁时贝丽斯才开始把集中精力在网球上。2014年,15岁的贝丽斯在美网首轮击败赛会12号种子齐布尔科娃，成为自1996年库尔尼科娃以来，赢得美网女单正赛胜利最年轻的选手。2016年美网，首轮击败瑞士选手格鲁比奇，第二轮击败罗杰斯，最终输给科贝尔止步于第三轮。2016年11月6日，贝丽斯在ITF巡回赛多伦多站决赛中击败杰西卡·马列科娃获得冠军，同时使自己世界排名第1次来到了前100。2017年迪拜赛，贝丽斯战胜A.拉德万斯卡，进入八强。在斯坦福赛上，战胜2号种子科维托娃，进入四强。罗杰斯杯中，在第二轮战胜库兹涅佐娃。

最高单打排名：35（2017-8-14）

职业单打冠军：无

Chapter 9

第九章 | 引领时尚新潮流

第一节 百年时尚经典回顾

古老的风韵

现代网球从诞生之日起，就以高雅、时尚风靡世界。各个时期的职业选手、半职业和业余选手，虽然受着传统观念的束缚与时代的局限，但他们一直在利用网球运动来展示自己的个性和魅力。以优美的身材和性感的时装，在这个特殊的T台上表现着非凡的美丽与风韵。

网球服装的历史变迁

著名网球撰稿人计晨平在《温布尔顿的魅力女郎》一文中写道：

1860年，女士们刚刚涉足网球运动时，厚重的法兰绒和斜纹布一度被认为是最适合的布料，服装上甚至还有毛皮之类的装饰。但随着莱德·沃森1884年在温网夺冠，白色的比赛服逐渐流行，并且这种颜色能够有效地掩饰运动不可避免的汗渍。白色球服是当时少见的紧身式样，头上还戴着一顶男式的运动草帽。3年后，15岁的洛蒂·托德赢得温网女单冠军，她身着长度仅及小腿的裙子，但这并没有引起太大的争议，因为她的校服也是同样的款式。尽管如此，托德仍然祈求在20世纪到来之时，能够出现一款“不阻碍女士呼吸的网球服装”。

1939年5月20日，在伦敦Putney草地网球俱乐部60周年庆典的活动中，参加混双表演赛的女球员，为观众献上了一场1879年的古老网球装束：别致的小礼帽、温婉的蕾丝花边、柔美的腰带、层层叠叠的碎花长裙。60年之后，女球员终于可以彻底抛弃曾经把她们包裹得密不透风的紧身束衣、衬裙和一条几乎拖地的长裙。告别的不只有厚重的服饰，还有对性别意识的束缚。

法国著名时装设计师和艺术史学家戴安·伊丽莎白·波伊利尔在其《网球时尚》一书中对古代及近代网球服饰做了详尽的描述：

早期女子网球服脱胎于中世纪贵族小姐的服饰，清一色的长袖长裙，搭配礼帽或头巾；袖口必须包紧手腕，裙摆必须盖过脚踝，因为当时的网球着装规定：女子网球选手必须穿“长到脚踝的白色连衣裙、束腰马甲、衬裙和帽子”。第一代女子网球选手们包着这身行头在网前东奔西跑，酷似一个灌满气体的移动布口袋，长裙的笨重常常让她们不得不分出精力来应付随之产生的阻力气流，还得时刻小心别让帽子或头巾掉落。

不过这当中也有另类，比如来自英国的莱德·沃森。她是第一个穿过膝连衣裙上场比赛的选手，并蝉联了前两届温网女单冠军。她的这身装扮惊呆了当时所有的观众，却被公认为现代女子网球服的鼻祖。

1887年，当多数女选手用紧身束胸、衬裙和一条快要拖到地上的长裙把自己裹得密不透风时，15岁的洛蒂·托德穿着剪短后的学校制服裙出现在温网赛场上，她获得了那一年的温网冠军。不久后，网坛女性的着装标准被放宽为"以不妨碍呼吸为准"。

1905年美国姑娘梅·萨顿来到温布尔顿之前，她在家乡加利福尼亚练球时喜爱穿着父亲的衬衫，因为这令她运动时感到自由自在，不受拘束。萨顿当年在全英俱乐部的举动引起了很大的轰动，不仅由于她一举夺魁，更由于她在比赛中把衣袖高高挽起，露出手腕。对此，她解释道："袖子太长、太热了。"

1903—1914年，多萝西·钱伯斯是温布尔顿网球锦标赛的女王，在此期间她共获得了7次温网女单冠军，是这位美国姑娘让几个世纪的帽子和裙撑退出了历史舞台，但女装仍持续其繁复的风格。钱伯斯在球场上就穿了两三层硬衬裙，以及紧身胸衣。

1912年8月15日法国杂志《女性》的封面，展示的是奥运会女子网球冠军布霍凯迪斯小姐全力救球的场面。她的着装风格是非正式的：圆形低领上衣，袖子长至肘部，裙子下垂至踝部，帽子上系有彩色塔夫绸缎带，白色袜子和绣有蝴蝶结的鞋。

令人昏厥的勇敢者

在传统风格的束缚下，人们以传统的方式着装、打球。直到1919年，受第一次世界大战的催化，有一位勇敢的女性打破了旧俗，网球的着装才有了翻天覆地的变化。率先在温网展现这一变化的是勇敢的法国女球员苏珊·朗格伦。总共获得19项温网桂冠的伊丽莎白·雷恩在谈及朗格伦时评论道："所有女选手都应当向朗格伦行礼，感谢她将她们从胸衣的束缚中解放出来。"实际上，朗格伦不仅"遗弃"了胸衣，还前所未有地穿着一件质地轻柔的短袖裙装，裙长仅及小腿。此外，朗格伦别出心裁地设计了一些显眼的点缀，比如色彩鲜艳的缎带、卷至膝盖的白色闪光长袜以及束发带。她的这种打扮，在观众当中引起了轰动，惊喜不已与受惊昏厥的人数基本持平。

戴安·伊丽莎白·波伊利尔是这样评述的：

1919年，来自巴黎的窈窕淑女苏珊·朗格伦是第一个敢于脱掉紧身束胸上场比赛的选手。尽管她在温网的亮相让观众呼吸加速，但宽松的服装让她成为世界网坛的传奇——1919年到1926年间，她只输过一场比赛。她的魅力和大胆作风是网球票房的保障。她改长袖为短袖，并配以宽松的过膝百褶裙和长袜，这身轻便装备帮助她获得了6次温网冠军和2枚奥运金牌，也赢得了媒体的经典评语："网球场上的裸腿之战。"

1921年，海伦·威尔斯将白色鸭舌帽和开襟羊毛衫（冬天时穿着）作为她比赛的标志性服装。

1931年，琼·莉塞特将长袜改为短袜，成为网坛首位露出双腿参赛的女选手。她的出现标志着网球史上长裙时代的结束。

1932年，英国的班尼·奥斯汀成为网坛首位穿短裤比赛的男性选手；美国的爱丽斯·玛布尔在一年后成为首位穿短裤比赛的女选手。

1933年，为了抵御难忍的酷热，法国选手让·拉考斯特（鳄鱼品牌的创始人）发明了一种短袖立领的运动衫。后来，拉科斯特与“双线网眼编织法”的厂商联合制作了鳄鱼牌T恤衫，并将该织法一直沿用至今。

此后，女子网球服令人惊艳的频率越来越高。1936年，美国选手海伦·雅各布斯首次穿着短裤进行比赛并轻松获胜，赛后她表示“我的胜利一半要归功于我的这条短裤”。

1939年，温网冠军鲍比·里格斯用白T恤替代了白衬衫。

这一时期女选手们对网球服的大胆创新和革新并没有获得广泛的认可，苏珊·朗格伦的“短袖+百褶裙”被讥笑为“田径运动员的装扮”，海伦·雅各布斯的短裤被斥责“有伤风化”，穿着白T恤的鲍比·里格斯则被称为“底层人民”。

冲破束缚的时代

20世纪30年代的球场衣着时尚，陡然向中性风格转变，尤其在一群美国选手中，这股风潮尤为明显。像海伦·雅各布斯和爱丽斯·玛布尔都爱穿法兰绒短裤和长袜，上身则是水手领的T恤。同时期流行用法兰绒制成短裤。男性球员被允许穿短裤上球场。从未获得大满贯球员的班尼·奥斯汀，他敢于穿“自在、舒适”的衣裤取代规定白色长裤。虽然他未得到大满贯赛的冠军，但却因穿着法兰绒短裤而引起社会的关注。

然而，当美丽的海伦·嘉科思企图穿一条百慕大沙滩裤出场时，她险些遭到被驱逐出场的处分。但美丽的海伦·嘉科思仍夺取了4个美网和1个温网的冠军。

凯·斯泰姆斯被公认为20世纪30年代英国最著名的女子网球运动员，她的名满天下不仅在于与佛里达·詹姆斯合作赢得1935年、1936年2座温网女双冠军奖杯，更在于她与约翰·肯尼迪的亲密关系，她娇好的容貌和独特的着装品位，无论场上场下，都是受人追捧的明星。短袖针织小领运动衫、运动短裙、束踝短袜，在凯·斯泰姆斯的身上，卓越的运动表现和简约时尚的形象得到了完美的调和。

20世纪40—50年代是一个冲破了束缚的自由年代，杰克·克雷默不仅是网球拍名品Wilson的创造之师，更是著名的V形领针织网球衫的设计师。这似乎是永远经典的服装样板，直至今日仍主导着网球服的流行趋势。当然，克雷默的3个大满贯冠军也与他的球拍和经典服装一起载入了网坛史册。

第二次世界大战结束后，温布尔顿的女子比赛基本上被美国人控制（保琳·贝茨、露易斯·布劳、多丽斯·哈特、马格丽特·奥斯波恩），她们的装束与球场非常协调，骑士帽、短袖T恤、短裙或短裤。

40年代末期，来自美国加州的长腿美女格西·莫伦在赛场上的着装引起轰动。在白色绸缎的短裤外，穿着印有豹纹图案的衬裤。在她不停的运动中，时而会露出蕾丝衬裤的一角，引起观众的哗然。《网球时尚》一书曾刊登了这一照片，并说明道：格西·莫伦，昵称“艳丽的格西”是一位著名的网球冠军，也是服装设计师泰迪·天凌的支持者。她身着镶有花边的短裤曾在

1949年的温网比赛中引发了丑闻。图中是格西·莫伦在麦迪逊广场花园的比赛中，身着印有豹纹图案的短裤。

20世纪50年代是一个快速成长的年代，许多男选手仅是继承而没有创造。但球技高超的雪妮·费雷不仅为自己的网球生涯留下了4座大满贯奖杯，而且也是历史上首位夺得全满贯的女子选手。与她的成绩一起留名的是由她引进网球赛场上的类似“胸衣细带”的短背心。

对于20世纪50年代以后的网球时尚，戴安·伊丽莎白·波伊利尔是这样评述的：

> 1946年，法国人伊万·佩特拉是温网历史上最后一位穿着长裤夺冠的男选手。
>
> 1949年，当格西·莫伦穿着超短裙和蕾丝边内裤走上温布尔顿赛场时，保守的英国佬差点被气得集体中风，而网球服装的革命也终于告一段落。此后50多年，网球服装只是在材质和款式上略有改进。
>
> 1950年，美国选手格西·莫伦在温网秀出了一件超短裙搭配平角衬裤的新潮球衣。这款球衣是当时的著名设计师皮埃尔·博尔曼专门针对女选手运动特点而设计的，风靡了整个五六十年代，因为穿上它女选手们再也不用担心“走光”问题。
>
> 好在观众们的品位也随着网球服的革新变得越来越时尚，越来越宽容。1979年，18岁的琳达·西格尔第一次穿着吊带网球裙亮相温网，虽然这样的装束在今天已屡见不鲜，但在当时却无异于重磅炸弹，这一前卫的创意立刻点燃了观众的眼球。虽然没多久琳达便被美国传奇名将比莉·简·金击败，但她却是那届温网的印象之星。从此，“性感”一词正式与女子网球相融。自此，观众的视角也远不止来回击球。

到了80年代，查尔斯·埃弗顿以穿着粉红与紫色的霓虹上衣与短裙相搭配横空出世。这种明快的颜色也吸引了金发飘逸的阿加西。阿加西首度凭借一条酸洗的彩版牛仔裤出尽了风头。以这种叛逆和反传统的前卫装束，埃弗顿和阿加西创出了世界网坛大满贯新高纪录，但他们的经典造型仍不及着白色睡衣抢风头的安妮·怀特，她一身奇特的“温布尔顿白”在彩色的世界起到了“清风御骨，超凡脱俗”之功效。

轰动1949年的豹纹短裤

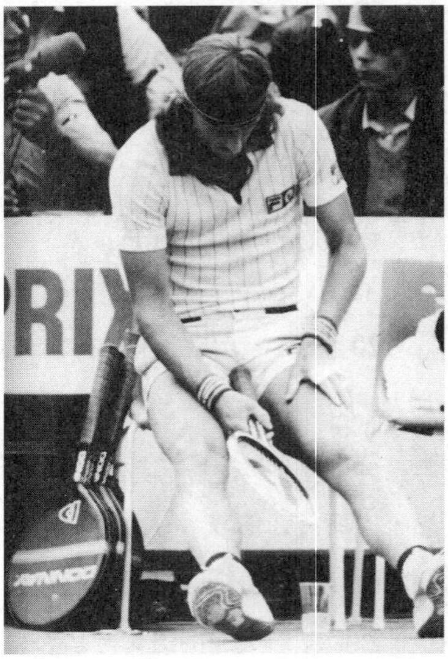

70年代的男装

80年代的女装

时尚新版

20世纪90年代后，女子网球服进入了真正意义上的“黄金时期”。色彩缤纷、款式各异的网球裙、网球套装如雨后春笋般涌现，镂空、蕾丝、前胸留洞、后背漏网，并辅以最新的高科技成果，一派乱花渐欲迷人眼的景象。女子网球服的进化趋势正在向“领口越来越低、裙摆越来越短、布料越来越少”靠拢。

90年代末的女装

90年代，男子选手去学习NBA球员的超长宽松短裤，也学会了欣赏棒球帽反戴的形象。但玛丽·皮尔斯在罗兰·加洛斯的一身黑色紧身球衣掀起了后来的“比赛热服”斗秀。皮尔斯的“黑色幽灵”令人叫绝的同时，她也在这个年代夺取法网冠军，成了法国人的骄傲。

作为跨世纪的网球选手，安娜·库尔尼科娃开始了自己“跨世时尚”版的起步和演练。她以两截式的露脐球衣开秀，用她超乎年龄的性感装束，把激烈厮杀的网球赛场变异为时装秀的T台，给百年以来的网球时尚和流行宣言作出了个人的诠释。

小威的21世纪新潮服

不过要特别一提的是温网。无论世界排名有多高，来这里参赛的运动员就得穿白色的不出格的球衣。1985年，美国选手安妮·怀特以一件白色紧身服出赛，结果被赛会勒令立即换装，否则剥夺其参赛权。莎拉波娃也曾因训练时穿的吊带网球裙不够白且不够长而被严令更换。

2000年，集运动精神和时尚新版为一体的威廉姆斯姐妹，以敢于出位的“凸凹形体”开创了个性流行。露背、跳跃色和低胸衣混合了头饰、耳环饰、鞋袜饰及文身饰。这种集时尚之大成着实吸引了不少人士的眼球。

进入21世纪后，随着人们品位的提高，网球服的革新越来越宽容，样式也变得越来越时尚。与100多年前那些老式保守的网球服相比，无论观众还是参赛者，如今这些青春逼人、性感简约的现代网球服饰，更让人喜爱。

费德勒的科技衫

2006年温网，天王费德勒实现四连冠的新款球鞋相当别具匠心，鞋后跟处金黄色的装饰代表温布尔顿的奖杯，中部配以温布尔顿奖杯上的花纹装饰，鞋底的鞋钉设计专供草地之用。难以被忘记的还有那件“神秘”的乳白色夹克外套胸前口袋上用激光文出的图案：3支球拍形状，代表3个温布尔顿冠军头衔；草的图案，代表草地网球大师头衔；“F”旁的曲线模仿温网奖杯形状以及费德勒的狮子座图腾；而瑞士十字标志则代表着他的出生地。

天王和公主的球衣也是耐克革新性的高性能运动服，其科技面料能像第二层皮肤那样对体温和汗液的变化做出反应。衣服背后那些引人注意的特殊大小和形状的排气孔，可是用激光切割出来的。排汗时这些气孔会打开，而面料完全干透后，它们又会恢复到平整的状态了。如此打造天王与公主，可谓匠心独具。

21世纪的网球场，曾经矜持的“贵族”已不见踪迹，女士们穿着荧光色镂空的上衣和超级短的裙装，搭配夸张的耳环、戒指，甚至连指甲都不放过。而男士们也在球衣上花费了很多心思，其争奇斗艳程度往往超出观众的想象。网球场好像变成了时尚的战场。

拥有靓丽外表与妖娆身材的莎拉波娃，与其说她是一名网球选手，不如说她更像一位超级名模。莎拉波娃在耐克有自己的专属分线。2006年以奥黛丽赫本的黑色小礼服为灵感设计的网球裙铸就球场经典。19岁莎拉波娃的“香奈儿小黑裙”是具有标杆意义的，因这套低调却暗藏着奢华的战袍而被首度提出了“运动时尚”的概念，其不仅包含着莎拉波娃对于黑色幸运色的偏爱，更是包含着莎拉波娃一颗执著追求网球梦想的心。2007年的美网战袍则是最为惊艳的一套，600颗施华洛世奇水晶的网球服光彩照人，而鲜艳大胆的红色更是将莎拉波娃内心的火热与赛场上的暴力抽球体现得淋漓尽致。在2017年美网复出赛上，莎拉波娃更是美网日场、夜场两套战袍展示的引领者。莎拉波娃已成为著名商业品牌，成为世界时尚的标杆。现在，我们更多时候是在时尚杂志里、在电视广告中看到她。

威廉姆斯姐妹在当今女子网坛的地位可谓举足轻重，她们拥有最多的大满贯冠军奖杯，也是网球时尚界一对重要的姐妹花。姐姐大威的时尚品位一直很受专业人士的青睐，她还曾获得“最会穿衣十佳奖”，已经拿下服装设计专业学位的大威现在拥有了自己的服装品牌——“EleVen”。而妹妹小威虽然也拥有自己的服装公司——“ANERES”，但她的品味却不如姐姐那么好。不过没关系，自信、特立独行的小威照样认为自己是“时尚巨星”。

大威廉姆斯的蝙蝠袖网球服；小威廉姆斯的奢华钻戒，搭配豹纹美甲，引来很多时尚潮人的追捧。

酩悦与网球，同样源自法国，同样以优雅、风尚风靡全球。费德勒作为酩悦香槟的全球品牌大使，完美地演绎酩悦香槟加网球的传奇。2010年，福布斯网站曾评选出了15位体育界的最佳着装人士，费德勒则成为男子球星中的唯一代表。他的着装风格利落、经典，风格少有改变，完美诠释了网球运动的魅力。

不仅是网球选手进军时尚圈，时尚圈名人喜爱网球的也不在少数。时尚女魔头安娜·温图尔对网球尤其喜欢。据传，她每天早上5时起床，工作前先打网球，而且她还是美网、温网和法网的常客。

现代的网球场上涌入了一些新鲜而刺激的流行元素，越来越多的选手亲自参与服饰设计，而各大运动品牌的设计师们也开始结合网球运动的特点，并从流行元素里探寻合适的接口，在力与美之中找到平衡。褶皱、亮彩、裸色，时尚界当下最为流行的元素闯了进来，时尚、新奇、性感，令人眼花缭乱。

2017年美网的赛场上，球员们比拼的不仅是网球技术，同时还有靓丽的服装。在2017赛季最后一项大满贯赛事开战之前，各大服装赞助商火力全开，纷纷与时尚界大牌设计师展开合作，为球员们打造出时尚感十足的战袍。

2017年美网，耐克与意大利顶级设计师前纪梵希创意总监Riccardo Tisci合作，为莎拉波娃度身打造了一款黑色连衣裙，这款战袍以精细的蕾丝花边和镂空设计为特色，镶嵌的施华洛世奇水晶更是令人惊艳。设计师表示，他的灵感来源于莎拉波娃在2006年夺得美网冠军时所穿的那一袭经典黑裙，而这一次与众不同的完美设计风格令所有人都眼前一亮，再辅以莎拉波娃的颜值与气质，堪称绝配，显得更加华美和典雅。这套战袍的市场价则高达1 200美元，相当于人民币近8 000元，裙装售价500美元，夹克衫售价700美元，再创网球装备价格新高。

阿迪达斯旗下球员的美网战袍则由著名歌手Pharrell Williams操刀设计。这一系列主打复古风格，将20世纪70年代的经典潮流与近年来运动服装科技的革新相结合，打造出了从服装、配饰到鞋袜的一整套网球装备。亮眼色块与针织材质的结合，使人眼前一亮。

Stella Mc Cartney为沃兹尼亚奇设计了一款色彩抢眼的Adidas Barricade网球裙，这一系列的灵感来自于纽约纵横穿插的街道，以及日落时分城市上空绚烂的天际线。

大威廉姆斯的最新EleVen系列，包括了上衣、裙子、训练服和配饰，其中最亮眼的是Epiphany Pendulum款网球裙，采用了橘色、黑色、白色的混搭，展现了女性的高光时刻。

第二节　时尚潮流的引导者

历史上的风向标

有一句流行语：让美丽与时尚特立，使风度与流行独行。网球正是美丽与时尚的风向标，是风度和流行的晴雨表。它以竞技的、时尚的、快乐的、流行的一切元素，折射着朝代的潮流趋势。

早在20世纪初，英国女孩莫德·沃特森以刚刚及膝的连衣裙亮相温网，惊呆了当时所有的观众，她的这身装扮被公认为现代女子网球服的鼻祖。而后，法国选手苏珊娜将长袖改为短袖，并配以宽松的过膝百褶裙和长袜。从那以后，新式女性专用运动服应运而生，以后很长一段时间内，现代网球裙基本上就保持了这样的形式。简洁流畅的式样不仅适合运动员的挥拍和跑动，而且成为社会的流行时尚，受到追捧，影响着人们追逐时代的风潮。

1949年，绰号为“美人格西”的莫伦以蕾丝花边的短衬裤在赛事上深受瞩目。后来有好事者“揭发”这种蕾丝只是粗糙廉价的家常用品而已。无论粗糙与否，“美人格西”用她的衬裤点燃了一阵狂热。当时全世界的报纸和杂志头版都刊登了莫伦的照片和她的衬裤特写，而赛马、新型飞机，甚至调料等都纷纷以她的名字命名。莫伦当年制造的盛况估计只有如今的库尔尼科娃才能与之相比。

20世纪50年代之后，著名的比莉·简·金是首位在网球比赛中给眼睛引入时尚配饰的人。那副猫眼式眼镜伴随金夫人夺取了11座大满贯奖杯，也成为同时代许多名人和普通人争相效仿的紧俏商品。

与金夫人同时代的最伟大男性球员阿瑟·阿什，除了在肤色上差异于以往的网球选手外，他在眼睛上方架设了一副可乐瓶底式的镜框，成为众多年轻人特别是黑人追逐的时尚。时至今日，仍有许多美国人喜欢以阿瑟·阿什的镜框形状作为自己量身定做眼镜镜框的首选。

以“坏孩子”闻名的约翰·麦肯罗，喜欢穿着能突出肌肉和各个身体部位的紧身运动衣裤。其更引入瞩目的是头饰上的“Jimi Hendrix”牌的头带。作为时代的流行宣言，麦肯罗可以用头带吸附发际间的流汗，同时在向裁判理论时把它摔向地下以视其性格。这种发带的多种用途，直至现代仍在网球场或是NBA赛场流行和使用。

同时代的翠西·奥斯汀和安雷·乔吉尔则能在小小网球场创造出早熟风韵的编辫少女形象。这种风韵的效果一直延续到上世纪末。许多运动项目中的天才少年都曾效仿这种形象出现在体操和艺术体操赛场上，以此取得“印象分”的奇效。

2010年，爱马仕的春夏女装就推出了小巧的网球裙，看似随意的运动服饰得到了全新的设计及阐释。很多女孩也许连网球拍都没有摸过，但她们拥有一至两条“网球裙”，这件时尚单品在上世纪末再次掀起一股热潮。

库娃的胸衣和阿加西的标新立异

1999年春天，专门制作女士胸衣的Berlei公司（美国）选中了库尔尼科娃为他们的产品做广告模特。这家公司同库尔尼科娃签订了千万美元的广告合同。虽然当时众多销售专家都对该公司的这种广告方式产生怀疑。权威的报纸《Financial Times》指出，该家公司委托这位俄罗斯姑娘开拓欧洲的广告市场，这是有伤风化的冒险行为。《Arena》杂志也讽刺地指出，按产量指标，两家大的胸衣制造商Next和Gucci在市场分额上都逊色于Berlei公司，仅管穿着Berlei胸衣的库尔尼科娃却无论如何也不能打进一些大型比赛的四分之一赛。然而，各种猜疑也不能阻止这种胸衣因库尔尼科娃的广告作用而风靡世界。

库娃的胸衣

在同库尔尼科娃签约之前，Berlei公司也同一些模特合作过，效果不太理想。然而在温布尔顿一次训练比赛上，库尔尼科娃穿着带有黑色B标志的Berlei牌的吊带胸衣，运动中展示出了无与伦比的美艳。当时赛场周围聚集了许多库尔尼科娃的追星者和摄影记者。随后，安娜迷人的照片几乎全部刊登在英国、法国以及欧洲其他国家的刊物上。奇怪的现象发生了：成千上万的青少年模仿者都拥挤到商店来购买安娜穿过的那种性感胸衣。在一个月内这种胸衣的销量是1998年的两倍，而在欧洲的分店销量增长了70%。真是愈美丽，愈流行！

在网坛奋斗了24年的传奇人物阿加西，不仅以其非凡的球技独步天下，而且他的桀骜不羁、标新立异也让人铭记。曾经，他长发披肩，穿花衬衫、牛仔裤，一副“纨绔子弟”像，是许多青少年的偶像。经过几番起落、几番沉浮后，他一改常态，变成不修边幅的光头汉子，但他仍然受到社会的极大关注。他曾经的教练，著名的尼克·波利泰里尼在回答记者“阿加西给网坛带来怎样影响”时说道：“从一开始，人们就想巴比·鲁斯（美国棒球传奇人物）那样击球的家伙，然后是一流的球员，然后才是传奇精英。是阿加西把网球带入代言人的时代。他的形象家喻户晓，从金融到服饰，不管是什么，他就是“那个”。他就像一个催眠术士，你在任何一家网球中心，都会看到阿加西的外套和装备。阿加西的知名度如同他的头发和正手……”离开网球界以后，阿加西顺利踏足时尚界，他和妻子格拉芙为LV拍摄的广告大片也让人们记忆深刻。

莎娃的时尚品牌

2006年第五期的《网球》杂志《19岁的莎拉波娃让所有的预言显得保守》（作者serra）一文中，在介绍莎娃巨大的商业价值的同时，让人们看到了这位美少女引领时尚潮流中的表现和作用。

> 她取代了彪悍的男人，或者是温和的商人，成为路虎越野车广告的主角，她成为超级网球游戏TOP APIN2的少女杀手，她在T台上和凯特·莫斯这样的巨星对抗……同时，她在最近的WTA巡回赛上也热得烫手，到今年为止，她还没有让基里连科、格洛温、格罗内费尔德等未来的潜在对手，从自己手里抢走一次胜利。
>
> 她是莎拉波娃，她告别了17岁的年少成名，也告别了18岁的成人礼，她正在迎来她肆无忌惮的19岁……
>
> 她继续为自己举办自己的派对，盛大得如同一个公众的节日，那些记者、摄影者、广告商、经纪人、化妆师、教练、亲人……继续围绕着她，有人艳羡她的冷艳，有人钦佩她的勇猛，有人惊讶她的勤奋。
>
> 世界在莎拉波娃的面前继续打开，在赢得温布尔顿以后，就有人预言她将是“全世界最具商业价值的女选手”。而在她年满19岁之际，我们看到即使是这样的预言也显得有点保守，她的竞争力已经远远超越了运动场。在商业广告上，她越来越多地侵占着原属于超模、影星的地盘，玛丽亚·凯丽签下Elizabeth Arden的发布会几乎和莎拉波娃的路虎发布会同时召开，而第二天莎拉波娃就抢夺了更大的报纸版面，她使运动时尚成为一个大热门，开启了很多设计师的灵感。当然，整个网球运动也在从中受益，从莎娃的身上，我们看到的是一个超级娱乐、超级时尚、超级有趣的网球运动。

当莎拉波娃在2006年美网战胜海宁获得第3个大满贯冠军的时候，人们有理由相信，她在领导世界新时尚方面会走得更远，在制造新的时尚波澜、引领时代新潮流方面会走得更高。

从2006年至2015年，莎拉波娃连续十年成为《福布斯》全球收入最高的女运动员，被《体育画报》评为全球最美丽运动员，誉满全球。

2013年，莎拉波娃推出自己的时尚品牌，正式踏上了时尚之路。

第三节　网球与时尚的混血儿

关于莎拉波娃，实在有说不完的话题。在现今的国际网坛上，莎拉波娃就是一个天生的网球与时尚的混血儿。

1.88米的身高，高贵的气质，迷人的美貌，加上过硬的球技，莎拉波娃的一举一动似乎都能成为舆论的焦点，自然也受到了时尚界的青睐。黑色蕾丝网球裙镶嵌施华洛世奇的水晶，再加上高挑的身材，美艳动人的面庞，莎拉波娃在网球的各个角落，都会成为人们关注的焦点，毫不夸张地说，莎拉波娃简直就是T台上最靓丽的模特明星。中国网协“泰尼斯”公司的马伶在题为

《网球与时尚的混血儿》一文中写道：

莎娃曾经给多个杂志拍摄过封面或写真，包括《Vogue》《E:60》《Women' s Health》《Ocean Drive》《Harper' s Bazaar》《Hamptons》《Shape》《Glamour》《Esquire》《Traveller》《Tatler Russia》《The Boca Raton Observer》等。今年，她也参与了《Dujour》《Vanity Fair》等杂志的拍摄，换上时装的莎拉波娃，时而笑容甜美，时而高贵冷艳，与赛场上的她相比，少了几分霸气，多的则是妩媚与成熟。

说莎拉波娃是时尚界的一张名片一点也不为过。2009年，莎拉波娃亮相在智利圣地亚哥举办的Cachantun时装秀。2012年2月，现身纽约时装周，还参加了Rodarte时装表演。同年9月参加了纽约时装周维多利亚·贝克汉姆成衣秀专场。2013年，莎拉波娃出席ESPY颁奖典礼，身穿露背薄纱裙的她妩媚万分。同年，她以一席黑色透视装出席“未来非洲梦”基金庆典。此外在Porsche Design2014春夏时装秀上也有她的身影。2015年，俄罗斯美女又出现在了巴黎时装周的现场，短短几天时间，先后出席了Stella Mccatney、Chanel，以及Valentino三场顶级时尚秀，在评选的最佳10款造型中，莎娃也榜上有名，气质绝不亚于顶级超模。在2007年、2012年、2013年和2016年，莎娃均受邀出席了奥斯卡晚宴，在这几年的着装中，有黑色短裙、有经典的天鹅蕾丝装、有露背晚礼服、有白色花纹裙装，将莎娃的稳重、高贵与美艳尽收眼底。莎拉波娃成为名副其实的全球时尚坐标，网球与时尚完美结合的代表。

此外，莎娃还为多个品牌代言。早在2004年，莎娃就与瑞士名表豪雅签订了为期3年的合同，每年将为她带来100万美元的收入。另外，包括路虎、佳能、索爱、PARLUX香水、蒂芙尼、保时捷等品牌均与莎娃签署过合作关系。2010年，她与耐克签订了一份8年的长约，仅此一个代言，莎拉波娃每年就有接近900万美元入账。凭借着高价代言费和赛事奖金，莎拉波娃连续11年占据福布斯女运动员收入排行榜第一位，堪称“吸金女皇”。

当然，莎娃在赛场外赢得的这一切也源于她在网球界所拥有的荣耀。2004年，年仅17岁的莎拉波娃就击败当时风头正劲的小威廉姆斯获得温网冠军，一战成名，成为和对手并列年龄最小的女单大满贯冠军得主。随后在2006年美网、2008年澳网、2012年及2014年法网夺冠，成为公开赛时代第六位达成“全满贯”伟业的女选手。2005年，年仅18岁的莎娃就登上了世界第一的宝座，职业生涯35个单打冠军更证明了自己不仅只有美貌，更有统治网球赛场的绝对实力。

2016年，莎拉波娃称自己误服禁药，未通过澳网药检，在召开发布会之后，耐克宣布在调查期间暂停与莎娃的合作关系，泰格豪雅也紧随其后发表声明，宣布解除与莎娃自2004年建立起来的合作关系。而2013年就与莎娃签订合作关系的保时捷也表示在获得更多详细信息之前，暂时推迟原定和莎拉波娃相关的推广活动。但就在处罚结果出来之后，耐克宣布恢复与莎娃的合作，称莎娃并非有意违反反兴奋剂条例，希望她能够回到球场。此外，海德的董事长也宣布计划与莎娃续签合约。随后，莎娃上诉成功，将禁赛期缩短至15个月，保时捷通过俄罗斯塔斯社发表声明称将继续讨论未来的合作。而当解禁复出之后，莎娃也将重新担任联合国亲善大使。虽然禁药事件使莎娃收入锐减，形象受到了一定程度的影响，但从赞助商的态度来看，莎拉波娃的商业价值依然无法估量，她还是那个时尚界最受欢迎的女运动员。

即使在禁赛期间，莎娃也依旧没有离开人们的视线。她亮相Met Gala慈善舞会；在国际糖果及休闲食品展览会上亲自宣传自己在2012年创立的Sugarpova旗下的新品巧克力；收到知名设计师Vera Wang的时装发布会邀请函，参加纽约时装周；第五次出席奥斯卡晚宴等。在名流云集的情况下，莎拉波娃依旧是摄影师的焦点，在聚光灯下的她光彩照人，高贵闪耀，散发着独特的魅力。

在莎娃解禁复出后，多次遭遇伤病困扰，在法网不给外卡、因伤退出温网资格赛后，美网组委会给了莎娃一张宝贵的外卡。在首轮就面对世界排名第二哈勒普的艰难局面下，最终莎娃苦战三盘，赢得了解禁后的大满贯首胜。在胜利的一刹那，莎娃激动跪地，泪洒当场。虽然最终无缘八强，但让我们相信的是，这个霸气坚强的姑娘、这个美丽自信的姑娘、这个网球与时尚界的混血儿，真的回来了。

Chapter 10

第十章 | 世界网球新格局

网球一直都是以个体参与为主的运功项目。球员个体的成绩与水平在ATP与WTA的“年终世界排名榜”中一目了然。如果分析网球运动在全球的分布范围、世界各国运动水准、参与人口和规模，以及未来该地区的趋向走势等，确实是一个庞大且复杂的统计学分类工作。

分析21世纪第二个十年世界网球新格局，不仅需要对当今世界网坛做总体分析，还需要从男女个体两方面做分析，最后再从各个国家综合实力去分析，才能给出一个全面、真实的世界网坛新格局。

从历史上讲，近代网球运动前期还是欧洲君主制国家比较强，如英国、澳大利亚、瑞典、西班牙、法国、荷兰以及美国。进入公开赛后，这些国家的选手依然统治和垄断着网球运动。随着全球经济一体化，竞技体育职业化，国际体育进一步的交流和渗透，作为职业化程度很高的主流项目，网球运动受到越来越多的国家重视，传统的网球格局被颠覆，越来越多非网球传统国家的球员加入竞争。到了21世纪的今天，一些传统强国依然保持了强势，有的网球传统强国则没落了，也有一些新发展起来的国家进入网球强国行列，而有的虽然努力奋斗，却依然在发展之中。

第一节　当今网球格局

先从ATP和WTA不同战线分析一下当前世界网球的格局。

关于男子网球，北京时间2017年11月20日，《网球之家》特立独行报道：

历时7天的2017赛季ATP年终总决赛结束男单冠军争夺战后，在伦敦落下大幕。首次入围年终总决赛的两位“90后”球员保加利亚帅哥迪米特洛夫和比利时名将戈芬用一场精彩的青春对决，为2017赛季画上了一个圆满的句号。

在这场冠军争夺战中，迪米特洛夫和戈芬的表现都堪称上乘，而保加利亚人在决胜盘的发挥更胜一筹，最终以7–5、4–6、6–3总比分2∶1战胜了戈芬，首次伦敦之旅就成功捧起了冠军奖杯，令人艳羡。在经过了两年的低迷和徘徊之后，迪米特洛夫在2017赛季完成蜕变，他以一个ATP1000大师赛冠军和一个年终总决赛冠军的辉煌战绩向世人宣示，“90后”球员终将站上历史舞台。

对于广大球迷来说，2017赛季伴随着惊喜、遗憾、失望和感叹，多种情绪交杂其间。谁也不会想到，这一年，四大满贯被费德勒和纳达尔这两位老而弥坚的一代传奇包揽；谁也不会料到，德约科维奇、穆雷、瓦林卡、拉奥尼奇、锦织圭、孟菲尔斯等一众高手接连伤退，早早离开赛场，世界排名一降再降；谁也不会想到，费德勒11次参赛7次夺冠，状态堪比巅峰；谁也不会料到，纳达尔第四次登顶年终世界第一的宝座，却伤退总决赛，再一次留下深深的遗憾。令人欣喜的是，总决赛的冠亚军不再是四巨头垄断，冠亚军是名副其实的“90后”，曾经的翩翩少年……。

费纳会师澳网决赛，五盘大战惊心动魄；法网十冠，纳达尔缔造空前红土霸业；温网八冠，瑞士天王一盘未失；红土之王第3次称雄美网；小兹维列夫、迪米特洛夫、索克抢下4座大师赛桂冠……，一场场精彩的较量，一幕幕感人的瞬间，这就是网球带给我们的无限魅力，这就是网球发展的历史必然。逢此网坛盛世，这是广大球迷的福和缘。

展望2018赛季，身体健康的费德勒、纳达尔必将全力捍卫霸主地位，复出的德约科维奇、穆雷、瓦林卡等一众中生代球员也势必卷土重来。新赛季，以迪米特洛夫、小兹维列夫为首的新一代球员会有怎样的表现？戈芬、索克、蒂姆、克耶高斯这些世界男子网球的未来在大满贯赛事中能走多远？群雄逐鹿的男网江湖，令广大球迷浮想联翩。

关于女子当前的局势，2017–10–22腾讯体育、网球之家发表李田友《七人争夺WTA年终第一？谁能真正取代小威？》一文，转发如下：

2017赛季WTA年终总决赛即将拉开战幕。参加本次总决赛的八位球员分别是哈勒普、穆古拉扎、卡·普利斯科娃、斯维托丽娜、大威、沃兹尼亚奇、奥斯塔彭科和加西亚，其中前7位球员依然保留着争夺年终第一的机会。雅虎体育今日对这八位球员进行了专业的点评，以下是文章选译：

这或许是WTA历史上最难以预料的一个赛季，四大满贯的冠军分别属于四位选手，而且其中有两位还是非种子选手，有五位选手先后登上了世界第一的宝座。WTA年终总决赛汇聚了今年表现最好的八位选手，从理论上来说，总决赛的结果会让我们找到一些线索，那就是当小威在不远的将来难以避免的走向退役之后，谁能够真正接替她的位置。

第八位：大威（现世界排名第5位）

毫无疑问，大威拥有一个堪称辉煌的职业生涯，但是她已经是37岁的高龄，在未来的两三年内她必定要考虑退役这件事情。以她的年龄，想要重返世界第一的位置显得比较困难，她比较现实的目标或许是在退役之前力争再获得一个大满贯冠军。今年大威在澳网和温网均杀进了决赛，美网也进入了四强，在过去15年的时间中，她和小威无疑是女子网坛最出色的两位选手。

第七位：沃兹尼亚奇（现世界排名第6位）

沃兹尼亚奇在过去一度深陷低迷，世界排名曾下滑到了第74位，如今能够重返TOP10，沃兹尼亚奇配得上高度赞誉。2010—2012年，沃兹尼亚奇有67周保持排名世界第一的宝座，但是现在看来她想要重返这一位置有些困难，迄今为止她依然没有能够赢得首个大满贯冠军，在最近几年她的状态虽然有所回升，但是甚至没有能够接近大满贯的荣誉。对于27岁的沃兹尼亚奇来说，她很有可能延续自己自2008年以来每年都有冠军入账的纪录，但是缺乏力量的打法注定让她很难真正统治女子网坛。

第六位：卡·普利斯科娃（现世界排名第3位）

25岁的捷克姑娘在本赛季首次登上了世界第一的宝座，但是仅仅持续了8周的时间，她还需要证明自己真的有实力长期留在世界最佳选手的行列中。在2016年美网杀进决赛之后，她今年在大满贯赛的表现显得有些乏善可陈，温网她本来是夺冠的最大热门，但是在第二轮就早早爆冷出局。

卡·普利斯科娃不缺乏力量，尤其是她炮弹般的发球，这使得她在大赛中能够具备足够的竞争力，但是她的技术特点显得过于单一，这使得她想要赢得大满贯冠军还是显得颇为困难。在卡·普利斯科娃实现大满贯突破之前，相信怀疑会一直伴随着她。

第五位：斯维托丽娜（现世界排名第4位）

斯维托丽娜度过了非常成功的一年，先后赢得5个WTA单打冠军，其中有两个来自红土，有三个来自硬地，世界排名首次进入TOP10。对于这位23岁的乌克兰姑娘来说，之前师从海宁让她受益匪浅。在本赛季的比赛中，斯维托丽娜曾击败了参加本次总决赛的大多数选手，包括大威、穆古拉扎、哈勒普和沃兹尼亚奇。在美网的比赛中，如果她能够再多赢两场，也可以首次登上世界第一的宝座。斯维托丽娜的弱点非常明显，那就是缺乏力量，但是她的击球动作非常出色，这意味着她在未来几年中完全有可能向大满贯冠军发起冲击。

第四位：加西亚（现世界排名第9位）

当加西亚在2011年持外卡参加法网并在与莎拉波娃的比赛中发起猛攻时，穆雷曾表示我们看到了一位未来的世界第一选手。过去几年加西亚经历了很多沉浮，直到本赛季才终于取得突破，她在法网杀进八强，这也是她迄今为止在大满贯赛中的最佳成绩纪录，随后她又在武汉网球公开赛和中国网球公开赛上赢得冠军，这使得她首次获得了年终总决赛的参赛资格。加西亚本赛季的一个重大变化在于从单双打兼顾变成了专攻单打，她同时退出了法国的联合会杯队伍，但是现在看来所有的付出都是值得的。

对于24岁的加西亚来说，她无疑有足够的实力在未来冲击世界第一的宝座，这一点在今年的中国赛场中得到了充分的体现，她击败的对手包括了科贝尔、斯维托丽娜、科维托娃和哈勒普，她证明了自己是一位危险的选手。

第三位：奥斯塔彭科（现世界排名第7位）

奥斯塔彭科也许是目前最难预测其职业生涯前景的一位选手，她有可能无法摆脱“一满贯”的尴尬，但也有可能连续赢得好几个大满贯冠军。20岁的奥斯塔彭科打法具有很强的观赏性，她的强力进攻往往会让对手感到喘不过气来。在今年法网的比赛中她连续击败了多位劲敌，赢得自己职业生涯首个大满贯冠军，她的世界排名也从第47位上升到了第7位，但随后她的状态显得有些起伏不定。她的职业生涯未来到底会如何发展，目前还是一个巨大的未知数。

第二位：哈勒普（现世界排名第1位）

哈勒普的发展轨迹和奥斯塔彭科似乎刚好相反，奥斯塔彭科从一位籍籍无名的小将突然就成为大满贯冠军，而哈勒普成名多年，如今也登上了世界排名第一的宝座，但是却始终与自己首个大满贯冠军无缘，在今年的法网决赛中，哈勒普输给的对手正是奥斯塔彭科。两人的技术特点也是泾渭分明，奥斯塔彭科一味猛攻，而哈勒普的攻防更加均衡。26岁的哈勒普在关键时候似乎总是会功亏一篑，除了法网决赛、中网决赛等外。如今虽然已经登上世界第一的宝座，但在赢得首个大满贯冠军之前，怀疑将会一直伴随着她，而现在她要做的或许就是先将压力从自己身上卸下来，希望她的未来不会成为下一个沃兹尼亚奇或者下一个萨芬娜。

第一位：穆古拉扎（现世界排名第2位）

穆古拉扎已经充分展现出来了自己作为一名巨星的潜质，她在赛场上的打法非常具有观赏性，力量和平衡都不欠缺，而在赛场之外她的发言清晰而且总是引人深思。从目前来看，穆古拉扎是最有可能从小威手中接过球后宝座的人，她在今年温网赢得自己职业生涯第二个大满贯冠军，世界排名也在随后登上了世界第一的宝座。如今她在球速最快和最慢的场地上都赢得过大满贯冠军，充分证明了自己强大的综合实力。对于24岁的穆古拉扎来说，只要能够继续保持目前这样的状态，她无疑是最有可能统治女子网坛的选手。

第二节　从个体实力看网球

如何从男女个体分析世界各国网球运动的水平？《网球之家》作者何洋洋于2017年11月1日撰文做了详细解析。读者可从中得到启发。现转载如下：

虽说网球发源于法国，兴起于英国，曾经这对宿敌国家也曾在网球历史上有过辉煌和荣耀，可如今地表最强的网球强国却并非这两个国家，判断一个国家的网球水准，可以从世界排名以及他们在联合会杯以及戴维斯杯中的成绩来窥见，综合男女来谈世界网坛的实力分布是个不小的工程。

先从男子方面谈谈。一说到男子网坛，大家都会想到费德勒和纳达尔，德约科维奇和穆雷，这四个巨头经常两两被“捆绑销售”，他们被称为四巨头，是男子网坛近十年来的一段佳话，四个人一共50个大满贯，几乎垄断了所有大型比赛的冠军，令男子网坛保持着一股近乎执着的稳定，费纳疲软时，德穆扛起大旗，德穆因伤退出赛季时，费纳又重回巅峰。但从世界格局的宏观角度来看，四巨头所在的国家并不是网球实力最强最均衡的，尽管他们都率领自己的队伍在戴维斯杯中登顶过，但判断一个国家的网球整体水平，还得从其世界排名以及ATP前100名的数量和质量来看。

美国无疑又是这方面做得最好的，尽管自从阿加西和桑普拉斯这样现象级的球员退役之后，美国始终没能涌现出一位具备争夺大满贯希望的领军人物，但是我们从本周的世界排名依旧可以发现，美国选手在ATP前100名中占据了整整10个席位，这其中包括伊斯内尔、奎雷伊这样的老将，也有索克、约翰森这样的中坚力量，近年还有几位新生代力量包括提福和弗里兹开始崭露头角，这些人共同撑起了美国男网的实力。但值得注意的是，美国上一次夺得戴维斯杯冠军还要追溯到十年前，当年，罗迪克带领美国队时隔12年再度捧杯，而已经退役的罗迪克在2004年美网拿到的冠军，依旧是美国男网最近的一个大满贯头衔。

让我们把视线转向欧洲大陆，现代网球的发源地英国，20世纪六七十年代的辉煌之后，英国人到2012年才盼来一位大满贯冠军，安迪·穆雷让骄傲的英国绅士们找回了走进温布尔顿观看温网的底气。除了穆雷，英国在世界排名前100名的选手中还拥有埃德蒙德以及贝德内这样实力不俗的中坚力量。2015年穆雷率队夺得戴维斯杯之后，在2016年迎来大爆发，拿下温网的同时在年底首次登顶世界第一，英国王室授予穆雷爵士称号。

网球诞生于15世纪的法国王室，法国在几百年来也一直走在这项运动的前列，本周ATP世界排名前100名的球员中有8位来自法国，尽管世界前10名中不见高卢人的身影，但特松加、加斯奎特、孟菲尔斯这样的老将曾经都是大满贯八强甚至四强的常客。法国最近夺得戴维斯杯冠军还是在2001年，不过今年法国队再次闯进戴维斯杯决赛，将在11月份与比利时队争冠。

同样是莱茵河畔的德意志，是法国曾经是历史上的宿敌，也拥有雄厚的实力。ATP新生力量年仅20岁的小兹维列夫在今年两夺大师赛冠军，率先突破了巨头在大师赛的统治，这位德国新秀世界排名目前高居第4位，成就高于同时期的费德勒。他的哥哥米沙·兹维列夫同样是世界排名前30的悍将，德国选手在ATP世界排名前100名占据6席，德国队有望在明年时隔24年再次冲击戴维斯杯冠军。

足坛有一句话：正所谓欧洲无弱旅。放到网坛依旧适用，一说到西班牙的网球，就不得不说纳达尔，法网十冠的辉煌被网球名宿们认为是21世纪网坛最不可思议的一件事，这位16届大满贯冠军在今年打进三项大满贯决赛，豪取法网和美网冠军。2004年年仅18岁的纳达尔首次参加戴维斯杯就和队友们帮助西班牙夺得冠军，随后的2008年、2009年和2011年，纳达尔又三次率队夺得戴维斯杯。西班牙网球也人才济济，擅长红土作战的斗牛士们，在本周的世界排名前100名中占据了7个名额，纳达尔世界排名目前高居世界第一，前10名中还有一位“90后”选手拉莫斯。

此外，俄罗斯和澳大利亚都是网坛不可忽视的劲旅，培养出了萨芬以及休伊特这样的大满贯级别选手，东欧各国也都具有一流实力的网球名将。

把视线拉回到亚洲，因为男子网坛对身体素质的要求更高，力量和速度是顶尖选手必须具备的，而这也是亚洲选手始终难以突破大满贯冠军瓶颈的原因，日本的锦织圭是亚洲历史上首位闯进大满贯决赛和闯进世界前10的选手，比起中国在世界排名前200名中的空空如也，日本远远地把我们抛在了后面。韩国也涌现出了郑泫这样年纪轻轻就闯进前50名的新星，中国在网坛要走的路还很长，今年在美网青少年组夺冠的吴易昺，刚刚在深圳闯进八强的张之臻，让国人看到了一点希望，中国男网的死水开始出现一点希望的水花，他们会不会成为中国男网的突破口呢？我们尽可以好好等待。

下面从女子网坛入手，根据WTA世界排名前100名选手来分析当今各国网坛局势。

刚刚提到地表最强的网球大国，从女子网坛排名来看的话，这个荣誉颁发给美国应该没有异议，在最新一期的女子世界排名榜单上，大小威领衔的美国新老女将占据了前100名的14个席位，除了大小威这对姐妹之外，前20名的还有凯斯和范德维格这样年轻的中坚力量，以及1999年出生的贝丽丝。贝丽丝的世界排名已经闯入Top60，她也是强大的后备力量。

从联合会杯冠军的数量来看，美国也是当仁不让的大boss。自1963年这项全球性的赛事创办以来，美国队先后17次捧杯，包括20世纪七八十年代的一波七连冠。但是近年来，由于顶级选手缺席联合会杯以及其他原因，美国队已经16年没有尝到过冠军的滋味了。不过今年的联合会杯四强中又出现了美国队的身影，半决赛对阵新科联合会杯小boss捷克，美国队如果能够获胜，将可能在决赛面对两匹黑马白俄罗斯和瑞士的胜者。

长期雄踞世界网坛前列的俄罗斯粉红军团，一直令世界刮目相看。近二十年来，从早期的米斯金娜、库兹涅佐娃和佩特洛娃以及中期的莎拉波娃、维斯尼娜等，到如今的帕夫柳琴科娃、卡萨金娜，俄罗斯在与美国的对抗中也不落下风。在今年春天，粉红军团集体爆发，维斯尼娜在迈阿密拿到了生涯最重要的冠军头衔，随后的蒙特雷、查尔斯顿赛的冠军被两位俄罗斯姑娘泡芙娃和卡萨金娜收入囊中。在目前的Top100中，俄罗斯选手占据8个席位，在数量上仅次于美国，质量方面也有老牌队员库兹涅佐娃，其高居世界第八。俄罗斯队也曾是联合会杯的王者，在2004—2008年五年间，红粉军团拿下其中四个冠军。

美俄两个超级大国就这样包揽了前100名中超过五分之一的席位，留给其余国家的空间已经不多了，欧洲传统强国也争先恐后的想挤进榜单，亚洲双姝中国和日本也想占据一席之地。

来到网球的发源地，英法在女子方面的实力相比20世纪和21世纪初期实力已大大减弱，拥有温网这样史上最伟大赛事的大英帝国在WTA世界前100名中仅有孔塔撑住门面，还好这位新西兰出生的“90后”并没有像英国曾经力捧的沃特森以及罗布森那样陨落，踏实的孔塔如今已经杀入世界前10，排在生涯最高的第6位。法国在前100名中拥有包括梅拉德诺维奇和加西亚等5位这样上升势头很猛的中坚力量。梅拉德在今年更是大放异彩，闯进了四项赛事的决赛，拿下了圣彼得堡顶级赛的冠军，并且在马德里决赛中把哈勒普拖入第三盘，世界排名升至生涯最高的第14位。

德国女网拥有目前世界第一的科贝尔，以及刚刚在斯图加特上演辛杜瑞拉奇迹的西格蒙德，包括格尔格斯和巴瑟尔等7位悍将，在数量上仅次于美俄。今年德国队在联合杯世界组附加赛中3∶2险胜乌克兰才避免降级的命运。排名世界第一的科贝尔在一场关键的单打比赛中再次输给斯维托丽娜，这场比赛也可以说是德国姑娘登顶球后的状态缩影。德国战车需要一个更加有说服力的世界第一和领军人物。

提到了欧洲列强，就不得不提新晋联合杯女王团捷克，在前100位中占据6席的捷克军团在过去的六年中五夺冠军，成为联合会杯历史上的最大赢家之一。在最近十年，捷克涌现了萨法洛娃、科维托娃这样曾高居前十的名将，也有卡普里斯科娃这样的新领军人物，今年的捷克又诞生了两位“首冠”成员，分别是年初深圳夺冠的斯尼亚科娃和在比尔夺冠的1999年出生的万卓索娃。万卓索娃先于同年出生的贝丽丝一步拿到了首冠，目前排名处于第109位。

最后有必要说一下处于女子网坛中游的亚洲网球，其代表就是中国、日本以及哈萨克斯坦，中国在WTA前100名中占据5个席位，总体在世界排位第6。世界排名第31位的张帅将在罗马以及斯特格拉堡力冲法网种子席位，彭帅也在罗马赛的签表中，首轮面对状态不俗的巴瑟尔。而排名升至第57位的王蔷则通过两轮资格赛的考验闯入正赛，首轮对阵迈阿密新科冠军维斯尼娜。段莹莹和郑赛赛分列第64位和第65位。日本则有排在第49位大阪直美领先的小萌妹，除了大坂直美以及土居美咲外，尾琦里莎、日比野菜绪和奈良在ITF的积分也多。这周再度取代张帅成为亚洲一姐的普丁塞娃是哈萨克斯坦的领军人物，另外舍夫多娃也是巡回赛里不能轻视的对手。

粗略计算一下，美俄德捷中日法七国的选手刚好占据了WTA前100名的一半。还有上文未提到的罗马尼亚、西班牙以及意大利，都有4人位列WTA前100名。

断定一个国家网球实力强弱最直观的方式是这个国家生长和培育出多少网球名将。我们可以应该看到这项运动普及率所产生的影响，中国目前需要做的不仅仅是举办各种国际级别的赛事或者要培养下一个李娜，而且也要让网球走进百姓的日常生活。

● ATP世界排名前100名（按照人数排序）

序号	国家	人数/人	球员
1	法国	9	特松加（12），普伊（20），孟菲尔斯（22），加斯奎特（30），马纳里诺（34），西蒙（39），佩尔雷（41），赫伯特（64），查迪（79）
2	美国	9	伊斯内尔（14），索克（17），奎雷伊（21），哈里森（44），约翰森（46），唐纳德森（51），唐纳德扬（57），蒂亚弗（71），埃斯科韦多（77）
3	西班牙	8	纳达尔（1），阿古特（15），布斯塔（16），拉莫斯（24），费雷尔（25），菲·洛佩兹（35），沃达斯科（42），阿尔玛格罗（92）
4	阿根廷	8	德尔波特罗（28），施瓦茨曼（33），L.梅耶尔（52），泽巴洛斯（58），德尔波尼斯（59），佩拉（73），基克尔（93），博洛克（96）
5	俄罗斯	6	卡恰洛夫（29），梅德韦杰夫（53），卢布列夫（54），库兹涅佐夫（70），尤兹尼（98），东斯科伊（100）
6	塞尔维亚	5	德约科维奇（5），特洛伊基（47），提普萨勒维奇（66），拉约维奇（84），德耶雷（99）
7	德国	5	A.兹维列夫（6），M.兹维列夫（27），科赫尔斯奇雷伯（37），施特鲁夫（56），F.梅耶尔（75）
8	意大利	5	弗格尼尼（26），洛伦兹（40），法比亚诺（81），塞皮（86），加尼西（91）
9	英国	4	穆雷（2），埃德蒙德（45），贝德内（48），埃文斯（87）
10	瑞士	3	费德勒（3），瓦林卡（4），拉克索宁（94）
11	克罗地亚	3	西里奇（7），卡洛维奇（38），丘里奇（62）
12	加拿大	3	拉奥尼奇（11），沙波瓦洛夫（69），波斯皮希尔（78）
13	比利时	3	戈芬（13），达尔西斯（65），贝梅尔曼斯（95）
14	日本	2	锦织圭（10），杉田祐一（43）
15	澳大利亚	2	克耶高斯（18），汤普森（74）
16	捷克	2	伯蒂奇（19），维塞利（55）
17	乌克兰	2	多尔戈波洛夫（63），斯塔霍夫斯基（97）
18	巴西	2	席尔瓦（68），贝鲁奇（76）
19	奥地利	1	蒂姆（8）
20	保加利亚	1	迪米特洛夫（9）
21	卢森堡	1	穆勒（23）
22	乌拉圭	1	奎瓦斯（31）
23	南非	1	安德森（32）

序号	国家	人数/人	球员
24	荷兰	1	哈塞（36）
25	韩国	1	郑泫（49）
26	葡萄牙	1	索萨（50）
27	格鲁吉亚	1	巴西拉什维利（60）
28	中国台湾	1	卢彦勋（61）
29	波黑	1	德祖赫（67）
30	以色列	1	塞拉（72）
31	突尼斯	1	贾兹里（80）
32	塞浦路斯	1	巴格达蒂斯（82）
33	斯洛伐克	1	格姆波斯（83）
34	乌兹别克斯坦	1	伊斯托明（85）
35	罗马尼亚	1	科皮尔（88）
36	斯洛文尼亚	1	卡维西奇（89）
37	多米尼加	1	布尔格斯（90）

● WTA 世界排名前 100 名（按照人数排序）

序号	国家	人数/人	球员
1	美国	14	维纳斯·威廉姆斯（9），塞雷娜·威廉姆斯（15），凯斯（16），范德维格（21），戴维斯（34），贝丽斯（36），里斯科（49），罗杰斯（60），麦克哈尔（63），勒普琴科（64），布伦格尔（80），斯蒂芬斯（84），布劳迪（91），马泰克（100）
2	捷克	8	卡·普利斯科娃（1），科维托娃（13），斯特里科娃（24），萨法洛娃（37），克·普利斯科娃（40），斯尼亚科娃（41），万卓索娃（67），阿勒托娃（90）
3	俄罗斯	8	库兹涅佐娃（8），维斯尼娜（18），帕芙柳琴科娃（20），马卡洛娃（38），卡萨特金娜（39），维克里亚特塞娃（59），亚历山大洛娃（78），罗迪娜（83）
4	德国	7	科贝尔（6），格尔格斯（32），巴瑟尔（51），西格蒙德（54），T.玛利亚（62），维特霍夫特（65），佩特科维奇（93）
5	法国	5	梅拉德诺维奇（14），加西亚（19），科内特（47），多丁（48），帕梅蒂尔（99）
6	中国	5	彭帅（23），张帅（29），王蔷（55），郑赛赛（85），段莹莹（92）
7	罗马尼亚	4	哈勒普（2），科斯蒂亚（53），贝古（57），尼库莱斯库（58）
8	西班牙	4	穆古拉扎（3），纳瓦罗（35），阿鲁阿巴雷纳（61），杜尔默（87）
9	克罗地亚	4	康纽（22），鲁西奇（31），维基奇（52），马蒂奇（86）
10	日本	4	大坂直美（45），日比野菜绪（79），尾崎里沙（95），土居美咲（97）
11	斯洛伐克	3	齐布尔科娃（11），莱巴里科娃（33），塞佩洛娃（89）
12	澳大利亚	3	加夫里洛娃（26），巴蒂（42），斯托瑟（44）
13	比利时	3	梅尔滕斯（46），菲利普肯斯（76），乌伊凡克（96）

续表

序号	国家	人数/人	球员
14	意大利	3	文奇（43），吉奥尔吉（69），斯齐亚沃尼（75）
15	乌克兰	2	斯维托丽娜（4），特苏伦科（30）
16	英国	2	孔塔（7），沃特森（72）
17	波兰	2	A.拉德万斯卡（10），里内特（82）
18	拉脱维亚	2	奥斯塔彭科（12），塞瓦斯托娃（17）
19	哈萨克斯坦	2	普丁塞娃（50），舍夫多娃（81）
20	塞尔维亚	2	扬科维奇（68），克鲁尼奇（77）
21	丹麦	1	沃兹尼亚奇（5）
22	荷兰	1	贝尔滕斯（25）
23	爱沙尼亚	1	孔塔维特（27）
24	瑞士	1	巴辛斯基（28）
25	瑞典	1	拉尔森（56）
26	匈牙利	1	巴博斯（66）
27	波多黎各	1	普伊格（70）
28	巴西	1	玛雅（71）
29	巴拉圭	1	罗伊格（73）
30	加拿大	1	布沙尔（74）
31	白俄罗斯	1	萨斯诺维奇（88）
32	希腊	1	萨卡里（94）
33	突尼斯	1	贾贝乌尔（98）

● 各国女子单打52周世界第一周数排名

排名	国家	选手数	周数	选手
1	美国	8	1 123	克里斯·艾芙特，娜拉提洛娃，翠茜·奥斯丁，莫妮卡·莎莉丝，达文波特，卡普里亚蒂，维纳斯·威廉姆斯，塞雷娜·威廉姆斯
2	西德 德国	2	411	施特菲·格拉芙，安赫利奎·克柏
3	瑞士	1	209	玛蒂娜·辛吉斯
4	南斯拉夫 塞尔维亚	3	143	莫妮卡·塞莱斯，安娜·伊万诺维奇，耶莱娜·扬科维奇
5	比利时	2	137	金·克莱斯特斯，贾斯汀·海宁
6	丹麦	1	67	卡洛琳·沃兹妮亚奇
7	白俄罗斯	1	51	维多利亚·阿扎伦卡
8	俄罗斯	2	47	玛丽亚·莎拉波娃，迪娜拉·萨芬娜
9	法国	1	39	艾米莉·毛瑞斯莫
10	西班牙	2	13	阿兰查·桑琪丝·维卡里奥，加尔比妮·穆古拉扎
11	捷克	1	8	卡罗利娜·普利什科娃

● 各国女子双打52周世界第一周数排名

排名	国家	选手数	周数	选手
1	美国	9	756	娜拉提洛娃，帕姆·施莱佛，莉泽尔·许贝尔，达文波特，科丽娜·莫拉留，丽莎·雷蒙，莉泽尔·许贝尔，维纳斯·威廉姆斯，塞雷娜·威廉姆斯
2	意大利	3	203	弗拉维娅·佩内塔，萨拉·埃拉尼，罗贝塔·文奇
3	西班牙	2	176	阿兰查·桑琪丝·维卡里奥，比希尼娅·鲁阿诺·帕斯奎尔
4	津巴布韦	1	163	卡拉·布雷克
5	捷克斯洛伐克，捷克	3	145	海伦娜·苏科娃，洁娜·诺弗娜，克韦塔·佩什克
6	白俄罗斯	1	124	娜塔莎·兹韦列娃
7	阿根廷	2	111	保拉·苏亚雷斯，吉赛拉·道尔科
8	澳大利亚	2	64	雷内·斯塔布斯，萨曼莎·斯托瑟
9	日本	1	45	杉山爱
10	瑞士	1	35	玛蒂娜·辛吉斯
11	中国	1	20	彭帅
12	法国	1	14	茱莉·哈雷德·德库吉斯
13	俄罗斯	1	10	安娜·库尔妮科娃
13	斯洛文尼亚	1	10	卡塔琳娜·斯雷博特尼克
15	中国台湾	1	5	谢淑薇
15	印度	1	1	萨尼娅·米尔莎
17	拉脱维亚	1	4	拉里萨·内兰德
17	比利时	1	4	金·克莱斯特斯
19	白俄罗斯	1	1	娜塔莎·兹韦列娃

第三节　从综合实力看格局

从国家男、女选手综合实力，分析世界各国网球的实力排位，依照当前的个人世界排名和参照戴维斯杯、联合会杯排名，可划分为三个档次：第一阵营——美国、俄罗斯、西班牙、法国、阿根廷、捷克；第二阵营——德国、意大利、英国、比利时、瑞士、塞尔维亚、克罗地亚；第三阵营——欧洲众多国家如瑞典、丹麦、乌克兰、波兰、奥地利、保加利亚、斯洛伐克、罗马尼亚、格鲁吉亚、斯洛文尼亚、卢森堡、希腊、荷兰、以色列、乌拉圭、多米尼加、塞浦路斯、突尼斯、波黑等，北美洲的加拿大，南美洲的巴西，大洋洲的澳大利亚，非洲的南非，以及亚洲的日本、中国、韩国、菲律宾等。

强大的第一阵营

○ 美国

在2003年终排名榜中可以看到，当年世界前50名的选手名单中，美国男选手占据了8个席位，女选手同样占据8个席位。这种均匀且饱满对称的分布，说明美国网球运动的发展处于良好态势。男女均衡发展证明全民参与意识明确，ATP和WTA的赛事得到同等的接纳。另外，男女选手的名次分布从前三甲到中游和末端呈延伸状，说明其竞技水平和培训机制相对合理。以阶梯式排列可以认为今后若干年美国网球水平都有正常交替，基本没有断层和“青黄不接”之虑。

上述分析得到了美国网球行业协会的年终报告佐证。美国运动用品协会在报告中宣称：“由于近几年美国网球市场的兴旺，各种级别赛事的参与程度提高，加之学校和俱乐部鼓励更多的人学习网球，几乎每个美国人都有打过网球的经历。经常打网球的人数从2000年的1 530万人增加到了2 300万人以上，所以当年体育用品销售增长最快的是网球类产品。”美国网球用品协会主席吉姆·鲍尔面对记者提问“如何推广网球用品”时，他随即回答道：“什么运动推广？我们根本不用操心，我们只管发出货品，不停赚钱就够了。”

客观而言，美国所产生延绵不绝的网球人才，得益于其庞大的青少年网球人口。据统计，美国18岁以下打网球的人数在1985年约为490万人，但1997年只有280万，至新千年始一直保持在300万人左右。他们认为要恢复到或者超过1985年的巅峰仍应做大量脚踏实地的工作，因为美国的青少年运动人口实际上是3 000万以上，尚有潜力可挖。

奥运会虽然没有得到选手的充分重视，但在一定程度上，其成绩也反映一个国家的整体实力和水平。自1988年网球重返奥运会后，到2004年的第28届奥运会，在5届奥运会共20枚网球金牌中，美国选手共得了8枚金牌，包括1988年的女双（施赖弗/加里森），1992年的女单（卡普里亚蒂）、女双（费尔南德斯姐妹），1996年的男单（阿加西）、女单（达文波特）、女双（费尔南德斯姐妹），2000年的女单（大威廉姆斯）、女双（威廉姆斯姐妹）。

在2005年以后，美国网球逐渐开始走下坡。媒体对其大有微词，有的还以“美利坚会众国倒塌”为题进行了报道：

> 2006年7月1日，这个周六将被记入美国网球的史册，这一天，阿加西、罗迪克、大威等美国人相继出局，佩里作为唯一进入温网第2周的美国单打选手，在周一的第4轮比赛负于麦什金娜。在当年结束的三大满贯中，美国人的战绩相当可怜，一个曾无比荣耀的帝国开始倒塌。
>
> 大威踉踉跄跄地进入第3轮，但塞黑天才少女扬科维奇终结了她卫冕的脚步。曾几何时，黑珍珠几乎席卷所有赛事，决赛常常演变为姐妹间的内战。然而，随着比利时双姝和俄罗斯粉红军团的迅速崛起，威氏姐妹走下最高神坛。她们已慢慢习惯比赛前几轮就被无名之辈击败，默默咽下苦涩的泪水。
>
> 后来，桑普拉斯、阿加西的告别，达文波特的退役，宣告一个时代的终结。而威氏姐妹、罗迪克、布雷克这样的中生代却没有太大起色，唐纳德·扬、杰克逊等年轻一代难挑大梁，美国网球跌入低谷。

伊斯内尔

2012年年末，世界排名第12的阿根廷选手胡安·摩纳哥，曾对于美国网球的未来感到担忧。他认为，美国这个网球超级大国近几年在ATP的实力有着大幅下降。

事实上，这样的迹象也在愈演愈烈，塞尔维亚的德约科维奇、瑞士的费德勒、英国的穆雷和西班牙天王纳达尔四大天王，几乎统治了ATP全部的大满贯。摩纳哥在新加坡的表演赛上说："美国男子网球自从在罗迪克2003年拿下美网之后就再也没在大满贯上有所斩获，而美国在1973年之后有过多达6位登上世界第一的选手。现役美国一哥是世界排名第14位的伊斯内尔，但他似乎在美国本土之外的比赛中总是发挥不佳。美国在这项越来越在全世界范围内受欢迎的运动上的退步很明显。"但是摩纳哥仍然认为不能完全无视美国网球，"现在美国仍然是一个拥有很多好选手的网球大国，只是他们的一号选手只排名世界第10名左右，看起来十分挣扎。我想他们会再度崛起的"。美国的女子选手因为有大小威的支撑，基本保持了高水平。

中国有句俗话："瘦死的骆驼比马大"。尽管近年来美国的网球水平有所下降，但其实力却仍然在世界网坛靠前位置。2006年1月的ATP世界排名，美国有5名选手进入前50名；在同期的WTA世界排名中，美国亦有4人列前50名。2007年1月的ATP世界排名，美国有3名选手进入前50名；WTA世界排名中，美国亦有5人列前50名。

2017年9月11日ATP世界排名，美国有9名选手进入前100名，分别是：伊斯内尔（14），索克（17），奎雷伊（21），哈里森（44），约翰森（46），唐纳德森（51），唐纳德扬（57），蒂亚弗（71），埃斯科韦多（77）。在同期WTA世界排名中，进入前100名的美国选手多达14人，分别是：大威廉姆斯（9），小威廉姆斯（15），凯斯（16），范德维格（21），戴维斯（34），贝丽斯（36），里斯科（49），罗杰斯（60），麦克哈尔（63），勒普琴科（64），布伦格尔（80），斯蒂芬斯（84），布劳迪（91），马泰克（100）。而且排名前100位的14人中，有11人在25岁以下，如夺得2017美网冠军的史蒂文森24岁，亚军凯斯22岁，而只有18岁的贝丽斯排位在世界第36位，真是后生可畏。

在2017美国网球公开赛上，美国包揽了女子单打前4名，是1981年时隔36年后再次包揽四个半决赛名额，足以证明美国是世界头号网球强国。

索克

2017赛季最后一项ATP大师赛，美国人索克以7–5、6–2击败了法国老将贝内特乌，首次跻身大师赛男单决赛。决赛中一举击败克拉吉诺维奇，获得首个大师赛冠军，排名由第24名进入世界前10。上一个夺得大师赛冠军的美国人还是七年前的罗迪克（在迈阿密），上一个在巴黎大师赛夺冠的美国人还是阿加西（1999年），上一个进入年终总决赛的美国人还是费什（2011年）。索克夺此冠军，同时刷新了这三项纪录，这个冠军对他以及整个美国网球都有重要意义。首先，索克打破了欧洲球员对大满贯、大师赛以及年终总决赛连续107冠垄断（大师赛69次、大满贯31次、总决赛7次）。其次，索克成为近7年来首位在大师赛夺冠的美国人。接着，首次闯入总决赛的美国人，以2∶1的总比分击败三号种子亚历山大·兹维列夫，以三战两胜的战绩晋级半决赛，携手六届冠军费德勒从第二小组出线，再次创造奇迹。

在代表团体实力的奥运会比赛中，美国在2008—2016年间的三届奥运会上先后夺得女单、女双、男双、混双桂冠，是各国表现最突出的。

○ 俄罗斯

俄罗斯是网球运动全球化推广中地理位置最为重要的地方。在卡费尔尼科夫归隐山林和萨芬伤病期间，2003年排在年终前50位的俄籍男选手只有尤兹尼和达维登科。

随着“沙皇”萨芬在2004年澳网夺冠，掀起了一阵“俄罗斯风暴”。在2007年1月ATP世界排名前50名中，俄罗斯有4人，分别为达维登科（3），图苏诺夫（21），尤兹尼（25），萨芬（27）。他们在戴维斯杯的比赛中表现出色，2005年淘汰了法国队，在半决赛中败给了最后夺冠的克罗地亚队。2006年4月在ITF的戴维斯杯排名中美国队以17 437.8分列世界第4位。

最让俄罗斯骄傲的是“粉红军团”。

俄罗斯“粉红军团”出现之前，只有库尔尼科娃为俄罗斯女子网球争取过些许光彩。以ITF青少年世界排名第一位的头衔转为WTA职业选手，库尔尼科娃确实是以出色的球技首先扬名世界。尽管她在所参加的129次各项单打赛事中都没能最后折下桂冠，但她与辛吉斯组成的“辣妹组合”多次赢取过大满贯级别的双打冠军。真正的俄罗斯风暴是2004年来到的。喜欢写真集的米斯金娜是第一个掀起俄罗斯风暴的选手，辅佐她登上罗兰·加洛斯王位的选手是德门蒂耶娃。2位俄罗斯美少女在这一年的法网中展现了风采，她们将所有的选手包括过去她们所崇拜的顶尖选手斩于马下，为俄罗斯女子选手首次拿到了大满贯级别的奖杯。

紧接着，在温布尔顿草地下，17岁的莎拉波娃以令人信服的表现打败了自信满满的小威廉姆斯，在绿色草地上捧起的大满贯奖杯，吸引了全球媒体的眼光。所有米斯金娜没有得到的溢美之词都被毫无保留地献给莎拉波娃。把俄罗斯风暴推至极点的莎拉波娃一夜之间就奠定了俄罗斯女子网球至尊的地位。

2004年的国际网坛如果命名为“俄罗斯年”，并不为过。在网球运动竞技历史上，由一个国家的不同选手赢取四大满贯中的三座奖杯确实不多见。这种整体优势给其他国家的选手带来的压力是多重性质的。2005年，俄罗斯“粉红军团”保持了强大的实力。在2006年1月的WTA世界排名前50名中，俄罗斯有11人。而在2007年1月的WTA世界排名前50名中俄罗斯有13人，分别为莎拉波娃（2），库兹涅佐娃（4），佩特洛娃（6），德门蒂耶娃（8），萨芬娜（10），查克维塔泽（13），麦什金娜（15），兹沃娜列娃（24），基里连科（28），波特乔科娃（38），维辛娜（41），利霍夫塞娃（43），巴迪娜（48）。

梅德韦杰夫

2017年9月11日ATP世界排名前100位选手中，俄罗斯有6人，他们是卡恰洛夫（29），梅德韦杰夫（53），卢布列夫（54），库兹涅佐夫（70），尤兹尼（98），东斯科伊（100）。同年WTA世界排名前100中，俄罗斯占8名，她们是库兹涅佐娃（8），维斯尼娜（18），帕芙柳琴科娃（20），马卡洛娃（38），卡萨特金娜（39），维克里亚特塞娃（59），亚历山大洛娃（78），罗迪娜（83）。身有5个大满贯冠军的莎拉波娃曾为俄罗斯网球做出了卓越贡献。2016年其因药禁停赛18个月，排名未能进前100名。但在2017年复出参加的第一个大满贯美网赛中，一举打入16强，其无疑将继续是俄罗斯网球的旗帜，带领俄罗斯保持强大的地位。

库兹涅佐娃

在2006年7月联合会杯排名中，俄罗斯占据了第一的位置。

近10年来，曾5次进入联合会杯决赛，2次夺杯。在2015年联合会杯排名中，俄罗斯以18 145分位居第二。

○ 西班牙

西班牙是欧洲地区网球发展最好的国家，也是世界网球综合实力最强的国家。2003年在男子前50名中，西班牙选手有5个席位。2006年1月竟有8位选手进ATP前50名，他们是纳达尔（2），费雷（14），费雷罗（17），罗布雷多（19），达沃斯克（30），洛佩兹（33），莫亚（37），马丁（49）。在2007年1月ATP世界前50名排名中，亦有7位西班牙选手。近几年，西班牙选手在ATP世界前50名排名中人数一直名列世界第一。特别令人看好的是被誉为“红土之王”的纳达尔，在近年来，多次战胜费德勒，在2006年的美网和温网夺得桂冠，与费天王均分了2006年四大网球公开赛的冠军头衔。纳达尔在2007年1月的排名虽然落后费德勒3 595分，但他仍以4 525分遥遥领先世界第三的达维登科（1700分），稳居世界第二。此外，西班牙还有一拨随时可能横空出击的少年英俊，如罗布雷多、沃达斯科、费雷尔、海达尔格等，他们都具备了征战大满贯的资质和能力。而且他们之中的大部分人都只有十八九岁，将会令人刮目相看。

阿古特

十年过后，强大的西班牙仍然保持世界一流水平。除了纳达尔将继续称霸男子网坛外，几位30岁以上的球员如费雷尔、菲·洛佩兹、沃达斯科都宝刀不老，常常会闯入四大满贯的十六强或八强，也有战胜四大天王的记录，显示了很强的实力。十年来，在ATP世界排名前100位选手中，年年都有数位西班牙选手，有时甚至可达两位数。

在2017年9月11日ATP世界排名前100位选手中，西班牙选手占据了8名，他们是纳达尔（1），阿古特（15），布斯塔（16），拉莫斯（24），费雷尔（25），菲·洛佩兹（35），沃达斯科（42），阿尔玛格罗（92）。

穆古拉扎

西班牙的女子选手自桑切斯、马丁内兹退役后，良好的人才培训机制已加快了运转，近些年有一批西班牙的女子选手向前50名发出强有力的冲击。当年比较有希望的是塞纳、马雷罗、加里奎斯、加西亚、帕拉、洛伦佐等。在2006年1月WTA排名中有3名西班牙选手排进前50名，她们是加里奎斯（26），马丁内兹（30），多明格斯里诺（43）。

2017年9月11日WTA世界排名前100位选手中，有4位西班牙选手，她们是穆古拉扎（3），纳瓦罗（35），阿鲁阿巴雷纳（61），杜尔默（87）。

特别是打法极具侵略性的穆古拉扎，在2014年法国网球公开赛的第二轮比赛中，穆古拉扎以黑马的态势横扫世界一姐小威廉姆斯；在八强战中以6-1先下一盘的情况下被俄罗斯名将莎拉波娃逆转，止步八强，但也创造了个人大满贯最好成绩。在2016年法网女单决赛中，穆古拉扎战胜上届冠军小威廉姆斯，职业生涯首次获得大满贯冠军。2017年温网决赛中，穆古拉扎横扫大威廉姆斯获得第二个大满贯冠军。如今年仅23岁的她WTA世界排名第三，极有可能是主宰女子网坛的霸主之一。

近10年来在戴维斯杯赛中，西班牙队曾4次进入决赛，3次夺杯。

○ 法国

与西班牙情况最为接近的是法国，在2003年年终排名榜上，法国男子选手只有两人留在了前50位，即排在第10位的格罗斯让和排在第31位的克莱特门，他们暂时是法国网球的骄傲。但排在后面的许多法国男选手如艾斯库德、高马德、帕蒂安、桑托罗、加斯奎德、卡拉兹、杜普伊斯、索尼尔、马胡、乔纳、穆蒂斯等，他们当中会产生不少有希望的后起之秀。到2007年1月，就有6名法国选手进入了ATP前50位，他们是格罗斯让（9），加斯奎特（17），贝内特乌（16），克莱门特（44），马休（47），西蒙（48）。

2017年9月11日ATP前100名排行榜中，有9位法国选手入榜，他们是特松加（12），普伊（20），孟菲尔斯（22），加斯奎特（30），马纳里诺（34），西蒙（39），佩尔雷（41），赫伯特（64），查迪（79）。此成绩位于世界各国之首。

特松加

在2003年年终排名榜前50位的法国女子选手有毛瑞斯莫、皮尔斯。而在2007年1月WTA世界排名中，有6位法国人进入前50名，她们是毛瑞斯莫（3），巴托丽（21），格洛文（23），布雷蒙德（37），雷扎伊（40），劳伊特（46）。

加西亚

2017年9月WTA前100位中，法国占据5位，她们是梅拉德诺维奇（14），加西亚（19），科内特（47），多丁（48），帕梅蒂尔（99）。

法国网球的综合实力居世界前列。在2006年戴维斯杯和联合会杯的世界排名中，法国队分别排在第8位和第2位。2017年戴维斯杯法国的积分15 925分，居世界第三；2015年4月联合会杯法国的积分7 817.50分，居世界第五。

○ 阿根廷

阿根廷虽然明星不多，但却是南美地区进入世界前100名选手最多的国家，高峰时曾经有9名选手之多,2004年仍有5名选手进入ATP排名前100名。阿根廷网球的代表是坎纳斯，他曾被评为2001年度最佳复出选手，那年从伤病中解脱出来的坎纳斯打入了温网和法网两项大满贯的第4轮，还进入了3项巡回赛的决赛，并在卡萨布兰卡的比赛中获得了他职业生涯的第一个冠军。后来则是纳尔班迪安、科里亚、高迪奥。特别是2005年上海大师杯上，阿根廷的纳尔班迪安力克费德勒，一举夺冠，令人震惊。2006年1月ATP世界排名前50名中，阿根廷球员占4席，他们是纳尔班迪安（4），科里亚（9），高迪奥（10），阿卡苏索（45）。而在2007年1月ATP世界排名前50名中，阿根廷球员占到5人，其中除科里亚退出外，卡莱里居第26位，切拉居第33位。

L. 梅耶尔

2017年9月11日ATP前100名排行榜中，阿根廷有8位入榜，他们是德尔波特罗（28），施瓦茨曼（33），L.梅耶尔（52），泽巴洛斯（58），德尔波尼斯（59），佩拉（73），基克尔（93），博洛克（96）。

德尔波特罗

特别值得一说的是“大菠萝”——德尔波特罗。2005年，德尔波特罗转入职业赛场。2008年10月6日，德尔波特罗的排名首次进入世界前10。2009年，德尔波特罗在美国网球公开赛中接连战胜拉菲尔·纳达尔、罗杰·费德勒，夺得了个人首个大满贯赛事冠军。2012年，德尔波特罗获得伦敦奥运会男子网球单打的铜牌。2016年，德尔波特罗获得里约奥运会男子网球单打的银牌，并带领阿根廷首次夺得戴维斯杯的冠军。

在2017年美网八分之一决赛中，谁也没有想到德尔波特罗在1-6、2-6先丢两盘的情况下完成惊天大逆转，他在第四盘1-5落后的情况下挽救2个赛点，最终以3∶2逆转6号种子奥地利新星蒂姆，职业生涯第5次杀进美网八强，四分之一决赛中对费德勒。在美网赛场上，双方上一次对决是在2009年。当时阿根廷人在决赛中5盘获胜，一战成名。在那之后，双方共交手3次，都是费德勒取胜。总的交手记录是费德勒以16胜5负的战绩占据绝对优势，胜率高达76%。然而这次比赛的进程，却出乎了大多数人的意料。比赛第一盘，阿根廷人就先声夺人，以7-5抢下第一盘后领先。随后，费德勒回敬了一个6-3，将比分扳平。在关键的第三盘，双方经过抢七苦战，德尔波特罗以10-8拿下了这一盘。第四盘中，瑞士人未能发起有效的反攻，将比分定格在了1∶3。在半决赛中，在德尔波特罗体力透支、对手纳达尔及时变换战术的情况下，德尔波特罗0∶3止步于半决赛。网上的球迷曾针对德尔波特罗概括出“菠萝定律”。所谓“菠萝定律”，就是指在四大满贯男单赛事中，但凡是与德尔波特罗分在同一个1/4区的选手，最终都无法夺冠，德尔波特罗自己除外。自2008年法网起，到2014年法网结束，“菠萝定律”已累计作用21个大满贯，除了2010年、2013年和2014年不作计算外，因德尔波特罗因伤缺席了五个大满贯，在其余的大满贯赛事中，“菠萝定律”全部生效，无一例外。

近10年来，阿根廷队3次进入戴维斯杯决赛，1次夺冠。2017年，阿根廷的积分为30 192.5分，位居世界第一。

○ 捷克

捷克历史上几乎没有什么知名的网球选手，在近两年的世界前10位选手名单中看不到捷克人，但他们的整体实力却不凡。在2006年1月ATP排名中，前50名中有3位，他们是斯捷潘内克（10）、伯蒂奇（23）和诺瓦克（47）。特别是在2004年奥运会，伯蒂奇击败费德勒，2005年辛辛那提大师赛上，伯蒂奇击败纳达尔，让人刮目相看。在2007年ATP排名中，伯蒂奇的排名达到第13位。而捷克的女选手则表现突出。在2006年1月WTA前50位中，捷克选手占有5席，他们是维迪索娃（16）、库卡洛娃（31）、萨法洛娃（34）、皮斯切克（37）和贝内索娃（45）。不过过去一年的成绩有所下滑，在2007年1月的WTA排位中，只有维迪索娃1人排入前50位。

捷克网球的历史可以追溯到1879年，继1877年温网之后的第一个草地网球比赛就在捷克的东波进行。其网球不仅历史悠久，而且长盛不衰、人才辈出，对于这个仅有1 000多万人口的小国来说，能取得这样的成绩实属不易。在1989年之前，当时的捷克斯洛伐克在体育方面实行举国体制，将网球视为“奥运战略”的重要组成部分，并大力投入资金，培养出了纳芙拉蒂洛娃、曼德利科娃和诺沃特娜等好手，连后来移民瑞士的辛吉斯也是在举国体制下开始网球训练的。网球在捷克的普及程度相当可观，成立于1906年的捷克网球协会拥有约22.5万名会员和近2.5万名注册球员，这意味着不到50个捷克人中就有1人是网协会员。捷克共有969个注册的网球俱乐部，网球场地约5 040块，在某种程度上说，就像中国的乒乓球一样，网球在捷克有“国球”的地位。

近10年来，捷克网球一直保持较高水平，特别是女子球员。在2017年9月11日WTA前100名排行榜中，捷克球员占有8位，她们是卡·普利斯科娃（1），科维托娃（13），斯特里科娃（24），萨法洛娃（37），克·普利斯科娃（40），斯尼亚科娃（41），万卓索娃（67），阿勒托娃（90）。

伯蒂奇

对比之下，男球员水平一般。在2017年9月ATP排名前100选手中，仅有2人，他们是伯蒂奇（19），维塞利（55）。

2015年4月联合会杯，捷克队积分为28 890分，位列世界第一。2016赛季联合会杯落幕，捷克凭借K.普利斯科娃和斯特里科娃双打的胜利以总分3∶2险胜法国，艰难卫冕。捷克成为继西班牙队在1993—1995年连续三年夺得联合会杯冠军之后第一支在联合会杯连续三年夺冠的队伍，最近6年来她们5次进入决赛，5次捧杯。

卡·普利斯科娃

在近10年中，捷克队3次进入戴维斯杯决赛，2次夺冠。2017年，捷克的戴维斯杯积分为11 062.50分，位居世界第七。

世界网坛第二阵营

欧洲是世界网球的中心。除了第一阵营的西班牙、法国等国家外，大部分都属于世界网球的第二阵营，如意大利、英国、瑞士、瑞典、塞尔维亚、比利时等。美洲的加拿大、澳洲的澳大利亚等也属于第二阵营。

○ 德国

历史上，德国（含西德）的网球就比较发达。20世纪曾获得3次戴维斯杯。20世纪80—90年代，曾涌现出一些著名世界级网球明星。

1967年11月22日生于海德堡附近的鲍里斯·贝克尔，外号叫德国金童。1985年，贝克尔曾以17岁又8个月之龄夺得温布尔顿网球锦标赛男单冠军，一度成为最年轻的大满贯男单冠军。贝克尔是6个大满贯单打冠军得主（1985年、1986年、1989年温网，1989年美网，1991年、1996年澳网）。1991年，荣登世界第一。贝克尔的网球职业生涯中共夺49个ATP单打冠军和15个ATP双打冠军。1992年，他和同胞史斯蒂希合作获得巴塞罗拿奥运会男双金牌。贝克尔是德国的骄傲，是世界网球的传奇。

如果说贝克尔是德国网球的金童，那么施特菲·格拉芙则应该是德国网球的玉女。格拉芙是德国史上最优秀的女子体育人物之一，为第5位登上WTA单打排名第一的选手。她也是世界网球历史上最成功的女选手之一，尤其是1988年创下整个网球运动史上，所有男女选手当中至今唯一的年度金满贯。格拉芙在各种类型的场地上都能发挥稳定，这在网球界非常罕见。此外，格拉芙也非常具有女性魅力，属于网球界的偶像派与实力派的结合。

A. 兹维列夫

科贝尔

在金童玉女之后，德国先后涌现了舒特勒、基弗、哈斯等天才选手，但始终未能得到很好的提升。德国的网球逐渐下滑。但近年来又开始复苏，呈现雄起之势。在2017年9月11日ATP排名榜前100名中，德国人有5人，他们是A.兹维列夫（6），M.兹维列夫（27），科赫尔斯奇雷伯（37），施特鲁夫（56），F.梅耶尔（75）。特别引人注目的是年轻小将A.兹维列夫。他1997年4月出生于德国汉堡，15岁时就登顶青少年组单打世界排名第一。2014年，A.兹维列夫获得澳大利亚网球公开赛青少年组冠军。2016年9月26日，兹维列夫在ATP250圣彼得堡公开赛上获得职业生涯首座ATP巡回赛冠军奖杯。2017年5月21日，兹维列夫夺得罗马大师赛冠军，成为首位获得大师赛冠军的“90后”球员，世界排名也首次闯进前十。同年8月，兹维列夫夺得罗杰斯杯冠军，这是他第二个大师赛冠军头衔。毫无疑问，这位德国小将是人们看好的世界网坛未来的霸主之一。

2017年9月11日WTA排名榜前100名中，德国人有7人，她们是科贝尔（6），格尔格斯（32），巴瑟尔（51），西格蒙德（54），T.玛利亚（62），维特霍夫特（65），佩特科维奇（93）。

近10年，德国在戴维斯杯争夺中未进入前列。2015年联合会杯比赛中以13 840分位列世界第三。

○ 意大利

弗格尼尼

意大利的网球整体亦可属世界二流水平，特别在2006年7月足球世界杯上意大利队夺取世界冠军之后，意大利网球队在联合会杯半决赛中淘汰西班牙队，历史上首次进入决赛。在2007年1月WTA世界排名进入前50名，意大利有4人，她们是斯切亚沃尼（20），佩内塔（29），桑坦格罗（32），加宾（33）。意大利在戴维斯杯中表现一般。在2006年ATP世界排名中，进入前50强的有2人，他们是沃兰德里（32），桑奎内蒂（44）。而2007年1月只有沃兰德里1人进入ATP前50名。

在2017年9月11日ATP前100名中，意大利选手占5人，他们是弗格尼尼（26），洛伦兹

（40），法比亚诺（81），塞皮（86），加尼西（91）。同期，在WTA前100排位中，意大利选手有3名，她们是文奇（43），吉奥尔吉（69），斯齐亚沃尼（75）。

文奇

在近10年的联合会杯角逐中，意大利曾4次进入决赛，2次夺杯。2015年4月的联合会杯中意大利的积分为17 625分，位列世界各国第三。在2017年戴维斯杯比赛中，意大利以7 783分排列第十。

○ 英国

英国是现代网球的诞生地。温布尔顿，可以说是网球的代名词。历史上曾经辉煌的英国，却在近几十年来逐渐衰落，直至近年亨曼、穆雷的出现，才使英国恢复到世界二流水平。全英草地网球协会主席费尔盖特曾这样检讨英国的网球："英国人民热爱包括网球在内的一切运动，我们一直没有放弃努力和准备，但我们的推广确实不够好，其实我们只需要有人来认真的打球和教球就可以成功。"

让英国人感到兴奋和欣慰的是19岁天才少年穆雷的出现。这位出生在邓布兰的苏格兰男孩，在2004年获美网青少年冠军。2005年进入职业赛，第一次参加温网便打进了第三轮。2006年一气冲天，在圣荷塞先后击败了两位世界第一的选手——罗迪克、休伊特，获得第一个职业冠军。

穆雷

时隔3个月后的7月26日，在温网穆雷再次以3∶0击败罗迪克，进入第三轮。而在随后的辛辛那提大师赛中，又以3∶2战胜费德勒，进入第三轮，一鸣惊人。穆雷在2007年1月ATP排名上名列第16位。2008年，在美国网球公开赛上穆雷第一次打进大满贯决赛。2009年8月17日，其世界排名升到世界第二。

2012年，在伦敦奥运会男单决赛上穆雷直落三盘战胜费德勒，他成为104年以来英国第一位奥运会网球单打金牌得主；同年，在美国网球公开赛上穆雷夺冠，他成为自1936年以来76年中第1位夺得大满贯男单冠军的英国选手。2013年，在温布尔顿网球锦标赛决赛以3∶0力克德约科维奇，破茧成蝶，终于夺冠，穆雷成为自1936年来继弗雷德·佩里夺冠之后第1位拿下温网冠军的英国本土选手。

2016年7月10日，在温布尔顿网球锦标赛男单决赛中，穆雷直落三盘击败拉奥尼奇，拿到职业生涯第2个温网冠军，同时也是个人第3座大满贯奖杯。

在2016年里约热内卢奥运会上，穆雷担任代表团旗手。8月15日，在里约奥运会网球男单决赛中，穆雷战胜德尔波特罗，成功卫冕。11月7日，穆雷首次登上男单世界第一。11月21日，穆雷以6–3、6–4击败德约科维奇，首次获得年终总决赛冠军，并成为2016年的年终世界第一。

在关注英国男一号的同时，被称为英国"一姐"的孔塔同样引人注目。相比于莎拉波娃、哈勒普这样年少成名的天才球员，孔塔的职业道路显得曲折许多。尽管早在2006年就开始混迹职业网坛，但职业生涯前几年，孔塔参加的都是ITF低级别的赛事，一直到2012年，

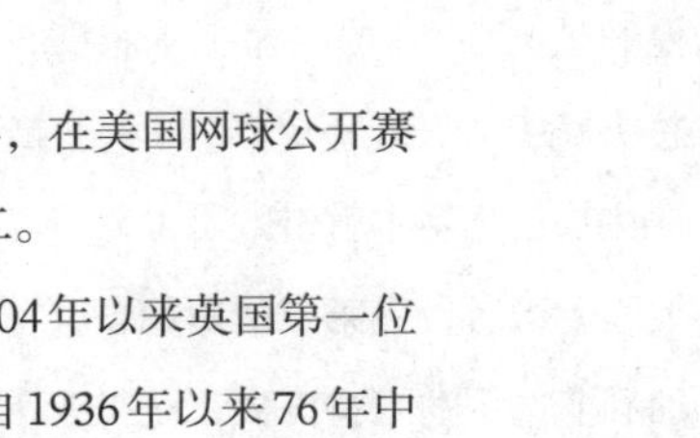

孔塔

她才在WTA哥本哈根站的比赛中获得个人职业生涯第1场WTA比赛的胜利。同年，她还在美网获得个人大满贯正赛的首胜。

2016年，孔塔尽管没能像穆雷那样登顶世界第一，但她同样在创造历史。同年10月闯进中网决赛之后，她的世界排名来到第九，首次突破前十大关。最终，她以排名第十的身份结束了2016赛季，成为33年来首位进入WTA世界排名前10的英国女子网球选手。

在2017年9月11日ATP前100名排行榜中，英国有4人，他们是：穆雷（2），埃德蒙德（45），贝德内（48），埃文斯（87）。同期进入WTA世界排名前100名的有2人，她们是孔塔（7），沃特森（72）。

英国的戴维斯杯成绩不错，2017年以26 241.57分排世界第二。

○ 比利时

21世纪前后，是比利时女子网球运动蓬勃发展的黄金时期。世界瞩目的"比国双姝"海宁和克里斯特尔斯是"双剑合璧"。在2003年年终排名榜占据了第一和第二。在2006年7月WTA排名榜上"双姝"占据着第二和第三。虽然克里斯特尔斯宣布正式退役，但在2007年1月WTA世界排名榜上二人占据着第一和第五。在2017年9月11日WTA世界排名前100名中，比利时有3人，她们是梅尔滕斯（46），菲利普肯斯（76），乌伊凡克（96）。

梅尔滕斯

根据2017年9月11日ATP世界排名，比利时有3人入前100名，他们是戈芬（13），达尔西斯（65），贝梅尔曼斯（95）。在2017年终总决赛中，表现不俗的7号种子格芬经历了职业生涯中最难忘的一周，他在首场比赛中就击败了世界排名第一的纳达尔，然后在半决赛中又战胜了当时世界第二的费德勒，在总决赛冠亚军决战中以1∶2不敌保加利亚选手迪米特洛夫，获得亚军。这也是比利时人在ATP总决赛中获得的最好成绩，使他的年终世界排名上升到第7位，达到了职业生涯最高峰。

戈芬

在海宁和克里斯特尔斯两人辉煌战绩的带动下，比利时全国新开展了许多儿童、少年网球训练营、夏令营。网球用品店铺和网球俱乐部也越来越多。

○ 瑞士

2006年1月排名第一的费德勒是瑞士网球的一枝独秀，本国选手只有瓦林卡进入前50位（第40位）。在后来的10多年里，费德勒在网坛长盛不衰，瓦林卡突飞猛进，支撑起瑞士大旗，名噪一时。

瓦林卡

在2017年9月11日ATP世界排名100名中，瑞士有3人，他们是费德勒（3），瓦林卡（4），拉克索宁（94）。原世界排名第一的瑞士女选手辛吉斯，其复出后即获得劳伦斯最佳复出奖，2007年1月其世界排名已达第7名，同时施奈德排第9名，令瑞士人感到欣慰。2017

年9月11日WTA世界排名前100名的瑞士人仅有巴辛斯基（28）一人。

据统计，瑞士网球人口尽管比例较高，但也由原来的40万人下降到18万人，瑞士官方正采取措施，努力试图改变现状。

令人感慨的是，37岁的玛蒂娜·辛吉斯，这位在1997年、1999年和2000年三度成为WTA单打年终世界排名第一的球员宝刀不老，仍活跃在双打赛场上，并有不俗表现。2015赛季迈阿密公开赛辛吉斯/米尔扎力克马卡洛娃/维斯尼娜收获女双冠军。2015赛季意大利BNL国际赛，辛吉斯/米尔扎拿到了本赛季搭档的第3座WTA双打冠军。2015年温网锦标赛，辛吉斯时隔17年再夺温网女双冠军，米尔扎则获生涯首个大满贯。

2017年7月13日，“瑞士公主”辛吉斯无疑是本届温网双打赛场最为闪耀的人，她前一天刚在女双决赛中携手米尔扎女双夺冠，今天搭档另一位印度选手佩斯获得混双冠军，两人以6–1、6–1的比分横扫巴波斯/佩亚，继年初的澳网后再夺大满贯混双冠军。2017年7月，辛吉斯夺得温网混双冠军，这是辛吉斯第2个温网混双冠军和第6个大满贯混双冠军。

○ 塞尔维亚

从21世纪初期开始，费德勒、德约科维奇、纳达尔、穆雷四大天王统治世界网坛达十年之久。面积8万平方公里，人口不足700万的塞尔维亚，因为一个网球巨星德约科维奇而名扬世界。虽塞尔维亚曾涌现出一些优秀网球选手，但就其整体水平，尚属世界二流。

德约科维奇

2003年，德约科维奇转为职业球员，开始职业生涯。2007年，世界排名升至第三。2008年，首次获得澳网男单冠军。2011年，获得温网和美网男单冠军，世界排名升至第一。2014年12月18日，德约科维奇第4次获2014年ITF年度冠军。2015年2月1日，德约科维奇击败英国选手穆雷夺冠，第5次夺得澳网男单冠军。2015年7月13日，德约科维奇第3次获得温网男单冠军。2016年4月19日，德约科维奇夺得2016年劳伦斯世界体育奖年度最佳男运动员。

截至2016年6月6日，德约科维奇已经赢得包括12个大满贯、28个大师系列赛和5个年终总决赛在内的64项ATP单打桂冠。

2016年6月6日，德约科维奇夺得法网冠军，这是德约科维奇获得的第12座大满贯冠军奖杯。2016年里约奥运会男单首轮中，德约科维奇不敌阿根廷选手德尔波特罗，爆冷出局。

2016年法网过后，德约科维奇结婚生子后状态就起伏不定，接着先后与教练以及长期合作的团队“分手”，而且伤病和身体机能状态下降，其成绩断崖式下滑在所难免。2017年9月德约科维奇ATP排名第五。

有人认为，当经历了全满贯后，该有的都有了的（除了奥运）现在的德约科维奇成绩下滑不是实力而是心态的原因。也有人认为，30岁对于球员是个坎。30岁以后球员体能下降，费德勒开始增加上网，练习反手的力量；纳达尔正手平击球的使用频率也高了很多，转型期成绩下降是自然现象。同时，一批很有天赋的“90后”球员开始出现，对年过三十的球员来说，无疑是很难逾越的障碍。

前几年，塞尔维亚涌现几位女选手，值得一说。阿娜·伊万诺维奇1987年11月出生。2003

年8月转为职业选手。2007年，伊万诺维奇第一次打进了大满贯决赛。2008年，获澳大利亚网球公开赛亚军。2008年，获法国网球公开赛冠军。伊万诺维奇最高单打排名曾为世界第一。

2016年12月29日，阿娜·伊万诺维奇在其脸书官网上宣布正式退役。

扬科维奇

另一位就是耶莱娜·扬科维奇。15岁就拿到青少年世界第一，23岁登上世界第一，2008年8月11日成为第18位WTA单打排名第一的网球女子选手。扬科维奇是当时女子网坛防守最为出色以及正反手比较均衡的选手之一，反手直线堪称经典。她体力过人，步伐出色，脚步永远不知疲倦地覆盖半个赛场。常常在对手认为不可能够到的球也能被扬科维奇打出反手直线制胜球。

在2017年9月ATP世界排名中有5位进入前100名，他们是德约科维奇（5），特洛伊基（47），提普萨勒维奇（66），拉约维奇（84），德耶雷（99）。同期进入WTA世界排名前100名中的有2人，她们是扬科维奇（68），克鲁尼奇（77）。

在近10年的戴维斯杯角逐中，虽用有世界第一的德约科维奇，无奈只身难以支撑大厦，团体比赛不甚出色。曾2次进入决赛，1次捧杯。塞尔维亚2017年戴维斯杯积分为7 875分，名列世界第九。联合会杯塞尔维亚以4 873分位于第十。

○ 克罗地亚

西里奇

克罗地亚的男子网球在世界网球中占有一定实力。在2007年1月ATP世界排名中进入前50名的有2人，他们是柳比西奇（4），安西奇（10）。在2005年戴维斯杯上克罗地亚网球队表现令人吃惊，首轮赛他们便淘汰了2004年亚军美国队，半决赛中战胜了俄罗斯队，决赛中从斯洛伐克队手中夺得冠军杯。克罗地亚队在戴维斯杯的排名以高出第2位西班牙队5 243分，总分为24 818分列世界第一。在2017年9月ATP世界排名中进入前100强的有3人，他们是西里奇（7），卡洛维奇（38），丘里奇（62）。同期WTA世界排名前100名中有4人，她们是康纽（22），鲁西奇（31），维基奇（52），马蒂奇（86）。克罗地亚队在戴维斯杯中表现尚佳，2017年以15 049.38分排名第四。

世界网球第三阵营

○ 澳大利亚

在辽阔的澳洲土地上，欧洲人的后裔传承了先辈留下的经验和遗产，这也包括了网球运动在澳洲范围的日益发展。

由于欧洲人在澳洲大陆对网球运动的早期推广和普及，澳洲诞生过许多网坛英杰人物。澳大利亚队在戴维斯杯107年的历史上，有37次进入决赛，仅次于美国。特别是在20世纪40—60年代连续23次杀入决赛。而澳大利亚队则在联合会杯中15次进入决赛，排名世界第二。1973—1980年在联合会杯中澳大利亚队连续8年进入决赛。更有罗斯威尔、埃默森、拉弗尔等网球选手几度称霸网坛。澳大利亚可谓名副其实的网坛霸主、老牌的网球强国。但是，自20世纪90年代以来，澳洲网球逐渐走向下坡。自打拉夫特挂靴之后，更年轻一辈的好手立即显得底气不足。后来的“澳洲野兔”休伊特还是让澳洲人值得骄傲的。从2001年夺得美网和大师杯冠军之后，在2002年再夺这两项大赛冠军，在2004年夺美网和大师杯亚军，在2005年夺澳网亚军，进入温网、美网前四强。2001年1月排名世界第一。在2006年1月在ATP世界排名榜上，休伊特列第6位。而在2007年1月ATP世界排名榜上，其已经降到第19位。

另外，让世人记住的是澳洲男双伍德兄弟——伍德福德和伍德布里奇。他们二人组合拿下了60个双打冠军，包括8个大满贯冠军。2000年获法网双打冠军后，成为夺得全部四项大满贯赛事的双打冠军。

克耶高斯

随着这些名将的退役，曾经辉煌的澳大利亚网球从世界一流滑向到三流水平。在戴维斯杯赛的历史上，澳大利亚曾28次捧杯，而近10年来，却无一次进入决赛。在2006年4月的戴维斯杯上，澳大利亚排名列世界第三，而2017年以8 387分排到第八。女子成绩更不尽人意。

2017年9月ATP世界排名中只有有2位进入前100名，他们是克耶高斯（18），汤普森（74）。同期WTA世界排名前100名中仅有3人，她们是加夫里洛娃（26），巴蒂（42），斯托瑟（44）。

○ 瑞典

20世纪80—90年代的埃德博格着实让瑞典人出尽了风头。这名瑞典好手在1983年宣布退出职业巡回赛，但却在1984年和1992年两度复出。在博格的职业生涯中，他一共夺得62项单打锦标和4项双打冠军。他在1977年8月跃居世界第一，并在1974—1981年期间名列世界前十。博格曾连续夺取6项法国公开赛锦标和5项温布尔顿锦标赛赛冠军。

随后，1976年5月出生的马格努斯·诺曼扛起瑞典职业网球大旗。诺曼在2000年法国网球公开赛上夺得亚军，同年排名升至世界第二。他赢得了12个单打冠军，其中包括网球大师系列赛在意大利罗马举行。诺曼达到他职业生涯最高排名世界第二，于2004年退役。

随着诺曼的“人间蒸发”，瑞典网球已经褪去昔日光彩。在2007年1月ATP排名榜上，只有2人进入前50位，他们是索德林（23），比约·克曼（50）。瑞典的现有实力甚至输给了捷克、白俄罗斯、亚美尼亚和奥地利。而瑞典女子网球选手早已不能从年终排名前50名的选手名单中找到一人。

在2017年9月11日ATP前100名排行榜中，尚无瑞典人进入。同期进入WTA排名前100名的只有拉尔森（56）。

○ 巴西

巴西人不仅有非凡的足球巨星和篮球巨星，也同样有令人瞩目的网球明星，他就是库尔腾。

1997—2001年是库尔腾辉煌的五年。在1997年罗兰·加洛斯，名不见经传、ATP排名第60多位的20岁南美小子库尔腾横空出世，先后击败年轻的法网冠军张德培、卫冕冠军卡费尔尼科夫和2届法网冠军布格拉，将奖杯揽入怀中，一时震动世界，从此开启灿烂的网球篇章。2000年梅开二度，2001年成功卫冕的成绩，一时库尔腾在红土赛场的成绩无人能及。另外这5年还夺得5个大师赛冠军头衔，7个其他赛事冠军，1个大师杯冠军；2000年夺得年终第一、43周世界排名第一的成绩，这是南美网球史上从未达到过的高峰。2000年，库尔腾被巴西奥委会评为1999年度巴西最佳男运动员。

2017年9月ATP世界排名前100排名中，巴西人有2人，他们是席尔瓦（68），贝鲁奇（76）。同期的WTA世界排名前100名中只有玛雅（71）。

席尔瓦

○ 智利

智利在几年前曾出现“南美狼”的里奥斯。后来被冈萨雷斯、马苏取代。2006年1月，冈萨雷斯在ATP排名列第12位。特别是在2007年澳网，冈萨雷斯先后战胜ATP前10的纳达尔、休伊特、哈斯，进入决赛。将自己的排名像乘电梯似的提升至第5位。在戴维斯杯的排名上，智利列世界第十。

此外，来自厄瓜多尔的拉潘提也曾进入ATP前50名。1999年，他共参加了56场比赛，取代了卡费尔尼科夫的“网坛铁汉”地位，不过现在已走下坡路。

南美女子选手中，除了阿根廷的苏亚雷斯外，还有哥伦比亚的祖鲁阿加和文托·卡布琪挤进WTA前50名。其实，南美网球选手的崛起应该说是水到渠成，因为在南美，上到政府下到社会，对网球都倾入了很大力量。政府除大力发展各种形式的网球俱乐部外，更加强了对运动员的精神奖励和物质奖励。

○ 南非

谁也不会想到，位于非洲最南部的南非竟有光荣的网球传统。南非的网球传统由来已久，网球运动早期很长一段时间，男子网球都是欧美（北美）的世袭领地。不过近年来，南美洲和非洲网球正在慢慢崛起，已经成为继欧美之后的“第三极”。

20世纪80年代，是南非网球的黄金年代，那时单双打高手层出不穷。其中男单赛场上的双子星——凯文·库伦和约翰·克里克最为著名。1985年温网，库伦第2次闯进大满贯男单决赛，遗憾的是，他输给了17岁的贝克尔。1984年，库伦在库扬草地俱乐部，杀入了人生中第一个大满贯决赛，面对瑞典巨星维兰德，他苦战四盘方才缴械。那个年代，兼项单双打极为普遍，库伦亦是如此。在大满贯双打赛场，他收获了1座男双冠军和3座混双冠军。

约翰·克里克，最高排名单打第七。与库伦两度“饮恨”相比，双子星的另外一位——约翰·克里克则把握住了全部的决赛机会。1981—1982年，他连续在决赛中击败美国人史蒂夫·登顿，蝉联了澳网男单冠军。不仅如此，克里克在其他大满贯的比赛中也有出色发挥，在法网和美网都闯进过四强。

而比单打更耀眼的，则是最具代表性的人物弗路·麦克米兰，其职业生涯收获了包括5座大满贯在内的63座双打冠军，排在历史第6位。麦克米兰在1977—1979年间登顶了双打世界第一。

另一位是出生在澳大利亚的鲍勃·休伊特（Bob Hewitt）。他于1967年迎娶了一名南非人为妻，随即加入该国公民。在休伊特的职业生涯中，不仅单打排到过世界第六，在双打赛场上更是所向披靡，男双、混双皆实现了生涯全满贯。遗憾的是，2012年的性丑闻事件，他被判入狱。而休伊特的混双搭档格里尔·史蒂文斯（Greer Stevens）则是一名土生土长的南非人，除了显赫的双打成就，她还在1980年排到过女单世界第七。

彼时的南非网球，巾帼不让须眉。在麦克米兰之前，林科·博肖芙（Linky Boshoff）和拉娜·克洛斯（Ilana Kloss）就在1976年先行登上了女双世界第一宝座。两人在当年携手斩获了包括美网在内的一系列女双冠军，并在法网会师了混双决赛。最终，携手澳洲搭档出战的克洛斯笑到了最后。在她们的带领下，一批又一批南非女选手出现在了国际舞台。泰雅·哈福德（Tanya Harford）搭档罗莎琳·菲尔班克（Rosalyn Fairbank）在1981年法网站上了女双之巅。两年后，菲尔班克与美国搭档将第2座法网女双冠军收入囊中。

这些领军人物的成功只是黄金时代的缩影，更重要的是，他们让网球在南非生根发芽。然而好景不长，经过几代人的变迁，如今的南非网球已经是另一幅景象。

身高1.58米的科泽尔，最高WTA排名世界第三。曾在1997年澳网、法网中双杀格拉芙，并在同年柏林站以6-0、6-1的比分遭遇最惨痛失利。

1999年，在凯文·库伦站上温网中心场的十四年后，温网仍有32名南非球员出现在5个项目的签表之中。这其中便包括两度澳网四强“铁人”韦恩·费雷拉，以及著名矮将、曾先后闯入澳网与法网四强的阿曼达·科泽尔。在2000年法网混合双打决赛中，南非选手梅里安·斯瓦特（女）和戴维·亚当斯（男）战胜了大赛双打2号种子澳大利亚选手雷妮·斯塔布斯和特德·伍德布里奇。

目前在ATP前100名排行榜中，只有安德森1人，双打前10的仅有拉文·克莱森1人。

尽管南非网球已经日渐没落，但却没有在国际舞台上完全失色。这多亏了约翰内斯堡人凯文·安德森以及出生在德班的列泽尔·胡贝尔。安德森曾在2015年闯进过世界前10，胡贝尔在2007年入籍美国前，以南非公民的身份，收获了职业生涯7座双打大满贯中的3座。

安德森

2012年，南非一哥安德森连续第二年排名晋级ATP前40位。2013年1月21日，安德森经历右肘手术，一个月之后重返赛场。在2013年中，安德森成为自2000年以后首个年终跻身世界前20的南非球员。2015年9月8日，在美国网球公开赛第四轮的比赛中，安德森以7–6^{5}、6–3、6–7^{2}、7–6^{0}的比分淘汰前赛会卫冕冠军安迪·穆雷，生涯首次闯入大满贯赛八强。这也是安德森首次在大满贯比赛中战胜世界前10的选手。

2016赛季，安德森受困于伤病，在澳网、法网、温网均首轮出局；美网打进第三轮，不敌乔–威尔弗雷德·特松加；世界排名从年初的第12位跌落至年终的第67位。

2017年美网经过一路拼杀，安德森首次进入美网四强。9月9日，美网男单半决赛上，经过近3个小时的鏖战，安德森在先丢一盘的情况下完成逆转，轰出22个ACE球，最终以4–6、7–5、6–3、6–4淘汰赛会12号种子、西班牙选手布斯塔，个人职业生涯首次闯入大满贯男单决赛。在决赛中以3–6、3–6、4–6的比分不敌世界排名第一的西班牙选手纳达尔，获得亚军。

○ 日本

如同其他体育项目一样，亚洲网球的中心也在中国、日本、韩国等。20世纪30年代时，日本人就活跃于世界网坛，佐藤次郎在四大网球公开赛事中，曾五度打入四强，他的成绩在当时的现役网球运动员中排名第三，迄今仍没有日本选手能打破他的记录。从20世纪50年代到21世纪初，日本、韩国的网球水平一直在中国之上。21世纪10多年以来，其基本格局没有改变。日本男子选手铃木介绍日本网球运动时肯定地说："日本的网球人口和网球运动氛围都很好，许多日本人都会把小孩送到国外去学习打网球。日本品牌的产品仍然是日本人喜欢的首选。"网球运动在日本大行其道的结果是打造了一批几乎可以与俄罗斯相比肩的"美女兵团"。日本"70后"老将杉山爱曾创造过34周的女双世界排名第一纪录。技术风格被认作最接近欧美选手的日本金花，虽然单打至今未得一冠，但也相当了得。当年在杉山爱的领衔下，日本涌现了森上亚希子、浅越、小田纱织等优秀选手。在2006年1月的WTA排行榜上，杉山爱和浅越分别排在第27位和第39位。在她们的努力下，日本的联合会杯成绩值得骄傲。

另一位日本女将伊达公子，1992年，在日本公开赛上赢得第一个职业头衔；1994年，闯入澳洲公开赛半决赛，成为日本21年来第1位进入此项赛事半决赛的选手；1995年，战胜了马优丽、达文波特等名将后，成为历史上第1位进入法国网球公开赛半决赛的日本选手；1996年，在联合会杯比赛中击败世界头号格拉芙，获得东京公开赛的冠军，在温布尔顿网球锦标赛中进入半决赛；1996年9月24日，宣布退出职业网坛；11月22日，参加最后一项职业赛事WTA年终总决赛，在四分之一决赛中被小将辛吉斯淘汰；2008年4月7日，伊达公子在日本宣布复出，随即在一场日本岐阜举行的低级别赛事中取得亚军。

20世纪80年代，日本名将松冈修造，1985年以职业网球选手的身份亮相，曾获得单打最高排名ATP第46位，1995年打进英国温布尔顿网球锦标赛八强。最后于1998年引退。这也是值得亚洲人骄傲的一幕。

锦织圭是日本当之无愧的网球一哥，1989年12月出生于日本岛根县，2007年，锦织圭成为职业网球手。2008年，他夺得ATP德尔雷海滩冠军。2012年，他进入澳大利亚网球公开赛八强；10月夺得Rakuten日本公开赛冠军。2013年2月，锦织圭夺得孟菲斯赛冠军。2014年4月，他在巴塞罗那夺得职业生涯首个红土冠军；9月获得美国网球公开赛男子单打亚军；12月获得路透社年度体育最佳突破奖。2015年8月锦织圭在华盛顿网球公开赛夺冠后，世界排位上升至第4位。锦织圭虽然正处当打之年，但过去几年赛程安排密集，而打法对身体移动要求极高，最终不得不像德约科维奇和瓦林卡一样，宣布退出2017赛季剩下的所有比赛。

锦织圭

作为亚洲网坛最优秀的网球选手，锦织圭在2017赛季的表现呈高开低走的趋势。年初，锦织圭澳网不敌费德勒，止步16强。不过日本名将杀入了布里斯班和布宜诺斯艾利斯决赛，世界排名最高时曾排到第4位，创下生涯最佳纪录。2017年6月12日，美国《福布斯》公布了2017年度全球百位名人榜，锦织圭排名第92位。

亚洲百年才出的一位男网奇才锦织圭，曾让中国网球迷非常羡慕，同时带动了整个日本男网快速崛起。单看2017赛季，西岗吉仁打进ATP1000大师赛的十六强，杉田佑一赢得ATP巡回赛首冠。日本现役男网运动员中，有6位杀进过世界前100，3位进过世界前50。吴易昺在美网青少组男双决赛中，战胜的正是日本组合，可见日本非常重视人才梯度的建设。

1988年出生的杉田祐一，从2009年其冲击大满贯赛事，除有4次打入第三轮，其余24次皆为一、二轮游。2017赛季，是他职业生涯表现最好的一个赛季。他的三个挑战赛冠军都来自不同场地。在巴塞罗那的红土场上打进了四分之一决赛，在安塔利亚的草地场上拿到了冠军。2017年7月2日，ATP250赛土耳其安塔利亚公开赛进行了男单决赛的争夺，杉田祐一直落两盘以6–1和7–6[4]击败法国选手阿德里安·马纳里诺，获得自己职业生涯首个ATP赛事单打冠军，成为近25年来除了锦织圭之外首位在ATP赛事中夺冠的日本选手。

在过去10年中，日本网球一直处在上升势头，杉田祐一也被认为是网坛最有威胁的选手之一。在过去几年里有不少日本球员到过前100的排名，还包括西岗吉仁、丹尼尔太郎和添田豪，但没有一个人达到过28岁杉田祐一目前在2017赛季的成就。

日本网球水平高得益于其软式网球的普及，在20世纪初日本就兴起了软式网球，甚至到今天仍然经久不衰。另外，日本举办全国网球比赛的时间在世界历史上也算早的，意大利在1930年开始办全国性的网球锦标赛，瑞典在1936年开始举办，而日本是在1921年开始举办。

在2017年9月ATP前500名排名中，日本有17人，而中国仅7人；WTA前500名中，日本人有29人，中国有22人。不仅可以看到中国与日本网球的差距，也足见日本在亚洲网球的实力。

○ 韩国

韩国的男选手在亚洲实力较强，其中李亨泽最为突出。

李亨泽，被称为韩国网球的标杆。他1995年成为职业选手,2000年打入美国网球公开赛十六强，负彼得·桑普拉斯。2003年，李亨泽在ATP悉尼网球公开赛上作为一名资格赛出线选手最终夺冠，成为首个拿到ATP冠军的韩国人。他职业生涯最高排名为第36名（2007年8月6日）。大满贯最佳战绩是在2000年和2007年在美网打进了第四轮（分别负于桑普拉斯和达维登科）。

韩国年轻小将渴望超越前辈。从2013年起，洪成灿连续三年参加四大满贯青少年组比赛，在单双打两方面都有不俗表现。2015赛季洪成灿收获颇多，他不仅在年初的澳网拿到青少年组男单亚军，还在韩国举行的2015李德熙杯仁川国际青少年网球锦标赛、2015西归浦亚洲大洋洲室内青少年锦标赛上两度折桂。作为2016年国际网联青年大师赛16名参赛队员中唯一的亚洲球员，韩国18岁小将洪成灿10岁才接触网球，只花了8年时间他的青年世界排名就上升到第2位。

老将李亨泽退役之后，新星郑泫迅速扛起韩国男网的大旗。郑泫有着出色的身体素质和不俗的底线能力。在橘子碗杯比赛中获得12岁及12岁以下年龄组冠军，几年后便夺得2013年温网男单青少年组亚军。

2015年，郑泫成为第2位闯进世界排名前100位的韩国选手。郑泫在2015赛季的排名上升了122名，取得了职业生涯的最高排名第51名。在2015年美网中收获了首场大满贯单打比赛的胜利。2016年3月，郑泫在迈阿密赛上从资格赛打起，并最终闯入了第二轮，输给了捷克名将伯蒂奇。2017年5月，郑泫在慕尼黑公开赛打进职业生涯首个巡回赛级别赛事的四强，在第二轮，郑泫以6–2、6–4爆冷击败赛会头号种子盖尔·孟菲尔斯，这也是郑泫职业生涯首次击败世界排名前16的选手。同年6月，郑泫在法网打进第三轮，面对“亚洲一哥”锦织圭，小伙子苦斗五盘，虽最终遗憾止步三十二强，但刷新了自己在大满贯的最佳战绩，排名世界第44位。

在2017年上海大师赛中，他首轮遭遇西班牙网球好手阿古特。面对强手，郑泫毫无惧色，爆冷以6–4、6–3横扫去年赛会亚军、当时世界排名13位的阿古特晋级第二轮。在第二轮遭遇法国单反老将加斯奎特，经历三盘苦战，6–3、4–6、3–6出局，但是他的表现还是可圈可点。

郑泫和小兹维列夫、丘里奇等8人一同被列入了ATP的“The Next Generation”（新生代）之中，他也入围了2017年在米兰举行的首届ATP新生力量总决赛，并一举夺魁。2018年澳网，郑泫在击败了哥哥米沙·兹维列夫后，他又在男单第三轮中击败了弟弟小兹维列夫，爆出了本届澳网男单赛场至今最大的冷门，这也让他成为首位闯入澳网男单十六强的韩国人。

郑泫

17岁小将李德熙虽是一名聋哑球员，残疾的他经常听不到裁判的判罚，偶尔还会被不明真相的球迷嘲笑。即便接受采访，他也只能用短信或邮件去回复。即便这样，李德熙没有放弃努力，排名世界第290位的他是韩国男子网球的第2号球员。

2014年9月29日在仁川亚运会网球决赛上，韩国男双林勇圭/郑贤进以2∶0战胜了印度组合麦奈尼/辛格。这是自1986年首尔亚运会金凤洙/刘振善以后，韩国在男双比赛中时隔28年再次摘取网球男双金牌。韩国的戴维斯杯成绩在世界排名中以1 865分排第22位。

○ 印度

布帕蒂是印度最著名的网球选手之一，同时也是世界上最著名的双打球员之一。这位出生于1974年的网球名宿曾经排名男双世界第一，在1997年拿到过法网混双冠军，此后更是拿到过除澳网之外其他三项大满贯的男双冠军。2013年退役的他，全身心投入网球运动推广当中。一年之后，他提出了成立独立于ITF以及四大满贯之外的全新赛事——国际网球超级联赛（IPTL）。

印度历史上著名运动员穆克吉在1959年赢得印度全国青年锦标赛冠军，在1960年温布尔顿网球锦标赛中获男子单打亚军，并曾担任“戴维斯杯”印度队队长，退休后在加尔各答经营一家网球学校。

佩斯是印度的著名网球双打选手。右手握拍的佩斯最高世界排名73位。从1992年开始长期占据印度排名第一的席位，1990年获得温布尔顿少年组冠军，1991年获得美国网球公开赛冠军，从1990年开始成为印度国家队成员。1999年，他和布巴提配对获得澳网和温网双打冠军，法网和美网双打亚军。2003年，他和纳芙纳蒂诺娃获得澳网和温网双打冠军。这位拥有4项大满贯双打冠军的印度选手，曾在2003年被查出由于寄生虫感染导致左侧大脑病变，医生曾宣布他将永远离开赛场。但6个月后，他和纳芙纳蒂诺娃共同闯入2004年澳网混双决赛获得亚军。

布帕蒂、佩斯和波帕纳总共赢得了32个ATP大师赛双打冠军。

印度美少女米尔扎，6岁开始打网球，2002年转入职业。2004年，获海德拉巴网球公开赛女双冠军；2005年，获海德拉巴网球公开赛女单冠军；2017年，获澳网混双亚军。在2006年1月杀入WTA前50强，列第32位。2015年，米尔扎和佩斯分别与辛吉斯搭档所向披靡，辛吉斯/米尔扎从美网开始，以一波22连胜结束赛季，辛吉斯/佩斯的大满贯混双战绩达到14胜1负。米尔扎在2015年4月13日首次登上双打世界第一宝座，成为首位来到这一位置的印度女子球员。至今，她已经在后座上连续坐了81周，并将连续两年获得年终双打第一的称号。米尔扎在2016赛季搭档3位不同的球员赢下8座女双冠军。2017年初澳网，她和老搭档辛吉斯联手斩获第3座女双大满贯。米尔扎单打最高排名第27位。目前，米尔扎WTA女双排名第8。健美的身体和漂亮的容貌使得米尔扎成为《时代》杂志的封面女运动员，而且她还成为这家杂志评选出的2005年亚洲50位英雄之一。

截至2015赛季结束，印度选手已经夺得过29个大满贯冠军，其中男双9个，女双2个，混双18个。印度拿过3次戴维斯杯亚军，印度的戴维斯杯成绩排在第25位。

○ 中国台湾

中国台湾出现了谢淑薇、詹咏然、张凯贞还有詹皓晴、庄佳容等网球好手，在各自专攻的领域取得一些成就。

卢彦勋

谢淑薇2001年转入职业比赛。2008年澳大利亚网球公开赛单打进入第四轮，创下中国台湾选手在四大满贯赛事中单打的最佳成绩。2009年夺得中网女双冠军。2013年在温网夺得女双冠军，这是她职业生涯首个大满贯冠军。2013年10月27日，谢淑薇搭档彭帅获得WTA年终总决赛女子双打冠军。2014年5月12日，谢淑薇WTA女子双打世界排名第一。2014年6月8日，谢淑薇搭档彭帅获得法网女双冠军。

卢彦勋生于1983年8月，2004年5月卢彦勋ATP单打排名突破前100名，成为中国台湾第1位排名前100名的男子网球选手。2008年8月北京奥运网球男单赛事，卢彦勋首轮历经了2小时5分钟的苦战，爆冷击败全英排名第一、ATP世界排名第六的选手安迪·穆雷，拿下中国台湾男子网球选手在奥运会男单的第一胜。在2009年澳网第二轮中，卢彦勋击败10号种子纳尔班迪安晋级第三轮，初露锋芒。2010年温网，卢彦勋战胜5号种子罗迪克晋级八强，追平了日本名将松岗修造在1995年创下的亚洲男单温网最好成绩，之后其数次打进大满贯赛事正赛。2010年11月1日，卢彦勋单打最高世界排名为第33位。近些年，卢彦勋的排名稳定在ATP前100。2017年9月，其ATP排名为第61位。

除了这些名将，一批中国台湾的明日之星也在迅速成长，如杨宗桦、谢政鹏、黄亮等。

○ 泰国

泰国男子选手的表现则是亚洲人的骄傲。斯里查潘有5个单打冠军头衔，职业生涯最高排名为世界第9位（2003年5月），2003年8月双打排名为第29位。斯里查潘在2006年1月ATP排名中列第25位。泰国男子的团体成绩表现优异。在2006年4月的戴维斯杯国家排名中，泰国队以2 220分排第18位，列亚洲之首。

2014年仁川亚运会女单网球决战中，赛会头两号种子泰国女将库姆淳与王蔷会师决赛，最终2号种子王蔷以6–3、7–6[5]击败泰国姑娘，赢得中国网球在本届亚运会唯一一块金牌，而泰国女将库姆淳荣获亚军。同时泰国女子双打组合塔玛琳/库姆淳通过抢十大战，击败中国台湾队的谢淑薇/詹谨玮，夺得泰国网球史上首枚亚运会女子双打金牌。

亚洲除以上国家和地区以外，哈萨克斯坦、乌兹别克斯坦、菲律宾、印尼等国家的网球都有不错的发展，涌现出一些优秀选手，如乌兹别克斯坦的伊斯托明，2017年9月ATP排名第85位。

第3、4届亚运会网球项目的各项冠军，被日本和菲律宾包揽，第5届被日本和印度尼西亚瓜分。由于菲律宾、印度尼西亚长时间的西方殖民历史，西方的生活方式大量渗透到这些国家，网球的发展也深受此影响，它们比亚洲其他国家更早地接触到了网球。网球名将、军人及政客怀特·戴维斯（戴维斯杯创始人）就曾在菲律宾大力普及网球。在20世纪中期前，菲律宾网球水平在亚洲处于领先地位。只是进入20世纪中期后，日本、韩国、印度、中国等国家的网球水平崛起，而菲律宾网球水平逐渐衰退下来。此外ATP赛事的举办和卡塔尔多哈的WTA赛事开禁，把亚洲网球的中心版图扩充到了南亚和西亚。在整个亚洲几乎没有哪个国家是不喜欢网球的。

在第三阵营中，还有许多国家，虽然网球竞技水平不高，在目前ATP和WTA前100名中只有1～2人，但网球运动在国内依然开展不错。这些国家包括丹麦、乌克兰、波兰、奥地利、保加利亚、斯洛伐克、罗马尼亚、格鲁吉亚、斯洛文尼亚、卢森堡、希腊、荷兰、以色列、乌拉圭、多米尼加、塞浦路斯、突尼斯、波黑等。

第四节　中国网球发展历程

网球进入中国的时间相当长，但在新中国成立前，网球只局限在少数人的圈子里，网球运动水平一直比较落后。新中国成立后，网球运动得到党和国家的重视，从打基础开始，艰难的发展，从无到有，从小到大，直至到改革开放时代，逐渐融入世界网球的大潮。特别是女子网球发展到历史的黄金时代，在世界网球的大舞台上，唱出了中华民族的嘹亮歌声。

新中国网球发展大体经历三个阶段：第一阶段是20世纪50年代—80年代，为打基础起步阶段；第二阶段是20世纪80年代—21世纪前几年，走出国门发展阶段；第三阶段是2004—2014年的女子飞速发展的黄金时期及李娜后时代。

第一阶段：打基础起步阶段（20世纪50年代—80年代）

中华人民共和国成立后，网球运动在起点低、基础差、交往少的情况下逐渐发展。

1953年，在天津首次举办了包括网球在内的四项球类运动会（篮球、排球、网球、羽毛球）。1956年，举办全国网球锦标赛，建立了一系列的竞赛制度。先后举办全国网球等级联赛、全国网球单项比赛、全国硬地网球冠军赛等，并实行升降级制度。举办了10次包括1959年和1964年的全运会的网球比赛。参加了第6届亚洲网球赛和第3届国际青年锦标赛的同时，参加了与苏联、捷克等12国的双边友谊赛。

通过这些比赛和交流，初步建立起我国网球队伍，对促进网球技术水平的提高起到了积极的推动作用。以朱振华、梅福基、戚风娣为代表的优秀运动员在国际赛场取得了较好成绩。尤其是曾获全国男子单打、双打冠军的梅福基，在1958年持外卡打入温布尔顿网球锦标赛正赛，这位时年近30岁的老将，不畏强手，首轮击败了当时奥地利的冠军，进入了第二轮，成为中华人民共和国首位进入大满贯取得最好成绩的选手。接着在1963年在新兴力量运动会上，梅福基又获网球单打第3名的好成绩，令人鼓舞。

此后，“文化大革命”十年，同其他体育项目一样，网球运动的发展遭到严重挫折。从1977年开始恢复和第二次起步。经过拨乱反正，中国网球终于又回到亚洲和世界大家庭。1974年，中国网球刚刚恢复2年，以梅福基、沈建球为教练的中国网球队就参加了第7届亚运会。他们率领吕正义、许柏林、王福章、严大翠、张素华、姜丽华等在14个国家比赛中，获得3枚银牌，其中包括男女团体亚军，证明了中国网球队的实力。

1978年12月9日第8届亚运会在泰国曼谷举行，中国网球男队许梅林、王福章、顾明华、孙春来，女队郭汉琴、余丽桥、陈娟、孙京环经过奋力拼搏，取得2银2铜的成绩。

在1982年印度新德里第9届亚运会上，中国网球队拿到1银4铜，其中女选手余丽桥、王萍、段丽兰获得女团亚军，男选手刘树华、马克勤、尤伟取得男团第3名。

与此同时，中国网球开始了世界角逐。1983年，中国队首次参加网球团体赛的戴维斯杯。领队杨明训，队员有刘树华、马克勤、尤伟、李时勤。虽然在第二轮失利，但迈出了走向世界网坛的第一步。

第二阶段：走出国门发展阶段（20世纪80年代—21世纪前几年）

随着国家的改革开放，中国体育全面登上世界舞台。在1984年洛杉矶奥运会上，中国体育健儿一举夺取15块奥运金牌，就是明证。1984年在有12个队参加的戴维斯杯比赛中，中国网球队先后战胜斯里兰卡队、韩国队，一路打入半决赛。

在1986年汉城（今首尔）亚运会上，在刘树华教练带领下，经过尤伟、马克勤、谢昭顽强拼搏，网球项目取得优异战果，夺得男子团体、男子双打、混合双打的3枚银牌。1990年北京亚运会，中国男子选手潘兵、夏嘉平、孟强华包揽了男子3枚金牌，同时获得3银1铜，达到亚运会网球成绩的历史高峰。这也是中国男子网球选手表现最出色的时期。

从1994年至2002年的三届亚运会成绩看，除潘兵在1994年夺男单冠军，其与夏嘉平获男双铜牌外，中国男子网球均与奖牌无缘。

2004年是中国队在戴维斯杯赛事中征战的第30个年头。中国队共进行了60余场比赛，取得了26胜41负的战绩，遗憾的是一直没能冲出亚洲迈入世界组的行列。由于亚洲网球整体实力不高，网球运动几乎没有职业化，处于中下水平的中国男网处于年年保级的尴尬境地。

这个阶段，中国男网最高排名的是潘兵，曾达到世界排名第173名。夏嘉平等男子网球选手都在第300名以外。

这一阶段，我国女子网球运动水平相对男子提高幅度快一些，但成绩也并不突出。1986年汉城（今首尔）亚运会，中国女将李心意、钟妮、段丽兰、濮秀芬勇夺亚运会女团金牌，李心意还获得女子单打冠军，实现了重大突破。1998年曼谷亚运会上，李芳和陈莉夺得女双冠军，填补了中国在亚运网球项目上最后一块空白。从1986年至2002年5届亚运会上，中国姑娘获得1次团体冠军，并先后有李心意获得1金，陈莉获1银，李芳、易景茜、陈莉获3铜。

在1991年联合会杯网球团体赛，在58个参赛队中进入16强，李芳从国际网球排名第200名跃升到第155名。在1994年年终国际网联世界排名中，我国潘兵第215名，李芳（女）第66名，陈莉第233名，唐敏第237名。

第三阶段：女子飞速发展的黄金时期及李娜后时代（2004—2014年）

○ 女子飞速发展的黄金时期

2003年之前中国女选手参加国际比赛比较少，2004年开始增加参加国际比赛的机会，在职业赛场一场一场的积累，开始有了WTA赛事参赛的资格和积分。随着比赛经验的积累、排名的升高和职业化的锤炼，终于有了中国女网的飞速发展。

2004年雅典奥运会，李婷/孙甜甜夺得网球女子双打冠军，一鸣惊人。这一年，李婷/孙甜甜站在了迈阿密大师赛的女双半决赛赛场上，进入迈阿密女双四强。在2006年多哈亚运会上，李婷/孙甜甜获得网球女双金牌，同时，李婷获得网球女单金牌。

进入21世纪后，中国网球发生了巨大变化。2006年7月18日至20日，《中国体育报》连续发表了著名网球记者张耀光的文章《中国网球突破启示录》，文中对中国网球飞速进步和女网的重大突破做了详细报道：

“从2002年亚运会后，国家体育总局网球运动管理中心在总结了以往的经验和教训后，终于下定决心：以女子为重点，以女子双打为突破口，真正介入职业网球圈去争分抢分，以便找到中国网球在世界排名中应有的地位。

2003年初，担当突击重任的4名中国最好的女选手，郑洁、孙甜甜世界单打排名分别是第198名、第230名，李婷、晏紫则在第400名开外。郑洁/晏紫、李婷/孙甜甜的世界双打排名也只在第400名左右。

从2月中旬开始，姑娘们在美国、日本一连六周都在奖金2.5万美元的比赛中苦战。此间，积分和奖金虽然不是很多，但姑娘们打出了信心，打出了冲劲。

同年6月15日，迎来了中国选手在世界网坛中历史性的第一个突破，在总奖金为17万美元的奥地利网球公开赛上，孙甜甜/李婷、郑洁/晏紫囊括了本站比赛双打冠、亚军！仅此一站，两对选手就分别获得了120分和85分的积分，几乎是前面9站的得分总和。

此后中国姑娘再接再厉，在下半年于日本、乌兹别克斯坦、美国、加拿大、泰国等地奖金为10万美元以上的比赛中，孙甜甜/李婷又获两个奖金为17万美元的公开赛的冠军，郑洁/晏紫也不甘落后，三次闯进奖金为17万美元的公开赛的前四。

2004年春天，中国金花越开越艳。年初郑洁/晏紫打入澳网女双前八名；3月在总奖金为60万美元的卡塔尔网球公开赛上，郑洁第二轮出人意料地战胜了世界排名第15的多基奇，并闯入前八！紧接着，在纳斯达克网球公开赛上，李婷/孙甜甜杀入半决赛。

积分如滚雪球，越滚越大。到雅典奥运会前，李婷/孙甜甜世界排名第29位，创造了中国网球女双世界排名的最高纪录。郑洁和晏紫也排在了第44位和第45位，并双双获得奥运会参赛资格。雅典奥运会上，李婷/孙甜甜神化般地把女双冠军揽入怀中。

2005年，中国女网继续向更高的目标冲击。

年初，小将彭帅在悉尼国际赛中成为在WTA二级赛进入四强的中国选手。5月，李娜的世界排名升至第33位，超越此前李芳第36名的世界排名最高纪录。8月，彭帅在一级赛事阿库拉精英赛中击败比利时名将克里斯特尔斯（两周后的美网冠军），闯入四强，成为第一个进入WTA一级赛事单打四强的中国选手。此后彭帅的世界排名升至第31位，超越李娜所保持的纪录。

2006年初的澳网，郑洁/晏紫经过顽强拼搏，夺得女双冠军，是中国网球在四大满贯赛中成年组双打比赛的首个冠军。

郑洁/晏紫夺冠

6月19日，伯明翰DFS精英赛李娜闯入第三轮，世界排名提升至第30位，超越了此前彭帅的第31位；7月3日，李娜创纪录地闯进温网八强，刷新了同胞郑洁在2004年法网创造的十六强成绩。

更令人兴奋的是，7月9日，温网最后一天，女双4号种子郑洁/晏紫苦战三盘以2:1击败前世界第一苏亚雷兹/帕斯奎尔的跨国组合，首次捧起温网女双冠军杯，也是继澳网之后第2个大满贯女双冠军。

当时间来到2008年，孙甜甜也将自己的名字写进史册，她与泽蒙季奇搭档杀进澳网决赛，结果直落两盘击败印度组合米尔扎和布帕蒂，也成为继郑洁、晏紫之后，第3位在大满贯赛事夺得冠军的中国选手。而在同年温网决赛中，这对黄金搭档战胜了有着“第一双打”之称的苏亚雷斯/帕斯奎尔，再次问鼎大满贯女双冠军。

在后来的2013年，彭帅搭档谢淑薇夺得温网女双冠军，对于中国网球而言，这个冠军具有里程碑式的意义，意味着中国网球的五朵金花全部成为大满贯冠军。毫无疑问，中国网球开始进入了黄金时代。

事实上，在2011年，中国网球已经真正迎来了它最激动人心的时刻：李娜在罗兰·加洛斯的红土场上，捧起法网大满贯女单冠军奖杯，成为赢得大满贯单打冠军的中国乃至亚洲球员的第一女选手，也是中国拿到大满贯冠军的第4人。此刻，整个国家为之癫狂，一个在十年前还不为太多中国人所熟知的项目，却诞生了伟大的职业运动领域的偶像。毋庸置疑，李娜的这个大满贯冠军含金量极高，李娜制造了中国网球的黄金时代，也一步步地实现了“中国梦”的绽放和延伸。李娜能在“30岁+”的年纪进入世界前2，是WTA历史上第7人，前6人均为名宿级球员。

李娜

在中国网球热的时刻，美国《时代》周刊发布2013年度全球100名最有影响力人物名单，中国网球一姐李娜被列入“偶像”类，荣登榜单。美国网坛巨星、18次大满贯得主埃弗特为李娜撰写了“百大人物”推荐词，“2011年李娜赢得了法网女单冠军，成为亚洲第1位获得大满贯的选手，那场比赛共有1.16亿人观看，这样的曝光率对于我们这项运动至关重要。而现在中国的网球也开始突飞猛进，这个国家拥有1 500万网球运动员……”

与此同时，《时代》周刊还决定，李娜将作为2013年度百大人物特刊的封面人物，这也充分证明了女子网球在全球范围内的影响力以及在亚洲前所未有的发展。

2014年澳网，状态极佳的李娜一鼓作气地拿下澳网冠军。此前，在2011年、2013年两届澳网上，李娜都是一路拼杀，打入决赛，最后虽然功亏一篑，但两个亚军足以证明了“娜姐”的强大实力。此时，两夺大满贯冠军的李娜，把自己推向世界网球的高峰，也把中国推向世界体坛舆论的高峰。2016年李娜被吸纳为世界劳伦斯体育学会成员，成为继贝克尔、纳斯塔塞、纳芙拉蒂诺娃、塞莱斯之后的入围者。这一殿堂级荣誉，更成为中国网球“黄金十年”的注脚。

在联合会杯的赛场上，中国女网在2005年联合会杯世界组二组附加赛中，以4∶1力挫斯洛文尼亚队，第一次跻身世界组（世界十六强）比赛。从2006年开始，李娜、郑洁、晏紫和彭帅曾一道让中国队从联合会杯亚太区升入世界组。这一年7月16日，中国队在联合会世界组附加赛中，以4∶1战胜德国队，使中国队首次打进世界组八强，中国队的积分为5 822.50分，排名由原来的第13位升至第7位，又一次创造了历史。

随着李娜的退役，小金花尚未能及时顶替，中国女子网球总体水平开始下滑。由于队里主力连年缺阵联合会杯，中国队的参赛等级也是一降再降：从当年的世界组降到了现今的亚太组。从最近三年（2015—2017）国际网联公布的成绩看，中国队联合会杯的排名一直在亚太区一组、二组徘徊。截至2017年7月24日，中国队联合会杯积分1 742.50分，排名第25位。

彭帅

令人欣慰的是近年来女子双打成绩不错。2013年7月，彭帅获得温网女双冠军，这是彭帅职业生涯的首个大满贯冠军；同年10月夺得年终总决赛女双冠军，创造了亚洲历史。2014年2月17日，彭帅正式登上女双世界第一的宝座。2014年6月8日，夺得法网女双冠军，这是她的第2座大满贯冠军头衔。2017年的迪拜超五公开赛上，彭帅和赫拉瓦科娃又连过双打好手中国台湾詹家姐妹、舍夫多娃、辛吉斯等人打入决赛，这是彭帅复出以来首次进入大满贯决赛。彭帅和赫拉瓦科娃在Road to Singapo排名榜上已荣登第一宝座。接着她们在2017年澳网夺得女子双打亚军。2017年美网，彭帅与米尔扎搭档进入女双半决赛。目前彭帅双打排名第九。

张帅

据2017年9月11日WTA世界排名前100名，中国有5人，她们是彭帅（23），张帅（29），王蔷（55），郑赛赛（85），段莹莹（92）。

中国男网的表现，比起女网无疑有较大差距。戴维斯杯网球赛最高级别是世界组的比赛，40多年来，中国队一直在亚太区一组和二组之间徘徊，还从未获得过世界组的参赛资格，甚至无法进入世界组的预选赛。截至2017年9月18日，中国队戴维斯杯积分为1 175分，排名第30位。在男子单打方面至今无一人进入ATP前100名。2013年，吴迪拿到澳网男单正赛外卡，成为自公开赛时代以来首位进入大满贯男单正赛的中国选手，可惜在第一轮中不敌克罗地亚选手伊万·多迪格而淘汰。吴迪在2016年世界排名提升至第144名。2017年9月11日

王蔷

ATP世界排名前500名中，中国有7人。

长年来，中国男子球员与大满贯赛事无缘，一直在低级别的赛事中苦苦挣扎。2017年9月22日《网球之家》庐江烟痕盘点了中国男子网球自20世纪80年代以来参加男网巡回赛单打的历程：

1980s：筚路蓝缕

受到国际大环境限制，中国网球长期处于世界潮流之外，也无从参与ATP赛事。1979年，伴随着大环境的改善，中国网协重回世界大家庭怀抱，自我发展了数十年的中国网球人终于能够与世界网球一较高下。

1980年10月，广州举办了中国第一站ATP巡回赛事，当时的国家队主力成员谢昭在第一轮比赛中以1–6、7–6、1–0ret的比分击退了德国球员毛瑞尔（MAURERAndreas），这是中国男网第1场ATP巡回赛胜利，也是他个人职业生涯唯一一场ATP巡回赛单打胜利。

1980年之后，由于种种因素，特别是胡娜事件的打击，中国网球开放进程大大放缓，球员很少有出国参赛的机会，整个80年代中国网球再也没能在ATP巡回赛上获得胜利。

1990s：初露锋芒

进入90年代，伴随着北京亚运会的东风，以潘兵、夏嘉平为首的新一批男网国手逐渐崭露头角，男网渐渐有了些许起色。

1995年韩国网球公开赛，潘兵首轮6–1、2–0 ret击退当时世界排名第78位的英国球员贝茨（Jeremy Bates），收获个人第一个ATP巡回赛胜场。完成生涯突破之后，潘兵一鼓作气再连胜2场，闯入韩国网球公开赛四强，这也是迄今为止男网在ATP巡回赛中的最佳战绩。

遗憾的是，受制于经费，这一代男网球员出国参赛机会不多，国内也仅仅只有北京和上海2站ATP巡回赛，球员参赛机会极为有限。由于职业素养完全跟不上世界潮流，男网国手竞争力不强，仅有的参赛机会也无法获得满意的成绩，韩国网球公开赛这3场胜利竟然也是潘兵职业生涯仅有的3个巡回赛胜场。

2000s：蛰伏待变

进入新世纪，为了将有限的经费花在刀刃上，考虑到男网竞争力远不及女网，中国网协作出了优先发展女网的决定。在女网满世界参赛的同时，男网只有极少出国参赛的机会，大多数时间里，“小草们”只能待在国内，依靠少数几张国内赛事的外卡寻找巡回赛获胜的希望。十年时间里，只有5名球员各自拿下一个巡回赛胜场。

这一批“小草”中第一个收获巡回赛胜利的是卢昊。2004年中网首轮，卢昊以4–6、6–4、6–2力克印度球员普拉卡什（Prakash Amritraj）。值得注意的是，对手世界排名只是第308位，卢昊能够取胜还要感谢尚佳的签运。

2004年上海喜力公开赛首轮，当时的中国男网一哥朱本强以1–6、6–4、6–4击败捷克球员齐伯（Tomas Zib），第1次也是唯一一次品尝ATP巡回赛胜利的滋味。

2005年年初，天津队前往美国训练并顺路参加了德尔雷海滩国际网球冠军赛。在这站比赛中，孙鹏资格赛成功突围后，在正赛首轮中以6–3、6–4击败美国球员Matias Boeker，收获个人唯一一个巡回赛胜场，这也是我国男网球员第1次在美国ATP巡回赛上获得胜利，也是迄今为止唯一一次。

2005年中网第一轮，王钰7–6^5、6–1战胜斯洛文尼亚球员Luka Gregorc，拿下个人仅有的1个巡回赛胜场。需要注意的是对手世界排名只是第574位，与卢昊一样，王钰能够取胜也得感谢尚佳的签运。

2009年上海大师赛首轮，曾少眩以2–6、6–1、6–4三盘逆转当时世界排名第44位的以色列名将塞拉，拿下我国男网球员第一场高等级ATP巡回赛胜利。在此之前，我国男网所有的巡回赛胜场都来自于类似于当今ATP250级别的低等级巡回赛。

2010s：砥砺前行

进入21世纪第二个十年，国内网球环境持续向好，ATP巡回赛数量也有所增加。金花单飞之后，我国男网能够获得的资源也大大增加。网球环境明显改善，球员实力随之水涨船高。过去7年，五名球员先后收获了11个ATP巡回赛胜场，胜场含金量也远超前辈，星星之火渐成燎原之势。

柏衍是第一个品尝巡回赛胜利滋味的新生代小草。2010年上海大师赛首轮，当时只有21岁的柏衍以6–4、6–3战胜世界排名第30位的捷克名将斯泰潘内克，这场胜利也一度让球迷看到了中国男网崛起的希望。然而由于早年手术切口过深伤及肌肉，大大影响了他的战绩。直到2015年深圳网球公开赛，已“奔三”的柏衍才再度找回了感觉，以6–1、7–5的比分击败日本球员仁木拓人，脱离了尴尬的巡回赛“一胜俱乐部”。

张择是巡回赛战绩最好的男网“小草”。早在2011年中网，张择就在外卡大战中以6–1、6–3击败李喆，收获个人巡回赛首胜。2012年德国哈雷草地赛上，张择成功突围资格赛，并一鼓作气以6–4、7–6^{2}击败世界排名第85位的德国球员卡姆科获得胜利。同年中网，张择先是在一场外卡大战中以6–4、6–1击败吴迪，继而经过一场2个多小时的鏖战，爆冷击败当时世界排名第14位的法国名将加斯奎特，成功闯入中网八强。2015年中网，张择以6–3、1–6、6–3击败世界排名第70位的乌兹别克斯坦好手伊斯托明，在中网收获个人第5个巡回赛胜场。

2014年上海大师赛第一轮，王楚涵以7–6^5、6–4爆冷击败当时世界排名第17位的弗格尼尼，首次品尝巡回赛胜利的滋味。在此之后，王楚涵因伤淡出职业赛场。今年全运会，王楚涵伤愈复出，半决赛逆转吴易昺，决赛不敌吴迪屈居亚军，显示出极佳的竞技状态。在同年成都网球公开赛上，王楚涵将持外卡参加资格赛争夺，极有可能延续状态再创佳绩。

2015年深圳公开赛第一轮，尚还不到19岁的张之臻以6–4、6–4战胜世界排名第118位的日本名将添田豪，收获巡回赛首胜。同样由于伤病困扰，张之臻在此之后一度沉沦，现在依旧还不到21岁的他仍然有可能在未来创造更多佳绩。下周的深圳网球公开赛，张之臻将再度持资格赛外卡参与争夺，经过了两年的坎坷，更加成熟的张之臻已经准备好冲击个人第2个巡回赛胜场。

吴迪虽然创造过第140位的中国男网最高排名，但受制于较差的身体素质，在竞争强度更大的巡回赛上总是难求一胜。直到2016年成都网球公开赛，吴迪持外卡以6–3、6–2战胜世界排名第96位的俄罗斯球员克拉夫楚克，终于尝到了巡回赛胜利的滋味。两周之后吴迪在上海网球大师赛上以6–3、4–6、7–6^{2}力克世界排名第22位的阿根廷名将奎瓦斯，收获个人

第2个巡回赛胜场。作为当前的男网一哥，吴迪注定是最有可能今年在中国赛场收获胜利的男网球运动员之一。

结　语

必须承认，中国男网基础十分薄弱，近40年ATP巡回赛胜场总和甚至比不过一个正常巡回赛球员一年的成绩。但我们也欣喜地看到，从20世纪八九十年代的筚路蓝缕难求一胜，到现如今砥砺前行四处开花，男网一直走在进步的道路上。伴随着吴易昺等新一代“小草”的崛起，中国男网势必将收获更多的巡回赛胜场。但愿在不久的将来，我们盘点的不再是巡回赛胜场，而是巡回赛冠军！

需要补充的是，在四大满贯和ATP大师赛中，中国男选手们目前只能在每年的上海大师赛上找到一点存在感。此前，中国男选手在大师赛中取得仅有的4场单打正赛胜利，都是在上海取得的前两轮的胜利，分别由曾少眩（2009年）和柏衍（2010年）完成的。在2014年上海网球大师赛男单比赛中，中国小将王楚涵首轮爆冷击败世界排名第17位的球员，在第二轮的比赛中0:2不敌对手。在2016年上海大师赛上，吴迪在第二轮以两个2–6的比分被法国名将西蒙淘汰，无缘十六强。2017年，持外卡参赛的吴迪在战胜第一轮选手查蒂后，第二轮以2–6、1–6的比分完败于法国名将西蒙拍下。

○ 后李娜时代

所谓的时代，有开始就必将有结束。中国网球这个辉煌的时代，或许就是以李娜在2014年9月19日的那一封退役告别信为标志。2016年6月8日，中国体育报发表了一篇题为《后李娜时代的中国网球　黄金一代是否成绝唱》的文章。文中写道：

不知不觉，中国网球进入后李娜时代。

随着李娜的退役，郑洁等逐渐淡出，中国网球进入后李娜时代，突然让人有点不适应。显性的落差是，除张帅有过澳网进八强的惊艳时刻，其他小花大满贯赛事大多是一轮游、二轮游，往前再走一步都异常艰难。

后李娜时代，中国网球遭遇尴尬成为不争的现实。李娜退役后，很多人把目光投向彭帅，希冀她挑起中国女网的大梁。的确，彭帅有这个实力，但造化弄人，彭帅屡屡伤病却成为她破茧成蝶的最大障碍。应该说年轻的张帅是一潜力股，还有无穷的上升空间，其他小花也都还年轻，路还很长，且让我们慢慢等待。

世界排名前200位的网球球员里，目前中国球员有11位。张帅WTA排名曾一度达到第32位。让人期待的是，包括王蔷、韩馨蕴、王雅繁、郑赛赛等，中国金花又形成了一定的集群优势，信心也在一点点积累，但要达到李娜高度，绝非一朝一夕之功。

不可否认，网球运动在中国知名度已大幅提升，但中国仍然是网球历史较短的国家之一。中国至今还没有产生像日本锦织圭一样的男选手就是证明。阴盛阳衰，仍然是中国网球的现状。但中国网球赛事发展迅速，最多时中国境内承办7项WTA巡回赛事，这一数字甚至仅次于美国。北京中国网球公开赛、上海网球大师赛、广州网球公开赛、中国网球大奖赛等，赛事越办越成熟，且起到了推动网球发展的重要作用。今年，青岛也将加入举办重量级网球赛事的行列，ATP中国国际网球挑战赛，连办五年。这个挑战赛也是目前ATP中奖金级别最高的挑战赛。山东半岛必将掀起网球热潮。

李娜退役，中国“黄金一代”会否成为绝唱？这种担忧其实大可不必。事实上，没有哪个国家的网球会永远维持在高光时刻，没有哪个国家会永远把持世界头号种子，即使是职业网球高度发达的国家也是如此。比如鼎盛一时的美国男网，在桑普拉斯、阿加西等“一代天王”退役后，也遭遇了瓶颈期。从这个角度讲，李娜退役和刘翔退役一样，可能会给中国网球和中国田径带来一定影响，但最终项目的可持续发展，还依赖于项目管理和运动员自身的努力。中国田径的日益崛起就是一个鲜活的例子。

网球在中国已经是一个职业化较为成功的项目，如果进一步与国际接轨，进一步创造中国特色网球发展之路，假以时日，我们相信，再出现一个或几个李娜式的巨星，是完全有可能和必然的。

正当人们对中国“黄金一代”会否成为绝唱发出疑问之时，2017年美网传来一个鼓舞人心的消息：17岁零11个月的中国浙江小伙吴易昺夺得美网青少年男子单打冠军，同时和搭档赢得青少年双打冠军。吴易昺的这一崛起，对我们来说，已经是李娜夺得大满贯冠军后，中国网球的又一个奇迹了。毕竟，中国男子网坛已经弱了太久太久，终于等来一个真的有希望在ATP赛场立足的人。

在2017年9月19日ATP最新一期的世界排名中，凭借着在上海网球挑战赛拿下的冠军，吴易昺积分达到149分，排在第320位，比上一期上升了176个名次，再次刷新职业生涯新高。

就青少年成就来说，吴易昺已经是中国第一奇才，但从青少年组到成年组，这其中需要跨越的鸿沟实在太多，吴易昺未来能打到何种水准，现在没人能说得准，但他的存在，让很多对中国男网抱有期望的球迷有了新的愿景，这是一件好事情。

在2017年上海大师赛上，面对着号称打不死的“法国牛皮糖”西蒙，虽然以3-6、4-6首轮被淘汰，但比赛中，吴易昺打出了25记制胜分，正手频频抢点压缩节奏打出大角度制胜分，让西蒙只能望球兴叹。至于网前的表现，此役小将14次上网、12次得分，期间多次破发点上的截击得分非常提振士气。比赛期间也曾奉献出时速高达140千米的发球制胜分，吴易昺的一发时速大都在180 ~ 200千米，最高也曾达到200千米以上。其能力基本过关，但是落点和线路的选择还有待提高，不过这需要更多比赛阅历的积累，多参加巡回赛积累经验才是解决之道。

中国网球30多年的发展有目共睹，特别是女子的辉煌成绩令国人骄傲。在世界网球新的形势下，我国女子网球面对世界诸多强国，男子网球面对日本、韩国等亚洲劲敌，中国网球的问题在哪里？如何应对这些问题？ 2014年12月1日北京青年报记者褚鹏的报道对人们有所启示：

吴易昺

亚太地区尤其是中国14岁到25岁的众多网球新锐，希望从这里登上大满贯的金字塔尖。但人们发现，这些仍处在金字塔基的选手登顶之路越来越窄。这条路不仅淘汰率高，更缺乏足够的支持，让中国男子网球选手陷入缺成绩、缺关注、缺赞助的恶性循环。

在中国，不知道有多少家庭是在李娜的鼓舞下将孩子送入网球兴趣班，但业余网球热的同时，不少体育地方队却出现了男子职业网球队伍萎缩的现象。

浙江队的成绩堪称高效，因为他们的男子一队有吴易昺与何叶冲二人。94年龄段、95年龄段有几个队员放弃职业路，改上学去了。而17岁的江西队选手吴昊在队里连练球的队友都没有。20岁的一批运动员全部退役了，只能和两个大点的女运动员一起练球。

上学还是继续职业之路，这是20岁上下的中国男子网球选手难以取舍也难以兼顾的两个方向。超达网校校长郭涛坦言中国的大学缺乏网球的专业训练体系，即使有尖子去了大学，运动成绩也再难以上升。而天津名将常雨还是选择在25岁退役，成为天津体育大学的一名学生。常雨表示，他确实想过要到大满贯赛场上奋斗，其世界排名也上升到了300名出头。"但对男球员来说，300名意味着职业生涯刚刚冒头，而我已经受困于伤病和年龄了。我花了两年时间，证明职业路没有太大希望。"他说。

本次外卡赛，北青报记者遇到不少昔日网球名将，从江苏的曾少眩到北京的杨伟光，如今纷纷转型当起了教练。"当陪练，当教练，还有在业余圈里打比赛挣奖金，反正都比在国内当职业选手挣钱多。"一位教练介绍道。

六七岁就选择了网球，花10年时间却对职业前景不再抱希望，这样的少年天才不在少数。他们认为，地方队的教练配置、教练水平、政策上的支持力度不够，让他们看不到晋级职业圈的希望。

没有陪练还能以赛代练，但吴昊不满的是整个队里没有体能教练。"像打高水平的青少年比赛，打到四强阶段，就感觉体力跟不上了。没有体能教练指导，不知道该怎么练，赛前赛后热身、恢复、拉伸都得自己来。"

缺乏支持的不仅是吴易昺、吴昊这样的年轻选手，即使是目前排名国内男网第一的张择，论吸引赞助能力，甚至拼不过女网小花徐诗霖。张择说："我的赞助就是服装，还有球拍。"相比之下，16岁的徐诗霖已签约经纪公司，胸前也贴上了某款手机的logo。

一直陪伴吴易昺的吴妈妈感叹："平时给男网拉赞助太难了。开始我们想，中国有钱企业多得是，赞助网球选手的企业为什么这么少？我们真不知道怎么敲开这扇门。"

一叶知秋。从这位记者报道中，从一个浙江网球队，从少数几个网球队员身上，就已经充分反映出当前中国网球，特别是男子网球的问题和困境：缺乏网球群众基础，缺乏有效的人才培养、输送渠道，缺乏科学的训练保障机制，缺乏高水平赛事的锤炼，缺乏广泛的社会支撑，必然要陷入缺成绩、缺关注、缺赞助的恶性循环。认真研究和解决好这些问题，也许是改变中国男子网球落后现状，提升女子网球实现再次腾飞的唯一途径。

吴迪与吴易昺

针对中国男网，2016年7月29日"网球之家"作者冷阳在《中国男网和锦织圭究竟差距在哪里？》中对中国吴迪和日本锦织圭做了对比分析，令人深省。文中写道：

两位一哥的对比，成长经历说明问题

吴迪与锦织圭的身体条件，都是典型的亚洲人。身高不足180 cm，同高大的欧美人相比没有太多的身高优势，吴迪的技战术特点是脚步灵活，移动迅速，反手进攻有较强的攻击性，发球和正手击球是吴迪薄弱的地方。相比之下，锦织圭的球风完全欧美化，打法极具攻击性，同时又有着亚洲选手快速灵活的特点，其抢点进攻以及快节奏让很多选手吃不消。锦织圭的战术意图十分明确，打法多变，心理素质又强大。

造成这种的差距，天赋是一方面，更多的是技战术素养长期的培养和形成。2002年，13岁的锦织圭来到美国，尼克网校网球总监兼主教练贾拉米洛还为锦织圭组建了多达14人的专业团队：尼克负责击球技术，雷德–阿米负责日常训练，格伦–维纳陪同参赛，此外有体能师、心理辅导师、营养师、理疗师、瑜珈老师、生物力学研究者以及教他如何与媒体打交道的老师，这个庞大的团队为锦织圭提供了有力保障，为他搭建了实现目标的完美平台。2006年全球最大的体育经纪公司IMG与锦织圭签约，为他量身打造教练团队，并先后帮他签下了索尼、威尔逊、阿迪达斯和优衣库等8个赞助合同，年总收入10亿日元。而又通过IMG公司的牵线搭桥找到了张德培做其教练，通过张德培的指点锦织圭实现了从量变到质变的飞跃，所以说锦织圭实际上是通过欧美体系培养出来的，是欧美体系打法结合亚洲人身体方面优势的产物。

反观6岁开始学网球的吴迪，是典型的中国式培养模式。他在国内俱乐部里长大的，一步步到省队、国家队，虽然也会有出国比赛和出国培训交流的机会，但同锦织圭的“专业化相比”，其职业网球也只是接触了些皮毛。2005年上海网球大师赛开始，吴迪曾作为费德勒、纳达尔等球星的陪练，第一次走进人们的视线。后来中网期间又曾作为伊万诺维奇等名将的陪练。这是他接触高手为数不多的机会。2009年，18岁的吴迪成为国家队主力，拿下全运会网球男子单打金牌。2010年，吴迪夺得全国网球大奖赛的冠军。在吴迪专注于国内赛事之时锦织圭已在ATP站稳脚跟，2008年19岁的锦织圭已经斩获了第一个巡回赛冠军。

国家体制差异，“45计划”培养天才

同中国一样，日本的网球运动也有举国体制，这个体制叫做“45计划”。自20世纪90年代，为激励日本青少年赶超名将松冈修造第46位的排名，日本网球协会和索尼等大企业联手设立“45计划”，每年通过选拔赛选拔12岁上下的好苗子，送往美国尼克网球学校。学期自一年到几年不等，其间学费由企业承担。尼克网校以收费昂贵著称，日本网协却要求网校给日本“留学生”最好的条件和最贵的教练。要知道，尼克网校每年近10万美元的开销，可不是小数目。更何况，一个网球选手从开始学习到学成，至少需要10多年的时间。这么一大笔资金的投入，能否成材，还是个未知数。连续买单20多年，花费可想而知。这些均由索尼前CEO盛田正明设立的网球基金会承担。如果仅从投入产出比考虑，日本网球协会和企业的投资计划并不成功。锦织圭这根成功的独苗，对日本网球起到的鼓舞作用，就让这个计划物超所值。

除此之外，日本的网球普及率也相当高，600万人口有5 000多座球场，运动员的参赛自主性比较强，国内还有各种形式的联赛供低水平球员参加。选手通过比赛赚取奖金去参加国外的比赛形成良性循环。

受困于体制，形成恶性循环

中国网球体制也在不断的变革，如今的国家队也已经名存实亡，运动员也变成了由省队培养的模式，省队去帮其拉赞助、寻找教练，而运动员作为回报需要为省队去打国内的比赛尤其是全运会，为省队取得好成绩。而省队为选手的投入以及找外教的各种目的就是要在全运会上取得好成绩。

国外的高水平教练指导还是有一定效果，张择曾经在带过加斯奎特等名将的佩里的指导下在中网击败加斯奎特闯进了八强。在2013年全运会前，张择在美国进行了两周的训练，得到了不少提升。在全运会上，张择输给吴迪无缘冠军后出现了赞助断档的情况。对于运动员来说外教是一笔很大的花销，如果仅仅依靠自己很难请得起外教，所谓的单飞也只是在参赛上得到更多自由，但依旧需要省队的帮助。此后张择又更换了外教，周薪达到了4 000美元，一年20周来算，每年需要8万美元。目前，吴迪仅仅有一名外教，经费不足以去拥有一个团队。相比之下，他们作为国内男单顶尖运动员算是幸运的，更多的省队选手连基本的配备都不完善。地方队在教练配置、教练水平、政策支持力度上不足，职业网球也是幻想。

对于一些有希望的苗子，他们的职业是为省队效力，打球获得经费和赞助去参加职业比赛，而还有一些男运动员直接作女队的陪练或者退役当教练。举国体制虽然能够集中力量办大事，为青少年网球运动员的成长打下坚实基础。而对于市场化、职业化程度高的网球来说，我国男网的职业化道路还很长。

锦织圭的成功说明了亚洲人可以突破身体条件的限制与欧美人抗衡，但是个体并不意味着全部。如今这一代中国男子网球运动员都已不再年轻，打进世界前100以及更高的目标很难实现。中国男子网球运动员以及中国网球的发展任重道远。

第四部分

网球王国的统治者及游戏规则

我们的发展归功于广大世界千丝万缕的影响，
从这些影响中我们吸收
我们能吸收和有用的东西。

——歌德
（德国诗人）

四大满贯奖杯

三大组织标记

Chapter 11

第十一章 | 三大国际组织

第一节　国际网球联合会（ITF）

ITF历史回顾

国际网球联合会（简称国际网联，英文缩写为ITF）的前身国际草地网球联合会（International Lawn Tennis Federation，英文缩写为ILTF）于1913年3月1日创办于巴黎。当时草地网球运动在世界范围内发展迅速，创办一个组织来联络各国家和地区的网协，并且举办国际性赛事就成为必然要求。国际草地网球联合会成立时共有12个成员协会，包括澳大利亚（澳大利亚和新西兰）、奥地利、比利时、丹麦、法国、德国、英国、荷兰、俄罗斯、南非、瑞典和瑞士，规定英语和法语为官方语言。令人惋惜的是，提议创办ITF的美国人杜恩·威廉姆斯因为在“泰坦尼克”号失事中不幸丧生而没能亲眼看到自己的理想成为现实。而从“泰坦尼克”号不幸的海难中逃生出来的杜恩·威廉姆斯的儿子迪克·威廉姆斯却在1913年为美国夺回了连续失去7届的戴维斯杯，成为美国戴维斯杯的英雄。

1923年3月，国际草地网球联合会年会上发布了第一份正式的网球比赛规则。1924年，国际草地网球联合会被公认为负责组织全世界网球比赛的领导机构。1939年，国际草地网球联合会的成员国增加到59个，第二次世界大战后被迫将总部迁往伦敦。1963年，国际草地网球联合会在创办50周年之际创立了联合会杯赛。1968年，ILTF决定创办一项名为“世界网球锦标赛”（WCT）的职业赛事，网坛从此进入职业化的公开赛时期。1970年，国际草地网球联合会开始在比赛引入“抢七局”。1977年，ILTF改名为国际网联。

国际网联现有会员210个，其中145个为正式会员，65个为无表决权的联系会员。

为了让网球更加有趣，国际网联对场地规格、用球、球拍大小等进行全面的细化工作，使被称为贵族运动的网球不受年龄和国籍的限制，让全世界的人都可以享受到它所带来的快乐。国际网联将继续维持正式比赛场地的规格和用球，但重点放在降低门槛，使首次接触网球的人容易掌握网球。2006年，电子司线初次登场。经过三年的努力，国际网联终于研发出了电子司线，并首次将其运用在澳大利亚佩斯举办的霍普曼杯比赛上。2007年，国际网联发起了网球运动的“参与与坚持”运动，实施招募和留下网球初学者的计划，在网上为全世界的网球教练提供电子资料。同时，网球运动反兴奋剂计划的实施也由国际网球联合会执行。

2009年，在戴维斯杯世界组的决赛中，球员开始获得ATP排名，这是第一次在戴维斯杯中代表国家参赛时，可以提高个人排名。2013年，210个成员国聚集在一起庆祝国际网联成立100年，联合会杯成立50年，3月4日，国际网联与体育推动者合作推出世界网球日。

2015年9月25日，国际网联在智利首都圣地亚哥召开年会，58岁的美国人大卫·哈格蒂（David Haggerty，原美国网协主席）接替已担任国际网联主席16年之久的意大利人弗朗西斯科·里奇·比蒂，担任新一届国际网联主席。

目前，国际网联的结构共分为四部分，第一部分是各大洲、各国家和地区的网球协会以及国际网联年会机构；第二部分是董事会，由包括主席在内的12人，是国际网联的核心机构，成员每两年在年会上进行改选；第三部分是执行官员，由包括在伦敦总部和世界各地办事机构任职的80人组成；第四部分是分管各项事务的委员会和组织机构，包括戴维斯杯委员会、联合会杯委员会、财政委员会、女子巡回赛委员会、青少年竞赛委员会、奥林匹克委员会、章程委员会、网球竞赛规则委员会、元老赛委员会、轮椅赛委员会、球员组织机构、教练组织机构、媒体关系机构、运动医学机构、技术研究机构、发展指导团体等多个分支，面面俱到，条理清晰。

职责分工

国际网联的任务是制定、修改和实施网球规则，促进全世界网球运动的发展，在国际上维护网球运动的利益，促进和鼓励网球的教学，为国际赛事制定和实施规则，裁定国际网联认可的正式网球锦标赛，增强协会会员的影响力，维护联合会的独立，确定运动员的资格，管理业余比赛、职业比赛及业余和职业混合型比赛，合理使用联合会的资金，维护网球界的团结及监督这些规则的实行等。

在网球这样一个高度职业化项目中，虽然ITF会受到ATP和WTA的一些冲击，彼此关系比较微妙，但从总体上来看，它仍然是世界网坛一个不可或缺的重要组织。就所承办的赛事而言，ATP和WTA巡回赛最为引人关注，但ITF举办的青少年组和成年组低级别赛却是ATP和WTA两大巡回赛的基石。由于ATP和WTA需要保证其属下各1 000余名世界级球员选手的利益，特别是高排名选手的最大利益，就很难直接管理缺少市场的青少年组和成年组低级别的比赛。

就组织的功能而言，ATP和WTA基本上只举行赛事，而网球规则的制定和修改，网球场地、比赛用球、球拍等基本设施和装备的规范和更新，在网球落后地区的发展规划，公益性质浓厚的轮椅组和元老组比赛，包括球员的编码和评级等都需要ITF管理。另外，由于ATP和WTA都没有与世界反兴奋剂组织签订协议，很多球员涉嫌服用禁药的案件也需要ITF出面处理。

ITF的赛事

ITF除了直接组织戴维斯杯和联合会杯两大团体赛，指导和协调四大公开赛以外，其主要职责是在全球范围内推广网球，负责承办所有低级别比赛和青少年比赛。其中男子比赛分为希望赛和卫星赛。女子比赛主要分为巡回赛和挑战赛。

希望赛由ITF直接主办，包括连续3周3个总奖金各为1万美元的比赛，以及连续2周2个总奖金各为1.5万美元的比赛。2005年4月，在我国浙江台州举行的就是希望赛。

卫星赛是由一个国家的网协出面主办，包括连续4周4个总奖金都不低于6 250美元的比赛，最后一站为总决赛，由前三站总积分靠前的选手参加。卫星赛还有总奖金为5万美元、7.5万美元以及额外提供免费住宿和早餐等几种。

没有世界排名的男选手必须通过参加这两种形式的比赛来获得并积累积分，以使他有资格或者是更容易参加到更高级别的比赛。

巡回赛和挑战赛分为五类：① 总奖金为2万美元的巡回赛，由3个奖金各为5 000美元的比赛以及1个总决赛组成；② 总奖金为4万美元的巡回赛，由3个奖金为1万美元的比赛，以及1个总决赛组成；③ 总奖金为1万美元的挑战赛；④ 总奖金为2.5万美元、5万美元和7.5万美元的挑战赛；⑤ 总奖金为5万美元另免费提供住宿的挑战赛，以及总奖金为7.5万美元另免费提供住宿的挑战赛。2006年在我国举办的“鸿星尔克网球系列赛”，就属ITF的第4级赛事，全年共8站，包括北京、天津、成都、长沙、广州、上海等地，奖金从2.5万美元到7.5万美元。

虽然ITF的比赛奖金少，但有积分。总奖金为1.5万美元的希望赛，冠军能得到18分ATP电脑排名积分和1 300美元奖金。而参加总奖金为2.5万美元的挑战赛，冠军能得到25分WTA电脑排名积分和3 000美元奖金。

被称作“ITF Circuit”，是一个相当庞大而重要的赛事体系。“Circuit”应该译为“巡回赛”，为了与ATP和WTA巡回赛区别，一般把它称作“低级别赛事”。这些赛事水平其实并不低，所谓低级别仅仅是相对ATP和WTA巡回赛而言。虽然ATP对世界排名前50位的选手参加低级别赛事有严格限制，WTA也有类似规定，但ITF的“低级别赛事”还是吸引了很多称得上“球星”的选手。那些总奖金在10万美元以上的ATP挑战赛和5万美元以上的WTA赛事的参赛阵容，与较低级别巡回赛并没有什么大区别。

高水平球员愿意参加低级别赛事并不奇怪，因为每周ATP和WTA巡回赛都不超过3站，算上资格赛和双打，参赛名额最多也只有一二百人，而这两个组织旗下都各有千余名职业球员，其中绝大部分职业球员要通过在低级别赛事的打拼来维持竞技状态和收入。对于很多世界排名在前150位内的球员来说，与其在中小型巡回赛中苦苦相争，同时存在很早碰上高手的风险，还不如有针对性地参加低级别赛事以确保获得一些奖金和积分。

ITF明确表示，低级别赛事的目的是帮助选手在进入巡回赛之前提高水平。由此可以看出它的基础性作用。从总体上看，低级别赛事立足于为更多的选手提供参赛机会。虽然ITF男子赛事总奖金已经从1976年创办时的4.5万美元涨到了现在的近700万美元，女子赛事也从1983年创办时的37万美元翻了近20倍，但由于比赛站数也逐年递增，已达每年300多站，因此事实上奖金的提高幅度很小。低级别赛事的奖金额度决定了选手绝不可能常年仅靠打这样的赛事维持生计，它们的意义更多的是为年轻选手提供平台与机会积累经验、积累积分和提高排名以参加巡回赛，或者是为“落魄”名将提供重拾状态的阶梯。

像纳达尔和莎拉波娃这样或许可以跨过青少年而踏入成年组，但却不可能跨过ITF举办的低级别赛事而直接迈入巡回赛大门。事实上，ATP挑战赛和ITF的赛事几乎是每一位球员在真正成为职业选手之前的必经之路。当今许多世界顶级选手如费德勒、纳尔班迪安、罗迪克、冈萨雷斯、安西奇、海宁、佩特洛娃、德门蒂耶娃、库兹涅佐娃等，当年都曾经在低级别赛事中独领风骚。李娜、郑洁、晏紫、彭帅、袁梦、孙甜甜等跻身前100位的中国选手，当初都是在ITF这些赛事中磨炼出来的。其中李娜、郑洁在这些赛事中征战了6个赛季。

由于绝大多数低级别赛事的软件、硬件设施都无法与巡回赛相比，参加这些比赛不仅是对球技的磨炼，而且还可以增强心理素质和对艰苦条件的适应能力。对于因伤病而持外卡直接参加巡回赛的选手，这些赛事同样是扎实的回归之路，阿加西曾经如此，后来的多克奇等也是如此。

ITF推出的新赛事——青年大师赛

国际网联青年大师赛是国际网联主办的最高规格的青少年网球赛事，代表了世界青年网球的最高水平，目前已成为世界青少年选手最渴望参加的比赛。

在过去两届比赛中，国际网联青年大师赛已经涌现出了非常优秀的选手。例如，2015年四强选手奥斯塔彭科，在法网上勇夺女单冠军，目前这名拉脱维亚小姑娘已经位列世界前十，可以说，成都就是她起步的地方。除了女子选手，从青年大师赛走出的男选手也星光熠熠，2015年男单冠亚军卢布列夫、弗里茨也已经在ATP的赛场上声名鹊起，卢布列夫的排名已经进入了前50名，而且他们两人在9月还回到了成都参加了成都网球公开赛。

这是一项项代表着世界网坛青春与未来的赛事。“ME，FUTURE”（我是未来、未来是我），是国际网联青年大师赛一直以来传递的精神。排名世界前八的男、女青年选手将进行年终总决赛。

2017年是国际网联青年大师赛的里程碑，相比前两届，2017年有众多的变化和亮点。赛事从每年4月上旬调至10月下旬在成都举行，从而保证了每年美网之后，根据积分排名达到参赛标准的球员能够参赛。赛程调整为5天，采取与ATP和WTA年终总决赛同样的赛制，先分成两组进行小组循环赛，每组前两名进行交叉淘汰赛。这样使参赛球员有更多的比赛机会，争夺比赛的胜利，减少了单淘汰赛的偶然性。2017年，国际网联青年大师赛的冠军为中国的吴易昺。

ITF主要赞助商及合作机构

ITF主要赞助商有法国巴黎银行、劳力士、德科集团、海德、NEC电器、优衣库、拜因体育。

作为戴维斯杯、联合会杯及多项锦标赛的官方管理机构，国际网联与三大合作伙伴法国巴黎银行、劳力士手表和瑞士德科集团都续签了协议，还与Betway博彩达成了最新的合作关系。这些协议签订后，ITF将8 000万美元续约费和新增的900万美元一起收入囊中。

ITF资料与纪录

● 自1997年以来ITF青少年年终排名（前10名）

1997年男子	1997年女子
1. 阿诺德·迪帕斯奎尔（法国）	1. 卡拉·布莱克（津巴布韦）
2. 丹尼尔·艾尔森纳（德国）	2. 卡特琳娜·斯瑞波特尼克（斯洛文尼亚）
3. 怀斯特雷·怀特豪斯（南非）	3. 蒂娜·皮斯尼克（斯洛文尼亚）

续表

4. 路易斯·豪纳（秘鲁）	4. 梅丽萨·米德琳顿（美国）
5. 尼古拉·马苏（智利）	5. 加布里埃拉·沃丽科娃（斯洛文尼亚）
6. 米利安·让皮埃尔（法国）	6. 贾斯汀·海宁（比利时）
7. 罗德弗·瑞克（美国）	7. 伊瑞娜·塞尔雨蒂娜（喀山）
8. 罗宾·韦克（捷克斯洛伐克）	8. 兹索菲娅·古巴克斯（匈牙利）
9. 科比·基弗（以色列）	9. 杰茜卡·莱赫诺夫（美国）
10. 泽维尔·马利赛（比利时）	10. 杰琳娜·科斯坦尼奇（克罗地亚）
13. 程卫坚（中国台湾）	
1998年男子	1998年女子
1. 罗杰·费德勒（瑞士）	1. 杰琳娜·多克奇（澳大利亚）
2. 米利安·让皮埃尔（法国）	2. 卡塔琳娜·斯瑞波特尼克（斯洛文尼亚）
3. 大卫·纳尔班迪安（阿根廷）	3. 纳德兹赫达·佩特洛娃（俄罗斯）
4. 费尔南多·冈萨雷斯（智利）	4. 伊莲娜·德门蒂耶娃（俄罗斯）
5. 吉尔莫·科里亚（阿根廷）	5. 埃里卡·克劳斯（阿根廷）
6. 安德里亚斯·温西盖拉（瑞典）	6. 埃维·多来尼克维奇（澳大利亚）
7. 克里斯蒂安·普莱斯（丹麦）	7，蒂娜·赫尔古德（斯洛文尼亚）
8. 阿尔特姆·德里帕斯科（俄罗斯）	8. 克拉里萨·费尔南德兹（阿根廷）
9. 勒弗罗·佐夫科（克罗地亚）	9. 米娅·布瑞奇（德国）
10. 伊瑞克里·拉巴德兹（格鲁克亚）	10. 米拉格罗斯·塞格拉（委内瑞拉）
17. 程卫坚（中国台湾）	20. 李娜（中国）
1999年男子	1999年女子
1. 克里斯蒂安·普莱斯（丹麦）	1. 丽娜·克娜斯诺若兹卡娅（俄罗斯）
2. 吉尔莫·科里亚（阿根廷）	2. 丹妮拉·毕拉诺娃（捷克）
3. 埃里克·普罗墩（法国）	3. 维吉妮·拉扎诺（法国）
4. 何塞·德阿马斯（委内瑞拉）	4. 阿尼科·卡普罗斯（匈牙利）
5. 尼古拉·马哈特（法国）	5. 马丽娅·依米利亚·塞勒妮（阿根廷）
6. 安迪·罗迪克（美国）	6. 爱罗达·图亚弋诺娃（乌兹别克）
7. 托德·伊涅夫（保加利亚）	7. 艾丽妮·达妮丽杜（希腊）
8. 约阿希姆·约翰森（瑞典）	8. 卡塔琳娜·贝斯特纳科娃（斯洛伐克）
9. 亚克·涅米宁（荷兰）	9. 兰卡·多霍波科娃（斯洛伐克）
10. 马克西米连·阿拜尔（德国）	10. 爱娃娜·阿布拉莫维奇（克罗地亚）
2000年男子	2000年女子
1. 安迪·罗迪克（美国）	1. 马丽娅·依米利亚·塞勒妮（阿根廷）
2. 托德·伊涅夫（保加利亚）	2. 阿尼科·卡普罗斯（匈牙利）
3. 约阿希姆·约翰森（瑞典）	3. 凯艾·卡耐皮（爱沙尼亚）
4. 马里奥·安西奇（克罗地亚）	4. 勒娜特·沃拉科娃（捷克）
5. 尼古拉·马哈特（法国）	5. 塔蒂阿娜·佩瑞比尼斯（乌克兰）
6. 伊泰·阿布格吉（美国）	6. 爱奥娜·卡娜帕（罗马尼亚）

7. 罗曼·维伦特（瑞士）	7. 埃迪娜·盖洛维茨（罗马尼亚）
8. 卢彦俊（中国台湾）	8. 维拉·兹沃娜列娃（俄罗斯）
9. 艾德里安·克鲁西埃特（罗马尼亚）	9. 兰卡·多霍波科娃（斯洛伐克）
10. 布鲁诺·苏亚雷斯（巴西）	10. 伊娃·博纳洛娃（捷克）
21. 王宇佐（中国台湾）	45. 彭帅（中国）
	46. 谢淑薇（中国台湾）
2001年男子	2001年女子
1. 贾尔斯·穆勒（卢森堡）	1. 斯维特拉娜·库兹涅佐娃（俄罗斯）
2. 詹科·帝普萨瑞维奇（南斯拉夫）	2. 伊娃·博纳洛娃（捷克）
3. 布莱恩·戴布尔（阿根廷）	3. 马里安·巴托丽（法国）
4. 罗宾·苏德林（瑞典）	4. 维拉·沃娜列娃（俄罗斯）
5. 王宇佐（中国台湾）	5. 安吉莉卡·维德佳佳（印度尼西亚）
6. 拉迈恩·欧阿哈勃（阿根廷）	6. 吉塞拉·杜尔科（阿根廷）
7. 阿里詹德罗·法拉·拉米雷斯（哥伦比亚）	7. 杰莉娜·扬科维奇（南斯拉夫）
8. 罗曼·维伦特（瑞士）	8. 阿什莉·哈克勒罗德（美国）
9. 布鲁诺·伊查哥瑞（墨西哥）	9. 维拉格·尼迈斯（匈牙利）
10. 弗劳瑞安·迈尔（德国）	10. 巴巴拉·斯瑞科娃（捷克）
16. 洪肃伟（中国台湾）	55. 庄佳容（中国台湾）
76. 刘泰伟（中国台湾）	89. 陈琴伟（中国台湾）
2002年男子	2002年女子
1. 理查佳·加斯奎特（法国）	1. 巴巴拉·斯瑞科娃（捷克）
2. 马科斯·巴格达迪斯（塞浦路斯）	2. 维拉·杜切维娜（俄罗斯）
3. 克莱门特·莫瑞尔（法国）	3. 玛丽亚·基里连科（俄罗斯）
4. 托德·里德（澳大利亚）	4. 安娜·莱娜·格罗尼菲尔德（德国）
5. 布莱恩·戴布尔（阿根廷）	5. 米瑞安·卡萨诺娃（瑞士）
6. 布莱恩·贝克尔（美国）	6. 佩特拉·赛特科夫斯卡（捷克）
7. 马赛尔·费尔德（乌拉圭）	7. 玛丽亚·莎拉波娃（俄罗斯）
8. 拉迈恩·欧阿哈勃（阿根廷）	8. 贾未拉·弋耶多索娃（斯洛伐克）
9. 马丁·维拉鲁比（乌拉圭）	9. 露西·萨法洛娃（捷克）
10. 史蒂夫·达西斯（比利时）	10. 塔蒂阿娜·戈勒文（法国）
17. 洪肃伟（中国台湾）	71. 陈艳冲（中国）
33. 刘泰伟（中国台湾）	76. 王婷文（中国台湾）
41. 王成秋（中国台湾）	86. 陈永占（中国台湾）
56. 杜锐（中国）	86. 于汇堂（中国台湾）
91. 陈琴伟（中国台湾）	97. 孙胜男（中国）
2003年男子	2003年女子
1. 马科斯·巴格达迪斯（塞浦路斯）	1. 柯尔斯顿·弗里普肯斯（比利时）
2. 尤维尔弗莱德·琼戈（法国）	2. 未歇拉·克拉吉·塞克（荷兰）

3. 弗罗林·莫吉（罗马尼亚）	3. 阿丽萨·克雷巴诺娃（俄罗斯）
4. 丹尼尔·吉马诺·塔稚（西班牙）	4. 艾玛·莱恩（芬兰）
5. 塞巴斯蒂安·雷耶斯奇克（德国）	5. 卡特琳·邦达连科（乌克兰）
6. 安德烈·默黑（英国）	6. 维洛尼卡·切沃耶科娃（捷克）
7. 布莱恩·贝克尔（美国）	7. 卡特琳娜·波赫莫娃（捷克）
8. 莱昂纳多·科施（巴西）	8. 尼科尔·维迪索娃（捷克）
9. 阿莱克斯·库兹涅索夫（美国）	9. 安德里亚·赫拉娃科娃（捷克）
10. 弗雷德里科·吉尔（葡萄牙）	10. 沃依斯拉娃·卢西奇（南斯拉夫）
23. 孙胜男（中国）	48. 易初焕（中国台湾）
26. 刘泰什（中国台湾）	77. 陈艳冲（中国）
31. 杜锐（中国）	92. 张帅（中国）
39. 曲文琴（中国台湾）	94. 王婷文（中国台湾）
2004年男子	2004年女子
1. 盖尔·孟菲斯（法国）	1. 米歇拉·克拉吉塞克（荷兰）
2. 爱德瓦多·舒万科（阿根廷）	2. 卡特琳娜·邦达连科（乌克兰）
3. 布伦丹·伊万斯（美国）	3. 沙哈·皮尔（以色列）
4. 江守善（韩国）	4. 维多利娅·阿萨连卡（白俄罗斯）
5. 金善泳（韩国）	5. 赛西尔·卡拉坦切娃（保加利亚）
6. 米海·兹维瑞夫（德国）	6. 陈永占（中国台湾）
7. 帕布罗·安杜扎·阿尔巴（西班牙）	7. 莫尼卡·尼古列斯库（罗马尼亚）
8. 斯科特·乌德希玛（美国）	8. 马里娜·伊拉科维奇（新西兰）
9. 卢卡斯·莱科（斯洛伐克）	9. 奥尔加·哥沃特索娃（白俄罗斯）
10. 安德烈·默里（英国）	10. 伊瑞娜·科特基娜（俄罗斯）
12. 易初焕（中国台湾）	11. 曲文琴（中国台湾）
99. 马丁·赛耶（中国香港）	34. 孙盛男（中国）
	41. 黄仪泉（中国台湾）
2005年男子	2005年女子
1. 唐纳德·杨（美国）	1. 维多利亚·阿萨连卡（白俄罗斯）
2. 马林·西利奇（克罗地亚）	2. 阿涅斯·斯扎维（匈牙利）
3. 赖安·斯维廷（巴哈马）	3. 阿格尼耶兹卡·拉德万斯卡（波兰）
4. 热雷米·沙尔迪（法国）	4. 卡罗琳·沃兹尼亚奇（丹麦）
5. 莱昂纳多·迈尔（阿根廷）	5. 多米尼卡·西布科娃（斯洛伐克）
6. 罗宾·哈斯（荷兰）	6. 瑞卢卡·奥拉茹（罗马尼亚）
7. 罗宾·罗沙达特（瑞士）	7. 亚历山德拉·杜哥鲁（罗马尼亚）
8. 尼耶尔斯·德赛因（白俄罗斯）	8. 阿莱克萨·格拉施（美国）
9. 蒂耶莫·德贝克尔（荷兰）	9. 陈永占（中国台湾）
10. 安德烈·米耶（巴西）	10. 米歇拉·布扎内斯库（罗马尼亚）
32. 李兴汉（中国台湾）	23. 曲文琴（中国台湾）

59. 马丁·赛耶（中国香港）	40. 张玲（中国香港）
96. 赖晓鹏（中国香港）	45. 陈文瑶（中国香港）
97. 徐俊超（中国）	78. 黄仪泉（中国台湾）
2006年男子	2006年女子
1. 蒂耶莫·德贝克尔（荷兰）	1. 安娜斯塔西娅·帕沃尔雨钦科娃（俄罗斯）
2. 马丁·克里桑（斯洛伐克卡）	2. 罗琳·沃兹尼亚奇（丹麦）
3. 罗伊达·杜尚（捷克）	3. 科珊尼亚·米列夫斯卡娅（白俄罗斯）
4. 乔纳森·艾塞西克（法国）	4. 阿格尼耶兹卡·拉德万斯卡（波兰）
5. 尼古拉·桑托斯（巴西）	5. 森田亚由美（日本）
6. 亚历山大·希多连科（法国）	6. 迈克尔·布桑内斯库（罗马尼亚）
7. 卢卡·贝里奇（克罗地亚）	7. 拉卢卡·罗安娜·欧拉鲁（罗马尼亚）
8. 唐纳德·杨（美国）	8. 朱利叶·科恩（乌克兰）
9. 亚历山得鲁·兰卡努（罗马尼亚）	9. 沙龙·费池曼（美国）
2007年男子	2007年女子
1. 理查德·伯兰克斯（拉脱维亚）	1. 乌兹祖拉·拉德万斯卡（波兰）
2. 弗拉德米尔·伊格拉提克（白俄罗斯）	2. 安娜斯塔西娅·帕夫柳琴科娃（俄罗斯）
3. 马托·特雷维桑（意大利）	3. 克里斯蒂娜·库科娃（斯洛伐克）
4. 乔纳森·艾塞西克（法国）	4. 梅兰妮·奥丁（美国）
5. 费尔南多·龙博利（巴西）	5. 安娜斯塔西娅·皮福瓦洛娃（俄罗斯）
6. 斯蒂芬·皮洛（法国）	6. 克斯妮娜·佩瓦克（俄罗斯）
7. 托马斯·法比亚诺（意大利）	7. 奈良久留美（日本）
8. 罗曼·杰贝威（捷克）	8. 克斯妮娜·莱基娜（俄罗斯）
9. 里卡多·厄祖拉–里维拉（智利）	9. 尼克拉·霍夫曼诺娃（奥地利）
10. 约翰–帕克里克·史密斯（澳大利亚）	10. 麦迪逊·布伦格尔（美国）
2008年男子	2008年女子
1. 杨宗桦（中国台湾）	1. 诺帕曼·莱特基娃卡伦（泰国）
2. 尤基·班布里（印度）	2. 阿兰特西娜·鲁斯（荷兰）
3. 伯纳德·托米奇（澳大利亚）	3. 西蒙娜·哈勒普（罗马尼亚）
4. 亨利·康顿（芬兰）	4. 伊丽娜·博格丹（罗马尼亚）
5. 塞德里克–马塞尔·斯特比（德国）	5. 劳拉·罗布森（英国）
6. 纪尧姆·鲁芬（法国）	6. 安娜·博格丹（罗马尼亚）
7. 塞萨尔·拉米雷斯（墨西哥）	7. 奈良久留美（日本）
8. 何塞·佩雷拉（巴西）	8. 梅兰妮·奥丁（美国）
9. 大卫·戈芬（比利时）	9. 波加娜·约万诺夫斯基（塞尔维亚）
10. 米尔扎·贝西奇（波黑）	10. 克里斯蒂娜·梅拉德诺维奇（法国）
2009年男子	2009年女子
1. 丹尼尔·贝尔塔（瑞典）	1. 克里斯蒂娜·梅拉德诺维奇（法国）
2. 詹尼·米纳（法国）	2. 诺帕曼·莱特基娃卡伦（泰国）

续表

3. 奥古斯丁・维尔罗蒂（阿根廷）	3. 缇米娜・巴博斯（匈牙利）
4. 杰森・库伯勒（澳大利亚）	4. 希瑟・沃特森（英国）
5. 朱利安・阿布瑞（法国）	5. 达里亚・加夫里洛娃（澳大利亚）
6. 米切尔・弗兰克（美国）	6. 井上雅（日本）
7. 黄良智（中国台湾）	7. 西里维娅・尼基里奇（克罗地亚）
8. 安德烈・科拉里尼（美国）	8. 阿基拉・汤姆里扬诺维奇（克罗地亚）
9. 皮埃尔–胡格斯・赫伯特（法国）	9. 卡米拉・西里瓦（智利）
10. 安德烈・库兹涅佐夫（俄罗斯）	10. 斯隆・斯蒂芬斯（美国）
2010年男子	2010年女子
1. 胡安–塞巴斯蒂安・戈麦斯（哥伦比亚）	1. 达里亚・加夫里洛娃（澳大利亚）
2. 马顿・法索维克斯（匈牙利）	2. 伊丽娜・斯维托丽娜（乌克兰）
3. 吉日・维塞利（捷克）	3. 劳拉・戴维斯（美国）
4. 达米尔・德祖赫（波黑）	4. 莫妮卡・普伊格（波多黎各）
5. 多米尼克・蒂姆（奥地利）	5. 伊琳娜・克罗马切娃（俄罗斯）
6. 提亚戈・费尔南德斯（巴西）	6. 克里斯蒂娜・普利斯科娃（捷克）
7. 罗贝托・奎罗兹（厄瓜多尔）	7. 缇米娜・巴博斯（匈牙利）
8. 都里利奥・贝雷塔（秘鲁）	8. 卡洛琳娜・普利斯科娃（捷克）
9. 奥古斯丁・维尔罗蒂（阿根廷）	9. 郑赛赛（中国）
10. 梅特・帕维奇（塞尔维亚）	10. 苏菲・梅斯塔克（比利时）
2011年男子	2011年女子
1. 吉日・维塞利（捷克）	1. 伊琳娜・克罗马切娃（俄罗斯）
2. 卢克・萨维利（澳大利亚）	2. 阿希利施・巴蒂（澳大利亚）
3. 奥利弗・戈尔丁（英国）	3. 苏菲・梅斯塔克（比利时）
4. 多米尼克・蒂姆（奥地利）	4. 尤金妮・布沙尔（加拿大）
5. 比约恩・弗拉坦杰洛（美国）	5. 卡洛琳・加西亚（法国）
6. 雨果・德利恩（玻利维亚）	6. 格雷斯・敏（美国）
7. 蒂亚戈・蒙泰罗（巴西）	7. 丹卡・科维尼奇（黑山）
8. 菲利普・霍兰斯基（斯洛伐克）	8. 蒙特塞拉特・冈萨雷斯（巴拉圭）
9. 利亚姆・布罗迪（英国）	9. 安妮特・孔塔维特（爱沙尼亚）
10. 帕特里克・奥夫那（奥地利）	10. 印迪・德・瓦卢姆（荷兰）
2012年男子	2012年女子
1. 菲利普・佩里沃（加拿大）	1. 泰勒・汤森德（美国）
2. 基莫・科佩简斯（比利时）	2. 卡特琳娜・斯尼亚科娃（捷克）
3. 吉安路易吉・奎尼兹（意大利）	3. 尤金妮・布沙尔（加拿大）
4. 尼克・克耶高斯（澳大利亚）	4. 安娜・康纽（克罗地亚）
5. 卢克・萨维利（澳大利亚）	5. 安东尼娜・洛特娜（德国）
6. 弗雷德里克–费雷拉・塞尔瓦（葡萄牙）	6. 弗朗索瓦丝・阿邦达（加拿大）
7. 拉斯洛・捷雷（塞尔维亚）	7. 马赛拉・扎卡雷斯（墨西哥）

8. 尼古拉·米洛伊维奇（塞尔维亚）	8. 佩特拉·尤博拉洛娃（斯洛伐克）
9. 内田海智（日本）	9. 贝琳达·本西奇（瑞士）
10. 伊利亚斯·伊米尔（瑞典）	10. 伊丽莎白·库尔奇科娃（俄罗斯）
2013年男子	2013年女子
1. 亚历山大·兹维列夫（德国）	1. 贝琳达·本西奇（瑞士）
2. 博尔纳·丘里奇（克罗地亚）	2. 安娜·康纽（克罗地亚）
3. 吉安路易吉·奎尼兹（意大利）	3. 瓦尔瓦拉·弗林克（俄罗斯）
4. 尼古拉·米洛伊维奇（塞尔维亚）	4. 巴巴拉·卡雷茨科娃（捷克）
5. 斯蒂芬·科兹洛夫（美国）	5. 伊凡娜·约诺维奇（塞尔维亚）
6. 克里斯蒂安·加林（智利）	6. 卡特琳娜·斯尼亚科娃（捷克）
7. 约翰-塞巴斯蒂安·塔特洛特（法国）	7. 托纳多-艾丽西亚·布莱克（美国）
8. 弗朗西斯·蒂亚弗（美国）	8. 达利亚·卡萨金娜（俄罗斯）
9. 迈克尔·牟（美国）	9. 路易莎·齐里科（美国）
10. 菲利波·巴尔迪（意大利）	10. 爱丽丝·梅尔滕斯（比利时）
2014年男子	2014年女子
1. 安德烈·卢布列夫（俄罗斯）	1. 凯瑟琳·贝里斯（美国）
2. 奥兰多·鲁兹（巴西）	2. 徐诗霖（中国）
3. 斯蒂芬·科兹洛夫（美国）	3. 伊琳娜·诗曼诺维奇（白俄罗斯）
4. 昆丁·哈雷斯（法国）	4. 吉尔·泰克曼（瑞士）
5. 贾米·穆纳尔（西班牙）	5. 达利亚·卡萨金娜（俄罗斯）
6. 泰勒·弗里茨（美国）	6. 克里斯蒂娜·施密德洛娃（斯洛伐克）
7. 奥马尔·贾斯卡（澳大利亚）	7. 玛丽·布兹科娃（捷克）
8. 郑允成（韩国）	8. 伊莲娜·奥斯塔彭科（拉脱维亚）
9. 迈克尔·牟（美国）	9. 宝拉-巴多萨·吉伯特（西班牙）
10. 约翰-塞巴斯蒂安·塔特洛特（法国）	10. 阿利奥纳-波尔索娃·扎多尼诺夫（西班牙）
2015年男子	2015年女子
1. 泰勒·弗里茨（美国）	1. 达尔玛·加尔弗（匈牙利）
2. 卡斯伯·路德（挪威）	2. 玛科塔·翁迪罗索娃（捷克）
3. 梅特·瓦库茨（匈牙利）	3. 凯蒂·斯万（英国）
4. 洪成灿（韩国）	4. 比安卡·安德里斯库（加拿大）
5. 马塞洛-托马斯·巴里奥斯·维拉（智利）	5. 安娜·布林科娃（俄罗斯）
6. 奥兰多·鲁兹（巴西）	6. 特丽莎·米哈里科娃（斯洛伐克）
7. 米凯尔·伊米尔（瑞典）	7. 尤瑟-麦达内·阿尔科纳达（美国）
8. 米奥米尔·凯曼诺维奇（塞尔维亚）	8. 索菲亚·肯恩（美国）
9. 威廉姆·布鲁尔伯格（美国）	9. 夏洛特-罗比亚尔·米利特（加拿大）
10. 阿尔瓦罗-洛佩兹-圣·马丁（西班牙）	10. 凯拉·戴伊（美国）
2016年男子	2016年女子
1. 米奥米尔-凯曼诺维奇（塞尔维亚）	1. 阿纳斯塔西娅·波塔波娃（俄罗斯）

续表

2. 斯特凡诺斯·特斯特斯帕斯（希腊）	2. 奥莱西亚·帕芙什娜（俄罗斯）
3. 绵贯杨介（日本）	3. 凯拉·戴伊（美国）
4. 菲利克斯-奥杰尔·阿里亚斯米（加拿大）	4. 瑞贝卡·玛萨洛娃（瑞士）
5. 尤里瑟斯·布兰奇（美国）	5. 阿曼达·阿尼施莫娃（美国）
6. 吴易昺（中国）	6. 卡加·尤万（斯洛文尼亚）
7. 杰弗里·布兰科尼奥克斯（法国）	7. 阿米娜·安什巴（俄罗斯）
8. 尤拉贝克·卡里莫夫（乌兹别克斯坦）	8. 达亚娜·亚斯特雷姆斯卡（乌克兰）
9. 本杰明·西格宁（加拿大）	9. 刘婧文（美国）
10. 尼克拉·库恩（西班牙）	10. 泰勒·约翰森（美国）
2017年男子（截至7月31日）	2017年女子（截至7月31日）
1. 米奥米尔-凯曼诺维奇（塞尔维亚）	1. 刘婧文（美国）
2. 亚历杭德罗·戴维多·霍基诺（西班牙）	2. 惠特尼·欧斯威桂（美国）
3. 阿列克谢·波匹伊林（澳大利亚）	3. 玛尔塔·科斯杜克（乌克兰）
4. 泽索姆博·佩罗斯（匈牙利）	4. 卡森·布朗斯汀（加拿大）
5. 吴易昺（中国）	5. 艾丽娜·莱巴基娜（俄罗斯）
6. 阿克塞尔·盖勒（阿根廷）	6. 阿纳斯塔西娅·波塔波娃（俄罗斯）
7. 许育修（中国台湾）	7. 凯拉·戴伊（美国）
8. 尤吉伊·罗迪奥诺夫（奥地利）	8. 卡加·尤万（斯洛文尼亚）
9. 伊思汗·奥利尔（以色列）	9. 伊加·斯维亚特克（波兰）
10. 清水悠太（日本）	10. 阿曼达·阿尼施莫娃（美国）

第二节　世界男子职业网球协会（ATP）

ATP历史足迹

ATP是世界男子职业网球协会（Association Tennis Professional）的英文缩写，号称“球员工会”，是世界男子职业网球运动员的“自治组织机构”。1972年成立于美国公开赛之时。

在此之前，业余和职业网球界的组织主要是国际网联和男子网协（MTC）。20世纪80年代以来，职业网球以空前的速度发展，于是各种形式的大奖赛、表演赛层出不穷。由于这些赛事安排不当，使职业球员疲于奔命，他们越来越不满，最终出现了以“球员工会”自居的世界职业网联，即ATP。

早在ATP成立之初，由ATP的执行总裁、著名运动员、职业网球推广人杰克·克雷默牵头，与著名网球运动员韦兰德、马约特以及美国前总统卡特首席秘书汉密尔顿·乔丹联手制定了一份名为“十字路口的网球发展计划”。然而十多年过去了，当时掌管巡回赛的组织并没有采纳颇有远见的“十字路口计划”。

1988年，克雷默和他的球员工会想利用这一年美网机会研究制定新的策略，但比赛主办者禁止ATP使用美网的设施，他们不得不在一停车场上召开了决定网球命运的一次会议。当时的ATP领袖汉密尔顿·乔丹巧妙地利用这次会议扩大了ATP的影响。在具有历史意义的“停车场会议”上，ATP宣布他们将从此接管这项运动，创办一项全新的巡回赛。由球员自己来唱主角并承担相应的义务。此后几周内，世界排名前100位中的85名球员都表示支持ATP，大多数顶级赛事的组织者也为ATP实施计划提供了援助。于是，从1989年开始，ATP掌管了除四大公开赛和戴维斯杯以外的所有高水平男子职业网球赛事。

如果说，ATP的创始人杰克·克雷默、汉密尔顿·乔丹为ATP打下了坚实的基础，那么继任者马克·迈尔斯则是率领ATP走向成功和辉煌的领袖。迈尔斯在大学时是一名出色的网球选手，1987年任泛美运动组委会主席。此后，他担任过印第安纳威尔士网球巡回赛总监，有着丰富的经验。1990年8月，34岁的迈尔斯开始担任ATP首席执行官。在他的领导下，ATP进行了大刀阔斧的改革，ATP巡回赛得到了稳定发展，同时在市场开发方面取得了巨大成功。

作为ATP主席和首席执行官，迈尔斯将ATP从一个单纯的球员协会打造成了一个拥有超过60项赛事和众多附属产品、资产评估过百亿的国际品牌，成了与NBA、F1和WBA一样成功的运动产业的先驱，而他本人也和大卫·斯特恩与伯尼·埃克尔斯顿一起成为职业运动发展中的领军人物。但是在过去的一年中，随着ATP与ISL（国际体育休闲公司）合同的解体，他开始接到了越来越多的赛事承办企业和球员的抱怨，日益严重的球员退赛现象让2004年的马德里和巴黎大师赛遭到空前的冷遇，甚至有些赛事还将面临中断的危险。2005年8月，这位担任了15年的ATP领导人物离任了。

接替马克·迈尔斯的是南非商人埃迪安·德·维里尔斯，他是一个超级体育迷和疯狂的音乐爱好者，一个天生的冒险家。这个南非人在2000年以前曾负责迪士尼公司海外市场的推广，由他直接领导的迪士尼欧洲与非洲公司的资产从最初的1 500万美元激增到10亿美元。

虽然ATP已经将自己的生意做到了全世界30多个国家，但大都集中在网球文化比较发达的北美和欧洲，而面对广阔的亚洲与南美洲市场却缺乏深耕细作，他们企望维里尔斯像他将迪斯尼的卡通人物推广给盛产童话的欧洲国家一样，将网球运动的ATP赛事推广给正日益开放和富足的亚洲地区。

2012年，澳大利亚人布拉德·德拉维特（1959年—2013年5月3日）接替维里尔斯，担任ATP总裁、执行主席，为ATP赛事的全球化发展及ATP进入中国做了许多努力。在担任ATP主席期间，德拉维特促成了上海拥有ATP大师赛。德拉维特把亚洲视作男子职业网坛最具发展潜力的地区，而他也与ATP一起打造了亚洲赛季，并为中国引入多项挑战赛。德拉维特因患运动神经元症（卢伽雷氏病）在澳大利亚悉尼家中离世。2014年，科尔莫德接替德拉维特，担任执行主席，致力提高比赛奖金，扩大ATP巡回赛的商业合作。2016年，ATP官方宣布，科尔莫德将连任ATP执行主席，任期延长至2019年。

ATP的两大改革

40多年来，ATP主要做了两件大事。一是进行排名榜的改革。为了提高赛事的水准，马克·迈尔斯首先改革了沿用多年的平均体系排名法。该排名法是从1973年开始使用的，主要弊端是使一些优秀网球选手每年参赛的次数急剧下降。基于这一点，ATP决定采用“最佳14场赛事计分体系”以取代平均体系排名法，达到了促使球员多参赛的目的。

为了防止选手们利用参赛来攫取积分，从2000年开始，ATP以“18项积分制度”取代了原来的“最佳14项积分体系”，即球员的总积分由四大公开赛、九项大师系列赛和成绩最佳的其他五项赛事组成的18项比赛的积分相加而成。这就是全新的冠军排名系统（the Champion Race）。根据这一规定，只要一名球员的世界排名达到了直接进入大满贯或大师赛正选赛的报名标准，或者通过资格赛或外卡等方式得到了正选赛参赛资格，无论其最终是否参赛，这项比赛的积分都将被计入该球员的总分之内。就如同体操比赛的规定动作。

旧的排名系统即52周参赛排名系统十分复杂，是一个连业内人士都会觉得复杂的排名系统，普通网球爱好者就更别提了。新系统纠正了球员重积分、轻比赛的错误观点，新星和赛季表现优良者竞相浮出水面，年终世界第一的争夺也更具悬念，刺激球员参赛的同时吸引了无数球迷更加关注网球，就连ATP官员进行业务推广时，也能让那些只懂经济不懂网球的赞助商认清排名的卖点所在，可以放心地投入赞助。

新的排名虽然简洁、易行，但是还不能更完整、全面地反映全年度球员的成绩和技术水平，为客观公正地依据球员实际水平对主要赛事进行种子排序和确认参赛资格，ATP决定在启用新排名办法（冠军排名系统）的同时，亦采用旧的积分排名办法。两套办法优势互补，更有利于调动球员的参赛积极性，有利于各方参与赛事。ATP解释继续保留52周排名制度的理由是：为了用来决定种子序和赛事参赛资格，因为种子序和赛事参赛资格不适合用ATP冠军竞赛排名系统来决定。ATP冠军竞赛排名系统能够显示出各时期谁是最热门的球员，但却不一定能代表球员们长期的表现。尤其是在每年球季刚开始时更是如此。赢得球季初几个赛事的球员可能会在ATP冠军竞赛中领先，但却不能依据ATP冠军竞赛排名系统的排名来决定各赛事种子序及决定参赛资格的顶尖球员的顺位名单。

关于ATP积分排名，当前各种解释，正误难分。其计算的比赛项目和办法也在变化。根据官方网站及权威人士的意见，笔者对截至2017年的ATP积分排名，解释如下：

ATP每周会公布两个排名，一个是每周滚动的积分排名，被称之为“阿联酋航空ATP排名”（俗称“世界排名”）；而另一个则是本赛季迄今为止累积积分排名，被称为“阿联酋ATP伦敦之路排名”（俗称“ATP冠军排名”）。ATP世界排名是用来确定各项网球赛事中单打与双打选手的入选资格及种子选手资格，其统计周期为52周，即“选手截至上周的ATP世界排名积分－选手去年上周的同期积分＋选手今年上周的积分＝选手截至本周的ATP世界积分”。在赛季结束后累积积分最高的排名选手即为当年的“世界第一”。而阿联酋ATP伦敦之路排名则是以一年内所有积分累加的数据，确定最终排名前八的选手，即可晋级ATP伦敦之路参加ATP世界巡回赛总决赛，同时这些积分将在赛季末的最后一项赛事结束后全部作废。

ATP第二项重大改革就是对赛制的改革。自从ATP改用新的排名法和调整了比赛日程后，职业网坛一片繁忙景象，同一时间世界各地会同时举办几起赛事，可谓热火朝天。可时间一长，问题就暴露出来了。由于高级别的选手分别参加几起赛事，他们之间的交锋次数自然就减少了。另外，过多的比赛和排名榜的压力使许多球员超负荷运转，导致伤病和弃赛现象的增加，致使比赛水平下降。水平不高的比赛会降低观众的观赛兴趣，失去观众就意味着失去市场。

基于这些，一个“超级巡回赛计划”诞生了。这个计划的口号是“以少促质”，即以减少赛事来提高比赛的质量。他们将原有的11起最高水平的赛事减至9起，这就是后来的“超九”赛事，以此为基础组织超级巡回赛。在选择赛事时，ATP充分考虑了场地和资金、观众等因素，使9起赛事能充分展示男子职业网球的不同风格。为了保证赛事质量，ATP与排名前10名的选手都签订了合同。合同规定这些球员必须准时出席以上赛事，不能在同一时间参加其他低级别的比赛。

2009年，ATP宣布推出全新的巡回赛体制，名为“ATP世界巡回赛”。ATP世界巡回赛由ATP世界巡回赛1000大师系列赛事、ATP世界巡回赛500系列赛事和ATP世界巡回赛250系列赛事三项系列赛事构成。概括来说，原来的“ATP大师系列赛”改名为“ATP世界巡回赛1000大师系列赛事”，而原来的“ATP黄金国际巡回赛”和“ATP国际巡回赛”则分别改名为“ATP世界巡回赛500系列赛事”和“ATP世界巡回赛250系列赛事”。

ATP世界巡回赛1000大师系列赛事包括印第安维尔斯、迈阿密、蒙特卡洛、罗马、马德里、多伦多/蒙特利尔、辛辛那提、上海和巴黎9个大师赛。马德里大师赛是一项男子和女子都可以参与的混合赛事。而从2011年开始，罗马大师赛和辛辛那提大师赛也变为混合赛事。除非有医疗证明，否则ATP将严厉惩罚故意不参加ATP世界巡回赛1000大师系列赛事的顶级选手。

ATP世界巡回赛500系列赛事包括鹿特丹、迪拜、里约、阿卡普尔科、巴塞罗那、汉堡、华盛顿、北京、东京、巴塞尔和巴伦西亚等赛事。

ATP世界巡回赛250系列赛事为：奥克兰网球公开赛、曼谷网球公开赛、瑞典网球公开赛、塞尔维亚网球公开赛、布里斯班网球公开赛、罗马尼亚网球公开赛、阿根廷网球公开赛、摩洛哥哈桑二世大奖赛、印度网球公开赛、巴西网球公开赛、多哈网球公开赛、伊斯特本网球公开赛、埃斯托利尔网球公开赛、瑞士网球公开赛、哈雷网球公开赛、休斯敦网球公开赛、印第安纳波利斯网球公开赛、南非网球公开赛、奥地利网球公开赛、洛杉矶网球公开赛、里昂网球公开赛、马赛网球公开赛、卡塔尔网球公开赛、莫斯科网球公开赛、慕尼黑网球公开赛、圣彼得堡网球公开赛、斯德哥尔摩网球公开赛、斯图加特网球公开赛、悉尼网球公开赛、克罗地亚网球公开赛、维也纳网球公开赛、智利网球公开赛、萨格勒布网球公开赛、孟菲斯网球公开赛。

ATP与ITF宣布自2009年戴维斯杯将首次引入ATP积分，只有参加戴维斯杯世界组或是世界组附加赛的球员才能获得排名积分。所分配的积分属于500积分的范畴，但并不保证选手进入500赛事。在之前52周内，4个附加赛上所累积的积分球员可以列入500积分范畴。全年赢得8场单打比赛的球员可获得125积分额外奖励。

ATP 商业合作机构

ATP的首席合作有：阿联酋航空。从2016年起阿联酋航空公司将成为ATP世界巡回赛的顶级赞助商，据悉，这份合同价值约5 000万美元，这也是ATP有史以来最大的赞助合同（5年）。阿联酋航空公司对网球的赞助中包括许多最引人注目的赛事，其中有澳大利亚网球公开赛、法国网球公开赛和美国网球公开赛等大满贯赛事，以及阿航美网系列赛、澳网系列赛、迪拜网球锦标赛、巴塞罗那网球公开赛和罗杰斯杯等。

ATP的铂金合作机构有：美国联邦快递（自2010年起，连续3次赞助）、Infosys公司、奔驰（2007年起，赞助中国网球公开赛、上海网球大师赛等）。

ATP的黄金合作伙伴有：酩悦香槟、劳力士、Vixlet平台。

ATP的官方合作伙伴有：海德、泰尼飞。

ATP的官方供应商有：美国Proseries公司、韩国思金斯、Maui Jim太阳镜、Daylong防晒用品。

ATP新生力量总决赛

2017年11月在意大利米兰举行的世界新生代男子球员总决赛，是ATP男子世界巡回赛新引进的一项赛事，旨在进一步提升新生代球员的知名度，未来他们将从现在几大巨头手中接过男子网球的接力棒，引领世界职业网坛。参赛的条件是球员必须在ATP世界排名前200，年龄小于等于21岁。在“通向米兰”的排行榜上，积分排在前7位的球员和1名外卡球员，将有资格参加。

2017年11月6日米兰新生代总决赛进行了抽签仪式，8位新星被分成A、B两组，将在本周展开厮杀。

A组：卢布列夫（俄罗斯）、沙波瓦诺夫（加拿大）、郑泫（韩国）和昆吉（意大利）

B组：卡恰诺夫（俄罗斯）、丘里奇（克罗地亚）、唐纳德森（美国）和梅德韦杰夫（俄罗斯）

在“通向米兰”的排行榜上，排名第1位的兹维列夫的积分超出排名第2位的凯伦·卡恰诺夫3倍多，比排名处于第2—5位球员的总积分还要多，其他球员与他根本不在一个竞争行列。事实上，在面向冠军积分排名前8位的ATP年终总决赛的角逐中，兹维列夫排第4位，因而他放弃ATP新生力量总决赛，参加ATP年终总决赛。

11月11日清晨，ATP米兰新生力量总决赛结束了两场半决赛的争夺。韩国新锐郑泫继续保持小组赛阶段的强势发挥，3∶2战胜俄罗斯小将梅德维德夫，晋级决赛。郑泫决赛的对手是小组赛时的手下败将，俄罗斯人卢布列夫。如果再次战胜对手，郑泫将收获首届米兰新生代总决赛冠军奖杯。

11月12日，ATP新生代总决赛展开了男单决赛的争夺。韩国新星郑泫以$3–4^{5}$、$4–3^{2}$、4–2、4–2击败俄罗斯小鲜肉卢布列夫，夺得冠军。本次新生代总决赛，韩国新星郑泫展示出了火热的竞技状态，在小组赛以三战全胜的战绩晋级半决赛。在半决赛中，郑泫则是鏖战五盘后才击败俄罗斯新星梅德韦杰夫。

○ 比赛背景

长期以来，世界男子网坛新生力量层出不穷，但是ATP排名靠前的位置大多牢牢地把控在年纪较大的选手之中，纵使他们年龄渐长和伤病积累，年轻选手也很难有“出头之日”。长此以往，注定会让众多新生代的球员看不到前进的希望，尽管拼尽全力，也只能去争夺世界前20名甚至前50名之外的排名，参加ATP年终总决赛更是遥不可及的事情。在由冠军排名前8名的选手参加赛季末的总决赛外，其他选手只能当看客。为了鼓励多出人才，早出人才，在这种情况下，ATP

新生代总决赛应运而生。

○ 赛制的改革

★ 短盘制+五盘三胜赛制；

★ 比赛中取消平分—占先，发球擦网规则；

★ 使用场上计时器，对包括每分之间的间隔、盘间休息、医疗暂停等进行严格计时；

★ 每位选手每场比赛只有1次医疗暂停；

★ 电子鹰眼系统自动呼报出界；

★ 球场仅保留单打边线；

★ 允许教练和选手在盘间使用耳机进行沟通；

★ 球员通过Pad查看实时数据；

★ 允许边线附近的观众随意走动。

○ 改革的意义

新的赛制，使冗长的比赛变得精干，观众不会疲劳，电视时间可控；采取无占先，取消发球擦网重发制，既缩短了比赛时长，也增加了比赛的不确定性。严格控制局间休息时间，让网球比赛的时间更可控，使比赛节奏更快也更有戏剧性。而取消线审，设置相机监控选手发球时的脚步移动，掌管该相机的官员负责呼报脚误，则能更好地减少人为的判罚失误。增加允许教练和选手在盘间使用耳机进行沟通，使比赛更加人性化。

允许边线附近的观众随意走动的改革，可能对网球运动是具有颠覆性的意义。长期以来，网球项目一直以“高冷”的身份示人，从项目创立之初，就自带贵族属性，对球员的穿衣打扮、观众的观赛礼仪，都有严格的要求。随着时代的发展，主办方逐步放松了对球员穿衣的规定，很大程度上推动了网球运动的发展，但对观众仍有严格要求。这次尝试对观众降低要求，也可以看作是网球这个项目在以这种方式，去寻找更多人群的关注。如果全面铺开，注定会跟取消穿衣规定一样，迎来网球受众的再一次扩大。

试想篮球的罚球、足球的点球都允许观众大张旗鼓的干扰，为什么网球运动员在发球时就不允许观众走动呢？网球有一天能变得像足球、篮球、橄榄球那样，在山呼海啸的呐喊声中比赛，或许受众群体的基数将是另一个量级。

允许教练和选手在盘间通过耳机进行沟通，以及引入实时数据，会对球员平时的训练和比赛习惯带来不小的改变，但是对于增加比赛的观赏性来说，算是一个积极的尝试。

总之，这些看似唐突又不靠谱的规定，背后都折射出了网球这个项目，在谋求更低的准入门槛，更可控的赛事组织，以及更具观赏性的赛制。

据新浪体育11月15日报道：

> 2017新生力量总决赛落下大幕。米兰给了年轻人舞台，也赋予网球未来无限的可能。新赛制、新规则，大胆尝试后也留下许多疑问和思考。米兰的比赛刚刚开始，ATP总裁克莫德的邮箱就塞满了抗议的邮件，而他本人也透露，一些规则需要在得到反馈后完善，至于真正执行的时候，可能需要3 ~ 5年甚至更长的时间。

○ 新赛制引发讨论

五盘三胜、40平无占先、3–3后抢7，这一系列的革新意图明显，即缩短用时。米兰的12场比赛，比赛时长最长为127分钟，最短为60分钟，规则的确发挥了作用。但控制时间后比分趋同化，一言不合就抢7，发球局失手无力回天，跌宕起伏、荡气回肠的经典时刻鲜有出现。西西帕斯认为新赛制对大炮球员更为有利，费德勒则担忧比赛因此会缺少多样性。卢布列夫的质疑更直接，“在这些新规则下，任何人都可以被打败。而于我而言，冠军应该属于付出努力的人。突然有了这些规则，代表着如果你不是专业的人，你都有可能赢下比赛，在我看来是不公平的”。

○ 球场设计时器受好评

在许多革新中，最受好评的是增计时器。尽管近年来主裁得到了越来越多的规则上的支持，但判罚是否公正、客观也不断遭受质疑，设立计时器无疑可以解决这个难题。谈到这个规则时，郑泫透露他曾多次被警告，大多和他擦拭眼镜有关，计时器对所有人都是公平的。场内增设计时器并不是ATP的先例，在美网青少年比赛中就已经使用。ATP计划2019赛季起全面执行。除了分与分之间设立计时器外，包括热身、医疗暂停、局间休息都会引入计时器，以控制比赛的节奏。

○ 边裁会不会被取代?

另一个可能被取代的角色是边裁。新生力量总决赛全部由鹰眼来呼报，接近的落点会在大屏幕中回放。但有人提出质疑：“鹰眼不会犯错吗？”而观众也会失去屏住呼吸、心跳加速的时刻。对于这项尝试，卡恰洛夫提到一个非常有意思的想法，他建议所有裁判都录制好播报声音，比赛中随机选择播放。

○ 新赛事充满青春朝气

举办新生力量总决赛，使用全新规则，ATP希望通过革新吸引年轻人的关注，青春的气息在这里随处可寻。进入赛场时的光影长廊，8位球员的视频循环播放，随时都能和偶像来个自拍。球场的style也别出心裁，底线部分的空中包房被设计成斯卡拉剧院，不过从这里传出来的并不是优雅的音乐，而是更受年轻人喜欢的嘻哈音乐。而如使用Ipad查看技术统计，与教练通过耳机进行交流，电子化科技的融入看上去非常潮。不管规则能不能实行下去，改革的勇气和实践都是值得称赞的。

ATP资料与纪录

● ATP52周排名第一的选手（1973年以来）（资料来源：维基网）

球员/国籍	日期	年龄	在位总周数
1. 纳斯塔斯/罗马尼亚	1973年8月23日	27岁	40周
2. 纽康姆/澳大利亚	1974年6月3日	30岁	8周
3. 康纳斯/美国	1974年7月29日	21岁	268周
4. 博格/瑞典	1977年8月23日	21岁	109周
5. 麦肯罗/美国	1980年3月3日	21岁	170周
6. 伦德尔/捷克斯洛伐克	1983年2月28日	22岁	270周

续表

球员/国籍	日期	年龄	在位总周数
7. 维兰德/瑞典	1988年9月12日	24岁	20周
8. 埃德博格/瑞典	1990年8月13日	24岁	72周
9. 贝克尔/德国	1991年1月28日	23岁	12周
10. 考瑞尔/美国	1992年2月10日	21岁	58周
11. 桑普拉斯/美国	1993年4月12日	21岁	286周
12. 阿加西/美国	1995年4月10日	24岁	101周
13. 穆斯特/奥地利	1996年2月12日	28岁	6周
14. 里奥斯/智利	1998年3月30日	22岁	6周
15. 莫亚/西班牙	1999年3月15日	22岁	2周
16. 卡费尔尼科夫/俄罗斯	1999年5月3日	25岁	6周
17. 拉夫特/澳大利亚	1999年7月26日	26岁	1周
18. 萨芬/俄罗斯	2000年11月20日	20岁	9周
19. 库尔滕/巴西	2000年12月4日	24岁	43周
20. 休伊特/澳大利亚	2001年11月19日	20岁	80周
21. 费雷罗/西班牙	2003年9月8日	23岁	7周
22. 罗迪克/美国	2003年11月3日	21岁	13周
23. 费德勒/瑞士	2004年2月2日	22岁	303周（2018年2月19日第4次登顶，连续周数237周）
24. 纳达尔/西班牙	2008年8月18日	22岁	141周（2017年3月27日第4次登顶，连续周数56周）
25. 德约科维奇/塞尔维亚	2011年7月4日	27岁	223周（2017年3月27日第4次登顶，连续周数122周）
26. 穆雷/英国	2016年11月7日	29岁	20周

● ATP 年终排名第一的选手（1973 年以来）

年份	球员/国籍	年份	球员/国籍
1973年	纳斯塔斯/罗马尼亚	1984年	麦肯罗/美国
1974年	康纳斯/美国	1985年	伦德尔/捷克、美国
1975年	康纳斯/美国	1986年	伦德尔/捷克、美国
1976年	康纳斯/美国	1987年	伦德尔/捷克、美国
1977年	康纳斯/美国	1988年	维兰德/瑞典
1978年	博格/瑞典	1989年	伦德尔/捷克
1979年	博格/瑞典	1990年	埃德博格/瑞典
1980年	博格/瑞典	1991年	埃德博格/瑞典
1981年	麦肯罗/美国	1992年	考瑞尔（库里埃）/美国
1982年	麦肯罗/美国	1993年	桑普拉斯/美国
1983年	麦肯罗/美国	1994年	桑普拉斯/美国

续表

年份	球员/国籍	年份	球员/国籍
1995年	桑普拉斯/美国	2007年	费德勒/瑞士
1996年	桑普拉斯/美国	2008年	纳达尔/西班牙
1997年	桑普拉斯/美国	2009年	费德勒/瑞士
1998年	阿加西/美国	2010年	纳达尔/西班牙
1999年	阿加西/美国	2011年	德约科维奇/塞尔维亚
2000年	库尔滕/巴西	2012年	德约科维奇/塞尔维亚
2001年	休伊特/澳大利亚	2013年	纳达尔/西班牙
2002年	休伊特/澳大利亚	2014年	德约科维奇/塞尔维亚
2003年	罗迪克/美国	2015年	德约科维奇/塞尔维亚
2004年	费德勒/瑞士	2016年	穆雷/英国
2005年	费德勒/瑞士	2017年	纳达尔/西班牙
2006年	费德勒/瑞士		

- ATP 巡回赛冠军和决赛（1972 年—2018 年 1 月 28 日）

#	冠军	次数	#	冠军（现役）	次数	#	决赛	次数	#	决赛（现役）	次数
1.	康纳斯	109	1.	费德勒	96	1.	康纳斯	160	1.	费德勒	138
2.	伦德尔	94	2.	纳达尔	69	2.	伦德尔	146	2.	纳达尔	103
3.	费德勒	96	3.	德约科维奇	67	3.	费德勒	143	3.	德约科维奇	95
4.	麦肯罗	77	4.	穆雷	44	4.	麦肯罗	108	4.	穆雷	66
5.	纳达尔	69	5.	休伊特	30	5.	维拉斯	102	5.	费雷罗	49
6.	德约科维奇	67	6.	费雷罗	24	6.	纳达尔	96	6.	休伊特	46
7.	博格	64	7.	达维登科	21	7.	德约科维奇	95	7.	达维登科	28
8.	桑普拉斯	64	8.	德尔波特罗	16	8.	纳斯塔斯	93	8.	哈斯	26
9.	维拉斯	62	9.	哈斯	14	9.	阿加西	90	9.	德尔波特罗	23
10.	阿加西	60	10.	阿尔玛格罗 罗布雷多	12	10.	博格 桑普拉斯	88	10.	阿尔玛格罗	20

- 历届四大网球公开赛冠军得主/ATP 世界巡回赛总决赛冠军/ATP 年终排名第一一览表

年份	澳网	法网	温网	美网	ATP 世界巡回赛总决赛冠军	ATP 年终排名第一
1968年		罗斯维尔（1/4）（澳大利亚）	罗德·拉沃尔（1/5）（澳大利亚）	阿瑟·阿什（1/3）（美国）	没有举行	没有实行
1969年	罗德·拉沃尔（2/5）（澳大利亚）	罗德·拉沃尔（3/5）（澳大利亚）	罗德·拉沃尔（4/5）（澳大利亚）	罗德·拉沃尔（5/5）（澳大利亚）	没有举行	没有实行
1970年	阿瑟·阿什（2/3）（美国）	科德斯（1/3）（捷克斯洛伐克）	纽康姆（1/5）（澳大利亚）	罗斯维尔（2/4）（澳洲）	斯坦·史密斯（美国）	没有实行

年份	澳网	法网	温网	美网	ATP世界巡回赛总决赛冠军	ATP年终排名第一
1971年	罗斯维尔（3/4）（澳大利亚）	科德斯（2/3）（捷克斯洛伐克）	纽康姆（2/5）（澳大利亚）	斯坦·史密斯（1/2）（美国）	纳斯塔塞（1/4）（罗马尼亚）	没有实行
1972年	罗斯维尔（4/4）（澳大利亚）	希梅诺（西班牙）	斯坦·史密斯（2/2）（美国）	纳斯塔塞（1/2）（罗马尼亚）	纳斯塔塞（2/4）（罗马尼亚）	没有实行
1973年	纽康姆（3/5）（澳大利亚）	纳斯塔塞（2/2）（罗马尼亚）	科德斯（3/3）（捷克斯洛伐克）	纽康姆（4/5）（澳大利亚）	纳斯塔塞（3/4）（罗马尼亚）	纳斯塔塞（罗马尼亚）
1974年	康纳斯（1/8）（美国）	博格（1/11）（瑞典）	康纳斯（2/8）（美国）	康纳斯（3/8）（美国）	维拉斯（阿根廷）	康纳斯（1/5）（美国）
1975年	纽康姆（5/5）（澳大利亚）	博格（2/11）（瑞典）	亚瑟·阿什（3/3）（美国）	奥兰特斯（西班牙）	纳斯塔塞（4/4）（罗马尼亚）	康纳斯（2/5）（美国）
1976年	埃德蒙森（澳大利亚）	潘纳塔（意大利）	博格（3/11）（瑞典）	康纳斯（4/8）（美国）	奥兰特斯（西班牙）	康纳斯（3/5）（美国）
1977年	1月：罗斯科·塔纳尔（美国） 12月：维塔斯·古库拉提斯（美国）	维拉斯（1/4）（阿根廷）	博格（4/11）（瑞典）	维拉斯（2/4）（阿根廷）	康纳斯（美国）	康纳斯（4/5）（美国）
1978年	维拉斯（3/4）（阿根廷）	博格（5/11）（瑞典）	博格（6/11）（瑞典）	康纳斯（5/8）（美国）	约翰·麦肯罗（1/3）（美国）	康纳斯（5/5）（美国）
1979年	维拉斯（4/4）（阿根廷）	博格（7/11）（瑞典）	博格（8/11）（瑞典）	约翰·麦肯罗（1/7）（美国）	博格（1/2）（瑞典）	博格（1/2）（瑞典）
1980年	布莱恩·蒂切尔（美国）	博格（9/11）（瑞典）	博格（10/11）（瑞典）	约翰·麦肯罗（2/7）（美国）	博格（2/2）（瑞典）	博格（2/2）（瑞典）
1981年	约翰·克里克（1/2）（南非）	博格（11/11）（瑞典）	约翰·麦肯罗（3/7）（美国）	约翰·麦肯罗（4/7）（美国）	伦德尔（1/5）（捷克斯洛伐克）	约翰·麦肯罗（1/4）（美国）
1982年	约翰·克里克（2/2）（南非）	维兰德（1/7）（瑞典）	康纳斯（6/8）（美国）	康纳斯（7/8）（美国）	伦德尔（2/5）（捷克斯洛伐克）	约翰·麦肯罗（2/4）（美国）
1983年	维兰德（2/7）（瑞典）	诺阿（法国）	约翰·麦肯罗（5/7）（美国）	康纳斯（8/8）（美国）	约翰·麦肯罗（2/3）（美国）	约翰·麦肯罗（3/8）（美国）
1984年	维兰德（3/7）（瑞典）	伦德尔（1/8）（捷克斯洛伐克）	约翰·麦肯罗（6/7）（美国）	约翰·麦肯罗（7/7）（美国）	约翰·麦肯罗（3/3）（美国）	约翰·麦肯罗（4/4）（美国）
1985年	埃德伯格（1/6）（瑞典）	维兰德（4/7）（瑞典）	贝克尔（1/6）（联邦德国）	伦德尔（2/8）（捷克斯洛伐克）	伦德尔（3/5）（捷克斯洛伐克）	伦德尔（1/4）（捷克斯洛伐克）
1986年	没有举行	伦德尔（3/8）（捷克斯洛伐克）	贝克尔（2/6）（联邦德国）	伦德尔（4/8）（捷克斯洛伐克）	伦德尔（4/5）（捷克斯洛伐克）	伦德尔（2/4）（捷克斯洛伐克）
1987年	埃德伯格（2/6）（瑞典）	伦德尔（5/8）（捷克斯洛伐克）	卡什（澳大利亚）	伦德尔（6/8）（捷克斯洛伐克）	伦德尔（5/5）（捷克斯洛伐克）	伦德尔（3/4）（捷克斯洛伐克）
1988年	维兰德（5/7）（瑞典）	维兰德（6/7）（瑞典）	埃德伯格（3/6）（瑞典）	维兰德（7/7）（瑞典）	贝克尔（1/3）（联邦德国）	维兰德（瑞典）

续表

年份	澳网	法网	温网	美网	ATP世界巡回赛总决赛冠军	ATP年终排名第一
1989年	伦德尔（7/8）（捷克斯洛伐克）	张德培（美国）	贝克尔（3/6）（联邦德国）	贝克尔（4/6）（联邦德国）	埃德伯格（瑞典）	伦德尔（4/4）（捷克斯洛伐克）
1990年	伦德尔（8/8）（捷克斯洛伐克）	戈梅兹（厄瓜多尔）	埃德伯格（4/6）（瑞典）	桑普拉斯（1/14）（美国）	阿加西（美国）	埃德伯格（1/2）（瑞典）
1991年	贝克尔（5/6）（德国）	考瑞尔（1/4）（美国）	斯蒂希（德国）	埃德伯格（5/6）（瑞典）	桑普拉斯（1/5）（美国）	埃德伯格（2/2）（瑞典）
1992年	考瑞尔（2/4）（美国）	考瑞尔（3/4）（美国）	阿加西（1/8）（美国）	埃德伯格（6/6）（瑞典）	贝克尔（2/3）（德国）	考瑞尔（美国）
1993年	考瑞尔（4/4）（美国）	布鲁格拉（1/2）（西班牙）	桑普拉斯（2/14）（美国）	桑普拉斯（3/14）（美国）	斯蒂希（德国）	桑普拉斯（1/6）（美国）
1994年	桑普拉斯（4/14）（美国）	布鲁格拉（2/2）（西班牙）	桑普拉斯（5/14）（美国）	阿加西（2/8）（美国）	桑普拉斯（2/5）（美国）	桑普拉斯（2/6）（美国）
1995年	阿加西（3/8）（美国）	穆斯特（奥地利）	桑普拉斯（6/14）（美国）	桑普拉斯（7/14）（美国）	贝克尔（3/3）（德国）	桑普拉斯（3/6）（美国）
1996年	贝克尔（6/6）（德国）	卡费尔尼科夫（1/2）（俄罗斯）	克拉吉塞克（荷兰）	桑普拉斯（8/14）（美国）	桑普拉斯（3/5）（美国）	桑普拉斯（4/6）（美国）
1997年	桑普拉斯（9/14）（美国）	库尔滕（1/3）（巴西）	桑普拉斯（10/14）（美国）	拉夫特（1/2）（澳大利亚）	桑普拉斯（4/5）（美国）	桑普拉斯（5/6）（美国）
1998年	科达（捷克）	莫亚（西班牙）	桑普拉斯（11/14）（美国）	拉夫特（2/2）（澳大利亚）	克雷特加（西班牙）	桑普拉斯（6/6）（美国）
1999年	卡费尔尼科夫（2/2）（俄罗斯）	阿加西（4/8）（美国）	桑普拉斯（12/14）（美国）	阿加西（5/8）（美国）	桑普拉斯（5/5）（美国）	阿加西（美国）
2000年	阿加西（6/8）（美国）	库尔滕（2/3）（巴西）	桑普拉斯（13/14）（美国）	萨芬（1/2）（俄罗斯）	库尔滕（巴西）	库尔滕（巴西）
2001年	阿加西（7/8）（美国）	库尔滕（3/3）（巴西）	伊万尼塞维奇（克罗地亚）	休伊特（1/2）（澳大利亚）	休伊特（1/2）（澳大利亚）	休伊特（1/2）（澳大利亚）
2002年	托马斯·约翰森（瑞典）	科斯塔（西班牙）	休伊特（2/2）（澳大利亚）	桑普拉斯（14/14）（美国）	休伊特（2/2）（澳大利亚）	休伊特（2/2）（澳大利亚）
2003年	阿加西（8/8）（美国）	费雷罗（西班牙）	费德勒（1/19）（瑞士）	罗迪克（美国）	费德勒（1/6）（瑞士）	罗迪克（美国）
2004年	费德勒（2/19）（瑞士）	高迪奥（阿根廷）	费德勒（3/19）（瑞士）	费德勒（4/19）（瑞士）	费德勒（2/6）（瑞士）	费德勒（1/5）（瑞士）
2005年	萨芬（2/2）（俄罗斯）	纳达尔（1/15）（西班牙）	费德勒（5/19）（瑞士）	费德勒（6/19）（瑞士）	纳尔班迪安（阿根廷）	费德勒（2/5）（瑞士）
2006年	费德勒（7/19）（瑞士）	纳达尔（2/15）（西班牙）	费德勒（8/19）（瑞士）	费德勒（9/19）（瑞士）	费德勒（3/6）（瑞士）	费德勒（3/5）（瑞士）
2007年	费德勒（10/19）（瑞士）	纳达尔（3/15）（西班牙）	费德勒（11/19）（瑞士）	费德勒（12/19）（瑞士）	费德勒（4/6）（瑞士）	费德勒（4/5）（瑞士）
2008年	德约科维奇（1/12）（塞尔维亚）	纳达尔（4/15）（西班牙）	纳达尔（5/15）（西班牙）	费德勒（13/19）（瑞士）	德约科维奇（1/5）（塞尔维亚）	纳达尔（1/3）（西班牙）

年份	澳网	法网	温网	美网	ATP世界巡回赛总决赛冠军	ATP年终排名第一
2009年	纳达尔（6/15）（西班牙）	费德勒（14/19）（瑞士）	费德勒（15/19）（瑞士）	德尔波特罗（阿根廷）	达维登科（俄罗斯）	费德勒（5/5）（瑞士）
2010年	费德勒（16/19）（瑞士）	纳达尔（7/15）（西班牙）	纳达尔（8/15）（西班牙）	纳达尔（9/15）（西班牙）	费德勒（5/6）（瑞士）	纳达尔（2/3）（西班牙）
2011年	德约科维奇（2/12）（塞尔维亚）	纳达尔（10/15）（西班牙）	德约科维奇（3/12）（塞尔维亚）	德约科维奇（4/12）（塞尔维亚）	费德勒（6/6）（瑞士）	德约科维奇（1/4）（塞尔维亚）
2012年	德约科维奇（5/12）（塞尔维亚）	纳达尔（11/14）（西班牙）	费德勒（17/19）（瑞士）	穆雷（1/3）（英国）	德约科维奇（2/5）（塞尔维亚）	德约科维奇（2/4）（塞尔维亚）
2013年	德约科维奇（6/12）（塞尔维亚）	纳达尔（12/15）（西班牙）	梅利（2/3）（英国）	纳达尔（13/15）（西班牙）	德约科维奇（3/5）（塞尔维亚）	纳达尔（3/3）（西班牙）
2014年	瓦林卡（1/3）（瑞士）	纳达尔（14/15）（西班牙）	德约科维奇（7/12）（塞尔维亚）	西里奇（1/1）（克罗地亚）	德约科维奇（4/5）（塞尔维亚）	德约科维奇（3/4）（塞尔维亚）
2015年	德约科维奇（8/12）（塞尔维亚）	瓦林卡（2/3）（瑞士）	德约科维奇（9/12）（塞尔维亚）	德约科维奇（10/12）（塞尔维亚）	德约科维奇（5/5）（塞尔维亚）	德约科维奇（4/4）（塞尔维亚）
2016年	德约科维奇（11/12）（塞尔维亚）	德约科维奇（12/12）（塞尔维亚）	穆雷（3/3）（英国）	瓦林卡（3/3）（瑞士）	穆雷（1/1）（英国）	穆雷（1/1）（英国）
2017年	费德勒（18/19）（瑞士）	纳达尔（15/15）（西班牙）	费德勒（19/19）（瑞士）	纳达尔（西班牙）	迪米特洛夫（保加利亚）	纳达尔（西班牙）

ATP 巡回赛纪录

■ 完成生涯大满贯的球员：阿加西、费德勒、纳达尔、德约科维奇

■ 生涯中大满贯最高夺冠次数：20次，费德勒

■ 生涯中大师赛最高夺冠次数：30次，德约科维奇

■ 单季最多冠纪录：16次，维拉斯，1977年

■ 连续在三种不同的场地夺冠：

1990年之前：博格（瑞典），1979年

1990年之后：费德勒（瑞士），2004年

■ 单赛季完成大满贯的球员（在一个赛季里夺澳网、法网、温网、美网四项赛事的桂冠）：唐·布吉，1938年；拉沃尔，1962年，1969年

■ 生涯完成大满贯的球员（生涯中曾在澳网、法网、温网、美网均夺冠）：阿加西（美国），唐·布吉（美国），罗伊·埃默森（澳大利亚），拉沃尔（澳大利亚），弗雷德·佩里（英国），费

德勒（瑞士），纳达尔（西班牙），德约科维奇（塞尔维亚）

■ 生涯中大满贯最高夺冠次数：20次，费德勒（瑞士）（截至2018年1月）

■ 生涯中总决赛（大师杯）最高夺冠次数：5次，桑普拉斯（美国），伦德尔（捷克斯拉夫/美国），费德勒（瑞士），德约科维奇（塞尔维亚）

■ 生涯中大师赛最高夺冠次数：30次，德约科维奇（塞尔维亚）

■ 单季最多冠军纪录：

1990年之前：16次，维拉斯（阿根廷），1977年

1990年之后：12次，穆斯特（奥地利），1995年；费德勒（瑞士），2006年

■ 连续在三种不同的场地夺冠：

1990年之前：博格（瑞典），1979年

1990年之后：费德勒（瑞士），2004年；纳达尔（西班牙），2010年

■ 最高世界排名第一周数：237周，费德勒（瑞士）

■ 最高连续排名第一周数：

1990年前：160周，康纳斯（美国）

1990年后：160周（2007年2月26日），费德勒（瑞士）

■ 最年轻的球王：20岁又9个月，休伊特（澳大利亚）

■ 最高ATP52周排名积分纪录：8 370分（2006年11月20日），费德勒（瑞士）

■ 最高冠军竞赛积分：16 145分（2015年9月），德约科维奇（塞尔维亚）

■ 硬地连胜纪录：

1990年之前：31连胜，伦德尔（捷克斯洛伐克），1985—1986年

1990年之后：56连胜，费德勒（瑞士），2005—2006年

■ 草地连胜纪录：

1990年之前：41连胜，博格（瑞典），1976—1980年

1990年之后：48连胜（纪录还在继续中），费德勒（瑞士），2003—2006年

■ 红土连胜纪录：

1990年之前：53连胜，维拉斯（阿根廷），1977年

1990年之后：60连胜（纪录还在继续中），纳达尔（西班牙），2005—2006年

■ 生涯胜场纪录：

1990年之前：1 222场，康纳斯（美国）

1990年之后：866场，阿加西（美国）

■ 单场ACE球纪录：51个，约翰森（美国），2005年澳网第四轮

■ 单场最长时间：6小时37分，桑托罗击败克门特，2004年法网第一轮

■ 生涯累计奖金纪录：

2000年前：43 280 289美元，桑普拉斯（美国）

2000年后：110 000 000美元，费德勒（瑞士）

■ 生涯胜场数（更新日期2017年6月20日）：

#	球员	胜场数
1	康纳斯	1 256
2	费德勒	1 100
3	伦德尔	1 068
4	维拉斯	929
5	麦肯罗	877

■ 最高单季胜场数纪录：

1990年之前：106胜9负（胜率0.922），伦德尔（捷克斯拉夫/美国），1982年

1990年之后：92胜5负（胜率0.948），费德勒（瑞士），2006年

■ 最高单季胜率：

1990年之前：胜率0.965（83胜2负），麦肯罗（美国），1984年

1990年之后：胜率0.953（81胜4负），费德勒（瑞士），2005年

■ 最快发球纪录：155英里/每小时（249千米/小时），罗迪克（美国），2004年

■ 单场最多ACE球纪录（1991年之后）：

#	ACE球数	球员	比赛结果	对手	第几轮	年份	赛事	场地	盘数
1.	113[1]	伊斯内尔	赢	马胡	第一轮	2010年	温网	草地	5
2.	103[2]	马俞	输	伊斯内尔	第一轮	2010年	温网	草地	5
3.	78[3]	卡洛维奇	输	斯泰潘内克	半决赛	2009年	戴维斯杯	红土	5
4.	55[4]	卡洛维奇	输	休伊特	第一轮	2009年	法网	红土	5
5.	51[5]	卡洛维奇	输	布拉恰利	第一轮	2005年	温网	草地	5
6.	51	乔·约翰森	输	阿加西	第四轮	2005年	澳网	硬地	4
7.	50	费德勒	赢	罗迪克	决赛	2009年	温网	草地	5
8.	49	克拉伊切克	输	卡费尔尼科夫	四分之一决赛	1999年	美网	硬地	5
9.	47	库尔滕	输	内斯特	第一轮	2003年	戴维斯杯	地毯	5
10.	47	卡洛维奇	赢	布莱克	四分之一决赛	2009年	戴维斯杯	红土	5

第三节　世界女子职业网球协会（WTA）

WTA历史与足迹

WTA是世界女子职业网球协会（Women's Tennis Association）的英文缩写，主要负责世界女子职业网球运动员事务。WTA总部设在佛罗里达的圣彼得斯堡，其主要办公机构目前在康涅狄格州，另外在欧洲还有一个小的分支机构。WTA巡回赛组织的总部设在美国康涅狄格州西南部的斯坦福德。WTA由一个主席和一个董事会来管理，他们多数是现役球员，另外还有一些是商业顾问。理事会为整个网球运动的核心机构。像ATP一样，WTA决定整个巡回赛的所有规则，负责所有球员的问题。

WTA成立于1973年。当时受ATP的影响，以著名的女选手比利·简·金为首的8名职业选手，为维护职业女球员的利益，自筹资金，在美国佛罗里达州成立了“女子网球自治组织”——WTA，比利·简·金担任WTA首任主席。三十几年来，WTA一直独立负责职业女子网球选手的参赛、排名、积分和奖金分配，经营WTA的赛事，制定比赛规则，维护球员正当权益。

2001年9月，比利·简·金代表WTA正式宣布：原世界著名运动品牌耐克公司全球经营副总裁凯文·沃尔夫将出任WTA首席执行官一职。作为一个颇有成就的美国商人，沃尔夫在加入WTA之前，在全球知名的体育用品公司耐克公司里担任过多项高级领导职务。

在沃尔夫的经营下，WTA成为公认女子运动项目中最有商业价值的组织。WTA旗下选手收入不菲，让其他运动项目的运动员羡慕不已。在《体育画报》的颁奖晚宴上，大名鼎鼎的田坛皇后琼斯和花样滑冰天后关颖姗都羡慕道：“WTA是个会经营的组织，就算没有取得冠军，他们的球员依然有可观的收入，而我们的付出其实不比他们球员少，但收入嘛……”曾经，“金夫人”执掌WTA，甚至为WTA办公楼的租金而焦虑。WTA成立之初，只能以“男女同工同酬”的口号去争取人们的同情，而现在已今非昔比了。

由于沃尔夫的骄傲所致，WTA一直没有认真处理好与ATP之间的关系。过度商业的赛事炒作也导致了媒体等其他人士的批评。在这微妙的时刻，很快另一运动品牌公司——阿迪达斯就瞄上了这位商业人才，一份秘而不宣的酬金报价交给了沃尔夫，沃尔夫在两种评价和两种待遇中做出了离开WTA的决定。

2003年3月29日，WTA首席执行官的权杖正式从沃尔夫移交到了年轻、懂网球、曾任ATP首席运营官的拉里·斯科特手中。有人曾怀疑斯科特缺少商业经验和市场营销技巧，能否给WTA开创带来新的动力。但斯科特其实是赛事运营高手，他在ATP期间与奔驰公司建立了长达10年的合作协议。他与中国上海合作，成功举办了2002年上海大师杯总决赛。在悉尼、蒙特卡洛和伦敦他都有过良好的工作纪录，在中国和卡塔尔、阿联酋等非网球发达国家也有良好的个人关系网。在他的带领下，人们有理由相信WTA可以改善同ATP之间紧张的关系。

最终WTA和斯科特签订了5年的合同。WTA正式进入斯科特时代。斯科特在其上任宣言中表示：女子网球市场潜力巨大，这有利于女子网球运动推向更高的水平。沃尔夫开拓WTA商业市场的做法应该坚持，但应明确的是，WTA首先是女子网球运动的组织和管理者，其次才是这一运动的市场经营者。他表示将促成一个由ATP和WTA共同主办的锦标赛。

2006年1月起，阿拉斯特加入WTA，担任总裁职务，并于2009年7月荣升主席兼首席执行官，曾被福布斯杂志评为“体育行业最具影响力的女性之一”，正是在她的领导下，女子网球运动的影响力取得巨大提升。2015年9月，阿拉斯特女士突然宣布辞职，2015年10月2日正式卸任。史蒂夫·西蒙接任了WTA首席执行官的职位，从2004年他就是印第安维尔斯网球赛赛事总监兼首席运营官，董事会也给予了他高度评价：“史蒂夫·西蒙先生成功领导了一站最富声望的网坛赛事，他是管理运营WTA的最佳人选。”董事会在声明中说道，“史蒂夫注重成果，追求卓越，不断创新，打造了超一流的球迷观赛体验。他对于这项运动有着透彻的认识，在所有同行面前享有盛誉。”

2013年6月29日，国际女子网球协会宣布，历任WTA世界第一选手将于6月30日在伦敦重聚，共同庆祝WTA四十年来的发展与辉煌。

这是一次罕有的重聚盛事，将由前世界第一、WTA的创始者比利·简·金和玛格丽特·考特领军，在WTA成立四十周年的历史性赛季，共同庆祝女子网球的辉煌。重聚盛事由Pam Shriver and Mary Carillo主持，向WTA主席兼CEO斯黛西·阿拉斯特女士、比利·简·金以及自1975年引入计算机排名系统后的19位曾荣登WTA世界第一宝座的女子球员们致敬。到场嘉宾包括女子网球运动的最具代表性和深受爱戴的人物，她们是纳芙拉蒂诺娃、埃弗特、古拉贡、辛吉斯、塞莱斯、海宁以及当时WTA世界第一小威廉姆斯。

其他活动还包括在线球迷投票，世界排名前40的球员名单及照片，WTA历史瞬间在内的数字媒体活动，比利·简·金奖杯到全世界WTA赛事的巡展，WTA四十周年纪念册与纪念视频，为WTA最新的电视杂志秀与ePlayer特制的节目内容，一系列贯穿全年WTA赛事及大满贯赛事的庆祝活动等。

为庆祝WTA成立四十周年，WTA启动了40 LOVE的全球推广活动，展示网球运动先锋者和当今巨星的风采，她们都为女子职业网球和WTA的持续成功作出了贡献。平面广告系列“四十年的不断超越。谢谢你，激励着我们”，30秒和60秒的电视宣传片“Give”以及“Time Flies”收录了网球运动巨星令人感动的历史瞬间，她们都曾荣登WTA世界排名第一的宝座或者多次获得大满贯冠军头衔。WTA所有传奇人物和经典历史瞬间全年在WTA官网推广，同时为配合40 LOVE盛事，所有将出席重聚盛典的世界第一选手的资料也都可以在官网找到。网站还开辟“球迷最喜欢的瞬间top5评选”，球迷可以在那里写下自己最喜欢的历史瞬间。

WTA 改革与赛事

2006年，WTA提出了通向2010年的“路标”。其中主要包括缩短赛程，保证顶尖选手参加大赛并提高竞争水平，扩大网球在世界包括中国的普及，提高奖金数额和减少强制参赛的数量等。例如：顶尖选手被强制要求参赛的数量从13项减到10项，并限制她们在20项顶级赛事之外的参赛次数；如果世界排名前10的选手临阵退赛将受到严厉处罚，除了大幅度增加罚款，还有可能会禁赛；……

从2005年起，年度比赛开始改名为索尼爱立信WTA巡回赛。

按照WTA的设想，目前的26项一级和二级赛事到2010年将只剩下20项同属第一级别的赛事——8项在北美，7项在欧洲，5项在泛太平洋地区和中东的赛事。这些赛事组成了WTA巡回赛的“王冠”，而王冠上镶的四颗“明珠”——分别是在印第安维尔斯和迈阿密举行的太平洋寿险杯和索尼·爱立信杯，以及西班牙马德里和在亚洲的新赛事。赛程表上的其余时间将由另外32项较低级别的赛事填满，所有的巡回赛围绕着前述四项超级大赛安排。赛事数量的简减，使得11月进行的年终总决赛可以提前到10月份，选手们的赛季后假期也将从7周延长到9周。

就在ATP改革紧锣密鼓地进行中，出乎人们的预料，WTA的改革更加彻底，步法更加迅速。几乎与ATP宣布2009年起一站大师赛落户上海的同时，WTA总裁拉里·斯科特宣布北京将在2009年成为“王冠上的四颗明珠”之一。这预示WTA原定于2010年开始的改革计划，将从2009年开始。

WTA赛事按奖金数额分为1—4级。最低级为4级（12项），每项总奖金为14万美元；3级（17项），每项总奖金有17万美元和22.5万美元；2级（16项），每项总奖金有58.5万美元和65万美元；最高级为1级（10项），每项总奖金是126万美元～132.5万美元。全年WTA巡回赛有60余项。最初的“中国网球公开赛”女子比赛总奖金为58.5万美元，属于WTA2级比赛。在这些比赛里夺魁才能拥有WTA头衔。

目前女子职业网球赛事分为以下5个级别，挑战赛和总决赛除外。

大满贯：澳网、法网、美网、温网四大公开赛，由ITF与WTA、ATP等联合主办。

皇冠赛：由WTA主办的最高水平的网球赛事，奖金和积分也是WTA巡回赛中最高的，奖金总额为450万美元，冠军可获得1 000分。赛站包括印第安维尔斯、迈阿密、马德里、北京。

超五巡回赛：由WTA主办的较高水平的网球赛事，奖金和积分仅次于皇冠赛，奖金总额为205万美元，冠军可获得900分。赛站包括多哈/迪拜（超五顶级一年一换）、罗马、辛辛那提、多伦多/蒙特利尔（罗杰斯杯）、武汉。

顶级巡回赛：由WTA主办的一般水平的网球赛事，奖金总额为61.8万美元或72.1万美元，冠军可获得470分。赛站有布里斯班、悉尼、圣彼得堡、卡塔尔、查尔斯顿、斯图加特、伯明翰、伊斯特本、斯坦福、纽黑文、东京、莫斯科。

国际巡回赛：由WTA主办的较低水平的网球赛事，基本奖金为23.5万美元，冠军可获得280分。赛站有深圳、奥克兰、霍巴特、高雄、里约热内卢、阿卡普尔科、蒙特雷、吉隆坡、蒙特雷、卡托维兹、波哥大、布拉格、拉巴特、纽伦堡、斯特拉斯堡、斯-海尔托亨博思、诺丁汉、马洛卡（2016新增草地赛）、巴达盖斯坦、布加勒斯特、巴斯塔德、华盛顿、南昌（2015年的125K赛事升级）、弗洛里亚诺波利斯、东京、魁北克、广州、首尔（50万美元）、塔什干、林茨、天津（50万美元）、中国香港、卢森堡。

● WTA世界巡回赛各级别赛事积分规则

赛事级别	冠军	亚军	四强	八强	16强	32强	64强	128强	资格赛
大满贯赛	2 000	1 400	900	500	280	160	100	5	60
顶级巡回赛（强制，96签）	1 000	700	450	250	140	80	50	5	30
顶级巡回赛（强制，64签）	1 000	700	450	250	140	80	5	–	30

续表

赛事级别	冠军	亚军	四强	八强	16强	32强	64强	128强	资格赛
顶级巡回赛（超5赛事，56签）	900	620	395	225	125	70	1	–	30
顶级巡回赛（56签）	470	320	200	120	60	40	1	–	12
顶级巡回赛（32签）	470	320	200	120	60	1	–	–	20
国际巡回赛（56签）	280	200	130	70	30	15	1	–	10

WTA在每年末定期举办一项国际顶尖女子网球赛事，称作WTA年终总决赛，2014—2018年，新加坡举办WTA年终总决赛，成为亚太地区首个举办WTA年终总决赛的国家。WTA总裁米奇·劳拉和CEO斯蒂夫·西蒙也一同出席了WTA年终总决赛期间的新闻发布会。西蒙在新闻发布会上表示："我们将会在今年的年终会议上讨论2019年举办城市，4月将会宣布结果。"

40年来，WTA赛事奖金以及赛事规模从最初分布在10个国家增长到现今33个国家，赛事奖金从190万美元增长到1.18亿美元。WTA巡回赛组织的总部设在美国康涅狄格州西南部的斯坦福德。

目前一般一级赛事的总奖金是134万美元，最丰厚的奖金是在迈阿密，也不过是345万美元，而这4站"王冠级"赛事奖金至少将达400万美元，这对顶尖选手无疑有巨大的吸引力。

WTA冠军排名是指女子职业球员当年参加所有赛事获得积分的总和，冠军排名是球员能否入围年终总决赛的参考标准。

WTA世界排名是指女子职业球员在过去52个星期内16项成绩最好的赛事中获得的积分总和。大满贯和强制参加的一级赛事必须算入这"16项赛事"中，如果缺席就按"0"分算。

WTA 的主要赞助商与商业合作机构

WTA全球顶级合作伙伴有：爱奇艺（爱奇艺从2017年起成为WTA在中国的数字版权合作伙伴，长达10年）、SAP。

WTA体育健康用品官方赞助商：优莎娜（从2006年起）。

WTA全球合作伙伴：迪拜免税店。

WTA总决赛赞助商：保时捷。

WTA亚太区官方运动鞋和运动服合作伙伴：匹克。

WTA 资料与纪录

● WTA 年终单打第一选手（资料来源：WTA 官网）

年份	球员	国籍
1975年	埃弗特	美国
1976年	埃弗特	美国
1977年	埃弗特	美国

续表

年份	球员	国籍
1978年	纳芙拉蒂洛娃	美国
1979年	纳芙拉蒂洛娃	美国
1980年	埃弗特	美国
1981年	埃弗特	美国
1982年	纳芙拉蒂洛娃	美国
1983年	纳芙拉蒂洛娃	美国
1984年	纳芙拉蒂洛娃	美国
1985年	纳芙拉蒂洛娃	美国
1986年	纳芙拉蒂洛娃	美国
1987年	格拉芙	德国
1988年	格拉芙	德国
1989年	格拉芙	德国
1990年	格拉芙	德国
1991年	塞莱斯	美国
1992年	塞莱斯	美国
1993年	格拉芙	德国
1994年	格拉芙	德国
1995年	格拉芙	德国
1996年	格拉芙	德国
1997年	辛吉斯	瑞士
1998年	达文波特	美国
1999年	辛吉斯	瑞士
2000年	辛吉斯	瑞士
2001年	达文波特	美国
2002年	塞雷娜·威廉姆斯	美国
2003年	海宁	比利时
2004年	达文波特	美国
2005年	达文波特	美国
2006年	海宁	比利时
2007年	海宁	比利时
2008年	扬科维奇	塞尔维亚
2009年	塞雷娜·威廉姆斯	美国
2010年	沃兹尼亚奇	丹麦
2011年	沃兹尼亚奇	丹麦
2012年	阿扎伦卡	白俄罗斯
2013年	塞雷娜·威廉姆斯	美国
2014年	塞雷娜·威廉姆斯	美国

续表

年份	球员	国籍
2015年	塞雷娜·威廉姆斯	美国
2016年	科贝尔	德国
2017年	西蒙娜·哈勒普	罗马尼亚

● WTA 52周排名第一的选手（数据来自“维基网站”）

球员	国籍	登上时间	结束时间	在位周数	总周数
克里斯·埃弗特	美国	1975年11月3日	1976年4月25日	25周	25周
伊文·古拉贡	澳大利亚	1976年4月26日	1976年5月9日	2周	2周
克里斯·埃弗特（2）	美国	1976年5月10日	1978年7月9日	113周	138周
玛蒂娜·纳芙拉蒂洛娃	美国	1978年7月10日	1979年1月13日	26周	26周
克里斯·埃弗特（3）	美国	1979年1月14日	1979年1月27日	2周	140周
玛蒂娜·纳芙拉蒂洛娃（2）	美国	1979年1月28日	1979年1月24日	4周	30周
克里斯·埃弗特（4）	美国	1979年1月25日	1979年4月15日	7周	147周
玛蒂娜·纳芙拉蒂洛娃（3）	美国	1979年4月16日	1979年1月24日	10周	40周
克里斯·埃弗特（5）	美国	1979年1月25日	1979年9月9日	11周	158周
玛蒂娜·纳芙拉蒂洛娃（4）	美国	1979年9月10日	1980年4月6日	31周	71周
崔西·奥斯丁	美国	1980年4月7日	1980年4月20日	2周	2周
玛蒂娜·纳芙拉蒂洛娃（5）	美国	1980年4月21日	1980年7月6日	11周	82周
崔西·奥斯丁（2）	美国	1980年7月7日	1980年11月17日	19周	21周
克里斯·埃弗特（6）	美国	1980年11月18日	1982年5月2日	76周	234周
玛蒂娜·纳芙拉蒂洛娃（6）	美国	1982年5月3日	1982年5月16日	2周	84周
克里斯·埃弗特（7）	美国	1982年5月17日	1982年6月13日	4周	238周
玛蒂娜·纳芙拉蒂洛娃（7）	美国	1982年6月14日	1985年6月9日	156周	240周
克里斯·埃弗特（8）	美国	1985年6月10日	1985年10月13日	18周	256周
玛蒂娜·纳芙拉蒂洛娃（8）	美国	1985年10月14日	1985年10月27日	2周	242周
克里斯·埃弗特（9）	美国	1985年10月28日	1985年11月24日	4周	260周
玛蒂娜·纳芙拉蒂洛娃（9）	美国	1985年11月25日	1987年8月16日	90周	332周
施特菲·格拉芙	西德/德国	1987年8月17日	1991年3月10日	186周	186周
莫妮卡·塞莱斯	南斯拉夫	1991年3月11日	1991年8月4日	21周	21周
施特菲·格拉芙（2）	德国	1991年8月5日	1991年8月11日	1周	187周
莫妮卡·塞莱斯（2）	南斯拉夫	1991年8月12日	1991年8月18日	1周	22周
施特菲·格拉芙（3）	德国	1991年8月19日	1991年9月8日	3周	190周
莫妮卡·塞莱斯（3）	南斯拉夫	1991年9月9日	1993年6月6日	91周	113周
施特菲·格拉芙（4）	德国	1993年6月7日	1995年2月5日	87周	277周
阿兰查·桑切斯·维卡里奥	西班牙	1995年2月6日	1995年2月19日	2周	2周
施特菲·格拉芙（5）	德国	1995年2月20日	1995年2月26日	1周	278周

续表

球员	国籍	登上时间	结束时间	在位周数	总周数
阿兰查·桑琪丝·维卡里奥（2）	西班牙	1995年2月27日	1995年4月9日	6周	8周
施特菲·格拉芙（6）	德国	1995年4月10日	1995年5月14日	5周	283周
阿兰查·桑琪丝·维卡里奥（3）	西班牙	1995年5月15日	1995年6月11日	4周	12周
施特菲·格拉芙（7）	德国	1995年6月12日	1995年8月14日	9周	292周
施特菲·格拉芙	德国	1995年8月15日	1996年11月3日	64周	356周
莫妮卡·塞莱斯（4）	美国				177周
施特菲·格拉芙	德国	1996年11月4日	1996年11月17日	2周	358周
施特菲·格拉芙	德国	1996年11月18日	1996年11月24日	1周	359周
莫妮卡·塞莱斯（5）	美国				178周
施特菲·格拉芙	德国	1996年11月25日	1997年3月30日	18周	377周
玛蒂娜·辛吉斯	瑞士	1997年3月31日	1998年10月11日	80周	80周
林赛·达文波特	美国	1998年10月12日	1999年2月7日	17周	17周
玛蒂娜·辛吉斯（2）	瑞士	1999年2月8日	1999年7月4日	21周	101周
林赛·达文波特（2）	美国	1999年7月5日	1999年8月8日	5周	22周
玛蒂娜·辛吉斯（3）	瑞士	1999年8月9日	2000年4月2日	34周	135周
林赛·达文波特（3）	美国	2000年4月3日	2000年5月7日	5周	27周
玛蒂娜·辛吉斯（4）	瑞士	2000年5月8日	2000年5月14日	1周	136周
林赛·达文波特（4）	美国	2000年5月15日	2000年5月21日	1周	28周
玛蒂娜·辛吉斯（5）	瑞士	2000年5月22日	2001年10月14日	73周	209周
珍妮弗·卡普里亚蒂	美国	2001年10月15日	2001年11月4日	3周	3周
林赛·达文波特（5）	美国	2001年11月5日	2002年1月13日	10周	38周
珍妮弗·卡普里亚蒂（2）	美国	2002年1月14日	2002年2月24日	6周	9周
维纳斯·威廉姆斯	美国	2002年2月25日	2002年3月17日	3周	3周
珍妮弗·卡普里亚蒂（3）	美国	2002年3月18日	2002年4月21日	5周	14周
维纳斯·威廉姆斯（2）	美国	2002年4月22日	2002年5月19日	4周	7周
珍妮弗·卡普里亚蒂（4）	美国	2002年5月20日	2002年6月9日	3周	17周
维纳斯·威廉姆斯（3）	美国	2002年6月10日	2002年7月7日	4周	11周
塞雷娜·威廉姆斯	美国	2002年7月8日	2003年8月10日	57周	57周
吉姆·克里斯特尔斯	比利时	2003年8月11日	2003年10月19日	10周	10周
贾斯汀·海宁	比利时	2003年10月20日	2003年10月26日	1周	1周
吉姆·克里斯特尔斯（2）	比利时	2003年10月27日	2003年11月9日	2周	12周
贾斯汀·海宁（2）	比利时	2003年11月10日	2004年9月12日	44周	45周
阿梅莉·毛瑞斯莫	法国	2004年9月13日	2004年10月17日	5周	5周
林赛·达文波特（6）	美国	2004年10月18日	2005年8月21日	44周	82周
玛利亚·莎拉波娃	俄罗斯	2005年8月22日	2005年8月28日	1周	1周
林赛·达文波特（7）	美国	2005年8月29日	2005年9月11日	2周	84周

续表

球员	国籍	登上时间	结束时间	在位周数	总周数
玛利亚·莎拉波娃（2）	俄罗斯	2005年9月12日	2005年10月23日	6周	7周
林赛·达文波特（8）	美国	2005年10月24日	2006年1月29日	14周	98周
吉姆·克里斯特尔斯（3）	比利时	2006年1月30日	2006年3月19日	7周	19周
阿梅莉·毛瑞斯莫（2）	法国	2006年3月20日	2006年11月12日	34周	39周
贾斯汀·海宁（3）	比利时	2006年11月13日	2007年1月28日	11周	56周
玛利亚·莎拉波娃（3）	俄罗斯	2007年1月29日	2007年3月18日	7周	14周
贾斯汀·海宁（4）	比利时	2007年3月19日	2008年5月18日	61周	117周
玛利亚·莎拉波娃（4）	俄罗斯	2008年5月19日	2008年6月8日	3周	17周
安娜·伊万诺维奇	塞尔维亚	2008年6月9日	2008年8月10日	9周	9周
耶莱娜·扬科维奇	塞尔维亚	2008年8月11日	2008年8月17日	1周	1周
安娜·伊万诺维奇（2）	塞尔维亚	2008年8月18日	2008年9月7日	3周	12周
塞雷娜·威廉姆斯（2）	美国	2008年9月8日	2008年10月5日	4周	61周
耶莱娜·扬科维奇（2）	塞尔维亚	2008年10月6日	2009年2月1日	17周	18周
塞雷娜·威廉姆斯（3）	美国	2009年2月2日	2009年4月19日	11周	72周
迪娜拉·萨芬娜	俄罗斯	2009年4月20日	2009年10月11日	25周	25周
塞雷娜·威廉姆斯（4）	美国	2009年10月12日	2009年10月25日	2周	74周
迪娜拉·萨芬娜（2）	俄罗斯	2009年10月26日	2009年11月1日	1周	26周
塞雷娜·威廉姆斯（5）	美国	2009年11月2日	2010年10月10日	49周	123周
卡洛琳·沃兹尼亚奇	丹麦	2010年10月11日	2011年2月13日	18周	18周
吉姆·克里斯特尔斯（4）	比利时	2011年2月14日	2011年2月20日	1周	20周
卡洛琳·沃兹尼亚奇（2）	丹麦	2011年2月21日	2012年1月29日	49周	67周
维多利亚·阿扎伦卡	白俄罗斯	2012年1月30日	2012年6月10日	19周	19周
玛利亚·莎拉波娃（5）	俄罗斯	2012年6月11日	2012年7月8日	4周	21周
维多利亚·阿扎伦卡（2）	白俄罗斯	2012年7月9日	2013年2月17日	32周	51周
塞雷娜·威廉姆斯（6）	美国	2013年2月18日	2016年9月11日	186周	309周
安吉利克·科贝尔	德国	2016年9月12日	2017年1月29日	20周	20周
塞雷娜·威廉姆斯（7）	美国	2017年1月30日	2017年3月19日	7周	316周
安赫利奎·克柏（2）	德国	2017年3月20日	2017年4月23日	5周	25周
塞雷娜·威廉姆斯（8）	美国	2017年4月24日	2017年5月14日	3周	319周
安赫利奎·克柏（3）	德国	2017年5月15日	2017年7月16日	9周	34周
卡罗利娜·普利什科娃	捷克	2017年7月17日	2017年9月10日	8周	8周
加尔比妮·穆古拉扎	西班牙	2017年9月11日	至今	1周	1周

WTA单打排在位总周数排名

排名	球员	周数
1	施特菲·格拉芙	377周
2	玛蒂娜·纳芙拉蒂洛娃	332周
3	塞雷娜·威廉姆斯	319周
4	克里斯·埃弗特	260周
5	玛蒂娜·辛吉斯	209周
6	莫妮卡·塞莱斯	178周
7	贾斯汀·海宁	117周
8	林赛·达文波特	98周
9	卡洛琳·沃兹尼亚奇	67周
10	维多利亚·阿扎伦卡	51周
11	阿梅莉·毛瑞斯莫	39周
12	安吉利克·科贝尔	34周
13	迪娜拉·萨芬娜	26周
14	崔西·奥斯丁	21周
15	玛利亚·莎拉波娃	21周
16	吉姆·克里斯特尔斯	20周
17	耶莱娜·扬科维奇	18周
18	珍妮弗·卡普里亚蒂	17周
19	安娜·伊万诺维奇	12周
20	阿兰查·桑切斯·维卡里奥	12周
21	维纳斯·威廉姆斯	11周
22	卡罗利娜·普利什科娃	8周
23	伊万·古拉贡	2周
24	加尔比妮·穆古拉扎	1周

WTA双打排名世界第一的选手

球员	国籍	登上时间	结束时间	在位周数	总周数
玛蒂娜·纳芙拉蒂洛娃	美国	1984年9月4日	1985年3月17日	27周	27周
帕姆·施莱佛	美国	1985年3月18日	1986年1月19日	44周	44周
玛蒂娜·纳芙拉蒂洛娃（2）	美国	1986年1月20日	1986年7月20日	26周	53周
帕姆·施莱佛（2）	美国	1986年7月21日	1986年8月17日	4周	48周
玛蒂娜·纳芙拉蒂洛娃（3）	美国	1986年8月18日	1990年2月4日	181周	234周
海伦娜·苏科娃	捷克斯洛伐克	1990年2月5日	1990年2月18日	2周	2周
玛蒂娜·纳芙拉蒂洛娃（4）	美国	1990年2月19日	1990年3月4日	2周	236周
海伦娜·苏科娃（2）	捷克斯洛伐克	1990年3月5日	1990年5月6日	9周	11周
玛蒂娜·纳芙拉蒂洛娃（5）	美国	1990年5月7日	1990年5月13日	1周	237周
海伦娜·苏科娃（3）	捷克斯洛伐克	1990年5月14日	1990年8月26日	15周	26周

续表

球员	国籍	登上时间	结束时间	在位周数	总周数
洁娜·诺弗娜	捷克斯洛伐克	1990年8月27日	1990年10月14日	7周	7周
海伦娜·苏科娃（4）	捷克斯洛伐克	1990年10月15日	1991年2月17日	18周	44周
洁娜·诺弗娜（2）	捷克斯洛伐克	1991年2月18日	1991年3月3日	2周	9周
吉吉·费南德斯	美国	1991年3月4日	1991年3月10日	1周	1周
洁娜·诺弗娜（3）	捷克斯洛伐克	1991年3月11日	1991年3月31日	3周	12周
吉吉·费南德斯（2）	美国	1991年4月1日	1991年4月7日	1周	2周
海伦娜·苏科娃（5）	捷克斯洛伐克	1991年4月8日	1991年6月9日	9周	53周
吉吉·费南德斯（3）	美国	1991年6月10日	1991年9月8日	13周	15周
洁娜·诺弗娜（4）	捷克	1991年9月9日	1991年10月6日	4周	16周
娜塔莎·兹韦列娃	苏联	1991年10月7日	1991年10月13日	1周	1周
洁娜·诺弗娜（5）	捷克	1991年10月14日	1992年1月26日	15周	31周
拉里萨·内兰德	拉脱维亚	1992年1月27日	1992年2月2日	1周	1周
洁娜·诺弗娜（6）	捷克	1992年2月3日	1992年2月16日	2周	33周
拉里萨·内兰德（2）	拉脱维亚	1992年2月17日	1992年2月23日	1周	2周
洁娜·诺弗娜（7）	捷克	1992年2月24日	1992年3月22日	4周	37周
拉里萨·内兰德（3）	拉脱维亚	1992年3月23日	1992年4月5日	2周	4周
洁娜·诺弗娜（8）	捷克	1992年4月6日	1992年6月14日	11周	48周
娜塔莎·兹韦列娃（2）	白俄罗斯	1992年6月15日	1992年6月21日	1周	2周
洁娜·诺弗娜（9）	捷克	1992年6月22日	1992年10月11日	15周	63周
娜塔莎·兹韦列娃（3）	白俄罗斯	1992年10月12日	1992年10月18日	1周	3周
阿兰查·桑琪丝·维卡里奥	西班牙	1992年10月19日	1992年11月15日	4周	4周
娜塔莎·兹韦列娃（4）	白俄罗斯	1992年11月16日	1992年11月22日	1周	4周
海伦娜·苏科娃（6）	捷克	1992年11月23日	1993年1月10日	7周	60周
娜塔莎·兹韦列娃（5）	白俄罗斯	1993年1月11日	1993年4月4日	12周	16周
吉吉·费南德斯（4）	美国	1993年4月5日	1993年9月12日	23周	38周
海伦娜·苏科娃（7）	捷克	1993年9月13日	1993年10月31日	7周	67周
吉吉·费南德斯（5）	美国	1993年11月1日	1993年11月14日	2周	40周
海伦娜·苏科娃（8）	捷克	1993年11月15日	1993年11月21日	1周	68周
吉吉·费南德斯（6）	美国	1993年11月22日	1994年8月14日	38周	78周
娜塔莎·兹韦列娃（6）	白俄罗斯	1994年8月15日	1995年2月12日	26周	42周
阿兰查·桑琪丝·维卡里奥（2）	西班牙	1995年2月13日	1995年2月26日	2周	6周
娜塔莎·兹韦列娃（7）	白俄罗斯	1995年2月27日	1995年3月5日	1周	43周
吉吉·费南德斯（7）	美国	1995年3月6日	1995年3月12日	1周	79周
娜塔莎·兹韦列娃（8）	白俄罗斯	1995年3月13日	1995年3月26日	2周	45周
阿兰查·桑琪丝·维卡里奥（3）	西班牙	1995年3月27日	1995年11月5日	32周	38周
吉吉·费南德斯（8）	美国	1995年11月6日	1995年11月12日	1周	80周

续表

球员	国籍	登上时间	结束时间	在位周数	总周数
阿兰查·桑琪丝·维卡里奥（4）	西班牙	1995年11月13日	1997年4月6日	73周	111周
娜塔莎·兹韦列娃（9）	白俄罗斯	1997年4月7日	1997年10月19日	29周	74周
达文波特	美国	1997年10月20日	1997年11月2日	2周	2周
娜塔莎·兹韦列娃（10）	白俄罗斯	1997年11月3日	1998年1月25日	12周	86周
达文波特（2）	美国	1998年1月26日	1998年4月12日	11周	13周
娜塔莎·兹韦列娃（11）	白俄罗斯	1998年4月13日	1998年6月7日	8周	94周
玛蒂娜·辛吉斯	瑞士	1998年6月8日	1998年8月2日	8周	8周
洁娜·诺弗娜（10）	捷克	1998年8月3日	1998年8月9日	1周	64周
达文波特（3）	美国	1998年8月10日	1998年8月16日	1周	14周
玛蒂娜·辛吉斯（2）	瑞士	1998年8月17日	1998年10月25日	10周	18周
娜塔莎·兹韦列娃（12）	白俄罗斯	1998年10月26日	1998年11月1日	1周	95周
玛蒂娜·辛吉斯（3）	瑞士	1998年11月2日	1998年11月22日	3周	21周
娜塔莎·兹韦列娃（13）	白俄罗斯	1998年11月23日	1999年5月16日	25周	120周
洁娜·诺弗娜（11）	捷克	1999年5月17日	1999年6月6日	3周	67周
玛蒂娜·辛吉斯（4）	瑞士	1999年6月7日	1999年7月4日	4周	25周
娜塔莎·兹韦列娃（14）	白俄罗斯	1999年7月5日	1999年8月1日	4周	124周
玛蒂娜·辛吉斯（5）	瑞士	1999年8月2日	1999年8月22日	3周	28周
林德塞·达文波特（4）	美国	1999年8月23日	1999年11月21日	13周	27周
安娜·库尔尼科娃	俄罗斯	1999年11月22日	2000年1月30日	10周	10周
玛蒂娜·辛吉斯（6）	瑞士	2000年1月31日	2000年3月19日	7周	35周
林德塞·达文波特（5）	美国	2000年3月20日	2000年4月2日	2周	29周
科丽娜·莫拉雷	美国	2000年4月3日	2000年4月16日	2周	2周
林德塞·达文波特（6）	美国	2000年4月17日	2000年5月7日	3周	32周
科丽娜·莫拉雷（2）	美国	2000年5月8日	2000年6月11日	5周	7周
丽莎·雷蒙	美国	2000年6月12日	2000年8月20日	10周	10周
丽莎·雷蒙	美国	2000年8月21日	2000年9月10日	3周	13周
雷内·斯塔布斯	澳大利亚				3周
茱莉·哈雷德-德库吉斯	法国	2000年9月11日	2000年10月22日	6周	6周
杉山爱	日本	2000年10月23日	2000年10月29日	1周	1周
茱莉·哈雷德-德库吉斯（2）	法国	2000年10月30日	2000年12月24日	8周	14周
杉山爱（2）	日本	2000年12月25日	2001年8月26日	35周	36周
丽莎·雷蒙（2）	美国	2001年8月27日	2002年9月8日	54周	67周
保拉·苏亚雷斯	阿根廷	2002年9月9日	2003年8月3日	47周	47周
金·克莱斯特斯	比利时	2003年8月4日	2003年8月10日	1周	1周
杉山爱（3）	日本	2003年8月11日	2003年8月17日	1周	37周
金·克莱斯特斯（2）	比利时	2003年8月18日	2003年9月7日	3周	4周
比希尼娅·鲁阿诺·帕斯夸尔	西班牙	2003年9月8日	2003年9月14日	1周	1周

续表

球员	国籍	登上时间	结束时间	在位周数	总周数
杉山爱（4）	日本	2003年9月15日	2003年11月9日	8周	45周
保拉·苏亚雷斯（2）	阿根廷	2003年11月10日	2004年7月25日	37周	84周
比希尼娅·鲁阿诺·帕斯夸尔（2）	西班牙	2004年7月26日	2004年8月1日	1周	2周
比希尼娅·鲁阿诺·帕斯夸尔	西班牙	2004年8月2日	2004年8月22日	3周	5周
保拉·苏亚雷斯（3）	阿根廷				87周
比希尼娅·鲁阿诺·帕斯夸尔	西班牙	2004年8月23日	2005年10月16日	60周	65周
卡拉·布雷克	津巴布韦	2005年10月17日	2006年2月5日	16周	16周
萨曼莎·斯托瑟	澳大利亚	2006年2月6日	2006年7月6日	22周	22周
丽莎·雷蒙（3）	美国	2006年7月7日	2007年4月8日	39周	106周
萨曼莎·斯托瑟	澳大利亚				61周
丽莎·雷蒙	美国	2007年4月9日	2007年6月10日	9周	115周
卡拉·布雷克（2）	津巴布韦	2007年6月11日	2007年6月24日	2周	18周
丽莎·雷蒙（4）	美国	2007年6月25日	2007年7月8日	2周	117周
卡拉·布雷克（3）	津巴布韦	2007年7月9日	2007年11月11日	18周	36周
卡拉·布雷克	津巴布韦	2007年11月12日	2010年4月18日	127周	163周
莉泽尔·许贝尔	美国				127周
莉泽尔·许贝尔	美国	2010年4月19日	2010年6月6日	7周	134周
塞雷娜·威廉姆斯	美国	2010年6月7日	2010年8月1日	8周	8周
维纳斯·威廉姆斯	美国				8周
莉泽尔·许贝尔（2）	美国	2010年8月2日	2010年10月31日	13周	147周
吉赛拉·杜尔科	阿根廷	2010年11月1日	2011年2月27日	17周	17周
吉赛拉·杜尔科	阿根廷	2011年2月28日	2011年4月17日	7周	24周
弗拉维娅·佩内塔	意大利			7周	7周
弗拉维娅·佩内塔	意大利	2011年4月18日	2011年7月4日	11周	18周
克韦塔·佩什克	捷克	2011年7月4日	2011年9月11日	10周	10周
卡塔琳娜·斯雷博特尼克	斯洛文尼亚				10周
莉泽尔·许贝尔（3）	美国	2011年9月12日	2012年4月22日	32周	179周
莉泽尔·许贝尔	美国	2012年4月23日	2012年9月9日	20周	199周
丽莎·雷蒙（5）	美国				137周
萨拉·埃拉尼	意大利	2012年9月10日	2012年10月14日	5周	5周
罗贝塔·文奇	意大利	2012年10月15日	2013年4月28日	28周	28周
罗贝塔·文奇	意大利	2013年4月29日	2014年2月16日	42周	70周
萨拉·埃拉尼（2）	意大利				47周
彭帅	中国	2014年2月17日	2014年5月11日	12周	12周
彭帅	中国	2014年5月12日	2014年5月18日	1周	13周
谢淑薇	中国台湾				1周

续表

球员	国籍	登上时间	结束时间	在位周数	总周数
彭帅	中国	2014年5月19日	2014年6月8日	3周	16周
彭帅	中国	2014年6月9日	2014年7月6日	4周	20周
谢淑薇（2）	中国台湾				5周
罗贝塔·文奇（2）	意大利	2014年7月7日	2015年4月12日	40周	110周
萨拉·埃拉尼（3）	意大利				87周
萨尼娅·米尔莎	印度	2015年4月13日	2016年1月17日	40周	40周
萨尼娅·米尔莎	印度	2016年1月18日	2016年8月21日	31周	71周
辛吉斯	瑞士				66周
萨尼娅·米尔莎	印度	2016年8月22日	2017年1月8日	20周	91周
比丹妮·玛迪克–辛特斯	美国	2017年1月9日	至今	32周	32周

● WTA 双打在位总周数排名

排名	选手	周数
1	玛蒂娜·纳芙拉蒂洛娃	237周
2	莉泽尔·许贝尔	199周
3	卡拉·布雷克	163周
4	丽莎·雷蒙	137周
5	娜塔莎·兹韦列娃	124周
6	阿兰查·桑琪丝·维卡里奥	111周
7	罗贝塔·文奇	104周
8	保拉·苏亚雷斯	87周
9	萨拉·埃拉尼	81周
10	莉泽尔·许贝尔	80周
11	海伦娜·苏科娃	68周
12	洁娜·诺弗娜	67周
13	比希尼娅·鲁阿诺·帕斯奎尔	65周
14	萨曼莎·斯托瑟	61周
15	帕姆·施莱佛	48周
16	杉山爱	45周
17	玛蒂娜·辛吉斯	35周
18	林德塞·达文波特	32周
19	吉赛拉·杜尔科	24周
20	彭帅	20周
21	弗拉维娅·佩内塔	18周
22	茱莉·哈雷德–德库吉斯	14周
23	克韦塔·佩什克	10周
24	卡塔琳娜·斯雷博特尼克	10周

续表

排名	选手	周数
25	安娜·库妮科娃	10周
26	塞雷娜·威廉姆斯	8周
27	维纳斯·威廉姆斯	8周
28	科丽娜·莫拉雷	7周
29	萨尼娅·米尔莎	5周
29	谢淑薇	5周
31	金·克莱斯特斯	4周
32	拉里萨·内兰德	4周
33	雷内·斯塔布斯	3周

● WTA 近十年年度最佳球员的得奖者

年份	球员
2016年	安杰利克·科贝尔
2015年	塞雷娜·威廉姆斯
2014年	塞雷娜·威廉姆斯
2013年	塞雷娜·威廉姆斯
2012年	塞雷娜·威廉姆斯
2011年	佩特拉·科维托娃
2010年	克里斯特尔斯
2009年	塞雷娜·威廉姆斯
2008年	塞雷娜·威廉姆斯
2007年	贾斯汀·海宁

● 近十年 WTA 年度最佳双打组合名单

年份	球员
2016年	加西亚/穆拉德诺维奇
2015年	辛吉斯/米尔扎
2014年	埃拉尼/文奇
2013年	埃拉尼/文奇
2012年	埃拉尼/文奇
2011年	佩斯克/斯莱伯尼克
2010年	杜尔科/佩内塔
2009年	塞雷娜·威廉姆斯/维纳斯·威廉姆斯
2008年	布莱克/胡贝尔
2007年	布莱克/胡贝尔

- 近十年 WTA 年度最佳复出球员名单

年份	球员
2016年	齐布尔科娃
2015年	维纳斯·威廉姆斯
2014年	鲁西奇
2013年	克雷巴诺娃
2012年	舍维多娃
2011年	利斯基
2010年	海宁
2009年	克里斯特尔斯
2008年	郑洁
2007年	达文波特

- 近十年 WTA 进步最快奖得主

年份	球员
2016年	孔塔
2015年	巴辛斯基
2014年	布沙尔
2013年	哈勒普
2012年	埃拉尼
2011年	科维托娃
2010年	斯齐亚沃尼
2009年	维克梅耶尔
2008年	萨芬娜
2007年	伊万诺维奇

- 近十年 WTA 年度最佳新秀得主

年份	球员
2016年	大坂直美
2015年	加夫里洛娃
2014年	本西奇
2013年	布沙尔
2012年	罗布森
2011年	贝古
2010年	科维托娃
2009年	奥丁
2008年	沃兹尼亚奇
2007年	扎维

■ 单赛季完成大满贯冠军的球员（3人）：莫林·康诺利（美国），1953年；玛格丽特·考特（澳大利亚），1970年；格拉芙（德国），1988年

■ 生涯内完成大满贯的球员（6人）：多丽丝·哈特（美国），1949年澳网，1950法网，1951年温网，1954年美网；雪莉·弗莱（美国），1957年澳网，1951年法网，1956年温网，1956年美网；比利·简·金（美国），1968年澳网，1972年法网，1966年温网，1967年美网；克里斯·埃弗特（美国），1982年澳网，1974年法网，1974年温网，1975年美网；纳芙拉蒂洛娃（美国），1981年澳网，1982年法网，1978年温网，1983年美网。塞雷娜·威廉姆斯（美国），2003年澳网，2002年法网，2002年温网，1999年美网

● 四大公开赛获得最多冠军的球员

球员	澳网			法网			温网			美网			分类型			总次数
	单	双	混	单	双	混	单	双	混	单	双	混	单	双	混	
玛格丽特·考特	11	8	2	5	4	4	3	2	5	5	5	8	24	19	19	62
玛蒂娜·纳芙拉蒂洛娃	3	8	1	2	7	1	9	7	4	4	9	2	18	31	9	58
比利·简·金	1	0	1	1	1	2	6	10	4	4	5	4	12	16	11	39
玛格丽特·杜普特	缺	2	3	0	1	5	1	3	13	9	6	缺	10	12	21	37
多丽丝·哈特	1	1	2	2	5	3	1	4	5	2	4	5	6	14	15	35

● 各项赛事冠军总数排名

球员	排名	球员	排名
玛蒂娜·纳芙拉蒂洛娃	167	塞莱斯	53
里克斯·埃弗特	154	林赛·达文波特	51
施菲特·格拉芙	107	玛蒂娜·辛吉斯	40
玛格丽特·考特	92	孔琪塔·马丁内斯	33
Evonne Goolagong Cawley	68	维纳斯·威廉姆斯	33
比利·简·金	67	崔西·奥斯丁	30
维基尼亚·瓦德	55	金·克里斯特尔斯	30

● 获胜场次最多排名

球员	数量	球员	数量
玛蒂娜·纳芙拉蒂洛娃	1 442	维基尼亚瓦德	839
克里斯·埃弗特	900	桑切斯	759
施菲特·格拉芙	1 304	比利·简·金	695

- 单赛季获冠军最多排名

球员	数量	时间	球员	数量	时间
1990年以前（15项冠军之上）			1990年以后（8项冠军以上）		
玛格丽特·考特	21	1970年	玛蒂娜·辛吉斯	12	1997年
玛格丽特·考特	18	1969年，1973年	莫妮卡·塞莱斯	10	1991年，1992年
比利·简·金	17	1971年	施菲特·格拉芙	10	1990年，1993年
克里斯·埃弗特	16	1974年，1975年	莫妮卡·塞莱斯	9	1990年
玛蒂娜·纳芙拉蒂洛娃	16	1983年	桑切斯	9	1994年
Evonne Goolagong Cawley	15	1970年	施菲特·格拉芙	9	1995年
玛蒂娜·纳芙拉蒂洛娃	15	1982年	玛蒂娜·辛吉斯	9	2000年
金·克里斯特尔斯	9	2003年			

- 最年青单打冠军：崔西·奥斯汀：14岁28天（1977年，波兰）
- 最年长单打冠军：比利·简·金：39岁7个月23天（1983年，伯明翰）

Chapter 12

第十二章 | 四大公开赛

第一节　尊贵与传统的温网

温网历史足迹

没有墨尔本公园的热情似火，也没有罗兰·加洛斯的浪漫气息，更没有纽约林山的新潮风范，但温布尔顿却用它那百年如一日的古老传统征服了全世界。幽雅的自然环境，修剪平整的草地，木制的记分牌和看台，场内身着紫色服装的球童，还有那些穿戴整齐、品尝着草莓和冰淇淋的球迷。所有的这一切都构成了温布尔顿的奇特韵味。

温网标

据《温布尔顿的常识、名人与趣事》一书记载：

> 全英草地网球和槌球俱乐部成立于1868年。全英草地网球槌球俱乐部是由《运动场》杂志的主编约翰·沃尔什和5位朋友创办的。第一年的场地租金为50英镑（90美元），占地4英亩（1.66公顷）。俱乐部拥有12片槌球草场。起初是一个槌球俱乐部，名为全英槌球俱乐部。在1877年的春天改为现在的名称，并于当年举办了第1届草地网球锦标赛，还为购买槌球草地的马拉辗草机筹集资金。1882年，俱乐部停止为其会员提供槌球游戏，并把此项运动从俱乐部的名称中拿掉。可能是由于情感原因，俱乐部在1899年恢复了原名并沿用至今。名称经常被缩写成AELTC。
>
> 全英草地网球和槌球俱乐部最初坐落在温布尔顿沃尔浦路。1922年俱乐部迁到今天的地址。新址是由国王乔治五世揭幕的。

在1877年首届草地网球锦标赛上，来自哈罗公学的学生斯本瑟·戈尔在22名参赛选手中脱颖而出，成为这项业余比赛的冠军。7年后，也就是1884年，温网增加了女单比赛，共有13名选手参加角逐，最后莱德·沃森获得了这一殊荣。

与此同时，在牛津大学举办了5年的男双比赛也正式迁至温布尔顿，而当年的冠军就是后来在这里成为传奇的雷恩修兄弟。到了19世纪80年代中期，为了迎合越来越多球迷的需要，全英俱乐部决定拆除临时看台，修建新的永久性看台。

随着新世纪的到来，温布尔顿网球锦标赛逐渐成为一项国际性的赛事。1905年，来自美国的女选手梅·萨顿打破了英国人在温网的垄断地位，成了第一个在这片草地夺魁的外国人，她当时获得的是女单冠军。2年以后，澳大利亚人诺曼·布鲁克斯则开创了外国男选手在温网夺冠的先河。从此，终结了英国人在温布尔顿的统治。1913年，女双和混双比赛也首次加入了温布尔顿的大家庭，那年英国人包揽了这两项冠军。

第一次世界大战爆发后，温网曾一度暂停，但在俱乐部成员和热心社会人士的帮助下，1919年，温网重新拉开了帷幕。在整个20世纪20年代，温布尔顿是法国人的天下。苏珊·朗格伦在7年内6次夺得女单冠军，其中包括1919—1923年间的五连冠，而“4个火枪手”让·波罗特拉（Ren Oorotra）、亨特·柯谢特（Henri Cochet）、杰奎斯·布鲁格农（Brughon）和让·拉考斯特（Ren Lacoste）更是在10年中囊括了6次男单和5次男双冠军，在此期间能与他们抗衡的也就只有美国传奇人物比尔·蒂尔顿。整个20世纪二三十年代里最优秀的球员是美国的比尔·蒂尔顿，他是温布尔顿历史上最伟大的运动员之一。1930年，蒂尔顿在38岁的高龄重返温布尔顿，并赢得了他第3座单打奖杯。1932年，全英俱乐部的观众人次首次超过了20万大关。

进入20世纪30年代中期，英国人在温布尔顿迎来了他们最后的短暂辉煌，弗雷德·佩里也成了20世纪最后一个走上男单冠军领奖的英国人。1937年和1938年，美国人在温布尔顿大放异彩，唐·布奇和海伦·威尔斯成了第1对在这里包揽男、女单打冠军的外国人。

第二次世界大战期间，全英俱乐部在极其艰难的条件下仍然坚持运营，人员流失和设备奇缺都没能动摇它的存在。建筑被用作民用防务和军事功能，包括消防和急救服务，地方志愿军和排污部门。1940年10月，一枚炸弹落在中心球场，炸毁了1 200个座位。直到战后的1946年，温布尔顿才得以重建，恢复了原来的面貌。

从20世纪40年代末到70年代初，澳大利亚男选手罗德·拉沃尔、罗伊·埃默森和约翰·纽康姆在60年代以后俨然已成为了温布尔顿王者的象征。至于女子方面，则由美国人延续了至战前起就一枝独秀的局面。在此期间，黑人选手在温布尔顿也获得了巨大的成功，艾茜尔·吉布森在1957年和1958年以及阿瑟·阿什在1975年都取得了历史性的胜利。

自20世纪50年代飞机成为主要的远程交通工具后，温布尔顿迎来了越来越多的海外军团。与此同时，球员们也开始在国际网联的允许下，获得一定额度的赞助费，“业余球员”一词已经不那么纯粹了。顺应时代的潮流，1959年，赛事向所有职业球员和业余球员敞开大门，直到1968年，得到国际网联和草地网联的同意，正式采用“公开赛”的名称。

1976—1980年，德国选手埃德·博格获五连冠之后，温布尔顿的男单比赛逐渐呈现了群雄割据的局面，从康纳斯到麦肯罗，贝克尔到埃德·博格，都是在这里达到了他们职业网球生涯的顶峰。而自从1993年以后，温布尔顿的草地就宛如桑普拉斯家的后院，他在这里追平了一百多年前由威廉·雷恩修保持的男单冠军纪录，并打破了罗伊·埃默森12项大满贯冠军的纪录。在当代，只有两个人能击败他，一个是1996年的冠军克拉吉塞克，一个是被桑普拉斯誉为他的继承者——费德勒。

19世纪的网球传奇英雄、英国选手伦肖曾经获得7次温网男单冠军，成为温网历史上冠军次数最多的人，而桑普拉斯在战胜拉夫特后也是第7次夺得温网桂冠。20世纪，澳大利亚伟大球员埃默森曾创下职业生涯勇夺12个大满贯冠军的网坛最辉煌纪录，而桑普拉斯则是14个。单从这一方面来说，桑普拉斯已经成为职业网球史上最伟大的选手。自2003年开始，罗杰·费德勒已经在温布尔顿赛场上实现了48场连胜和连续4次夺得男子单打冠军金杯。费德勒可能改写温网赛史的数据纪录正成为不争的事实。

进入公开赛时代，以竞技英雄本色屹立在温网赛史上的女子选手共有4人，其中尤以定居在美国的捷克选手“女金刚”纳芙拉蒂洛娃最为传奇，她一生中创造出20个温网冠军及9次夺得女子单打桂冠的空前纪录。只有比利·简·金堪与其比肩，她同样荣获了20个温网冠军头衔，但却只有4次夺取女子单打桂冠的光荣史迹。另一位表现出众的女子选手格拉芙在温网赛征战中仅仅参加单打比赛，却夺得了7次冠军头衔，其中更以一个二连冠和一个五连冠的优异成绩与桑普拉斯遥相呼应。在纳芙拉蒂洛娃和格拉芙统治温布尔顿的时代结束后，温网的女单也短暂地出现了各领风骚两三年的情形。1996年，辛吉斯成为最年轻的冠军，当时她在获得双打桂冠时只有15岁零9个月。

3年之后再次夺取温网女子单打冠军的维纳斯·威廉姆斯，她共计3次温网夺冠，排入温网史上第5位的夺冠荣誉榜单。两姐妹相加共计5次在温网决赛场上尽展风采，这对“黑色珍珠”姐妹花从此建立了有色人种扬威温布尔顿草地的历史荣誉。

温网特色与传统

○ 草地魅力

早在1905年前，为迎接新世纪的来临，全英网球俱乐部已着手设计若干新球场的建造方案，最终温布尔顿草地的魅力征服了俱乐部的投资股东，于是最为平实的草地球场方案成了首选。把质朴、和谐的设计理念贯穿在全部施工过程，后人应该感谢100年前做出这些决策的先人。1922年，当教堂街尽头的1号球场完工后，每个人都感到如此的惊讶和震撼。即使百年之后来看，这也是典型的英式建筑，自然和现代，质朴与高贵，美观及实用，一切建筑要素都结合得恰到好处。

温布尔顿秉承着对绿草如茵景象的一贯着迷，俱乐部外墙种植的爬攀常春藤系绿叶植被，如今已成了令人赏心悦目的景象。即使是观众看台下方的内走道里，蜘蛛网状般的弯曲水管和电缆也一律漆成了深墨绿色，仿佛是一个从里到外、从上至下都布满绿色的常绿堡垒。

温网开始选用的本特草（Bent Grass），抗寒性能很好，但其成长周期过长以及草质的韧度都不适合温布尔顿。几年后，开始使用百慕大草（Bermuda Grass），这是一种非常耐热的夏季草，后因该草的耐磨度和颜色不理想而被淘汰。温网使用时间最长的草是紫羊草（Red Fescues），这种绿色的色泽最亮，耐修剪、成长快。再后来种植的是使用了63年的“圣草”，被称为“温布尔顿草”（Wimbledon Grass）。

在草地上，打网球将是什么感觉呢？麦肯罗曾说过：“草地上打网球的特点就是变化，它的变化让你没什么固定的战术打法，很多时候是靠灵感，靠击球一刹那手腕的转动。”至于对草地网球赛事的感言，麦肯罗总结道：“草地上的赛事就像人生，有时会令人失望，但如再撑一下，说不定又会马上充满了希望。”

在ATP和WTA所有129站巡回赛中，除了温布尔顿外，草地赛事只有7个而已。这7个赛事仅作为温网的热身赛而存活下来。至于更多的草地球场，则只能在场租昂贵的乡村俱乐部里偶有发现。

当20世纪七八十年代，澳网和美网的比赛场地都更换为易保养的硬地球场后，四大满贯中只剩下了形单影只的温网是草地赛场。但作为业主的全英俱乐部却认为：“我们不会去跟潮流，我们的风格就是坚持，成为独一无二的场地更显示了我们的重要性。”绝大多数职业选手，都不赞成温布尔顿未来会出现新的球场，或者采用更现代化的化学材料铺设场地表面。他们几乎都认为，温布尔顿的网球魅力恰好在于它的特殊性。就像是劳斯莱斯汽车，白金汉宫前的卫兵，米克·贾格尔的摇滚乐，还有连绵的下雨天，都已经成为英国化的符号。

○ 高贵的礼仪

温布尔顿只是伦敦的小镇，但在这里，权力的至高无上却体现得淋漓尽致，尤其是中央球场，皇家包厢始终在最显赫的位置，英国女王、戴安娜王妃、肯特公爵夫人都亲临观看过比赛，而每每这样的时刻，球员面对包厢行鞠躬礼、屈膝礼是必不可少的。

行屈膝礼

温布尔顿与英国皇室的渊源还得追溯到1907年。当时的威尔士王子在玛丽公主的陪同下，来到全英俱乐部观赛，开创了皇室成员观看温布尔顿网球赛的先河。他们所入座的包厢此后就专门辟出作为“皇室包厢”。离开前，王子接受了希望他成为俱乐部主席的请求，从此，皇室就在温布尔顿的历史上占据了不可磨灭的地位，也因此留下了许多相应的礼仪和传统。

“不允许中央球场的观众脱去上衣，不允许场地内出现任何广告招贴，不允许使用闪光装置的照相设备，不允许……”这些当年的许多不允许日后成为全世界认可的网球场标准礼仪规范。对于向皇室行屈膝礼，当代许多选手表示理解，有的甚至加以赞赏。小威廉姆斯曾说，她每年都期待着温网的屈膝礼。而大威廉姆斯则说，屈膝礼是温网最美妙的一部分。

纯白色的装束和充满了绅士、淑女礼仪举止的网球文化一度成为温布尔顿草地上亮丽的风景线。许多初来乍到的外来看客在非常惊讶温网习俗的顽固性时，也会在暗中感叹传统势力的强大和执著。温网比赛要求运动员的服装以白色为主，最多也只能有10%左右的差色。即便是最爱标新立异的球员或生产厂商也只能最多在款式上有所变化，在颜色上则无可奈何。

阿加西的故事也许是对坚守“温布尔顿白”的最好诠释。当他1987年第一次来到伦敦时，一头长发、一条大裤衩、一身五颜六色的摇滚青年打扮，把当时的国际网球联合会主席气得连称这是对温布尔顿的巨大侮辱。

1988—1990年，阿加西因为表示他无法理解温网赛的白色着装规定而拒绝参赛。当他1991年重返这里时，他给所有人都开了一个玩笑：他在赛前脱下了纯白的外套，露出了纯白的网球衫、网球短裤、袜子和鞋子。阿加西就是以这样一种对于传统极端遵守的方式，对温布尔顿来了一次绝妙的讽刺。当然这只是年轻的阿加西。后来成熟的阿加西表现出更多的是对温网的尊重与赞誉。至于其他众多球员，则宽容得多。桑普拉斯说过：“我认为温布尔顿是最具有网球魅力的地方。它制定的规则并不出格，这是符合任何价值标准的礼仪，我本人完全可以接受。”

无论时光如何转变，温布尔顿在只接纳白色和拒绝性感上却一直没有改变。不仅是球员如此，甚至主裁都必须穿西装、打领带，女线审则必须身着长裙，连球童都得穿相同制服。

温布尔顿就像英国人一样，尽管远不如澳大利亚人热情，法国人浪漫，或美国人洒脱，但它总是以一种低调的高贵走进众人的视野，态度彬彬有礼，装束毫无瑕疵。用著名黑人网球运动员阿瑟·阿什的话来说就是："温布尔顿如此引人注目的原因之一，是它充分诠释了英国人的传统，而英国人的传统就是比其他任何人的传统还要传统。"

○"重男轻女"的传统

要说温布尔顿最特殊之处，就在于它是四大公开赛中唯一一项草地赛事，而且也是唯一一项拒绝场内商业广告的大赛。这些年来，温布尔顿努力保持顶尖赛事的地位，虽然主办温网的英国草地网球协会曾遇到过困难，但仍然力求赛事的完美和固定一贯的优良传统。

当其他三大满贯相继实现男女同工同酬时，男女球员同工不同酬也成为温网最大的诟病。温网组委会也意识到了这个问题，并且在奖金分配上适当地做出了改变，但男女球员的差别仍然很明显。对此，引起了众多球员的非议。先前是著名的女权先驱比莉·简·金，然后是现代的达文波特，比利时双姝海宁、克里斯特尔斯等，甚至莎拉波娃、费德勒也表示了异议。但古老的温网表现出了传统的固执和强硬。温网的组织者则理直气壮地说他们的奖金发放绝无问题。温网组委会主席菲里普斯就曾表示，在很多运动项目的比赛中，男女奖金额都是有差别的，为什么网球非要搞特殊化？

支持同工同酬的人士认为，虽然人们掏钱看比赛并不是取决于盘数的多少，而是要看他们喜欢的球员，有的女单比赛收视率要大大高于男单比赛。比如2002年温网的女单决赛在威廉姆斯姐妹间进行，这场决赛在美国的收看人数要比次日男单决赛高出30%。

反对同工同酬的人士认为，男单比赛高手如林，从首轮到最后的决赛都不时有高水平对抗，而且男子比赛实行五盘三胜制，比女子比赛更艰苦更激烈，而女单比赛的两极分化比较严重，开始几轮由于球员水平差距较大，经常一边倒，缺乏悬念，往往要等到后阶段才可能有精彩的对抗，在市场效益方面要大大逊色于男子比赛。

实际上，不管温网如何"重男轻女"，女网的奖金一直在增加是不争的事实。1977年，温网的女单冠军韦德获得了1.35万英镑的奖金，而2003年小威廉姆斯夺冠时奖金达53.5万英镑。2006年，毛瑞斯莫夺冠的奖金为62.5万英镑，比2003年增加了9万英镑。与此同时，2006年女子奖金的增幅比男子高出0.1个百分点。

温网组委会在2007年的温网赛中实行了同工同酬。2007年温网的总奖金为1 128.27万英镑，男、女单打总奖金为372.74万英镑，获得男、女单打冠军的费德勒、大威廉姆斯各得到70万英镑。

○ 排名的传统

绝大多数赛事都是根据选手的世界排名来安排赛事种子排名，不过，温网却常常片面夸大草地网球的特殊性，将世界排名放在一边，根据选手的草地赛实力和上一年度温网成绩，再参照ATP与WTA最新积分排出一个所谓的"草地排名"，以此来安排温网的种子排位。

这种计算方式很复杂，但英国人乐此不疲，在他们看来，这才能真正反映球员在温网草地上的真正实力。而常常由此导致的结果是，世界排名靠前的选手到了温网之后，种子排位却落到了后面。于是，库尔腾在他全盛时期身为世界排名第一的选手而不能被列为温网赛头号种子，对此巴西人对这项赛事感情淡漠，当然他没有参赛，这已经是他近四年中第3次退出赛事了。

基于同样的原因，科斯塔和克雷贾等西班牙网球选手在2000年策动集体退出温网。在那一年的大赛上，克拉吉塞克、鲁塞德斯基、亨曼、拉夫特和菲利普西斯等大力发球选手都得到了比自己世界排名高得多的种子排名。被提拔的这些种子中除了2位澳洲球星打入八强之外，克拉吉塞克和鲁塞德斯基都是在前两轮就被淘汰，这也让温网组委会很没面子。

○ 融合的传统

温布尔顿和谐的经营方式，把一项精彩的赛事与皇室礼仪融合，同时也自然地搭建出有平民和大众参与的观赛平台。

温布尔顿绿色草地上的贵宾包厢已作为个人地位的显示和家族荣耀的象征，被视为家族史中值得荣耀的“金字招牌”和“荣誉看榜”。

有许多平民为观赏精彩的赛事以及观看平时难得看到的名人的而购买温网门票，形如长蛇阵的购票队伍已成为温网的特色和传统，行动迟缓的售票人员似乎完全了解这些排队的人并不急于去干什么。在缓慢前行的购票队伍中，购票者有足够的耐心把吃、喝、睡、玩都合为一处。他们以社交的方式在这里聊天，认识新朋友的同时也等着别人认识自己。如果你好奇地问他们：“为什么每年都会这样呢？”他们则会更好奇地反问你：“为什么不呢？”这就是每年汇聚到温布尔顿草地球场的英国人。

因经常性的雨水而打断比赛，使赛事有时不得不因雨在三天内完成，甚至决赛不得不推至第三周的周一或周二进行。

坚持不给球馆盖顶，与“雨水”打游击，也被视作温网的特色。有趣的是，什么都可以拿来赌的威廉·希尔公司甚至把天气也拿来作为赌博的对象：比赛14天期间不下雨的赔率是8赔1，而天天都下雨的赔率则是20赔1。

2007年的温网前11天比赛日竟有10天下雨，雨水不仅戏弄着观众，更戏弄着球员。费德勒在第二轮后竟休息了5天。在遭遇费雷罗时，费天王由于不适应，输掉一盘，差一点翻船。当然，对有的球员而言，雨天则成为他们的“及时雨”“救命雨”。在2007年温网第四轮的较量中，小威廉姆斯与汉图楚娃争八强，第一盘1–1后即因雨中断。3小时后重新开战，小威廉姆斯气势如虹，一举拿下该盘。第二盘双方战至5–5时，小威廉姆斯突然小腿抽筋，痛苦地倒在地上。流着眼泪、用一只腿支撑的小威廉姆斯，虽然艰难地把比赛拖入“抢七”，但是，2–4的比分及小威的身体使人们几乎都认为汉图楚娃获胜已是定局。此时，戏剧性的一幕发生了：好像小威廉姆斯的眼泪感动了上天，雨水再次降临，比赛再次中断。重新开赛后，尽管汉图楚娃抢七拿下第二盘，但休息了2小时的小威廉姆斯恢复了活力，以6–2拿下第三盘，最终赢得了整场比赛。赛后，小威廉姆斯把胜利归功于那场及时雨：“我真没有想到还会赢，是大雨救了我。”

当有人提出，既然如此，温布尔顿为什么不能为自己的球场安装伸缩屋顶呢？有人坚持认为：温网是一项室外比赛，而不是一项在屋顶下举行的室内赛事。他们甚至指出，安装屋顶后会影响草坪的生长。其实说到底，他们在用自我的固执坚守着温网的传统形象。

在礼仪和着装上，温网组委会对运动员、裁判员、工作人员都有严格的要求，对俱乐部的会员及他们的客人也有要求即使在会员休息室里也要求着短上衣、系领带。女士可以穿时尚的女衫裤套装，但不能穿牛仔裤和短裤。而对于大众则很宽容。观众可以穿着T恤衫、牛仔裤自由出入各个赛场。

比赛的第一个星期天被称为“平民星期天”，因为这一天所有的球票都向平民百姓出售，但这并不是每次都能碰上，还要看是否下雨。不过，只要有耐心，还是有很多机会走进中央球场。每天都会有“再售球票”（Ticket Resale）的活动，就是把那些提前离开赛场的人的票收集起来再售卖，下午5点和7点两次售票，5点卖5英镑一张，7点卖3英镑一张，这给了那些没有球票但想进入中央球场看球的人实现愿望的机会。

尽管温布尔顿有着明显的区别，但对残疾人给予了无微不至的关怀，到处都可以看到为残障人士服务的公共设施，有残障人士看比赛的专用看台，还有专为残障人士提供的卫生间、上下扶梯、公用电话等，即使在购买球票方面也有特别照顾。

温网改革与发展

与澳网、法网和美网相比，温网的确在很多方面固守着传统，但这并不意味着他们顽固不化。

2003年温网开赛前的五月份，全英草地网球俱乐部终于废除了鞠躬礼和行屈膝礼这一最具温网贵族特点的传统。

一直以来，参加温网的选手们每次进入和离开场地，都必须朝中央球场的英国皇室包厢鞠躬，女选手则要行屈膝礼以示敬意。事实上，早在1969年肯特公爵担任全英网球俱乐部主席的时候，他就申请废止这一条规定。经过30余年的“斗争”，此项提议终于在2003年获得了批准。今后，只有当伊丽莎白女王和查尔斯王子到场时，选手才需要行此礼。不过这一点倒不太令人担心：女王陛下自从1977年为女单冠军韦德颁奖后，便没有再亲临观战；而查尔斯王子也只有1970年出现在温网现场。全英俱乐部首席执行官格林格说：“我们必须进步，现在就连皇室成员之间也很少鞠躬或屈膝了。”

全英草地网球俱乐部的经营者面临变化的世界，对使用多年的“圣草”也进行了改革，改用了易于修剪的黑麦草（Perennial Rye Grass），这种草的另一种特点是间距较大、疏分通透、成活率高。更重要的是，黑麦草经修剪成5/16英寸后，对球速的吸收率有了微妙的改变，使球的速度非常适合快速、敏捷的底线型打法选手。

为了迎合观众，扩大温网在全世界的影响，英国人这些年做了很多尝试，如从将传统的白色网球更换为黄色。从2006年的温网开始，包括主裁、边裁和球童的服装颜色有了很大的转变，海军色和乳色成为主色调。虽然球员在服装的颜色上无法有变化，但是可以在款式上充分发挥。

关于奖金和球场加盖的问题，全英草地网球俱乐部主席费尔盖特先生表示：几十年来，温网赛事已走到了变革的关头，我们会考虑男女球手同酬的问题，也会尽快筹措资金去加盖中央球场屋顶，而且我们已经拟定了资助青少年选手打网球的计划。

1992年，英国人曾经大规模地对球场进行改建，除了保留英式庭园的风格，球场很多地方都吸引了新的科技元素，包括启用新的设备，在中心球场使用新的座椅，用电子记分牌替代木质记分牌，等等。温网的徽标也逐渐从过去两只交叉的球拍的古典图案改成了一个简单的“W”字样。

2003年，全英俱乐部通过提案，温网的中心球场将像澳网罗德·拉沃尔球场一样，增设可开合顶棚。这就意味着以后我们很难在中心球场看到工作人员拉雨布表演以及观众打着伞静候比赛的经典场景了，球员也可以在既定时间里，不受干扰地完成比赛。

现全英草地网球俱乐部首席执行官伊恩·里奇、执行总监理查德·路易斯对在赛场制造出声音的尖叫少女表示反感，他们与英国政府交涉，希望能放宽税收政策以提升温网的吸引力。

2009年，温网组委会花费1.5亿英镑（折合人民币约15亿元）为中央球场加盖顶棚，保证中心场地的焦点比赛不会受雨水影响。2015年，温网比赛开始1个月前，1号球场加盖顶棚的计划落实。据温网组委会介绍，2019赛季，1号球场的顶棚也将完工投入使用。2017年，温网将在包括中心球场在内的18座球场上进行，19号球场已经被移除，将改建成公共广场，预计2018年对外开放。2017年所有球场总共可以容纳观众39 000人。2017年在罗汉普顿举办的温网资格赛将首次开始销售门票，每张门票价格为5英镑，所有门票的税后收入将捐献给温布尔顿基金会。

● 2013—2017 温网奖金表（单位：英镑）

年份	男单	男双	女单	女双
2013年	1 600 000	300 000	1 600 000	300 000
2014年	1 760 000	325 000	1 760 000	325 000
2015年	1 880 000	340 000	1 880 000	340 000
2016年	2 000 000	350 000	2 000 000	350 000
2017年	2 200 000	400 000	2 200 000	400 000

2015年，温网现场观众达48.49万人；2016年，现场温网观众达49.4万人。2017年，收视率最高的比赛是孔塔击败哈勒普的四分之一决赛。这场比赛一共有740万英国观众在电视机前收看了BBC的转播，刷新了温网女子赛事在英国本土的最高收视率（收视峰值）。ESPN在这一比赛日的中央球场收视率，与去年同期相比也增长了17%。ESPN公布温网男单决赛约有110万人收看，英国BBC公布温网男单决赛有650万人收看。

温网中的故事

○ 温布尔顿的奥运情结

古希腊哲学家赫拉克利特曾经说：“人不能两次踏入同一条河流，因为无论是这条河还是这个人都已经不同。”经过了近一个世纪的等待，无论是温布尔顿还是奥林匹克都已经有了太多的变化，但生生不息的网球运动还是将它们再一次紧密地连接在一起。当然，就像先贤所说的那样，没有任何人能够两次在温布尔顿见证奥运会网球赛事的角逐。

伦敦奥组委打造出一部长达30分钟的宣传片，为世人展示了一个属于伦敦的梦想，而温布尔顿网球地也成为这个梦想中的一部分。每个人都知道，温布尔顿拥有着比现代奥运会更悠久的历史和更光辉的传统，世界上再没有哪座赛场能够比温布尔顿对奥林匹克更加包容，而将奥运会的网球比赛在间隔104年之后再次带入温布尔顿，这将是一项伟大的壮举。也许这就是伦敦人将绝大多数设计中的奥运场馆都布局在伦敦城西南的温布尔顿时，心中难以割舍的奥运情结。

1908年，第3届现代夏季奥运会第一次来到后工业时代的伦敦。与今天不同的是，那时的奥运会并不是在两周浓缩的时间中进行，而是从4月一直延续到10月。网球作为现代奥运会中最早设置的球类运动之一，在那年奥运会中被分为“室内网球”和“室外网球”，室内网球在伦敦城东的女王草地网球俱乐部举行，只有来自英国和瑞典的球员参加了这一赛事的角逐，英国的本土选手亚瑟·戈尔是本届奥运会男子单打冠军，而女子单打比赛的胜利也属于英国人，是格蕾迪斯·伊斯特雷克·史密斯夫人。

当第32届温布尔顿网球锦标赛在1908年7月初结束后，绝大多数参赛选手留在了伦敦，等待参加2周后在同一片场地上举办的奥运会室外网球项目的比赛。有趣的是，那一年的奥运会网球比赛比锦标赛吸引了更多国家、更多网球选手的参与。最终，闯入决赛的是德国选手奥托·弗罗茨海姆与英国人约希亚·里奇，在这场被伦敦媒体称为“无论如何也算不上精彩的”“一边倒”的决赛中，英国人以7–5、6–3和6–3的比分夺得了奥运会网球男子单打金牌。

为英国人包揽当年最后一块金牌的是多罗西·兰伯·钱博斯夫人。她在通过了3轮比赛的较量后进入决赛，与她决赛的是多拉·布斯比小姐。后对手因伤病而退赛，最终，钱博斯夫人以6–1、7–5的成绩获得了网球女子单打冠军。

在过去的129年中，温布尔顿的草场上已经举办了120届网球锦标赛，但与奥运会的缘分却只有短短的两周。虽然伦敦后来曾在1948年第2次主办奥运会，但网球项目却从1924年起退出了奥运大家庭。直到1988年汉城奥运会，网球才再次成为奥运会的正式比赛项目。24年后，2012年奥运会将把网球比赛再次带到泰晤士河畔的温布尔顿。全英草地俱乐部的主席蒂姆·莫利普斯在得知伦敦申奥成功的消息时激动地表示：“这是一项伟大的成功，它不仅属于英国，更属于温布尔顿。”

○ 温网亚军的惊天大案

这是一个温布尔顿历史上很少对外宣扬的尘封档案，档案中记载了一段令人毛骨悚然传奇故事。这个故事，可以给后人提供警醒的历史经验。

1907年8月6日，伦敦的《泰晤士报》在头版头条刊登了一篇题为《行李箱中的女尸》的文章，报道了一桩耸人听闻的谋杀案的始末：

> 当从蒙特卡洛开来的列车在5时38分钟驶入站台后，一位先生和一位女士将两只行李箱和一个手提送到车站的行李托运处，要求工作人员将他们的行李托运到伦敦。此后不久，负责托运的工作人员察觉到行李箱中散发出来可怕的异味，于是他很快向当地警察局报了警。当闻讯而来的警察将行李箱打开的时候，他们吃惊地发现，在两只行李箱中等待托运的竟然是一具被大卸八块的女尸。随后，当地警察逮捕了那两名要求托运行李的旅客……
>
> 经过审讯，那两名神色慌张的旅客很快承认了他们是一对夫妇，他们姓高尔德，在一家蒙特卡洛的赌场中，他们很偶然地认识了行李箱中的那个女人……
>
> 根据高尔德夫妇的口供，那个女人被害的当天曾经找他们借钱，这时她的情夫突然破门而入，不由分说地枪杀了那个女人。作为整个事件的旁观者，这“无辜”的夫妇以这样一种特殊的方式“处理了他们的朋友，并准备一道将她带回伦敦……然而，当验尸官查遍了尸体的各个部分却找不到一个弹孔的时候，高尔德先生又改口说她是被她的情人用匕首刺死的……

最终的事实证明，这位所谓的高尔德先生是一个十足的骗子和杀人犯，他的真名叫做“维尔·托马斯·古尔德”，来自爱尔兰的科克郡。1903年，他在利物浦开了一家洗衣店，却因为经营不善而破产，走投无路的古尔德夫妇妄图在蒙特卡洛的赌场中寻求一点运气。他们从一名叫做埃玛·利文的女人手中借来了1 000法郎和价值8万法郎的珠宝，在蒙特卡洛孤注一掷，却输了个精光。古尔德想逃跑，却被利文堵在旅馆门前。这一次，古尔德夫妇将自己变成了杀人犯……

然而，这位古尔德先生在30年前却险些成为第3届温布尔顿网球锦标赛的冠军。1879年，一位来自爱尔兰的年轻没落贵族成为爱尔兰网球锦标赛历史上的第1位冠军，他的名字叫做维尔·托马斯·古尔德，但喜爱他的球迷却给他起了一个别致的绰号：“三岁马”（Steger）。因为在古老的赛马比赛中，赛马在三岁的时候最强壮、最有威力，它们在比赛的最后冲刺阶段往往能够冲出重围，获得冠军。而这也正是古尔德所开创的上网打法给人们留下的最深刻的印象。古尔德以他著名的网前战术和“一盘比赛15分钟结束战斗”的口号震惊了当时的英国网坛，在他获得爱尔兰网球锦标赛冠军的同一年，古尔德一发而不可收地冲到了温布尔顿网球锦标赛的决赛。

古尔德在决赛中的对手是比他更为激烈、也更为危险的约翰·哈特利，在沃尔浦路的老球场，哈特利的底线穿越球一再奏效，他以6–2、6–4、6–2的轻松比分驯服了这匹脾气暴躁的爱尔兰“三岁马”。古尔德也因此获得了那一年温布尔顿男子单打的亚军。即使是在那个年代，这个亚军头衔也为他带来了不小的名气和随之而来的财富。

然而古尔德的网球生涯却并没有持续足够长时间，由于疾病的困扰，他在1880年爱尔兰网球锦标赛中卫冕失利，输给了一个叫伦肖的青年。而在那一年温网，他再一次败在伦肖的手下。后来他的对手伦肖6次蝉联温网冠军，成为温布尔顿网球锦标赛最伟大的冠军之一。

作为网球手，“三岁马”古尔德代表了当时网球运动的新兴力量，他的勇敢、无畏和赛场上铤而走险的精神不止一次地挑战了象征传统草地网球的底线对攻模式，如果不是疾病过早到来，古尔德也许能够在日后的赛场上磨炼出更为纯熟的网前技术和发球上网战术，成为温网和世界网球历史上伟大的冠军。

而作为一个臭名昭著的赌徒和杀人犯，古尔德的冲动、暴躁和他所相信的“富贵险中求”的思想导致了他的破产、绝境和灭绝人性的犯罪。1908年，他被英国法庭判处终身监禁，流放到南美洲的恶魔岛。仅仅一年后，55岁的古尔德死于非人的囚犯生活。

○ 不可超越的“兔子Bunny”

她的真名叫做伊丽莎白·莱恩（Elizabeth. Rynn），曾是一名美国西部的小学教师。从1912年到1934年，莱恩在温布尔顿的草地上获得了12座女子双打冠军奖杯和7个混合双打冠军头衔，这些纪录至今无人能够企及，无论是在冠军数量上（19个）、决赛胜率上（25场决赛19胜），还是在获得冠军的时间跨度上（20年），莱恩都是长达半个世纪中的佼佼者。而她在20世纪20年代与法国人苏珊·朗格伦搭档还曾取得了温网双打赛场上31胜0负的超人战绩。如果将纳芙拉蒂洛娃的9座桂冠比喻温布尔顿女子单打赛场上的巅峰，那么莱恩的19次双打和混双夺冠则是这项大满贯中的另一个神话。

41年后的1975年，另一位美国选手比莉·简·金在女子单打决赛中击败了澳大利亚选手古拉冈获得了胜利，拿到了她生涯中温布尔顿的第19个冠军。

在之后的3年中，金夫人和年逾八旬的莱恩尴尬地分享着这份荣誉，虽然金夫人对莱恩心怀崇敬，而莱恩也曾不止一次地表示希望在有生之年看到自己的纪录被后人打破，但从1976年到1978年的比赛中，金夫人始终没能实现莱恩的愿望。

1979年7月9日发生的事情，也许是温布尔顿百年历史中最令人感动的一幕。在女子双打比赛中,36岁的金夫人与23岁的纳芙拉蒂洛娃进入决赛，年轻的捷克姑娘知道这很有可能是金夫人最后一次打破纪录的机会，她决心要帮助金夫人完成她的宏愿。她们与对手的决赛被安排在伦敦时间7月9日的中午，金夫人期待着用这场比赛的胜利献给86岁的莱恩。然而，巨大的遗憾终于没能避免，就在决赛前的7月8日夜晚，伊丽莎白·莱恩的心脏在她钟爱的温布尔顿停止了跳动。

莱恩终于没有能亲眼见到自己的纪录被后人打破，这也让她成为一个永远没有人能够超越的"兔子Bunny"，不知这是她的幸运，还是她心中最大的遗憾，也许只有在1979年7月9日夺得第20个冠军后热泪盈眶的金夫人才能理解莱恩最真实的内心。

○ 不列颠的骄傲——佩里

1909年5月18日，弗瑞德·约翰·佩里出生于英格兰的斯托克波特。他从小就显露出运动天赋，精于各项体育运动。但直到18岁他才正式从事网球，此前他打了很多年的乒乓球并赢得过多项巡回赛冠军。

20世纪前与现在的运动员最大的不同在于有职业与业余的区别。20世纪前，包括奥运会在内所有的正式运动项目与设有奖金的职业赛事严格分开，参加过职业赛事的人不再被允许加入业余赛事。佩里在他并不算长的"业余"网球生涯中，为英国男子网球拿到截至目前的几乎所有荣誉：8项大满贯、连续4届戴维斯杯。他转入职业赛事之后，英国人很长一段时间没有拿过温网和戴维斯杯的冠军。

今天，佩里完成的温网三连冠已经过去好多年了。每一名英国选手都能感到这个名字给他们的鼓舞和压力，因为中央场地外矗立的佩里的青铜雕像在时刻提醒着他们。那尊雕像是英国艺术家戴维·韦恩的作品。佩里本人非常喜欢这尊雕像，也为之倍感荣幸。他曾说："看到自己的雕像有种奇怪和震颤的感觉，尤其是听到人们说'在弗瑞德·佩里雕像下见面'的时候。人们会忘掉生活中的我，而我记住那最辉煌的时刻。"

1933年,24岁的佩里技艺日趋成熟。那一年，他获得了自己第一个满贯——美网冠军。在戴维斯杯比赛中，以他为主力的英国接连在法国和美国客场击败对手，捧得阔别21年的冠军。其后又三度卫冕。

佩里是第一个夺得四大满贯的男选手，至今也只有8人有此成绩，他们依次是唐·布奇、拉沃、埃默森、阿加西、费德勒、纳达尔和德约科维奇。除了温布尔顿，佩里还在4年时间内夺得3次美网、1次法网、1次澳网冠军。

佩里对温布尔顿始终怀有深情。1934年，他在温网决赛中直落3盘击败澳大利亚的杰克·克劳福德获得了自己第一个温布尔顿冠军。在接下来的两年，他都在决赛中轻松战胜德国的格特弗雷德·冯·克莱姆，成为1904年的多尔蒂以来又一位温网三连冠的英国人。

在1935年中央场地的决赛中，佩里仅用了40分钟便以6–1、6–1、6–0击败对手，这也是1881年来用时最少的决赛。在佩里的回忆录中他说："决赛日有人告诉我，克莱姆早晨练球时腹股沟韧带有点拉伤，向右侧大幅度伸展会有麻烦。与身体状态不佳的对手比赛有些胜之不武，但比赛就是比赛，在终局以前只有胜负。能以6–0结束的比赛我绝不会让它成为6–1。”

佩里的击球力量并不大，他的制胜武器是跑动中的正手、多变的反手削球、娴熟的截击、良好的预判和步法。有人说看到佩里敏捷的跑动就想起求生的雄鹿。佩里曾经是一名叛逆型人，在注重礼仪的温布尔顿，他极度自信的姿态曾被指责为傲慢、粗鲁，让人以为他是自我主义者。但在赛场之外，他仍不失为一名和善的绅士。当然，不断获得的荣誉也更令他脱胎换骨。

在回忆录中，他特别提到在帮助英国连夺4届戴维斯杯后，即将转人职业赛事而告别的日子。那是1936年，在中央场地与澳大利亚队的决赛后。他写道：“我与助手唐·马斯凯尔一起走向休息室，在走到休息室前，我说，‘请等一会儿，唐。’我回到赛场，看了一眼欢庆的观众席。那时，唐明白了，我已决定转入职业圈，将向温布尔顿和戴维斯杯告别。”

“业余”比赛对他已没有吸引力，但佩里对中央场地的热爱一如既往，留在那里的所有回忆都是快乐、甜蜜的。在加入职业圈之后，他与埃尔斯沃斯·维恩斯和比尔·蒂尔顿的比赛总能吸引大量的观众。他在1938年和1941年两度获得当时职业圈最重要的美国网球职业冠军赛的冠军。

1975年，佩里被选进刚成立的网球国际名人堂。多年以后，在桑普拉斯还没有拿到温网冠军之前，佩里就断言这个一头卷发的小伙子将是中央场地的统治者，后来他亲眼见到这个新传奇的实现。

1995年2月2日，85岁的佩里在墨尔本去世。

○ 不列颠民族的复兴之梦

让不列颠民族再一次兴奋的已是英国英雄佩里完成温网桂冠的41年之后。

1977年对大不列颠而言，是可喜可贺的一年。这一年是女王伊丽莎白二世加冕25周年的银禧纪念，久负盛名的温布尔顿网球赛也在这一年迎来了百岁华诞。为这喜气洋洋的一年锦上添花的，就是英国著名女子网球选手弗吉尼亚·韦德（Viginnia Wade）。

在家乡观众面前，她先在半决赛中以6–2、4–6、6–1击败卫冕冠军克里斯·埃弗特，又在决赛中依靠主动进攻在先失一盘的情况下连扳两盘，战胜了贝蒂·斯托弗，夺得冠军。全场1.4万多名观众欢呼雀跃。他们齐声唱起脍炙人口的民谣：“她是个好伙伴，她是个好伙伴，谁也不能否认！”韦德从伊丽莎白二世手中接过了金光灿灿的女单冠军奖盘，这是25年来女王首次亲自给温网冠军颁奖。韦德心潮澎湃，甚至没有听清面前的女王陛下到底说了什么。多年后，她仍认为那是一生中最重要的时刻。她不仅实现了自己的梦想，也为所有英国人圆了一个梦。在此之前，英国人已经25年与女单冠军无缘。

亨曼

20世纪90年代后期，扛起复兴英国网球大旗的是一位标准的英国绅士——亨曼，1.85米的身高，教科书似的技术动作，不仅在英国本土，即使在世界许多地方，亨曼被女孩子们奉为心中的白马王子。1996年欧锦赛半决赛后，德国人曾讽刺英国人办着温网却没有像样的本土选手。那一年的温网无人注意的亨曼淘汰了法网新科冠军卡费尔尼科夫并首次进入8强。这时，所有的英国人又燃起了时隔60年后再夺温网冠军的希望。年末的大满贯杯亨曼又凭借一张外卡杀入半决赛，尽管最后输给了贝克尔，但全世界都称他为英国的天才，相信他能复兴英国网球。

亨曼代言的产品占据了地铁广告的不少版面，亨曼成为奥运会英国站火炬接力的成员，球迷把温布尔顿最大的草坪命名为“亨曼山”，当地报纸则满是亨曼能否拿到温布尔顿冠军奖杯的预测和讨论。英格兰队在欧锦赛失利后，报纸的标题变成了“亨曼是英国唯一的希望”。2004年7月7日，亨曼在白金汉宫享受到与足球英雄贝克汉姆同样的待遇，接受了女王伊丽莎白授予的OBE勋章（大英帝国军官勋章）。

重压下的亨曼挨过了10年痛苦的网球生涯。10年中，作为一流选手的他一直无法梦圆温布尔顿。阻挡亨曼的人不是球王就是幸运儿，在球王和命运的夹缝中，亨曼一直等待着上帝的眷顾，等待迟到的成功。

亨曼并不脆弱，但英国网球复兴的梦压在他一个人的肩上，再坚强的人也会不堪重负。他一直被看作是英国网球的一面旗帜，每次在英国本土作战，都是英伦三岛民众和媒体的关注焦点。10年中，他获得过11个单打冠军头衔，获得过2003年大师杯的金杯。10年中，他9次参加温网，4次进入四强，4次进入八强，也曾打入法网和美网半决赛，却始终未能夺得对他及所有英国人来说最重要的温网冠军。

尽管亨曼从来都没有放弃对自己梦想的追求，但在一次次冲击温布尔顿的道路上，亨曼只能为英国人演绎了一个“屡战屡败、屡败屡战”的经典形象。盼望亨曼为英国人复兴网球已不可以，对于同样表现不错但始终难以冲上顶尖的鲁塞德斯基来说，英国人更不会把希望寄托在这位比亨曼还大一岁的“外来者”的英国选手身上。

正当温布尔顿1号球场外的“亨曼山”逐渐被人们淡忘时，从2005年起，一座“穆雷山”开始出现在英国的小姑娘身上，她们在自己的衣服上写着“娶我吧，安迪”。当然这个安迪不是美国人安迪·罗迪克，而是英国人安迪·穆雷。穆雷最近连续三次击败英国网球代表人物亨曼，20岁的穆雷已经接过了振兴英国网球的大旗。

2006年的温网，当大屏幕上插播英格兰足球队在世界杯点球大战中不敌葡萄牙时，网球场上的穆雷与罗迪克直接对话，最终穆雷直落3盘以7–6[4]、6–4、6–4击败前世界排名第一的罗迪克，要知道从2004年到2005年在温网击败罗迪克的只有温网新王者费德勒。

2006年，穆雷在美国圣何塞拿到了职业生涯的第1个冠军，半决赛和决赛连续倒在他手下的是2位世界前第一的罗迪克和休伊特。2006年7月26日，著名网球教练布拉德·吉尔伯特确认出任穆雷的教练。

吉尔伯特曾经是美国网球巨星阿加西和罗迪克的教练，在他的指导下，穆雷迎来了也许是职业生涯最重要的一场比赛——美国辛辛那提。当地时间8月16日，总奖金245万美元的辛辛那提大师赛第二轮，头号种子费德勒以5–7、4–6不敌英国天才少年穆雷，无缘本站大师赛卫冕，穆雷终结了比他大7岁的费德勒北美硬地55场不败的纪录。

当穆雷拿下赛点之后，吉尔伯特在教练席上不停地鼓掌。对于吉尔伯特，穆雷说：“他相信我，我也相信他，我们今天的策略很对头。他坐在我身后的感觉很特别，他的确是世界上最优秀的教练之一。他说我可以赢得大满贯冠军，成为世界第一。”

英国人的复兴网球之梦继续着。但愿能在不远的将来，美梦成真！

○ 振兴英国网球的旗手——安迪·穆雷

安迪·穆雷，1987年5月出生于英国苏格兰邓布兰。3岁的时候，安迪·穆雷开始打网球。母亲朱迪是前苏格兰国家队教练，父亲威廉姆是一位区域销售经理。1996年，9岁的穆雷就读于邓布兰小学。那年，他所在的邓布兰小城发生了"邓布兰惨案"。那次校园枪击事件，凶手汉密尔顿带了4把手枪在学校体育馆射杀了16名学生和1名老师后饮弹自尽。事发时穆雷所在班级正等待进入体育馆，老师指挥孩子们躲在课桌下，逃过一劫。而此前凶手汉密尔顿曾经与他同坐过母亲驾驶的汽车，这无疑给他幼小的心灵留下了不可忽略的阴影。

虽然当时穆雷对发生在身边的惨案还没有清晰的概念，但心理专家说，穆雷长大后常常"关键时刻掉链子"，可能就是儿时留下的恐惧在作祟。

10岁那年，穆雷的父母离异，两个孩子此后成为单亲家庭的孩子。

出道以后，穆雷很少提及这些童年的经历，但不可否认的是曾经受过的伤害已经深深烙印在他的性格里了，他情绪化、呆板却又充满孩子气的性格曾为他招来各种留言和指责，甚至有人会说他是一个完全没有人格魅力的无趣的"僵尸"。"当他赢球时，他便是英国球员；当他输球时，他只是苏格兰球员。"这句无心之言，玩笑之语，几乎成为英格兰人民口诛笔伐的对象，也道出了穆雷身份的尴尬。

12岁的时候，穆雷就将青少年网球赛事"橘子碗"的冠军收入囊中。15岁的时候，穆雷拒绝了苏格兰格拉斯哥流浪者足球俱乐部希望他加入青训营的邀请，最终选择网球事业。从15岁起，他就在巴塞罗那参加训练。

2003年7月，穆雷开始参加挑战赛和未来赛。在格拉斯哥拿到首个未来赛的冠军（击败达西斯）。2004年，赢得美国公开赛青少年组冠军。2005年，正式转入职业。2006年2月，在圣何塞拿到了个人第一个ATP巡回赛冠军。2008年，在美国网球公开赛第一次打入大满贯决赛。2009年8月17日，世界排名升到世界第二。

其实，穆雷的技术在当今男子网坛绝对堪称一流，只是性格上的原因让他始终显得过于保守。从2005年至2011年，穆雷共参加7次温网，3次打入半决赛，3次未能进入决赛。

转折发生在2012年。年初穆雷聘请了网坛名宿、前世界第一伦德尔为教练。伦德尔让他增加正手进攻的穿透力，提升了回球深度和压迫性，迅速让穆雷发生蜕变。

伦德尔曾连续157周登上世界第一的宝座，获得过8个大满贯冠军，在四大满贯中皆2次或2次以上获得过男单金牌，实力水平令人侧目。伦德尔与穆雷在大满贯的经历上有很多相似之处，伦德尔连续4次在大满贯决赛中失利，直到1984年才在法网决赛中击败麦肯罗夺冠。如今穆雷也是在4次大满贯决赛失利，正处于艰难之中。捷克教头伦德尔不仅迅速让穆雷在技术上发生蜕变，而且使其在心理上发生了巨大改变，他用自己的亲身经历告诉英国人没有什么了不起，只要不放弃就终有一天会拿到大满贯赛的冠军。

这一年的温布尔登网球锦标赛，穆雷于半决赛以6–4、6–4、3–6、7–5击败法国选手特松加，首度晋身决赛，也成为74年以来首位打进温网决赛的英国选手，在决赛中1∶3负费德勒。随后穆雷在美网中过关斩将晋级决赛，在决赛中击败德约科维奇，获得个人职业生涯的首个大满贯冠军，成为继1936年以来首位夺大满贯的英国选手。

之后穆雷以网球男单唯一的英国代表身份参加奥运会。穆雷于首轮淘汰瓦林卡，半决赛以两个7–5击败德约科维奇，决赛面对瑞士选手费德勒，最终以6–2、6–1、6–4击败对手赢得2012年伦敦奥运会网球男子单打金牌。

2013年穆雷在温网决赛以3∶0力克德约科维奇，成为1936年来继弗雷德·佩里夺冠之后第1位拿下温网冠军的英国本土选手。穆雷终于圆了自己的梦，圆了英国复兴网球的梦。比赛结束后包括ATP官网、温网官网、美联社、法新社和路透社在内的多家外国媒体都对本场比赛进行了点评，在他们看来，穆雷夺冠无疑创造了英国体育的新历史，而ATP官网也爆料其收到了来自伊丽莎白二世女王的祝贺信息。英国威廉王子授予穆雷大英帝国勋章荣誉。

随着穆雷成绩的逐步提高，他在比赛中也越来越显得成熟稳重，以往稍有不顺就在场上咆哮摔拍的举动，如今已鲜有出现。心理素质也不再成为评论家批评他的重点。后来不仅仅他成为世界第一，他的哥哥杰米·穆雷与布鲁诺·索阿雷斯则是男子双打组合世界第一。坐拥2个世界第一儿子，作为母亲，朱迪也成为网坛的一个传奇。

穆雷有着出色的身体素质和技术条件，然而遇到德约科维奇后，他就再也难以摆脱“千年老二”的尴尬，5次闯进澳网决赛，却5次蝉联亚军，这可能是历史上第一个也是唯一的一个纪录。2016年温网之前，穆雷职业生涯10次打入大满贯决赛，仅仅收入了2座大满贯奖杯。

阿加西曾评价穆雷是“折磨型的完美主义者”，他有缺点，不完美，但他从来没有停下追求完美的脚步。

2016年，是穆雷真正证明自己的一年。在伦敦举行的ATP年终总决赛上，他战胜德约科维奇，穆雷首夺ATP年终总决赛冠军，也锁定了年终第一的排名。后半赛季大爆发，连胜24场，连夺5个冠军；整个赛季入账九冠，其中包括重夺温网冠军和卫冕奥运会男单冠军。已经被德约科维奇垄断了很久的男子网坛，在2016年下半年成为了穆雷的天下。大家都在感叹着，网坛在经历了费德勒、纳达尔、德约科维奇三巨头垄断的时代之后，已经听到了“雷声滚滚”。

穆雷在本赛季表现有目共睹，不仅再夺温网冠军，收获里约奥运会金牌，在赛季收官阶段表现完美，最终赢得年终总决赛冠军，登上年终世界第一宝座。所以，他也成为BBC年度人物大奖的头号热门，如果获奖将是穆雷第3次获此殊荣，他也将超越2次获奖的曼塞尔、达蒙·希尔成为历史上第一位三获殊荣的运动员。虽然他已经表示为了参加父亲的婚礼而不会参加颁奖礼，但是这不妨碍他成为目前英国体坛的头号人物。

曾经的他因身为苏格兰人，发表关于英格兰的政治言论而在英国成为全民公敌，但近几年，无论是奥运会金牌，2个大满贯冠军还是戴维斯杯，他的每一次夺冠时刻都成为整个英国的荣誉时刻，他是当之无愧的国家英雄。

○ 现代温布尔顿的英雄——费德勒

罗杰·费德勒1981年8月出生于瑞士巴塞尔。费德勒3岁时，跟随着父母到网球俱乐部，第一次接触到网球。8岁时，开始在家里附近的老男孩网球俱乐部（红土球场）打球。在求学期间，费德勒同时参加了网球和足球两项运动，两方面都表现非常好，但到了11—12岁时，不得不从中选择一样，他选择了网球。14岁时，费德勒进入瑞士国家网球中心接受训练。然而，为了能够更专心于网球，16岁（1997年）时，费德勒决定结束学校生涯。

1998年，费德勒拿下了温布尔登网球锦标赛青少年组的单打冠军和男子双打冠军。在美国网球公开赛青少年组中进入决赛。在迈阿密的橙碗中，打败阿根廷的哥里亚拿下冠军，以青少年组年终世界排名第一结束球季。

1998年7月，费德勒转为职业网球运动员，不久便跻身世界排名前100名，并于2001年温布尔顿中击败20世纪90年代雄霸男子网坛的前任球王桑普拉斯。

2003年，费德勒夺得了温布尔顿网球锦标赛男单冠军，并在2004年首次排名世界第一。

2004年，这位23岁的大师杯卫冕冠军刚刚度过了他个人职业生涯成绩最好的一个赛季，以11项冠军头衔，其中包括3项大满贯、3项大师系列赛和网球大师杯的桂冠，在男子职业网坛中傲视群雄。

2005年，费德勒的战绩是81胜4负，这个成绩仅次于麦肯罗单赛季创造的82胜3负的成绩。这一年费德勒拿到了11个单打冠军头衔，其中有2个大满贯冠军、4个大师系列赛冠军，成绩十分骄人，这一成绩也让他连续两年成为世界第一的选手。

2006年，费德勒在所参加的17项赛事中，16次杀入决赛，夺得12个冠军，其中3个为大满贯冠军，总战绩达到92胜5负，远远超过麦肯罗创造的单赛季82胜3负的成绩。在年终大师杯决赛以3：0完胜美国名将布雷克夺得本年度个人第12冠，其个人职业生涯达到巅峰。

2008年以后，状态下滑，加之单核细胞增多症的影响，费德勒的战绩变为66胜15负，总共只获得4个单打冠军，世界第一王座也于2008年8月18日易主纳达尔。自2003年以来首次全年无缘大师系列赛冠军，也是自2002年以来首次在年终大师杯小组赛遭淘汰。澳网止步四强，法温屈居亚军，但仍获得了美网冠军，成就美网五连冠的辉煌，并且与瑞士同胞瓦林卡夺得北京奥运会网球男子双打桂冠。

2009年法国网球公开赛，费德勒职业生涯首次在罗兰·加洛斯捧起象征冠军至高荣誉的火枪手杯。自此，费德勒在6年时间中先后捧起14座大满贯桂冠，追平此前由老球王桑普拉斯独自保持的夺冠纪录，成为网球运动历史中仅有的第6位独揽全部四大满贯赛男单桂冠的选手之一。

2009年温布尔顿网球锦标赛，费德勒在决胜盘16–14拿下关键盘，最终以3：2战胜罗迪克夺得温网冠军，以15个大满贯头衔超越桑普拉斯晋升为网坛第一人。

2010年澳大利亚网球公开赛，费德勒击败穆雷，赢得个人第16座大满贯冠军。接下来的连续3项大满贯赛却意外未能进入决赛，也终止从2004年法网以来连续23次进入大满贯半决赛的纪录。温网卫冕失败，终止他连续七年进入温网决赛的纪录。在美网失利终止他连续六年进入美网决赛的纪录。年终，世界巡回赛总决赛进入决赛后，击败拉斐尔·纳达尔，拿下第5座年终赛冠军。

2011年，是费德勒自2002年以来整年没有拿下任何一座大满贯赛冠军的一年，但在季末打出一波17连胜，并拿下破纪录的第6座年终赛冠军。温网在四分之一决赛时负于特松加，美网进入半决赛，负于德约科维奇。年终，世界巡回赛总决赛进入决赛后，击败特松加。

2012年温布尔顿网球锦标赛，费德勒第三轮经历五盘大战，先落后后反追击败法国选手贝内特乌。半决赛遭遇时任世界第一德约科维奇，费德勒击败对手，创历史的8次进入温网决赛。决赛击败英国选手穆雷，第7次夺得温网男单冠军，追平桑普拉斯的7次夺冠纪录。此外，费德勒积分以75分微弱差距超越卫冕失败的德约科维奇，在决赛后的星期一第三次登顶世界排名第一，将其排名第一总周数超越桑普拉斯的286周的纪录。同时，费德勒还刷新了自己保持的最高大满贯冠军数目（17个）。

2013年，费德勒受到年龄和伤病的双重困扰，全年只夺得1座单打赛事冠军（哈雷），多项纪录在这一年被终结，直到赛季末才呈现复苏态势。

2014年10月12日，ATP1000大师系列赛上海劳力士大师赛费德勒力克法国名将西蒙，首次赢得上海大师赛冠军，这是他的第23个大师赛冠军，也是他职业生涯的第81冠。2014年和2015年温网均获得亚军。

2016年6月末，费德勒卷土重来，在温网1/4决赛中，费德勒在先失两盘的情况下，第四盘挽救了3个赛点，最终连扳三盘逆转克罗地亚选手西里奇，晋级四强。本场胜利后，费德勒第11次闯入温网半决赛，收获第84场温网胜利，追平了美国名宿康纳斯保持的纪录。同时，费德勒也成为历史上大满贯赛事获胜场次最多的球员，达到了307场，超过了由女子网坛纳芙拉蒂洛娃之前保持的纪录。在半决赛中再次遭遇五盘苦战，费德勒以2∶3不敌6号种子加拿大选手拉奥尼奇，职业生涯首次在温网止步四强。7月27日，费德勒宣布因为膝伤退出里约奥运会，同时退出2016年度余下的所有赛事。

2017温网决赛费德勒3∶0击败西里奇，获得个人第8个温网冠军，超越桑普拉斯成为历史上夺取温网冠军最多的球手，个人进账第19个大满贯冠军。

温网对费德勒的意义，毫无疑问是所有赛事中分量最重的。费德勒11次打进温网决赛，前10次就有7次夺冠，毫无疑问是桑普拉斯之后的草地之王。不过2016年的温网，对费德勒而言稍显苦涩。在经过一场五盘大战击败西里奇后，费德勒的体能和精力严重消耗，半决赛再次五盘大战不敌拉奥尼奇。而战胜西里奇的比赛，竟然成为2016年费德勒的最后一场胜利，温网结束后他就宣布退出本赛季。

35岁的年纪，离开男子网坛半年之久，费德勒重回赛场，竟然越战越勇，在2017年不断创造奇迹。年初的澳网，费德勒打了三场五盘大战，对于一个“高龄”球手而言，这无疑是对体能和身体状况极大的考验，但当他挑落锦织圭，半决赛力克同胞瓦林卡，又在决赛中击溃老对手纳达尔时，简直令人怀疑他是不是真的已经35岁了。

接着，费德勒在北美硬地赛场上连夺印第安维尔斯和迈阿密大师赛冠军，赛季开局近乎完美。不久，他根据自己身体状况的评估，果断放弃对身体损耗极大的红土赛，在纳达尔横扫红土场地时，“瑞士天王”在休养生息，将目标瞄准在草场赛。哈雷赛第9次夺冠，对费德勒来说只是一道小小的开胃菜，来到温网，“瑞士天王”找回了熟悉的节奏，竟然一路赢到底且不丢一盘，迪米特洛夫、拉奥尼奇和伯蒂奇，全部被轻松斩落马下，决赛又3∶0拿下去年曾经险些将自己拉下马的西里奇，第8次捧起温网冠军奖杯。

在2012年，费德勒拿到温网第7冠和第17个大满贯冠军后，所有人都认为当时31岁的他，很难再继续增添大满贯荣誉，毕竟随着德约科维奇、穆雷等优秀选手先后进入巅峰期，年龄上毫无优势的费德勒，似乎已经走到了职业生涯的末段。每当被问起何时才能夺取第18个大满贯冠军时，费德勒都显得有些无可奈何，但没想到35岁的他，却上演王者归来的好戏。

整个2017年赛季，费德勒打了7项赛事，除了迪拜赛和斯图加特赛分别止步第二轮和首轮后，其余五项赛事竟然全部夺冠，其中包括2个大满贯和3个大师赛，总战绩31胜2负，表现已经不能用完美来形容。拿到温网第8个冠军后，费德勒也将此前同为7次赛会冠军得主的桑普拉斯甩在身后，成为历史上第一的草地之王。

网球的魅力就是随着时间的流逝，一个又一个传奇人物不断出现，使各个纪录一个又一个地被突破，让人眼花缭乱。费德勒仿佛就是为温网而生，但温网不是只有费德勒，公开赛以来，还有传奇人物。比如温网传奇球员博格，温网的五连冠和41连胜，都让他跻身最伟大的温网冠军行列。继博格之后的桑普拉斯，虽然没能打破博格的五连冠，但他的七个温网冠军曾经也是温网的最高纪录。

人们总会比较，公开赛以来，究竟谁才是真正的草地之王？只要对几位球王做对比分析，就不难得出结论。

费德勒以8个温网冠军数量排在温网冠军数的第一位，桑普拉斯以7个冠军的数量排在第二位，博格则以5个冠军紧随其后。这三人是公开赛以后目前为止温网冠军数量超过五个的选手。桑普拉斯的七冠是一个三连冠和一个四连冠两段完成的，而博格是一个五连冠完成的，费德勒是在一个五连冠后又拿了三个冠军。费德勒的冠军代表着：一个是追上了博格的五连冠，另一个是拿到八冠独享冠军数第一，这是费德勒今年拿下温网冠军的意义所在。

在连续获胜的场数上，博格以41场连胜排第一，费德勒以一场只差排第二，桑普拉斯排第三。但费德勒的温网总胜场以91场胜利排在第一。

随着费德勒逐渐进入职业生涯末期，在温网的表现也不如当年，但老夫聊发少年狂，费德勒以35岁的高龄不但打入决赛，而且拿到冠军，这真的是前无古人。费德勒的11次打入温网决赛拿到8个冠军。桑普拉斯是七进决赛，7次夺冠，夺冠效率百分百。博格是在夺得五连冠后，曾再次打入决赛，也就是那年，博格选择了退役，在25岁最辉煌的时候急流勇退，使其的职业年限比费德勒少了至少十年。如果博格再晚退役几年，会不会能给我们带来更大惊喜呢？但历史没有如果。随着草地赛事越来越少，现在球员在草地比赛的场次也越来越少，费德勒在草地赛事中获得十连冠，后来的人追上这个纪录的可能性就很小了。

○ 温网万花筒

全英草地网球和槌球俱乐部是一个私人俱乐部，只有375个正式会员和许多荣誉会员。此俱乐部不向普通人群开放场地。只有购买金卡消费级别的会员可以有限使用外围球场，而中心球场每年只有温网开赛期间才可以使用。每年18.5万英镑的金卡会费，是当今世界最昂贵的网球场地消费之一。

荣誉会员中包括来自不同国家的前锦标赛单打冠军。俱乐部会员中还有每年选举产生的100名临时会员。控制俱乐部正式会员数量的原因是每位会员可购买2张锦标赛每个比赛日的门票，如果会员数增加，那么对外销售的门票的数量势必减少。

第一届锦标赛在1877年举行，只设有男子单打项目。第一个获得冠军的选手是毕业于哈罗德学校的37岁英国人斯宾塞·戈尔，他只用了50分钟就获得了胜利。

第一部比赛规则包括：“运动员必须穿无跟的鞋，还要系领带、戴帽子。”1922年以前，卫冕冠军只是在决赛中接受在预选赛中获胜者的挑战。参加1877年温布尔顿网球锦标赛的22名运动员各交了1几尼（合1.05英镑或1.9美元）的报名费。

第一届锦标赛的赛场没有看台，观众就站在边线旁或坐在马车里。在当年的温网比赛中，选手们都使用下手发球。

获得第一届男子单打冠军的选手得到价值25几尼（合26.25英镑或48美元）的奖励，奖品是由《竞技场》杂志提供的。

1937年，第一次由英国广播公司（BBC）直播比赛。但是直到第二次世界大战后才实现了每天直播。第一次彩色电视直播温网比赛是在1967年。

当今，每届温网在全球范围内有超过5 500小时的报道。2004年的温网约有18亿人观看了比赛。在英国，英国广播公司在为期两周的赛事期间传送的报道约160小时。

英国广播公司境外转播部为温网铺设了66 700米，相当于41英里长的信号电缆。2004年的比赛现场设置了54部摄像机。英国广播公司的直播还采取高空拍摄，将机位升到离地面72米（236英尺）处。

第一届温网决赛的门票价格是1先令（合5便士/9美分），2004年温网决赛的门票价格为73 ~ 79英镑（130 ~ 140美元）。但是，众所周知，经过黑市几次倒手后每张票的价格往往超过1 000英镑（合1 800美元）。

据统计，2001年温网期间消耗掉的食物及饮料总量为：30 000份薯片、22 000片比萨、34 000千克草莓、7 000升奶油、12 000千克三文鱼、12 500瓶香槟、90 000品脱啤酒、250 000瓶水。

温网期间有超过6 000人在为温布尔顿网球锦标赛工作。这些人当中包括由全英草地网球和槌球俱乐部直接招募的几百名志愿者，以及200名球童。

温网纪录

- 1968年以来温网男女单打冠军

年份	男单	女单
1968年	拉沃尔（澳大利亚）	比利·简·金（美国）
1969年	拉沃尔（澳大利亚）	琼斯（澳大利亚）
1970年	纽康姆（澳大利亚）	玛格丽特·史密斯·考特（澳大利亚）
1971年	纽康姆（澳大利亚）	古拉贡（澳大利亚）
1972年	史密斯（美国）	比利·简·金（美国）
1973年	科德斯（前捷克斯洛伐克）	比利·简·金（美国）
1974年	康纳斯（美国）	埃弗特（美国）
1975年	阿什（美国）	比利·简·金（美国）
1976年	博格（瑞典）	埃费特（美国）
1977年	博格（瑞典）	维德（英国）
1978年	博格（瑞典）	纳芙拉蒂洛娃（美国）

年份	男单	女单
1979年	比约·博格（瑞典）	纳芙拉蒂洛娃（美国）
1980年	比约·博格（瑞典）	考利（澳大利亚）
1981年	麦肯罗（美国）	埃弗特（美国）
1982年	康纳斯（美国）	纳芙拉蒂洛娃（美国）
1983年	麦肯罗（美国）	纳芙拉蒂洛娃（美国）
1984年	麦肯罗（美国）	纳芙拉蒂洛娃（美国）
1985年	贝克尔（德国）	纳芙拉蒂洛娃（美国）
1986年	贝克尔（德国）	纳芙拉蒂洛娃（美国）
1987年	卡什（澳大利亚）	纳芙拉蒂洛娃（美国）
1988年	埃德伯格（瑞典）	格拉芙（德国）
1989年	贝克尔（德国）	格拉芙（德国）
1990年	埃德伯格（瑞典）	纳芙拉蒂洛娃（美国）
1991年	斯蒂希（德国）	格拉芙（德国）
1992年	阿加西（美国）	格拉芙（德国）
1993年	桑普拉斯（美国）	格拉芙（德国）
1994年	桑普拉斯（美国）	格拉芙（德国）
1995年	桑普拉斯（美国）	格拉芙（德国）
1996年	克拉吉塞克（荷兰）	格拉芙（德国）
1997年	桑普拉斯（美国）	辛吉斯（瑞士）
1998年	桑普拉斯（美国）	诺沃特娜（捷克）
1999年	桑普拉斯（美国）	达文波特（美国）
2000年	桑普拉斯（美国）	维纳斯·威廉姆斯（美国）
2001年	伊万尼塞维奇（克罗地亚）	维纳斯·威廉姆斯（美国）
2002年	休伊特（澳大利亚）	塞雷娜·威廉姆斯（美国）
2003年	费德勒（瑞士）	塞雷娜·威廉姆斯（美国）
2004年	费德勒（瑞士）	莎拉波娃（俄罗斯）
2005年	费德勒（瑞士）	维纳斯·威廉姆斯（美国）
2006年	费德勒（瑞士）	毛瑞斯莫（法国）
2007年	费德勒（瑞士）	维纳斯·威廉姆斯（美国）
2008年	纳达尔（西班牙）	维纳斯·威廉姆斯（美国）
2009年	费德勒（瑞士）	塞雷娜·威廉姆斯（美国）
2010年	纳达尔（西班牙）	塞雷娜·威廉姆斯（美国）
2011年	德约科维奇（塞尔维亚）	科维托娃（捷克）
2012年	费德勒（瑞士）	塞雷娜·威廉姆斯（美国）
2013年	穆雷（英国）	巴托丽（法国）
2014年	德约科维奇（塞尔维亚）	科维托娃（捷克）
2015年	德约科维奇（塞尔维亚）	塞雷娜·威廉姆斯（美国）

续表

年份	男单	女单
2016年	穆雷（英国）	塞雷娜·威廉姆斯（美国）
2017年	费德勒（瑞士）	穆古拉扎（西班牙）

- 1973年以来温网青少年冠军名录

年份	男子	女子
1973年	比利·马丁（美国）	安妮·奇约穆拉（美国）
1974年	比利·马丁（美国）	未玛·赛索维克（南斯拉夫）
1975年	克里斯·路易斯（澳大利亚）	娜塔莎·切未瑞娃（苏苏联）
1976年	亨兹·甘萨特（瑞士）	娜塔莎·切未瑞娃（苏苏联）
1977年	范·维尼茨基（美国）	黎·安东诺波利斯（美国）
1978年	伊万·伦德尔（捷克）	特蕾西·奥斯汀（美国）
1979年	拉来什·克里斯南（印度）	玛两·卢·皮亚泰克（美国）
1980年	塞利·图拉斯纳（法国）	黛化·福里曼（澳大利亚）
1981年	马特·安塔（美国）	克娜·加里森（美国）
1982年	帕特·卡什（澳大利亚）	凯瑟琳·坦维尔（法国）
1983年	斯蒂芬·埃德博格（瑞典）	帕斯卡尔·帕诺迪斯（法国）
1984年	马克·克莱兹曼（澳大利亚）	安娜贝尔·克罗夫特（美国）
1985年	莱昂纳多·拉瓦尔（墨西哥）	安德里西·霍莉科娃（捷克）
1986年	埃德瓦尔多·瓦雷兹（墨西哥）	纳塔莉亚·兹维瑞娃（苏苏联）
1987年	迭戈·纳克索（意大利）	纳塔莉亚·兹维瑞娃（苏苏联）
1988年	尼克拉·佩拉（委内瑞拉）	布伦达·舒尔茨（荷兰）
1989年	尼古拉斯·卡尔蒂（瑞典）	安德里亚·斯托内多娃（捷克）
1990年	林德·派尔斯（印度）	安德里亚·斯托内多娃（捷克）
1991年	托马斯·恩奎斯特（瑞典）	芭芭拉·瑞特纳（德国）
1992年	大卫·斯柯奇（捷克）	尚达·鲁宾（美国）
1993年	拉兹万·萨伯（罗马尼亚）	南希·凡博（比利时）
1994年	斯科特·汉姆福瑞斯（美国）	辛吉斯（瑞士）
1995年	奥利弗·缪迪斯（法国）	亚历山德拉·奥斯机（波兰）
1996年	弗拉·未尔·沃特什科夫（俄罗斯）	毛瑞斯莫（法国）
1997年	韦斯利·怀特豪斯（南非）	卡拉·布莱克（津巴布韦）
1998年	费德勒（瑞士）	卡塔琳娜·斯雷博特尼克（斯洛文尼亚）
1999年	于尔报·梅尔泽（奥地利）	艾罗达·图里西戈诺娃（乌兹别克）
2000年	尼古拉·马胡特（法国）	马丽亚·艾米莉娅·赛勒尼（阿根廷）
2001年	罗曼·瓦伦特（瑞士）	安吉莉卡·维德娅娅（印度）
2002年	托德·雷德（澳大利亚）	维拉·杜舍维娜（俄罗斯）
2003年	福洛林·摩吉（罗马尼亚）	柯尔斯顿·弗里普肯斯（比利时）
2004年	盖尔·孟斐尔斯（法国）	卡特琳娜·邦达连科（乌克兰）

续表

年份	男子	女子
2005年	杰瑞末·查迪（法国）	A.拉德万斯卡（波兰）
2006年	蒂耶莫·德贝尔（荷兰）	卡罗琳·沃兹尼亚基（丹麦）
2007年	唐纳德·扬（美国）	A.拉德万斯卡（波兰）
2008年	迪米特洛夫（保加利亚）	罗布森（英国）
2009年	库兹涅佐夫（俄罗斯）	莱特基娃卡伦（泰国）
2010年	法索维克斯（匈牙利）	克·普利斯科娃（捷克）
2011年	塞维尔（澳大利亚）	巴蒂（澳大利亚）
2012年	佩里沃（加拿大）	布沙尔（加拿大）
2013年	奎尼兹（意大利）	本西奇（瑞士）
2014年	鲁宾（美国）	奥斯塔彭科（拉脱维亚）
2015年	奥佩卡尔（美国）	如克（俄罗斯）
2016年	沙波瓦洛尔（加拿大）	博塔波娃（俄罗斯）
2017年	达维多维奇（西班牙）	刘婧文（美国）

■ 历史上耗时最长的男单赛事：2010年温网首轮美国人伊斯内尔对阵法国人马胡特的比赛中产生，历经三天鏖战，耗时11小时5分钟，23号种子伊斯内尔最终在自己的第5个赛点上赢下比赛，最终比分为6–4、3–6、6^7–7、7–6^3、70–68，这场比赛成为温网历史之最的同时，也成为网球历史上耗时最长的比赛。

● 温网历史夺冠纪录

总冠军数量最多的男子球员	多赫蒂（英国）	13次
总冠军数量最多的女子球员	比利·简·金，纳芙拉蒂洛娃（美国）	20次
单打冠军数量最多的男子球员	瑞恩索尔（英国），费德勒（瑞士）	8次
单打冠军数量最多的女子球员	纳芙拉蒂洛娃（美国）	9次
蝉联冠军数量最多的男子球员	瑞恩索尔（英国）	6次
蝉联冠军数量最多的女子球员	纳芙拉蒂洛娃(美国)	6次
双打冠军数量最多的男子球员	伍德·布里奇（澳大利亚）	9次
双打冠军数量最多的女子球员	瑞恩（美国）	12次
公开赛年代以来夺冠最多的国家（男子）	美国	15次
公开赛年代以来夺冠最多的国家（女子）	美国	27次

● 夺冠排名

夺冠次数排名（男子单打）		
姓名	次数	年份
费德勒	8次	2003年，2004年，2005年，2006年，2007年，2009年，2012年，2017年
桑普拉斯	7次	1993年，1994年，1995年，1997年，1998年，1999年，2000年

续表

姓名	次数	年份
比约·博格	5次	1976年，1977年，1978年，1979年，1980年
麦肯罗	3次	1981年，1983年，1984年
贝克尔	3次	1985年，1986年，1989年
夺冠次数排名（女子单打）		
姓名	次数	年份
纳芙拉蒂洛娃	9次	1978年，1979年，1982年，1983年，1984年，1985年，1986年，1987年，1990年
格拉芙	7次	1988年，1989年，1991年，1992年，1993年，1995年，1996年
塞雷娜·威廉姆斯	7次	2002年，2003年，2009年，2010年，2012年，2015年，2016年
维纳斯·威廉姆斯	5次	2000年，2001年，2005年，2007年，2008年
比利·简·金	4次	1968年，1972年，1973年，1975年
埃弗特	3次	1974年，1976年，1981年
巴托丽	1次	2013年
科维托娃	1次	2014年
穆古拉扎	1次	2017年

■ 连续夺得温网冠军最多的男选手：威廉·雷恩修（英国），6次（1881—1886年）

■ 连续夺得温网冠军最多的女选手：玛蒂娜·纳芙娜蒂洛娃（美国），6次（1982—1987）

■ 同一年包揽3项冠军的男选手：唐纳德·布奇（美国）（1937年、1938年），R.L.瑞格斯（美国）（1939年），F.A.西德格曼（澳大利亚）（1952年）

■ 同一年包揽3项冠军的女选手：苏珊妮·朗格朗（法国）（1920年、1922年、1925年），A.玛布尔（美国）（1939年），A.L.布劳（美国）（1948年、1950年），D.J.哈特（美国）（1951年），比莉·琼·金（美国）（1967年、1973年）

■ 获得男单冠军最多的国家：美国，33次

■ 获得女单冠军最多的国家：美国，47次

■ 比赛场次最多的男选手：杰恩·博拉特拉（法国），223场（1922—1939年，1948—1964年）

■ 比赛次数最多的女选手：玛蒂娜·纳芙拉蒂洛娃（美国），184场（1973—2000年）

■ 用时最短的男单决赛：37分钟（1881年），威廉·雷恩修（英国）VSJ·T.哈雷利（英国）

■ 用时最短的女单决赛：23分钟（1922年），苏珊妮·朗格朗（法国）VSI.马罗瑞（美国）

■ 用时最长的男单决赛：256分钟（1982年），吉米·康纳斯（美国）VS约翰·麦肯罗（美国）

■ 用时最长的女单决赛：148分钟（1970年），马格丽特·斯密斯·考特（澳大利亚）VS比莉·琼·金（美国）

■ 锦标赛观众最高纪录：2001年，观众总计490 081人

■ 每个比赛日的观众纪录：2002年周三观众总计42 457人

■ 最高奖金纪录：2017年，3 160万英镑，其中男女各1 580万英镑

第二节　自由不羁的美网

美网历史足迹

位于北美的纽约州是第11个加入美利坚独立的州。面临大西洋，拥有8 000多个湖泊和9条大河的全美第二大州在历史上被称为“帝国州”。自由女神像坐落于此，象征着纽约是美国领土上最显示自由的地方。

美网标

法拉盛的盛会

由于纽约所处哈德逊深水航道口岸，纽约港成为远洋轮船接驳至大湖区的水路转运中心。从1609年亨利·哈德逊探险开始，至1644年英国殖民者占据了纽约直至1788年，纽约一直与英国保持着贸易和商业往来。在此期间，各种欧洲的“舶来品”充斥纽约，其中就包括上层社会最为流行的网球运动。这个源自英国和欧洲的运动项目从登陆北美大陆始，就成为纽约人的最爱。当然，纽约人保留下克雷克堡、斯凯勒宅邸、古荷兰教堂、圣彼得大教堂等荷兰式、乔治式及法国哥特式的美丽古典建筑时，也把网球运动的精华留在了纽约。

1881年，纽约人在欧洲的温布尔顿和巴黎之后，为美国网球公开赛中心场地举行了隆重的奠基礼。在这片称为Forest Hill高地上建造了13片绿草如茵的网球场，由此，称为“Us Open”的网球赛在北美扎下根来。

首届美国网球锦标赛男单比赛于1881年8月在新港（Newport）举行。只有隶属于美国国家草地联合会的俱乐部成员才能获得参赛权。之后的34年间，赛事举办地新港成为美国的网球中心。

1900年，男子双打项目被增加进该项赛事，比赛规则也十分有趣，是由全国各分区的胜者交战，以决定谁有资格挑战上届冠军。这一赛制一直延续到1919年。直到1993年，男双的比赛才有了一些小变化：由原来的五盘三胜制压缩至三盘两胜制。

1887年，也就是男单比赛开战6年之后，首届女单比赛在费城一家板球俱乐部拉开了序幕。两年后，女双比赛加入了这个大家庭。1892年，混双比赛又正式登场亮相。赛事初期，所有的单项比赛都经历了“四处流浪”的曲折，它们总共在9个不同的地方安过家，即便是相比之下最稳定的女单比赛，也转移过3个阵地。

1968年，美网翻开了新的一页：美国网球锦标赛正式更名为美国网球公开赛，5个单项的比赛向全世界的网球选手打开大门。那一年，共有96名男选手和63名女选手一起角逐10万美元的总奖金，地点在纽约西海岸网球俱乐部的红土球场。从此美网告别了草场。

1978年，美网从Forest Hill移至法拉盛，地址的变迁其实意味着赛事性质的转变——从私人俱乐部到公共网球中心，美网的公开赛时代已然来临。同时，由土地场改成硬地场。至此，美网成为唯一曾经在三种场地进行过的公开赛。

20世纪90年代，美国网协（USTA）斥资2.3亿美元在位于纽约东部毗邻大都会棒球俱乐部处建造新的国家网球中心球场。1997年，拥有23 157个座位的阿瑟·阿什中心球场（纽约人认为它是“世界上最好的网球场”）投入使用，此时国家网球中心的面积已增加到46.5英亩，场地也从25个增加到45个。

在2005年，美国公开赛和所有的美国公开赛系列赛的球场都采用蓝色内场和绿色外场以显示同一性，并为了更容易看清楚球。这项改变使得球员和观众都有了各式各样的反应。很多球员说，蓝色的场地并不能使球看得更清晰。2016年起，斥资1.5亿美元、面积为270 400平方英尺（约合25 120平方米）的阿瑟·阿什球场顶棚将正式投入使用，从而能确保美网的中央球场赛事不会再因为下雨而无法进行。当下雨的时候，顶棚只需要不到6分钟就能完全闭合，而制冷系统会立刻启动，保证场内保持合适的温度和湿度。2018年，阿姆斯特朗球场将会完成改造并投入使用。

2007年，美网的抽签仪式第一次在帝国大厦举行。2008年，美网40周年庆典，历届美网冠军齐聚纽约。2013年美网，总观众人数达到了713 026人；2014年美网，总观众人数达到了713 642人；2015年美网，总观众人数为691 280人。

2013年美网，赛事的总奖金为3 430万美元，比去年增长了35%，其中男女单打冠军分别拿走260万美元，相比上年的190万美元增加了70万美元。单打亚军将得到130万美元。2014年美网，男女单打冠军每人获得300万美元，亚军145万美元。2015年美网奖金分配，总奖金达到4 300万美元，而男女单打冠军也在2014年300万美元的基础上再涨30万，达到330万美元。

2017年美网总奖金达5 040万美元，比2016年增加了9%。男女单打冠军各获370万美元，比2016年增长了7.5%，均达到历史最高水平。

美网网协首席执行官阿拉斯特透露，2017年美网将试行一些新改革：使用带时钟的记分牌防止选手在发球时超时，允许教练做场边指导等，当然这一切都是在资格赛试行。

美网英雄谱

1881—1887年，前美国公开赛就一直被里查德·汉米尔顿所垄断，这是美网历史上最长的连冠纪录。接着在1901—1911年中，威廉姆斯·朗德拿到7次美网单打冠军。

1920—1929年，比尔·蒂尔顿先后夺得美网16项冠军，包括7次男单、5次男双和4次混双，基本统治了美国的男子项目。

20世纪三四十年代则是唐·布奇的天下。他在1935年首夺美网双打冠军后，于1936年在美网夺得男单、男双、混双3项冠军。1937年，他一口气夺下包括美网在内的4个大满贯，成为历史上第一个一年内的“全满贯”王。1946—1953年，他从部队转业后，竟然又4次进入美网决赛，尽管4次均告失利，获得亚军，但已足够成为美网的英雄。

六七十年代，美网中出色的选手当属黑人选手阿瑟·阿什。1967年，阿瑟·阿什获美国红土场冠军；1968年，成为美网第一个黑人冠军；1971年、1972年又分别获美网单打亚军和双打冠军。

70年代末至80年代初，是美国网球的黄金年代，麦肯罗和康纳斯包揽了美网连续七年的男单冠军，而伦德尔在1985—1987年连续三年夺冠，也成为美网历史上唯一一位在草地、红土和室外硬地三种不同的场地上都夺得冠军的人。

在美网女子方面，1887年，艾伦夺得首轮美网冠军。1915—1918年，玛罗丽连续四年夺得美网女单冠军。而从1923—1938年则由海伦·威尔斯统治着美网女坛。她前后赢得7次女单冠军。

在20世纪50年代，杜普特共获25个冠军，其中女单3个，女双13个，混双9个。第一位黑人大满贯冠军吉布森，于1958—1959年连夺两届美网冠军。1954年的莫林·康娜利则创造了一年内包揽美网3个冠军的纪录。

20世纪七八十年代，美网基本由本土选手比利·简·金、埃弗特和纳芙拉蒂洛娃统治。在近20年的时间内，纳芙拉蒂洛娃夺得了14次冠军。而比利·简·金、考特、纳芙拉蒂洛娃都是一年内包揽美网三项冠军的选手。

20世纪90年代，美国网球翻开了崭新的一页，桑普拉斯像唐纳德那样，在美网5次捧起了冠军奖杯，而德国网球女皇格拉芙则在威廉姆斯姐妹横空出世之前，也5次夺冠。

2004年起，美国网协开始举办“美网场上冠军”评选活动。这项活动是由美国网协以及美国国家网球中心为表彰那些在美网120多年的历史中，参加美网并获得单打冠军的优秀球员而设立的一个奖项。每年美网的最后一周，美国网协将在阿瑟·阿什体育中心举行仪式，表彰“美网场上冠军”的获得者。

每年的“美网场上冠军”由来自全世界的报纸和广播媒体的记者及全世界的网球迷组成评审团，根据历届美网冠军在比赛中的表现、在球迷中受欢迎的程度以及对该项赛事所作出的贡献，共同进行评选。

为突出“美网场上冠军”奖项的永久性，美国网协将在阿瑟·阿什纪念公园南门外搭造起一个9 000平方英尺的户外大帐篷，此外还将竖起一座纪念雕塑，雕塑上将刻有历届美网单打冠军的姓名以及他们的战绩介绍，每年更新。2004年“美网场上冠军”四位获得者是：

科尔特：曾获得18个在美国举行的赛事冠军，仅次于玛格丽特·奥斯伯恩·杜普特（25个），并5次摘得美网女单冠军（1962年、1965年、1969年、1970年以及1973年），5次获得女双冠军，8次获得混双冠军。1970年，她获得美网婵、女双、混双冠军，成为当年的“三冠王”。

格拉芙：驰骋20世纪八九十年代美网女单赛场，1988年、1989年、1993年、1995年和1996年获得美网女单冠军。1988年夺得冠军时，格拉芙只有19岁，1996年在阿姆斯特朗体育馆获得其职业生涯的最后一个美网冠军。

克雷默：凭借大力发球以及出色的截击技术，克雷默在1946年和1947年获得美网男单冠军头衔，并在之后成为网球运动中最受欢迎的球员。他还曾于1940年、1941年、1943年以及1947年获得男子双打比赛冠军，并于1941年获得混双冠军。

麦肯罗：麦肯罗在家乡纽约是个极受欢迎的球员。他曾于1979年、1980年、1981年以及1984年获得美网男单冠军，并于1979年、1981年、1983年以及1989年获得男子双打冠军。1981年，当麦肯罗战胜比约·博格获得美网男单冠军时，他成为继20世纪20年代的比尔·蒂尔顿之后，第一个连续三年摘得美网男单冠军的球员。

特色

○ 幸福的球迷

人们把纽约称作不夜城。其实在这忙忙碌碌的两个星期里，法拉盛球场才是不夜城。在今天的法拉盛，没有草地，只有球场。黄昏过后，四射的光芒将网球中心的夜晚变成了白昼，而当黎明来临之初，这里的白昼又如夜晚一样令人眼花缭乱。永不疲倦的阿瑟·阿什球场，12个走马灯般多姿多彩的日日夜夜。这时是纽约人最兴奋和热闹的时刻。

从时代广场的电影院售票厅到中央公园的临时球场，从哈林区125街的宽阔地带到开往国家网球中心的7号地铁站沿线，到处都有美网的影子，广告海报、教学辅导、新品试打、球具展示，包括阿加西、塞莱斯、威廉姆斯姐妹、达文波特以及新宠罗迪克在内的球星都会在这些地方频频亮相。

众所周知，法拉盛拥有最狂放最富激情的球迷，因为美网本身就是一项没有规矩、平民味和参与味十足的大满贯赛事。在法拉盛，人们可以在国家网球中心的任何一个地方遇到经过的球员，球迷随时能与偶像打招呼。同样可以肯定的是，美国的观众也是最不专业的球迷，他们的眼光有时会显得狭隘，只知道给本土球员鼓掌，在他们的眼里，好像只有美国选手在比赛。

美网的节日

而美国国内的媒体显然是这股风气的助推者：俄罗斯冠军的照片只在角落的位置，摄像机一个劲地盯着罗迪克或威廉姆斯姐妹，欧洲选手统统成了陪衬，电视台只有在赛事因雨暂停的时刻，才会大发善心重播费德勒的比赛。

网球胡子

球场看台上，热情的球迷、搞怪的球迷、吆喝的球迷比比皆是，让人以为置身在职业橄榄球赛或棒球大联盟的赛场上，那些不习惯如此气氛的欧洲选手也只能入乡随俗。休息或喝饮料的当儿，球迷也会严肃地讨论谁是美国男子网球的希望，但对于欧洲和亚洲的球员，他们大多连名字都叫不出来。

作为曼哈顿精神和文化的保留地，纽约人每年都会来给美网节日捧场。在他们眼里，世界上再也不能有超过美网规模的网球赛事。事实上也的确如此，逐年增高的比赛奖金让任何一名职业选手都不能不动心，而超级星期六和星期日的夜场让每一个热爱网球的纽约人都感到激动不已。每年5月31日开始预售的美网个人套票总是早已售罄，而被迫去买称为“grounds pass”（球场通行证），他们认为价钱的确便宜，但却无法保证能进入阿罗·阿什中心球场。每一届美网都人满为患，因为还用多给小费或须与黄牛党讨价争取到球票。这些都成了美网的特色。

美国的球迷是幸福的。美网的所有一切都是围绕观众进行的。美网的赛场空间巨大，除了可以容纳近30 000人的主赛场是完全开放的以外，外面的空间也很整齐，有很大的空间供观众休息进餐。在比赛间歇，这里坐满了观众，有吃有喝，尽情享受。这里有几个大屏幕可以用来观看正在进行的比赛，使没有买到票的人也不会有太多遗憾。而在饮食方面更是体现出美国人对吃的钟情，各种风格的食品、饮料吸引着人们。

此外，比赛的赞助商所设置的宣传台不断与观众进行各种商业推广活动。比赛纪念品的销售点更是让人纷纷解囊，只是从品种上来说，比温网要略逊一筹。此外，还有几个舞台，每天不同风格的乐队不停地为男女老少球迷表演，也为整个赛场带来了轻松、欢快的气氛。

○ 儿童的乐园

“阿瑟·阿什儿童日”（Arthur Ashe Kids' Day）是由美国网球协会和美国少年网球联盟共同主办，以纪念美国网球名宿阿瑟·阿什的一项公益活动，同时也是每年美国网球公开赛的一个前奏。

参加2005年“阿瑟·阿什儿童日”活动的嘉宾名单中，有美网冠军罗迪克、小威廉姆斯和达文波特，此外美国网协还邀请了来自流行乐坛的歌手杰西·桑德斯作为主持人，带领来自全国各地爱好网球的孩子们和他们的家庭度过愉快美好的一天。

孩子从早上10时至下午5时享受到了网球互动游戏，音乐表演带来的快乐。入场票价为10美元/人，包厢的价格为20美元/人，而游戏环节的费用则全部免费，早到的孩子还有机会得到印有赛会logo的帽子或者T恤衫，还能够占一个好位子，以便和自己的偶像来一次亲密接触。每年的“阿瑟·阿什儿童日”都会有很多孩子和家长一大早来排队，孩子们不但让工作人员在自己的脸上画上图案，甚至还强迫自己的父亲也要粉墨登场。

美网上的杂耍

这是美网2004年的一次活动：在4号和5号场地，麦肯罗、唐纳德·杨、纳达尔指导孩子们进行训练，传授他们最基本的网球技能。10号场地，孟菲斯格、拉奇也和孩子们玩得很开心，每位小朋友都有60秒的时间，看谁能够与他们的偶像在对打中赢得更多的比分。本土老将斯贝迪亚在13号场地和孩子们练习回合球，前世界第一考瑞尔则在11号场地主持超越障碍训练。罗迪克、莫亚、马苏、基弗和扎巴莱塔也趁着活动的空当，在阿姆斯特朗球场、中央球场和8号场地与孩子们进行了训练。在6号场地，孩子们还可以拿罗迪克、小威和阿加西的球拍，尝试一下穿弦。其他的场地同样有风格不同的活动等着孩子们参与。

当著名歌手杰西·麦卡西在阿瑟·阿什球场的表演中率先登场，并演唱了《Because You Live》和《She's No You》后，全场也随之沸腾了。“这是我第一次来美网，我看到了库尔尼科娃，太开心了！”麦卡西说，“阿什儿童日有着良好的传统，很高兴能参与进来。”另外，歌手莱汉娜和The Click Five乐队也来到这里进行了表演。

MTV的V.J.奎杜斯和前游泳运动员桑德斯还主持了一项别开生面的挑战赛，由比利·简·金率领的绿队对阵“美国偶像”评委杰克逊领军的白队。费德勒、纳芙拉蒂洛娃、纳达尔、库尔尼科娃、克里斯特尔斯、小威、罗迪克等都参与了表演，受到孩子们的热情欢迎。

在活动中，孩子们不断喊着“杰西，我爱你”“我们爱The Click Five”“安迪（罗迪克）是国王”等口号，并且让明星们在大网球上签名。无疑，儿童日活动的最大赢家就是这些孩子们。

○ 运用到极致的商业化

被称为美网极端商业的疯狂产物——超级星期六和夜间赛程让许多白天没空的观众有机会亲近大满贯，也使得门票收入立即连跳三级。但球员白天要忍受烈日煎烤，到了晚上则要适应温度突然降低，或者突如其来的强风和飞虫。

门票收入纵然可观，毕竟比不过天文数字的电视转播费用，所以电视台是说话声音最响的那一个。通常大满贯的赛程为女单决赛周六开打，男单决赛周日压轴。但到了美网，女单决赛和男单半决赛都在周六进行，这就是著名的“超级星期六”。出于“收视率第一”的考虑，只有牺牲球员的体力。1996年，美网又搞出了新花样，把女单决赛移至周日，和男单决赛组成“超级星期天”。两年后，在电视台的压力下，“超级星期六”重新上演。好在近几年，这种颇有争议的安排终于销声匿迹。

不过说到底，收视率和比赛本身的精彩程度与球星的支持率密不可分，人为的安排反而弄巧成拙。2004年美网的收视率更是陷入低谷，没有了美国球星的身影，费德勒与休伊特的男单决赛创下了美网男单决赛收视率的最低纪录，女单决赛命运同样如此。看来，即便把女单决赛安排在晚上的黄金时间，还是无法挽救持续下滑的收视率。近年来，最能引起美国观众兴趣的还属2002年男单桑普拉斯和阿加西的巅峰对决。由此估计，如果罗迪克能打进最后的决赛，而且对手是费德勒这样的高手的话，美国网协和电视台老板肯定会笑得合不拢嘴，到时候还怕美国人不同仇敌忾地为自己人鼓劲吗？

2006年网坛掀起了一阵加薪高潮，继法网和温网提高了奖金额后，向来财大气粗的美网也不甘落后，全力发挥美元的魅力。2005年的美网奖金为1 774万美元，2006年比2005年提高至少550万美元，继续领先其他大满贯赛事，单打赛事的总奖金高达1 135万美元，比上一届增长了4.6%，男单和女单冠军都将各获得110万美元的奖金。

而美网系列赛独特的奖金设置也意在吸引更多选手的参与。在系列赛中，男女比赛的总积分前三名将在美网得到一笔额外奖金，排名第一的球员将获得他们在美网所得金额的双倍奖金，这也意味着，如果在“大美网”系列赛中获得最高积分的人同时夺得了美网桂冠，他就能抱走220万美元，而不仅仅是美网赛事冠军奖金的110万美元；而第二、第三的球员则分别可额外获得所得美网奖金的50%和25%，这一比例比2005年翻了一倍。

○ 创新大美网

美国人一向以善于创新著称。

2004年4月20日，当欧洲红土赛季刚刚拉开帷幕时，美国网协在纽约公布了一项宏大的计划，这就是大美网系列赛。

所谓美网系列赛，本质上就是美国网球公开赛前一系列北美硬地赛事。赛场四周随处可见的“US Open Series”标志，这些赛事之间唯一的联系就是积分体系和随之而来的奖金分配方案。在总共10站的“美网系列赛”（男子6站，女子4站）中表现突出的球员不仅仅能得到ATP积分或WTA积分，同时也将得到美网系列赛积分，总积分最高的三名选手在美网系列赛中得到额外奖金。（前面已述）

除了奖金这一杀手锏外，美国网协还花费数百万美元的广告费来推广“大美网”，包括几家主要电视台的广告及《今日美国》《体育画报》《纽约时报》等强势媒体，希望让美国人的眼球能更多关照一下网球。为了统一美网系列赛的标识，美国网协将球场变为深蓝色，而边线和底线外的场地部分仍保持绿色，这一改变为的是能让现场观众和电视机前的观众观赏比赛时看得更清晰。

美网系列赛期间，ESPN、ESP2、CBS、NBC以及网球频道共向美国人轮番轰炸累计215个小时。此外从2005年开始，美网与XM（美国最大的卫星广播公司）携手，在未来三年都会通过其广播频道，为大约400万听众直播美网男女单打半决赛以及决赛，把网球受众从现场观众、电视观众扩大到卫星广播听众。名教头吉尔伯特的话概括了美国网协的种种努力：“球迷人数的多少说明了网球运动在这个国家里的基础如何，这关系着美国网球的未来。”

2005年夏天，美国网协宣布，美网系列赛以及随后进行的美国网球公开赛的所有球场统一变身为品蓝色。“200位球员，10项大赛，200万美元奖金”的口号赫然标记于“大美网”官方网站主页。

这10项赛事包括：ATP奔驰杯赛（洛杉矶）、ATP RCA锦标赛（印第安纳波利斯）、ATP加拿大大师赛（多伦多）、ATP西南财团大师赛（辛辛那提）、ATP莱格马森精英赛（华盛顿特区）、ATP TD水屋杯赛（长岛）、WTA西部银行精英赛（斯坦福）、WTA摩根大通公开赛（洛杉矶）、WTA罗杰斯杯赛（蒙特利尔）、WTA领航笔网球赛（纽黑文）。

美网系列赛能轰轰烈烈地开展，电视转播权的顺利打包出售是首要因素。其中体育传媒巨人ESPN包揽了ATP加拿大、辛辛那提大师赛和WTA加拿大公开赛等7项重要赛事的转播权，NBC、CBS和FOX体育网则分享了另外三项在美国东部举行的小型赛事。根据目前的反馈，美网系列赛第二周WTA洛杉矶站，达文波特对小威廉姆斯的决赛创造了美国本土除大满贯赛和戴维斯杯赛之外的最高收视率纪录，其他比赛收视率也比往年有明显提升，除了球星的号召力之外，应该说美网系列赛整体的包装和推广也是功不可没。

○ 专业的球童

美网的球童是很专业的。不同于其他赛事，其实这里应该叫做拾球员更贴切，因为很多人都已20多岁甚至30岁了。之所以说专业，是因为他们在场上的表现可以用无可挑剔来形容，与主裁的配合更是天衣无缝。很多拾球员与主裁都像是一年见一次的老朋友。

实际上拾球员的工作是很重要的。他们是保证比赛顺利进行的关键因素。他们的专业性可以从他们对于比赛的理解和他们的技术中体现。像罗迪克、费德勒等发球速度快、力量大的选手发出的“ACE”球，也逃不出后面拾球员的手，他们经常单手抓球，有点像是武林高手，一伸手，球已经被牢牢抓住了。

他们对于运动员的举止神情观察得细致入微，什么时候递送毛巾、什么时候给运动员拿水，绝对是恰到好处；他们操作的程序也与其他比赛不同，在运动员换边休息的时候，他们都集中到主裁椅的后面，有为运动员撑伞的，有整理球的，非常随意放松；他们经常会走到司线员面前问是否需要喝水，如需要他们会把水拿过来。

在传球的方式上，他们也不同于其他比赛那样规规矩矩的在地面滚动传球，而是从一边掷向另一边，也许和美国人爱打棒球有关，他们不仅传得远而且还很准。所以经常看见球在空中飞来飞去，拾球员也是蹦来跳去，场上的气氛因此也活跃不少。其实无论怎样，只要能合理地完成工作，就不必循规蹈矩。

○ 移民风景线

在世界主义的风格和原则下，美国网球公开赛亦演变成最早对世界开放的最大的顶级网球赛事。美国网球公开赛是第一个引入职业选手赛制，第一个把比赛对全球开放，第一个突破总奖金百万、千万规模的国际赛事。以最富有、最豪华和最热闹闻名于世的美国网球公开赛成为每年国际网坛一道最丰盛的晚餐。

世界主义的理念从来就是纽约人和美国人的专利，以物质文明达到世界第一的首富之国，也企图在精神文明层面上统领全球。“要做老大”和“想做老大”直至“已做老大”许多年的强国梦在美网赛事中可以得到直观体现，而美国梦想也成为新老移民向往不已的追求目标。

进入20世纪后，移民或者移民后代开始占据美网冠军的位置。这里面最著名的就有荷兰移民的后代比尔·蒂尔顿（1920—1925年六连冠军）和捷克移民伊万·伦德尔（1985—1987年，三连冠）。至于桑普拉斯和阿加西两位球王，前者是希腊移民的后裔（曾5次获得美网冠军），后者则是伊朗移民的后裔（曾2次获得美网冠军）。在女选手方面则以纳芙拉蒂洛娃为代表，她是在1981年从捷克斯洛伐克转入美国的。而南斯拉夫的塞莱斯是1994年去的美国。利泽尔·霍恩是南非的著名选手，2000年出嫁美国。格拉芙在退役后加入美籍则可另当别论。

华彩人物

○ 网球之神——比尔·蒂尔顿

比尔·蒂尔顿，1893年2月生于费城，作为一名球员，他拥有理想的身体素质，身高1.88米，体重70公斤，细长的双腿和宽厚的肩膀，有极佳的速度和灵敏性，有良好的协调性和完美的平衡感。尽管有吸烟的嗜好，他仍然拥有过人的耐力。再加上他对网球近乎天生的感觉和喜爱，仿佛他的每一个细胞都是为网球而存在的。

1912—1930年，蒂尔顿参加了192项巡回赛，138次夺冠，另外还有28次进入决赛。在他退出“业余”球坛时，共取得907胜62负，胜率93.6%的惊人战绩。他是那种无愧于被称作“网球之神”，那种隔一代才能诞生的如拉沃尔、埃默森、博格和桑普拉斯似的人物。1920—1926年是“大比尔”的极盛时期，他在美国所向无敌，在温网两次参赛均摘得桂冠，在戴维斯杯与澳大利亚、法国、日本等强队的碰撞中取得创纪录的13场单打连胜……

本土的美网是蒂尔顿成绩最辉煌的赛事。1918年，25岁的他进入决赛。蒂尔顿在决赛中负于对手后，这只是他连续8年进入美网决赛的开始。1919—1925年，他与“小比尔”约翰斯顿连续7次在决赛中相碰，这也是大满贯赛事的纪录。1920年，在温布尔顿中央公园的决赛中，他以精湛的底线技术力克拥有强大发球和网前技术的上届冠军澳大利亚人帕特森，夺得他的第一个大满贯单打冠军。随后连续六年的美网决赛，他再未输给对手“小比尔”，并对约翰斯顿保持了11胜6负的优势。那期间，他创造了许多令人瞠目的纪录，包括在1925年的连续两项赛事中创造的75局连胜。

蒂尔顿以聪明、特立独行的个性著称。因为戴维斯杯的政策和对业余选手的种种律令，他时常与美国网协和国际网联的官员发生冲突。1928年温布尔顿大赛期间，他因要求参赛应得到报酬而违反了业余体育的精神，并因此被取消了戴维斯杯队长和球员的资格。

那次是法国第一次举办戴维斯杯的决赛，具有骑士精神的法国队却因缺少蒂尔顿而极为不满，他们希望迎战最强的美国队。在美国驻法大使海利克通过外交关系介入，蒂尔顿才最终回到戴维斯杯队。结果蒂尔顿在决赛第一场便击败了法国头号选手雷恩・拉考斯特，法国上下顿时弥漫着自嘲和哭笑不得的指责。好在知耻而后勇的法国球员在本土观众的助威声中赢下后四场比赛，留下了戴维斯杯历史上一段佳话。但蒂尔顿回国后并未逃脱违反体育精神的指责，并被当年的美网组委会拒之门外。

1929年，惩戒期结束后的蒂尔顿重返美网，在决赛中击败他的双打搭档费兰克・亨特，第7次夺得冠军。1930年，他以37岁的高龄第3次捧得温网冠军。在那一年的美网半决赛失利后，蒂尔顿宣布退出业余网坛加入职业网坛。20世纪三四十年代，蒂尔顿始终是职业网坛最具吸引力的人物之一。他不仅要参加一项又一项赛事，同时也是很多不成熟赛事的组织者。

1953年6月5日，他因心脏病逝世于洛杉矶家中。那时，他的行李和球包已收拾妥当准备前往下一站职业赛事。

蒂尔顿的10项单打大满贯以及11项双打大满贯的纪录在30年以后拉沃尔和埃默森出现时才被打破。他的另一项纪录是在1920—1930年，他作为主力队员帮助美国队连续11次打进戴维斯杯决赛，其中1920—1926年连续七届夺得冠军。他对网球和比赛的理解在他的时代很少有人超越，他留下了一本半个世纪以来的经典著述《比赛战术和球的旋转》(《Macth Play and the spin of the ball》)。

1959年，比尔・蒂尔顿进入网球国际名人堂。

○“大满贯”奇才——唐・布奇

1915年6月13日，唐・布奇出生于美国加州的奥克兰。他的父亲是一个足球运动员，布奇除了喜欢足球之外，最热爱的当属篮球和棒球了，但最后在哥哥的敦促下选择了网球。

在1937年戴维斯杯半决赛中，美国对阵德国。布奇顶着巨大压力以一个漂亮的穿越球宣告了比赛的结束，为美国队赢得决赛权。受此鼓舞，美国队一鼓作气以4∶1击败英国，11年来首次问鼎戴维斯杯。这一年，布奇获得“年度最佳运动员”称号，并成为首个“詹姆斯・E.苏利文奖”的网球选手。

继1937年戴维斯杯为国扬威后，布奇在1938年迎来了统治网坛的一年。那一年，他只参加了8个比赛，却赢得了6项比赛冠军，战绩为43胜2负。在澳网中，他由始至终仅失一盘，在决赛中战胜了约翰・布朗维奇问鼎；在法网中，他只输掉三盘，决赛中战胜了罗德里克・曼塞尔；在温网中，他单打一盘未失，决赛击败英国选手巴尼・奥斯丁。在美网战胜马考后，布奇成为第一个在一年中包揽全部重大比赛冠军的球员。而在此前人们认为，有人能在一年内连夺四项主要网球赛事的冠军几乎是不可能的。当布奇将这一不可能变为现实后，激动不已的大众创造了“大满贯”一词以做纪念。

布奇身高1.87米，体重73公斤，挥着一支15.5磅的Wilson木柏，红发，雀斑，外表不起眼的他，在场上的动作却充满美感与优雅，反手极其准确，且被认为是有史以来最好的反手。在自己的家乡伯克利负于布朗维奇后，布奇告别了业余网坛转入职业网坛。

1942年，布奇加入美国空军部队，参加了第二次世界大战。不幸的是，在一次军事演习中他的肩膀受伤，这影响了他以后的职业生涯。在一次锦标赛中布奇输给了里格斯后，从此失去了职业网坛的霸主地位。然而，布奇仍参加了1946年、1947年、1949年和1953年的4次美网决赛。尽管他都失利了，但这些都没有给他的伟大留下丝毫疑问。10次大满贯赛男单冠军得主比尔·蒂尔顿评价道："我认为他是一年365天里表现最好的运动员。"

1964年，布奇入选网球名人堂。1973年，58岁的布奇又与前冠军富兰克·吉格曼组队，在万众瞩目之下荣获了温布尔顿元老双打赛的冠军。

1999年12月14日，布奇在一次车祸中受伤，再也没能恢复过来，于次年1月26日逝世。曾经的掌声、荣耀和回忆都会逐渐褪色，而他所留下的历史纪录，却永远闪耀着耀眼的光芒。

2006年8月14日，在纽约的一次权威性评比中，唐·布奇与纳芙拉蒂洛娃被评为美国网球及美网历史上最伟大的男女球员。

● 唐·布奇大满贯年鉴

大满贯单打纪录	58胜5负
网坛连胜纪录	92场单打连胜
1935年	美网双打亚军
1936年	温网混双亚军、双打亚军，美网单打亚军、双打冠军
1937年	温网单打冠军、双打冠军、混双冠军，美网单打冠军、双打亚军、混双冠军
1938年	澳网单打冠军、法网单打冠军、双打亚军，温网单打冠军、双打冠军、混双冠军，美网单打冠军、双打冠军、混双冠军

○ 美网三种场地的唯一夺冠军者——吉米·康纳斯

有人说，吉米·康纳斯一个人的故事就是一部20世纪七八十年代职业网坛20年的历史。这样的说法虽然有些夸张，但也许并不失实，因为在康纳斯投身网坛的22年职业生涯中，他的确堪称那个时代美国最伟大的网球选手。

这位来自密西西比河畔的"牛仔"被称为网球场上的"大力水手""疯子""天才""魔鬼""常青树"，他的105个单打冠军和46个亚军至今无人能出其右。而他在39岁的年纪仍然闯入大满贯决赛的纪录想必至今也很难打破。从战绩和赛事奖金的角度来讲，他是那个年代的佼佼者，虽然他所获得的大满贯冠军奖杯数量无法与比约·博格相抗衡，但对于这位永不疲倦的"超人"来说，共计84场的温网胜场数与98场的美网胜利纪录才是他最值得夸耀的胜利。

康纳斯没有获得过法网冠军，他一次也没能够站到罗兰·加洛斯王者的高度，这是他网球赛场上的遗憾，却并非是他的土场技术有缺陷。他在1974年一年中获得了14个冠军头衔，其中包括温网、美网和澳网。那一年他已经逼近了囊括四大满贯头衔的神话，但是由于ATP与WTT（World Team Tennis）之间的纠纷与恩怨，身为ATP球员的康纳斯因为参加了WTT的比赛而被法网拒之门外。

康纳斯在草地和硬地上伟大的成就已是不争的事实。他是唯一在美国网球公开赛的草地、红土和硬地三种球场上都获得过冠军的球员，也是唯一在土地场上与比约·博格交手时保持全胜纪录的选手。

时至今日，球迷和他的老对手们回忆起吉米·康纳斯当年在赛场上旺盛的精力和火爆的脾气时依然不寒而栗，这个身高只有1.77米的左撇子球手有着炮弹一样的发球和力拔千钧的底线正手，乳白色的网球在他那支著名的铝合金拍的驱使下变成了一枚枚致命的炮弹。有时他本人会咆哮着冲到网前或者观众席边与任何敢于蔑视他的人争论不休。

不知从何时起，吉米·康纳斯刮掉了他上唇那撮标志性的胡须，但他刚烈的性格与球风却从未曾改变，甚至他与“网坛玉女”埃弗特的爱情与婚约也不能束缚住他不羁的个性。说起康纳斯的生活，实在不少波折，人们对他个人的争论也从未停止过。

2004年，当身着一袭黑衣的康纳斯现身在法拉盛公园观赛时，球迷们读到了这位已过“知天命”之年的老球王脸上的那份沉静与温柔。2006年，康纳斯开始执教美国帅哥罗迪克。在他的调教下，罗迪克的技术得到明显提高，状态也回升很快，当年就在美网前取得19场18胜的成绩，并杀入决赛，惜败于费天王。

● 吉米·康纳斯的主要战绩

大满贯头衔	8个（温网：1974年，1982年；美网：1974年，1976年，1978年，1982年，1983年；澳网：1973年）
冠军头衔	105个，赛事奖金8 641 010美元
重要纪录	职业生涯参赛场数、获胜数量最多；世界第一时间最长；唯一在美网3种场地夺取过冠军
世界最高单打排名	第1位（1974年7月29日） 1974年8月29日—1977年8月22日（160周），由博格取代 1977年8月30日—1979年4月8日（84周），由博格取代 1979年5月21日—1979年7月8日（7周），由博格取代 1982年9月13日—1982年10月31日（7周），由麦肯罗取代 1982年11月8日—1982年11月14日（1周），由麦肯罗取代 1983年1月1日—1983年2月6日（1周），由麦肯罗取代 1983年2月14日—1983年2月27日（2周），由伦德尔取代 1983年5月16日—1983年6月5日（3周），由麦肯罗取代 1983年6月13日—1983年7月3日（3周），由麦肯罗取代
总持续时长	268周　单打胜负场数：1 222胜，269负
总胜率	80.0%，草地胜率：82.3%，红土地胜率：79.7%，硬地胜率：81%，地毯地胜率：80.2%

○ 扑克小姐——海伦·威尔斯

在美网和美国网球史上，20世纪20年代最优秀的女选手当属海伦·威尔斯。

海伦·威尔斯生于1905年10月，父亲是位外科医生，母亲是位教师。与别人家的孩子不同，海伦从小留在家中由母亲教育，直到8岁才开始去学校上学。当时，在威尔斯一家居住的加利福尼亚州，网球已经成了最流行的运动。海伦8岁那年，她的父亲送给她一支网球拍，带她到医院的泥地上打球，教会了她一些基本要领，此后，海伦就常到附近的网球俱乐部看别人打球，凭借惊人的天赋，她很快就悟到了其中的窍门。

1919年，14岁的威尔斯被接纳为柏克莱网球俱乐部的少年成员。第二年，威尔斯就夺得了全美少年网球赛的女单冠军。17岁时，她获得了自己第一个美网女单冠军。1924年，在巴黎奥运会的网球比赛中，她将女单、女双两枚金牌收入囊中。这一年，她还首次踏上了温布尔顿的赛场，一路打进了决赛，最后获得亚军。从那时开始，她在这片草地上再也没有输过一次单打。1927—1938年，她8次参加温网，全部夺冠。此外，威尔斯还曾7次捧起美网奖杯，4次在法网称后。

海伦·威尔斯

海伦·威尔斯属于内向、心理稳定的球手。无论是在有利还是不利的情况下，她的表情始终平静如水，由此人们送给她一个绰号——扑克牌脸小姐。也正是这种稳定的心理，使她在比赛中屡屡获胜。

在鼎盛时期，海伦·威尔斯曾连续158场比赛保持不败，接连夺得27个冠军头衔，直至1933年美网决赛告负。1927—1933年，她甚至从未输过一盘。她单打比赛的战绩是398胜35负。她一共参加了22届大满贯赛事，获得19个冠军、3个亚军，大满贯赛的胜率高达97.7%。

在海伦·威尔斯之前，苏珊·朗格伦是女子网坛最响亮的名字。威尔斯也十分仰慕这位法国选手。威尔斯曾作为观众目睹了1921年朗格伦在美网对阵莫拉·马洛里的比赛。那场比赛因为朗格伦中途称病退出而留下不少争议。朗格伦在全场静默中一边哭泣一边退场的情景也给海伦留下了深刻的印象。

5年之后，在法国戛纳，威尔斯与朗格伦首次在正式比赛中相遇，这也是她们唯一的一次对垒。在这次千载难逢的机会中，威尔斯以0∶2败给朗格伦。虽然第二盘争抢得很激烈，但最后威尔斯也未能挽回败局。

1938年7月2日，威尔斯在温网决赛中战胜海伦·雅可布，第8次夺得温网冠军。当她们准备上场参赛时，有人带来了朗格伦病危的消息。两天后，朗格伦因恶性贫血在巴黎去世。

威尔斯不仅球技高超，而且是一位颇具吸引力的漂亮姑娘。在球场上，她头戴镶着绿边的白色球帽，身着白色无袖水手服，显得纯洁无瑕，她用自己的性格魅力和无数次的胜利提高了女球员的地位。

海伦·威尔斯在这次温网后退出了网坛。在经历了一次失败的婚姻后，1939年，她与爱尔兰马球选手艾登·罗阿克结婚。

离开网坛后的威尔斯选择了隐居，她的晚年也在平静中度过。她喜欢看电视转播的网球赛，尤其欣赏玛蒂娜·纳芙拉蒂洛娃。1998年1月1日，海伦·威尔斯以92岁的高龄辞世。她没有子女，遵照她的遗愿，她的骨灰被撒入大海。

○ 第一位美网冠军的黑人选手——艾尔西亚·吉布森

1927年出生于南加州的吉布森在纽约长大，1950年成为获得美网冠军的第一位黑人选手。1951年，她又获得温网女单冠军；1956年，获得法网冠军，这在黑人网球历史上都是第一次。

20世纪50年代，正是美国乃至世界体育种族歧视根深蒂固的时期。而这样一位看似毫无雄心壮志的黑人女子，却因为自己的努力与坚持，用网球这个媒介，于无意间缔造了历史，开创了黑人运动员得以驰骋世界体坛的先例。

这是1950年的一天，一场平常的女子比赛在美国举行，可一切又显得那么不同寻常，场上一边是当年的温网女单冠军路易斯·布鲁，另一边是一名黑人女选手，名叫艾尔西亚·吉布森。而在此之前，还没有黑人出现在美国的重要网球比赛中。在这一次比赛中，吉布森惜败于对手，但她的出色表现令观众印象深刻。

此后，美国的网球前辈在杂志上撰文为吉布森争取参赛权，美国网协也为吉布森开了先河，让她在美国网协主办的赛事上露面。此后，艾尔西亚·吉布森首次参加了美网比赛，并一路拼杀到决赛，在重重的白人包围中，她终于登上冠军的宝座。

就这样，一旦遮挡的幕布被移开，吉布森的光芒便显得如此耀眼。从正规赛事起步，她很快就获得了两届全美冠军。接着是两座温网奖杯，一个法网冠军。然而，吉布森的突出表现并没有使职业网球的大门完全朝黑人选手敞开。但是在职业棒球界罗宾逊出现之后，一切都变样了。

对于吉布森本人来说，作为一名“业余选手”，冠军奖杯并不能当饭吃，不得已，她只能参加一些表演活动。球场之外，她多才多艺的天赋同时也成了维持生活的途径。她写过几本书，灌录过唱片，出演过电影，还参加过女子职业高尔夫巡回赛，并成为首位入选LPGA的非裔美国人。

50年之后，威廉姆斯姐妹的身家超过千万。令吉布森感到欣慰的是，相同肤色的后辈没有忘记她，大威感伤地表示，“吉布森最伟大的成就，莫过于有力量和勇气去打破似乎根本不可能打破的种族鸿沟。她伟大的地方在于为我或类似我这样黑人女子选手的成功奠定基础，她所创造的传奇将永远不朽”。

靠着众人的支持和援助，吉布森青少年时期在网球俱乐部等场所学习、训练并参加正规比赛。若干年以后步出网坛的她也尽其所能帮助年轻人，并设立了艾尔西亚·吉布森基金会。1990年，她再次回到温布尔顿的中央球场，亲自为历史上第二位打入温网决赛的黑人女选手——吉娜·加里森加油鼓劲。

退役后的吉布森一直从事网球教育活动。1971年，入选网球名人堂。1988年，她把获得的温网冠军奖杯捐献给了美国国家历史博物馆。

○ 双手反拍的先驱——埃弗特

出生于1954年的克里斯·埃弗特，从小在佛罗里达州罗德戴尔的土地球场上练习和成长，对于红土球场有着与生俱来的领悟能力。尽管同样身为网球运动员的父亲从来不曾有意地教给她用两只手挥动球拍，但是埃弗特却自己“发明”了依靠左手的辅助击打反手球的方法，这也就是她独一无二的反手动作的由来，也是后来无数球员双反的由来。如今的女子网坛早已是双手反拍的天下，而克里斯·埃弗特正是开启这一潮流的先驱。

早在埃弗特转入职业网坛之前，她就已经取得了令人眩目的成绩。1970年，15岁的埃弗特以两个7:6击败了刚刚包揽四大满贯单打冠军头衔的澳洲人考特，横空出世。第二年，她又成为有史以来闯入美网半决赛最年轻的女子选手。但是由于拒绝在18岁之前成为职业运动员，她在1972年赢得了当时最著名的VSC巡回赛总决赛的胜利后放弃了冠军奖金——5万美元。直到1973年，埃弗特才开始了自己的职业生涯，但是这样的坚持并不能妨碍她在1976年成为历史上第一个赛事奖金超过100万美元的女子球手。1974—1976年，她每年都要收获两座大满贯奖杯和至少两项巡回赛的冠军头衔。

在埃弗特20年的职业生涯中，她一共进入了303项赛事的决赛，获得了其中157个单打冠军和74个双打冠军。当然，作为历史上最重要的红土女子选手和罗兰·加洛斯7座后冠的得主，埃弗特的冠军收藏中一半来自红土，这其中甚至还包括她在1973—1979年125场土地比赛的连胜和由此带来的24座奖杯。而在美网、温网和澳网的三种不同的草地球场上，以底线击球为主的埃弗特也仍然赢得了6座大满贯奖杯，她总是敢于尝试，突破自己固有的技术，让球迷叹服她在网前的功夫也如此了得。

在埃弗特连续17年排名世界前10位的过程中，她连续参加了57次大满贯的单打赛事，其中53次闯入最后的四强，这也是所有女子球手参加大满贯获得的最好成绩，这一切都证明克里斯·埃弗特无愧于网球场上"全能天才"的称号。

● 埃弗特的主要战绩

大满贯头衔	18个（温网：1974年，1976年，1981年；法网：1974年，1975年，1979年，1980年，1983年，1985年，1986年；美网：1975—1978年，1980年，1982年；澳网：1982年，1984年）
冠军头衔	157个
重要纪录	获得法网冠军最多的网球运动员（7次），1974年创下55场连胜纪录，保持着职业生涯参加单打场数第二纪录（1 455场）和单打胜率最高纪录（89.96%） 1975—1982年，获美网10个冠军，其中单打6个，并包揽美网三届红土场的冠军 在1975—1985年，曾8次登顶女子单打世界第一

○ 美坛双雄——桑普拉斯与阿加西

世界男子网坛现在已进入了群雄争霸的时代，而在过去的二十多年中则多次上演着"双雄会"的经典瞬间。如果说20世纪80年代的男子网坛属于捷克人伦德尔（后入美国籍）和瑞典人埃德伯格，那么九十年代则属于美国双雄——桑普拉斯和阿加西。

这对十几年的场上对手及场外挚友曾数次为我们上演了"最佳发球"和"最佳接发球"以及"最佳上网"和"最佳底线"的对话。如果说桑普拉斯在网球生涯中还有遗憾的话，那一定是在罗兰·加洛斯球场；如果说阿加西的网球生涯也有遗憾的话，那不能超过桑普拉斯14次大满贯赛事冠军的纪录也许会是一个。

两位美国网坛的枭雄，当然也是世界网坛的霸主，他们有遗憾，但更多的是竞争。他们是网坛争夺中的一对矛和盾，如果桑普拉斯是最好的矛，那么阿加西则是最好的盾。他们出身不同，性格迥异，像一对冤家，有争夺，也有合作；有欢喜，也有恩怨。正是他们高超的球技和丰富的性格，为世界网坛演绎出无与伦比的网球戏剧和精彩的网球人生。

2005年6月，《网球》杂志刊登了一篇《桑普拉斯与阿加西的口舌之争》，对这对美国网球奇人做了精彩描述。

（一）

他们既不是朋友，也不是敌人，两人的关系应该是友好而客气。他们完全是两种人：一个沉静、自制力强，做事善始善终；另一个叛逆、逃避责任、不按规则行事。他们只有两点相同：都穿白色袜子；都想赢。球场上的阿加西充满激情、拼劲十足，桑普拉斯则是凭感觉打球，显得游刃有余。一个有完美的发球，另一个的接发球无人能比；一个有犀利的正手，另一个有漂亮的反手；一个网前技术出色，另一个底线球精准。桑普拉斯拥有14个大满贯头衔，阿加西则包揽过四大公开赛冠军。

美网双雄

早在1995年，两人都处在顶峰时期，相互战绩是8∶8。这一年他俩像哥们儿一样一起参加了戴维斯杯。意大利人在帕尔玛准备了慢速的红土场。美国人心里明白，如果没有一个强大的团队，他们很容易输。阿加西和桑普拉斯向美国网协提出了相同的条件：1.因为要放弃大满贯的备战，只要他俩中的一个参赛，另一个也必须参赛。2.去伦敦乘坐CONCORDE航空公司的飞机。3.从伦敦到帕尔玛坐私人飞机。美国网协答应了这些条件，为他们订好了机票。出发的前一天，他俩在佛罗里达的利普顿冠军赛（现在的“纳斯达克100”）的决赛中相遇。阿加西连下三盘获胜，2周后他的世界排名上升到第一。比赛结束后，阿加西邀请桑普拉斯一同乘坐他的私人飞机去纽约，这样能保证晚上的睡眠时间。两人没用几分钟就洗完澡穿好衣服，然后跳上阿加西租来的车上。刚看完比赛往回走的车在公路上排起了长龙。阿加西一打方向盘，把车开上了高速公路的故障停车道，他一边向其他司机挥手，一边从他们的车旁超过，警察也被他逗乐了。……

很快他们就到了迈阿密国际机场的跑道上，阿加西的那架尾翼上喷着红色网球的C-10飞机已经在那儿等着了。他俩登上飞机，一名乘务员微笑着把食物和饮料递给他们。桑普拉斯流露出羡慕的眼神。他打开一份火鸡三明治，狠狠地咬了一口。

为了打发飞行的时间，他们开始交流起各自听到的ATP小道消息，还有对付张德培、贝克尔和云顿这些选手的战术。

第二天早上，他们在纽约肯尼迪机场一起登上一架CONCORDE航空公司的飞机飞往伦敦。到达伦敦后，有人护送他们走VIP通道。阿加西认为不用再填什么表格了，但桑普拉斯仍然在入境口前停下来填写入境卡。阿加西不耐烦地向他挥挥手说：“得了，咱们不用填了。”

“咱们得填。”桑普拉斯不为所动。

机场外，一辆豪华轿车已经等着把他们送到去帕尔玛的私人飞机登机口。突然阿加西觉得饿了，说：“咱们去吃麦当劳吧。”“他们这儿不会有麦当劳。”“当然有啦，就在机场边上。”

由阿加西指路，司机把车开到了麦当劳的汽车窗口。阿加西要了双份汉堡，桑普拉斯跟他一样，想了想，两人又都加了麦香鸡和一个大的炸苹果饼。

接下来在帕尔玛的4天里，他们穿着印有“USA”的T恤衫并肩作战，形影不离。但到最后，两人的不同之处再次显现出来。当美国队以3∶0领先，胜局已定时，还有必要继续待下去比赛吗？对桑普拉斯来说，这是一个责任问题，既然决定参加比赛，就应该善始善终。但阿加西认为，既然任务已经完成，就没有必要为象征性的比赛再浪费时间。结果是：阿加西交上了医生出具的扭伤证明，桑普拉斯则留下来打完了全部比赛。

（二）

阿加西开着车在拉斯维加斯的大街上缓缓地向前。他已经从沉沦中重新站起来了，他为此感到自豪。汽车开过“安德鲁·阿加西男孩女孩俱乐部”，这是他为那些喜欢冒险的孩子开的。他还成立了一项帮助受虐待儿童的基金和一个慈善学校——安德鲁·阿加西大学预科学校。阿加西自己没有像一般孩子那样受过大学预科教育，他的童年是在父亲麦克的监督下度过的。严厉的父亲像着了魔一样一心要把他培养成网球冠军。阿加西7岁开始表现出他的网球天赋，13岁到佛罗里达的尼克网球学校接受训练，未满18岁便已经在世界职业选手中排名第三。

阿加西还能回忆起小时候父亲是怎样训练他的。别的孩子在乡村俱乐部教练的指导下，一板一眼地练习底线抽球，学习反手击球的技巧：如何向后引拍，如何提前准备，但他没有这样舒服过。他站在中场，父亲在网前使出最大力量一个球接一个球地向他打过来。小男孩只有使劲握紧拍子，拼命地奔跑，他只能用尽量小的挥拍才能提前接到球，他必须快、更快，有时候打底线球都快跟截击一样了。可是父亲还在不停地命令孩子：“再快点！再快点！”他还记得在一次胜利后，父亲带着他绕场游行了一圈，然后骄傲地把他介绍给职业选手。而另一次他在少年赛中输了，父亲顺手把他的亚军奖杯扔进了旁边的垃圾桶里。就在那一刻，一个叛逆者诞生了。“你知道吗？”阿加西长大后喜欢说：“我宁愿放弃网球的成功来换回幸福的童年。”

（三）

桑普拉斯在赛场上似乎总是一种面孔。其实在他那看似冷漠的表情下却是对完美的追求。赛场上，他的动作轻松自如，游刃有余，看他打球是一种莫大的享受。很少有人知道他打球有多玩命，有两次他累得在场地上都吐了。他的前任教练保罗说：“皮特打球看上去太轻松了，别人看他赢球后会想：这并不困难。”正是这种轻松使桑普拉斯成为一个里程碑式的人物，别的选手无法企及。十几年来他共获得64个单打冠军。赛场上风云变幻，球星们起起落落，只有他永远是人们心中的英雄。

1990年，桑普拉斯19岁就获得美网冠军，他却能泰然处之。有人告诉他总统可能给他打电话，他听后笑了笑，显得有些害羞地说：“电话打不进来，我把听筒拿起来了。”平静的外表掩藏了他的脆弱、敏感。在他成为不可战胜的冠军之前，天热的时候打不好球，早上比赛不在状态，面对压力还做不到心情放松。两年后他才获得第二个大满贯头衔。后来他说：“那时候我必须学会如何打网球，我还是个实习生，什么都得靠自己，没人告诉我该怎么做。”

桑普拉斯总有一种孤独感，就像是球场上的一个孤儿。要想找到皮特与安德鲁不同的原因，就得对比一下两人的父亲。山姆·桑普拉斯每次把小皮特送到参加少年赛的地方后，从不停留，起身就走。皮特仍然记得那种像被抛弃的感觉——一个人站在场上，看着父亲的背影渐渐远去。当然，山姆并不是不关心儿子，而是因为他太紧张不敢观看比赛，还有就是不知道花这么多钱让儿子打网球应不应该。长大后，桑普拉斯成了一个“自给自足”的选手，也不喜欢抛头露面。在一个获胜后的下午，第一次有媒体采访他，父亲告诫他要小心，就跟他们说你今天只是运气好。第二天，桑普拉斯输了，他耷拉着脑袋坐在那儿。父亲过来拍拍他的肩膀，指着那个刚刚获胜、被记者们团团围住的新宠儿，对他说："看见了吗？这就是事实。"就在那一刻，一个沉默的明星诞生了。

（四）

人们一直喜欢把桑普拉斯、阿加西与别的选手区别开来，认为他们两人之间的关系非同一般。桑普拉斯8岁那年，阿加西9岁多，两人第一次在加利福利亚的场地上相遇。你可能不相信，多年后阿加西回忆说："皮特的个子只到我的下巴。"那时候小阿加西还没有练就真正的底线球，桑普拉斯所记得的是"他打的那些骗人的球"。当然，桑普拉斯自己那时的发球还不行，反手还是双手握拍，还只是一个在底线拼命奔跑的小不点。

长大后他们成了截然相反的两个人：桑普拉斯遵从传统，以伟人为榜样，追求纯粹的古典主义；阿加西的故事则适合写一本言情小说，主人公最后成了一名艺术家。两人都不记得是谁赢了他们之间的第一次比赛了。我们也不会记得，当然更难想象：如果没有他们，网球会是什么样？

当然，最让世界津津乐道的，还是他们在竞技场上的一幕幕惊心动魄的大战。

据网易体育2015年8月27日报道：2015年美网即将拉开大幕之际，美网官网评出美网历史上十大经典男单对决，阿加西和桑普拉斯在2001年的英雄相惜排在首位。

美网历史上十大经典男单对决中，包括1998年美网半决赛，桑普拉斯与拉夫特的对决排在榜单第10位；1991年美网第四轮康纳斯与克里克斯坦较量，位居榜单第9位；2010年美网半决赛费德勒和德约科维奇的PK，位居榜单第7位；2010年美网半决赛费德勒和德约科维奇的PK，位居榜单第7位；1996年美网四分之一决赛桑普拉斯和克雷特加的对决，排在榜单第6位；1984年半决赛伦德尔五盘大战赢下卡什，排在榜单第4位；1980年半决赛麦肯罗五盘大战战胜康纳斯，排在榜单第三位；1980年美网，麦肯罗在拿下康纳斯后在决赛又战胜比约·博格，这场决赛排在榜单第二。不得不提的是，尽管穆雷和纳达尔都拿到过美网冠军，可都没有榜上有名。

2001年美网四分之一决赛，桑普拉斯大战阿加西至今还被球迷提起，而这场对决排在榜单首位。这堪称美网从1970年引进抢七规则以来最为震撼的抢七大战，桑普拉斯以6^7–7、7–6^2、7–6^2、7–6^5赢下比赛。破发成为全场比赛最难完成的任务。当比赛结束后，现场23 000位球迷全部起立向二位天王致敬，而桑普拉斯和阿加西也是在比赛结束后英雄相惜，激情满怀。这可能是他俩在自己一生中打得最好的一场球。就连担任评论的麦肯罗都看呆了，几乎忘了解说。

安德烈·阿加西，当今男子网坛的传奇，这位4月29日就满35岁的老将在球场上驰骋了19个年头，大大小小的征战加起来达到1 097场。现在，只要他出现在赛场上，无论是悠久的大满贯赛事还是第一次露面的小小巡回赛，无论是在阿拉伯沙漠还是欧洲浪漫的红土，也无论是隔网站着的对手还是蜂拥而来的观众，回忆、尊敬、伤感都是不变的基调。回忆的是他同埃德博格、桑普拉斯、费德勒等一代代巨星的精彩对决；尊敬的是他惊人的网球成就，8个大满贯奖杯、59个单打头衔、838场胜利。

没有一个网球选手能有阿加西这样恒久的魅力，从当年长发飘飘、特立独行、玩世不恭，到现在光头锃亮却彬彬有礼、谦恭有加；从可以做母亲的芭芭拉·史翠珊和一代明星波姬·小丝，到现在长相厮守的网球女皇施特菲·格拉芙和一双可爱的儿女……

网球场上那个最令人瞩目的王者同桑普拉斯的争霸贯穿了20世纪整个90年代，桑普拉斯以连续6年年终第一和14座大满贯建立了一代王朝。

其实，阿加西和桑普拉斯应该说是交相辉映，阿加西说："桑普拉斯的存在才使我的存在更有意义"；桑普拉斯说："因为有阿加西，我才获得了这么多的冠军"。

赌城拉斯维加斯是阿加西生于斯长于斯的花花世界，作为伊朗拳击手的儿子，他那参加过奥运会拳击比赛的父亲，当年肯定想不到自己把网球介绍给小儿子，竟使职业网坛近20年同他息息相关。

桑普拉斯生于华盛顿，沿袭了这座政治中心不苟言笑的严肃和沉静，而老桑普拉斯夫妇直到儿子最后一次在温布尔顿夺冠才亲临赛场。但就是这个场上君临天下、场外相当"无趣"的人让阿加西徒生"既生瑜何生亮"的感慨。

阿加西和桑普拉斯总共交手34次，阿加西14胜20负。两人的第一次遭遇是1989年的罗马大师赛，当时出道三年的阿加西手里已经有7个单打头衔，而成为职业选手才一年的桑普拉斯还是两手空空，结果年长一岁、职业经历多两年的阿加西轻松地以6–2、6–1胜出。但在第二年，桑普拉斯就开始占据上风，不但在费城网球赛上取得对阿加西的首次胜利，并在1990年的美网决赛上直落三盘击败阿加西，这是桑普拉斯14座大满贯中的第一座，也使他成为最年轻的大满贯得主（19岁零28天）。而阿加西的第一个大满贯时隔两年之后才在温布尔顿姗姗来迟，这时已是阿加西职业生涯的第六个年头。

桑普拉斯比阿加西早挂拍，762场的总获胜场数远远落后于阿加西的838场（截至迈阿密大师赛），但桑普拉斯压倒阿加西的最大例证就是创纪录的14座大满贯。两人总共在大满贯赛场交手9次，桑普拉斯以6胜3负遥遥领先，其中5次在大满贯决赛中相遇，阿加西更是只赢了1995年的澳网，这个差距恰好是两人大满贯总数的差距。

当然不能不提桑普拉斯的另一项纪录——从1993年到1998年连续六年年终第一。桑普拉斯的世界排名第一总共四次被阿加西直接取代，桑普拉斯也从阿加西手里夺回过两次，直到2000年11月19日被萨芬取代后，才与世界第一的荣誉渐行渐远。桑普拉斯更看重的是年终排名第一，为了这个纪录曾四处出击拼命捞分，在1995年，世界第一在两人之间数度易手，但笑到最后的还是桑普拉斯。

不过，如果阿加西处处落在下风，哪还有荡气回肠的桑阿争霸？罗兰·加洛斯就是桑普拉斯唯一的伤心地，桑普拉斯一年又一年地奔赴巴黎，想使自己的职业生涯添上完美的一笔，可最好的成绩不过是一次半决赛。而阿加西不但在1999年夺得法网桂冠，完成了包括亚特兰大奥运金牌在内的"金满贯"，而且在职业生涯初期就两次（1990年、1991年）打入法网决赛。澳网是阿加西另一项压倒桑普拉斯的大满贯（夺冠次数两人为4∶2），1995年阿加西首次参加澳网就拿下冠军，在桑普拉斯状态大跌的时候，阿加西从2000年起连拿三届澳网（2002年因伤缺席），自己的8个大满贯一半是来自澳大利亚。

1995年是阿加西职业生涯中的第一个高潮。这真是一个天才璀璨的年头，红土之王穆斯特在这一年创了35连胜的纪录，阿加西也达到了自己最多的26连胜，收获了一个赛季最多的7项冠军，第一次登上世界第一的位置，而且全年没有一次首轮出局。桑普拉斯虽然在这一年的大满贯数量上胜过阿加西（桑普拉斯拿下温网和美网，阿加西夺得澳网），但四次首轮出局，在冠军数量（5个）、胜率上落后于阿加西。

最后，两位巨星在2002年美网决赛上对长达13年的“恩怨”做了了断，桑普拉斯以第14个大满贯满意而退。

○ 美国网球姐妹花——大小威廉姆斯

美国网球姐妹花

即将35岁的小威用一记高压终结了维斯尼娜的黑马之旅，第9次杀入温网女单决赛中；36岁的大威则被科贝尔的正手斜线穿越牢牢钉在网前，职业生涯首次在温网半决赛阶段输球，第19次温网之旅戛然而止。十多年前，当我们中的很多人第一次接触网球的时候，大小威就已经是逃不开避不过的名字，大概这之中的大多数人都不曾料到，十多年之后，这对姐妹花还坚持在网球场上，并且排名依然在前十位。对手来来去去，换了一茬又一茬，球迷熙熙攘攘，从“70后”“80后”到“90后”再到如今的“00后”，这纷纷扰扰的世道变得太快，但总有一些人、事、物，跨越经典，铸就永恒，威廉姆斯姐妹就是如此。

2017年1月24日《网球之家》发表了袁俊军一篇标题为《致敬老将——永远的黑珍珠！》文章。

随着帕芙柳琴科娃再现双误，大威双臂环绕抱住自己，时隔14年再次闯入澳网女单四强。在半决赛，大威将要面对美国同胞范德维格，本届黑马范德维格状态惊人，横扫穆古鲁扎、科贝尔等一众好手。小威也进入八强，将要迎战孔塔，姐妹内战不是没有可能。

姐妹俩相继于1994年、1995年转入职业网坛以来，经历了格拉芙、塞莱斯、比利时双姝、塞尔维亚双姝、俄罗斯红粉军团、阿扎伦卡、李娜、科娃，以及现在的穆古鲁扎、科贝尔等，而姐妹俩至今屹立在女子网坛，并一直保持强大的竞争力和持久的职业寿命，让我们不得不惊叹。

威廉姆斯姐妹出生于美国一个贫困的家庭，幼时住在洛杉矶南部的贫民区，父亲只能将五个女儿塞进只有四张床的一间房里，年纪最小的塞雷娜不得不和她的一个姐姐挤在一张床上。但是其父亲相当有眼光，发现了姐妹的网球天分后，担任启蒙教练，并一直陪伴以后的职业生涯。姐妹俩征战网坛来，截至2016年，分别获得22个（小威）、7个（大威）女单大满贯，搭档合作斩获14个女双大满贯。奥运会、皇冠赛、顶级赛等所获得的成绩，姐妹俩只有上网搜索才知道到底有多少。小威曾在社交媒体发布一张有趣的照片，称打扫卫生时找到一块金牌，令人捧腹大笑。

姐妹俩的职业生涯并非一帆风顺。姐姐曾经感染干燥综合征，严重影响竞技状态，甚至威胁生命，妹妹肺栓塞更是直接送入手术室。姐妹俩都在不同时期经历职业低谷，但是大小威都成功挺过磨难，创造属于她们的威廉姆斯时代。分析其原因，不外乎以下几点：

合理安排　保持良好身体状态

除了姐妹俩自身超好的黑人体质外，正如姐姐所言，“我没有想过是什么帮助我一直保持竞争力的，但老实说合理的赛程应该是有帮助的。在我的整个职业生涯里我从不过度参赛，我想这在精神上和身体上都节省了很多能量”。近几年，姐妹俩更是不断精简赛事，去年妹妹只参加了8站赛事，其中包括了4站大满贯赛事。此外，现代科学的体能训练和营养医疗条件也让姐妹俩保持良好的身体状态。姐姐接受采访就说过，“我想就是花在健身房的时间和花在训练场的时间一样多吧。我不会像其他很多球员那样，追求在球场上的训练时间。在健身房的时间非常重要，它可以帮助你远离伤病”。

丰富竞技武器　适应当今网坛变化

如果观看姐妹俩早期比赛视频，你会发现姐妹俩打球基本靠重球压制对手，由此开创了女子网坛的暴力型打法。随着网球技术的改变和姐妹俩身体原因，两姐妹都在不断丰富比赛武器，如不断提高发球技术，增加更多的上旋，上网技术和小球技术也在提高比重。可以说，姐妹俩开创了暴力打法，也在新世纪的网坛引领了种种变化。

除了在网坛方面独领风骚，姐妹俩在时尚、慈善、种族、性别等都勇敢发声，取得了众多成绩。

姐妹俩在时尚方面都有独特的造诣。大威自己拥有时尚品牌“EleVen”，自己每年的赛场服装也是自己设计的，虽偶有失手，但大多数饱受好评。大威也曾在服装学院学习并获得学士学位，着装也曾受到了全球顶级时尚杂志《Vogue》的青睐，大威也成为该杂志当年年度评选的十大着装人物。其出入各大红毯更是不在话下。妹妹就更不用说了，赞助商耐克有单独的Serena专线，且从来不怕撞衫。小威曾登上《体育画报》《Vogue》等杂志封面，或性感，或霸气，尽显小威独特魅力；《实习医生格蕾》《像素大战》等影视剧也有小威的身影；小威在格莱美、奥斯卡等红毯也走了个遍。

姐妹俩打破了外界对黑人女性的狭隘认识，将黑人女性的魅力带到身边。让你不得不承认，她们，有自己独一份的美丽。

20世纪80年代美国仍有很深的种族歧视，姐妹俩就曾经遭受种族歧视的伤害。最著名的例子就是抵制印第安维尔斯赛，2001年，当时大小威在女单半决赛中相遇，观众热切期盼“姐妹内战”时，大威却因伤退赛，虽然小威在最后的决赛中赢得了胜利，但迎接她的却是连绵的嘘声以及恶意的种族侮辱。从此，威廉姆斯家族就发誓再也不会踏上印第安维尔斯的赛场，老威更是在决赛后称球迷对他们一家的侮辱是严重的种族歧视事件。2016年，美国警察发生了针对黑人的暴力行为，小威在自己的社交媒体上发出长文，公开反对。文中她引用马丁·路德·金的一句名言，“这是一个沉默就是背叛的时刻”。小威表示，她拒绝沉默。可以说，姐妹俩在反对种族歧视上面，做出了自己最大的努力，皮肤没有“颜色”，“有色”的只是你看人的心态和眼光。

性别歧视或许在所有运动中都存在，网球也不例外。就算到了21世纪也依然有这种荒谬声音，在去年印第安维尔斯大师赛的CEO发表歧视女性的言论，称“WTA的女性运动员应该跪下来感谢男运动员的存在”。小威就站出来坚决反对，“女性在过去已经经历过很多（不公正）的事了。现在，我们没有任何理由为了任何人下跪。”而姐姐也做出自己应有的努力，网球奖金历来男女不平等，为了实现同等薪酬这一目标，大威一度在联合国教科文组织发表演讲，要求彻底实现男女平等。2016年温网，姐姐甚至被安排到18号场地，姐姐事后采访说“并不排斥场地安排，但应该有更多的女球员安排在中心球场甚至1号球场”。小威也曾对赛事组委会“重男轻女”的场地安排开炮，她表示，“他们似乎总喜欢把我和维纳斯安排在那里，我也不知道是什么原因。而那些顶尖男子球员的比赛从不会被移出中央球场或者1号球场。”

姐妹俩出生于美国贫民窟，当然知道贫困意味着什么，当两人成名后，一直致力于慈善事业，伸出自己的援助之手。姐妹俩都曾参加慈善马拉松长跑，虽然妹妹被拍到偷偷打车的“黑”跑。小威身为联合国儿童基金会大使，积极参加活动，如联合国儿童基金会、巴塞罗那基金会和援助亚洲项目共同发起的“1 in 11”的救助失学儿童项目。姐妹俩曾经为了给艾尔顿·约翰的艾滋病慈善基金筹款，拍摄全裸黑白写真照。也许我们看到更多的是姐妹俩场上的霸气，而姐妹俩内心的柔软被我们大多忽视。

如今，姐妹俩已经都变成大家口中的“老将”，当年满头发珠，青涩面庞的少女成长为霸气的网坛女皇，如今妹妹已经订婚，姐姐也事业有成。我们很开心看到这对网坛黑珍珠在经历种种磨难后能取得这么高的成就。所以，请祝福威廉姆斯姐妹，黑珍珠们，加油。

2016年7月8日网球资讯一篇题为《威廉姆斯姐妹之于网球，到底意味着什么？》中写道：

威廉姆斯姐妹的存在，对WTA甚至是整个网坛到底意味着什么？绝不紧紧是老而弥坚那么简单而已。网球这个项目日益国际化，绝不只是靠100多年的沉淀，不然大家都全部用单反、打发球上网好了。不管是技术还是球拍等硬件，网球一直在追寻着进步，以跟上时代的步伐。物种进化论讲得很清楚，故步自封的结果就是被淘汰。WTA早就打出了“strong is beautiful”的口号，而威廉姆斯姐妹正是strong的最佳代言人。我不知道有多少人经历过20世纪90年代末叶的WTA，那真是一个百花齐放的年代。辛吉斯在网球场上踩着芭蕾舞步，库尔尼科娃则演绎着什么叫网球宝贝；再往前看，格拉芙、纳芙拉蒂洛娃这些名宿都使用着单反将整个世界踩在脚下……当大小威横空出世的时候，整个世界一片哗然，因为她们打着所有人都非常陌生的网球：暴力解决一切。

一开始，很多人是抵触这样的网球的，因为在大家的固定思维里，女子网球就应该是轻盈曼妙的，就应该是辛吉斯和库尔尼科娃那样的，你要么灵动，要么美丽。而大小威却将风格浑然不同的男子化打法带到了WTA，与整个世界进行对抗。那个时候，就算大小威成绩非常出色，但这个世界对她们的尊重却并不与她们的成绩相称。2001年的印第安维尔斯，2003年的罗兰加洛斯，小威遭受到了她职业生涯最不堪回首的嘘声，在球场上强悍无比的小威最终落下了伤心的泪水，因为那些充满了恶意的嘲讽谩骂和口哨，以及她奉献了那么精彩的网球，却没有感受到起码的尊重。

1997年，大威第一次来到全英俱乐部，第二年小威也加入了姐姐的行列，那时候姐妹俩脸上是满满的青春的胶原蛋白，温网的古板规矩在姐妹的眼中也许根本不值一提，两人带着满头的珠子张扬个性。19年转瞬即过，大威盘起了长发，小威也把头发牢牢绑在脑后，从女孩到女人，时间在潜移默化地影响着所有人，包括大小威。

这些年，小威跨过了肺栓塞的死亡威胁，大威克服了干燥综合征的困扰，正是因为经历了这些异常艰难的时刻，现在的大小威才异常珍惜在场上的时光。因为年龄的问题，姐妹俩的退役问题被问了一遍又一遍，在同龄人几乎都已经全部退役甚至当上了教练的当下，大小威却丝毫还没有退役的念头。两人的成功是无法复制的样本，但这不妨碍数以千计的小女孩怀着和她们一样的梦想走上网球的道路，并竭尽全力去演绎和她们一样的暴力网球。

这些年，当我们看到诸如科维托娃、穆古拉扎等WTA新接班人涌现的时候，不难发现，她们的打法中有着大小威的影子。用了近20年的努力，姐妹俩终于向世界证明了暴力网球才是WTA真正的出路。与此同时，坚持落点和控制的拉德万斯卡和坚持防守的沃兹尼亚奇还在追求大满贯的道路上迷失着方向。用了近20年的时间，这对从美国威斯康星州贫民窟走出来的黑人姐妹花终于将这个世界对她们的质疑和嘲讽变成了尊重。

和很多人一样，最开始的时候，我对这对姐妹花也没有太多的好感。时间是最好的解药，这么多年过去了，当看到36岁的大威拖着迟缓的步伐拼搏的时候你真的不动容吗？看着小威在追逐格拉芙的纪录一次次折戟的时候，你没有被她鼓舞吗？成长的意义是我们都可以变成更好的人，有这么好的榜样在面前，我们有什么理由不送上掌声不为之努力呢？

实际上，小威在还不到18岁的时候就已捧起了职业生涯首个大满贯冠军奖杯。随着比赛经验的丰富和技术水平的完善，小威已将四大满贯的奖杯尝了个遍。2002年法网至2003年澳网，小威成功地完成了“塞雷娜大满贯”，女子网坛从“辛吉斯时代”逐渐过渡到“威氏姐妹时代”，更确切地说是从技术独领风骚的时代切换到力量当道的时代，小威功不可没。

也许看到昔日老对手辛吉斯的成功复出自己手痒难耐，也许迫于网坛前辈们对她的公开劝告带来的压力，抑或是真的怀念昔日站在中央球场感受万道目光、享受万人鼓舞，小威终于决定复出。

尽管膝盖伤势还没有完全好，2006年8月，小威选择一场小型赛事作为复出首战，蛰伏了四个月之后终于在2007赛季身披亮丽的艳绿战袍在墨尔本闪亮登场，一句“我很渴望重返赛场，我是爱网球的”，让无数球迷为之感动的同时也充满期待。

谁也没想到她能以第81位世界排名的身份夺得澳网冠军，更没想到她会在决赛中以几乎完美的“黑色风暴”打懵世界第一的莎拉波娃。巡回赛迈阿密站决赛中，小威更是在第一盘0–6失利的情况下逆转战胜海宁。本赛季小威斩获两个单打冠军头衔，单打战绩是骄人的35胜9负，年终时世界排名已经升至第五，顺利地拿到WTA年终总决赛的入场券。

尽管在澳网接下来的三个大满贯中都被海宁阻挡在半决赛的门外，但小威再次燃烧了自己的斗志，在克里姆林杯赛前发布会上一席话：“我已经准备好了回到世界第一的宝座上，我现在充满动力……”，俨然是充满自信的斗士小威。也正是因为她在场上场下的率直自信，才让更多球迷喜爱她。

不要低估她的实力，因为她随时可能带给球迷一个巨大的惊喜。正如小威自己所说的，也许时尚只不过是业余爱好，她对8个大满贯的数量还不够满足呢。

在妹妹因怀孕生女暂别赛场后，姐姐维纳斯成为“威廉姆斯姐妹”在今年法拉盛赛场的唯一代言人。与斯蒂文斯的首场半决赛，或许是出于紧张，也或许是出于压力大，大威在比赛中送出了太多的非受迫性失误，尤其是第一盘，多达17个，几乎是双手主动奉上了输掉的6局比赛。

进入2017年，在37岁这一高龄，大威可以说打出了最近十年自己在大满贯赛中的最佳战绩：澳网亚军、法网16强、温网亚军、美网四强。人们总说，“年龄只不过是一个数字”，其实不只在塞雷娜身上，同样在维纳斯身上，这句话也得到了非常完美的诠释。

最终，斯蒂文斯以总比分6–1、0–6、7–5击败大威，职业生涯首次闯进大满贯决赛，而当前排名只列在第83位的她将力争成为继2009年的克里斯特尔斯后又一位捧起美网女单桂冠的非种子球员。

当小威廉姆斯2017年初在墨尔本公园霸气十足地捧起自己地大满贯No.23后，谁又能够预料到接下来竟会发生这样的变化呢？

● 1968年以来美网男女冠军名录

年份	男子	女子
1968年	阿什（美国）	维德（英国）
1969年	拉沃尔（澳大利亚）	考特（澳大利亚）
1970年	罗斯维尔（澳大利亚）	考特（澳大利亚）
1971年	史密斯（美国）	比利·简·金（美国）
1972年	纳斯特塞（罗马尼亚）	比利·简·金（美国）
1973年	纽康姆（澳大利亚）	玛格丽特·史密斯·考特（澳大利亚）
1974年	康纳斯（美国）	比利·简·金（美国）
1975年	奥兰特斯（西班牙）	埃费特（美国）
1976年	康纳斯（美国）	埃费特（美国）
1977年	维拉斯（阿根廷）	埃弗特（美国）
1978年	康纳斯（美国）	埃弗特（美国）
1979年	麦肯罗（美国）	奥斯汀（美国）
1980年	麦肯罗（美国）	埃弗特（美国）
1981年	麦肯罗（美国）	奥斯汀（美国）
1982年	康纳斯（美国）	洛伊德（美国）
1983年	康纳斯（美国）	纳芙拉蒂洛娃（美国）
1984年	麦肯罗（美国）	纳芙拉蒂洛娃（美国）
1985年	伦德尔（捷克斯洛伐克）	曼德利科娃（捷克斯洛伐克）
1986年	伦德尔（捷克斯洛伐克）	纳芙拉蒂洛娃（美国）
1987年	伦德尔（捷克斯洛伐克）	纳芙拉蒂洛娃（美国）
1988年	维兰德（美国）	格拉芙（德国）
1989年	贝克尔（德国）	格拉芙（德国）

续表

年份	男子	女子
1990年	桑普拉斯（美国）	萨巴蒂尼（阿根廷）
1991年	埃德博格（瑞典）	塞莱斯（南斯拉夫）
1992年	埃德博格（瑞典）	塞莱斯（南斯拉夫）
1993年	桑普拉斯（美国）	格拉芙（德国）
1994年	阿加西（美国）	桑切斯（西班牙）
1995年	桑普拉斯（美国）	格拉芙（德国）
1996年	桑普拉斯（美国）	格拉芙（德国）
1997年	拉夫特（澳大利亚）	辛吉斯（瑞士）
1998年	拉夫特（澳大利亚）	达文波特（美国）
1999年	阿加西（美国）	塞雷娜·威廉姆斯（美国）
2000年	萨芬（俄罗斯）	维纳斯·威廉姆斯（美国）
2001年	休伊特（澳大利亚）	维纳斯·威廉姆斯（美国）
2002年	桑普拉斯（美国）	塞雷娜·威廉姆斯（美国）
2003年	罗迪克（美国）	塞雷娜·威廉姆斯（美国）
2004年	费德勒（瑞士）	莎拉波娃（俄罗斯）
2005年	费德勒（瑞士）	克里斯特尔斯（比利时）
2006年	费德勒（瑞士）	毛瑞斯莫（法国）
2007年	费德勒（瑞士）	海宁（比利时）
2008年	费德勒（瑞士）	塞雷娜·威廉姆斯（美国）
2009年	德尔波特罗（阿根廷）	克里斯特尔斯（比利时）
2010年	纳达尔（西班牙）	克里斯特尔斯（比利时）
2011年	德约科维奇（塞尔维亚）	斯托瑟（澳大利亚）
2012年	穆雷（英国）	塞雷娜·威廉姆斯（美国）
2013年	纳达尔（西班牙）	塞雷娜·威廉姆斯（美国）
2014年	西里奇（克罗地亚）	塞雷娜·威廉姆斯（美国）
2015年	德约科维奇（塞尔维亚）	佩内塔（意大利）
2016年	瓦林卡（瑞士）	科贝尔（德国）
2017年	纳达尔（西班牙）	斯蒂芬斯（美国）

● 1973 年以来美网青少年冠军

年份	男子	女子
1973年	比利·马丁（美国）	
1974年	比利·马丁（美国）	伊兰娜·克劳斯
1975年	霍华德·肖恩菲尔德（美国）	娜塔莎·切米瑞娃（苏联）
1976年	里卡多·伊扎戈（厄瓜多尔）	玛瑞丝·克鲁格
1977年	范·维尼茨基（美国）	克劳迪娅·卡萨比安卡（阿根廷）
1978年	帕·哈亚特硅斯特（瑞典）	琳达·西耶盖尔（美国）

年份	男子	女子
1979年	斯科特·戴维斯（美国）	艾丽西娅·摩尔顿（美国）
1980年	迈克·福博格（美国）	苏珊·玛斯卡琳（美国）
1981年	托马斯·霍格斯戴特（瑞典）	吉娜·加里森（美国）
1982年	帕特·卡什（澳大利亚）	贝丝·海尔（美国）
1983年	斯蒂芬·埃德博格（瑞典）	伊丽莎白·敏特尔（澳大利亚）
1984年	马克·克莱兹曼（澳大利亚）	卡特琳娜·马丽特（保加利亚）
1985年	蒂姆·崔盖罗（美国）	劳拉·格罗恩（法国）
1986年	扎维亚·桑切斯（西班牙）	艾丽·哈卡米（美国）
1987年	大卫·维登（美国）	纳塔莉亚·兹维瑞娃（苏联）
1988年	尼古拉·佩雷拉（委内瑞拉）	卡丽·坎宁安（美国）
1989年	乔纳森·斯达克（美国）	詹妮弗·卡普里亚蒂（美国）
1990年	安德里亚·高登奇（意大利）	麦格达丽娜·马莉娃（保加利亚）
1991年	林德·派尔斯（印度）	卡瑞娜·海布苏多娃（捷克）
1992年	布莱恩·邓恩（美国）	林德赛·达文波特（美国）
1993年	马赛罗·里奥斯（智利）	马里亚·弗朗西斯卡·本蒂沃格里奥（意大利）
1994年	斯让·沙尔肯（荷兰）	梅兰·图（美国）
1995年	尼古拉·基耶法（德国）	塔拉·辛德（美国）
1996年	丹尼尔·埃尔斯纳（德国）	米尔亚娜·卢西奇（克罗地亚）
1997年	阿诺德·迪·帕斯奎尔（法国）	卡拉·布莱克（津巴地亚）
1998年	大卫·纳尔班迪安（阿根廷）	叶莲娜·多克奇（克罗地亚）
1999年	雅科·涅米宁（芬兰）	丽娜·克拉斯诺罗斯卡娅（俄罗斯）
2000年	安迪·罗迪克（美国）	马丽亚·艾米莉娅·赛勒尼（阿根廷）
2001年	吉尔斯·穆勒（荷兰）	马里安·巴托丽（法国）
2002年	理查德·加斯奎尔（法国）	玛丽亚·基里连科（俄罗斯）
2003年	尤·维尔福莱德·特松加（法国）	柯尔斯顿·弗里普肯斯（比利时）
2004年	安迪·穆雷（英国）	米歇拉·克拉吉塞克（荷兰）
2005年	莱恩·斯维亭（美国）	维多利亚·阿萨连卡（白俄罗斯）
2006年	杜桑·罗伊达（捷克）	安娜斯塔西娅·帕夫利乌琴科娃（俄罗斯）
2007年	贝兰基斯（立陶宛）	库科娃（斯洛伐克）
2008年	迪米特洛夫（保加利亚）	范德维格（美国）
2009年	托米奇（澳大利亚）	沃特森（英国）
2010年	索克（美国）	加夫里洛娃（俄罗斯）
2011年	戈尔丁（英国）	格蕾斯·敏（美国）
2012年	佩里沃（加拿大）	克劳福德（美国）
2013年	丘里奇（克罗地亚）	康纽（克罗地亚）
2014年	贾斯卡（澳大利亚）	布兹科娃（捷克）
2015年	弗里茨（美国）	加尔菲（匈牙利）

续表

年份	男子	女子
2016年	阿格尔·阿拉斯（加拿大）	戴伊（美国）
2017年	吴易昺（中国）	阿尼西莫娃（美国）

美网纪录

■ 入围单打决赛最多的选手：

男子：10次，比尔·蒂尔登（1918—1925年，1927年，1929年）

9次，比尔·拉内德

8次，比尔·约翰斯顿，伊万·伦德尔，皮特·桑普拉斯

7次，理查德·西亚斯，吉米·康纳斯

6次，费德勒

5次，莫里斯·麦克劳林，约翰·麦肯罗，安德烈·阿加西

女子：10次，莫拉·B.玛罗丽（1915—1918年，1920—1924年，1926年）

10次，莫拉·B.玛罗丽（1918年，1920—1924，1926年）

9次，海伦·威尔斯·穆迪（1923—1933年），克莉丝·埃弗特（1925—1982年）

8次，伊丽莎白·摩尔，海伦·H.贾克波斯，玛蒂娜·纳芙拉蒂洛娃，施特菲·格拉芙

6次，波琳·贝兹，A.路易斯·布拉夫，桃瑞丝·哈特，玛格丽特·史密斯·考特

■ 单打夺冠次数最多的男选手：7次，理查德·汉牧斯（1881—1887年）

7次，威廉姆斯·朗德（1901—1902年，1907—1911年）

7次，比尔·蒂尔登（1920—1925年，1929年）

■ 单打夺冠次数最多的女选手：8次，莫拉·B.玛罗丽（1915—1918年，1920—1922年，1926年）

■ 夺冠总数最多的男选手：16次，比尔·蒂尔登（7次男单，5次男双，4次混双）

■ 夺冠总数最多的女选手：25次，玛格里特·奥斯本·杜邦（3次女单，13次女双，9次混双）

■ 最年轻的男单冠军：皮特·桑普拉斯，1990年（19岁零28天）

■ 最年轻的女单冠军：特拉西·奥斯丁，1979年（16岁8个月零28天）

■ 最年长的男单冠军：威廉姆斯·朗德，1911年（38岁8个月零3天）

■ 最年长的女单冠军：莫拉·B.玛罗丽，1926年（42岁）

■ 职业生涯中获胜场次最多的选手：

男子：98场，吉米·康纳斯（1970—1989年，1991—1992年）

75场，维克·塞克萨斯（1940—1969年）

73场，伊万·伦德尔（1979—1994年），比尔·蒂尔登（1916—1930年）

71场，皮特·桑普拉斯（1988—1998年）

69场，R.诺里斯·威廉姆斯（1912—1935年）

女子（前5名）：101场，克里斯·埃弗特·劳埃特（1971—1989年）

89场，玛蒂娜·纳芙拉蒂洛娃（1973—1993年）

73场，施特菲·格拉芙（1984—1996年，1998年）

65场，莫拉·B.马洛里（1915—1929年）

63场，海伦·H.贾克波斯（1927—1941年）

■ 连续获胜场次最多的选手：

男子：42场，比尔·蒂尔登（1920—1926年）

27场，伊万·伦德尔（1985—1988年）

26场，约翰·麦肯罗（1979—1982年）

20场，莫里斯·麦克劳林（1912—1914年）

18场，理查德·亚斯（1981—1987年），弗雷德·佩里（1933—1935年）

女子：45场，海伦·威尔斯·穆迪（1927—1933年）

31场，克里斯·埃弗特·劳埃特（1975—1979年）

28场，海伦·H.贾克波斯（1932—1936年）

20场，玛格丽特·O.杜彭（1948—1950年，1953年）

■ 获得双打冠军次数最多的男选手：6次，理查德·希尔斯（1982年—1987年）

6次，沃德（1899年，1900—1901年，1904—1906年）

■ 获得双打冠军次数最多的女选手：13次，玛格里特·奥斯本·杜邦

■ 最长的决赛场次（局数）：

男单：1949年，潘丘·冈萨雷斯（Pancho Gonzales）以16–18、2–6、6–1、6–2、6–4击败舍特雷特（Ted Schroeder）夺冠，共进行67局

女单：1900年以前决赛中采用过五盘三胜制，1898年奥特金森（Juliette Atkinson）在决赛中以6–3、5–7、6–4、2–6、7–5战胜了琼斯（Marion Jones），整场比赛一共进行了51局。采用三盘两胜制后，1948年决赛，杜彭特（Margaret Osborne dupont）在以4–6、6–4、15–13战胜布朗（Louise Brough）的决赛中共进行了48局

■ 最长单场耗时的比赛：1992年埃德伯格对张德培的一场比赛，共打了5小时26分钟

■ 最长比赛日：1984年9月8日，中心球场上演了三场精彩绝伦的比赛，从上午11时起，一直到晚上11时才结束。女单决赛中，纳芙拉蒂洛娃战三盘击败埃弗特成功卫冕。两场男单半决赛，伦德尔与凯什激战五盘最终前者以3–6、6–3、6–4、6–7、7–6险胜。接着欲夺三冠的康纳斯苦战五盘以4–6、6–4、5–7、6–4、3–6不敌麦肯罗。这天的比赛12小时6分，成为美网历史上非常著名的一天

■ 最多场观众总人数纪录：2014年总观众人数71.364 2万人

■ 最多现场单日观众纪录：54 992人（2000年9月12日）

■ 最高奖金纪录：2017年美网总奖金达5 040万美元，男女单打冠军各获370万美元

第三节　风情浪漫的法网

法网足迹与历史

19世纪末的花都巴黎风姿绰约、五光十色，就在这么一个浮华盛行的黄金年代中诞生了网球史上最浪漫的一项赛事——法国网球公开赛。

而当我们翻开它漫长的百年历史时，就会明白它是如何从默默无闻一步一步地走向辉煌的巅峰。

法网标

1891年，法网掀开了历史的第一页。由于当时规定只有法国人才可以参加，布里格斯就成为法网历史上的第一位冠军。6年之后，也就是1897年，法网首次举办了女子比赛，结果艾蒂妮·梅森艺压群芳，获得了这一具有历史意义的胜利。1912年，法网的主赛场迁至圣·克劳德公园，并更名为世界红土网球锦标赛，这让法国选手拥有了扬名国际的机会，也从此改变了温布尔顿在网坛一枝独秀的局面。而在此期间，瓦切罗特、埃米、德库吉斯、戈蒙特几乎瓜分了男子冠军，女子方面也出现了梅森、梅特和布罗凯蒂斯这样的传奇人物。

真正让法国网球开始走向世界的应该是1928年罗兰·加洛斯球场的落成。此前的1927年，戴维斯杯决赛由法国队与老牌冠军美国队对决。代表法国参加戴维斯杯是让·拉考斯特、让·波罗特拉、杰奎斯·布鲁格农和亨利·柯谢特。这支队伍精英荟萃，共同作战，经过艰苦奋斗，终止了美国队在戴维斯杯赛场16连胜的纪录，法国第一次夺得冠军。法国人兴奋不已，而四位国手被法国人亲切地称为“四个火枪手”。

为了祝贺在美国获得的巨大胜利，同时为了第二年在本土迎战美国队的挑战，巴黎市政府决定在靠近奥泰依的地方划拨出一块3公顷的土地，修建法国最大的网球场。经过短短9个月的时间，一个红土网球的天堂耸立在巴黎的东南方。巴黎人以第一次世界大战期间第一个成功驾机横穿地中海的法国英雄罗兰·加洛斯命名这座新球场。

20世纪二三十年代的法网，是法国人的天下。“4个火枪手”中让·拉考斯特、让·波罗特拉和亨利·柯谢特在这里占据了9年的冠军，并且在罗兰·加洛斯球场为法国队连续5年蝉联戴维斯杯冠军，使得法国人在网坛盛极一时。然而随着后来法网比赛对国际开放，法国人就开始渐渐失去了在网坛的优势地位。

1934—1939年，英国人、德国人、澳大利亚人开始在法网上唱主角。1938年，美国人唐·布奇不但在法网上称雄，而且在当时的温网、美网和澳网都夺得了桂冠，成为第一个获得“大满贯”的男选手。

1940—1945年由于第二次世界大战的爆发，法网比赛暂停。1946—1950年，美国人占据了法网的统治地位。1951—1959年，美国人和澳大利亚人在法网上平分秋色。到了1953年，美国的莫琳·康纳利成为第一个获得“大满贯”的女选手。

尽管法国人在法网的辉煌岁月已经结束，但在第二次世界大战之后，法网却凭借着罗兰·加洛斯的浪漫气息，吸引了全世界大量的球员，同时也走向了它的黄金年代。

1968年，罗兰·加洛斯成为第一个进入职业化的公开赛，并开始了比约·博格和克里斯·埃弗特统治法网的时代。博格在1974—1981年间6次称雄法网男单，埃弗特在1974—1986年间7次问鼎女单，他们都创造了法网公开赛时代的纪录，而这些纪录也许永远都不会有人能够改写了。之后，博格的急流勇退为其他的男球员留出了拼搏的空间，韦德和伦德尔在20世纪80年代的激烈竞争，使他们成为法网新的主宰。

进入20世纪90年代中期，法网的男子比赛逐渐呈现出群雄割据的局面，直到新的“红土之王”库尔腾的出现，才让人们重新寻找到当年博格等人的辉煌身影。相比而言，在埃弗特退役后的十几年间，法网的女单则几乎成了格拉芙、塞莱斯和桑切斯的天下。

进入21世纪，法国成就了一批红土好手，包括科里亚、费雷罗、纳尔班迪安、莫亚等。在法国官方一份“谁是2005年的红土赛场之王”的统计中，西班牙小将纳达尔位居第一，普尔塔名列第三，费德勒与上届法网公开赛亚军科里亚并列第四，达维登科第六，比世界头号男单选手费德勒的成绩还要好。

罗兰·加洛斯球场

在球员们创造神话的同时，为了适应法网观众逐年增加的需要，也开始了罗兰·加洛斯球场的扩建工程。1979年，占地2 000平方米的罗兰·加洛斯村正式启动。第二年，在原先的中央球场旁边修建了一座可容纳4 500名观众的大球场，也就是今天我们所熟知的1号球场。

对于以品位著称的法国人来说，由他们自己的杰出建筑设计师吉拉德特和罗弗拉设计建造的球场，其格调与实用并存，坐在这个具有古典风格的现代混凝土结构的赛场看台上看球，心情和感觉只能用“享受”二字来概括。

几年后，筹到更多资金的罗兰·加洛斯球场向西面扩张，一旁的橄榄球场被改建成了9片预备球场。与此同时，大理石广场也应运而生。时至1991年，当年4个火枪手的雕像也全部矗立在广场当中。

为了适应观众逐年递增的需要，1994年，一座可容纳1万多名球迷的球场对外开放，它被称做A球场。随着新世纪的到来，法网组委会决定在罗兰·加洛斯的中心兴建一座新的中央球场。

除此之外，球场配套的设施也在不断地改进和增加。今日的罗兰·加洛斯和巴黎一样，既古典又现代，建筑、景色与人文和谐地融为一体，让前来观赛的人们流连忘返。

2011—2012年，罗兰·加洛斯扩建计划停留在纸面，除了签署各种占地、建设许可，还要进一步细化计划。2013年，球场东侧的乔治·埃贝尔体育场内将建起新的训练中心。2014—2015年，新的媒体中心将投入使用，一座位于奥特伊温室花园、拥有5 000个席位的新球场将开门迎客。另外，现有的1号球场将被拆除，取而代之的是新的餐厅和休闲区。法国网球协会主席加查辛在2012年表示，法网举办地罗兰·加洛斯体育场改扩建工程耗资将达到3.4亿欧元，而且工程最终完工的时间也将延至2018年。2019年一个拥有5 000个座位的全新的球场将代替现有的1号场，它与周边的花园融合，成为全新“花园球场”。除了增加新球场外，为中心球场加盖顶棚也已写进日程中，预计在2020年投入使用。不过加盖顶棚后，原有的2号球场受到影响将被拆除，取而代之的是一个更大的14号球场。

2017法网总奖金提升至3 600万欧元，相比去年（3 200万欧元）增长了400万，增幅达到了12%。与前几年一样，2017年提高的奖金主要分配给第一轮到四分之一决赛之前的轮次，这使得他们的奖金与去年相比提高了大约16%，男女单打冠军的奖金提升到了210万欧元，比2016年多了10万欧元。

法网传统与特色

○ 红土的特色

红土场可分为自然红土场（欧洲居多）和人工红土场，后者用砖粉、橡胶和一些化学聚合物综合制成，一般称为"合成黏土"。在红土场场地上，球落地后比硬地场弹得高，但速度慢。这种场地对于移动灵活、底线击球稳定、极有耐心的球员十分有利，但发球上网型的选手会因此威力大减，而落地球的不规则弹跳也会影响不熟悉此类场地的球员的判断。

红土场的优点在于，它能使球员通过敏捷的脚步来弥补力量的不足，并且其柔软的表面能减少运动员膝部和脚踝部的损伤。另外，它比混凝土和塑胶场地温度低，雨后干得更快。但它也是一种很难伺候的场地，需要花大量时间和经费来维护。此外，由于球场沉积物的磨损，球员打球时，球弦很容易断裂。

美网更多的是一种名为"绿土"的土场，它的主要成分是碾碎的绿色砖石。这类场地的球性与红土场相似，有时球速可能更慢，因为红土场的尘土状表层会增加球的旋转。

自从网坛进入公开赛时期以来，土场赛事在巡回赛中始终占据着相当重要的分量，却不是垄断性的比例。目前9站ATP大师赛中有3站是红土赛事，10站WTA一级巡回赛中有2站红土赛事和1站绿土赛事；纵向来看,ATP巡回赛初创时，土场赛事占全部赛事的比例超过40%。此后近40年中，这个比例基本稳定在36% ~ 38%。2005赛季土场赛事比例为36.2%。WTA的红土赛事相对较少，2005赛季62站巡回赛中仅有15站在土场上举行（其中有两站是绿土），女子网坛没有出现太多的"红土专家"。

虽然网球运动发源于草地球场，但土场赛事也是世界网坛早期的主流，特别是法网和蒙特卡罗网球大师赛、汉堡网球公开赛和罗马网球大师赛都已经有七八十年乃至上百年历史，后来土场赛事的地位逐渐降低。土场赛事在巡回赛中一直无法成为主流赛事的重要原因是它虽造价低廉但保养难度颇高。因此，红土球场在亚洲、澳洲以及非洲和北美的大部分地区都不够普及，仅在地中海和波罗的海以及气候温暖潮湿的南美洲存在较多，这也就决定了红土赛季大多在欧洲或者南美洲的夏季展开。

从20世纪70年代巡回赛逐渐成形以来，土场赛事体系经历了多次演变。最初在法网之前仅有蒙特卡罗和罗马等几站热身赛，温网后还有以汉堡站为核心的另一个欧洲红土赛季，南北美洲的红土赛事则从8月至年底之间举办，美网甚至都一度在土场上举行。此后北美洲的红土乃至绿土赛事日益"缩水"，南美洲赛事缓慢增加，举办时间也改到年初。而在红土的发源地欧洲，赛季重心逐渐由温网后向法网前转移。在经济繁盛时期，ATP和WTA欧洲红土巡回赛总共接近50

站，2005赛季则为31站。

在红土场上举行的重要赛事有法国网球公开赛（ATP和WTA）、蒙特卡洛网球大师赛（ATP）、罗马网球大师赛（ATP和WTA）、汉堡网球公开赛（ATP）以及家庭圈生活杯网球赛（WTA）。

在世界网坛，虽然红土赛事的“领地”正在被保养更方便的硬地球场蚕食，但红土仍然是不可或缺的传统标志。要提高红土赛事的影响力，基础是增加比赛次数，特别是高水平女子比赛次数，当务之急则是进一步合理规划以法网为核心的红土赛季日程。此外，戴维斯杯和联合会杯团体赛也是可以利用的因素，两大团体赛每年都有大量赛事在红土场上举行，如果能将它们的最后阶段比赛并入红土赛季，既解决了团体赛赛程冗长之苦，又可以提升红土赛事的影响力，不失为一种双赢的选择。

○“冷门”与“坟场”

法网被称作“冷门的温床”和“种子选手的坟场”。就近年比赛情况，特别是男单来看，这种说法有一定的道理。在过去10年的法网男单比赛中，头号种子只有2001年时的库尔腾进入决赛并夺冠，1997年和2004年两届男单奖杯则都被非种子选手抱走。在过去10年中，法网女单头两号种子共5次进入决赛，只有1次夺冠，但10次冠军得主种子排名都不低于前10位，爆冷力度小于黑马丛生的男单。而在同一时期，温网男单冠军有7次被头号种子赢得。相比之下，法网的“冷门温床”之称对男子来说更为合适。

1968—1995年，情况稍有不同。而如果以法网和温网相比较，则是另一番景象。在这27年的时间内，法网男单头号种子夺冠10次，温网只有9次；法网女单头号种子夺冠14次，温网16次，总数基本持平。即使夺冠次数相当，此期间法网在头两号种子之间进行的单打决赛只有13场，而温网则达到20场，能在法网中闯进决赛的非种子选手也远远多于温网。也就是说，当时法网更多是靠个别超级球星来维护高排名种子的地位，由此可以看出，法网冷门迭爆并非是巴黎黄色精灵的偶然之作。

1996年以来，法网女单再没有成功卫冕者。其实自1968年以来，法网也曾有过“英雄时代”，8年内6次夺冠的博格，分别以7次和6次封后的埃弗特和格拉芙，以及伦德尔和塞莱斯等球星都曾把罗兰·加洛斯变成自家的“花园”。但近年来，如库尔腾、费雷罗和卡普里亚蒂、海宁等多位法网冠军无法重现前人的辉煌纪录，大都是因伤病所致。

与“冠军轮流拿”同时出现的是非种子选手的崛起，近11次男单决赛中就有6位非种子选手的身影，比此前25届比赛的总数还多一次；女单方面则自1983年之后就再没有非种子选手能进入决赛，一方面是因为种子阵营扩大，另一方面则反映出女子网坛在一流层面深度欠缺。另一个变化是，过去能以较低排名问鼎法网的“黑马”韦德、张德培和库尔腾当时都很年轻，法网冠军只是他们辉煌运动生涯的起点，而近年夺冠的“黑马”科斯塔和高迪奥则很难在此高度上更进一步。

也有人认为，法网的“冷门”和“黑马”只为偶然和个别现象，从总体上说，并非如此。事实是，在法网整整100年的历史中，只有4位选手是凭非种子的身份夺得冠军。韦德和库尔腾在1982年和1997年曾做到过这一点，而唯一的女选手则要追溯到1933年的斯科莉文了。

无论如何，法网的确成为一些名将的伤心地，比如桑普拉斯，桑普拉斯对于法网就如同博格对于美网、伦德尔对于温网，但与他们不同的是，桑普拉斯从来就没有真正地靠近过法网冠军，他离法网最近一次是1996年的半决赛，那次他惨败在踌躇满志的卡费尔尼科夫的拍下，其中第二盘还被剃了个光头，此后他在罗兰·加洛斯的战绩一年不如一年。平心而论，桑普拉斯的打法在土场上的确有些吃亏，但也不至于表现得如此糟糕，毕竟他还曾在红土场获得过罗马大师赛的冠军。桑普拉斯在四大满贯的温网、美网、澳网拿到14个桂冠，但唯一缺少的是法网冠军。尽管他不愿承认，但所有人都清楚，罗兰·加洛斯已经成为他心里无法抹去的阴影。

2006年法网的功亏一篑使费德勒没能成为一连串重要纪录的新主人，本赛季已没有机会冲击男子网坛的终极挑战，也就是没有机会取得一年中所有四大满贯的桂冠。而自罗德·拉沃尔1969年完成自己第二次赛季全满贯之后，这个奇迹已搁置了37年。

令人鼓舞的是，费德勒在红土场上的长足进步。他在2006年的红土成绩仍然是可观的。在蒙特卡洛、罗马大师赛均进入决赛，特别是在法网，尽管他未能夺冠，但毕竟第一次杀进决赛，有第一次就有第二次、第三次……

截至2007年1月，费德勒在11次大满贯决赛中取得10胜1负的成绩，罗兰·加洛斯对他敞开着希望之门。

○ 艺术的天堂

巴黎是艺术的天堂，这里有莫奈的日出和睡莲，有雨果笔下的巴黎圣母院，还有左拉笔下灵感之源的塞纳河。法网，同样是文化艺术与网球相互融合的网球艺术天堂。其中，网球海报就是最典型的代表。

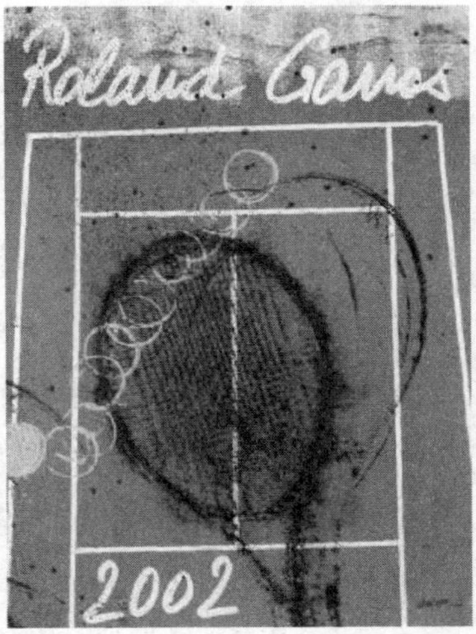

2002年法网海报

1980年，法国球员让·洛维拉突发奇想：为什么我们不能设计一个海报将法网的特色直观地表现出来呢？于是他把这个创意告诉了当时法国网球联合会主席菲利浦·查提埃先生。从那一年开始，法网组委会每年都会邀请一些著名的艺术家为其设计海报。

1981年的海报是瑞典选手博格的背影，虽然招来了一些非议，但是博格还是很为设计者争气，第六次捧起了法网冠军。1989年设计用彩虹般的颜色和线条展示了网球的运动之美，而这幅海报的原版也于2003年被作为纪念品赠予了退役的张德培。

由Gills Aulaud创作于1984年的海报是一幅水粉画，以红为底色，那可能就是标志着一个红土球场，四周人头攒动，就像那一年的决赛场面：麦肯罗与伦德尔惊心动魄的比赛，或是像那一年纳芙拉蒂洛娃最后一次赢得法网奖杯时让人激动的现场。

2005年的法网海报由西班牙艺术家普兰萨设计，黑、白、灰三色让海报整体有点阴沉。本届法网宣传画与前一届的色彩有很大差别，灰色的背景上写满法国著名作家拉伯雷《巨人传》第四部56章中关于在冰海上遭遇解冻的话语。那段隽永的寓言——已经说出的话语冻结成冰，当冬天的寒冷消散，宁静而温和的春天到来时，冻结的话语融化再度开始叙说。在这段话语之上，“Roland Garros 2005”几个古拙的字充满整个画面。

也许有人认为，宣传画的色调与巴黎春天时的法网无法匹配，但普兰萨却认为，如果只简单地把红土球场的颜色作为主色调，把网球拍形状放到画面中，那么整个宣传画就显得太过直白了，缺乏内涵。

2005年，法网人在举行法网的同时，推出了“罗兰·加洛斯25年现代艺术展”网球海报展。《网球》杂志特邀记者曾发表文章记述了参观感受。

说是海报展，其实展品远不只几张海报，就像在蓬皮杜中心的现代艺术展一样，展品琳琅满目，让人应接不暇。在1 000平方米的展示空间里，除了海报，26位艺术家的100多幅作品也展示其间，包括油画、版画、拼贴画、水粉画、雕塑等，将当代艺术在网球主题上的表现发挥得淋漓尽致。而这26位艺术家可不是一般人，不乏当代艺术大家：琼·米罗、安东尼·塔皮伊斯、厄瓜多·阿罗约、皮冈·厄内斯特、雅各布什·莫诺里……每年，法国网球协会都会把设计海报的任务交给他们选定的知名艺术家，这次展览不仅展出了最终的成稿，还有许多海报的草稿，看这些草稿有时比看成稿更有意思，它让人在作品的背后，领略到艺术家们向网球朝圣的思想冒险以及情感爆发的整个过程，而一旦作品成型，他们的光芒就会照耀一整年。

在26位艺术家中，最知名的也许就是西班牙的琼·米罗，他是20世纪的绘画大师，被人们赞誉为超现实主义绘画的伟大天才。米罗的画风多变、复杂，很多作品都有一种让你陶醉的梦幻和童谣气质。曾有人讲过，当一些成年人面对米罗不懂装懂时，一群小学生却看得兴奋异常，回家后不少人都画出一些像米罗那样的画。所以，看米罗画展，最好带着孩子，因为小孩对米罗的鉴赏力远远超过大人。米罗的作品被用在了1991年的法网海报上，其实早在1982年米罗就被罗兰·加洛斯看中，但由于当时正忙于西班牙世界杯海报的设计，米罗拒绝了这个“不合时宜”的邀请。9年后，这位伟大的艺术家已去世多年，在征得家人同意之后，他的作品出现在了罗兰·加洛斯球场，此时正值法网百年之际，罗兰·加洛斯也终于与这位艺术天才相遇。这幅版画草图虽然不是专门为网球而作，但看上去的确很像正手抽球的动作。

从25年的海报中，不难发现，立体主义、后印象派、超现实主义甚至是波普艺术的纷繁风格。据介绍，主办者在作品的遴选上可谓不拘一格，除非是有侵犯政治或宗教信仰，或者是引起人们对法网的偏见，组织者一般不会推翻原创者的设计构想，作品也不会做任何改动，这使法网海报成为充满想象力和运动热情的艺术精品，也使法网海报成为艺术与网球的纽带。

在有些海报中，网球的形象一目了然，比如1987年雷拉德·加摩尔的作品；而有些海报中根本没有网球出现，比如2001年塞安·斯加里的创意，抽象的只剩下条块的拼接，有些甚至乍一看会觉得不知所云，但仔细品味，又觉得确实与网球有着某种模糊的必然联系。最让我大惊失色的就是今年的海报，黑底白字，超出了我对法网所有的想象，是否网球到了2005年，也激进，也摇滚，也充满了紧张的不可预见？拉伯雷的古典诗句隐藏在极现代的表现形式背后，是否告诉我们消失的色彩即将爆发？网球，在法语里，它还有一个和现代网球完全不同的名字叫Paume，据字典里说，这个词也是（法国1789年）网球场誓言。它的发音类似“包母”，你不妨读一下这个发音，看能不能找到一点庄严感，能不能在唇齿间找到与2005年海报相似的感觉。

人们常说，网球只是一项运动，一个少数人参与的游戏。但从罗兰·加洛斯的海报中，我们看到了网球无限延伸的空间，在组织者看来，每幅海报都代表了罗兰·加洛斯的一种感觉，一种色彩，一种情绪。而在艺术家笔下，海报则向世人敞开了网球的灵魂。

法网的海报就是这样巧妙地将巴黎的艺术同网球联系到了一起，艺术家们设计的和网球有关的海报吸引了众多的球迷，甚至有人会专门为了搜集法网超现实主义风格的海报而来到罗兰·加洛斯。

法网人物与故事

○ 法网传奇——朗格伦

来自法国的女孩苏珊·朗格伦在法网上的表现远不如她在温网上连续夺贯那么辉煌，但她却是20世纪20年代从巴黎咆哮国际网坛的一阵飓风，她以她的天赋和勇气推动了世界网坛，以传奇的色彩留给了后人无数的佳话。

苏珊·朗格伦于1899年5月出生于法国巴黎。孩提时代的朗格伦很瘦弱，在尼斯城一家网球俱乐部任秘书的父亲，决定要她学习网球以强身，无心插柳之举也造就了后来的一代网球巨星。瘦小的朗格伦很快就在与同龄人的较量中崭露头角。

1914年，15岁的朗格伦在世界硬地冠军赛中囊括了单打、双打冠军，让世人首次意识到一颗新星即将诞生。此后，她辗转于各项业余网球赛事。20岁时，她获得了网球生涯中第一个重要的突破，在那一年的温网赛中，她最终获得了冠军。夺冠途中最扣人心弦的一战，是面对40岁的7届冠军钱伯斯，经过两个多小时的苦战，她以10–8、4–6、9–7的比分战胜了老将，一举成名。此后，这颗战斗力旺盛的美女新星，真正开始在球场上绽放光芒。此后，朗格伦纤瘦而美丽的身影如旋风般席卷了整个网球场，7年间她只输过一场比赛，苏珊·朗格伦几乎成为不可战胜的代名词！

朗格伦继1923年创造了温布尔顿五连冠后，在1925年再夺温网冠军，那是她当年得到的第六个单打冠军，同时她还拿到了6个双打冠军，然后以这个完美的句点在网球最有声望的赛事中退休。

1926年，仍然处在鼎盛时期的朗格伦，毅然决定投身尚处在襁褓之中的职业网球，此举遭到了原来众多业余网球赛事组织者的极力反对，他们企图通过禁止职业球员参加由其组织的各大有影响力的比赛（如大满贯）等手段扼杀职业网球。正因为朗格伦的支持才使职业网球得以生存，朗格伦对于职业网球前景的远见和支持，是她职业生涯之外的另一份杰出贡献。

朗格伦虽然谈不上特别漂亮，但有着法国女人的优雅气质，再加上纤细窈窕的身材和怪异的装束，朗格伦吸引着无数男女艳羡的目光。在20世纪20年代的网坛，她便是最大的票房。每每有她参加的赛事，观众都是爆满。据说温网新建的14 000座的中心球场，被称为“苏珊所建的房子”，因为它就是为尽可能容纳下朗格伦的众多球迷而建造的。

苏珊·朗格伦曾穿了稍短的过膝裙子以及把足踝包裹得严严实实的长袜上阵，于是有人讽刺她像是准备去参加田径赛。她没被传统人士的非议声吓退，1925年，她提倡用丝绸等轻软面料缝制式样更性感的网球裙，引导了一场网球裙的改革潮流。

同样让人不可思议的还有她的一个比赛嗜好：每当场间休息时，弱纸纤纤的她总会豪饮几口白兰地，或许这便是她在场上能够激情四射的源泉。

因为巨大的票房号召力，朗格伦成为各项表演赛组织者极力邀请的对象。1926年，她与布朗妮（Mary K Browne）在美国巡回赛打了38场表演赛，场场爆满，朗格伦全胜。或许是因为亲身体验到商业性比赛的巨大潜力与丰厚奖金的激励，此后，她开始致力于职业网球运动的推进，成为原始职业巡回赛的台柱。

场上的朗格伦总是扎着发带，束起头发，裸露出她雪白纤细的臂膀，身着一件宽大飘逸的长裙，挥舞着木拍压迫对手，发动着一轮接一轮的进攻，然而这并不妨碍她散发出惊人的魅力。在很长一段时间内，她的身影是网球场上最美不胜收的风景。在那个保守的年代，场边已出现了众多对朗格伦大胆示爱的球迷。

1939年7月4日，年仅40岁的朗格伦因为败血症英年早逝。就对网坛的主宰和打法的优美而言，苏珊·朗格伦是无与伦比的。

○ 法国鳄鱼与“4个火枪手”

1925年，在美国纽约，法国队与澳大利亚队进行比赛，胜者可以获得向上届冠军美国队挑战的资格。代表法国参加戴维斯杯的是让·拉考斯特和让·波罗特拉、杰奎斯·布鲁格农和亨利·柯谢特。这支队伍精英荟萃，共同作战，被法国人亲切地称为“火枪手”。

站在这支队伍中，与个性奔放的队友们相比，腼腆的拉考斯特似乎是最不起眼的一个。然而，他所取得的成就却是最高的。

1924年，拉考斯特打入温网决赛，在一场5盘大战中负于波罗特拉，获得亚军。1925年，他再次在决赛中与波罗特拉相遇，这次他以3∶1取胜，夺得了个人首个大满贯冠军头衔。1928年，他击败柯谢特，再次夺得这项赛事的冠军。事实上，1924—1929年，火枪手们垄断了温网。

穿鳄鱼牌的拉考斯特

在家乡的法网赛场上，拉考斯特表现更为出色，尤其是在单数年。1925年、1927年、1929年3年，他都夺得法网冠军，其中1925年和1929年他同时也是双打冠军得主，1927年则是双打亚军。1926年、1928年，他也取得了单打亚军。除此之外，1926—1927年，他还连续取得了美网单打冠军。

拉考斯特取得的另一项重要胜利是在戴维斯杯的赛场上，而“鳄鱼”的传奇也是从这里开始的。

在火枪手们崛起之前，戴维斯杯是美国人的天下，由“大小比尔”（比尔·蒂尔顿和比尔·约翰斯顿）领军的美国队在戴维斯杯赛中几乎所向披靡。

赛前，火枪手们和教练一起上街散心，拉考斯特相中了街旁铺子里的一只鳄鱼皮箱。“我们打个赌吧，如果明天我赢了，就送我这只鳄鱼皮箱！”面对拉考斯特提出的要求，领队皮埃尔·吉洛爽快地答应了。

后来，拉考斯特在单打比赛中没能战胜澳大利亚选手杰拉德·帕特森。但他和波罗特拉合作取得了双打比赛的胜利，帮助法国队以3∶1战胜澳大利亚队，火枪手们首次赢得了与美国队直接对话的权力。虽然没有赢得鳄鱼皮箱，拉考斯特的拼搏精神还是给人们留下了深刻的印象。

几天后，在费城进行的决赛中，火枪手们以0∶5负于美国队。1926年，他们再一次杀入决赛向美国队发起冲击。虽然这次法国队仍以1∶4告负，但是拉考斯特以4–6、6–4、8–6、8–6击败了蒂尔顿，终止了后者在戴杯赛场16连胜的纪录，为火枪手们奏响了进攻的序曲。

一位美国记者在报道中提到了鳄鱼皮箱的故事。一夜之间，“鳄鱼”就成了拉考斯特的外号。拉考斯特说：“人们很喜欢这个外号，因为它恰好代表了我在网球场上的风格：坚忍顽强，不放过任何一个猎物！”于是，拉考斯特的朋友罗伯特·乔治画了一条鳄鱼送给他。拉考斯特把这条鳄鱼绣到了自己的比赛服上。也许鳄鱼真的给拉考斯特带来了好运，1927年，火枪手们终于如愿以偿，击败了美国队，捧得戴维斯杯。

拉考斯特在这一年风光无限，在法网、戴维斯杯、美网决赛中，他三次令不可一世的蒂尔顿俯首称臣。1926—1927年，拉考斯特攀登上了世界第一的宝座。1928年，拉考斯特帮助法国队捍卫了戴维斯杯的荣誉。1929年法网夺冠后，出于健康原因，拉考斯特决定告别赛场。

如果说拉考斯特在网球方面取得的成绩是不断努力的结果，那么他在时尚界的成功则有些无心插柳柳成荫的味道。有人说法国人与生俱有敏锐的时尚触觉，这一点在拉考斯特身上得到了验证。

1924年，赋闲的拉考斯特和朋友一起成立了一家运动服饰公司，创立了以自己名字命名的品牌。参考马球运动赛服，拉考斯特设计了专门用于网球运动的短袖针织上衣，以取代闷热拘谨的传统赛服，并将那条著名的鳄鱼作为标志绣在醒目的位置（此举后来也被其他品牌纷纷仿效），从而掀起了在运动服上绣商标的热潮，他们的产品大受欢迎，一时间，人人都以胸前的鳄鱼标志为荣。

除了拉考斯特，法网的另外三位“火枪手”都很出色。布鲁格农是“火枪手”中唯一没有获得过法网男单冠军的人，但他的双打成绩骄人，曾与波罗特拉和柯谢特等人合作获得过5次法网、4次温网和1次澳网男双冠军。为了纪念他们的成就，法网将男子单打奖杯命名为“火枪手杯”。这座奖杯外形别致，杯身呈高脚酒杯状，上半部两侧有弯曲的手柄，下半部环绕镌刻着7处浮雕，正面则用手写体刻有布鲁格农的名字。

拉考斯特与法国女子高尔夫好手、英国女子公开赛冠军西蒙妮结婚并育4个孩子，其中唯一的女儿凯瑟琳长大后继承母亲的事业，夺得美国女子高尔夫公开赛的冠军。20世纪60年代，拉考斯特参与了推行网球运动公开赛的活动。此外，他还发明了著名的金属球拍Wilson T2000。新型金属球拍从此全面取代了传统木质球拍。

1996年10月12日，拉考斯特以92岁的高龄离世。

○ 本土英雄——亚力克·诺阿

自从“4个火枪手”，尤其是“鳄鱼——拉考斯特”在20世纪20年代为法国取得辉煌之后，法兰西在以后的几十年中却黯淡了下来。

法国人看到瑞典比约·博格先后6次拿走了法网男单冠军，来自美洲大陆的埃弗特7次捧走法网女单奖杯，随后出现韦德和伦德尔的10年争雄。直到20世纪80年代，他们终于盼到了一位自己的本土英雄。他就是非洲后裔的法国人——亚力克·诺阿。他在1983年法网上夺冠，终于圆了法国人的梦。

1960年5月，亚力克·诺阿出生在法国色当，他的父亲曾是喀麦隆的足球健将，而母亲则带给他欧洲人对于网球运动独特的悟性。于是诺阿便开始在家乡喀麦隆雅温德的俱乐部中练习网球。当著名的美国黑人球手亚瑟·阿什1970年前往雅温德参加ATP的巡回赛时，他发现诺阿过人的网球天赋，阿什鼓励他进入职业网坛，并断言诺阿日后必有一番作为，而那也正是诺阿一直以来的愿望。

年少的诺阿第一次在世人面前成名，便是凭借他在1977年温布尔顿青少年组获得的单打冠军。但那是他第一次，也是最后一次在草地球场捧起奖杯。此后在他14年的职业生涯中，诺阿一共也只尝试过33场草地比赛，胜率不足50%。更奇怪的是，从诺阿的技术类型上讲，他始终偏向于发球上网的打法，就连他在罗兰·加洛斯的冠军也是依靠出色的发球和网前截击得到的。依靠在其他三种场地上的出色战绩，这位怪诞的法国人曾经将世界排名位升到第三。

1983年5月，诺阿不仅在罗兰·加洛斯度过了23周岁的生日，而且终于为法国夺得了一次罕见的男子单打冠军，成为38年来第一位本土冠军。这个能让全体法国人流下热泪的冠军成了本土选手对法国网球最后的荣誉奉献，同时也是以发球上网打法的选手在法网封王的最后纪录。终于，被全体法国人尊称为诺阿先生成了法网本土冠军最多的守望者。他夺冠时穿过的那双网球鞋甚至列入了“法国精品时尚100年”全球巡展的展品，其清单编号为K–35号。

诺阿在罗兰·加洛斯还曾4次闯入决赛，在汉堡、罗马、蒙特卡洛的红土赛中多次进入决赛并获得冠军。在诺阿连续6年（1982—1987年）排名前10的时间内，他在硬地和地毯球场上的功夫也十分了得。4次美网四强和1次澳网半决赛的经历让人们见识了他的网前技术绝非浪得虚名，而巴塞尔、米兰、温布利这些著名的室内地毯赛的冠军也成为他的囊中之物。唯独不肯让诺阿称心的，偏偏是温布尔顿的草场，这个所有发球上网型球手心中的圣地从未让他涉足第四轮的领土。

这个年代的法国人更关注由他们的民族英雄诺阿率领的法国网球队。1996年戴维斯杯的决赛是全法国网球焦点，法国人以3∶2的总比分战胜了瑞典队而捧杯。这是继历史上“4个火枪手”之后最能让法兰西感到自豪的历史一刻。当然，法网冠军亚力克·诺阿再次凭此当选“法兰西最受喜爱的人”。他为法国队事隔59年重拾戴维斯杯和首次夺得联合会杯立下了汗马功劳。

退出了职业网坛的亚力克·诺阿并未真正离开网球，虽然诺阿今天的身份已经转变成为专辑发行量超过100万张的音乐制作人，但由他亲手创立的“大地之子”与“期待收获”等多个基金会仍在为发展中国家和欠发达国家的少年网球启蒙事业奔走运作。

〇 红土之王——拉斐尔·纳达尔

纳达尔，全名：拉斐尔“拉法”纳达尔–帕雷拉（Rafael“Rafa”Nadal Parera），出生于1986年6月，是一位来自西班牙的职业男子网球选手，生涯四次世界第一。根据ATP2017年11月13日公布的积分，纳达尔世界排名第一。他被认为是历史上最强大的网球选手之一，他在红土场上的统治力为他赢得了“红土之王”的美誉，甚至不少专家都将其评为历史上最强大的红土球员，没有之一。

“红土之王”对纳达尔而言，实在不是一个新鲜的称呼，自2005年起他称霸红土赛季开启首个法网夺冠赛季以来，即便在他状态最低迷时，只要能够站在红土场上，他就绝少空手而归。职业生涯至今53个红土赛事的冠军，蒙特卡洛、巴塞罗那和法网在本赛季均成为十冠王，红土决赛胜率近87%，用红土场上的野兽来形容他，真的一点都不过分。

截至2017法网，纳达尔108次打进巡回赛男单决赛，赢下其中的73个冠军，73冠中有53冠都是在红土场上获得。在红土赛事中，纳达尔61次打进决赛53次获胜，胜率将近87%实在惊人。在法网、蒙塔卡洛大师赛和巴塞罗那公开赛，纳达尔竟然都各自拿下10个冠军；在另外两项红土大师赛上，罗马赛和马德里赛，纳达尔也分别7次和5次问鼎，几乎每个赛季都统治了红土场。

2017年法网，纳达尔夺冠所打的七盘比赛，全部是3∶0获胜，而且总共只丢掉35局。历史上在128签五盘的赛制下，拿到法网冠军所需局数最少的是1978年的博格，当时他只丢了32局就成功夺冠,1980年他拿到法网冠军时丢了38局。而纳达尔自己的法网夺冠纪录，是2008年时只丢了41局。也就是说，纳达尔本届法网夺冠所用的局数，仅仅多于39年前的博格，是自己10次拿下火枪手杯最轻松的一次。

如何评价纳达尔的红土能力？只要站在这片红色的场地上，纳达尔就几乎是不可战胜的。人们都知道纳达尔是全满贯得主，他在硬地和草场上也都有大满贯冠军入账，不过相比硬地决赛16胜24负和草地决赛4胜3负的战绩，纳达尔彪悍的53胜8负的红土决赛战绩，你只能感叹每年的红土比赛，就是打进决赛然后输给纳达尔的游戏，除了前两年处在巅峰时期的德约科维奇，几乎没有人真正在红土场上有过战胜纳达尔的绝对实力，但其实那段时间也是他受到伤病困扰最为严重的时期，一旦身体复原，纳达尔在红土场上几乎是不可击败的。

截至2017年，纳达尔一共赢得了16个大满贯单打冠军头衔，其中10个法网冠军让他成为赢得法网次数最多的人。他是2008年北京奥运会男单金牌得主，而且和罗杰·费德勒共享着拥有21个ATP世界巡回1 000大师赛冠军头衔的纪录。他还在2004年、2008年、2009年和2011年作为西班牙戴维斯杯代表队的一员4次捧得戴维斯杯。2010年收获的美网冠军让他成为历史上第7位完成全满贯的男子网球选手。值得一提的是，纳达尔是公开赛时代以来的4位全满贯选手中完成全满贯时最年轻的一位。他也是继安德烈·阿加西之后第一位成就金满贯的选手。纳达尔在三种网球场地上（土场、草场和硬地）都拿过至少两次大满贯，这是继马茨·维兰德之后第一个完成此壮举的球员。随着纳达尔2017年在法网的成功夺冠，他成为仅有的能10次赢得同一项大满贯的球员。

2012年，随着纳达尔在蒙特卡洛大师赛上再度卫冕成功，他成为网球历史上唯一一位能在任一项比赛中取得8连冠成绩的球员，并且他也是公开赛时代以来唯一能8次赢得同一项比赛的球员。纳达尔是史上第一位在同一年分别赢得了草场、土场和硬地场大满贯冠军的男选手。他也是第一位（目前为止唯一一位）分别在三种不同场地上连续获得大满贯冠军的男选手（2010年的法网、温网和美网）。

纳达尔的父亲塞巴斯蒂安·纳达尔（Sebastián Nadal）是一位商人。他的母亲名叫安娜·玛利亚·佩雷拉（Ana María Parera）是一位家庭主妇。纳达尔还有个叫玛利亚·伊萨贝尔（María Isabel）的妹妹。他的叔叔米格尔·安赫尔·纳达尔（Miguel ángel Nadal）是一名退役的职业足球运动员，曾为皇家马洛卡队和巴塞罗那队效力，曾是西班牙国家队的成员。纳达尔本人是皇家马德里和皇家马洛卡的粉丝。而纳达尔的另一位叔叔——人们熟知的托尼·纳达尔（Toni Nadal）是前职业网球运动员。正是托尼叔叔看出了纳达尔与生俱来的网球天赋，并在纳达尔三岁那年将其引上了网球的道路。小时候的纳达尔像很多西班牙孩子一样喜欢足球胜过网球，他经常被叔叔牵着手走进巴塞罗那的主场参加比赛的开赛仪式。照理说他成为足球明星的可能远远大于成为网球选手，可是九岁的纳达尔已经打遍马洛卡（同年龄组）无敌手了。这下球星叔叔犯难了：该让纳达尔继续打网球吗？他有这个天赋吗？他拿不定主意，向朋友莫亚求救。当时年青的莫亚才和纳达尔打了几个球就说了决定性的一句话："打网球吧！你的侄儿是天才！"与此同时，年少的纳达尔无意中看了一场少年戴维斯杯的决赛，从此场上那个比他大十岁的西班牙少年莫亚就成了他的偶像。在父亲征求意见时，纳达尔毅然选择了网球。

从此西班牙失去了一位足球选手得到了一个网球天才。之后，莫亚又为纳达尔请了一位法国教练负责普通训练。根据纳达尔的身体条件，莫亚为他指定了发展方向，在莫亚每次比赛回家的间隙亲自上阵教导。从此纳达尔就像莫亚的小尾巴一样，莫亚走到哪里，他就跟到哪里，自己还是个孩子的莫亚"无可奈何"地担任起了父亲的角色。与此同时，莫亚利用自己的职业便利将纳达尔带到各个网校取经，请众多著名教练指点，请网坛明星的朋友当陪练。在这些著名教练的指导下，纳达尔良好的身体素质和不服输的精神让他的网球技术突飞猛进，为他正式走上网球职业道路创造了很高的起点。从2003年开始，莫亚以自己参赛为条件替他争取到了很多比赛的外卡，让纳达尔有机会在高水平的比赛中锤炼。

虽然纳达尔用右手写字，用右手吃饭，用右手穿衣服，但是托尼认为，如果纳达尔用左手握拍，那么他强健的右臂有助于提高双手反拍的技术水平，所以托尼教会纳达尔采用左手持拍的打法，用左手发球，从而确定了纳达尔在场上拥有左撇子的先天优势。

纳达尔在15岁那年转为职业球员。他只参加过两项ITF青少年巡回赛的比赛。2002年，在人生第一次ITF青少年的大赛中，16岁的纳达尔在温网男孩组单打比赛中杀入半决赛。

17岁的时候，纳达尔在第一次和费德勒交手中就取得了胜利，并且他还成了继鲍里斯·贝克之后，打入温网第三轮的最年轻的选手。18岁的时候，纳达尔帮助西班牙队在戴维斯杯青年组比赛中击败了美国队夺冠，这是他第二次也是最后一次参加ITF青少年组的比赛。19岁，第一次参加法网的纳达尔就成功捧得火枪手杯，完成了一项尘封了超过20年的壮举。2003年，他成为当年ATP年度最佳新人。在他职业生涯的早期，纳达尔就已经开始做他标志性的咬奖杯的动作了。

2005年，法网半决赛，纳达尔击败了费德勒成为当年仅有的四个击败费德勒的人，这天正好是他的19岁生日。两天之后，他在决赛里击败了马里亚诺·普埃尔塔（Mariano Puerta），成为继1982年马茨·维兰德之后首位头次参加法网就夺冠的男选手。他同样也成为自桑普拉斯1990年以19岁的年龄赢得美网以来第一位赢得大满贯冠军的青少年。法网的胜利让纳达尔的排名升到了世界第三。这一年，纳达尔和费德勒都在一年内赢下了11个单打冠军和4个ATP大师系列赛冠军。纳达尔由此打破了马茨·维兰德之前在1983年创造的9个冠军的青少年纪录。纳达尔的11个冠军中有8个来自红土场。

2006年，纳达尔在法网决赛上又一次和费德勒碰面了。这场比赛的头两盘赛况非常胶着，两人都送了对方一个6–1。第三盘被纳达尔轻松拿下，随后他在第四盘没能让费德勒完成一次破发，把比赛拖入抢七。纳达尔赢下了这次抢七，成为第一个在大满贯比赛决赛中击败费德勒的球员。

2007年纳达尔一口气参加了6项硬地赛开始了2007年的征程。他在汉堡大师赛的决赛上输给了费德勒。这场失利终结了纳达尔在红土上的81连胜。这也是公开赛时代所有场地上的连胜纪录。然后纳达尔回击了费德勒——在法网决赛中再次击败费德勒连续第三年夺冠。在巴塞罗那公开赛和罗马大师赛的间隙，纳达尔还在老家马略卡举行“场地之战”上击败了费德勒，这个比赛场地是特制的，一半草场一半红土场。

2007年温网决赛，纳达尔连续第三年和费德勒碰面，这场比赛是他们之间对抗史最万众期待的一场。他们联袂上演了一场温网历史上耗时最长的比赛（最长指的是在场上的时间，而不是局数）。因为雨水的延阻，纳达尔在以9–7赢下第五盘时天色已经几乎全黑了。这场比赛被广大球迷尊为温网史上最精彩的决赛，甚至有的评论家把这场比赛评为网球历史上最精彩的比赛。随着第一次在温网夺冠，纳达尔成为公开赛时代以来第三位在同一年赢得法网和温网的男选手，同时纳达尔也是第二个捧起温网桂冠的西班牙人。8月18日，纳达尔终于成为世界第一，正式终结了费德勒对世界第一长达四年半的垄断。

2008年北京奥运会上，纳达尔在半决赛中以6–4、1–6、6–4击败了代表塞尔维亚出战的德约科维奇，然后在决赛中又击败了代表智利参赛的冈萨雷斯，第一次收获奥运金牌。纳达尔也成为第一个世界排名在男单前五的奥运冠军。

2009年澳网，纳达尔前五场比赛没有丢掉一盘。半决赛，他鏖战5小时25分钟——澳网历史上耗时第二长的比赛，击败了沃达斯科闯进决赛。决赛的对手是费德勒，这是费纳两人总共19次交锋中第一次在硬地大满贯的决赛中碰面。最终纳达尔激战五盘战胜了费德勒，捧起了生涯第一座硬地大满贯奖杯，这场胜利也让纳达尔成为第一个同时在三种场地的大满贯比赛中都成为卫冕冠军的男选手。随着法网第三轮对休伊特的胜利，纳达尔在2005—2009年的法网征程中创造了31连胜的纪录，打破了比约·博格在1978—1981年法网上创造的28连胜的记录。纳达尔在法网上连续赢了32盘（从2007年法网和费德勒的决赛开始），这是这项比赛仅次于比约·博格连赢41盘的记录。纳达尔的这股势头在2009年5月31日走到了尽头，在第四轮比赛中，他输给了索德林。瑞典人以6–2、6–7、6–4、7–6战胜了纳达尔。这是纳达尔在法网上第一次，也是目前为止唯一一场失利。

2010年法网如期而至，纳达尔最终进入决赛并以6–4、6–2、6–4击败了索德林，再次捧起火枪手杯，同时成为第一个6年内5夺法网的球员。纳达尔也凭借这次夺冠重新成为世界第一，终止了宿敌费德勒史上占据世界第一周数最长的记录。也正是这场胜利让纳达尔成为了第一位包揽了当年的三项红土大师赛和法网冠军的男选手。媒体将这项壮举称为“红土满贯”。6月的温网，纳达尔以6–3、7–5、6–4击败了伯蒂奇，给刚满24岁的纳达尔带来了第二座温网冠军奖杯，这也是他职业生涯的第8个大满贯冠军。9月的美网，纳达尔三年内第二次成为头号种子。决赛中，纳达尔以6–4、5–7、6–4、6–2击败德约科维奇成就全满贯，也成为了第二个完成全满贯的男选手。纳达尔还成为第一个同一年里在红土、草地和硬地大满贯上都夺冠的男选手，也是继1969年的罗德·拉沃尔（Rod Laver）之后第一个同一年里赢得法网、温网和美网的选手。

2012年澳网的决赛上，纳达尔苦战五盘输给了德约科维奇。这场比赛是大满贯决赛中耗时最长的一场比赛。这次史诗般的决赛进行了5小时53分钟。他们联手打破了维兰德和伦道尔1988年美网4小时54分钟的记录。随着红土赛季的展开，2012年4月，纳达尔以2号种子的身份来到了蒙特卡洛大师赛。决赛中他以压倒性优势战胜世界第一德约科维奇，成就蒙特卡洛八连冠。随着纳达尔再度卫冕成功，他成为公开赛时代以来唯一能8次赢得同一项比赛的球员。5月的法网，纳达尔再次和德约科维奇在决赛中会师。这对选手连续四次在大满贯的决赛中碰面。纳达尔以6–4、6–3拿下前两盘，在第三盘里也取得了2 ： 0的领先。然后随着德约科维奇精彩的发挥和纳达尔表现略有下滑以及一直不断的雨水，纳达尔连续丢了8局。当德约科维奇在第4盘以2–1领先时，比赛因雨水而中断。周一比赛恢复之后，纳达尔火力全开，轻松保住了剩下的发球局。最后随着德约科维奇在赛点上发球双误，纳达尔以6–4、6–3、2–6、7–5战胜了对手。2012年8月15日，纳达尔宣布退出美网，因为他觉得自己仍没有恢复到足以参加比赛。2012年11月11日，随着新科美网冠军穆雷升至世界第三，纳达尔的排名滑落到世界第四，这是自2010年以来纳达尔的最低排名。

在2013年澳网开战前两周，纳达尔正式宣布因为胃部病毒感染退出澳网。一直低迷的西班牙名将在美网决赛中，以3∶1战胜德约科维奇，雪耻了2011年以来对德约大满贯决赛七连败的败绩，同时重新登榜世界第一。2014年法网决赛中，纳达尔战胜德约科维奇成功卫冕，实现法网五连冠。

接着2015—2016赛季，西班牙人伤病不断，迟迟无法走出低谷。以往强悍的正手消失，跑动大不如前。2015年，纳达尔仅有一个500赛冠军和两个250赛冠军入账，即便在熟悉的法网赛场，纳达尔也依旧没能找回自己，他在八进四的比赛中负于小德。2016年法网，因伤退赛，全年仅在巡回赛上收获两个单打冠军，年终排名更是跌到了第9。

2017赛季，正当有人开始质疑，纳达尔能否再拿下一个大满贯之时，5月的法网赛场上，西班牙人给世人一个惊喜。在最终的焦点对决中，纳达尔与瓦林卡会师男单决赛，最终纳达尔以6–2、6–3、6–1轻松取胜，以不失一盘的战绩第10次夺得法网冠军。这是纳达尔第13次出征罗兰·加洛斯，总计获得79胜2负的战绩，其中的2负是2009年1/8决赛对阵索德林以及2015年1/4决赛迎战德约科维奇的比赛。征战一项大满贯赛事13年，竟然只失利两场，胜率高达97.5%，如此的战绩和状态，红土王舍他其谁？

● 1968年以来法国网球公开赛男女冠军名录

年份	男单	女单
1968年	罗斯维尔（澳大利亚）	里奇（美国）
1969年	拉沃尔（澳大利亚）	玛格丽特·史密斯（澳大利亚）
1970年	科德斯（捷克）	玛格丽特·史密斯（澳大利亚）
1971年	科德斯（捷克）	古兰贡（澳大利亚）
1972年	吉米诺（西班牙）	比利·简·金（美国）
1973年	纳斯塔塞（罗马尼亚）	玛格丽特·史密斯（澳大利亚）

年份	男单	女单
1974年	博特（瑞典）	埃弗特（美国）
1975年	博特（瑞典）	埃费特（美国）
1976年	潘纳塔（西班牙）	巴克尔（英国）
1977年	维拉斯（阿根廷）	肖索维克（南斯拉夫）
1978年	博格（瑞典）	卢西奇（罗马尼亚）
1979年	博格（瑞典）	埃弗特（美国）
1980年	博格（瑞典）	埃弗特（美国）
1981年	博格（瑞典）	曼德利科娃（捷克）
1982年	维兰德（瑞典）	纳芙拉蒂洛娃（捷克）
1983年	诺阿（法国）	埃弗特（美国）
1984年	伦德尔（捷克）	纳芙拉蒂洛娃（美国）
1985年	维兰德（瑞典）	埃弗特（美国）
1986年	伦德尔（捷克）	埃弗特（美国）
1987年	伦德尔（捷克）	格拉芙（德国）
1988年	维兰德（瑞典）	格拉芙（德国）
1989年	张德培（美国）	桑切斯（西班牙）
1990年	戈麦兹（厄瓜多尔）	塞莱斯（南斯拉夫）
1991年	考瑞尔（美国）	塞莱斯（南斯拉夫）
1992年	考瑞尔（美国）	塞莱斯（南斯拉夫）
1993年	布鲁格拉（西班牙）	格拉芙（德国）
1994年	布鲁格拉（西班牙）	桑切斯（西班牙）
1995年	穆斯特（奥地利）	格拉芙（德国）
1996年	卡费尔尼科夫（俄罗斯）	格拉芙（德国）
1997年	库尔腾（巴西）	马约莉（美国）
1998年	莫亚（西班牙）	桑切斯（西班牙）
1999年	阿加西（美国）	格拉芙（德国）
2000年	库尔腾（巴西）	皮尔斯（法国）
2001年	库尔腾（巴西）	卡普里亚蒂（美国）
2002年	科斯塔（西班牙）	塞雷娜·威廉姆斯（美国）
2003年	费雷罗（西班牙）	海宁（比利时）
2004年	高迪奥（阿根廷）	米斯金娜（俄罗斯）
2005年	纳达尔（西班牙）	海宁（比利时）
2006年	纳达尔（西班牙）	海宁（比利时）
2007年	纳达尔（西班牙）	海宁（比利时）
2008年	纳达尔（西班牙）	伊万诺维奇（塞尔维亚）
2009年	费德勒（瑞士）	库兹涅佐娃（俄罗斯）
2010年	纳达尔（西班牙）	斯齐亚沃尼（意大利）

续表

年份	男单	女单
2011年	纳达尔（西班牙）	李娜（中国）
2012年	纳达尔（西班牙）	莎拉波娃（俄罗斯）
2013年	纳达尔（西班牙）	塞雷娜·威廉姆斯（美国）
2014年	纳达尔（西班牙）	莎拉波娃（俄罗斯）
2015年	瓦林卡（瑞士）	塞雷娜·威廉姆斯（美国）
2016年	德约科维奇（塞尔维亚）	穆古拉扎（西班牙）
2017年	纳达尔（西班牙）	奥斯塔彭科（拉脱维亚）

● 自1973年以来法网青少年冠军名录

年份	男子	女子
1973年	维克多·佩西（巴拉圭）	米玛·贾索维克（南斯拉夫）
1974年	克里斯托夫·塞萨（法国）	马里亚娜·西来·奥内斯库（罗马尼亚）
1975年	克里斯托夫·罗杰·瓦斯林（法国）	里贾纳·马西科娃（捷克）
1976年	亨兹·甘萨特（瑞士）	米歇拉·泰勒（英国）
1977年	约翰·麦肯罗（美国）	安妮·史密斯（美国）
1978年	伊万·伦德尔（捷克）	哈娜·曼特莉科娃（捷克）
1979年	拉米什·克里斯南（印度）	莉娜·萨恩丁（瑞典）
1980年	亨利·雷康特（法国）	凯西·霍瓦斯（美国）
1981年	马茨·维兰德（瑞典）	邦妮·盖杜赛克（美国）
1982年	塔瑞克·本哈拜尔斯（法国）	曼努埃拉·帕若迪斯（法国）
1983年	斯蒂芬·埃德博格（瑞典）	帕斯卡尔·帕若迪斯（法国）
1984年	肯特·卡尔松（瑞典）	加布里埃拉·萨巴蒂尼（阿根廷）
1985年	詹姆·伊扎弋(美国)	劳拉·格罗恩（法国）
1986年	圭勒莫·佩雷斯·罗丹（阿根廷）	帕特丽夏·塔拉毕妮（阿根廷）
1987年	圭勒莫·佩雷斯·罗丹（阿根廷）	纳塔莉亚·兹维瑞娃（苏联）
1988年	尼古拉·佩雷拉（委内瑞拉）	朱莉·哈拉德（法国）
1989年	法比瑞斯·桑托罗（法国）	詹妮弗·卡普里亚蒂（美国）
1990年	安德尔亚·高登奇（意大利）	麦格达丽娜·马莉蒂（保加利亚）
1991年	安德里亚·格德维德夫（乌克兰）	安娜·斯迈什诺娃（以色列）
1992年	安德里亚·帕维尔（罗马尼亚）	罗萨娜·德劳斯·里奥斯（巴拉圭）
1993年	罗伯托·卡瑞迪奥（西班牙）	辛吉斯（瑞士）
1994年	雅各布·迪亚兹（西班牙）	辛吉斯（瑞士）
1995年	马里亚诺·扎巴雷塔（阿根廷）	兰阿梅莉·考彻度（法国）
1996年	阿尔伯托·马丁（西班牙）	阿梅莉·毛瑞斯莫（法国）
1997年	丹尼尔·埃尔斯纳（德国）	海宁（比利时）
1998年	费尔南多·冈萨雷斯（智利）	佩特洛娃（俄罗斯）

年份	男子	女子
1999年	圭勒莫·科里亚（阿根廷）	罗德斯·多明格斯（西班牙）
2000年	保罗·亨利·马修（法国）	维吉尼·拉扎诺（法国）
2001年	卡洛斯·库阿德雷多（西班牙）	凯艾·卡内皮（爱沙尼亚）
2002年	理查德·加德雷多（西班牙）	安吉莉卡·维德娅娅（印度尼西亚）
2003年	斯坦尼斯拉斯·沃林卡（瑞士）	安娜·莱娜·格罗尼菲尔德（德国）
2004年	盖尔·孟菲尔斯（法国）	塞西尔·塔拉坦切娃（保加利亚）
2005年	马林·西利奇（克罗地亚）	艾格尼丝·斯扎维（匈牙利）
2006年	马丁·克里桑（斯洛伐克）	阿格尼亚斯卡·拉德万斯卡（波兰）
2007年	伊格拉提克（白俄罗斯）	科内特（法国）
2008年	杨宗桦（中国台湾）	哈勒普（罗马尼亚）
2009年	贝尔塔（瑞典）	梅拉德诺维奇（法国）
2010年	维尔罗蒂（阿根廷）	斯维托丽娜（乌克兰）
2011年	弗拉坦戈洛（美国）	贾贝乌尔（突尼斯）
2012年	科佩简斯（比利时）	贝克（德国）
2013年	加林（智利）	本西奇（瑞士）
2014年	卢布列夫（俄罗斯）	卡萨金娜（俄罗斯）
2015年	保罗（美国）	巴多萨·吉伯特（西班牙）
2016年	布兰克尼奥克斯（法国）	玛萨洛娃（瑞士）
2017年	波匹伊林（澳大利亚）	欧斯威桂（美国）

法网纪录

■ 获得单打冠军最多的男选手：纳达尔（西班牙），10次（2005年，2006年，2007年，2008年，2010年，2011年，2012年，2013年，2014年，2017年）

■ 获得单打冠军最多的女选手：克里斯·埃弗特·罗伊德（美国），7次（1974年，1975年，1979年，1980年，1983年，1985年，1986年）

■ 获得双打冠军最多的男选手：罗伊·埃默森（澳大利亚），6次

■ 获得双打冠军最多的女选手：玛蒂娜·纳芙娜蒂洛娃（美国），7次

■ 最年轻的男单冠军：张德培（美国），17岁3个月（1989年）

■ 最年轻的女单冠军：莫妮卡·塞莱斯（南斯拉夫），16岁6个月（1990年）

■ 最年老的男单冠军：安德鲁斯·吉门诺（西班牙），34岁4个月（1972年）

■ 最年老的女单冠军：兹苏兹希·科梅茨（英国），33岁（1958年）

■ 连续夺冠最多的男选手：纳达尔（西班牙），5次（2010—2014年）

■ 连续夺冠最多的女选手：莫妮卡·塞莱斯（南斯拉夫），3次（1990—1992年）

■ 获得男单冠军最多的国家：澳大利亚、美国，11次

■ 获得女单冠军最多的国家：美国，26次

■ 比赛场次和获胜场次最多的男选手：纳达尔（西班牙），108场决赛胜73夺冠

■ 比赛场次和获胜场次最多的女选手：格拉芙（德国），94场84胜10负

■ 参赛次数最多的男选手：乔弗雷特（法国），20次（1961—1980年）

■ 参赛次数最多的女选手：瓦尔林（法国），19次（1934—1965年）

■ 获得青少年组与成年组冠军的球员：

男子：洛斯维尔（少年组，1952年；成年组，1953年，1968年）

埃默森（少年组，1954年；成年组，1963年，1967年）

西梅诺（少年组，1955年；成年组，1972年）

伦德尔（少年组，1978年；成年组，1984年，1986年，1987年）

韦兰德（少年组，1981年；成年组，1982年，1985年，1989年）

女子：杜尔（法国，少年组，1960年；成年组，1967年）

简索维奇（斯洛文尼亚，少年组，1973年；成年组，1977年）

曼德利科娃（澳大利亚，少年组，1978年；成年组，1981年）

卡普里亚蒂（美国，少年组，1989年；成年组，2001年）

海宁（比利时，少年组，1997年；成年组，2003年）

■ 局数最多的男子决赛：

在未有抢七局时期：1929年拉考斯特击败蒂尔登的决赛进行了61局（6–4、4–6、5–7、6–3、11–9）

1973年实行抢七局规则后：1984年伦德尔击败麦肯罗的决赛进行了51局（3–6、2–6、6–4、7–5、7–5）

■ 局数最多的女子决赛：

在未有抢七局时期：1955年莫蒂梅尔击败克诺德的决赛进行了38局（2–6、7–5、10–8）

1973年实行抢七局规则后：1996年格拉夫击败桑切斯的决赛进行了40局（6–3、6–7、1–8）

■ 时间最长的男子决赛：1982年韦兰德击败维拉斯的决赛用时4小时42分钟（1–6、7–6、6–0、6–4）

■ 时间最长的女子决赛：1996年格拉夫与桑切斯的对决用时3小时4分钟

■ 局数最多的男子比赛：

在未有抢七局时期：Sturgress在1955年的半决赛面对迈克格雷戈进行了76局（10–8、7–9、8–6、5–7、9–7）

1973年实行抢七局规则后：阿根诺在第二轮击败普里诺希尔的比赛进行71局（6–7、6–7、6–3、6–4、14–12）

■ 局数最多的女子比赛：

在未有抢七局时期：梅尔维尔于1972年第三轮击败Teeguarden的比赛进行了56局（9–7、4–6、16–14）

1973年实行抢七局规则后：1984年乔丹在第一轮击败敏特的比赛进行了46局（7–5、4–6、13–11）

■ 时间最长的男子比赛：1984年克雷特加在第三轮击败古米用时5小时31分钟（6–1、5–7、6–7、7–5、9–7）

■ 时间最长的女子比赛：1995年布维松于首轮击败罗图姆的比赛历时4小时分钟（6–7、7–5、6–2）

■ 历届“非种子”冠军：

男子：贝纳德（1946年），韦兰德（1982年），库尔腾（1997年）

女子：斯科利文（1933年）

■ 最高奖金纪录：2017年，3 600万欧元，男女单打冠军的奖金各210万欧元

第四节　热情奔放的澳网

澳网历史足迹

这是一个丑小鸭变白天鹅的故事。

在创建后漫长的80年中，澳大利亚网球公开赛始终因为缺少世人的关注而黯淡无光。它没有温布尔顿悠久的历史，没有罗兰·加洛斯浪漫的格调，也没有森林山宏大的排场。在很长时间之内，澳大利亚网球公开赛更像是一项为澳洲顶尖选手安排的表演赛，或是戴维斯杯的热身赛，除此以外，没有多少欧美球手愿意坐上两个礼拜的轮船来参加这项赛事……这样的情况直到最近20年来才有所改变。

澳网标

今天的澳大利亚网球公开赛早已与当年不同，数以百万计的球迷涌入澳网的赛场，共同参与这项为期14天的伟大赛事，就像赛事总监保罗·麦克纳米说的，今天的澳网是“普天同庆，欢聚一堂”的赛事。更重要的是，今天的澳大利亚网球公开赛拥有一套堪称完美的赛程、场馆和奖金制度，男女球员同工同酬，这吸引了全世界所有顶尖网球运动员的目光。

102年前的澳网叫澳大利西亚网球锦标赛。那是距离1899年澳洲6个殖民地宣布归属英联邦仅仅6年以后，即1905年，由澳大利亚和新西兰共同创办的澳大利亚草地网球协会，在板球场上第一次举办了澳大利西亚冠军锦标赛，这就是澳网最初的模样。当时有17位男子选手在位于墨尔本阿尔伯特公园的板球场上参加了这项赛事，最终来自墨尔本板球俱乐部的罗尼·希斯在5 000名观众的见证下成为澳网的第一个冠军。

在澳网最初的几十年里，比赛在澳大利亚全国的各个城市轮流举行，澳网在创办初期的足迹几乎遍及大洋洲两个最大岛屿的主要城市，其中墨尔本举办了47届，悉尼举办了17届，阿德莱德举办了14届，布里斯班举办了8届，珀斯举办了三届，此外还在新西兰的克里斯彻奇和哈斯廷斯各举办过1届。1909年，澳网甚至把比赛设在了珀斯的动物园。直到1925年，更名后的澳大利亚网球协会把澳网的名称改为澳大利亚网球锦标赛，以吸引更多的优秀选手前来参赛。

1968年，随着世界网球进入公开赛时代，澳大利亚网球锦标赛重新命名为澳大利亚网球公

开赛，被列为国际网球四大满贯之一。为了使澳网的形象能够更快地被世人接受，澳大利亚网球协会决定为澳网寻找一个固定的“家”，以结束其多年来四处漂泊的状况。1972年，最后这个光荣的使命落在了澳网的出生地墨尔本，澳大利亚人认为只有充满了生命力的墨尔本才能与独一无二的澳网相配，而库扬草地网球俱乐部则在随后16年的时间里成为澳网的主赛场。

当网球运动刚刚走出一个高速发展的黄金年代的时候，澳网曾经一度跌入最为低迷的时期。参赛选手与赛事的水准大打折扣，奖金额度也止步不前，而且路途遥远与奖金缩水，澳网被更多的一流球员拒之门外。当时澳网作为四大满贯赛事之一的地位岌岌可危。为了挽救这项经典赛事，也为了捍卫澳洲的荣誉，澳洲人精心设计并打造了一个全新的澳网，包括一座现代化的网球中心，一个崭新的赛程和一套完美的赞助和奖金制度，终于让澳大利亚网球公开赛获得了重生。

1988年，澳大利亚网球协会把库扬草地网球中心从墨尔本郊区迁至市中心雅拉河畔的福林德公园（后更名为墨尔本公园）。新建成的墨尔本公园场地将原先的草地换为塑胶硬地，这是一种被叫作“Rebound Ace”的人工塑胶场地，它的最大特点是球速适中，各种打法类型的球员都有均等机会获得好成绩。新场地正式投入使用后，澳网由此翻开了崭新的一页。

澳网是四大满贯中赛期变故最多的一项。第一次世界大战被迫暂停三年，第二次世界大战暂停5年。传统上澳网是在每年的1月进行，但在1977年，赛事组织者却将其改到前一年的12月，结果使那一年举行了两届澳网赛。而到了1985年恢复原状又使得第二年没有比赛。自澳网创建以来已经有100多年的历史，澳网于每年1月初举行，是国际网球全年新赛季的第一场重大比赛，作为新年第一仗，网球界和选手对此十分关心和重视。

2005年，澳网度过了其百年生日。“生于”1905年、中间几度中断，从最初草地赛场改为硬地场的澳网赛事，在举行时间上几经变动，但曾先后“周游”七个城市，最终落户墨尔本公园。在2008年澳网之前，比赛采用的是一种名为Rebound Ace的硬地地板，属于典型的慢速硬地，球落地后会有较高的弹跳。这种材料自从于1988年出现在澳网以后便不断受到批评，原因是每年1月的澳大利亚正值夏日，这种材料在过热的天气条件下黏性很大，莱顿·休伊特曾指责这种场地是“臭狗屎”。不仅如此，这种场地被认为极容易对运动员造成伤害。2007年澳网过后，组委会决定将场地材料改为Plexicushion，这种新材质提高了球速，并使其更接近美网所使用的Deco Turf材质。与此同时，场地颜色也从单一的浅绿色变为了由深浅区分的蓝色。2015年，玛格丽特考特球场完成扩建工作，扩建将使得球场可容纳人数从6 000人提高到7 500人，并且安装了顶棚。

2015年澳网总奖金达到了4 000万澳元，约合3 200万美元，如果在2015年夺得男女单打冠军可以进账310万澳元，约合252万美元。而2016年澳网总奖金涨到4 400万澳元，男女单打冠军可以收获340万澳元，正赛一轮游能进账38 500澳元。2017年赛季澳网奖金创造新高，总奖金额高达5 000万澳元，比去年增长14%。此外男女单打的冠军奖金将提升到370万澳元，首轮出局的球员也能拿到5万澳元。

观众人数：2013年,684 457人；2014年,643 280人；2015年,703 899人；2016年,720 363人；2017年，728 763人。

澳网战史英雄录

1905年，第一届澳大利西亚冠军锦标赛上，17位男子球员报名参赛。那一年在墨尔本圣·基尔达路维尔豪斯曼板球场，年轻的罗尼·希斯成为最早的冠军。第二年，来自新西兰的剑桥留学生托尼·维尔丁赢得桂冠，他和澳大利亚人诺曼·布鲁克斯是澳洲网球运动最初的领导者和最早的明星。以后维尔丁曾4次蝉联温布尔顿男单冠军和2次澳大利西亚网球锦标赛的冠军。1915年，31岁的维尔丁在第一次世界大战的战场上不幸牺牲。

第一次世界大战结束后，澳网对比赛项目进行了扩充，女单、女双还有混双都在这时加入了澳网的大家庭。在第一届女子比赛中，玛格丽特·莫雷斯沃斯技压群芳成为首位女单冠军。澳大利亚女选手对澳网比赛的绝对统治直到20世纪30年代末才被打破，德国姑娘桃乐茜·劳德有幸成为首位外籍女单冠军。

1922年，女子项目正式进入澳网赛事。1927年，男子单打决赛创下了5盘71局的纪录。而到了20世纪30年代，杰克·克劳福德成为赛场上的主角。他在1931—1940年，7次闯入决赛并4次夺得冠军，是那个年代当仁不让的澳洲网坛明星。同时，他和他的妻子马尤利·克劳福德也是网球历史上难得的夫妻搭档，马尤利获得了1931年女子单打亚军，并与丈夫并肩夺得了1931—1933年的混双冠军。

20世纪三四十年代的澳网由于路途遥远，气候恶劣，奖金偏低以及场地较差等原因使得它一直未受到欧美选手的重视，这个时期仅有弗雷德·佩里和唐·布奇等少数外籍名将曾在此夺冠。第二次世界大战爆发后，澳网终止了比赛，直到1946年才恢复了正常。整个20世纪40年代，世界笼罩在战争的阴云之下，但澳洲人阿德里安·奎斯特还是幸运地成为两届单打冠军和10届双打冠军（其中包括一次八连冠），他的同胞弗兰克·赛奇曼继承了他胜利的传统，在1949—1950年夺得了21项大满贯赛事的冠军头衔。

在女子赛场上，澳大利亚皇家空军飞行员乔治·博尔顿的夫人南茜·博尔顿在1940年、1946年、1947年、1948年和1951年五夺单打桂冠，战争让她成为一位单身母亲，而澳大利亚网球公开赛使她成为一位伟大的冠军。当博尔顿夫人结束她的赛场生涯时，已经是一位20项大满贯赛事头衔的拥有者。

1953年，悉尼一家杂货店老板的儿子闯入了男子单打的决赛，那就是澳网传奇，身高只有1.70米的肯·罗斯维尔。那一年，年轻的罗斯维尔刚刚18岁，成为赛事历史上最年轻的男子单打冠军。两年后，他再次夺冠，但是这次胜利距离他的第三个澳网冠军却间隔了整整16年！1971年，36岁的罗斯维尔在决赛中击败美国名将阿瑟·阿什，第三次捧起诺曼·布鲁克斯杯。一年后，37岁2个月的罗斯维尔成功卫冕，又成为赛事历史上最年长的冠军。

整个60年代是澳洲人公认的网球发展的黄金年代。在那十年中，澳洲人罗伊·埃默森，罗德·拉沃尔和玛格丽特·史密斯·考特几乎统治了世界网坛，而在他们的家乡，三人承包了十年中20个男女单打冠军中的17项。不仅空前，恐怕绝后。

玛格丽特·史密斯·考特18岁的时候就已经是澳网女单冠军，并在随后的三年中蝉联，直到60年代末她短暂退役前，她完成了史无前例的七连冠，成就了网球史上的一段传奇。70年代初，已为人母的玛格丽特·史密斯·考特宣布复出，再次来到公开赛赛场，并捧走4座冠军奖杯。她11次封后的纪录恐怕将成为大满贯赛事中难以逾越的神话。

公开赛年代第一位在一年内囊括四大满贯男子单打冠军的伟大球手罗德·拉沃尔，是真正的澳网英雄。他在1962年创造这一奇迹。如果不是在1963年他成为职业选手而被当时的澳网拒之门外，拉沃尔也许能创造更多的辉煌战绩。当澳大利亚网球锦标赛在1969年宣布公开化的时候，拉沃尔再一次回到了球场，这一次年过而立的澳洲人轻松卫冕，并且令人不可思议地第二次完成了包揽年内四大满贯男单冠军的壮举。

1971年，漂亮的悉尼姑娘伊芳·古拉冈第一次出现在澳大利亚网球公开赛的赛场上，那一年，她和当时的网坛大姐大玛格丽特·史密斯·考特搭档摘得女双冠军，而在单打决赛中败给了自己的双打搭档。在随后的6年中，古拉冈连续6次杀入女单决赛。她拿下1974—1977年的女子单打和女子双打奖杯。

约翰·纽康姆同样是澳洲网球历史上不得不提的一位重量级冠军。他在1973年第一次成为澳网冠军，并在1975年击败了当时不可一世的网坛悍将吉米·康纳斯，卫冕成功。奇怪的是，当他和世界排名第212位的同胞球手马克·埃德蒙森在1976年澳网决赛中相遇的时候，他以1∶3的比分失败，这也成为澳网和四大满贯赛事中的经典话题，毕竟埃德蒙森是迄今为止获得大满贯赛事男单冠军而排名最低的选手。关于1976年那场决赛，还有两件事不得不提，一是在决赛后的颁奖仪式上，激动不已的埃德蒙森失手将诺曼·布鲁克斯杯摔落在地，场上场下一片尴尬；二是那场决赛是至今为止最后一次在澳洲人之间展开的决赛，也是澳洲人最后一次在澳网的男子单打赛场上捧杯的纪录。

随着80年代澳网赛事公开化与国际化程度的提升，更多的外籍球员来到澳洲并且载誉而归。自从1983年开始，连续八年的男子单打桂冠都落入了欧洲人手中，其中三次归属瑞典人麦茨·韦兰德，2次归属埃德博格，2次归属伊万·伦德尔，还有一次属于贝克尔。

在女子单打赛场上，欧洲人的进攻更为持久而有力，女子比赛则呈现出玛蒂娜·纳芙拉蒂洛娃和克里斯·埃弗特激烈竞争的局面，她们几乎垄断了那个时代澳网的至高荣誉，直到19岁的德国姑娘格拉芙将这里演变成她金满贯路途上的起始点，同时也宣告了女子网坛一个新的王朝——格拉芙朝代的到来。在1980—1999年的19届赛事中（1986年未举办），除了克里斯·埃弗特的2次夺冠以外，6位欧洲女子选手17次捧走了达芙妮·阿克赫斯特杯，她们是：生于前捷克斯洛伐克的汉娜·曼迪科娃（2次）、玛蒂娜·纳芙拉蒂洛娃（3次），生于南斯拉夫的莫尼卡·塞莱斯（4次），生于德国的史蒂芬·格拉芙（4次），生于瑞士的玛蒂娜·辛吉斯（3次），生于法国的玛丽·皮尔斯（1次）。

如果不以成败论英雄的话，麦肯罗也许算得上澳网历史上最为另类的名将之一。就像桑普拉斯终其一生也未能征服罗兰·加洛斯的红土赛场一样，麦肯罗在他传奇的职业生涯中也从未能捧起诺曼·布鲁克斯杯，虽然在他的5次澳网之行中4次都至少走到了四分之一决赛的赛场。值得一提的是1990年，麦肯罗意外地在第四轮出局，但这却不是因为他在赛场上失利，而是由于他对观众席中一位哄孩子的母亲出言不逊，遭到罚分警告后老麦大为恼火，一长串污言秽语随着现场直播传入了千家万户，赛事总监当机立断“驱逐”了麦肯罗。这也让麦肯罗成为历史上第一个，而且也是至今为止唯一一位在大满贯赛场上被除名的选手。

时光荏苒，随着欧洲光环在20世纪90年代的暗淡，美国人再一次卷土重来，首先是吉姆·库瑞尔在1992年、1993年连夺澳网冠军，此后是桑普拉斯挥泪夺冠，但最让澳洲球迷喜欢的是4次夺得冠军的阿加西，阿加西也将美国人在澳网的统治地位延续到了新的世纪。

来自巴尔干半岛的南斯拉夫姑娘莫尼卡·塞莱斯也曾在这里所向披靡，1991年、1992年、1993年曾是她遇刺前的黄金岁月，此后的两年中塞莱斯因伤势退出了比赛，而在1996年她终于第四次，也是最后一次捧起了女单冠军的奖杯，并在随后的时间里创造了连胜33场的纪录。在史蒂芬·格拉芙和莫尼卡·塞莱斯的辉煌后，玛蒂娜·辛吉斯同样将墨尔本公园变成了自家的公园，当她在1997年的决赛中直落两盘击败玛丽·皮尔斯的时候，年仅16岁3个月，这让她成为历史上最年轻的大满贯女单冠军，她在6年时间里夺得了3次女单冠军和4次女双冠军，书写了自己大满贯的最佳战绩，而连续六年进入单打决赛也是澳网职业化后的第一人。瑞士公主辛吉斯的三连冠也许是最令人难忘的。在此后两年时间里，瑞士女孩在澳洲连续卫冕成功。此前一位能在墨尔本连续三年夺得冠军的是莫尼卡·塞莱斯。

进入21世纪，澳网赛场上的争夺战十分激烈。截至2006年，先后有英国的鲁塞德斯基、西班牙的马丁、摩洛哥的埃诺伊、瑞士的费德勒、俄罗斯的萨芬夺得男子单打桂冠；女子单打冠军则由美国的卡普里亚蒂和小威廉姆斯、比利时的海宁获得。其中卡普里亚蒂、小威廉姆斯获得两次女单冠军。

诺曼·布鲁克斯杯和达芙妮·阿克赫斯特杯永远不会只属于某个人或某一个国家，无论赛场上的冠军如何强大，如何风光，如何呼风唤雨，如何所向披靡，他们都将注定成为银杯的一部分，成为澳网百年经典岁月的见证者和一段传奇。

澳网特色与传统

○ 节日与欢庆

澳大利亚的国庆日，原本是为了纪念澳洲的“发现之日”。巧合的是，当澳网成为澳大利亚的“传统节日”之时，国庆日与澳网的结合令国庆多了一个庆祝的理由，也为澳网增添了更多的节日气氛。而澳网，也成为了解澳大利亚和澳大利亚人的最佳途径之一。

澳网的球迷盛会

放烟火，是澳网、国庆日的经典节目。烟火并不是只为澳网，它是为了所有新大陆的居民拥有“澳大利亚人”的称谓，为他们拥有不同的血缘和肤色，却神奇地聚集在一起，享受平等的地位和权利。这也许解释了为什么很多澳大利亚人拥有宽厚的心胸和随遇而安的乐观性格。当然，烟火也是为了澳网，因为澳网汇聚不同国家、不同民族的几十万人在这里同贺澳大利亚的国庆。

除了烟火，在2005年的澳网百年庆典仪式上，还有另一项庆祝的节目：组委会邀请了各个时代澳大利亚著名网球运动员，包括罗斯维尔、埃默森、考特、纽康姆、拉夫特等9人，接受所有澳大利亚人的致敬。只有拉沃尔因为身体原因未能到场。

从罗斯维尔到拉夫特，每一个出现在拉沃尔网球中心的英雄都令人百感交集。虽然他们走了，但却把网球传统留了下来。和同为网球历史悠久的英国相比，澳大利亚网球后继有人，甚至和美国相比也毫不逊色。

为了增强职业网球的魅力，很多国家的赛事主办者和城市都各显身手，有的请来职业模特充当球童，有的举办多种推广活动，或者举办热闹的开幕式。但澳网却不需要这些“花招”，因为它本身就是每个赛季的盛大开幕式，而澳大利亚人出于对网球发自内心的热爱，俨然澳网成为这个国家的一项传统。

数字是最能说服人的证据。众所周知，在欧洲等传统网球赛事举办地，观众和电视转播收视率一再走低。但在澳网，现场观众人数近几年一再刷新纪录，2005年1月18日的入场观众竟达57 045人，而澳网期间的观众总人数有55万人之多。主办者更看到了网球在新兴发展地区的潜力，为澳网打出了“亚太”牌，争取吸引包括中国在内的更多的支持群体。

两周的时间尽管短暂，可是澳网的精彩与感动，却是无与伦比的幸福体验。对于喜爱网球的人来说，全英俱乐部是朝拜的圣殿，而墨尔本公园就是快乐的天堂……

○ 宽厚与包容

自从1977年以来就没有一位本土选手在澳网单打比赛中夺冠，但澳大利亚人与生俱来的宽厚个性让他们能够尽情享受网球的单纯乐趣。本国球员打得好当然开心，但只要比赛精彩，选手发挥出色，不管来自哪个国家，都会赢得所有观众的支持与掌声。

包容与快乐是澳网的最大特点。正如这里的场地，适合不同类型的球员，尤其对于打法全面的球员，简直是为他们量身定做的。这也是像阿加西、费德勒这样的全能型选手在这里能如鱼得水的原因。

当澳大利亚女选手莫里克在2005年大赛的前半段中表现出色，并在第四轮淘汰劲敌大威时，观众对她表示了绝对的支持与鼓励；当她在四分之一决赛失利后，观众并没有任何的指责或过分的惋惜。对于男单的最大希望休伊特，球迷的态度也是如此。

男单决赛之前，墨尔本公园充满着浓烈的节日气息。也许是因为最后一天，愈加令球迷不舍这一年一度的网球盛会。满目的黄色，显示着人们为本国的宠儿——休伊特鼓劲的意图，大家已经约好比赛结束后就去喝个痛快！当外国记者问道：“如果休伊特输了比赛呢？”“没关系，我们可以和俄罗斯人一块儿庆祝！”这样的回答会让所有的人感动，澳大利亚球迷是多么的爽直与大度！

萨芬已经有了足够的心理准备。看台上90%以上的观众都在为休伊特能赢得百年澳网极具纪念价值的那座奖杯而加油。萨芬在全场几乎一边倒的支持中突围而出，实在是一个伟大的胜利，但令他更高兴的是观众最后为他爆发出的真挚而热烈的掌声。即使是求胜欲望十分强烈的休伊特也在输球后展现了十足的风度，丝毫不见“火爆浪子”的半点脾气，让人不禁怀疑媒体和对手对其的一贯评价是否太过苛刻？

愈简单，才能愈快乐。这就是澳大利亚球迷的过人之处，这就是澳网给所有体育爱好者带来的启示。即使是特别为百年澳网而增设的纪念仪式也不过只持续了短短的10分钟，但比仪式更重要的，是对于网球和澳网的热爱。

○ 风土与人情

作为四大满贯中最年轻的赛事，澳大利亚网球公开赛自然缺少了其他三项赛事那样深厚的历史底蕴，但它却以南半球特有的风土人情在不到一个世纪的时间里尽情地展现着自己非凡的魅力。

爱好体育运动，是澳大利亚人的又一优良传统。网球与板球、橄榄球一道成为澳洲人的最爱。当阳光、沙滩、海浪不能完全满足踏海而来的移民时，从欧洲带进来的网球、高尔夫、板球等运动项目逐渐成为时尚，运动和爱好运动成为社会潮流。

尽管澳洲人也欣赏土著居民“草裙舞”那踢哒作响的节拍和不停抖动的身躯，但他们更能传承源于欧洲的运动项目，他们是以时尚的、文化的和历史的大局观去认知运动，并擅长于有组织、有章程、有目标地对待任何事物。

历史告诉我们，许多事物到了澳洲都会神奇地走样。从欧洲移植到澳洲的许多运动项目都被改变了，其中最典型的有橄榄球、板球和马球。这也许是感情风格的异化，也可能是流放者的逆反心态。早期在澳洲的运动项目的组织形式，都被神奇地销蚀了。这里没有循规蹈矩的西装革履的贵族形象，大部分运动项目形态融进了追求粗犷豪放，形成世界格局的“牛仔化”系列里去了。

从地理和气候的角度来讲，1月初，北半球的大部分地区还处于寒冷的冬季，尤其对于那些地处温带海洋性气候和温带大陆性气候的欧美发达国家来说，隆冬也许并不是一个属于网球的季节，绝大多数人更愿意留在温暖的体育馆观看一场激烈的NBA比赛，或者到滑雪场亲身参与那些只属于冬天的雪上运动。而对职业网球运动员来说，他们一年注定要有11个月的酷暑盛夏，像空中飞人一样要从世界各地的度假胜地中重新汇聚到阳光下的网球场上。

南半球的网球迷总是最早开始一年网球狂欢的人，虽然他们没有白雪覆盖的圣诞树，没有驾着雪橇的圣诞老人，却拥有每年职业网坛第一项赛事和第一个大满贯，他们用特有的季节和气候招待全世界的网球明星，对于职业球手和忠实球迷来说，他们的“一年之计”正是要开始于南半球明媚而炎热的夏日之中。

驻足在墨尔本的网球赛事已经能吸引全球的目光，除了竞技本身的质量和水准外，由墨尔本创造的澳网氛围更胜一筹。现任澳网组委会主席的麦克纳米曾总结过：“澳大利亚网球公开赛是属于全世界的，我们是以感激的心情向世界呈现出我们工作的质量，盼望能够得到所有人的赞赏。”

自从墨尔本接手澳网举办事宜后，他们就以长远目标计划来完善赛事的组织工作。每年均有超过50万的观众涌入墨尔本，这既为城市经济收入带来增长机会，也给组织者带来了严峻考验。每年1月是墨尔本市增加商业收入的重要时期，也是这个城市最为忙碌的时光，除了每天在墨尔本公园销售超过2万份汉堡外，还要供应不少于20万份冰激凌和10多万份速溶咖啡。

从20世纪90年代开始，澳网的成功已不可动摇。现在，澳网已与墨尔本市结为一体，在墨尔本的城市文化中，最有光彩的是澳网。对这张城市名片而言，它不仅提升了墨尔本城市在黄金海岸线的重要地位，也为这个城市带来了享誉世界的知名度。墨尔本每年仅旅游收入一项就已达总收入的50%，有将近10万人的工作就是直接或间接为澳网服务。

由澳大利亚电视七台负责的媒体运转效率奇高，除赛事直播外，明星、名人到场无一不为澳网捧场，“明星访谈”从个人的网球故事一直讲到成功的心路历程，会让人们在不知不觉间，走进网球的“深渊”，难以自拔。随着电视收视率的逐年提高，澳大利亚网球迷的观赛水平和制造气氛的能力都已闻名遐迩。澳网成为最具网球文化传播价值的宝库。

网球已让墨尔本的许多居民成了“网球通”，他们不仅能详述国际球星的故事，更喜欢看到城市每个角落里张挂的赛事海报和明星招贴。一边赚钱一边观赛的心情让这个城市的幸福指数大大提升，墨尔本已经不能离开澳网。

放夜后，在灯火阑珊的皇后大道上，所有的酒馆和咖啡T座都人满为患，欣赏和回味着当天的比赛画面，预测着来日的精彩对决。在墨尔本公园周围的绿地宿营区，从外地来的“背包游客”仍在齐声高歌，此时，没有任何国家的概念限制，只有网球这个主题让世界和墨尔本走到了一起。

这是澳网引发的文化，是一个能够创造永恒的新文化。

○ 人性化的场馆

墨尔本公园球场位于墨尔本的天鹅大道，毗邻叶拉湖畔，由著名建筑师罗里和安德鲁设计，并于1988年建成。球场在投入使用的第一年就获得了巨大成功，观众人数比前一年提高了将近90%。1996年，墨尔本公园球场开始了扩建工程，到2000年建起了新的1号球场——沃达丰球场。墨尔本公园除了中心球场外，还能容纳超过22 000个观众，位居四大满贯之首。

这是一座能够满足任何一项网球赛事和任何类型球员的大型球场，赛事组委会放弃了沿用多年的草地球场而改用了一种全新的混合人工树脂涂层球场——“Rebound Ace”球场。在这种材质的场地上，比赛的节奏介于温布尔顿的草地球场和罗兰·加洛斯的土地球场之间，但它与传统草地球场最大的区别在于，“Rebound Ace”不能像草地球场一样吸收阳光的热量，这就让赛场上的高温成了要命的东西，炙热的阳光能够很轻易地使球场上的温度超过40℃。

与此同时，澳网每年举办的时间恰恰正值南半球盛夏，往往酷暑难耐，所以澳网组委会出台了一项“极限高温政策”来保护球员，当赛场温度、湿度等指标综合值达到一定限度时，球员可以申请暂停比赛。2003年，在威廉姆斯姐妹之间进行的澳网女单决赛因为天气太热而关闭了球场顶篷。2005年，澳网男单决赛又成为第一场被安排在晚上举行的大满贯男单决赛。

拉沃尔球场是澳网的中心球场，占地1 800平方米，拥有16 000个座位。由于澳大利亚地属热带，每年的比赛期间总会因雨中断，为了解决这个问题，赛事组织者特地为球场安装了一个可伸缩的屋顶，这个重700吨的顶棚可在25分钟覆盖整个球场。1988年，格拉芙和埃弗特就是在这里上演了大满贯史上的第一场室内决赛。

拉沃尔球场不仅仅只是为澳网比赛服务的，在没有网球比赛的时候，往往兼作其他活动之用，譬如每年澳大利亚篮球联赛的决赛以及澳大利亚奥委会的会议等。墨尔本公园的22片露天赛场和4片室内赛场在空余时间全部开放，当然不同时间段收费也不同。球场组织者还向前来打球的球迷提供全套服务，包括球场和球拍的租用、教练指导、水平测试、会员机构以及业余锦标赛等。

新建成的沃达丰球场是以澳网的主赞助商沃达丰公司的名字命名的，它是墨尔本最重要的体育和娱乐中心，每年都会在这里举行篮球、自行车比赛和各种社会活动。它拥有大约10 000个座位以及一些可升降的活动座位以满足不同比赛项目的需要。与拉沃尔球场相同，沃达丰球场也有一个活动屋顶，但它只需要10分钟就可以转换成室内场。此外，球场有一套先进的彩色译码系统，将球场分成四个区域，使进场的观众可以轻松地找到自己的座位。

进入新千年的澳网迎来的第一件事就是澳网的中心球场重新以澳大利亚网坛传奇人物罗德·拉沃尔的名字命名，这是澳网给予这位两次大满贯得主的最高荣誉。而到了2005年，他们又决定以玛格丽特·史密斯·考特的名字来命名2号球场，以此表达对她为澳大利亚网球做出巨大贡献的敬意。澳网也许不是世界上最杰出的一项网球赛事，但它却是在最积极地去适应时代变迁的一项赛事，这也是它能够受到越来越多球员和球迷喜爱的重要原因。因此，我们有理由相信，在它生命的第二个世纪里，澳网一定可以迸发出更璀璨的光芒。

华彩人物

○ 澳洲“火箭”——拉沃尔

1938年，在唐·布奇拿下美网并完成“大满贯”（一年包揽四大满贯）之前的一个月，澳大利亚昆士兰州降生了一个名叫罗德·拉沃尔的男孩。尽管这个早产儿先天不足、体弱多病，但随后的日子他在父亲的农场里长得健康而强壮。

24年后的1962年，谁也没想到这个小伙子竟像唐·布奇一样在一年内也完成了一个大满贯。人们更没有想到7年后的1969年，他竟再次完成了大满贯的奇迹。

还在少年时候，澳大利亚戴维斯杯的队长就给了拉沃尔“火箭”的绰号。他发现这个少年在像火箭一样飞速进步，而且天赋极佳的拉沃尔还乐于付出更多的努力。很快，他就成为澳大利亚网坛出类拔萃的人物。

拉沃尔最令人称道的是他的强上旋击球。尽管上旋球并非他所发明，但拉沃尔用它形成了最有效率的典范打法并直接影响了博格和古莱莫·维拉的风格，使上旋球成为今天运动员的必备技术。拉沃尔总是很漂亮地从底线冲到网前，网前同他在底线一样卓越，他那坚定的专注力更是一种可怕的武器。他的打法没有弱点可以攻击，他的每一项技术都如此完美。

拉沃尔的国际声誉开始于1956年第一次出国参赛，17岁的拉沃尔获得了美网少年冠军。三年后，他拿到了自己第一个澳网男单冠军。

1959年，拉沃尔在温布尔顿决赛中负于秘鲁的奥梅多。1960年，他再次打入温网决赛但最终败给了弗雷泽尔，不过这却是他一系列非凡演出的开始。此后，拉沃尔在1961年、1962年连夺温网冠军，在1962年囊括四大满贯，以业余球员的身份重现了唐·布奇的战绩，并第四次代表澳大利亚获得了戴维斯杯。随后，他决定加入能获得奖金的职业选手行列，这意味着接下来的五年他不能参加四大满贯赛事。他必须接受同杰克·克雷默、潘乔·冈萨雷斯、肯·罗斯维尔这些职业高手一样的遗憾，虽然他在职业圈终结了冈萨雷斯和罗斯维尔的霸主地位。

直到1968年，四大满贯赛事进入公开赛时代，重返温布尔顿的拉沃尔在1968年、1969年连续夺冠，成为温网连续六次参赛都进入决赛的六人之一。他也成为唯一一个从第一次世界大战后到博格出现之前夺得温网四连冠的人。

公开赛时代的第二年，即1969年，是拉沃尔最风光的一年。这一年，31岁的他在32项赛事中获得了17个冠军，其中包括四大满贯的冠军，取得了106胜16负的战绩。同1962年的胜利不同，1969年的“大满贯”是在所有职业选手加入的情况下得到的，因而更具价值。当然胜利来得绝不轻松，在澳网半决赛中，他与托尼·罗节大战90局，才以7-5、22-20、9-11、1-6、6-3过关；法网从第二轮开始，就又被前冠军罗切拖入五盘大战；在温网也遭到斯坦·史密斯、纽康姆、阿什等名将的强力阻击，但拉沃尔是最终的胜利者。

1971年，拉沃尔得到奖金129.3万美元，使他成为第一位比赛总奖金超过100万美元的选手。他超过150万美元的奖金数纪录直到1978年才由康纳斯打破。

1973年，所有职业选手都被邀请参加戴维斯杯。这样，相隔11年后，拉沃尔又一次代表澳大利亚出战。他与纽康姆合作在决赛中以5∶0大胜美国队。15年来，拉沃尔5次出战戴维斯杯，全部夺冠。此外，他还帮助澳大利亚在1972年、1974年、1975年三夺世界杯团体赛冠军。

在拉沃尔的网球生涯中，他跨越了业余和公开赛时代。1959—1975年，有13年位居前10，其中1961年、1962年、1968年、1969年位居第一。在他37岁退役时，仍然是排名前10的选手。

1981年，罗德·拉沃尔入选网球国际名人堂。

○ 澳洲戴维斯杯的头号功臣——埃默森

20世纪60年代，澳大利亚人在男子网坛享有垄断性的优势，他们席卷了戴维斯杯荣誉和各项重大赛事的冠军，卓越球员接连涌现。那一段时期堪称网坛的澳大利亚王朝。

澳网球迷与拉沃尔雕像

在这个王朝中，除拉沃尔，还有与其比肩齐高的另一位澳洲英雄，他就是罗伊·埃默森。

在他的网球生涯中，埃默森夺得12个大满贯男单冠军，倘若没有皮特·桑普拉斯的横空出世，也许我们至今只能仰望这个纪录。此外，他还拥有16个大满贯男双头衔，这样，他所获得的大满贯冠军总数达到了惊人的28个，这是桑普拉斯也无法与之比肩的。

出身于澳大利亚昆士兰偏远地区的埃默森，在圈中被亲切地称为“埃默”。他身上有着农家人特有的淳朴。埃默森从小就在父亲的牧场帮忙，当挤奶工，劳动让他的手腕变得强韧，为他未来的网球事业奠定了基础。

在自家陈旧的网球场上，父母及时发现了他的天赋。为了儿子的未来，他们全家迁往昆士兰首府布里斯班，这使埃默森得到了良好的训练和比赛机会。

埃默森拥有6英尺的修长身材，反应敏捷，勇往直前。他擅长发球上网，这使他在草地上拥有得天独厚的优势；同时，他在底线拥有稳定的战斗力，加上出众的奔跑能力和体能，使他在红土场上也具备了夺冠的实力。

埃默森是一位杰出的双打选手。有人说，只要有他做搭档来镇守右半侧场地，无论是谁，都能安安心心一路奏凯。他与弗雷瑟被视为黄金搭档。他还分别与其他四位选手配对在大满贯男双比赛中封王，其中包括同样来自昆士兰的另一位杰出球员罗德·拉沃尔。

埃默森与拉沃尔既是老乡、老友，也是对手。1961年，埃默森在澳网男单决赛中击败拉沃尔，夺得第一个大满贯男单冠军，令拉沃尔在一年内包揽四大满贯的愿望过早搁浅。几个月后，他又在美网决赛中战胜拉沃尔夺冠。1962年，处在巅峰状态的拉沃尔终于完成了自己的全满贯。

1963年，拉沃尔转投职业赛，埃默森在业余圈中继续奋斗着。1963—1967年，埃默森在澳网实现了男单五连冠的霸业，在其他三项大满贯中也屡有斩获。1964年，是埃默森最精彩的一个赛季。从夏季到秋季，他保持了55场不败的战绩。那一年他赢得17项赛事的单打冠军，全年战绩109胜6负，稳稳地当上了世界第一。

埃默森维持业余身份直到1968年，在此期间创下一项又一项纪录。在网球运动全面职业化前夕，他也顺理成章地完成了从业余选手到职业选手的过渡。

1966年，在温网第四轮的比赛中，身为夺冠热门的埃默森原本一路领先，却在救一个网前险球时撞到主裁的座椅，肩膀受了伤。此后，他无法再给对手造成任何威胁，但他仍然坚持完成了那场比赛。

埃默森兢兢业业地为澳大利亚球员们做出了表率。无论在戴维斯杯还是在世界杯（澳美对抗赛）的团体赛场上，他总能激励队友共同奋进。从1964年起，他率澳大利亚队参加戴维斯杯赛，9年中为澳大利亚队夺得8次冠军，埃默森是澳大利亚当之无愧的头号功臣。而埃默森认为，是“澳大利亚精神”使他们获得胜利。直到今天，我们仍能在澳大利亚的戴维斯杯代表队中感受到这种宝贵的凝聚力。

将近70高龄的埃默森仍然没有闲着。

瑞士的格施塔德是埃默森的福地，他曾多次在这里夺冠，格施塔德公开赛的中央球场后来就以罗伊·埃默森命名。埃默森对这个美丽的山区城市感情深厚，每年夏天他都会在这里度过，他与当地著名的五星级酒店联合推出的“罗伊·埃默森网球周”活动令无数网球爱好者纷至沓来。尽管年事已高，埃默森仍然会亲自下场讲解示范，并和来此学球、休闲的人们一起享受风景美食。在一年一度的格施塔德公开赛上，埃默森是最受人爱戴的贵客。格施塔德已成了他的第二故乡。

2003年，初夺温网的罗杰·费德勒来到这里，埃默森代表赛事组委会向他赠送了奶牛朱丽叶作为贺礼。当费德勒兴致勃勃地尝试挤牛奶时，埃默森凭着丰富的经验，手把手地指导这位才华横溢却缺乏劳动经验的小辈当了一回挤奶工。

数年前，埃默森就已预言：“费德勒只要战胜自己，日后必成大器。”费德勒以自己的战绩在验证着埃默森的预言。

○“满贯皇后”——玛格丽特·史密斯·考特

玛格丽特·史密斯·考特是国际网坛百年以来，在女子选手中不多见的全能天才。她不仅仅在所有类型的场地上所向披靡，而且技术贯通底线与网前，成就遍及单打、女子双打和混合双打。她在1960—1975年间获得62座大满贯奖杯（单打24座），数量居所有网球运动员之首，并且她还是为数不多的几位在生儿育女后重返职业赛场并且能够继续赢得大满贯冠军的伟大球手。

玛格丽特·史密斯·考特1942年7月生于澳大利亚新南威尔士州的奥博里。她像莫琳·康纳利和肯·罗斯维尔一样由先天的左手击球转为右手击球。这个当年1.80米的瘦高女孩在意志和训练水准上对自己有极高的要求。她拥有强劲的发球、细腻的网前技术和身高优势，这使她很早就在网球水平极高的澳大利亚崭露头角。1960年，不满18岁的考特在澳网勇夺女单冠军，这是她第一个澳网女单，也是连续七届澳网单打冠军中的第一个。

考特是属于网球的，但严格地说，她首先是属于草地网球的。因为在她的家乡新南威尔士的草地球场上，考特练就了她出色的发球和网前截击技术，同时年轻的考特还是最早借助健身器材和体能训练手段增强力量和耐力的女子球员之一，虽然在那个时代这样的做法会被绝大多数人耻笑，但考特却用一座座冠军奖杯让人们对她肃然起敬。

在1961年以前，考特是澳大利亚的名人，她第一次参加澳大利亚网球锦标赛便拔头筹，但人们还不知道，那只是她11座澳网冠军和7年连冠的起点。从1961年起，考特成为她的国家最早参加国际赛事的姑娘，而这一去就是15年。

考特在每一种场地上都有她的对手，而她则是所有人的对手。在草地上，她首先要面对比莉·简·金的挑战。在温布尔顿，考特腼腆、内向的性格与金夫人大胆、直率的性格形成鲜明的对比，也许考特永远也无法像她的对手那样满怀斗志、信念坚定，甚至有时她还会在赛场上紧张、害羞，但从她们两人网球生涯的交战纪录上看，澳洲人以22-10的优势遥遥领先，而她们在温网决赛中的两次相遇，也以考特的胜利告终。考特同比莉·简·金进行的那次决赛上，考特顶住了踝伤和金夫人的冲击，以14–12、11–9艰难地赢得了比赛，创造了温网历史上的经典一战，其46局的纪录保持至今。而在罗兰·加洛斯和美国网球锦标赛上，考特同样可以从容不迫地获得胜利。在整个20世纪60年代中期，她至少每年要赢得2座大满贯的奖杯，并且在1964年创下了连胜39场的纪录。

考特在1968年的职业化浪潮的席卷下重新走上了球场，并且成为一名职业球手，很快她将迎来真正的事业高峰。1970年，考特参加了27项赛事，赢得了110场比赛中的104场，并且继美国人康纳利之后第一个包揽了一年中四座大满贯的冠军头衔。

当然在辉煌之中也有刻骨铭心的失败。首先是1962年温网第一轮作为1号种子首轮负于非种子比莉·简·金，成为温网历史上第一位首轮失利的1号种子，不过现在已经有格拉芙和辛吉斯与她共同承担这个纪录。另外，1971年的温网决赛输给伊芳·古拉冈也让她无法忘记。但最令考特耿耿于怀的莫过于网球史上的第一场“男女大战”。1973年，作为女子最强的考特与55岁的前温网冠军波比·里格斯的比赛，以里格斯直落两盘而告终，她认为当时自己对这样的比赛缺乏心理准备，而后来由金夫人为女子网球挽回了颜面。

1975年考特退役时，她共获得了92个女单冠军，各项冠军总数127个，并为澳大利亚赢得了4届联合会杯。1979年，考特入选国际网球名人堂。

为了纪念她的伟大成就，墨尔本公园网球中心在2000年将三座主球场之一命名为“玛格丽特·考特网球场”。

○ 澳网超神——德约科维奇

澳网的本土英雄值得称道，而本土以外的斗士同样值得敬佩。20世纪70年代，澳洲本土英雄罗斯维尔3次获得澳网男子单打冠军；在90年代，美国的阿加西曾4次夺冠。而在澳网113年的历史中，获得单打冠军最多的则是塞尔维亚的诺瓦克·德约科维奇。自2008年首夺澳网冠军以来，截至2016年，德约科维奇在8年中6夺澳网男子单打桂冠，当属东半球大满贯最耀眼的英雄，他无愧是澳大利亚网球公开赛最英勇的斗士。在美国某大学任教的任风飏应邀撰写了《孤独的塞尔维亚角斗士——诺瓦克·德约科维奇》。作者对德约科维奇的成长与成就、技术与性格做了较全面的介绍，描写精彩生动，分析准确到位。现转载如下：

网坛神童从天降，慧眼伯乐相宝马

1987年5月22日，塞尔维亚贝尔格莱德地区降生了一个小男孩，诺瓦克·德约科维奇。小德约的父亲、叔叔和姨妈都曾是职业滑雪运动员，而他遗传了父辈的优良基因，从小便展现了出众的运动天赋。他四岁拿起网球拍，从此一发不可收拾。六岁那年夏天，有一次他在父母经营的度假村打球的时候，南斯拉夫网球传奇人物叶莲娜·金西奇正好路过，一眼就看出他的非凡天赋。之后8年时间，金西奇如获至宝，无微不至地关怀小德约的成长，授予他毕生所学。金西奇带他看书，听古典音乐。有一次听柴可夫斯基《1812序曲》，她说网球比赛就该像这样缓慢开始，慢慢加强、再加强……以后比赛不顺利就想想这个曲子，想想体内还蕴藏着用不完的能量。11岁的小德约点点头铭记在心。小德约还有一个非常特别的特质，每次教练告诉他的事情，他都会说："请你再说一遍。"教练问："没听懂吗？"他会说："懂了，但还是请你再说一遍。"金西奇发现原来他是要仔细确认，以免漏掉任何细节。日后德约科维奇正是这样在一点一滴近乎偏执地耐心打磨着所有技术，形成自己的风格。金西奇的赏识让德约科维奇从小充满自信，他从不掩盖想成为世界第一的雄心壮志。

训练德约科维奇8年之后，金西奇觉得他需要高强度比赛锻炼，于是便把他送往德国慕尼黑Pilic网球学院训练。这一年，14岁的德约科维奇夺得了欧洲少年单双打和团队赛的冠军。

奏响《1812序曲》，开启大满贯夺冠之路

德约科维奇在2003年正式转为职业球员，生涯初期正像《1812序曲》一样在平淡中开始，按部就班地提升。2005年他首进大满贯正赛，正是在日后崛起的起源地澳网。2006赛季，德约科维奇开始破冰，打进法网16强、温网32强，获得2座ATP冠军奖杯，跃居世界前20。2007赛季，德约科维奇在大满贯崭露头角：温网8强赛耗时5个小时战胜巴格达蒂斯，面对纳达尔时却无奈因肘伤中途退赛；美网他卷土重来，一路杀进决赛，却在前两盘浪费7个盘点最终0:3溃败于费德勒。这一年德约科维奇在大师赛里三进决赛收获2个冠军，特别是在罗杰斯杯，德约科维奇夺冠路上连斩当时的世界前三：罗迪克、纳达尔和费德勒，展现了恐怖的竞争力。这年他一举成为世界第三！

2008年伊始，德约科维奇终于在澳网福地打破费纳长达3年对大满贯冠军的垄断：半决赛成功"复仇"费德勒，决赛战胜特松加夺得自己第一座大满贯桂冠！这次酣畅淋漓的胜利让德约科维奇团队等太久了，以至于赛后过度兴奋的德约科维奇妈妈直呼"旧王已死，新王当立"！德约科维奇团队类似这样"猪队友"般的"助攻"偶有发生。

孤独的笑脸"Djoker小丑"

德约不受一些人待见的深层原因大概要归结于他始终孤独的内心。德约科维奇面对大众其实是不太自在的，却偏偏渴望做到像费纳一般受万人拥戴。费德勒面对大众时如鱼得水，纳达尔虽性格内向但以淳朴示人，都大受欢迎。德约科维奇表面看来是网球场上最好的喜剧演员，常常搞怪，引人开怀大笑。他的调皮是出了名的，比赛之余各种耍宝，如跳骑马舞等，而最具标志性的当属德约科维奇模仿秀——模仿纳达尔发球前拉裤裆，模仿费德勒挺胸踱方步，模仿阿加西、贝克尔、麦肯罗发球，甚至模仿莎娃、小威，……对于场上他多次请求医疗暂停，似乎是一种战术小伎俩被人诟病，更有时会不经意挑起事端，陷入尴尬境地。2008

年美网对战本土宠儿罗迪克，赛前罗迪克毫不留情地批评德约科维奇总是退赛。德约科维奇憋足一口气在比赛中战胜对手，本可用实力“打脸”。可赛后采访，他偏要往几万失望的本土观众伤口撒盐：“安迪说我有60种伤病，现在大家知道我显然没有了，对吧……”这话引得嘘声一片。本来这样停住也问题不大，可被嘘得不舒服的他有点无所适从，继续嘴硬：“这里的观众本来就针对我，认为我在各种诈伤，那就这样吧……”这就像一个人拿着话筒面对几万观众吵架一样，现场嘘声越来越大，日后再也得不到美国观众的心……看这些事情，开始不理解，可看多了就觉得德约科维奇像个带着小丑笑脸面具的伤心人，表面像调皮大男孩其实是为了引人关注，内心却似乎从未安宁。失意时受费纳打压太久，得意时高处不胜寒，能理解他的人少之又少。这也难怪他在最辉煌的时刻，还是有外界的声音在拷问“德约征服了全世界，可是人们的爱在哪里”？

魔咒缠身，四面楚歌

2008年澳网登顶后，德约科维奇并没有如预测的“新王当立”，而是出人意料地在之后近三年的时间里低迷。虽然四进大满贯半决赛，1次进决赛，却没有大满贯冠军入账。同一时期大师赛上小德同样低迷，八进决赛仅获得3个冠军。这一时期几乎所有的大赛里他都成了配角，只是在2008年北京奥运会上夺得铜牌，以及2010年帮助塞尔维亚赢得了他们历史上第一个戴维斯杯这两个成绩聊以安慰。这时的德约科维奇一直是费纳的配角，排名稳定在世界第三。从小立志成为世界第一的德约科维奇无法接受这样的事实，他试遍所有方法：加大体能训练，换教练，做鼻腔手术，搬到迪拜训练适应高温……可冥冥中似乎有一种魔力，让他在高水平对决和关键时刻各种崩盘，以致他被怀疑利用假装伤病改变比赛节奏。德约科维奇在这段时期的迷惑、自信受到打击是常人难以想象的。估计和很多这个时代的优秀球员一样，德约科维奇肯定不止一次内心感慨“既生费纳，何生德约”！德约科维奇像是被困在角落的猛兽，骨子里是不服气的，憋足了气要冲破费纳的封锁。而上天在考验他许久之后，终于打开了一扇天窗。

天赐良医神助威，荡涤网坛泣鬼神

这又正好发生在德约科维奇的福地澳网。2010年的1月份，一个叫伊格尔·塞托耶维奇的塞尔维亚医生在地中海度假，打开电视看到德约科维奇八强赛里对阵特松加。本来塞托耶维奇不看网球，但他妻子是个网球迷，所以两人决定给同胞加油。德约科维奇2–1大盘领先的时候，再次像着了魔一样，突然头昏眼花喘不过气来，请求医疗暂停。之后他再次一溃千里被翻盘。电视解说怀疑德约科维奇有哮喘病，塞托耶维奇听罢摇摇头说“这肯定不是哮喘，我想我可以帮助他”。

塞托耶维奇精通中医，他深知哮喘一般在上午发作，可当时比赛是在晚上，而且要是有哮喘不可能前三盘打得这么好。他通过朋友联系上德约科维奇的父亲，说自己非常肯定问题根源是消化系统失衡。通过一系列的测试，塞托耶维奇最终发现了一切的根源，德约科维奇对麦麸过敏！所有人都傻眼了——有谁能想到拥有两家比萨餐馆的家庭里竟然会有人对麦麸过敏，而且23年过去了还没有人发现！2010年的夏天，解决过敏问题的德约科维奇感到自己突然有用不完的能量，打起球来身轻如燕、健步如飞、神清气爽。德约科维奇每天醒来都迫不及待地冲向训练场，巴不得把未来一把撕开，看看自己如何把几年来的憋屈发泄在对手身上，让世人睁开眼看看谁才是真正的网坛之王！日后德约科维奇赢球了有时会朝天怒吼，把球衣硬生生撕碎。德约科维奇温网进半决赛，美网进决赛。虽都没有笑到最后，但再也不是关键时刻掉链子的那个他。相反，美网半决赛德约科维奇对阵死敌费德勒时，第四盘发球面对2个赛点从容保发，并在第五盘打得费天王没有脾气。

经过赛季间歇期的调整之后，2011年，德约科维奇终于如火山爆发，所过之处摧枯拉朽、片甲不留。这一年德约科维奇从赛季开始豪取41连胜，全年面对强大的费纳两尊大神，交出了恐怖的10胜1负的压倒性战绩。尽管赛季末期终于显出疲态，输了3场比赛，但整个赛季总战绩为恐怖的70胜6负（其中还有两场伤退），囊括3个大满贯和5个大师赛冠军。这一切在强手如云的现代网坛简直就是奇迹。

2012—2014赛季，其他三巨头提高警觉，稍稍止住了德约科维奇的恐怖势头。这期间小德对阵穆雷、费德勒、纳达尔的成绩依次为：9–4、7–5、6–7，期间还被费德勒、纳达尔两度夺走世界第一宝座。即便如此，这期间大满贯三冠五亚、大师赛十冠三亚还是很不错的成绩，2012年、2013年两度在澳网卫冕完成三连冠也是一大奇迹。属于德约科维奇的终极荣耀，终于在2015年再次到来，一直持续到了2016年夏天。这期间德约科维奇再次主宰网坛，斩获5个大满贯冠军,9个大师赛冠军，并最终在2016年法网如愿以偿拿下自己的第一座火枪手杯，实现生涯全满贯，而且同时持有所有4座大满贯奖杯！此时德约科维奇已经拿到总共12个大满贯和30个大师赛冠军。所有人都认为已经没有人可以止住德约科维奇的步伐，纷纷预测他很快要赶超费纳的一系列纪录。

二十余载铸神斧，开天辟地新纪元

在德约科维奇之前，起源于14世纪贵族游戏的网球还是相对温和的运动。而2011年德约科维奇巨斧一挥的时候，一切都改变了！

德约科维奇最大的贡献在于让击球技术有了质的飞越，颠覆传统击球线路。他正反手击球技术，综合了费纳两方的优点，既有纳式旋转的稳定性，也具备费氏穿透力。他多数击球落点都很深，留给对手准备击球的时间非常短，可利用的角度也非常有限。在击球线路上，他一改只求把球打深的传统观念：在正反两翼他都可以打出匪夷所思的大角度，大刀阔斧，让人目瞪口呆，感慨网球居然能这么打；他也可以打出手术刀一般精准的直线球压线得分。控球技术被他发挥到极致，调动对手的超强能力让之前主流的强行侧身攻等打法顿时失去优势。

步法上，德约科维奇标志性的贴地滑步也是达到了前所未有的高度。他的身体柔韧性令人难以置信，很多高难度动作恐怕只有美国动画片里的“橡皮超人”才能做到。这动作把重心降到贴近地面，像水蜘蛛一样整个身体贴着水面滑动，极大地扩大了防守面积并增加了重心的稳定性。很多看似无解的来球，在他这里完全没有问题，而且在超长距离奔袭滑步之后还能保证回球的精准，常打得对手措手不及。

从战略打法上讲，德约科维奇传承了纳达尔防守反击式的稳健打法，而且防守上更加犀利。尤其是在反手位被调到场外的情况下，要是费纳会先把球防回去，而德约科维奇则是经常一个飞奔大跨步，稳住身体同时利用强大的地面缓冲力强势回击。这个极被动的位置在他看来是极大的角度空间，他经常能在这里打出制胜分。而这种得分也极大地消磨了对方士气和意志，对手本来觉得已经发挥了最高水平，不料还是没能拿下这一分，多几个这样回合，对手就心理溃败了。德约科维奇打球是以我为主的：不管对手是谁，反正我自信击球比你好、比你深，还比你稳定；你打不穿我的防守，我就静待你的失误给你颜色看看；如果你稳固防守，我同样打不穿你的话，那就用体力耗“死”你……德约科维奇务实的球风和习惯也极大地增强了击球的稳定性：和费德勒同一个回球线路重复两三次就觉得无聊了要想着怎么变化形成巨大反差，德约科维奇每打一拍球和回位的动作都非常相似，可以不厌其烦地把球高质量地打回同一个地方，重复几十次都不感到枯燥。这样的务实作风更让德约科维奇特别从容，怎么想都是无解的存在。当然这也造成不少人不爱看他的比赛，有时候显得千篇一律而且冗长，像2014年澳网决赛打纳达尔就耗时近6个小时。

天降大任多劫难，王者归来终有时

德约科维奇的打法稳定高效，但对身体的损害是巨大的，这也给他后面的困境埋下了伏笔。2016年法网达到顶峰，可刚过去几个月在温网第三轮，他突然被奎雷伊的大炮发球打得像泄了气的皮球。辛辛苦苦打下的江山在毫无预兆的情况下轰然坍塌！球场上的他，眼神里失去了那种雄狮般的杀气和斗志；球场下的他，内心得不到安宁，向“冥想大师”佩佩·伊马兹寻求帮助，开始追求“爱与和平”。为此他和恩师贝克尔有了巨大分歧，并于2016年底分道扬镳，世界第一宝座也被穆雷夺走。小德突然像换了一个人，输球了不再像以前那样完全不服气。2018年澳网输给韩国小将郑泫后，居然发推特赞扬对手并鼓励他继续努力。之前那种舍我其谁的气质荡然无存，之前有意无意挑衅观众和媒体的刺头个性也完全收敛。他突然摇身一变成了和平使者，开始为球员工会谋福利，记者招待会送大家巧克力。小德肘伤反复发作，即使效仿费纳放弃2017年大半个赛季养伤，也没能完全恢复。在2011—2016年荣耀的日子里对身体的透支，终于给德约科维奇亮了红灯。

这红灯一亮，何时德约能再次起航，收复失地？再出发时，他是否还是以前那个一丝不苟、舍我其谁的德约？再出发时，“和平使者”是否还能像以前那样毫不留情地搅起网坛“腥风血雨”？再出发时，透支如此的身体是否还能支撑他超人般的技术动作？如果需要他做出新的变革，一直以来坚持细节几近偏执的他又能否静下心来开辟新的路途？

当我等所有“凡夫俗子”都被所有这些难题束缚了想象力的时候，也得想想费德勒和纳达尔2017年强势回归巅峰的例子。2016年费纳先后赛季报销的时候，任谁想破脑壳估计也不敢预测他们伤停大半年后还能再创辉煌。这些英雄和战神们的世界，是我这样平凡的思维不可能参透的。所以我还是选择带着希望相信，英勇坚韧如德约，角斗士的故事还没有结束！

● 1968年以来澳大利亚网球公开赛男女冠军名录

年份	男子	女子
1969年	拉沃尔（澳大利亚）	考特（澳大利亚）
1970年	阿什（美国）	考特（澳大利亚）

续表

年份	男子	女子
1971年	罗斯维尔（澳大利亚）	考特（澳大利亚）
1972年	罗斯维尔（澳大利亚）	韦德（英国）
1973年	纽康姆（澳大利亚）	韦德（英国）
1974年	康纳斯（美国）	古拉贡（澳大利亚）
1975年	纽康姆（澳大利亚）	古拉贡（澳大利亚）
1976年	埃德蒙森（澳大利亚）	古拉贡（澳大利亚）
1977年	坦纳（美国）	里德（澳大利亚）
	格鲁莱蒂斯（美国）	考利（澳大利亚）
1978年	维拉斯（阿根廷）	奥尼尔（澳大利亚）
1979年	维拉斯（阿根廷）	乔丹（美国）
1980年	蒂彻（美国）	曼德利科娃（捷克斯洛伐克）
1981年	克里克（南非）	纳夫拉蒂洛娃（美国）
1982年	克里克（南非）	埃弗德（美国）
1983年	威兰德（瑞典）	纳夫拉蒂洛娃（美国）
1984年	威兰德（瑞典）	埃弗特（美国）
1985年	埃德伯格（瑞典）	纳芙拉蒂洛娃（美国）
1987年	卡什（澳大利亚）	曼德利科娃（捷克斯洛伐克）
1988年	卡什（澳大利亚）	格拉芙（德国）
1989年	克里斯南（美国）	格拉芙（德国）
1990年	兰度（捷克斯洛伐克）	格拉芙（德国）
1991年	兰度（捷克斯洛伐克）	诺沃特纳（捷克斯洛伐克）
1992年	库勒尔（美国）	塞莱斯（南斯拉夫）
1993年	库勒尔（美国）	塞莱斯（南斯拉夫）
1994年	桑普拉斯（美国）	格拉芙（德国）
1995年	阿加西（美国）	皮尔斯（法国）
1996年	菲利浦西斯（澳大利亚）	塞莱斯（美国）
1997年	桑普拉斯（美国）	科泽尔（南非）
1998年	库切拉（斯洛伐克）	辛吉斯（瑞士）
1999年	奥斯（智利）	毛瑞斯莫（法国）
2000年	阿加西（美国）	达文波特（美国）
2001年	鲁塞德斯基（英国）	卡普里亚蒂（美国）
2002年	马丁（西班牙）	卡普里亚蒂（美国）
2003年	埃诺伊（摩洛哥）	塞雷娜·威廉姆斯（美国）
2004年	费德勒（瑞士）	海宁（比利时）
2005年	萨芬（俄罗斯）	塞雷娜·威廉姆斯（美国）
2006年	费德勒（瑞士）	毛瑞斯莫（法国）
2007年	费德勒（瑞士）	塞雷娜·威廉姆斯（美国）

年份	男子	女子
2008年	德约科维奇（塞尔维亚）	莎拉波娃（俄罗斯）
2009年	纳达尔（西班牙）	塞雷娜·威廉姆斯（美国）
2010年	费德勒（瑞士）	塞雷娜·威廉姆斯（美国）
2011年	德约科维奇（塞尔维亚）	克里斯特尔斯（比利时）
2012年	德约科维奇（塞尔维亚）	阿扎伦卡（白俄罗斯）
2013年	德约科维奇（塞尔维亚）	阿扎伦卡（白俄罗斯）
2014年	瓦林卡（瑞士）	李娜（中国）
2015年	德约科维奇（塞尔维亚）	塞雷娜·威廉姆斯（美国）
2016年	德约科维奇（塞尔维亚）	科贝尔（德国）
2017年	费德勒（瑞士）	塞雷娜·威廉姆斯（美国）

● 1976年以来澳网青少年冠军名录

年份	男子	女子
1973年	保罗·麦克纳米（澳大利亚）	克里斯·奥尼尔（澳大利亚）
1974年	哈里·布里特恩（澳大利亚）	詹妮弗·沃克尔（澳大利亚）
1975年	布莱德·朱埃特（澳大利亚）	休·巴克尔（澳大利亚）
1976年	雷·凯利（澳大利亚）	休·萨莉芭（澳大利亚）
1977年	布莱德·朱埃特（澳大利亚）（12月） 雷·凯利（澳大利亚）（1月）	帕梅拉·贝利（澳大利亚）（12月） 阿曼达·多宾（澳大利亚）（1月）
1978年	帕特·塞列特（澳大利亚）	伊丽莎白·丽托（澳大利亚）
1979年	格雷格·怀特克劳斯（澳大利亚）	安妮·敏特尔（澳大利亚）
1980年	克雷格·米勒（澳大利亚）	安妮·敏特尔（澳大利亚）
1981年	于尔根·温达厚（瑞典）	安妮·敏特尔（澳大利亚）
1982年	马克·克莱兹曼（澳大利亚）	阿曼达·布朗（英国）
1983年	斯蒂芬·埃德博格（瑞典）	阿曼达·布朗（英国）
1984年	马克·克莱兹曼（澳大利亚）	安娜贝尔·克罗夫特（英国）
1985年	谢恩·巴尔（澳大利亚）	詹妮·伯恩斯（澳大利亚）
1986年	无赛事	无赛事
1987年	詹森·斯道滕博格（澳大利亚）	米歇拉·亚弋德（澳大利亚）
1988年	约翰·安德森（澳大利亚）	乔安妮·福尔（澳大利亚）
1989年	尼古拉斯·卡尔蒂（瑞典）	金·凯萨瑞斯（美国）
1990年	德克·迪尔（德国）	麦格达丽娜·马莉娃（保加利亚）
1991年	托马斯·恩奎斯特（瑞典）	尼科尔·普拉特（澳大利亚）
1992年	格兰特·道尔（澳大利亚）	乔安妮·林莫（澳大利亚）
1993年	詹姆斯·贝利（英国）	黑克·拉斯卡（德国）
1994年	本·埃尔伍德（澳大利亚）	特鲁迪·穆斯格瑞福（澳大利亚）
1995年	尼古拉·基耶法（德国）	茜约伯汉·德雷克·布罗克曼斯卡（澳大利亚）

续表

年份	男子	女子
1996年	比约恩·恩硅斯特（瑞典）	麦格达丽娜（波黑）
1997年	丹尼尔·埃尔斯纳（德国）	米尔亚娜·卢西奇（克罗地亚）
1998年	朱利安·让皮埃尔（法国）	叶莲娜·科斯坦尼奇（克罗地亚）
1999年	克里斯蒂安·布莱斯（丹麦）	维吉尼·拉扎诺（法国）
2000年	安迪·罗迪克（美国）	阿尼科·卡普罗斯（匈牙利）
2001年	詹科·蒂普萨瑞维奇（南斯拉夫）	叶莲娜·扬科维奇（南斯拉夫）
2002年	克莱门特·毛若（法国）	巴博拉·斯托伊科娃（捷克）
2003年	马科斯·巴格达斯蒂斯（塞浦路斯）	巴博拉·斯托伊科娃（捷克）
2004年	盖尔·孟菲尔斯（法国）	莎哈·皮尔（以色列）
2005年	唐纳德·扬（美国）	维多利亚·阿萨连卡（白俄罗斯）
2006年	亚历山大·希多连科（俄罗斯）	安娜斯塔西娅·帕夫利狭乌琴冬娃（俄罗斯）
2007年	克莱因（英国）	帕芙柳琴科娃（俄罗斯）
2008年	托米奇（澳大利亚）	鲁斯（荷兰）
2009年	班布里（印度）	佩瓦克（俄罗斯）
2010年	费尔南德斯（巴西）	卡·普利斯科娃（捷克）
2011年	维塞利（捷克）	苏菲·梅斯塔克（比利时）
2012年	萨维利（澳大利亚）	汤森德（美国）
2013年	克耶高斯（澳大利亚）	康纽（克罗地亚）
2014年	兹维列夫（德国）	库里什科娃（俄罗斯）
2015年	萨弗林（俄罗斯）	米哈里科娃（斯洛伐克）
2016年	安德森（澳大利亚）	拉普科（白俄罗斯）
2017年	皮洛斯（匈牙利）	科斯杜克（乌克兰）

澳网纪录

■ 获得冠军最多的男选手：阿德瑞安·奎斯特（澳大利亚），13次（3次男单，10次男双）

■ 获得冠军最多的女选手：玛格丽特·史密斯·考特（澳大利亚），21次（11次女单，7次女双，3次混双）

■ 获得单打冠军最多的男选手：罗伊·埃默森（澳大利亚），6次（1961年，1963—1967年）

■ 获男子冠军次数最多的非澳大利亚籍选手：安德烈·阿加西（美国），4次（1995年，2000年，2001年，2003年）

■ 获得单打冠军最多的女选手：玛格丽特·史密斯·考特（澳大利亚），11次（1960—1966年，1969—1971年，1973年）

■ 获得双打冠军最多的男选手：阿德里安·奎斯特（澳大利亚），10次（1936—1940年，1946—1950年）

■ 获得双打冠军最多的女选手：西尔玛·朗（澳大利亚），12次（1932—1940年，1947—1949

年，1951—1952年，1956年，1958年）

■ 连续夺得单打冠军最多的男选手：罗伊·埃默森（澳大利亚），5次（1963—1967年）

■ 连续夺得单打冠军最多的女选手：玛格丽特·史密斯·考特（澳大利亚），7次（1960—1966年）

■ 连续夺得双打冠军最多的女选手：玛蒂娜·纳芙拉蒂洛娃（美国）/瑟弗（美国），7次（1983—1989年）

■ 获胜场次数最多的男选手：

斯蒂芬·埃德伯格（瑞典），56胜10负

伊万·伦德尔（捷克斯洛伐克），48胜10负

皮特·桑普拉斯（美国），45胜9负

■ 最年轻的男单冠军：肯·罗斯威尔（澳大利亚），18岁2个月（1953年）

■ 最年轻的女单冠军：玛蒂娜·辛吉斯（瑞士），16岁3个月（1997年）

■ 最年老的男单冠军：肯·罗斯威尔（澳大利亚），37岁2个月（1972年）

■ 最年老的女单冠军：西尔玛·朗（澳大利亚），35岁8个月（1954年）

■ 同一年包揽三项冠军的男选手：约翰·哈克斯（澳大利亚，1926年），吉恩·博拉特拉（法国，1928年），杰克·克劳弗德（澳大利亚，1932年）

■ 同一年包揽三项冠军的女选手：达芙妮·阿克赫斯特（澳大利亚，1925年，1928—1929年），南茜·伯尔顿（澳大利亚，1940年，1947—1948年），西尔玛·朗（澳大利亚，1952年），玛格丽特·史密斯（澳大利亚，1963年）

■ 赢得男子冠军次数最多的国家：澳大利亚，50次；美国，17次；瑞典，6次

■ 赢得女子冠军次数最多的国家：澳大利亚，43次；美国，21次；德国，4次

■ 赢得女子冠军次数最多的非澳大利亚选手：

施特菲·格拉芙（德国），4次（1988—1990年，1994年）

莫妮卡·塞莱斯（美国），4次（1991—1993年，1996年）

■ 发球时速最快的男子纪录：226千米/小时，安迪·罗迪克（美国）

■ 发球时速最快的女子纪录：201千米/小时，维纳斯·威廉姆斯（美国）

■ 比赛局数最高纪录：本土选手拉尔斯顿迎战同样来自澳洲的名将纽康姆，双方耗时达4小时41分钟，共打了93局，拉尔斯顿击败了纽康姆

■ 局数最多的男子决赛：由佩特森和霍克斯进行的男子单打决赛共进行了71局，最后佩特森终于夺冠（1927年）

■ 局数最多的女子决赛：由阿克赫斯特与汉帕尔进行的决赛共132局，最终阿克赫斯特第5次赢得冠军（1935年）

■ 耗时最长的男单比赛：2012年澳网决赛，德约科维奇以5–7、6–4、6–2、6–7、7–5，总比分3∶2战胜纳达尔，总耗时353分钟，五盘大战共进行了5小时11分钟，最终贝克尔以3∶2险胜过关。比分为7–6、7–6、0–6、4–6、23–21

■ 耗时最长的女单比赛：2011年第四轮，斯齐亚沃尼以6–4、1–6、16–14，总比分2∶1战胜库兹涅佐娃，耗时284分钟

Chapter 13

第十三章 | 五大团体赛

第一节　奥林匹克运动会

个体网球与奥运家庭

作为一项最能体现国家体育综合实力的体育盛事，奥运会的意义已经超越了体育本身，国家利益、国家荣誉已经不知不觉地融入奥运之中。

然而，对于网球这个从诞生就彰显出“个体”特征的运动项目来说，如何与奥运会这个“大家庭”更好地融合，从来就是一个难解之题。

尽管网球是现代奥运会的“创始”项目之一，尽管与现代奥运会相安无事地相处了32年，但当举办到第8届时二者不得不分手了。网球项目正式退出了奥运会主要是因为网球赛事时间冗长，竞技水准参差不齐，赛事的精彩程度不高。其实，真正影响网球进入奥运会的原因是参赛选手的资格和身份。在20世纪，由国际网联创办的戴维斯杯团体赛事已成为代表国家网球整体水平的顶级赛事，而四大满贯赛事也成为拥有比赛奖金的个人荣誉赛事。于是，职业网球手或者准职业网球手开始诞生，对于提倡非职业化赛事的奥运会自然就敬而远之了。

假如没有萨马兰奇先生的努力，职业选手也许永远都参加不了奥运会网球比赛，也将不会有后来的奥运网球冠军。1987年5月11日，在伊斯坦布尔召开的第92届国际奥委会上，通过了职业球员可以正式参加奥运会网球比赛的决议。从此以后，每一届奥运会都让各国网协焦头烂额，他们不得不苦口婆心地劝说职业选手参加奥运会。对于很多球星来说，参加奥运会，不是能不能，而是肯不肯的问题，因为相对有巨额奖金的职业比赛来说，奥运会确实是一个业余赛场，缺少利益的驱动。所以，奥运会网球赛事就会产生很多的冷门。2000年悉尼奥运会，俄罗斯新贵萨芬还没有从美网折桂的陶醉中回过味来，就在首轮被淘汰出局，本土作战的4号种子休伊特也是首轮出局。巴西名将库尔腾以他当年的火爆，至少可以拿到一块奖牌，结果也表现平平。8号种子费雷罗在第四轮也遭到无名之辈“攻击”，而当年还不是种子选手的费德勒虽然杀进了半决赛，也就此止步。2004年，奥运会网球男单冠军马苏当时在ATP排名仅48名。

况且，奥运会比赛并不是运动员想来就来的。国际奥委会规定，每个国家最多可以推荐男女各6位运动员参加奥运会网球比赛，而其中参加单打比赛的选手不能超过四名。国际奥委会从每个国家推荐的球员中选出排名前48位的选手直接参赛，加上8张外卡和预选赛的获胜者，单打比赛各有64位男女选手参加，人数刚好是大满贯的一半。

各国网协在推荐本国参赛选手的时候，还有一个硬性规定，就是只能从参加本国戴维斯杯和联合会杯的比赛团队中遴选，一旦放弃了戴维斯杯或是联合会杯，即意味着失去了奥运会的参赛资格。当年除了格拉芙之外，另外一个完全有机会也获得金满贯的是纳芙拉蒂洛娃，而就是因为当时她没有参加联合会杯而失去了奥运会的参赛资格。

除了个人经济利益外，奥运会网球比赛的举行时间也让球员们望而却步。四年一届的夏季奥运会不是赶在美网的备战期，就是赶在美网后的休整期。而且奥运会每次举办地不同，如果离美国近还好些，如果举办地离美国很远，对参赛球员来说实在是得不偿失。而且网球仅仅是奥运会这个庞大家庭中不起眼的一员，观众们不会像关注百米飞人大战那样关注网球，这也让球员动力不足。

赛事过于频繁也是球员们离奥运会而去的原因。现在一年中基本每周都有比赛，奥运会网球比赛开始之前，共有包括2站大师赛在内的12站ATP巡回赛以及包括2站一级赛在内的6站WTA巡回赛。从积分和奖金上来看，这些赛事的重要性比奥运会是有过之而无不及，参赛选手必然会倾尽全力。受奥运会影响，此间赛事都会比往年提前1 ~ 2周举行，球员尚未在温网后得到充分休整，疲劳加重，受伤在所难免。如果不筛选赛事，那就是拿自己的职业生涯冒险。所以权衡之下，网球选手只能把国家荣誉暂放在一边了。

正因如此，曾排世界第一的克里斯特尔斯拒绝参加2004年奥运会。她对不参加雅典奥运会的原因,表面为她的着装与服装赞助商发生了冲突，而实际并非如此。她说："我认为网球能够成为奥运会比赛项目意义重大，但对于我个人来说，这项运动并不适合成为奥运项目。我在2000年悉尼奥运会上感受到的是：奥运会网球比赛不如大满贯赛事那样受重视，无论是宣传力度还是观众的热情程度都逊色于大满贯赛事，于是我对奥运会有些失望。"

无独有偶，当时她的未婚夫休伊特也宣布，由于奥运会与美网比赛的时间间隔太短，为了全力备战美网，他不会代表澳大利亚参加雅典奥运会。

崇高的荣耀与美好的未来

当然，即使有那么多职业高手放弃参加奥运会网球比赛，也不能说他们对奥运会不重视。奥运会金牌永远是运动员的最高荣誉。当大多数选手对参加奥运会摇摆不定时，还有不少职业高手放弃积分和奖金，为这个最高荣誉义无反顾。

1988年汉城奥运会，网球重返奥运会大家庭。格拉芙获得本届奥运会女单冠军。自始至终，只有她一个人，在奥运会的网球史上写下如此至高无上的荣耀。

1992年的奥运会，大腕云集，桑普拉斯、张德培、考瑞尔都参加了比赛。但遗憾的是，那一年的奥运会对于这些网球界的天王巨星来说，只是一段颇为尴尬的点名。比赛唯一的传奇，是16岁的天才少女卡普里亚蒂，出人意料地打败了女皇格拉芙捧走了女单金牌。奥运会的金牌的确不像大满贯桂冠那样容易重复，没有人拿到过两枚奥运会网球金牌，即便是拥有22个在满贯头衔的格拉芙也不例外。而本土作战的桑切斯和马丁内兹则为她们的祖国夺下了女双金牌。

在1996年亚特兰大奥运会上，女子网坛新的代表人物达文波特夺得女单冠军，而当时所向披靡的双伍兄弟也赢得了他们唯一的一块奥运金牌。

在2000年悉尼奥运会上，卡费尔尼科夫在一场长达4个半小时的决赛中以3∶2险胜哈斯夺得男单冠军，成为历史上第一个获得奥运冠军的俄罗斯选手，这也是网球奥运史上用时最长的一场比赛，为悉尼奥运会添写了灿烂的一笔。与此同时，另一名俄罗斯女选手德门蒂耶娃也进入了女单决赛。但这一年的女子网球属于威廉姆斯姐妹，她们卷走了女单和女双两枚金牌。

2004年雅典奥运会男单冠军由智利的马苏获得。女单被比利时的海宁收入囊中。中国姑娘李婷和孙甜甜夺得女双桂冠，实现了中国网球的巨大突破。

对于参加2008年北京奥运会的网球比赛,2006年10月2日，正在日本参加网球公开赛的费德勒接受媒体的联合采访时表示，夺取北京奥运会网球男子单打金牌已经成为了他近期内最重要的目标。

雅典奥运会中国女网的突破

费德勒对于奥运会有一种特殊的情怀，他说“由职业选手和非职业选手参加的奥运会给人一种温馨的感觉，北京奥运会上夺取金牌是我的梦想”。2000年悉尼奥运会上，费德勒止步于半决赛，2004年雅典奥运会费德勒第二轮遭淘汰。费德勒说：“如果可能，我还想参加2012年的伦敦奥运会，据说网球比赛将安排在温布尔顿球场举行，如果能在那里迎接自己的31岁生日，将是一件妙不可言的事情。”

从球员的角度来看，各有各的看法，各有各的选择。但从赛事组织机构看，看法和选择是一致的。我们看到，无论是举办奥运会的组委会，还是ATP、WTA，都在努力地为职业高手参加奥运会创造条件。

1996年亚特兰大奥运会，为了吸引顶尖高手参加，组委会规定，除了男单和男双决赛以外，所有的男子比赛均由每场的五盘三胜改成了三盘两胜。这样一来，选手们就不会耗费太多的体力，从而不会因紧接着奥运会的美国网球公开赛而有所顾虑。这样规定的效果非常明显，最后进入决赛的是布鲁格拉和阿加西这样的顶尖高手，最终阿加西赢得了金牌。

由于2004年奥运会之后一周美网就将开战，雅典奥运会为此采取了一系列措施，尽量减少对美网的影响。比如建造和美网一样的室外硬地球场，为了让选手在奥运会后能更快适应美网，还跟Wilson公司签订了协议，采用美网的比赛用球等。

为了调动球员参与奥运会的积极性，经ATP和WTA同意，在2000年悉尼奥运会上，男子选手开始获得ATP赛事积分，获得冠军能得到80分，虽然比不上大满贯200分，甚至不如一场大师系列赛的冠军积分高，但有总比没有强。而女选手也从2004年雅典运动会上开始获得WTA积分。

2006年8月初，北京2008年奥运会组委会宣布了精心安排的赛程，决定在8月8日开幕后的第三天开始网球比赛，留出更多时间，让选手解除参加美网的后顾之忧，从而争取更多的优秀选手到北京。

据有关媒体2004年11月2日报道：由于网球是一项个性化十足的运动，在奥运会中有日益沦为“鸡肋”的危险。在俄罗斯圣彼得堡进行的全球ATP赛事总监会议中，前ATP总裁马克·迈尔斯表示，设置团体比赛会成为网球在奥运会的“出路”。“奥运会不是个人的比赛，代表国家荣誉，我们倾向于奥运会引入霍普曼杯赛的机制，设男女单打和混合双打，最终取团体成绩。”他同时表示，包括这一建议在内的有关奥运会网球改革的一系列计划已经上报了国际奥委会，目前正在等待批复。

国际网球组织和国际奥运会的积极努力，使人们看到了美好前景。人们不愿意看到一个没有职业高手的奥运会，更不愿意看到一个没有网球的奥运会。在荣誉和利益的天平上，人们最希望看到的是，大满贯和橄榄枝有着完美的握手，向着体育的最高荣誉进军。

● 历届奥运会网球比赛男单前三名

年份	届	冠军	亚军	季军
1896年	1	伯兰德（英国）	卡斯达格利斯（埃及）	托帕维扎（匈牙利），帕斯帕迪斯（希腊）
1900年	2	多尔蒂（英国）	马奥尼（英国）	雷·多尔蒂（英国），诺里斯（英国）
1904年	3	赖特（美国）	勒鲁瓦（美国）	贝尔（美国），伦纳德（美国）
1908年	4	里奇（英国）	弗罗伊茨海姆（德国）	伊夫斯（英国）
1912年	5	温斯洛（南非）	基特森（南非）	克罗伊策尔（德国）
（停办）				
1920年	7	雷蒙德（南非）	熊谷一弥（日本）	温斯洛（南非）
1924年	8	理查兹（美国）	科歇（法国）	德莫普戈（意大利）
（停办）				
1988年	24	麦齐日（捷克斯洛伐克）	梅奥特（美国）	埃德伯格（瑞典），吉尔伯特（美国）
1992年	25	罗塞特（瑞士）	阿雷斯（西班牙）	伊万尼塞维奇（克罗地亚），切尔卡索夫（独联体）
1996年	26	阿加西（美国）	布鲁格拉（西班牙）	帕埃斯（印度）
2000年	27	卡费尔尼科夫（俄罗斯）	哈斯（德国）	迪帕斯卡尔（法国）
2004年	28	马苏（智利）	费什（美国）	冈萨雷斯（智利）
2008年	29	纳达尔（西班牙）	冈萨雷斯（智利）	德约科维奇（塞尔维亚）
2012年	30	穆雷（英国）	费德勒（瑞士）	德尔波特罗（阿根廷）
2016年	31	安迪·穆雷（英国）	德尔波特罗（阿根廷）	锦织圭（日本）

● 历届奥运会网球比赛男双前三名

年份	届	冠军	亚军	季军
1896年	1	伯兰德（英国）/特劳恩（德国）	卡斯达格利斯/彼特罗科基诺（埃及）	弗拉克（澳大利亚）/罗伯逊（英国）
1900年	2	多尔蒂/多尔蒂（英国）	德加门迪亚（美国）/德库吉斯（法国）	普雷沃/德拉夏（法国），马奥尼/诺里斯（英国）
1904年	3	伦纳德/赖特（美国）	贝尔/勒鲁瓦（美国）	韦尔/韦斯特（美国），甘布尔/韦尔（美国）
1908年	4	希利亚德/多尔蒂（英国）	里奇/帕克（英国）	卡扎勒特/迪克逊（英国）
1912年	5	基特森/温斯洛（南非）	皮佩斯/茨博齐（奥地利）	皮佩斯/茨博齐（法国）
（停办）				
1920年	7	特恩布尔/伍斯南（英国）	熊谷一弥/柏尾诚一郎（日本）	德库吉斯/阿尔巴朗（法国）
1924年	8	理查兹/亨特（美国）	科歇/布律尼翁（法国）	博罗特拉/拉考斯特（法国）

年份	届	冠军	亚军	季军
（停办）				
1988年	24	弗拉奇/塞古索（美国）	桑切斯/卡萨尔（西班牙）	麦齐日/斯雷伊贝尔（捷克斯洛伐克），埃德伯格/盖吕德（瑞典）
1992年	25	贝克尔/施蒂希（德国）	费雷拉/诺瓦尔（南非）	伊万尼塞维奇/普尔皮奇（克罗地亚），弗拉纳/米纽西（阿根廷）
1996年	26	伍德布里奇/伍德福德（澳大利亚）	布罗德/亨曼（美国）	格尔纳/普里诺西尔（德国）
2000年	27	拉罗/内斯托（加拿大）	伍德布里奇/伍德福德（澳大利亚）	科雷特加/科斯塔（西班牙）
2004年	28	冈萨雷斯/马苏（智利）	基弗/舒特勒（德国）	柳比西奇/安希奇（克罗地亚）
2008年	29	费德勒/瓦林卡（瑞士）	阿斯匹林/约翰松（瑞典）	鲍勃·布莱恩/迈克·布莱恩（美国）
2012年	30	鲍勃·布莱恩/迈克·布莱恩（美国）	特松加/罗德拉（法国）	加斯奎特/贝内特乌（法国）
2016年	31	马克·洛佩兹/纳达尔（西班牙）	莫吉/特卡乌（罗马尼亚）	索克/约翰森（美国）

● 历届奥运会网球比赛女单前三名

年份	届	冠军	亚军	季军
1900年	2	库珀（英国）	普雷沃（法国）	琼斯（美国），罗森鲍莫娃（波希米亚）
1908年	4	钱伯斯（英国）	布思比（英国）	温奇（英国）
1912年	5	布罗凯迪斯（法国）	克林（德国）	比乌斯泰特（挪威）
（停办）				
1920年	7	朗格伦（法国）	霍尔曼（英国）	麦凯恩（英国）
1924年	8	威尔斯（美国）	弗拉斯托（法国）	麦凯恩（英国）
（停办）				
1988年	24	格拉芙（联邦德国）	萨巴蒂尼（阿根廷）	加里森（美国），马列耶娃（保加利亚）
1992年	25	卡普里亚蒂（美国）	格拉芙（德国）	费尔南德斯（美国），维卡里奥（西班牙）
1996年	26	达文波特（美国）	桑切斯·维卡里奥（西班牙）	诺沃特娜（捷克）
2000年	27	维纳斯·威廉姆斯（美国）	德门蒂耶娃（俄罗斯）	塞莱斯（美国）
2004年	28	海宁（比利时）	毛瑞斯莫（法国）	莫里克（澳大利亚）
2008年	29	德门蒂耶娃（俄罗斯）	萨芬娜（俄罗斯）	兹沃娜列娃（俄罗斯）
2012年	30	塞雷娜·威廉姆斯（美国）	莎拉波娃（俄罗斯）	阿扎伦卡（白俄罗斯）
2016年	31	普伊赫（波多黎各）	科贝尔（德国）	科维托娃（捷克）

● 历届奥运会网球比赛女双前三名

年份	届	冠军	亚军	季军
1920年	7	麦克奈尔/麦凯恩（英国）	比米什/霍尔曼（英国）	朗格朗，达扬（法国）
1924年	8	威尔斯/怀特曼（美国）	科维尔/麦凯恩（英国）	谢泼德-巴龙，科利尔（英国）
（停办）				
1988年	24	施赖弗/加里森（美国）	诺沃特娜/苏科娃（捷克）	斯迈利/特恩布尔（澳大利亚），格拉夫/基尔施（联邦德国）
1992年	25	吉吉·费尔南德斯/玛丽·乔·费尔南德斯（美国）	马丁内斯/维卡里奥（西班牙）	麦齐兰/普罗维斯（澳大利亚），梅什基/兹韦列娃（独联体）
1996年	26	吉吉·费尔南德斯/玛丽·乔·费尔南德斯（美国）	诺沃特娜/苏科娃（捷克）	马丁内斯/维卡里奥（西班牙）
2000年	27	维纳斯·威廉姆斯/塞雷娜·威廉姆斯（美国）	克里斯蒂/奥瑞曼斯（荷兰）	范鲁斯特/卡伦斯（比利时）
2004年	28	李婷/孙甜甜（中国）	马丁内斯/帕斯奎尔（西班牙）	塔拉比尼/苏亚雷斯（阿根廷）
2008年	29	维纳斯·威廉姆斯/塞雷娜·威廉姆斯（美国）	梅迪纳/鲁阿诺（西班牙）	郑洁/晏紫（中国）
2012年	30	维纳斯·威廉姆斯/塞雷娜·威廉姆斯（美国）	赫拉瓦科娃/赫拉德卡（捷克）	基里连科/佩特洛娃（俄罗斯）
2016年	31	玛卡洛娃/维斯尼娜（俄罗斯）	巴辛斯基/辛吉斯（瑞士）	萨法洛娃/斯波塔科娃（捷克）

● 历届奥运会混合双打冠军

年份	冠军
1900年	库珀/多尔蒂（英国）
1912年	克林/朔姆布尔克（德国）
1924年	怀特曼/威廉姆斯（美国）
2012年	阿扎伦卡/米尔尼(白俄罗斯)
2016年	马泰克-桑蒂斯/索克(美国)

第二节　戴维斯杯——世界最高水平的男子团体赛

戴维斯杯网球赛是每年一度的世界男子网球层次最高、影响最大的国际性团体赛，由国际网球联合会主办，是除奥运会网球比赛外历史最长的团体网球比赛。因美国人戴维斯提议举办，并捐赠银质奖杯授予冠军队，故名“戴维斯杯网球锦标赛”。

20世纪初，就读于哈佛的新生德·怀特·戴维斯受到了顾拜旦和同是大学生的第1届奥运会网球冠军约翰·博兰的启发，在发明了现代发球动作后决意再为网球运动贡献一项更有意义的创举：创建一个国际网球团体赛事。19岁的戴维斯从当时哈佛大学举办的“校际网球联赛”中，看到了包括自己在内的所有运动员和参赛队伍对这种赛事的需求，这让他更加笃信国与国之间网球交流的重要性。于是在那个各个国家都忙着举办自己赛事的年代，这位敢于吃螃蟹的年轻人发起并筹措起了为国家荣誉而竞争的团体赛事。他热情地向各国发出了邀请，欢迎各个国家参加比赛。

戴维斯杯

1900年8月一个炎热的上午，在美国纽约波士顿朗伍德板球俱乐部绿茵茵的草坪上，第1届戴维斯男子网球团体赛开幕了。然而响应戴维斯的号召前来角逐的只有来自大西洋彼岸的英国人。德·怀特·戴维斯并没有气馁，他作为美国队的队长，同时兼任队员参加了比赛，他带领美国队以3：0战胜英国队获得了戴维斯杯历史上的第一个冠军团队。

与此同时，这位美国的富家子弟自己出资，特意从新罕布什尔州定制了做工考究的银质奖杯作为奖品授予冠军队。

这是一项没有设立奖金制度的赛事。从一开始戴维斯就认定，国家的荣誉也是一种沉甸甸的诱惑。尽管百年前的西方世界已经进入商品社会，但商业化的体育赛事和网球职业化还是一片空白，毫不夸张地说，这种完全精神奖励的方式在维多利亚时代末期还是颇有效的。戴维斯杯创办五年，便吸引了分别拥有“四大满贯”的四个老牌网球强国和一些西方国家参赛。1904年和1905年，法国队和澳大利亚队先后加人；1970年参赛队伍已达到50支；1993年达到100支；到2003年已有145个国家和地区参与本项赛事。

尽管戴维斯作为美国队的队长兼队员只参加了两届由他创始的国际团体锦标赛，但他个人所捐赠的那座熠熠生辉的银杯却为年轻的赛事带来了一个响亮的名字：“戴维斯杯”。

几乎可以与今天的“四大满贯”等量齐观，戴维斯杯也曾是那些年代选手们的终极梦想，无论是法国的“四个火枪手”、英国的佩里，还是澳洲的传奇人物罗德·拉沃尔，不同时期的网坛巨匠们无一不曾在戴维斯的场地上为国家的荣誉征战，他们的光荣和地位与戴维斯杯密不可分。

在这座银质奖杯的感召下，时至今日全世界已有145个国家和地区的队伍参加了戴维斯杯的比赛。按照戴维斯先生的初衷，他的银杯和他的锦标赛已经像传教士一样，将网球运动的福音传播到世界每一个角落。它的存在不仅仅体现一个国家网球运动水平的高低，更重要的是，它为所有国家提供了一个与网球接触、与世界交流的平台。

当世界网坛在1968年步入职业化以来，随着网球运动的商业化运作，戴维斯杯遭遇了前所未有的尴尬。当选手们每参加一项赛事就能得到数额可观的奖金的时候，国家的荣誉在个人的利益面前也就显得有些苍白无力了。随着奖金数目的年年攀升，职业选手的水平与职业赛事的精彩程度也在提升，人们又有什么理由去说服那些高水平的职业选手冒着受伤退赛的危险，放弃他们一寸光阴一寸金的职业赛事，来到这片只发奖状不发奖金的赛场呢?

即使近年来各国选手能够在打好个人经济基础的同时，兼顾国家荣誉的上层建筑，甚至像老麦肯罗那样，做到“只要为了美国的戴维斯杯，我将全力以赴”地踊跃参加，但这也难保只是选手们一时间的个人行为。戴维斯杯的号召力和影响力在逐渐衰减。由于没有约束力，有时就像一种完全凭借选手个人情况而决定是否参赛。而若选手在身体、心情不爽或缺乏觉悟时，戴维斯杯组委会也就只能表示遗憾了。

戴维斯杯的比赛办法随着历史的变化变迁，也在不断地变化着。

○ 关于竞赛分组

从1900年第1届起到20世纪20年代前，基本只有美国、英国、法国、澳大利亚少数几个国家参与，所以比赛没有分组。

1923年开始，由于参加国家的增多，开始分为美洲区和欧洲区，两个区先进行分区预赛，然后再决赛。1981年开始采取分为两级的升降比赛的办法。1952年在原美洲区、欧洲区的基础上，又增加了一个东方区，分3个区先进行预赛，然后产生次冠军队，再向上届冠军队挑战。1966年，欧洲参赛队的剧增，又从3个区分成4个区，即美洲区、东方区、欧洲A区、欧洲B区（含非洲队）。

随着比赛历史的增加，为适合新的形势，戴维斯杯分别在1980年7月和1988年两次对规则再次做了比较大的修改，把原来的东方区改为亚太区，又分为亚太1组和亚太2组，水平高的在1组。1组的上下半区各出线一个队。把原欧洲A区、欧洲B区改为欧非区1组，其中仍分为A区和B区，每区的前两名出线参加世界组资格赛。又增设了非洲区2组和欧洲区2组。所有区的2组水平都是该区较低的。这样，亚太区1组、美洲区1组和欧洲区1组的A区和B区，各出线2个队共8个队，进入世界组的预选赛，同当年世界组16个队中第一轮被淘汰的8个队抽签对阵，捉对厮杀，胜者升到第二年世界组，成为16强争夺戴维斯杯，负者回到各区的1组，第二年再战。

此后经过数次修改形成今天的体系，即水平最高的世界组由16支球队组成，采用单淘汰制决出当年的冠军。其他所有参赛球队分成欧洲区（A/B）、亚太区和美洲区，每一大区又按水平高低分为1组、2组、3组和4组，只有1组的出线队有资格向世界组后8名球队发起挑战，争夺第二年世界组参赛席位，各组之间也要进行升降级的争夺。

○ 关于赛制

戴维斯杯从创建至20世纪70年代以来，一直采用在客场挑战上届冠军的办法。在后来研究讨论赛制改革中，较多国家认为卫冕国家以逸待劳，迎战疲惫不堪的挑战队，未免有失公允，所以自1971年通过了取消“挑战赛”制度的决议，即从1972年起冠军队也毫无例外地必须从第一轮开始比赛，至于决赛地点的选择，由抽签决定。这项变革从此改变了美国和澳大利亚年复一年垄断桂冠的局面。

戴维斯杯主客场按以下规则确定：如果两支球队此前在戴维斯杯赛中有过交手，则按最后一次对阵时的情况交换主客场；如果两支球队从未交手，则由抽签确定主客场。世界组和各地区组的种子队以各国和地区的排名为主确定，该排名榜取决于球队在过去四届戴维斯杯赛中的表现。

戴维斯杯比赛采用4场单打、1场双打，五场三胜制。无论哪一级的团体赛，比赛时间都是三天。第一天是2场单打，第二天是1场双打，第三天又是2场单打。第一天和第二天为五盘三胜制，如已分出胜负，第三天为三盘两胜制。

历史上，美国队曾31次夺得戴维斯杯冠军，其次是澳大利亚队，28次捧杯。历经100多年的比赛也造就了很多伟大的球星，从20世纪初为英国队四夺锦标的多赫蒂兄弟，1927—1932年完成六连冠伟业的法国“4个火枪手”，到20世纪中叶的“高产”球星比尔·蒂尔顿、皮耶坦杰利和传奇教练哈里·霍普曼，再到后来的约翰·麦肯罗、诺阿、埃德博格、贝克尔和阿加西等人都在银杯上刻下了自己的名字。

戴维斯杯网球赛在2002年迎来了它的百岁华诞（1901年、1910年未举办）。为了庆祝这个盛典，ITF将经过了107年沧桑岁月而依然熠熠生辉的戴维斯银杯精心“打扮”成为一个巨大的、华丽的“生日蛋糕”，他们在银杯下加装了第三层以银质浮雕为装饰的基座，同时也将银杯的高度增加到110厘米。从此，这尊美伦美奂的三层“大蛋糕”也变成为了名副其实的历史最悠久、体积最庞大的体育运动奖杯。

两年来，为了能亲口尝一尝这座“大蛋糕”的美味，每年有来自140多个国家的数百名运动员拼争在戴维斯杯的赛场上，却只能有一支队伍把它摆在自家的“餐桌”上。俄罗斯成了第一个捧起新杯的国家，他们将戴维斯杯带回了克里姆林宫，受到了英雄般的嘉奖。随后的2003年，澳洲人又把它第28次留在了墨尔本，留在了以他们的戴维斯名将罗德·拉沃尔命名的球场上。

2004年则由西班牙捧走。他们在过去的5年中3次进入戴维斯杯的决赛，2次获得冠军，并且拥有层出不穷的优秀选手。西班牙人在分享了他们重获戴维斯杯的荣誉与快乐的同时，也分享了他们成为ITF排名世界第一的殊荣。

2005年是出乎人们意料的一年。在这一年的决赛前，首次出现了2006年以来五大传统强队未进入戴维斯杯决赛的情况。决赛中，克罗地亚战胜斯洛伐克最终夺冠。

2006年的决赛对手是由萨芬率领的俄罗斯队与纳尔班迪安为首的阿根廷队。最后俄罗斯以3:2战胜对手获得自2002年以来的第二次戴维斯杯桂冠。而阿根廷尽管由著名球王马拉多纳率领啦啦队拼命鼓劲，仍惜败，获得亚军。

● 1972年以来戴维斯杯冠亚军队

年份	对阵双方	比分	年份	对阵双方	比分
1972年	美国VS罗马尼亚	3:2	1987年	瑞典VS印度	5:0
1973年	澳大利亚VS美国	5:0	1988年	德国VS瑞典	4:1
1974年	南非VS印度	3:2	1989年	德国VS瑞典	3:2
1975年	瑞典VS捷克	3:2	1990年	美国VS澳大利亚	3:2
1976年	意大利VS智利	4:1	1991年	法国VS美国	3:1
1977年	澳大利亚VS意大利	3:1	1992年	美国VS瑞士	3:1
1978年	美国VS英国	4:1	1993年	德国VS澳大利亚	4:1
1979年	美国VS意大利	5:0	1994年	瑞典VS俄罗斯	4:1
1980年	捷克VS意大利	4:1	1995年	美国VS俄罗斯	3:2
1981年	美国VS阿根廷	3:1	1996年	法国VS瑞典	3:2
1982年	美国VS法国	4:1	1997年	瑞典VS美国	5:0
1983年	澳大利亚VS瑞典	3:2	1998年	瑞典VS意大利	4:1
1984年	瑞典VS美国	4:1	1999年	澳大利亚VS法国	3:2
1985年	瑞典VS德国	3:2	2000年	西班牙VS澳大利亚	3:1
1986年	澳大利亚VS瑞典	3:2	2001年	法国VS澳大利亚	3:2

续表

年份	对阵双方	比分	年份	对阵双方	比分
2002年	俄罗斯VS法国	3:2	2010年	塞尔维亚VS法国	3:2
2003年	澳大利亚VS西班牙	3:1	2011年	西班牙VS阿根廷	3:1
2004年	西班牙VS美国	3:2	2012年	捷克VS西班牙	3:2
2005年	克罗地亚VS斯洛伐克	3:2	2013年	捷克VS塞尔维亚	3:2
2006年	俄罗斯VS阿根廷	3:2	2014年	瑞士VS法国	3:1
2007年	美国VS俄罗斯	4:1	2015年	英国VS比利时	3:1
2008年	西班牙VS阿根廷	3:1	2016年	阿根廷VS克罗地亚	3:2
2009年	西班牙VS捷克	5:0	2017年	法国VS比利时	3:2

- 截至2017年11月27日前20名积分排名

排名	国家	积分
1	法国	30 218.75 ▲ 1
2	阿根廷	22 201.25 ▼ 1
3	比利时	19 695.00 ▲ 1
4	英国	19 480.94 ▼ 1
5	克罗地亚	12 698.76
6	澳大利亚	10 387.50 ▲ 1
7	塞尔维亚	8 812.50 ▲ 1
8	瑞士	8 162.50 ▼ 2
9	意大利	6 470.63 ▲ 1
10	美国	4 895.31 ▲ 1
11	西班牙	4 312.50 ▲ 1
12	捷克	4 250.00 ▼ 3
13	哈萨克斯坦	3 237.50
14	德国	3 147.50
15	加拿大	3 000.00
16	日本	2 893.75
17	荷兰	2 475.00
18	匈牙利	2 449.38
19	俄罗斯	2 185.00
20	印度	2 118.75

（▲▼为与去年升降比较）

戴维斯杯表现突出的国家（截至2016年）

○ 捷克

2012年戴杯决赛中，捷克就曾以3:2险胜西班牙队，历史上首次捧起戴维斯杯（不计捷克和斯洛伐克时期）。而2013年，获胜后的捷克队员们冲进场内与斯泰潘内克拥抱，庆祝他们第二个戴维斯杯冠军，而塞尔维亚队错失了在主场再次举起戴维斯杯冠军奖杯的黄金机会，他们的最大收获是德约科维奇延续了自己近期的连胜纪录，单打连胜场次已经达到了24场。无奈个人虽强却难敌捷克整体强大。捷克的成功卫冕，是继2008—2009年的西班牙队之后，再次出现卫冕戴维斯杯的情况。

○ 瑞士

里尔的室内红土场涌进了27 448名观众，经过1小时42分钟的比赛，他们在现场见证了瑞士队首夺戴维斯杯，见证了戴维斯杯历史上第14个冠军队伍的诞生，也见证了这项历史长达115年的赛事走向新的高潮。赛后ATP官方称费德勒为自己传奇的职业生涯又写下了浓墨重彩的一笔，为自己的荣誉册上又增添了新的奖杯。费德勒的2014赛季以戴维斯杯的冠军结束，这个赛季，33岁的瑞士人获得了85场比赛73胜的不俗战绩，拿下了5个巡回赛冠军。费德勒第一次参加戴维斯杯是在1999年，2003年费德勒帮助瑞士进入到了四强，但随后输给了澳大利亚无缘决赛。在战胜加斯奎特的同时，费德勒也收获了自己在戴维斯杯上的第50场胜利，超越了赫拉塞克，成为瑞士历史上在戴维斯杯中获胜场数最多的选手。对于瓦林卡来说戴维斯杯的夺冠，让他成为自1992年阿加西之后又一位在同一年首夺大满贯，然后又首夺戴维斯杯的球员。

○ 英国

英国队曾经9次夺得戴维斯杯冠军，但上一次夺冠是在1936年，而上一次打进决赛则是在1978年，时隔37年后英国队再度打进决赛。英国网球，在20世纪六七十年代之后，昔日的荣光与热血突然变成了满是荆棘的荒草地。家门口的温网，似乎已经变成贵族消遣的地方，在本土选手夺冠热门真空期的那段时间里，英国人给温网的标签更多的是怀旧与传统，以此来慰藉自己，或许是整个大不列颠的一抹忧伤。这种状况直到安迪·穆雷的出现，才得到了根本性的扭转。在他个人努力拼搏的同时，穆雷不断通过自己以及英国队团队的力量，将英国队的戴维斯杯组别积分提高，进入更高的组别，在2015年顺利冲击冠军。在2015年决赛中，穆雷独赢三场，成为英国队的最大功臣。

○ 阿根廷

阿根廷一直带有悲剧色彩，他们从1923年就开始参加戴维斯杯的比赛，并在1981年、2006年、2008年和2011年四次打进过戴维斯杯决赛。阿根廷队还创造了一项尴尬的纪录，他们是戴维斯杯116年历史上第一个四次进入决赛却没拿过冠军的球队。2016年重新出发的阿根廷队势不可挡，他们先后淘汰了波兰队、意大利队，甚至在半决赛中爆冷击败了由穆雷领衔的卫冕冠军英国队。在戴维斯杯决赛中，阿根廷传奇球星马拉多纳也来到了克罗地亚，并在看台上竭尽全力地为自己国家的球队呐喊助威。除了创造了自己国家的历史外，阿根廷队也成为南美洲历史上第一个夺得戴维斯杯的国家。此前，智利和墨西哥进入过决赛，但都与奖杯擦肩而过。

■ 1900—1971年获决赛权的国家（9次以上）

美国，47次（其中1920—1930年连续11次进决赛）

澳大利亚，37次（其中1946—1968年连续23次进决赛）

英国，15次（1900—1907年连续7次，1933—1937年连续5次进决赛）

法国，9次（1925—1933年连续7次进决赛）

■ 1972年实行新赛制以来获决赛权的国家（3次以上）

美国，13次；瑞典，12次；澳大利亚，10次；法国，6次；意大利，5次；德国，4次；俄罗斯，4次；西班牙，3次

■ 数字戴维斯杯

11　俄罗斯于2000年成为第11个夺得戴维斯冠军的国家，前10个国家是美国、英国、澳大利亚、南非、瑞典、意大利、捷克斯洛伐克、德国、法国和西班牙

11　美国人比尔·蒂尔登是参加戴维斯杯决赛次数最多的人，共11次，其中单打17胜5负，双打4胜2负

14　列支敦士登的肯尼·班泽尔是戴维斯杯历史上最年轻的球员，首次参赛时年仅14岁零5天

50　墨西哥人克劳德·布特林是戴维斯杯历史上最年长的球员，最后一次参赛时年已50岁零105天

66　意大利尼科拉·皮耶坦杰利曾66次参加戴维斯杯赛，总参赛场数达到164场，这两个数字都在所有球员中排名第一位

327　1974年，印度队在东方区决赛中以3 : 2战胜澳大利亚队，5场比赛共打了327局，创造了戴维斯杯历史上一次比赛局数最多的纪录

382　在1982年戴维斯杯世界组四分之一决赛中，美国的约翰·麦肯罗以9–7、6–2、15–17、3–6、8–6战胜瑞典的韦兰德，这是戴维斯杯历史上耗时最长的比赛，共打了382分钟（6小时22分钟）

1972　戴维斯杯赛从1972年起取消了“挑战赛”制度，冠军队须从第一轮打起，由此结束了一支球队长期垄断冠军的历史

2002　巴黎银行于2002年接替NEC电气公司成为戴维斯杯冠名赞助商

第三节　联合会杯——世界最高水平的女子团体赛

联合会杯网球赛是每年一度的世界女子网球团赛，它是1963年为庆祝ITF成立50周年创办的。但早在1919年，惠特曼夫人就曾有过创办女子网球团体赛的设想，在该建议被各方面拒绝后，她转而创办了在当时女网实力最强的美国队和英国队的年度对抗赛，并亲自捐赠了一座奖杯。直到20世纪60年代初，在前澳大利亚戴维斯杯代表队队长霍普曼的夫人和旅居英国的美国人哈蕾的共同努力下，ITF终于同意创办联合会杯网球赛。联合会杯网球赛是和戴维斯杯赛齐名的团体赛事，是各国网球整体实力的大检阅。

第1届联合会杯比赛是在伦敦的女子俱乐部进行的，共有16支代表队参加。联合会杯赛每年进行一次，至2017年已进行了55届。随着女子网球运动的不断普及，参加联合会杯赛的国家现已增加到95个国家和地区（截至2013年）。

联合会杯

在首届联合会杯比赛中，当时世界上最优秀的球员玛格丽特·史密斯·考特和比莉·简·金分别领衔澳大利亚队和美国队在决赛中相遇，结果美国队技高一筹夺走冠军。除了比莉·简·金、考特外，联合会杯赛历史上出现过弗吉尼亚·瓦德、埃弗特、纳芙拉蒂洛娃和格拉芙等著名球星，其中纳芙拉蒂洛娃还以47岁的“高龄”成为联合会杯赛历史上年龄最大的参赛者。近10年中则是桑切斯、塞莱斯、达文波特、威廉姆斯姐妹、比利时双姝和汉图切娃等人先后率队捧杯。另外，联合会杯赛于1976年首次迎来了冠名赞助商高露洁集团。NEC电气公司则在1981—1994年为比赛提供赞助。

从创办之日起，联合会杯的赛制就在不断发生变化。1994年之前一直采取赛会制，从1995年模仿戴维斯杯赛改为主客场制，2002年和2003年决赛阶段比赛恢复了赛会制，由进入四强的其中一个国家举办，2005年半决赛和决赛则又分开举行。联合会杯的赛制总体上朝合理的方向改变，也吸引了越来越多关注的目光。

同为ITF赛事，联合会杯现在的赛制基本与戴维斯杯一样，同样分为世界组和地区组，世界组由16支球队组成，各地区组又被分为1组和2组，升降组办法与戴维斯杯赛相同。联合会杯赛各组种子队和主客场的确定规则也与戴维斯杯赛一致，唯一的区别在于每次对阵的5场比赛分两天完成，第一天进行两场单打，第二天再打进行两场单打和一场双打比赛。

联合会杯新赛制，是由上年联合会杯赛四分之一决赛的8支球队组成世界组，其余8个队成为世界A组。这两组的比赛采用一次主场和一次客场的比赛方法。在世界组中，第一轮获胜的4个队进行半决赛，第一轮失败的4个队与A组中获胜的4个队进行比赛，比赛中获胜的队进入下年的世界组。A组中第一轮失败的队同各区中获胜的队进行比赛，然后由4支获胜的队进入下年度A组比赛。4支失败的队则参加下年度的区级比赛。

● 联合杯历届冠亚军队

年份	对阵双方	比分	年份	对阵双方	比分
1963年	美国VS澳大利亚	2:1	1971年	澳大利亚VS英国	3:0
1964年	澳大利亚VS美国	2:1	1972年	南非VS英国	2:1
1965年	澳大利亚VS美国	2:1	1973年	澳大利亚VS南非	3:0
1966年	美国VS德国	3:0	1974年	澳大利亚VS美国	2:1
1967年	美国VS英国	2:0	1975年	捷克斯洛伐克VS澳大利亚	3:0
1968年	澳大利亚VS荷兰	3:0	1976年	美国VS澳大利亚	2:1
1969年	美国VS澳大利亚	2:1	1977年	美国VS澳大利亚	2:1
1970年	澳大利亚VS德国	3:0	1978年	美国VS澳大利亚	2:1

续表

年份	对阵双方	比分	年份	对阵双方	比分
1979年	美国VS澳大利亚	3：0	1999年	美国VS俄罗斯	4：1
1980年	美国VS澳大利亚	3：0	2000年	美国VS西班牙	5：0
1981年	美国VS英国	3：0	2001年	比利时VS俄罗斯	3：2
1982年	美国VS德国	3：0	2002年	斯洛伐克VS西班牙	3：1
1983年	捷克斯洛伐克VS德国	2：1	2003年	法国VS美国	4：1
1984年	捷克斯洛伐克VS澳大利亚	2：1	2004年	俄罗斯VS法国	3：2
1985年	捷克斯洛伐克VS美国	2：1	2005年	俄罗斯VS法国	3：2
1986年	美国VS捷克斯洛伐克	3：0	2006年	意大利VS比利时	3：2
1987年	德国VS美国	2：1	2007年	俄罗斯VS意大利	4：0
1988年	捷克斯洛伐克VS苏联	2：1	2008年	俄罗斯VS西班牙	4：0
1989年	美国VS西班牙	3：0	2009年	意大利VS美国	4：0
1990年	美国VS苏联	2：1	2010年	意大利VS美国	3：1
1991年	西班牙VS美国	2：1	2011年	捷克VS俄罗斯	3：2
1992年	德国VS西班牙	2：1	2012年	捷克VS塞尔维亚	3：1
1993年	西班牙VS澳大利亚	3：0	2013年	意大利VS俄罗斯	4：0
1994年	西班牙VS美国	3：0	2014年	捷克VS德国	3：1
1995年	西班牙VS美国	3：2	2015年	捷克VS俄罗斯	3：2
1996年	美国VS西班牙	5：0	2016年	捷克VS法国	3：2
1997年	法国VS荷兰	4：1	2017年	美国VS白俄罗斯	3：2
1998年	西班牙VS瑞士	3：2			

● 进入联合杯决赛的国家（2次以上）

国家	夺冠军次数	夺亚军次数	夺冠军年份	夺亚军年份
美国	17次	10次	1963年,1966年，1967年，1969年，1976年，1977年，1978年，1979年，1980年，1981年，1982年，1986年，1989年，1990年，1996年，1999年，2000年	1964年，1965年，1974年，1985年1987年，1991年，1994年，1995年，2003年，2009年
澳大利亚	7次	10次	1964年，1965年，1968年，1970年，1971年，1973年，1974年	1963年，1969年，1975年，1976年，1977年，1978年，1979年，1980年，1984年，1993年
西班牙	5次	6次	1991年，1993年，1994年，1995年，1998年	1989年，1992年，1996年，2000年，2002年，2008年
捷克	5次	1次	1975年，1983年，1984年，1985年，1988年	1986年
俄罗斯/苏联	4次	4次	2004年，2005年，2007年，2008年	1988年，1990年，1999年，2001年
德国	2次	4次	1987年，1992年	1966年，1970年，1982年，1983年
法国	2次	2次	1997年，2003年	2004年，2005年

续表

国家	夺冠军次数	夺亚军次数	夺冠军年份	夺亚军年份
意大利	2次	1次	2006年，2009年	2007年
南非	1次	1次	1972年	1973年
比利时	1次	1次	2001年	2006年
英国		4次		1967年，1971年，1972年，1981年
荷兰		2次		1968年，1997年

● 截至2017年11月13日前20名排名积分

排名	国家	积分
1	捷克	29 852.50
2	美国	22 172.50 ▲ 1
3	白俄罗斯	14 580.00 ▼ 1
4	法国	12 925.00
5	瑞士	9 465.00
6	德国	8 392.50
7	荷兰	7 732.50
8	俄罗斯	7 302.50
9	比利时	5 990.00
10	乌克兰	3 885.00 ▲ 1
11	罗马尼亚	3 590.00 ▲ 1
12	西班牙	3 422.50 ▲ 1
13	澳大利亚	3 345.00 ▲ 1
14	加拿大	3 267.50 ▲ 1
15	意大利	3 192.50 ▼ 5
16	斯洛伐克	3 025.00
17	塞尔维亚	2 390.00
18	英国	2 237.50
19	巴拉圭	2 225.00
20	阿根廷	2 062.50

（▲▼为与去年升降比较）

第四节　霍普曼杯——世界混合网球团体赛

与久负盛名的戴维斯杯和联合会杯的名字相比，霍普曼杯还不是很响亮。它是以澳大利亚网坛传奇人物哈里·霍普曼（Harry Hopman）的名字命名的世界网球混合团体赛，其地位相当于羽毛球的苏迪曼杯。

哈里·霍普曼是澳大利亚著名的网球选手，但他更伟大的成就是作为教练取得的。澳洲无数天皇巨星级球员出自他的门下，其中有唯一两次夺得男子网球“大满贯”的巨星拉沃尔，12个大满贯男单冠军的埃默森等。澳大利亚队在他的率领下15次夺取戴维斯杯。20世纪70年代移居美国后，他又培养出麦肯罗、戈麦斯等巨星。

霍普曼一直希望举办一个能与戴维斯杯和联合会杯相当的混合团体赛。在他的学生Paul Mc Namee和Charlie Fancutt的努力下，第1届霍普曼杯终于在1988年12月28日开幕，有8支队参加了淘汰制的比赛。每队男女选手各一人，进行男单、女单和混双三场比赛，每场比赛采用三盘两胜制。

哈里·霍普曼的第一任夫人尼尔·霍普曼也曾是一位出色的网球选手，她为联合会杯赛的创办也做出过巨大贡献。尼尔·霍普曼夫人每年均亲自为冠军发奖。霍普曼杯赛现在由韩国现代集团冠名赞助，总奖金90万美元。

1996年，该项赛事被ITF正式承认为官方的世界混合团体杯赛。赛制由淘汰赛改为分组循环赛，两个小组的第一名争夺冠军。参赛队综合各国男女选手的世界排名而定，每届共有9支球队参加，其中排名后两位的球队将首先进行一场资格赛，胜者与另外7支球队分成两组进行单循环比赛，每组第一名将争夺最后的冠军。每场对阵由男单、女单和混双各一场组成，每次比赛采取三场两胜制。每场比赛则延续采用三盘两胜制。

近年来，霍普曼杯的影响不断扩大，许多世界级高手均前来参赛。网坛女皇格拉芙从第1届就开始参加，使赛会增色不少。第4届时格拉芙与贝克尔组成梦幻组合，可惜因格拉芙染病而与冠军失之交臂。格拉芙的不懈努力终于在第5届得到了回报，她与另一名超级球星Michael Stich合作首次将霍普曼杯捧回德国。其他参加过霍普曼杯的明星还有桑切斯兄妹、塞莱斯、诺沃特娜、辛吉斯、麦肯罗、维兰德、卡什、科达、伊万尼塞维奇、萨芬、米斯金娜等。2001年，由瑞士的费德勒和辛吉斯组成的黄金搭档尤为引人注目。相比之下，美国选手对霍普曼杯重视程度远不及其他国家，桑普拉斯、阿加西、威廉姆斯姐妹等均未参加过该赛事，达文波特仅在2004年亮相了一次。2005年，塞莱斯因伤退出，美国队在霍普曼杯上成为“鱼腩”。

霍普曼杯

虽然霍普曼杯无积分、无奖金，但作为澳网热身赛之一，每年都能吸引众多顶尖高手参加。由孙鹏和彭帅组成的中国队首次参加了2006年霍普曼杯资格赛，因失败而未能进入正赛。

● 历届霍普曼杯得主（1989年以来）

年份	届	国家	选手
2018年	30	瑞士	罗杰·费德勒，贝琳达·宾锡丝
2017年	29	法国	里夏尔·加斯奎特，克里斯蒂娜·美拉德诺维奇
2016年	28	澳大利亚	尼克·基尔乔斯，达里娅·加夫里洛娃
2015年	27	波兰	杰西·詹努维克兹，阿格涅什卡·拉德万斯卡
2014年	26	法国	若-威尔弗雷德·特松加，阿莉泽·科尔内
2013年	25	西班牙	费尔南多·沃达斯科，安娜贝尔·梅迪娜

续表

年份	届	国家	选手
2012年	24	捷克	托马什·伯蒂奇，佩特拉·科维托娃
2011年	23	美国	约翰·伊斯内尔，比丹妮·玛迪克–辛特斯
2010年	22	西班牙	托米·罗布雷多，玛丽亚·桑切斯
2009年	21	斯洛伐克	多米尼克·赫巴蒂，多米尼卡·齐布尔科娃
2008年	20	美国	费什，塞雷娜·威廉姆斯
2007年	19	俄罗斯	德米特里·图尔苏诺夫，娜迪亚·佩特洛娃
2006年	18	美国	泰勒·丹特，丽莎·雷蒙
2005年	17	斯洛伐克	多米尼克·赫巴蒂，达妮埃拉·汉图楚娃
2004年	16	美国	詹姆斯·布莱克，达文波特
2003年	15	美国	詹姆斯·布莱克，塞雷娜·威廉姆斯
2002年	14	西班牙	托米·罗布雷多，桑切斯
2001年	13	瑞士	罗杰·费德勒，玛蒂娜·辛吉斯
2000年	12	南非	韦恩·费雷拉，阿曼达·柯兹儿
1999年	11	澳大利亚	马克·菲利普西斯，耶莱娜·多基奇
1998年	10	斯洛伐克	卡罗尔·库切拉，卡琳娜·哈苏朵娃
1997年	9	美国	贾斯汀·吉梅尔斯托布，婵达·鲁宾
1996年	8	克罗地亚	戈兰·伊万尼塞维奇，伊娃·马约莉
1995年	7	德国	鲍里斯·贝克尔，安克·胡贝尔
1994年	6	捷克	佩特·科尔达，诺沃特娜
1993年	5	德国	米夏埃尔·施蒂希，施特菲·格拉芙
1992年	4	瑞士	耶可柏·拉塞克，玛努埃拉·马列娃
1991年	3	南斯拉夫	戈兰·普尔皮奇，莫妮卡·塞莱斯
1990年	2	西班牙	埃米利奥·桑切斯，桑切斯
1989年	1	捷克	米洛斯拉夫·梅奇日，海伦娜·苏科娃

第五节　世界杯团体赛——法网热身赛

虽然名为“世界杯”，但这项赛事实际上只不过是法网的一项热身赛，属于ATP的一项男子团体赛。

它每年于法网开始前一周在德国杜塞尔多夫的红土场举行，尽管参赛阵容豪华，但离法网太近，也使很多球员往往有所保留。本项赛事由AGRAG公司冠名赞助，总奖金高达185万美元，没有ATP积分。首届比赛于1978年举行，实力强劲的西班牙队和美国队各夺得过4次冠军，瑞典名将埃德博格于1988年、1991年和1995年3次在此捧杯，其中1995年更是赢得了全部7场比赛（4场单打、3场双打）的胜利，是本项赛事当之无愧的最有价值球员。

ATP世界团体赛采取与霍普曼杯类似的赛制，将8支参赛队分成两个小组进行单循环，每组第一名争夺最后的冠军，每场对阵也由两场单打和一场双打组成。在参赛队的确定方面依据前一个赛季年终ATP世界排名，将每个国家或地区排名最高的两位球员名次相加，总和最少的前7支队伍自动入围，另一个参赛席位则由ATP以外卡的形式决定，东道主德国队和美国队参加了迄今为止的全部25届赛事，球员方面参赛次数最多的是瑞典的埃德博格和贾雷德，各10次。

● 世界杯团体赛（1997—2007年）

年份	获胜队伍
1997年	西班牙
1998年	德国
1999年	澳大利亚
2000年	斯洛伐克
2001年	澳大利亚
2002年	智利
2003年	智利
2004年	智利
2005年	德国
2006年	克罗地亚
2007年	阿根廷

Chapter 14

第十四章 | ATP 与 WTA 主要赛事

第一节　ATP 1000大师赛

ATP世界巡回赛1000大师赛（ATP World Tour Masters 1000）是ATP下辖的ATP世界巡回赛的一个系列，简称“ATP 1000大师赛”或“ATP大师赛”。该系列比赛共包含9站大师赛，分布在欧洲、北美洲和亚洲（2009年后）。这一系列比赛对顶尖男子网球选手来说极为重要，其重要程度仅次于四大网球公开赛和ATP年终总决赛。ATP世界巡回赛1000大师赛较普通比赛而言，能给球员带来更多的奖金和积分。直到2007年，该系列赛的大多数决赛仍采用五盘三胜制，但在2008年后，全部改为三盘两胜制。除了蒙特卡洛大师赛之外，其他八项赛事均为强制赛事。

历史

○ 1990—2009年

1990年，ATP从“Grand Prix Championship Series”（1970—1989年）系列赛事中挑选出了9个最有影响力的网球赛事，并将其命名为“ATP Championship Series, Single Week”（1990—1992年）。在此之后，此系列赛事分别被命名为“Mercedes-Benz Super 9”（1993—1999年）、“网球大师系列赛”（Tennis Masters Series，2000—2003年）以及“ATP大师系列赛”（ATP Masters Series，2004—2008年）。

○ 2009年至今

2009年，比赛赛制发生了巨大变化，系列赛的名称被改为“ATP世界巡回赛1000大师赛”，并且每一站比赛的获胜者将获得1 000分。原先汉堡站比赛被降级为500系列赛，马德里站被移到了5月在红土场地进行，新增的上海大师赛被安排在10月。

赛事

● ATP 世界巡回赛 1000 大师赛 9 站赛事列表

比赛	举办地点
印第安维尔斯大师赛	美国加利福尼亚州印第安维尔斯
迈阿密大师赛	美国福罗里达州比斯坎湾
蒙特卡洛大师赛	法国滨海阿尔卑斯省罗屈埃布兰卡马尔坦
马德里大师赛	西班牙马德里

续表

比赛	举办地点
罗马大师赛	意大利罗马
罗杰斯杯	加拿大魁北克省蒙特利尔/安大略省多伦多
辛辛那提大师赛	美国俄亥俄州梅森
上海大师赛	中国上海
巴黎大师赛	法国巴黎

○ 印第安维尔斯大师赛

每年3月初开战的印第安维尔斯大师赛是ATP1000大师赛的第一站，它标志着真正的竞争全面开始，其重要性在某种程度上甚至超过澳网和温网。对于渴望休整的球员来说，可以放弃澳网换取两个月的休息；对于众多土场高手来说，也似乎并不在意缺席短暂的草地赛季，但他们都不肯错过头两项大师赛。因为，能够在这里获得比赛胜利，对球员整个赛季的排名和个人经历来说，都有举足轻重的意义。

印第安维尔斯大师赛

印第安维尔斯大师赛的历史可以追溯到40年前，1976年ATP筹资的图森比赛，从亚利桑那州搬到了位于寇切拉山谷。五年后ATP又想在佛罗里达州迪士尼乐园附近建造一个体育馆，将大师赛搬迁过去。当时的ATP董事成员查理帕萨雷尔（Charlie Pasarell），同时也是拉昆塔酒店的董事，他说服了ATP取消了搬迁计划，同时让拉昆塔酒店为这一赛事建造新的体育馆，并承诺未来的比赛会更好。不久，一个拥有7 500个观众席的体育馆落成。这项超级赛事也落户到寇切拉的拉昆塔酒店。

1981年，大师赛搬新家，查理也成了董事。比赛大获成功，而且开创了名人堂的传统。进入名人堂的网球巨人有埃尔斯荷斯·维那斯、杰克·克莱莫、托米·塔博特、潘撒·高扎尔斯、埃里斯·马博、唐·布吉、阿瑟·阿什等。

查理的目标是将这项比赛发展成一项“网球主要赛事”，参赛的都是顶尖选手，而且男女比赛将同时举行。为了实现这个目标，查理制订了详细的计划。从此大师赛都在拉昆塔网球馆举行，吸引了越来越多的观众和参赛选手，然而几年后，原有的场地和条件已经满足不了比赛的要求。于是查理在这一年买下了大师赛的所有权，在主要赞助商《新闻周刊》的协助下开始执行一项长期管理计划。成立公司，在“新闻周刊杯锦标赛”的举办地印第安维尔斯开设豪华度假酒店，修建网球设施。

1986年大师酒店开张。大师酒店拥有350间客房，比赛中心是一个可容纳万名观众的体育馆，有7 000个固定座位，3 000个会员座位，一共12个球场（其中包括2个草地场，2个红土球场），有3 000平方英尺的运动服专卖店和8 000平方英尺的比赛中心。在球馆南端还环绕12个设施完备的超豪华套房，有独立的起居室，休闲酒吧和24个座位的露台。这些设施在当时是最先进的，并且至今它仍是世界最大的私人网球馆。

1987年，第1届“新闻周刊杯锦标赛”在新网球馆举行。这也是职业女子比赛第一次和男子比赛同时进行，由此成为男女赛事同时举办的先驱。著名选手贝克尔赢得了这一届大师赛的胜利。

大师赛得到美国乃至全世界的重视。1990年，ATP重组了男子巡回赛，将“新闻周刊杯锦标赛”确认为ATP精英赛事，也就是现在的大师系列赛。

自从1996年以后，大师赛发展更迅速了。参赛人数从3万名发展到16万名，总奖金从25万美元增长到370万美元，观众席也从7 500个增加到1万人以上。

2000年新世纪伊始，印第安维尔斯网球花园已成为世界上第二大的网球场，网球花园的主球场共有16 100个座席，另外还有两座稍小的球场，11片比赛场地，6片训练场地和完善的配套设施，耗资约7 500万美元。2002年，印第安维尔斯大师赛还因出色的组织运作获得了ATP的嘉奖。

2002年初，太平洋保险公司成为比赛的主赞助商，它也正式更名为“太平洋人寿保险公开赛”。40多年来，该项赛事每年吸引观众人数已从最初的3万人增加到20.8万人，每年全球有近1亿观众通过电视收看比赛，网球已经使仅有3 000居民的南加州小城印第安维尔斯变得家喻户晓，并成为著名的旅游胜地。

在2009年，比赛更名为巴黎银行公开赛（BNP Paribas Open），并且在ATP和WTA的赛制改革中成为ATP世界巡回赛1000大师赛和WTA皇冠明珠赛。在2010年，比赛举办了为海地地震募捐的表演赛，众多球星如安德烈·阿加西、皮特·桑普拉斯、施特菲·格拉芙、贾斯汀·海宁等均参加了表演赛。

● 2000年以来男子单打冠亚军得主

年份	冠军	亚军
2000年	亚历克斯·科雷查	托马斯·恩奎斯特
2001年	安德烈·阿加西	皮特·桑普拉斯
2002年	莱顿·休伊特	蒂姆·亨曼
2003年	莱顿·休伊特	古斯塔沃·库尔滕
2004年	罗杰·费德勒	蒂姆·亨曼
2005年	罗杰·费德勒	莱顿·休伊特
2006年	罗杰·费德勒	詹姆斯·布雷克
2007年	拉斐尔·纳达尔	诺瓦克·德约科维奇
2008年	诺瓦克·德约科维奇	马迪·费什
2009年	拉斐尔·纳达尔	安迪·穆雷
2010年	伊万·柳比西奇	安迪·罗迪克
2011年	诺瓦克·德约科维奇	拉斐尔·纳达尔
2012年	罗杰·费德勒	约翰·伊斯内尔
2013年	拉斐尔·纳达尔	胡安·马丁·德尔波特罗
2014年	诺瓦克·德约科维奇	罗杰·费德勒
2015年	诺瓦克·德约科维奇	罗杰·费德勒
2016年	诺瓦克·德约科维奇	米洛斯·拉奥尼奇
2017年	罗杰·费德勒	斯坦尼斯拉斯·瓦林卡

● 2014年以来男子双打冠军得主

年份	冠军	比分
2014年	鲍勃·布莱恩/麦克·布莱恩（美国）	6–4，6–3
2015年	波斯皮西（加拿大）/杰克·索克（美国）	6–4，6–7[3]，10–7
2016年	赫伯特/马胡特（法国）	6–4，7–6[5]
2017年	拉姆/卡拉森	6–7[1]，6–4，10–8

■ 最多冠军：诺瓦克·德约科维奇（五届冠军，2008年、2011年、2014年、2015年和2016年）

罗杰·费德勒（五届冠军，2004年、2005年、2006年、2012年和2017年）

■ 最长连续冠军：诺瓦克·德约科维奇（连续三届冠军，2014—2016年）

罗杰·费德勒（连续三届冠军，2004—2006年）

■ 进入决赛次数最多：罗杰·费德勒（七届进入决赛，2004年、2005年、2006年、2012年、2014年、2015年和2017年）

○ 迈阿密大师赛

迈阿密大师赛是ATP1000大师赛第二站，其赛事规模、奖金仅排四大公开赛之后，堪称第五大公开赛。2006年总奖金达345万美金。每年3月下旬至4月上旬在美国佛罗里达东海岸迈阿密举行。

迈阿密大师赛

20世纪60年代，著名世界顶尖球员杰克·克雷默、冈萨雷斯、萨吉曼、瑟古拉和布其赫尔兹坐马车来到佛罗里达东海岸迈阿密，在昏暗的露天球场上进行了一次比赛。当时人们称这些坐着车带着对网球发展的希望到处比赛的队伍为“潇洒八人组”。布其赫尔兹是其中的创始人之一，1970年，由于其患有慢性网球肘而被迫退出了网球赛场。

1980年，当布其赫尔兹成为ATP执行董事的时候，他碰到了托马斯·利普顿公司的一个副主席。这位副主席对他在佛罗里达东海岸迈阿密创办的为期两周的网球赛事非常感兴趣。随后他们签署了一份合约，约定立顿公司连续五年，每年出500万美元来赞助该项比赛，而立顿公司则获得冠名权。

很快，立顿的赛事成为能感召全部大牌球星的高知名度赛事，几乎同时，立顿茶也名声日隆。

立顿锦标赛第一次赛事被定在离迈阿密北部50英里的戴利海滩的拉维尔国际网球场。第二年，该赛事的举办地又迁到了博卡雷顿。布其赫尔兹还保持与ATP、WTA的联系，并与它们签订了15年的赛事举办权。

1987年，拥有超过200万人口的迈阿密市获得了该项赛事的永久举办权，比赛被安排在克兰登公园内举行。在成片迎风摇曳的南美椰树和热带棕榈林丛中，修建了10片高标准网球赛场，占地达36英亩，绿茵宽敞。伴随着早春和煦的暖风，呼吸着东海岸的清新空气，驻足在波光粼粼，海天一色的球场，给人以置身于“世外桃源”之感。

1994年，在赛事举办10周年之际，立顿斥资数千万美元在克兰登公园建造了拥有1.4万个固定席位的中央球场新球场正式开放。1997年，克兰登公园球场被《网球杂志》评为世界上最好的网球场，这里与女王俱乐部等著名球场一样，是网球爱好者心中的“圣地”。

在经历了20多年的发展，立顿锦标赛终于成为世界级的网球赛事，并使这项赛事达到极致。由于当时的澳网在每年12月举办，作为全年重要赛事的立顿锦标赛享有“冬季温布尔顿”的美誉，由此可见其在网坛的重要地位。

与其他巡回赛相比，在奖金和规模上都更有吸引力。ATP世界排名前100位中的84位选手和WTA世界排名100位中的97位选手都先后参加了比赛。在该项赛事的历史上，有8名球员都因为在此夺冠而首次登上世界排名第一的位置，他们是格拉芙（1987年）、韦兰德（1988年）、塞莱斯（1990年）、库里埃（1991年）、桑普拉斯（1993年）、阿加西（1995年）、辛吉斯（1997年）和里奥斯（1998年），因此，称迈阿密为“巨星的摇篮”并不为过。

在立顿把一个中等规模的赛事演绎成了几乎是“大满贯赛事”的经典作品同时，立顿也赚够了足够的钱。1997年始，瑞典移动通信业的巨人爱立信公司以渐进的方式进入了立顿锦标赛赞助者队列中。

实际上，此前爱立信公司早已渗入了世界网坛。在南美洲颇受好评的“Copa Ericsson”卫星级赛事和橘子碗（Rado Orange Bowl）国际青少年网球赛，都是由其赞助的。不过，以市场感召力和知名度而言，这类赛事并不足以让爱立信公司满足。因此，他们早就瞄上了最符合胃口的立顿锦标赛。为了接近心仪已久的目标，发源于阿尔卑斯山脉的爱立信公司把拓展南美市场的销售部总部设址于最符合多元文化格调和具全球性影响的迈阿密市。

2000年ATP实行赛制改革之后，迈阿密公开赛被列入了共9站的ATP1000大师赛。同年，赛事组委会与合作多年的立顿公司“分手”，与爱立信公司签订了为期五年的赞助合同，立顿锦标赛也随之改名为爱立信公开赛。在成功举办了2届爱立信公开赛之后，由于爱立信公司产业结构调整，2003年11月，爱立信公司突然宣布终止赞助合同。

此时，美国的纳斯达克公司向迈阿密公开赛抛出了“红绣球”，与赛事组委会签订了为期六年的赞助合同，于是，“纳斯达克100公开赛”隆重登场了。纳斯达克旗下的股票交易市场有4 100家上市公司，其中不少是高科技公司和IT行业巨人，每天的交易金额高居美国国内第一，纳斯达克股票指数更是影响全世界经济发展的“晴雨表”。

有了强劲的经济后盾，2004年的迈阿密公开赛在奖金额方面继续攀升，达到了创纪录的639.5万美元。除了四大公开赛，其余赛事的奖金总额都无法与之相比。这就保证了绝大多数一流球员都会前来捧场，无论是阿加西、桑普拉斯，还是休伊特、萨芬，或者是威廉姆斯姐妹、卡普里亚蒂等，统统加入了迈阿密公开赛的角逐。强大的参赛阵容保证了该赛事的高品质。

在立顿锦标赛中，东道主美国男选手表现最优异。获得过3次冠军的阿加西最满意自己在这块慢速球场的表现，桑普拉斯也在此得过2次冠军。在女子选手中获得最多冠军头衔的是格拉芙，她退役后留存了5座来自迈阿密的冠军奖杯。

从第1届立顿锦标赛至第20届纳斯达克100公开赛，迈阿密大师赛发生了巨大变化。总奖金由180万美元增加到650万美元，其中冠军奖金由11.2万美元增加到53.3万美元。观众人数也由12.58万人次 增加到25.4万人次。由于不同的赞助商冠名，迈阿密大师赛历史上还被称为：立顿国际球员锦标赛（Lipton International Players Championships，1985—1989）、立顿锦标赛（Lipton Championships，1993—1999）、爱立信公开赛（Ericsson Open，2000—2001）、纳斯达克100公开赛（NASDAQ–100 Open，2002—2006）和索尼爱立信公开赛（Sony Ericsson Open，2007—2012）。2013年，比赛官方名称更改为“索尼网球公开赛”（Sony Open Tennis）。

● 迈阿密大师赛2016年男子单打冠亚军奖金

阶段	奖金（美元）
冠军	1 028 300
亚军	501 815

● 2000年以来男子单打冠亚军得主

年份	冠军	亚军	比分
2000年	皮特·桑普拉斯	古斯塔沃·库尔滕	6–1，6–7$^{(2-7)}$，7–6$^{(7-5)}$，7–6$^{(10-8)}$
2001年	安德烈·阿加西	简–迈克尔·甘比尔	7–6$^{(7-4)}$，6–1，6–0
2002年	安德烈·阿加西	罗杰·费德勒	6–3，6–3，3–6，6–4
2003年	安德烈·阿加西	卡洛斯·莫亚	6–3，6–3
2004年	安迪·罗迪克	吉列尔莫·科里亚	6–7$^{(2-7)}$，6–3，6–1，退赛
2005年	罗杰·费德勒	拉斐尔·纳达尔	2–6，6–7^{4}，7–6^{5}，6–3，6–1
2006年	罗杰·费德勒	伊万·柳比西奇	7–6^{5}，7–6^{4}，7–6^{6}
2007年	诺瓦克·德约科维奇	吉列尔莫·卡尼亚斯	6–3，6–2，6–4
2008年	尼古拉·达维登科	拉斐尔·纳达尔	6–4，6–2
2009年	安迪·穆雷	诺瓦克·德约科维奇	6–2，7–5
2010年	安迪·罗迪克	托马斯·伯蒂奇	7–5，6–4
2011年	诺瓦克·德约科维奇	拉斐尔·纳达尔	4–6，6–3，7–6^{4}
2012年	诺瓦克·德约科维奇	安迪·穆雷	6–1，7–6^{4}
2013年	安迪·穆雷	大卫·费雷尔	2–6，6–4，7–6^{1}
2014年	诺瓦克·德约科维奇	拉斐尔·纳达尔	6–3，6–3
2015年	诺瓦克·德约科维奇	安迪·穆雷	7–6^{3}，4–6,6–0
2016年	诺瓦克·德约科维奇	锦织圭	6–3，6–3
2017年	罗杰·费德勒	拉斐尔·纳达尔	6–3，6–4

■ 单打头衔最多的男选手：德约科维奇，6次（2007年，2011年，2012年，2014年，2015年，2016年）

■ 连续获得单打头衔的男选手：桑普拉斯（1993年,1994年）；阿加西（1995年,1996年）；费德勒（2005年，2006年）

■ 世界排名第一、参赛最多的男选手：伦德尔，5年（1985年，1986年，1987年，1989年，1990年）

■ 最年轻和最年老的冠军

最年轻的男子冠军：阿加西，1990年（19岁又330天）

最年老的男子冠军：穆斯特，1997年（29岁又5个月28天）

● 获得单打头衔最多的国家

国家	男子	女子
美国	8	4
捷克斯洛伐克	3	0
德国	0	5
西班牙	0	2

○ 蒙特卡洛大师赛

蒙特卡洛公开赛每年4月的第三周在摩纳哥的蒙特卡洛举办，它是全年欧洲红土赛的开端。ATP积分系统改革之后，蒙特卡洛大师赛成为唯一一站不强制顶级选手参赛的ATP1000大师赛。

蒙特卡洛大师赛

面积约1.9万平方公里，人口仅3万的摩纳哥，是仅大于梵蒂冈的世界第二小国，但这片“弹丸之地”上却拥有著名赌城兼旅游胜地蒙特卡洛。1865年，在拉斯维加斯还是一片沙漠时，蒙特卡洛的博彩业已经风光无限。在国际体坛上，蒙特卡洛同样赫赫有名，它不仅因为免征个人所得税吸引了众多体坛名将来此安家落户，而且还是世界上唯一一座同时拥有大师赛和F1大奖赛的城市。

蒙特卡洛大师赛创办于1879年，其历史悠久，可以与温网和戴维斯杯赛相媲美。在最初的日子里，来自英国剑桥大学的多赫蒂兄弟在1898—1906年包揽了比赛的冠军。1910年，法国人德库吉斯成为首位夺冠的“东道主”选手。20世纪二三十年代，著名的法国“四个火枪手”称雄，其中亨利·科切特在1928—1931年3次在此捧杯。

最初的30年里，蒙特卡洛大师赛在卡西诺赌场门前的空地上举行。1928年2月27日，蒙特卡洛乡村俱乐部举行了落成典礼，由摩纳哥王子亲自担任俱乐部主席。由设计师查尔斯·莱特罗斯尼设计该俱乐部，包括20片红土球场和1个壁球馆，在它对面是浪漫的地中海和享有盛名的沙滩酒店。

1910年，马克罗德·库各斯成为第一个夺冠的法国人；1929—1931年，亨利库切特取得三连冠；纳斯塔斯、维拉斯和博格统治了70年代的蒙特卡洛赛场；80年代的蒙特卡洛赛场属于伦德尔和维兰德尔；2005年和2006年，西班牙红土王纳达尔连续成为蒙特卡洛大师赛冠军奖杯的主人。

蒙特卡洛大师赛给予冠军选手巨大的荣耀和丰厚的奖金。2016年蒙特卡洛大师赛的奖金如下：

冠军：717 315欧元

亚军：351 715欧元

半决赛：177 015欧元

2017年总奖金：4 273 775欧元

■ 夺冠次数最多的选手：拉斐尔·纳达尔（10次）

● 2000年以来男子单打冠亚军得主

年份	冠军	亚军
2000年	塞德里克·皮奥林	多米尼克·贺巴提
2001年	古斯塔沃·库尔滕	希查姆·阿拉兹
2002年	胡安·卡洛斯·费雷罗	卡洛斯·莫亚
2003年	胡安·卡洛斯·费雷罗	基列莫·科里亚
2004年	基列莫·科里亚	赖纳·舒特勒
2005年	拉斐尔·纳达尔	基列莫·科里亚
2006年	拉斐尔·纳达尔	罗杰·费德勒
2007年	拉斐尔·纳达尔	罗杰·费德勒
2008年	拉斐尔·纳达尔	罗杰·费德勒
2009年	拉斐尔·纳达尔	诺瓦克·德约科维奇
2010年	拉斐尔·纳达尔	费尔南多·沃达斯科
2011年	拉斐尔·纳达尔	大卫·费雷尔
2012年	拉斐尔·纳达尔	诺瓦克·德约科维奇
2013年	诺瓦克·德约科维奇	拉斐尔·纳达尔
2014年	斯坦尼斯拉斯·瓦林卡	罗杰·费德勒
2015年	诺瓦克·德约科维奇	托马斯·伯蒂奇
2016年	拉斐尔·纳达尔	盖尔·孟菲尔斯
2017年	拉斐尔·纳达尔	多米尼克·蒂姆

● 2000年以来男子双打冠亚军得主

年份	冠军	亚军
2000年	韦恩·费雷拉 耶夫格尼·卡费尔尼科夫	保罗·汉亚胡斯 山顿·斯托利
2001年	乔纳斯·比约克曼 陶德·伍德布里奇	约书亚·伊高 安德鲁·弗罗伦特
2002年	乔纳斯·比约克曼 陶德·伍德布里奇	保罗·汉亚胡斯 耶夫格尼·卡费尔尼科夫
2003年	马赫西·布帕希 马克斯·米尔内	米凯尔·罗德拉 法布里斯·桑托罗
2004年	蒂姆·亨曼 内纳德·泽蒙季奇	加斯顿·埃特里斯 马丁·罗德里格兹
2005年	林德·佩斯 内纳德·泽蒙季奇	鲍勃·布莱恩 迈克·布莱恩

续表

年份	冠军	亚军
2006年	乔纳斯·比约克曼 马克斯·米尔内	法布里斯·桑托罗 内纳德·泽蒙季奇
2007年	鲍勃·布莱恩 迈克·布莱恩	朱利安·贝内托 理查德·加斯奎特
2008年	拉斐尔·纳达尔 托米·罗布雷多	马赫西·布帕希 马克·诺尔斯
2009年	丹尼尔·内斯特 内纳德·泽蒙季奇	鲍勃·布莱恩 迈克·布莱恩
2010年	丹尼尔·内斯特 内纳德·泽蒙季奇	马赫西·布帕希 马克斯·米尔内
2011年	鲍勃·布莱恩 迈克·布莱恩	胡安·伊格纳西奥·切拉 布鲁诺·苏亚雷斯
2012年	鲍勃·布莱恩 迈克·布莱恩	马赫西·布帕希 丹尼尔·内斯特
2013年	朱利安·贝内特乌 内纳德·泽蒙季奇	鲍勃·布莱恩 迈克·布莱恩
2014年	鲍勃·布莱恩 迈克·布莱恩	伊万·多迪格 马塞洛·梅洛
2015年	鲍勃·布莱恩 迈克·布莱恩	西蒙·伯莱里 法比奥·弗格尼尼
2016年	皮埃尔·雨果·赫伯特 尼古拉斯·马胡特	杰米·穆雷 布鲁诺·索阿雷斯
2017年	卢卡斯·库波特 马塞洛·梅罗	罗杰·瓦塞林 尼古拉斯·马胡

○ 马德里大师赛

马德里大师赛

马德里大师赛每年5月中旬在西班牙马德里举办。马德里大师赛前身为德国斯图加特公开赛。1989年，德国在斯图加特获得了戴维斯杯，次年斯图加特公开赛就诞生了。有了信用卡公司的赞助，比赛冠名为欧洲精英赛。斯图加特市市长曼夫·瑞德罗迈尔与伊恩·蒂瑞亚克出席并见证了这一赛事。当年决赛德国名将贝克尔战胜了大名鼎鼎的伦德尔，夺取了桂冠。

1991—1994年，先后由埃德博格、伊万尼塞维奇、斯蒂奇夺得冠军。1995年，奔驰梅赛德斯进入网球赛，同时ATP将其列为“超九”赛事之一。1996年，年轻的桑普拉斯挑战贝克尔，虽然贝克尔最终夺冠，但几周后，在德国汉诺威桑普拉斯战胜了贝克尔，赢得了具有历史意义的一场胜利。1999年，克拉吉塞克第5次在该赛事称雄。

由于在德国的赛事集体不景气，此项比赛于2002年迁移到西班牙马德里举行，这项经营了12年的德国赛事更名为马德里大师赛，从此网球大国西班牙没有一项高级比赛的局面得到改变。

第一届比赛的男子单打决赛因伊里·诺瓦克的退出阿加西不战而胜。2003年，本土选手费雷罗在半决赛中击败费德勒，并最终夺冠，成为当年年终第一的领跑者。2004年，俄罗斯的萨芬击败阿根廷的纳尔班迪安成功夺冠。2006年，费德勒战胜冈萨雷斯，捧起冠军奖杯。这场胜利让费天王改写了许多纪录：公开赛时代第一位连续三年夺冠头衔超过10个，战绩达到了82胜5负，成为继伦德尔之后首位连续两个赛季胜场超过80场的选手。

2004年，为了吸引人气，提高收视率，马德里大师赛组委会别出心裁地选用19—26岁的模特取代球童，尽管新鲜、亮丽，却也引起一番争议。2006年，组委会除了延续以前的模特拾球员外，马德里还首次采用了鹰眼系统。2009年，比赛时间由原每年10月调整为每年5月。

在2012年的马德里大师赛中，比赛主办方为了与赞助商穆图阿保险（Mutua Madrileña）的蓝色标志呼应并带来更多广告收益，抛弃了传统的红土球场，使用了蓝土作为比赛球场，引起了“蓝土风波”。

由于众多球员认为蓝土球场更滑，此举遭到了包括诺瓦克·德约科维奇和拉斐尔·纳达尔等顶尖球员的强烈批评。赛后，ATP决定在2013年不再使用蓝土球场。在使用蓝土的2012年，罗杰·费德勒和塞雷娜·威廉姆斯分别夺得了该项比赛的男女单打冠军。2008年奖金为2 057 000欧元，2017年为5 439 350欧元。

■ 夺冠次数最多的选手：拉斐尔·纳达尔，5次（2005年，2010年，2013年，2014年，2017年）

● 2002年以来男子单打冠亚军得主

年份	冠军	亚军
2002年	安德烈·阿加西	伊里·诺瓦克
2003年	胡安·卡洛斯·费雷罗	尼古拉斯·马苏
2004年	马拉特·萨芬	大卫·纳尔班迪安
2005年	拉斐尔·纳达尔	伊万·柳比契奇
2006年	罗杰·费德勒	费尔南多·冈萨雷斯
2007年	大卫·纳尔班迪安	罗杰·费德勒
2008年	安迪·穆雷	吉尔·西蒙
2009年	罗杰·费德勒	拉斐尔·纳达尔
2010年	拉斐尔·纳达尔	罗杰·费德勒
2011年	诺瓦克·德约科维奇	拉斐尔·纳达尔
2012年	罗杰·费德勒	托马斯·伯蒂奇
2013年	拉斐尔·纳达尔	斯坦尼斯拉斯·瓦林卡
2014年	拉斐尔·纳达尔	锦织圭
2015年	安迪·穆雷	拉斐尔·纳达尔
2016年	诺瓦克·德约科维奇	安迪·穆雷
2017年	拉斐尔·纳达尔	多米尼克·蒂姆

● 2002年以来男子双打冠亚军得主

年份	冠军	亚军
2002年	马克·诺尔斯 丹尼尔·内斯托	马赫什·布帕蒂 马克斯·米尔尼
2003年	马赫什·布帕蒂 马克斯·米尔尼	韦恩·布莱克 凯文·乌里耶特
2004年	马克·诺尔斯 丹尼尔·内斯托	鲍勃·布莱恩 迈克·布莱恩
2005年	马克·诺尔斯 丹尼尔·内斯托	利安德·帕斯 内纳德·泽蒙季奇
2006年	鲍勃·布莱恩 迈克·布莱恩	马克·诺尔斯 丹尼尔·内斯托
2007年	鲍勃·布莱恩 迈克·布莱恩	马利尤斯·费腾柏格 马尔辛·麦考斯基
2008年	马利尤斯·费腾柏格 马尔辛·麦考斯基	马赫什·布帕蒂 马克·诺尔斯
2009年	丹尼尔·内斯托 内纳德·泽蒙季奇	西蒙·阿斯佩林 卫斯理·穆迪
2010年	鲍勃·布莱恩 迈克·布莱恩	丹尼尔·内斯托 内纳德·泽蒙季奇
2011年	鲍勃·布莱恩 迈克·布莱恩	迈克尔·罗德拉 内纳德·泽蒙季奇
2012年	马利尤斯·费腾柏格 马尔辛·麦考斯基	罗伯特·林德斯特德 霍里亚·特卡乌
2013年	鲍勃·布莱恩 迈克·布莱恩	亚历山大·佩亚 布鲁诺·苏亚雷斯
2014年	丹尼尔·内斯托 内纳德·泽蒙季奇	鲍勃·布莱恩 迈克·布莱恩
2015年	罗翰·波柏纳 弗洛里安·梅格亚	马尔辛·麦考斯基 内纳德·泽蒙季奇
2016年	让·朱利安·罗约尔 霍里亚·特卡乌	罗翰·波柏纳 弗洛里安·梅格亚
2017年	库波特 里卡多·梅罗	尼古拉斯·马胡 罗杰·瓦塞林

○ 罗马大师赛

罗马大师赛有着它独特的魅力，每年的5月上旬（2009年，2010年在4月底），它吸引着无数人来罗马观看这一年一度的世界最佳泥地网球赛事。

罗马大师赛有着丰富的历史和荣誉，这使它成为最著名的网球赛事之一。自从贝尼托·墨索里尼在70年前命令制造球场开始，在由大片松树和白色石子路围绕的罗马大师赛中心赛场成为许多值得纪念的赛事之一。

罗马大师赛的第一位冠军是美国的传奇人物比尔·蒂尔顿，他在1930年获得了第一个冠军。在那以后的岁月里，比尔·蒂尔顿的名字就经常在冠军名单里出现。拉维尔、纽康姆、纳斯塔斯、伦德尔和桑普拉斯都获得过罗马大师赛的冠军。

罗马大师赛

有幸在罗马大师赛红土场上比赛的选手很少有人能忘记这样的经历：除了让人印象深刻的赛场环境外，赛场上座无虚席，热情的观众为比赛创建了无与伦比的热闹气氛。观众体现了典型的罗马特征——对网球运动的狂热。

历史和荣誉使得罗马大师赛成为大师系列赛中的重要一站。高额的奖金和更多的排名积分，使每次大赛都有多名世界排名前10的高手中来到罗马。

2005年开赛的前夕，一场突如其来的大祸让选手经受了另一种考验。“王子公园”酒店，这座罗马场数一数二的豪华酒店也是参赛选手的休息之处。5月1日凌晨，大多数球员已经入住酒店，突然一场大火令他们从睡梦中惊醒。200多名住客惊慌失措地争相逃离，3人丧命。罗迪克则帮助住在7层的荷兰球员沙尔肯和他的妻子逃脱了危险，成了“英雄”。而另外5名选手爬到了阳台上，直至被消防队员用救火梯撤出酒店。尽管所有的参赛选手都逃过一劫，但这场严重的火灾给赛事组织者和参赛球员带来不小的惊吓。

有人说红土场是孕育冷门的温床，有人说罗马是大腕的覆灭之地，其实真正的种子杀手就是那些以土场为家的高手。他们不一定具有很高的排名，但在这个短暂的土场赛季，他们是主人。2005年的决赛上，非种子选手、西班牙人纳达尔从费德勒手中抢到冠军奖杯。罗马大师赛自从1968年以来，直到2003年才第一次是非种子选手成为冠军。2000年以来，在罗马大师赛中，进前四强的常客有莫亚、纳尔班迪安、休伊特、萨芬、罗迪克等。近些年，出现在罗马大师赛的球星有德约科维奇、费德勒、穆雷等，当然最牛气冲天的仍属纳达尔。

2016年奖金为3 748 925欧元；2017年为4 273 775欧元。

■ 夺冠次数最多的选手：拉斐尔·纳达尔（7次）

● 2000年以来男子单打冠亚军

年份	冠军	亚军
2000年	马格努斯·诺曼	古斯塔沃·库尔滕
2001年	胡安·卡洛斯·费雷罗	古斯塔沃·库尔滕
2002年	安德烈·阿加西	汤米·哈斯
2003年	菲利克斯·曼提拉	罗杰·费德勒
2004年	卡洛斯·莫亚	大卫·纳尔班迪安
2005年	拉斐尔·纳达尔	吉列尔莫·科里亚
2006年	拉斐尔·纳达尔	罗杰·费德勒
2007年	拉斐尔·纳达尔	费尔南多·冈萨雷斯
2008年	诺瓦克·德约科维奇	斯坦尼斯拉斯·瓦林卡

续表

年份	冠军	亚军
2009年	拉斐尔·纳达尔	诺瓦克·德约科维奇
2010年	拉斐尔·纳达尔	大卫·费雷尔
2011年	诺瓦克·德约科维奇	拉斐尔·纳达尔
2012年	拉斐尔·纳达尔	诺瓦克·德约科维奇
2013年	拉斐尔·纳达尔	罗杰·费德勒
2014年	诺瓦克·德约科维奇	拉斐尔·纳达尔
2015年	诺瓦克·德约科维奇	罗杰·费德勒
2016年	安迪·穆雷	诺瓦克·德约科维奇
2017年	亚历山大·兹维列夫	诺瓦克·德约科维奇

○ 罗杰斯杯

罗杰斯杯又称加拿大大师赛是ATP1000大师赛的第六站。比赛时间是每年的7月下旬到8月上旬。由加拿大的多伦多和蒙特利尔轮流举办，双数年在多伦多，单数年在蒙特利尔。场地类型为室外的硬地球场。共有64位正选赛选手参加。

多伦多大师赛

这是从欧洲红土场转战到北美硬地的赛事。加拿大多伦多Unipex球场，有一个可以容纳15 000人的中心场和一个用国家银行来命名的拥有几千个座位的次主场。此外，还有10片室外场地和一个有12片室内场地的球馆。魁北克省的蒙特利尔有“北美的巴黎”之称，亦有很好的网球比赛设施。

蒙特利尔大师赛

作为大师系列赛中唯一一站由两座城市轮流承办的比赛，罗杰斯杯在很多方面都显示了它的与众不同，比如一代球王桑普拉斯从未在此夺冠，而他的老对手阿加西却12次参赛三度称雄。自从1990年ATP创办“超九”赛事以来，单打头号种子和上届冠军只有一次能在加拿大成功登顶，这就是阿加西。此外，加拿大站也是ATP巡回赛中少有的不以赞助商名字命名的比赛之一。

除了发源地英国之外，加拿大是世界最早开展网球运动的国家之一，首届罗杰斯杯在1881年举行。第二年又增加了女子赛事。它历史悠久，仅次于1877年创办的温布尔顿网球锦标赛。受当时条件所限，早年的罗杰斯杯冠军一直被美国和加拿大球员垄断。1919年，日本人酒井一朗成为首位夺冠的第三国选手。此后罗杰斯杯冠军长期产生在美国、加拿大两国选手间，直到网坛进入公开赛时期情况才彻底改变。

加拿大本土选手上次夺冠还要追溯到1958年的罗伯特·贝达德卫冕成功。随着时间的推移，东道主选手已经很难挤进世界排名前100位，只有依靠外卡才能勉强入闱。2002年，闯进第三轮的“黑马”拉罗斯，着实令东道主球迷格外兴奋了一次。

加拿大大师赛也被人们称为神秘的“冷门温床”。佩恩弗斯、伍德拉夫、约翰森、帕维尔和卡纳斯，这些或熟悉或陌生的名字都曾经出现在加拿大大师赛冠军名单上。冷门的出现很大程度因为这是红土和草地赛季后的第一项重要的硬地赛事，很多高手还未能尽快进入状态。对于所有球员来说，加拿大似乎是一片充满了机会与风险的“神秘之地”。

作为世界上仅次于巴黎的第二大法语城市，魁北克省的蒙特利尔早年从多伦多手中夺走了加拿大大师赛的一半主办权，为了使比赛能有更大的发展，蒙特利尔市政府计划对举办比赛的杰里公园网球中心进行扩建，而加拿大第一大城市多伦多在2004年改建能容纳1万名观众的国家网球中心，为大师赛提供了更好的条件。

加拿大大师赛是美网系列赛之一，而且时间上非常接近美国网球公开赛，是难得的热身赛，每年世界网坛高手皆悉数到阵。比赛水平就如同把四大公开赛中的男子比赛单拿出来一样。不同的就是人数少了一半，但也正因为这样，参赛选手的水平才更接近，每一场都是硬仗。

2016年总奖金为4 089 740美元，2017年为4 662 300美元。

● 2000年以来男子单打冠亚军得主

年份	冠军	亚军
2000年	马拉特·萨芬	哈勒尔·莱维
2001年	安德烈·帕维尔	帕特里克·拉夫特
2002年	吉列尔莫·卡尼亚斯	安迪·罗迪克
2003年	安迪·罗迪克	大卫·纳尔班迪安
2004年	罗杰·费德勒	安迪·罗迪克
2005年	拉斐尔·纳达尔	安德烈·阿加西
2006年	罗杰·费德勒	里夏尔·加斯奎特
2007年	诺瓦克·德约科维奇	罗杰·费德勒
2008年	拉斐尔·纳达尔	尼古拉斯·基弗
2009年	安迪·穆雷	胡安·马丁·德尔波特罗
2010年	安迪·穆雷	罗杰·费德勒
2011年	诺瓦克·德约科维奇	马尔迪·费什
2012年	诺瓦克·德约科维奇	理查德·加斯奎特
2013年	拉斐尔·纳达尔	米洛斯·拉奥尼奇
2014年	乔·伍尔弗里德·特松加	罗杰·费德勒
2015年	安迪·穆雷	诺瓦克·德约科维奇
2016年	诺瓦克·德约科维奇	安迪·穆雷
2017年	亚历山大·兹维列夫	罗杰·费德勒

○ 辛辛那提大师赛

辛辛那提大师赛，每年8月上旬到中旬在美国的辛辛那提举办。

辛辛那提站也是网坛最古老的赛事之一。1899年，即网球运动传入美国25年之后，首届比赛就在这个富庶的城市举行。在长达104年的历史上，辛辛那提网球赛仅停办过3次。甚至2次世界大战都不能阻止它的举行，生命力之强在整个体育界都非常罕见。

辛辛那提大师赛

位于美国俄州西南的辛辛那提是一座人口约两百万的城市，但大师赛实际上是在市中心以北25英里的小城梅森的ATP网球中心举行，比赛场地是与美网相同的室外硬地，冠名赞助商西南财团在20世纪90年代建设了梅森网球中心，这座综合性球场占地约36万平方米，可容纳10 500名观众。

1999年，ISL的介入使辛辛那提大师赛终止了与大美保险公司的赞助合同，两年后ISL公司破产。从2002年开始，西南财团成为本站比赛新的冠名赞助商。为了将大师赛更长久地留在这座小城，梅森市议会于2002年11月作出决定，将通过集资的方式筹集300万美元买下网球中心，这笔款从2003年开始分25年付清。

与法网和温网的关系相似，同样有百年历史的辛辛那提和加拿大大师赛就像是一对性格迥异的“孪生兄弟”，虽然两站比赛仅时隔一周，但在加拿大狂奔的“黑马”到辛辛那提往往会“马失前蹄”。而这里仍是高手们的天下，自从1968年网坛进入公开赛时期以来，还没有一位排名低于前7的球员能在辛辛那提夺冠。在1983年和1999年，甚至出现了赛会前4号种子包揽单打四强的罕见情况。“高手乐园”的称号可谓实至名归。

历史上，辛辛那提大师赛曾同时拥有男单、女单、男双、女双和混双5项比赛。1931年，东道主选手克拉拉·路易斯·金克在此包揽了女单、女双和混双3项冠军，创造了空前绝后的纪录，自此之后混双比赛就再未举行。从1974年开始，女子赛事与男子赛事分离，此后虽然WTA巡回赛于1980年、1981年、1982年和1988年又4次在此举办，但始终未能坚持下去，埃弗特、纳芙拉蒂洛娃和奥斯汀是最后一批在辛辛那提留下足迹的女子网球高手。

自从1990年辛辛那提成为ATP“超九”赛事以来，实力强大的东道主选手就主宰了比赛，其中桑普拉斯三次称雄，阿加西和张德培均两次问鼎。阿加西还于1995年创纪录地连续在加拿大和辛辛那提站捧杯，表现出了稳定的状态。进入新世纪以来，辛辛那提大师赛也在发生改变，2002年，莫亚成为赛事百年历史上首位来自西班牙的冠军得主，夺得双打冠军的布雷克则成为首位美籍非洲裔冠军。2008年辛辛那提大师赛总奖金高达261.5万美元，卫冕冠军费德勒、西班牙红土之王纳达尔以及澳网冠军德约科维奇、2006年冠军罗迪克等一波名将几乎全都出现在2008赛会签表中。2009年辛辛那提大师赛中四巨头激烈碰撞，这也是赛事自1999年来，首次出现赛会前4号种子包揽赛事四强的盛景。2017年冠军为保加利亚的迪米特洛夫，亚军为澳大利亚的克耶高斯，两位都是“90后”新生代。

2017年总奖金为4 973 120美元。

● 2000年以来男子单打冠亚军得主

年份	冠军	亚军
2000年	托马斯·恩奎斯特	蒂姆·亨曼
2001年	古斯塔沃·库尔滕	帕特里克·拉夫特
2002年	卡洛斯·莫亚	莱顿·休伊特

续表

年份	冠军	亚军
2003年	安迪·罗迪克	马尔迪·菲什
2004年	安德烈·阿加西	莱顿·休伊特
2005年	罗杰·费德勒	安迪·罗迪克
2006年	安迪·罗迪克	胡安·卡洛斯·费雷罗
2007年	罗杰·费德勒	詹姆斯·布雷克
2008年	安迪·穆雷	诺瓦克·德约科维奇
2009年	罗杰·费德勒	诺瓦克·德约科维奇
2010年	罗杰·费德勒	马尔迪·菲什
2011年	安迪·穆雷	诺瓦克·德约科维奇
2012年	罗杰·费德勒	诺瓦克·德约科维奇
2013年	拉斐尔·纳达尔	约翰·伊斯内尔
2014年	罗杰·费德勒	大卫·费雷尔
2015年	罗杰·费德勒	诺瓦克·德约科维奇
2016年	马林·西里奇	安迪·穆雷
2017年	格里戈尔·迪米特洛夫	尼克·克耶高斯

○ 上海大师赛

上海大师赛是ATP1000大师赛之一，也是亚洲唯一的一项大师赛，其重要程度仅次于网球四大满贯和ATP年终总决赛。

上海大师赛

上海大师赛于2009年首次举办，是最年轻的ATP1000大师赛，也是亚洲范围内最高级别的男子网球赛事，于每年10月中旬在中国上海举行。

上海大师赛的比赛场馆是旗忠森林体育城网球中心。旗忠网球中心位于上海市西南部的闵行区马桥镇，网球中心占地约508亩，基地总建筑面积为85 438平方米。拥有15 000座位的中央赛场、5 000个座位的2号馆、2 000个座位的3号馆，共25片比赛场地。中央赛场拥有可开启式顶棚，建筑面积30 649平方米，地上四层，建筑物高度约40米，顶棚为钢结构，开启方式仿佛上海市市花白玉兰的开花过程，这为世界首创。

上海大师赛单打采用56签位，即前8位种子选手首轮轮空。从第一轮起即为淘汰制。共有4张外卡，由赛事总监决定发放。另有7个入围资格，通过28签位的预选赛来进行争夺。

在2009年之前，上海举办的网球赛事是网球大师杯，即现在的ATP年终总决赛。2008年是最后一届上海网球大师杯，之后大师杯比赛地移至英国伦敦。

2009年10月11—18日，首届上海大师赛举行。遗憾的是，世界排名第一的瑞士球员罗杰·费德勒、排名第三的英国球员安迪·穆雷在开赛前选择退赛，缺席了首届上海大师赛。比赛过程中，3号种子德尔波特罗和4号种子安迪·罗迪克也相继因伤中途退赛。最终首届上海大师赛的男单冠军是俄罗斯球员尼古拉·达维登科，他在决赛中击败了头号种子拉斐尔·纳达尔。2010年上海大师赛，头号种子纳达尔在第三轮爆冷不敌奥地利球员约尔根·梅尔泽。最终穆雷从上半区杀出，并在决赛中击败费德勒夺冠。

2011年，穆雷最终在决赛中击败3号种子大卫·费雷尔，卫冕成功。

2013年，德约科维奇以6–1、3–6、7–6[3]险胜纳达尔，卫冕成功。

2014年上海大师赛，法国球员吉勒·西蒙是该届比赛的最大黑马，作为非种子选手。他先后淘汰了4号种子斯坦尼斯拉斯·瓦林卡、6号种子托马斯·伯蒂奇，闯入决赛。决赛中他和费德勒战至双抢七才遗憾落败。

2016年，西班牙球员罗伯托·布蒂斯塔·阿古特从上半区杀出，他在1/4决赛、半决赛分别击败了上届亚军特松加、冠军德约科维奇，闯入决赛。最终穆雷在决赛结束了阿古特的黑马之旅，夺得冠军。

2017年决赛，费德勒对阵纳达尔，最终费德勒直落两盘以6–4、6–3取胜，赢得了第38次“费纳决”的胜利，第二次收获上海网球大师赛的冠军。

● 历届冠亚军得主

年份	冠军	亚军
2009年	尼古拉·达维登科	拉斐尔·纳达尔
2010年	安迪·穆雷	罗杰·费德勒
2011年	安迪·穆雷	大卫·费雷尔
2012年	诺瓦克·德约科维奇	安迪·穆雷
2013年	诺瓦克·德约科维奇	胡安·马丁·德尔波特罗
2014年	罗杰·费德勒	吉勒·西蒙
2015年	诺瓦克·德约科维奇	乔–威尔费雷德·特松加
2016年	安迪·穆雷	罗伯托布蒂斯塔·阿古特
2017年	罗杰·费德勒	拉斐尔·纳达尔

○ 巴黎大师赛

这是九站大师系列赛的最后一站。每年11月上旬在法国巴黎举办。场地是室内硬地。法国网球赛事虽然很多，巴黎却拥有最好的两个，法国网球公开赛和巴黎大师赛。对比两个比赛是非常有趣的事情，因为这几乎可以看到法国人历史的风雅和今天的豪华。

巴黎大师赛

在罗兰·加洛斯，曾经拥有坐在包厢中端着咖啡的上流人士，那里云集了世界慕名而来的人，艺术家还会坐在玫瑰后面勾勒出选手的风采，那些不远万里来到法国看法网的人更像是云集巴黎的文豪和画家，看着法网的球迷很像在塞纳河中泛舟的文人雅士。

巴黎大师赛举行地在伯茨欧尼斯伯斯宫，虽然距离罗兰·加洛斯不远，却是另一种文化，神圣和激动褪去，只有精彩和绚丽。巴黎大师赛的中心场地很像舞台，但不是美国人那样将强光打上去的简单的感觉，而是有百老汇剧院中的感觉。这里的观众给予球员的更多是掌声，而不是法网的漫天的嘘声。虽然每个球员都是表演者，但巴黎似乎最能让任何演员尽情投入。由于巴黎大师赛是当年最后一个大师赛，这里的争夺白热化，经常出现某个黑马最后一次飞跃，然后将那些本来必进大师赛的人挤出最后的八人名单。

巴黎大师赛创建于1986年，最初的名字为巴黎贝什公开赛，比赛地点是在巴黎的巴来斯体育场。这个体育场总面积达50 000平方米，适合骑自行车、溜冰、溜水、体操、娱乐等活动。现在这个体育场已经被当成是法国运动的象征。2002年，巴来斯体育场为了迎接网球大师赛的举行，还特意更换了场地表面的颜色。2007年起，巴黎大师赛场地由室内地毯变为室内硬地。

更新过的比赛场地表面颜色为紫罗兰色，四周衬以蓝色，这主要是为了让观众在视觉上更舒适。虽然颜色改变过了，但是场地的材质依然和以前一样。每年11月上旬，有48位网球好手在这里进行新一轮的巴黎网球大师赛。

因为巴黎大师赛是大师赛的最后一站，为了获取理想的积分赢得参加年终总决赛的资格，每年在此都会展开激烈的角逐。近年来先后有阿加西、萨芬、库尔腾、诺曼、卡费尼科夫、科雷特加、休伊特、拉夫特、亨曼、里奥斯、菲利普西斯、克拉吉塞克、基弗、张德培等在此夺冠。

20世纪90年代，只有贝克尔有过在此三次夺冠的经历。阿加西和桑普拉斯各夺得过两届巴黎大师赛冠军，他们因此成为本项赛事过去十来年中的明星。1999年，阿加西在巴黎大师赛决赛中战胜萨芬，第二次捧起冠军奖杯。在过去，桑普拉斯一直在为通过法网第二轮苦苦拼争，但在巴黎的室内球场上，他却是风光无限，24胜7负的总成绩是自1990年以来所有球员中最好的。

2003年，亨曼在一片华美的灯光中夺冠，当他接过那个精美的常青藤时，让人感慨这个29岁的老将多年坚持的可贵。俄罗斯选手萨芬在2000年、2002年、2004年3次登顶，成为巴黎大师赛新世纪以来最伟大的英雄。2011年11月13日，费德勒在决赛中击败特松加，职业生涯首夺巴黎大师赛冠军。

随着2017年巴黎大师赛即将结束，比赛愈发白热化。高种子选手一一被淘汰，巴黎大师赛将迎来新的冠军。资格赛选手克拉吉诺维奇因纳达尔退赛直接晋级四强。在克拉吉诺维奇与赛事9号种子伊斯内尔争夺决赛权的比赛中，两人大战三盘，历时两个半小时，克拉吉诺维奇以2∶1战胜伊斯内尔闯入决赛。决赛是在资格赛选手克拉吉诺维奇和16号种子索克之间进行的，这是两个“90后”的较量。在比赛中，索克还是技高一筹以1∶2逆转克拉吉诺维奇获得冠军。索克首次获得大师赛冠军，也在最后时刻拿到2017年伦敦总决赛的一张入场券。凭借这次的冠军，索克的ATP世界排名来到世界第九。

巴黎大师赛2016年的总奖金为3 748 925欧元。

● 2000 年以来单打冠亚军得主

年份	冠军	亚军
2000年	马拉特·萨芬	马克·菲利浦西斯
2001年	塞巴斯蒂安·格罗斯让	耶夫格尼·卡费尔尼科夫
2002年	马拉特·萨芬	莱顿·休伊特

年份	冠军	亚军
2003年	提姆·韩曼	安德烈·帕维尔
2004年	马拉特·萨芬	拉德克·斯泰潘内克
2005年	托马什·贝尔迪赫	伊万·柳比契奇
2006年	尼古莱·达维登科	多米尼克·赫巴蒂
2007年	大卫·纳尔班迪安	拉斐尔·纳达尔
2008年	若–威尔弗里德·特松加	大卫·纳尔班迪安
2009年	诺瓦克·德约科维奇	盖尔·孟菲尔斯
2010年	罗宾·索德林	盖尔·孟菲尔斯
2011年	罗杰·费德勒	若-威尔弗里德·特松加
2012年	大卫·费雷尔	耶兹·扬诺维茨
2013年	诺瓦克·德约科维奇	大卫·费雷尔
2014年	诺瓦克·德约科维奇	米洛斯·拉奥尼奇
2015年	诺瓦克·德约科维奇	安迪·穆雷
2016年	安迪·穆雷	约翰·伊斯内尔
2017年	索克	克拉吉诺维奇

● 2000年以来双打冠亚军得主

年份	冠军	亚军
2000年	尼克拉斯·库尔蒂 马克斯·米尔内	保罗·哈休斯 丹尼尔·内斯特
2001年	艾利斯·费雷拉 里克·利奇	马赫什·布帕蒂 利安德·帕斯
2002年	尼古拉斯·艾斯库德 法布里斯·桑托罗	古斯塔沃·库尔滕 塞德里克·皮奥林
2003年	韦恩·阿瑟斯 保罗·汉利	米夏埃尔·洛德拉 法布里斯·桑托罗
2004年	约纳斯·比约克曼 托德·伍德布里奇	韦恩·布莱克 凯文·乌利耶特
2005年	迈克·布莱恩 迈克·布莱恩	马克·诺尔斯 丹尼尔·内斯特
2006年	阿诺·克莱芒 米夏埃尔·洛德拉	法布里斯·桑托罗 内纳德·齐莫尼奇
2007年	迈克·布莱恩 迈克·布莱恩	丹尼尔·内斯特 内纳德·齐莫尼奇
2008年	约纳斯·比约克曼 凯文·乌利耶特	杰夫·库切 卫斯理·穆迪
2009年	丹尼尔·内斯特 内纳德·齐莫尼奇	马塞尔·格拉诺勒斯 托米·罗布雷多

续表

年份	冠军	亚军
2010年	马赫什·布帕蒂 马克斯·米尔内	马克·诺尔斯 安迪·拉姆
2011年	罗翰·波柏纳 阿萨姆–乌尔–哈克·奎雷西	儒利安·贝内托 尼古拉·马俞
2012年	马赫什·布帕蒂 罗翰·波柏纳	阿萨姆·哈克·奎雷西 胡安·胡里安·路查
2013年	鲍勃·布莱恩 迈克·布莱恩	亚历山大·佩亚 布鲁诺·苏亚雷斯
2014年	鲍勃·布莱恩 迈克·布莱恩	亚历山大·佩亚 布鲁诺·苏亚雷斯
2015年	伊万·多迪格 M. 默乐	瓦塞克·波斯皮希尔 杰姆·索克

第二节　WTA皇冠明珠赛及超五巡回赛

WTA 皇冠明珠赛

WTA皇冠明珠赛是WTA强制球员参加的重要比赛，比赛冠军能够获得积分1 000分。球员积分的高低决定着球员世界排名的高低。比赛赞助商也通常为这一类型的比赛提供丰厚的奖金支持。和所有女子比赛一样，该系列比赛采用三盘两胜制。

2009年，WTA进行了赛制改革，将旧赛制中分为一级赛、二级赛、三级赛和四级赛的制度进行了更改。新的比赛制度共设皇冠明珠赛、超五巡回赛、顶级巡回赛和国际巡回赛四个级别（2012年增设挑战赛），皇冠明珠赛、超五巡回赛、顶级巡回赛合称为顶级赛事（Premier Event）。WTA皇冠明珠赛正是这些比赛中最高级别的比赛。

WTA皇冠明珠赛的四站为印第安维尔斯大师赛、迈阿密皇冠赛、马德里皇冠赛、中国网球公开赛。

○ 印第安维尔斯大师赛

印第安维尔斯赛，2002—2008年为太平洋寿险杯，此后为巴黎银行公开赛。

印第安维尔斯太平洋寿险杯，有“西部大满贯”美称。每年3月初，在美国的印第安网球花园举行。印第安维尔大师赛创始于1980年，是ATP1000大师赛的第一站。1980年，亚利桑娜州的拉昆塔酒店董事查理·帕萨雷尔说服ATP，在拉昆塔酒店建修网球场，并举办了第一届赛事。1986年，查理买下了这项赛事的举办权，同时成为ATP的董事成员。查理从开始就有“举办一项有重要影响的重要网球赛事而且男女同时进行比赛”的理想。

1987年，查理成立了公司，在印第安维尔斯建造了豪华度假酒店和网球设施。不久，在赞助商《新闻周刊》的支持下，举办了“新闻周刊杯锦标赛”。赛事设立了女子组，吸引了格拉芙、曼德利科娃等选手。1991年，“新闻周刊杯锦标赛”得到WTA的认可，成为WTA巡回赛正式赛事。1997年，升格为WTA一级赛事。

在20多年中，有包括格拉芙、塞莱斯、达文波特、辛吉斯、小威、汉图楚娃、克里斯特尔斯、海宁等多名女子网坛顶尖高手在这里封后。

在比赛取得巨大成功的同时，2000年，比赛场地改为新建的印第安维尔斯网球花园，并且赛事的主球场可以容纳16 100人。比赛奖金在2000年也有了巨大的提高。但在2001年，印第安维尔斯女子比赛中发生了不愉快的事件，塞雷娜·威廉姆斯在女子单打比赛中受到了种族歧视，因此威廉姆斯姐妹宣布抵制这一比赛，并表示在2001年之后不再参赛。2002—2008年，比赛由太平洋寿险赞助，因此也被命名为太平洋寿险杯（Pacific Life Open）。

2009年，印第安维尔斯比赛更名为巴黎银行公开赛（BNP Paribas Open），并且在赛制改革中成为了ATP1000大师赛和WTA皇冠明珠赛。

印第安维尔斯大师赛举办地印第安维尔斯位于科切拉峡谷，大概在洛杉矶以东125英里的地方。印第安维尔斯赛的举办地是2000年3月开放的印第安维尔斯网球花园，它拥有1个主体育场、11个比赛场地、6个练习场地和2个红土球场。其中主体育场即1号球场可以容纳16 100名观众观赛，是世界第二大网球场。印第安维尔斯大师赛在室外硬地球场上进行。除了比赛日外，部分球场平日对公众开放。

由于需要迎接越来越多的球迷前来观赛，比赛主办方开始兴建新球场，新球场约有8 000个固定观众席位，于2014年竣工。

● 2000年以后各届赛事官方名称

届	名称
25	2000年印第安维尔斯大师赛
26	2001年印第安维尔斯大师赛
27	2002年太平洋寿险杯
28	2003年太平洋寿险杯
29	2004年太平洋寿险杯
30	2005年太平洋寿险杯
31	2006年太平洋寿险杯
32	2007年太平洋寿险杯
33	2008年太平洋寿险杯
34	2009年巴黎银行公开赛
35	2010年巴黎银行公开赛
36	2011年巴黎银行公开赛
37	2012年巴黎银行公开赛
38	2013年巴黎银行公开赛
39	2014年巴黎银行公开赛
40	2015年巴黎银行公开赛

届	名称
41	2016年巴黎银行公开赛
42	2017年巴黎银行公开赛

● 历年女子单打冠亚军得主

年份	冠军	亚军
1989年	马努埃拉·马莱瓦	珍妮·伯恩
1990年	玛蒂娜·纳芙拉蒂洛娃	海伦娜·苏科娃
1991年	玛蒂娜·纳芙拉蒂洛娃	莫妮卡·塞莱斯
1992年	莫妮卡·塞莱斯	康奇塔·马丁内斯
1993年	玛丽·乔·费尔南德斯	阿曼达·科泽尔
1994年	施特菲·格拉芙	阿曼达·科泽尔
1995年	玛丽·乔·费尔南德斯	娜塔莎·兹韦列娃
1996年	施特菲·格拉芙	康奇塔·马丁内斯
1997年	林德赛·达文波特	伊琳娜·斯普里拉
1998年	玛蒂娜·辛吉斯	琳赛·达文波特
1999年	塞雷娜·威廉姆斯	施特菲·格拉芙
2000年	林德赛·达文波特	玛蒂娜·辛吉斯
2001年	塞雷娜·威廉姆斯	吉姆·克里斯特尔斯
2002年	达妮埃拉·汉图楚娃	玛蒂娜·辛吉斯
2003年	吉姆·克里斯特尔斯	林德赛·达文波特
2004年	贾斯汀·海宁	林德赛·达文波特
2005年	吉姆·克里斯特尔斯	林德赛·达文波特
2006年	玛利亚·莎拉波娃	耶莲娜·德门蒂耶娃
2007年	达妮埃拉·汉图楚娃	斯沃特拉娜·库兹涅佐娃
2008年	阿娜·伊万诺维奇	斯沃特拉娜·库兹涅佐娃
2009年	薇拉·兹沃娜列娃	阿娜·伊万诺维奇
2010年	伊莲娜·扬科维奇	卡洛琳·沃兹尼亚奇
2011年	卡洛琳·沃兹尼亚奇	马里昂·巴托丽
2012年	维多利亚·阿扎伦卡	玛利亚·莎拉波娃
2013年	玛利亚·莎拉波娃	卡洛琳·沃兹尼亚奇
2014年	佩内塔	A.拉德万斯卡
2015年	西蒙娜·哈勒普	耶莱娜·扬科维奇
2016年	维多利亚·阿扎伦卡	塞雷娜·威廉姆斯
2017年	维斯尼娜	库兹涅佐娃

● 2014年以来女子双打冠亚军得主

年份	冠军	比分	亚军
2014年	彭帅（中国）/谢淑薇（中国台湾）	7–6[5]，6–2	布莱克（津巴布韦）/米尔扎（印度）
2015年	辛吉斯（瑞士）/米尔扎（印度）	6–3，6–4	马卡洛娃/维斯尼娜（俄罗斯）
2016年	马泰克/范德维格（美国）	4–6，6–4，10–6	格尔格斯（德国）/卡洛琳娜·普利斯科娃（捷克）
2017年	辛吉斯/詹咏然	7–6（4），6–2	赫拉德茨卡/斯尼亚科娃

○ 迈阿密皇冠赛

1985年，ATP执行董事布其赫里兹与立顿合作，在迈阿密举办了首届立顿网球锦标赛。赛事从开始就包括ATP男子选手和WTA女子选手。2000年，赛事组委会与立顿“分手”，与爱立信公司签订了五年合作协议。同年，ATP实行赛制改革，该赛事被列入ATP1000大师赛，但两年后，由于爱立信产业结构调整，提前终止合作。影响世界经济晴雨表的纳斯达克接收了这项具有很大影响力的网球赛事。与此同时WTA确认纳斯达克–100的女子比赛为WTA一级赛事。

迈阿密站的网球比赛男女同时进行。比赛于每年3月下旬至4月上旬在美国佛罗里达州迈阿密的Crandon Park举行。比赛的主赛场共有12块比赛场地，6块练习场地。小威、大威、辛吉斯、格拉芙、塞莱斯、萨巴蒂尼、埃弗特、纳夫拉蒂洛娃在这里先后称霸。2017年总奖金为6 993 450美元。

● 历届女子单打冠亚军得主

年份	冠军	亚军
1985年	玛蒂娜·纳芙拉蒂洛娃	克里斯·埃弗特
1986年	克里斯·埃弗特	施特菲·格拉芙
1987年	施特菲·格拉芙	克里斯·埃弗特
1988年	施特菲·格拉芙	克里斯·埃弗特
1989年	加布里埃拉·萨巴蒂尼	克里斯·埃弗特
1990年	莫妮卡·塞莱斯	朱迪思·维斯纳
1991年	莫妮卡·塞莱斯	加布里埃拉·萨巴蒂尼
1992年	阿兰特查·桑切斯	加布里埃拉·萨巴蒂尼
1993年	阿兰特查·桑切斯	施特菲·格拉芙
1994年	施特菲·格拉芙	娜塔莎·兹韦列娃
1995年	施特菲·格拉芙	伊达公子
1996年	施特菲·格拉芙	查达·鲁宾
1997年	玛蒂娜·辛吉斯	莫妮卡·塞莱斯
1998年	维纳斯·威廉姆斯	安娜·库尔尼科娃
1999年	维纳斯·威廉姆斯	塞雷娜·威廉姆斯
2000年	玛蒂娜·辛吉斯	林德赛·达文波特

年份	冠军	亚军
2001年	维纳斯·威廉姆斯	珍妮弗·卡普里亚蒂
2002年	塞雷娜·威廉姆斯	珍妮弗·卡普里亚蒂
2003年	塞雷娜·威廉姆斯	珍妮弗·卡普里亚蒂
2004年	塞雷娜·威廉姆斯	耶莲娜·德门蒂耶娃
2005年	吉姆·克里斯特尔斯	玛利亚·莎拉波娃
2006年	斯沃特拉娜·库兹涅佐娃	玛利亚·莎拉波娃
2007年	塞雷娜·威廉姆斯	贾斯汀·海宁
2008年	塞雷娜·威廉姆斯	伊莲娜·扬科维奇
2009年	维多利亚·阿扎伦卡	塞雷娜·威廉姆斯
2010年	吉姆·克里斯特尔斯	维纳斯·威廉姆斯
2011年	维多利亚·阿扎伦卡	玛利亚·莎拉波娃
2012年	阿格涅兹卡·拉德万斯卡	玛利亚·莎拉波娃
2013年	塞雷娜·威廉姆斯	玛利亚·莎拉波娃
2014年	塞雷娜·威廉姆斯	李娜
2015年	塞雷娜·威廉姆斯	卡拉·苏亚雷斯·纳瓦罗
2016年	维多利亚·阿扎伦卡	斯沃特拉娜·库兹涅佐娃
2017年	约娜·孔塔	沃兹尼亚奇

■ 单打头衔最多的女选手：格拉芙，5次（1987年，1988年，1994年，1995年，1996年）

■ 连续获得单打头衔的女选手：格拉芙（1994年，1995年，1996年）

■ 世界排名第一、参赛最多的女选手：格拉芙，5年（1988年，1991年，1993年，1994年，1996年）

■ 最年轻和最年老的冠军

最年轻的女子冠军：塞莱斯，1990年（16岁双双3个月23天）

最年老的女子冠军：纳夫纳蒂洛娃，1985年（29岁又8个月2天）

■ 获得单打头衔最多的国家（前三名）：美国，4个；德国，5个；南斯拉夫，2个

○ 马德里皇冠赛

WTA皇冠明珠赛马德里站（Madrid Masters）是一项与ATP马德里大师赛同时举办的网球比赛。每年5月的第一周在西班牙首都马德里举行，比赛是室外红土球场。该赛事的男子比赛共有48名单打选手和16对双打组合参赛，属于ATP1000大师赛级别；女子比赛共有64名单打选手和28对双打组合参赛，属于WTA皇冠明珠赛级别。马德里大师赛由Mutua公司赞助，又被称为马德里公开赛（Mutua Madrid Open）。

马德里大师赛发展自斯图加特大师赛。在2002年，这项原在德国斯图加特举办的大师赛迁至西班牙首都马德里，马德里大师赛因此而成立。最初的马德里大师赛在马德里体育馆举行，是一项室内硬地赛事，比赛时间也是处于赛季末的10月。

2009年ATP和WTA巡回赛改革使得马德里大师赛发生了巨大的改变。ATP1000大师赛取代

了2009年前的ATP大师系列赛，这项原在室内硬地球场举办的赛事在这一年改在室外红土球场"魔盒"进行，比赛时间也从每年的10月改为5月。从此，马德里大师赛取代了原在德国举行的汉堡大师赛。在2009年的比赛中还新增设了WTA皇冠明珠赛级别的女子比赛。在这一年的比赛中，俄罗斯选手迪娜拉·萨芬娜夺得了女子单打比赛的冠军。

● 2009 年以来女子单打冠亚军得主

年份	冠军	亚军
2009年	迪娜拉·萨芬娜	卡露莲·禾丝妮雅琪
2010年	阿拉瓦内·雷扎伊	维纳斯·威廉姆斯
2011年	佩特拉·科维托娃	维多利亚·阿扎伦卡
2012年	塞雷娜·威廉姆斯	维多利亚·阿扎伦卡
2013年	塞雷娜·威廉姆斯	玛丽亚·莎拉波娃
2014年	玛丽亚·莎拉波娃	西蒙娜·哈勒普
2015年	佩特拉·科维托娃	斯沃特拉娜·库兹涅佐娃
2016年	西蒙娜·哈勒普	多米尼卡·齐布尔科娃
2017年	西蒙娜·哈勒普	克里斯汀娜·马拉德诺维奇

● 2009 年以来女子双打冠亚军得主

年份	冠军	亚军
2009年	卡拉·布莱克 列泽尔·胡贝尔	科维塔·佩斯克 丽莎·雷蒙
2010年	塞雷娜·威廉姆斯 维纳斯·威廉姆斯	吉塞拉·杜尔科 弗拉维娅·佩内塔
2011年	维多利亚·阿扎伦卡 玛丽亚·基里连科	科维塔·佩斯克 卡特琳娜·斯莱伯尼克
2012年	萨拉·埃拉尼 罗贝塔·文奇	叶卡捷琳娜·马卡洛娃 伊莲娜·维斯尼娜
2013年	阿纳斯塔西娅·帕夫柳琴科娃 露西·萨法洛娃	卡拉·布莱克 玛丽娜·艾拉科维奇
2014年	萨拉·埃拉尼 罗贝塔·文奇	加尔比妮·蒙奎露扎 卡拉·苏亚雷斯·纳瓦罗
2015年	凯西·德拉奎尔 雅罗斯拉娃·舍夫多娃	加尔比妮·蒙奎露扎 卡拉·苏亚雷斯·纳瓦罗
2016年	卡罗琳·加西亚 克里斯汀娜·马拉德诺维奇	玛蒂娜·辛吉斯 萨尼娅·米尔扎
2017年	詹咏然 玛蒂娜·辛吉斯	提米亚·巴博斯 安德里亚·赫拉瓦科娃

○ 中国网球公开赛

中国网球公开赛（China Open）是国际网球协会批准的自2004年起每年一届在中国举行的男女综合性网球赛事。中国网球公开赛是一项在中国北京举行的职业网球巡回赛，2004年为赛事元年，最初为ATP和WTA的二级巡回赛。2009年，赛事全面升级为WTA皇冠明珠赛、ATP500赛。中国网球公开赛是我国唯一的男女合赛赛事，也是亚洲级别最高、奖金最多、参赛人数最大、影响力最广的男女综合性网球赛事。

中国网球公开赛

从2009年开始，中国网球公开赛由北京光彩网球中心搬迁到奥林匹克公园网球中心。奥林匹克公园网球中心总建筑面积26 514平方米，拥有2座可以容纳万名观众的主场馆。钻石球场目前是亚洲唯一一座具有双层可视空中包房的球馆，球馆采用水平推拉双向开启屋盖，屋盖可在12分钟内完成闭合或开启，钻石球场可容纳13 520万人，莲花球馆可容纳观众10 000人。

中网的“皇帝”

2013年，德约科维奇和李娜在中国网球公开赛期间举行了一场“性别大战”，开启网球公益新篇章。2014年，李娜在钻石球场新闻发布厅召开退役发布会，9月30日“致敬李娜——李娜退役仪式”在钻石球场举行。

2015年，中网WTA、ATP赛事全球电视转播总时长创纪录地达到了7 295小时，覆盖了179个国家和地区，其中欧洲地区以4 524小时连续第4年位列中网全球电视转播时长最高地区。中网以3 464万的全球转播收视总数，首次位列WTA全球赛事之首。

中国网球公开赛在2009年全面升级，升级后的中国网球公开赛将有几大显著变化：

赛事级别上，WTA皇冠明珠赛是除了澳网、法网、温网和美网之外最高级别的女子赛事；ATP500赛仅次于四大满贯和ATP1000大师赛。男女赛事同期举行的中国网球公开赛在整体级别上仅次于四大满贯赛，与印第安维尔斯赛、迈阿密赛和马德里赛并称“四大超级赛事”。

参赛阵容上，世界排名前46的选手必须参加WTA皇冠明珠赛，如果世界排名前10的选手临阵退赛，将受到严厉处罚；ATP500赛在美网之后顶尖选手必须参加一站，而且只能在北京、东京、巴塞尔三站中选择一个，顶尖男子选手一年内必须在10站ATP500赛中参加4站。这样意味着在每年的中网赛场可以看许多排名靠前的男女选手。

总奖金上，WTA皇冠明珠赛总奖金至少为400万美元，ATP500赛总奖金为200万美元。2017年总奖金为6 381 679美元。

国际影响力上，中国网球公开赛自诞生之日起，吸引了萨芬、纳达尔、莎拉波娃、小威、达文波特、毛瑞斯莫、辛吉斯等顶尖选手前来参赛。由于2008年是北京奥运年，2007年前来北京参加中国网球公开赛的网球明星们都表达了希望参加2008年北京奥运会的意向，而北京奥运会的影响力是具有辐射作用的，在2009年中国网球公开赛由于在赛事级别上已经达到除了四大满贯之外最顶级的赛事，肯定将继续吸引顶尖网球选手前来参赛。

● 历届女单冠军得主

年份	冠军
2004年	塞雷娜·威廉姆斯
2005年	玛丽亚·基里连科
2006年	斯维特拉娜·库兹涅佐娃
2007年	扎维·阿格妮斯
2008年	耶莱娜·扬科维奇
2009年	斯维特拉娜·库兹涅佐娃
2010年	卡洛琳·沃兹尼亚奇
2011年	A.拉德万斯卡
2012年	维多利亚·阿扎伦卡
2013年	塞雷娜·威廉姆斯
2014年	玛利亚·莎拉波娃
2015年	加尔比妮·穆古拉扎
2016年	A.拉德万斯卡
2017年	卡罗琳·加西亚

● 历届女双冠军得主

年份	冠军
2004年	艾曼纽·加格里亚蒂/迪娜拉·萨芬娜
2005年	努莉亚·维维斯/玛利亚·文托·卡普琪
2006年	卢亚诺·柏斯奎尔/保拉·苏亚雷斯
2007年	庄佳容/谢淑薇
2008年	梅蒂纳·加里奎斯/卡洛琳·沃兹尼亚奇
2009年	彭帅/谢淑薇
2010年	庄佳容/加沃尔索娃
2011年	佩斯切克/斯莱伯尼克
2012年	马卡洛娃/维斯尼娜
2013年	布莱克/米尔扎
2014年	彭帅/赫拉沃科娃
2015年	玛蒂娜·辛吉斯/米尔扎
2016年	马泰克/萨法洛娃
2017年	詹咏然/玛蒂娜·辛吉斯

WTA超五巡回赛

作为世界女子职业网球管理组织，WTA也是世界著名女子体育组织。有来自99个国家或地区的2 400多名注册球员参加巡回赛。

WTA超五巡回赛是由WTA主办的世界顶级网球赛事，共设5站比赛，在全球影响力大。赛事奖金总额达200万美元，冠军可获得积分900分。参赛球员阵容中包括世界前10名中的至少7位球员，过去几年每年吸引大量观众到现场观赛，全球约有30亿人通过电视等媒体观看该赛事。

5站比赛原设在多哈、罗马、辛辛那提、多伦多/蒙特利尔和东京。作为2011年法网冠军李娜的故乡，2012年12月25日，WTA董事会正式核准“WTA超五巡回赛”2014—2028年在武汉举办，武汉国际网球公开赛将取代已举办了30年的东京网球公开赛。

○ 迪拜网球公开赛

迪拜网球公开赛，创办于2001年，在赛事等级中次于大满贯、年终总决赛和皇冠明珠赛，属于超五巡回赛。迪拜网球公开赛，通常在每年2月底至3月初举行，赛事分为男子单打、女子单打、男子双打、女子双打四项，并且也有青少年组的比赛。

迪拜网球公开赛是一站顶级赛事，同时也是为期两周的中东赛事中的第一站，第二站是卡塔尔公开赛。迪拜网球公开赛为硬地赛，为期一个星期，单打正赛席位是64个，冠军将获得900积分，亚军和四强分别获得585积分和350积分。迪拜网球公开赛是澳网之后第一项高级别赛事，而且赛会提供丰厚的奖金，每年都能吸引很多顶尖选手参赛。

2016年，除了当时世界排名第一的美国名将小威和新科澳网女单冠军得主科贝尔双双因为身体原因退赛之外，赛会的前八位种子居然全部出局，在本届赛事中未能赢得一场比赛。而这也创造了巡回赛历史上的最尴尬纪录，无论是WTA巡回赛还是ATP巡回赛此前都未发生过前八位种子均未能赢得一场比赛而出局的情况。

贾斯汀·海宁是迪拜网球公开赛历史上夺冠次数最多的球员，于2003年、2004年、2006年、2007年赛季4次夺冠。而2009年、2010年两个赛季，冠军均为维纳斯·威廉姆斯。

● 2000年以来女子单打冠亚军得主

年份	冠军	亚军
2001年	玛蒂娜·辛吉斯	纳塔莉·托齐亚
2002年	阿梅莉·毛瑞斯莫	桑德琳·泰斯图特
2003年	贾斯汀·海宁	莫妮卡·塞莱斯
2004年	贾斯汀·海宁	斯维特拉娜·库兹涅佐娃
2005年	林赛·达文波特	耶莱娜·扬科维奇
2006年	贾斯汀·海宁	玛丽亚·莎拉波娃
2007年	贾斯汀·海宁	艾米莉·毛瑞斯莫
2008年	耶莲娜·德门蒂耶娃	斯维特拉娜·库兹涅佐娃
2009年	维纳斯·威廉姆斯	维吉妮·拉扎诺
2010年	维纳斯·威廉姆斯	维多利亚·阿扎伦卡
2011年	沃兹尼亚奇	库兹涅佐娃
2012年	阿格涅兹卡·拉德万斯卡	格尔格斯

年份	冠军	亚军
2013年	科维托娃	埃拉尼
2014年	维纳斯・威廉姆斯	科内特
2015年	哈勒普	卡洛琳娜・普利斯科娃
2017年	斯维托丽娜	沃兹尼亚奇

○ 罗马网球公开赛

罗马网球公开赛又称罗马大师赛，有着丰富的历史和荣誉，这使它成为最著名的网球赛事之一。它是ATP1000大师赛，也是WTA一级赛事，男女选手的赛程会安排在5月的不同周举行，场地为红土。自从贝尼托・墨索里尼在70年前命令制造球场开始，在由大片松树和白色石子路围绕的罗马网球公开赛中心赛场成为许多值得纪念的赛事之一。赛事另一个为人熟知的名称为意大利公开赛（Italian Open），现今正式的官方赞助商名称为"Internazionali BNL d' Italia"。

罗马网球公开赛从1930年到1934年是在米兰举办，1935年开始搬到罗马举行，1936—1949年停办，1950年继续举办，并于1969年开放。

意大利网球公开赛的第一位冠军是美国的传奇人物比尔・蒂尔登。他在1930年获得了第一个冠军，在那以后，比尔・蒂尔登的名字就经常的在冠军名单里重复。拉维尔、威廉德、纽康姆、纳斯塔斯、伦德尔和桑普拉斯都获得过罗马网球公开赛的冠军。

罗马网球公开赛有着它独特的魅力，每年5月，吸引着无数人来到罗马观看比赛和参加一年一度的世界最佳泥地网球赛事。

罗马网球大师赛的比赛空间相对狭小，而赛场内外热情的观众也让人们充分领略了意大利人对网球运动的狂热。在这项享有盛誉的比赛中，很多网坛传奇人物都曾经将自己的名字留在了冠军奖杯上，其中包括考瑞尔、伦德尔、桑普拉斯、阿加西、库尔滕等人。而西班牙神奇小子纳达尔也已经连续三年在这项赛事中笑到最后。

● 2000年以来女子单打冠军得主

年份	冠军
2000年	莫妮卡・塞莱斯
2001年	洁莲娜・杜柯琪
2002年	塞雷娜・威廉姆斯
2003年	克莱斯特尔斯
2004年	艾米莉・毛瑞斯莫
2005年	艾米莉・毛瑞斯莫
2006年	玛蒂娜・辛吉斯
2007年	耶莱娜・扬科维奇
2008年	耶莱娜・扬科维奇
2009年	迪娜拉・萨芬娜
2010年	桑切斯

年份	冠军
2011年	玛丽亚·莎拉波娃
2012年	玛丽亚·莎拉波娃
2013年	塞雷娜·威廉姆斯
2014年	塞雷娜·威廉姆斯
2015年	玛丽亚·莎拉波娃
2016年	塞雷娜·威廉姆斯
2017年	斯维·托丽娜

● 2000年以来女子双打冠军得主

年份	冠军
2000年	丽莎·雷蒙莲内/斯塔布斯
2001年	卡拉·布莱克耶莲娜/利霍夫采娃
2002年	维吉尼亚·劳诺·帕斯奎尔/保拉·苏亚雷斯
2003年	斯维特拉娜·库兹涅佐娃/纳芙拉蒂洛娃
2004年	娜迪亚·佩特洛娃梅格海恩/萧妮西
2005年	卡拉·布莱克莉泽尔/许贝尔
2006年	达妮埃拉·汉图楚娃/杉山爱
2007年	纳塔莉·德希圣安杰洛
2008年	庄家容/詹永然
2009年	彭帅/谢淑薇
2010年	吉塞尔达·杜尔科/坤拉维亚·彭尼塔
2011年	彭帅/郑洁
2012年	罗贝塔·芬奇/萨拉·埃拉尼
2013年	彭帅/谢淑薇

○ 辛辛那提大师赛

辛辛那提大师赛是每年ATP大师系列赛的第七站，也是美网系列赛中继加拿大大师赛之后第二站重要的热身赛事，又名西南财团大师赛。本项赛事始于1899年，是世界上最古老的赛事之一。

在历史上，辛辛那提曾经举办过女子比赛，但是后来没有坚持下来，为了更上一层楼，赛事的组织者一直努力将比赛办成像印第安维尔斯站和迈阿密站一样的超一级赛事。在辛辛那提大师赛的历史上鲜有黑马夺冠的经历，这和它上一站背靠背的加拿大大师赛形成极大的反差。辛辛那提赛由西南财团赞助。西南财团在20世纪90年代建设了梅森网球中心，这个可容纳10 500名观众的球场比起举办着大师杯的休斯敦网球中心要阔气许多。网球中心的建设让辛辛那提大师赛彻底摆脱了洪水的威胁。

● 2004年以来女子单打冠亚军得主

年份	冠军	亚军
2004年	林赛·达文波特	薇拉·兹沃纳列娃
2005年	帕蒂·施尼德	森上亚希子
2006年	薇拉·兹沃纳列娃	卡塔琳娜·斯雷博特尼克
2007年	安娜·恰克韦塔泽	森上亚希子
2008年	娜迪亚·佩特洛娃	纳塔莉·德希
2009年	耶莱娜·扬科维奇	迪娜拉·萨芬娜
2010年	金·克莱斯特尔斯	玛丽亚·莎拉波娃
2011年	玛丽亚·莎拉波娃	伊莲娜·扬科维奇
2012年	李娜	安杰利克·科贝尔
2013年	维多利亚·阿扎伦卡	塞雷娜·威廉姆斯
2014年	塞雷娜·威廉姆斯	阿娜·伊万诺维奇
2015年	塞雷娜·威廉姆斯	西蒙娜·哈勒普
2016年	卡洛琳娜·普利斯科娃	安杰利克·科贝尔
2017年	加尔比妮·穆古拉扎	西蒙娜·哈勒普

○ 罗杰斯杯

又称加拿大大师赛，现为每年在加拿大举办的WTA超五巡回赛。

罗杰斯杯历史颇为悠久，首届比赛于1881年举办，现如今比赛在每年的7—8月间进行，场地为硬地。男子赛事为ATP1000大师赛，女子赛事为WTA超五巡回赛。在单数年，男子赛事于蒙特利尔举办，女子赛事于多伦多举办；双数年反之。

加拿大大师赛是世界上历史最悠久的网球比赛之一，其历史仅次于温布尔登网球锦标赛和美国网球公开赛。高额的奖金，悠久的历史，加拿大大师赛也被认为是世界顶级网球赛事之一。

作为女子网球十大巡回赛的加拿大大师赛，吸引了世界上优秀的女子网球选手前来参赛。法国选手毛瑞斯莫在2004年的加拿大大师赛中获得她第二个加拿大大师赛冠军。埃弗特、纳芙拉蒂洛娃、格拉芙、塞莱斯、辛吉斯、桑切斯等网球名将都有在这里获胜的记录。

加拿大球员费伊·厄本是到2013年以来唯一一位获得加拿大大师赛冠军的本土选手，她在1969年夺得女单冠军，另外还与维基·伯纳搭档摘得女双桂冠。

● 2000年以后女子单打冠亚军名录及比分

年份	冠军	亚军	决赛比分
2000年	玛蒂娜·辛吉斯	塞雷娜·威廉姆斯	0–6，6–3，3–0，退赛
2001年	塞雷娜·威廉姆斯	詹妮弗·卡普里亚蒂	6–1，6–7，6–3
2002年	艾米莉·毛瑞斯莫	詹妮弗·卡普里亚蒂	6–4，6–1
2003年	贾斯汀·海宁	里娜·卡拉斯诺罗茨卡亚	6–1，6–0
2004年	艾米莉·毛瑞斯莫	叶莲娜·利霍夫采娃	6–1，6–0

年份	冠军	亚军	决赛比分
2005年	吉姆·克里斯特尔斯	贾斯汀·海宁	7–5，6–1
2006年	阿娜·伊万诺维奇	玛蒂娜·辛吉斯	6–2，6–3
2007年	贾斯汀·海宁	伊莲娜·扬科维奇	$7–6^{3}$，7–5
2008年	迪娜拉·萨芬娜	多米尼卡·齐布尔科娃	6–2，6–1
2009年	耶莲娜·德门蒂耶娃	玛利亚·莎拉波娃	6–4，6–3
2010年	卡洛琳·沃兹尼亚奇	薇拉·兹沃纳列娃	6–3，6–2
2011年	塞雷娜·威廉姆斯	萨曼莎·斯托瑟	6–4，6–2
2012年	佩特拉·科维托娃	李娜	7–5，2–6，6–3
2013年	塞雷娜·威廉姆斯	索拉纳·科斯蒂亚	6–2，6–0
2014年	阿格涅兹卡·拉德万斯卡	维纳斯·威廉姆斯	6–4，6–2
2015年	贝琳达·本西奇	西蒙娜·哈勒普	$7–6^{5}$，$6–7^{4}$，3–0，退赛
2016年	西蒙娜·哈勒普	麦迪逊·凯斯	$7–6^{2}$，6–3
2017年	伊莉娜·斯维托丽娜	卡洛琳·沃兹尼亚奇	6–4，6–0

○ 武汉网球公开赛

武汉网球公开赛（Wuhan Open）于2014年开启。武汉网球公开赛与多哈、罗马、蒙特利尔、辛辛那提并肩成为全球WTA超五巡回赛，也是WTA全球十大网球赛事之一。

武汉网球公开赛

武汉网球公开赛是国内级别最高的三大网球赛事之一，于每年9月底在武汉举行，冠军积分900分。赛事共持续9天，前两天为资格赛，共有32名单打选手参赛，产生8名选手晋级正赛。

2012年12月25日，WTA董事会正式核准“WTA超五巡回赛”2014—2028年在武汉举办，武汉网球公开赛将取代已举办了30年的东京网球公开赛。WTA超五巡回赛的引进以及武汉网球公开赛的创办，是武汉对自身城市网球文化的凝聚和提炼，是将武汉打造成中国“网球之城”的第一步，这对于中国网球事业的发展也将是一个新的里程碑。

武汉网球公开赛的主场地——光谷国际网球中心，位于武汉东部，坐落在东湖国家自主创新示范区内。整座网球中心于2013年7月份正式破土动工，规划净用地面积约为13.6万平方米，由1座5层15 000座席的中央场馆、1座3层5 000座席的场馆、1座2层的VIP服务楼、1座综合配套楼、4片室内备用场、4片室外标准硬质网球场、16片室外训练场以及东广场、西广场组成。

在2017年武汉网球公开赛中，两位首次打进决赛的“90后”新星巴蒂和加西亚上演青春对决，最终法国姑娘加西亚更胜一筹，延续了开赛以来的火热手感，以$6–7^{3}$、$7–6^{4}$、6–2耗时2小时43分钟逆转击败巴蒂，职业生涯首次捧起武网女单冠军，并收获487 245美元奖金和900分积分，这也是加西亚职业生涯获得的最高级别冠军。女双冠军战中，新科美网冠军、赛会头号种子辛吉斯/詹咏然发挥出色，以$7–6^{5}$、3–6、10–4完胜中日组合杨钊煊/青山修子，辛吉斯也拿到了个人职业生涯第三座武网女双冠军奖杯。

● 历届单打冠亚军得主及比分

年份	冠军	亚军	比分
2014年	佩特拉·科维托娃（捷克）	尤金妮·布沙尔（加拿大）	6–3，6–4
2015年	维纳斯·威廉姆斯（美国）	加尔比妮·穆古拉扎（西班牙）	6–3，3–0，退赛
2016年	佩特拉·科维托娃（捷克）	多米尼卡·齐布尔科娃（斯洛伐克）	6–1，6–1
2017年	卡罗林·加西亚（法国）	阿什格雷·巴蒂（澳大利亚）	6–7^{3}，7–6^{4}，6–2

● 历届双打冠亚军得主及比分

年份	冠军	亚军	比分
2014年	玛蒂娜·辛吉斯（瑞士） 弗拉维娅·佩内塔（意大利）	卡拉·布莱克（津巴布韦） 卡罗琳·加西亚（法国）	6–4，5–7，12–10
2015年	玛蒂娜·辛吉斯（瑞士） 萨尼娅·米尔扎（印度）	伊丽娜·卡梅利娅·贝古（罗马尼亚） 莫妮卡·尼古列斯库（罗马尼亚）	6–2，6–3
2016年	贝莎妮·马泰克（美国） 露西·萨法洛娃（捷克）	萨尼娅·米尔扎（印度） 芭博拉·斯特里科娃（捷克）	6–1，6–4
2017年	玛蒂娜·辛吉斯（瑞士） 詹咏然（中国台湾）	杨钊煊（中国） 青山修子（日本）	7–6^{5}，3–6，10-4

第三节　ATP/WTA年终总决赛

ATP年终总决赛

网球男单年终总决赛制度始于1970年，当时的名称是“精英赛”（The Masters）。精英赛每年年底在不同国家举行，只有在全年比赛中成绩最好的几位选手才有资格参赛。获得参赛权本身就是对选手一年成绩的褒奖，而且还有积分和丰厚的奖金，因而比赛规模虽小却极受选手重视。在精英赛上夺冠，其意义不下于赢得大满贯赛事冠军。

精英赛自1977年起定在美国纽约著名的麦迪逊广场花园举行。精英赛的赛制几度变化。1972年起参赛选手增加到8人，分两组进行单循环赛，小组前两名出线。半决赛采用交叉淘汰赛，最后决赛争夺冠军（这也是今天总决赛的赛制）。1982年，取消了小组循环赛，比赛改为统一的单淘汰赛。1986年，又恢复了小组循环赛方式，一直沿用至今。1970年，首届冠军斯坦史密斯获奖金为15 000美元，以后奖金额不断增加。到1986年精英赛，每场比赛都有奖金分配，那一年的冠军伦德尔总共获得奖金21万美元。

随着职业网球选手协会巡回赛制度（ATP Tour）的诞生，年终总决赛于1990年迁至德国法兰克福举行，名称正式改为ATP世界锦标赛ATP Tour World Championship，翻开了崭新的一页。1990—1995年，总决赛在法兰克福举行，1996—1999年，则在汉诺威举行。

在德国停留10年后，ATP总决赛在新世纪又将开始周游世界。随着新世纪的赛制改革，总决赛改头换面成了大师杯，在葡萄牙的里斯本和澳大利亚的悉尼完成了两次旅行后，总决赛已经找不到桑普拉斯的身影，同时代的选手只有老而弥坚的阿加西。2002年，大师杯落户上海。2009年，ATP年终大师杯总决赛回到欧洲伦敦，并取消大师杯名称，改名ATP世界巡回总决赛。

总决赛的赛制仍然沿袭精英赛赛制，只有全年积分列前八位的选手才有资格参赛。说是千军万马过独木桥大概有些夸张，但每年选手们为参加“年终分红”争得头破血流却是事实，连获得替补席位都要经过一番苦战。

2017年ATP伦敦总决赛又是一个里程碑。贝克尔组进入小组赛第二轮的争夺，费德勒三盘击败小兹维列夫，加上首场比赛力克索克，以小组赛两连胜率先晋级四强；而索克苦战三盘逆转前美网冠军西里奇，将和小兹维列夫争夺另外一个四强名额。在冠军争夺战中，迪米特洛夫和戈芬的表现都堪称上乘，而保加利亚人在决胜盘的发挥更胜一筹，最终以7–5、4–6、6–3总比分2∶1战胜了戈芬，首次伦敦之旅就成功捧起了冠军奖杯，他以一个ATP1000大师赛冠军和一个年终总决赛冠军的辉煌战绩向世人宣示，“90后”球员终将站上历史舞台。

● 历届单打冠军得主

ATP年终大师赛（The Masters）		
年份	举办地	冠军
1987年	纽约	伦德尔
1988年	纽约	贝克尔
1989年	纽约	埃德伯格
ATP Tour 世界锦标赛（ATP Tour World Championship）		
年份	举办地	冠军
1997年	汉诺威	桑普拉斯
1998年	汉诺威	克雷特加
1999年	汉诺威	桑普拉斯
大师杯（Tennis Masters Cup）		
年份	举办地	冠军
2005年	上海	纳尔班迪安
2006年	上海	费德勒
2007年	上海	费德勒
2008年	上海	德约科维奇
世界巡回总决赛（World Tour Finals）		
年份	举办地	冠军
2009年	伦敦	达维登科
2010年	伦敦	费德勒
2011年	伦敦	费德勒

ATP年终总决赛		
年份	举办地	冠军
2012年	伦敦	德约科维奇
2013年	伦敦	德约科维奇
2014年	伦敦	德约科维奇
2015年	伦敦	德约科维奇
2016年	伦敦	穆雷
2017年	伦敦	迪米特洛夫

● ATP历届双打总决赛冠军

年份	冠军
1970年	史密斯/亚瑟·阿什
1975年	胡安·吉斯贝塔/曼努埃尔·奥兰特斯
1976年	弗莱德·麦克奈尔/舍伍德·斯图尔特
1977年	鲍勃·休伊特/弗鲁·麦克米伦
1978年	弗莱明/麦肯罗
1979年	弗莱明/麦肯罗
1980年	彼得·弗莱明/麦肯罗
1981年	弗莱明/麦肯罗
1982年	弗莱明/麦肯罗
1983年	弗莱明/麦肯罗
1984年	弗莱明/麦肯罗
1985年	埃德伯格/安德斯·杰瑞德
1986年	埃德伯格/杰瑞德
1987年	米洛斯拉夫·莫西尔/托马斯·斯米德
1988年	瑞克·里奇/吉姆·皮尤
1989年	吉姆·格莱伯/帕特里克·麦肯罗
1990年	弗尔杰/雅各布·赫拉塞克
1991年	约翰·菲茨杰拉德/杰瑞德
1992年	托德·伍德布里奇/马克·伍德福德
1993年	亚柯·艾尔汀/保罗·哈休斯
1994年	简·阿帕尔/乔纳斯·比约克曼
1995年	格兰特·康奈尔/帕特里克·加尔布雷思
1996年	托德·伍德布里奇/马克·伍德福德
1997年	瑞克·里奇/乔纳森·斯塔克
1998年	艾尔汀/哈休斯
1999年	塞巴斯蒂安·拉罗/亚历克斯·奥布莱恩
2000年	唐纳德-约翰逊/皮特·诺弗尔

年份	冠军
2001年	费雷拉/里奇
2003年	鲍勃·布莱恩/迈克·布莱恩
2004年	鲍勃·布莱恩/迈克·布莱恩
2005年	迈克尔·罗德拉/法布里斯·桑托罗
2006年	比约克曼/米尔尼
2007年	马克·诺尔斯/丹尼尔
2008年	丹尼尔·内斯特/内纳德·泽蒙季奇
2009年	鲍勃·布莱恩/迈克·布莱恩
2010年	丹尼尔/内纳德·泽蒙季奇
2011年	米尔尼/丹尼尔
2012年	马塞尔·格拉诺勒斯/马克·洛佩兹
2013年	马雷罗/沃达斯科
2014年	鲍勃·布莱恩/迈克·布莱恩
2015年	罗耶尔/特卡乌
2016年	孔蒂宁/皮尔斯
2017年	孔蒂宁/皮尔斯

● 夺冠两次以上

球员	夺冠次数	夺冠年份
罗杰·费德勒	6次	2003年，2004年，2006年，2007年，2010年，2011年
诺瓦克·德约科维奇	5次	2008年，2012年，2013年，2014年，2015年
皮特·桑普拉斯	5次	1991年，1994年，1996年，1997年，1999年
伊万·伦德尔	5次	1981年，1982年，1985年，1986年，1987年
伊利耶·纳斯塔塞	4次	1971年，1972年，1973年，1975年
约翰·麦肯罗	3次	1978年，1983年，1984年
鲍里斯·贝克尔	3次	1988年，1992年，1995年
莱顿·休伊特	2次	2001年，2002年
比约·博格	2次	1979年，1980年

参赛选手的确定

1. 候选名单的产生

◎ 以大师杯赛前一星期的星期一公布的ATP年度积分排行榜为基础。排行榜前7名作为候选名单的前7名。

◎ 根据ATP积分，最多两位，排名在第8—20位，且同时获得过该年四大公开赛冠军的选手（如果有的话）排在候选名单的第8位和第9位。

◎ 最后把ATP排行榜剩下的选手根据积分，从高到低依次进入候选名单。

2. 比赛选手的产生

在候选名单中排在前8名的球员直接获得大师杯赛的参赛资格。所有获得参赛资格的球员都有义务参加大师杯赛和赛前的新闻发布会。

3. 球员退出比赛

如果参赛球员由于各种原因在赛前新闻发布会前退出比赛，那么根据候选名单的先后次序再产生1位球员直接获得参赛资格。

4. 替补球员

◎ 排在候选名单第9位的将成为替补，参加大师杯赛。他的主要职责就是在小组赛时随时准备着，如果有球员因各种原因退出比赛，他将自动取代该球员参加签表内原球员的比赛。

◎ 如果很不幸运，比赛中有不止1位球员退出比赛，那么组委会根据实际情况（如排名高低、离比赛地的远近）挑选合适的球员做临时替补，而此时的替补球员参赛不是强制性的，被叫到的球员有权选择参赛或拒绝参赛。

◎ 如果替补球员没有参加比赛，那么组委会也会支付一笔5万美元的劳务费；如果他代替其他球员出场比赛，则根据他取得的实际成绩获得相应的积分和资金，5万美元劳务费就取消了。

比赛方式

8位选手先采用循环赛，分成两组，每组4人，小组比赛三盘两胜，决出每组的前两名进入半决赛。半决赛由A组的第一名对B组的第二名，B组的第一名对A组的第二名，三盘两胜制，胜方进入决赛。决赛采用五盘三胜制。所有的比赛在局分打成6–6时都直接进入“抢七局”，而不采用长盘决胜的方式。

比赛积分

小组赛每胜一场积20分，半决赛积40分，决赛积50分，所以如果球员以全胜的战绩取得最后的冠军，那么他会得到积分150分；如果他是以小组第二,一胜两负的战绩进入半决赛最后取得冠军，那么他会获得积分110分。

比赛奖金

替补球员有5万美元劳务费，每个参赛球员有9万美元出场费。小组赛每获胜一场奖金为12万美元，半决赛胜出奖金为37万，赢得决赛奖金为70万。如果冠军赢得了所有五场比赛，他能独得奖金152万美元。双打冠军奖金为75万美元。总奖金为455万美元。

各个时期的成绩统计

ATP大师赛时期（1970—1989年）

■ 入围次数最多：康纳斯11次，伦德尔10次，约翰·麦肯罗9次

■ 参赛场次最多：伦德尔41场（34胜7负）

■ 夺冠次数最多：伦德尔，5次（1981年，1982年，1985—1987年）

纳斯塔斯，4次（1971—1973年，1975年）

约翰·麦肯罗，3次（1978年，1983，1984年）

阿加西等9人各1次

ITF大满贯杯赛（1990—1999年）

■ 入围次数最多：桑普拉斯、张德培、伊万尼塞维奇，各6次

■ 参赛场数最多：桑普拉斯19场（16胜3负）

ATP世界锦标赛时期（1990—1999年）

■ 入围次数最多：桑普拉斯，10次；阿加西，7次；贝克尔、张德培各6次

■ 参加场次最多：阿加西，20场（13胜7负）；张德培，20场（7胜13负）

■ 夺冠次数最多：桑普拉斯，5次（1991年，1994年，1996年，1997年，1999年）

循环赛ATP年终总决赛（2000—2017年）

■ 入围次数最多：费德勒，15次

■ 参赛场次最多：费德勒，64场（52胜12负）

■ 夺冠次数最多：费德勒，6次（2003年，2004年，2006年，2007年，2014年，2015年）

WTA 年终总决赛

WTA年终总决赛，是国际女子网联在每年年末定期举办的一项国际顶尖女子网球赛事。其参赛者都是每年WTA巡回赛中成绩列前的选手。WTA年终总决赛通常被认为是继四大网球公开赛之后水平最高的女子网球赛事，在该项比赛中获得名次的选手也会获得仅次于大满贯赛事的WTA积分。因此这项赛事被视为每年网坛的压轴好戏。

首届WTA总决赛在1972年美国佛罗里达州的博卡拉顿举行。1972—1986年，该项赛事都在每年3月举行。此后由于WTA决定将每年赛季改为11月，因此总决赛也被改在每年年末举行。1979—2000年，这项赛事一直都在美国纽约的麦迪逊广场花园举行。此后，赛事的主办地点迁至德国，后来这项比赛又移到美国洛杉矶举行。1972—1994年，根据赞助商的要求，这项赛事又被称为维珍妮烟草杯冠军赛（Virginia Slims Championships），在1990年后期也有一段时间被称为Chase冠军赛。但是这项赛事最为人熟知的名称依然是WTA年终总决赛。近几年，举办地点相继落户多哈、伊斯坦布尔后，2014—2018年连续五年落户新加坡，于每年10月末进行。2018年1月18日WTA宣布，中国深圳获得2019—2028年WTA年终总决赛的主办权。

刚开始，WTA年终总决赛单打采取16人的淘汰赛制，但从1977年起改为8人的小组循环赛

制。1984—1998年，该项赛事的决赛一直采用五盘三胜制，这也是女子网球比赛中唯一采用的赛制。但在1999年，主办者将其改为普通的三盘两胜制。

进入90年代后曾经再度改为淘汰赛制，直到2003年这项横跨欧美大陆的赛事又恢复成小组循环赛制，即入围的8名选手通过抽签分为红白两组，通过小组循环赛决出各组的前两名，之后交替进行半决赛，即红组第一名对阵白组第二名，红组第二名对阵白组第一名，胜者将通过决赛决出冠军。双打则为四对组合入围，直接抽签进行半决赛、决赛。

赛事奖金也是逐创新高，从1972年的10万美元提升至2013年的新高600万美元，2014年将达到650万美元。

入围资格主要是根据球员整个赛季的表现，取球员一年参加的16站比赛的成绩，即四大满贯+4个皇冠赛事+2个超五赛事+6项最佳战绩（积分），取前八名参加总决赛，考虑到入围选手会有退赛的可能性，另设2名替补球员，因此只有当年积分排名前10左右的球员才有资格角逐这项规模盛大的赛事。

● WTA历届总决赛单打冠亚军得主

年份	冠军	亚军
1972年	埃弗特	凯莉·瑞德
1973年	埃弗特	南希·瑞奇
1974年	伊凡·古拉冈·考力	埃弗特
1975年	埃弗特	纳芙拉蒂洛娃
1976年	伊凡·古拉冈·考力	埃弗特
1977年	埃弗特	苏·巴克
1978年	纳芙拉蒂洛娃	伊凡·古拉冈·考力
1979年	纳芙拉蒂洛娃	崔西·奥斯丁
1980年	崔西·奥斯丁	纳芙拉蒂洛娃
1981年	纳芙拉蒂洛娃	安德丽·耶格
1982年	西尔维娅·哈尼卡	纳芙拉蒂洛娃
1983年	纳芙拉蒂洛娃	埃弗特
1984年	纳芙拉蒂洛娃	埃弗特
1985年	纳芙拉蒂洛娃	海莲娜·苏科娃
1986年（1）	纳芙拉蒂洛娃	哈娜·曼德利科娃
1986年（2）	纳芙拉蒂洛娃	施特菲·格拉芙
1987年	施特菲·格拉芙	加布里埃拉·萨巴蒂尼
1988年	加布里埃拉·萨巴蒂尼	潘·雪莉佛
1989年	施特菲·格拉芙	纳芙拉蒂洛娃
1990年	莫妮卡·塞莱斯	加布里埃拉·萨巴蒂尼
1991年	莫妮卡·塞莱斯	纳芙拉蒂洛娃
1992年	莫妮卡·塞莱斯	纳芙拉蒂洛娃

续表

年份	冠军	亚军
1993年	施特菲·格拉芙	桑切斯
1994年	加布里埃拉·萨巴蒂尼	达文波特
1995年	施特菲·格拉芙	胡贝尔
1996年	施特菲·格拉芙	玛蒂娜·辛吉斯
1997年	诺沃特娜	玛莉·皮尔斯
1998年	玛蒂娜·辛吉斯	达文波特
1999年	达文波特	玛蒂娜·辛吉斯
2000年	玛蒂娜·辛吉斯	莫妮卡·塞莱斯
2001年	塞雷娜·威廉姆斯	达文波特
2002年	克莱斯特尔斯	塞雷娜·威廉姆斯
2003年	克莱斯特尔斯	毛瑞斯莫
2004年	玛丽亚·莎拉波娃	塞雷娜·威廉姆斯
2005年	毛瑞斯莫	玛莉·皮尔斯
2006年	海宁	毛瑞斯莫
2007年	海宁	玛丽亚·莎拉波娃
2008年	维纳斯·威廉姆斯	薇拉·兹沃纳列娃
2009年	塞雷娜·威廉姆斯	维纳斯·威廉姆斯
2010年	克莱斯特尔斯	沃兹尼亚奇
2011年	科维托娃	阿扎伦卡
2012年	塞雷娜·威廉姆斯	玛丽亚·莎拉波娃
2013年	塞雷娜·威廉姆斯	李娜
2014年	塞雷娜·威廉姆斯	哈勒普
2015年	A. 拉德万斯卡	科维托娃
2016年	哈勒普	凯斯
2017年	沃兹尼亚奇	维纳斯·威廉姆斯

第五部分

拥抱网球

你想强壮吗？打网球吧！
你想健康吗？打网球吧！
你想聪明吗？打网球吧！

——题记，
网球新格言

sportal.it
maria sharapova
sports.southcn.com

莎娃拥抱网球

Australian Open

拥抱网球

Chapter 15

第十五章 | 入门向导

第一节　网球的基本理念

积极而专注的态度

网球运动是一项全身运动。打网球时，必须要调动全身各个部位的关节、肌肉，全方位地、积极主动地面对来球，面对对手，才有可能击中网球。打网球一定要有积极的态度。在网球场上，基本姿势是屈膝沉腰，身体重心在双脚前掌，随时准备前后左右的跑动。打起球来，要不停地移动，不停地通过蹬地、转身带动手臂去击球。身体的各个部位都要参与，如果站着不动，或者直着腰挥拍，或者只用手臂打球，都打不好网球，甚至打不上网球。网球在体育运动的百花园中是一支带着尖刺的美丽的玫瑰，只有勇敢、勤奋的人才有可能将它折下。

态度积极，就是要有一种自我挑战、积极向上的精神，态度积极就是要有一种打球的热情和欲望，而不是一种被动的或被迫的学习和训练。然而，光有积极的态度远远不够。网球运动是一项需要高度注意力的运动，因此，学好网球，必须要十分专注和用心。

网球运动不同于乒乓球、羽毛球、台球等，这些运动项目场地小，只要拿起球拍都可以上手打几个回合，而且可以漫不经心地打。网球不同，网球场地较大，球体相对足球、篮球、排球又比较小，网球动作技术含量很高，所以没有接触过网球的人到场上恐怕连球也碰不着。如果注意力不集中，在球场上想着其他事情，肯定无法学好网球。即使对于有一定水平的网球爱好者，甚至职业选手，如果注意力不专注，也肯定打不好网球。水平愈高，比赛愈激烈，对注意力的要求愈高。高度的注意力如同激光一样威力无比。它可以成倍地使你的意识和能量得到完美的发挥。著名网球明星斯坦·史密斯曾说："良好的集中注意力的能力是冠军和差点成为冠军的区别。"比尔·蒂尔顿说："我在教初学者的时候，通常会在一个小时里说30遍：眼睛看着球。"据专家研究结果显示，每场网球比赛，平均需要进行900～1 000次的判断思维活动，每次必须在1秒钟内完成。

此外，专注还代表着用心。眼睛盯球，还需用心对待每一个球。不打则已，打则用心。做好每一个动作，击好每一个球。如果人到心不到，手到脚不到，效率会很低，是无法学到真经的。

当然，我们讲网球的科学性、合理性、复杂性，并不是讲网球高不可攀。实际上，只要我们科学地对待、认真地学习，初步了解和掌握一些基本技术还是比较容易的。其实，网球并不神秘。仔细分析一下，网球也很简单，它是两个人隔着网来回击打一个小球的游戏，一开始，并不要你做出什么高难动作，并不要求去飞快跑动和大力击球。即使一个完全没有打过网球的初学者，哪怕没有运动基础，经过短暂的适应，了解一些基础挥拍动作，也可以在网前隔网轻轻地击打回合。一两个小时就能够达到此效果。初学者如果克服畏惧心理，觉得网球并不难学，也就可以开始享受网球的快乐了。

在国外有一种教学方法叫快速网球，它就是利用这个原理在两个小时内教学员学习最基本的正反手、截击和发球技术，两小时后可以让学员在小场地里进行最简单的网球比赛。网球其实就是这样简单。因此，在对待学习网球的问题上，我们提倡积极而专注的态度，以科学的精神既反对眼高手低，又要破除“高不可攀”的神秘观念。

耐心而不懈的毅力

网球是一项技术难度较大的运动。学习打网球的人，可能有不同的目的。归纳起来有三种：一种是想有高水平的技术，并参与竞赛，真正享受网球的乐趣；一种是为了流汗、健身，达到锻炼身体目的；还有一种是带着爱人、孩子在茶余饭后做游戏式的消遣运动。对于后两者来说，即使对网球技术没有太高的期望，但能掌握基本的打回合的技术，也是起码的条件，否则在场上只能来回捡球，恐怕谈不上游戏的乐趣和流汗健身的目的。而对于第一种人来说，掌握较全的网球技术则是必需的。前面讲过，网球运动的技术含量比较高，对身体的协调性、灵活性要求比较高。因此，不下一番功夫是轻易学不好的。

网球的技术动作每一个环节都是非常科学、合理的。在球场上，不同的位置会有不同运动轨迹的来球，面对每一个不同的来球，需要有不同的动作，而不同的动作需要不同的身体部位及不同的力量去控制。这就要求初学者一定要有耐心，不要急躁，一定要认真理解和体会每个动作的必要性和合理性。

网球技术如同其他任何一项运动项目的技术一样，都有其基本规律。经过反复思索、琢磨和反复学习，掌握其规律，就可以进入自由王国。所谓难者不会，会者不难就是这个道理。不可三天打鱼两天晒网，稍遇困难就打退堂鼓，这样永远也享受不到网球的快乐。

徐寅生有句名言：“网球不难学，打好不容易。”很多业余爱好者都有这样的体会，开始从不会到会，都有技术的飞跃，都会有一种成就感。因为对于一般从网球场经过的路人而言，你能潇洒地挥舞球拍，与同伴击打数个回合已是让人十分羡慕的事。但是要真正掌握一些高难度动作，打出一些漂亮的、令人赏心悦目的球，并且能在一般的比赛中与好手对峙较量，真正享受网球的乐趣，那就不是一件容易的事，更不是一件一蹴而就的事。

网球除了是一项复杂的技术运动，还是一项终身受益的运动。在这一点上如同学习英语。所不同的是英语是较难掌握的一门语言，是一项终身受益的工具。原从事国防通讯、英语复读机的发明者钟道隆教授，创造出“英语学习逆向法”，以其深刻理念、科学方法和真知灼见，创造出许多堪称经典的成功范例，在语言世界引起了巨大轰动，使成千上万的英语爱好者受益匪浅。

钟教授的“逆向英语”其核心是逆向思维，提出“逆急于求成”“逆凭空强化和提高”“逆苦恼”。其实，学习网球也完全可以将此“三逆”作为基本理念和科学方法。网球既是一项终身受益的运动，就要有长远的打算，不能急于求成，不可期望一蹴而就；要打消“速战速成”的想法，建立“长期抗战”的思想；要认识到网球运动是一项需要耐心、需要时间的运动。

网球圈里有人把学习网球归纳为三阶段：第一阶段是兴奋段。即开始接触网球，在专业人士或业余高手的指点下，方法得到改进、球技快速提高，体味到网球的乐趣和成就感，很兴奋，而且会愈打愈兴奋，愈打愈上瘾。第二阶段是痛苦段。即经过第一阶段后，技术提高成为很大的困惑，特别是参加比赛后，尽管自己球技有不断提高，但面对不同层次的高手，不断的输球时，常常会因动作不能进一步改进而苦恼，有些人因此而遗憾地放弃了网球，告别了网球场。第三阶段是幸福段。正所谓“阳光总在风雨后”，经过痛苦的磨炼后，才可能从技术到心理“蜕变”成一位新人，一位高手。这三个阶段最关键的是第二阶段。要想达到第三阶段，必须持之以恒，克服急躁情绪，坚持循序渐进才会有质的变化。只有达到这个阶段，打球才会随心所欲，完全进入一个自由王国，完全进入一种享受。面对比赛，面对高手，无论成败，都会坦然对之。即使输了，也会有一种欣慰和满足感，甚至会产生进一步提高的欲望。

务实而乐观的精神

有一些业余选手常常以世界顶尖级网球选手的动作来做参照和比对。殊不知这些选手的动作只能是水中月、镜中花。因为理想与现实差距太大，幻想与实际完全是两回事。他们的动作，比如上旋发球，看似弯腰弓背，球拍一挥，球就如箭一般飞过网，弹跳又高，角度又斜，或者干脆是个“ACE”，对方根本碰不着。实际上，这种发球难度极高，它对发球者有很高的要求：要有极好的腰腹力量，有极好的协调配合，这些素质是运动员经过多年的反复练习才获得的，而绝非一般人能掌握。如果总以明星的动作为标准，就犹如古人的“刻舟求剑”。学习网球，必须从自身的实际条件出发，千万不可好高骛远，任何脱离实际的目标和训练手段，都会使自信心受到打击，你会觉得愈打愈差，愈打愈不知如何去打，甚至会对身体造成伤害。只有脚踏实地地练好基本动作，追求每一项基本动作的规范和成功，网球水平才会水涨船高。

著名的维克·布莱顿曾说过：“不要把精力放在那些看似花哨的技术上，要把注意力集中在磨炼基本功上，这样你就能打败大多数现在你打不过的对手。”

学习英语的过程确实比较单调、枯燥。“逆向英语”的“逆苦恼”，就是坚持“乐在英语中，收获英语外”的理念。而对于网球学习者来说，网球运动本身就是一项趣味性极强、娱乐性极强的运动。只要入了门，就会从中体验和享受到无穷的乐趣。当然，在掌握了一些基本技术后要求进一步提高时，必然会遇到更大的挑战。此时，如果缺乏正确的态度，看不到“风雨过后的阳光”，必然会知难而退，功败垂成。相反，如果相信“无限风光在险峰”，抱着积极乐观的态度，抱着坚定的信念，就会在曲折中前进，在螺旋中提高。

对于优秀职业选手的动作自然要多学习、多借鉴，但绝不是简单的模仿就可以学来的。网球场不是模仿秀的舞台。即使在模仿上下很大功夫，但也不可能将被模仿对象的真东西学到手，更何况对于一些有基础的网球爱好者来说，可能在学网球前就有一些不好的习惯，有的可能在学习中学到一些正确动作，而同时也形成了一些错误动作。要提高，就意味着要改掉那些坏习惯和错误动作，而改变习惯往往是比较困难的，有时甚至是痛苦的。记住，改变坏习惯和非正规动作的每一步，表面上看可能效果适得其反，但从整个环节来讲，则意味着进步，意味着在螺旋式的上升。有时即使可能退了一步，但今天退的一步可能是明天的进两步。因此，在这种循而复始、迂回曲折的过程中，你完全没有必要苦恼，相反，你会为一次次的突破、一点点的提升而惊喜、兴奋。这就是网球。

同样，在打一筐多球练习中，也不必把它当成一种负担、一种苦差去“苦练”。每打一个好球，就是在通往高水平的台阶上进了一步，应为此而喜悦；打了一个坏球，总结一下，为下一个好球找到方法，应为此而高兴。

第二节　网球的基本规律

合理性

哲人曾说：“存在的，即合理的。”纵观网球百年来流传下来的经典赛事及经典打法，都可以说是非常合理的，这是从宏观上讲。从微观上讲，顶尖选手每一个精彩的技术环节或者业余选手的一个漂亮击球，都是合理运用技术动作的结果。

网球运动是一项十分科学的运动。它的每一个动作、每一个击球，都必须由其相应的动作去完成。在球场上，不同运动轨迹的来球会落在不同的位置上，要想成功地回击过去，必须采用不同的、合理的、科学的动作去完成。例如，同样是底线正手球，若打过来的是平击球，就必须提前拉拍，在腰下及时出击，有时来球速度太快只能推挡或采用下旋方式回球了；若打过来的是上旋球，正手回击时，必须以西方式或半西方式握拍击球；若是下旋球，则要降低重心，拉上旋去对付。即使同样是正手击球，不同位置，击球方法也不相同。如底线正手击球，要求有引拍、击球、随挥的完整过程，身体（或肩）必须侧对球网；对于网前正手拦击（肩以下球），则根本不能引拍，而是靠转体压臂借力回击。

对于网球场上的每一个来球，都对应着科学的打法（特殊情况下例外）。这好比是中国象棋的对弈，“当头炮，马来跳”“兵来将挡，水来土淹”，不可张冠李戴。在实践中，经常出现有的选手不经消化而“拼凑”的现象：开放式站位，东方式握拍，西方式随挥；或关闭式站位，西方式握拍，东方式随挥，其结果是破坏了原有动作的科学性、合理性，自然就打不出好球，或者频频失误。

我有一学生，在开始见到他时，他已打了半年网球，能打几个来回，但失误很多。有时也会打一些很漂亮的正手球和反手球。为此他也颇为得意。我看后告诉他：“你打出的失误球是必然的，而打出的好球是懵的。”他很吃惊，问：“为什么？”我答：“因为你的挥拍轨迹不对，发力部位和动作不合理。”半年后，经指点并反复练习他有了明显提高。他说：“我现在才体会到当初你说的含意。”现在再看他的球，90%的回球都成功，是因为动作正确了；10%的失误是由于身体调整得不好造成的。我对学生的忠告是：动作合理了，90%的球都可以打成功，10%的球不成功是偶然的。但动作不合理，90%的球会失误，即使成功的10%的球也是懵的。

协调性

协调性，是指人的平衡能力，动作连贯、自然，一气呵成。研究力学的专家发现，人的运动几乎都是弧线的。因为人体是由一块块骨头连接而成的，人的所有动作都是在围绕着一个个轴转动，每个动作都是由一项项转动组合而成的。职业选手在底线正手击球时，他们的身体就好像是一个轴，手臂是随着臀部和身体旋转的过程中完成击球的。在整个击球的过程中，他们的肩膀始终是平的，也就是说他们处于一种完美的平衡状态。正是这种平衡状态使他们能很好地控制来球，并非常有力地将球回击到对方场地。

顶尖职业选手的动作非常潇洒、舒展、优美，这就是具有良好的协调性和平衡能力的表现。

平衡的身体位置是保证击球质量的首要条件。看上去，那是很容易的，但真正做到却又不是那么容易。必须在击球的时候，始终把肩膀放平，头摆正，打低球的时候，屈膝沉腰；打高球时，脚尖踮起，手臂随着身体的转动，自然向前随挥。如果每个球都能这么打，一定是个顶呱呱的高手了。反之，失去了平衡，身体就不能有效的旋转，打的球也就不可能稳定，从而失去控制。

在打网球的过程中，平衡最易被人忽视，但又是起决定性作用的一个因素。平衡对于所有技术来说也是个基础。在练习的时候如果细心体会，就会发现，在最平衡的状态下，击出的球才是最有力的，也就是最有效的。

移动性

网球运动看似是选手用手臂打球的竞技，在某种意义上说，却是双腿的比赛。移动对于网球技术而言至关重要。对于一个来球，能否用合理的动作是有效回击的前提，但合理的动作必须建立在协调的身体上，而良好的平衡和协调又是以快速的移动和准确的到位为基础。因此，人们常说，网球比赛比的不是上身击球，而是下身（双腿）的移动。

不管水平如何，都会感到有时腿跟不上。腿跟不上就是脚到不了位，即到不了击球的位置。腿跟不上，身体就会失去平衡，失去平衡的击球自然会远离目标，造成失误。腿跟不上的原因，一是太累，二是太懒，三是判断不好来球的落点。防止累和懒的方法是练腿部肌肉。练腿部肌肉的最好方法是在打每一个球的时候，努力跑动，使双脚到位，保持平衡。在同一位置尽量用相同的动作打好每一个球，这样不但能提高速度、耐力和力量，还能加强肌肉记忆，使技术也得到提高。在每一个位置用同样的姿势击出同样的球，腿一定是迅速移动的，动作也一定是连贯自然的。

初学者在练习时，切忌伸直身子和手臂去够球。要养成看到球先动腿、移身，做到第一反应是先到位，后击球。

有效性

网球运动不是田径中的“三铁”，力量越大越好，掷得越远越好。它在某些方面如发球、底线击球是由力量大小决定的，但大部分是由身体的控制、自身力量的控制所决定的。每一次击球，既有力量，更有效率的问题，也就是有效性。

在打球的时候，如果以运动为目的，只要打到球，就基本上可以说是有效的。但在比赛中，就不一样了。就算打到了球，但球出了界，球就是无效的。所以在开始学球的时候，必须先把球打过网，有效地把球打到界内，然后再逐步把球打得更快，更有力，这是学习网球的基本程序。

从运动力学的观点来看，只要稍微改变一下拍面角度，击出的球就会千变万化，正所谓“差之毫厘，谬之千里”。从初级到中级、高级，很重要的标志就是对球的控制能力。处在动态的选手，要想击打出有效的回球，如中场截击、发球随上和击球随上等，必须要有效控制自己的身体；要想打出高质量的战术回球，如放小球、挑高球等，必须要有效控制自己的力量，这也是常说的“手感”。

一项研究表明，人体发力的机理应该是从身体最大的肌肉开始到较小的肌肉，不是以前所认为的从脚尖到指尖的从下往上的发力机理。身体发力的过程就像是一个涟漪，从中心向四面一周一周的扩展，先是人体最大的肌肉臀部肌肉发力，接着是背部肌肉和大腿肌肉发力，然后是小腿和肩部肌肉发力，最后到手和脚发力。对于想提高技术的中高级选手来说，要使自己能有效控制身体和力量，从而保证击球更有效，就必须掌握这些基本的生物力学原理。

预判性

网坛有这么一句名言：“网球是一项脖子以上、腰部以下的运动。”这句话强调了头脑和步法对网球的重要作用。头脑和双腿相比，头脑起的作用可能更重要。因为双腿的移动是靠头脑指挥，有的球员脚下相对较慢，但反应很快，预判能力很强，因此比赛并不吃亏，这就是有人说的“以头救球”。

德国科隆体育学院的研究人员曾对法网赛进行系统的测量和统计。通过研究，人们惊奇地发现，球员在比赛中有80%以上的击球是提前跑到后站稳打的。这就是说80%以上的击球都是在预判基础上进行的。平常所说的“反应”，就是对来球的预判。不同水平的人有着不同的反应和预判。

一般球员（大多数人）：直到来球已到己方场地后才做出反应。

比一般稍好的球员：在来球飞越球网时做出反应。

职业巡回赛球员：对手击球后开始做出反应。

职业高手：在自己击出球后就开始对对手的回球做出反应，他们的经验和水准使他们清楚自己击球的状况和对手可能做出的回击。

当然，对于业余球员和初学者来讲，对来球的反应会慢许多，预判能力会差许多，但是，反应和预判的能力几乎是衡量一个人网球水平高低的标尺。因此，业余选手要尽可能通过研究、实践，努力提高预判能力。而初学者要从一开始就意识到预判的重要性，要有预判和主动移动的意识。只有这样，才可能提前到位，做好充分准备，才能从容地用正确动作击出好球。

第三节　学习网球的步骤和方法

学习网球的步骤

第一步：熟悉球性。对于第一次接触网球的朋友来讲，熟悉和了解网球的习性是很重要的。要想打好球，首先要了解球与球拍之间的作用力和反作用力。只有球拍与来球成90°夹角，用拍面的中心部位（甜点）去击球才能获得最好的反作用力。因此，在一般情况下，击球瞬间要保持拍面垂直地面，同时将手腕锁紧（不能因撞击球而改变拍面方向），这样才能将球有效击出。至于握拍的方法、挥拍的姿势可以习惯、方便、自然为主，像打乒乓球那样，争取把球打过网，并逐步增加回合，以熟悉球性为主，同时可做一些用拍面、拍框拍球的练习，以增加对球性的熟悉。

第二步：固定动作。在基本熟悉和掌握网球习性的基础上，可请职业教练或业余高手进行固定动作训练。对每项基本技术如击球的引拍、击球、随挥等进行反复徒手练习，同时适时加上步法移动和转体。经过一段训练有了动作的肌肉记忆，再进行多球训练。用固定的方法，一项一项的反复练习，反复记忆，这样才能形成较固定的动作和条件反射。

第三步：综合训练。此时教练喂球要发生变化，一次可练习多个位置和多种击球技术，并逐步打多回合的练习。经过一段时间的训练后，可了解比赛规则，进行练习比赛。从比赛中，发现薄弱环节再进行专项提高，以此周而复始。

学习网球的基本方法

专业教学　澳大利亚著名选手罗德·拉沃尔在关于怎样学打网球时曾说：“最好的方法是在你有机会形成坏习惯以前形成好习惯。”这里好的习惯就是指正确的动作，而正确的动作应主要从专业教练或业余高手那里获得。

高手陪练　正确动作是经过多次反复练习后才形成的肌肉记忆，这种反复练习应使来球尽可能保持相对稳定的状态。如果来球忽左忽右，忽高忽低，变化不定，那就很难让初学者按照正确要领做动作。这就要求尽可能把球喂到初学者身边。因此建议初学者最好选择高手作陪练，至少在打回合练习中应如此。千万不要自己瞎打，更不要请低水平的人作陪打，这是对初学者的忠告。记住，固定的墙面也胜于低水平的陪练。

适当比赛　ATP著名教练赫威特曾说：“网球的许多技战术掌握与定型，必须通过结合紧密实战的需要。所练的东西最终要能在比赛中体现、发挥。”比赛是最好的老师。通过比赛可以彰显特长，可以暴露弱点和不足。赛后再针对问题重点训练，专项改进。比赛是最好的试金石。通过比赛，可最直接地检验网球水平，从而可以使训练更有针对性，从而整体提升网球水平。此外，兴趣是最好的老师。通过有趣味的比赛，会让人倍感网球的乐趣、魅力，会让人更加热爱网球。当然，对初学者来说，也不要过早参加比赛，这如同练习书法，只有通过临摹，初步掌握正楷、行书等基本手法后才可去练习草书和狂草。打网球只有在基本动作固定之后，具备比赛的基础，才能打比赛，实现比赛的目的。

对镜直观　再高级的教练在纠正你的动作时，只能通过描述和比拟。这种方法需通过你的大脑去接受，再转换指令和信息。如果面对镜子做动作，则可以直观地看到自己的动作，可直接发现问题并改进动作。如果有条件，采用录像摄影，回放自己的动作，则有如做B超和造影，任何瑕疵和问题可以一览无遗。

多看勤思　网球是一项用体、用心、体智结合的运动。学习中不仅要模仿，更要理解和体会。要养成边模仿边思考的习惯。在欣赏职业选手比赛时，不仅要留意他们完整的击球动作，还要观察他们敏锐的判断、快速的移动，从而达到真正意义上的吃透和消化，这样才能变成自己的东西。在自己的比赛中，要善于及时总结每一个成功球的经验和失误球的教训、原因，从而加以改进。

学习网球的简要秘诀

拒绝三种人：懒人不要学网球；双腿不动的人学不会网球；只用胳膊打球的人，永远打不好网球。

基本三要领：肩对网，腿下屈，眼盯球。

击球三原则：拍面垂，手腕紧，身带臂。

学习三阶段：熟球性，固动作，赛中练。

第四节　网球技术基本常识

握拍与站位

（一）握拍

目前世界流行的握拍方法有东方式、大陆式、西方式和半西方式等。不同的握拍法可产生不同的击球效果和打法。实践证明，不同的打法在世界上都获得过较好的成绩。

初学时，可使用最顺手的方法。在技术提高的过程中逐步调整握拍法。

网球拍握柄端口可分为8条棱角线，根据此线划分不同握拍法。

虎口对准8和1之间的中线，为大陆式握拍法。

虎口对准棱线1为东方式握拍法。

虎口对准棱线2为半西方式握拍法。

虎口对准棱线3为西方式握拍法。

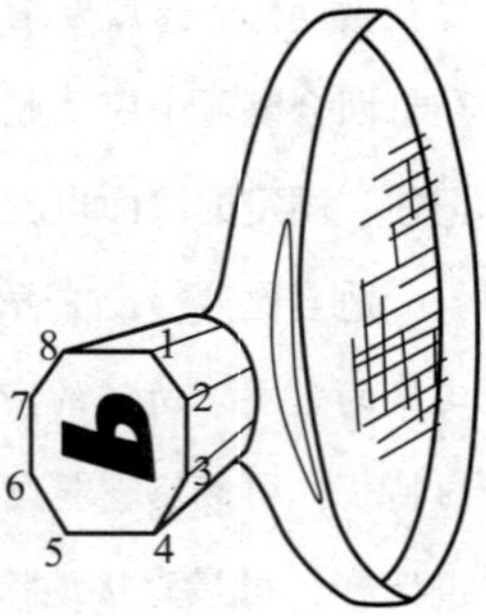

○ 基本握拍图示（以右手握拍为例，下同）

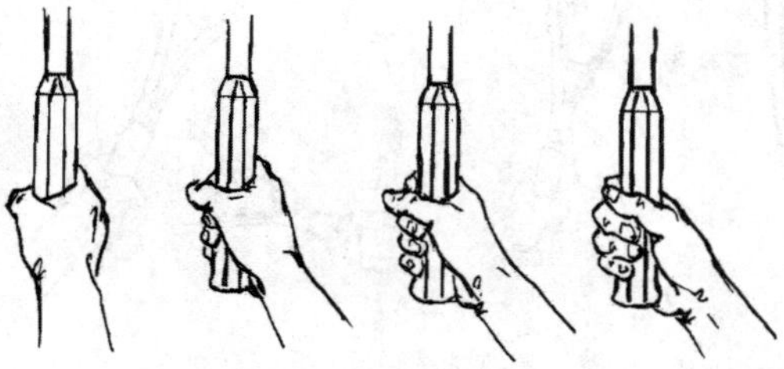

正手

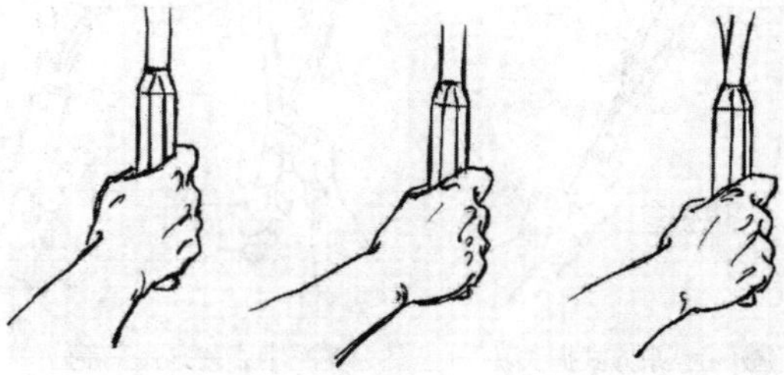

单反手

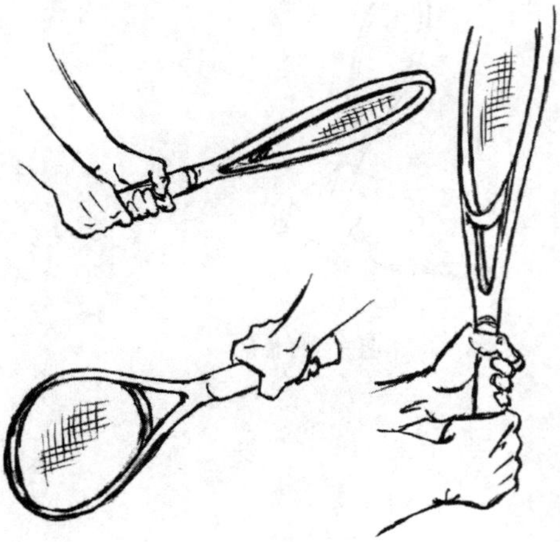

双反手

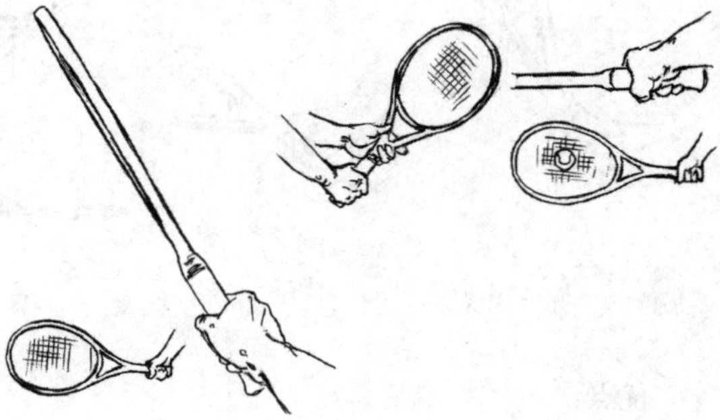

大陆式握拍法

○ 大陆式握拍法

大陆式由来：“产于”欧洲大陆，早期在英国草地网球赛中流行，因而得名。

大陆式握拍法，也称为英国式握拍法。球拍与地面垂直，正反手击球都是一种握拍方法，不需要变换握拍方式。大拇指与食指呈“V”字形，虎口对准8和1之间的中线，大拇指与食指互相接触而不分开。由于该持拍方式像握着锤子的样子，所以又称为握锤式握拍法。

优点：

◎ 手腕的活动范围大，球拍顶部也能用上力。

◎ 适合在发球、高压球、截击球、反手击球时使用。

◎ 无论是反手还是正手可以不变换握拍法进行击球。

不足之处：

◎ 在打反弹球时，需要相当的腕力，力量不足的选手使用这种方法，很难打出好球。

○ 东方式握拍法

东方式由来：最先在美国东海岸一带流行这种握拍法，因而取名东方式。

正手握拍时，拍面与地面垂直，大拇指与食指呈“V”字形，握在拍柄中部靠右第1条线。由于恰好像握手的形状，因此，也称为握手式握拍法。反手握拍是在正握拍时，左手握住拍颈，将右手向内转动90°，虎口对准拍柄的中部靠左第8条线，食指底部关节压住拍柄上平面。

东方式握拍法

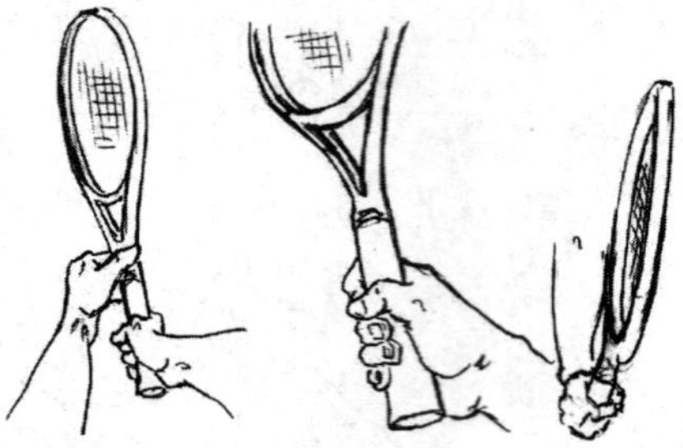
东方式正手

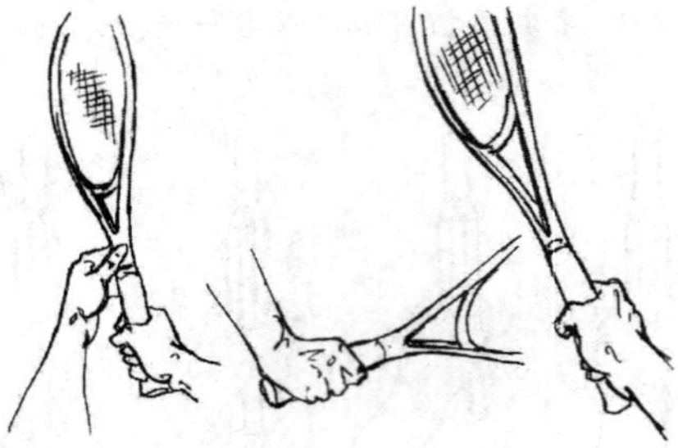
东方式单反

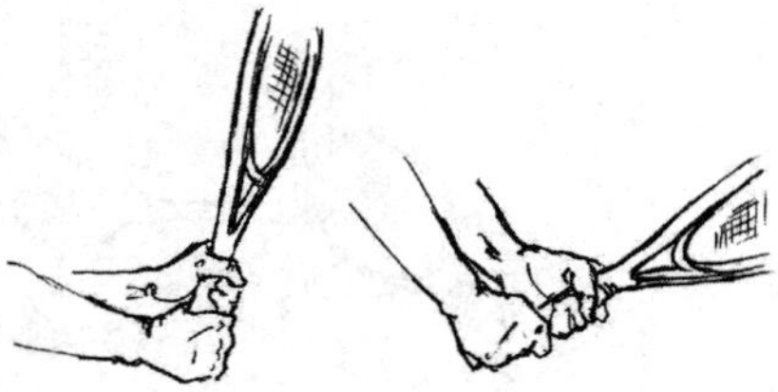
东方式双反

西方式握拍法

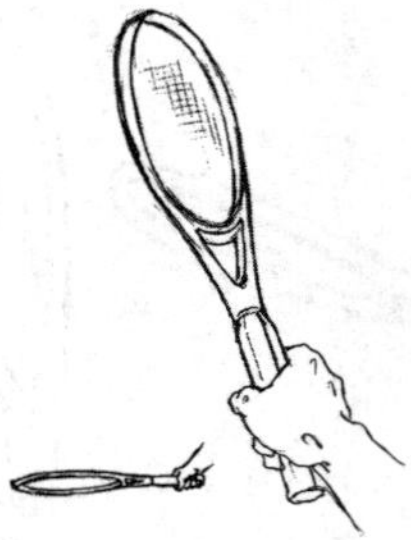
半西方式握拍法

优点：

◎ 手掌与拍柄接触面积大，容易发力。

◎ 挥拍范围大。

不足之处：

◎ 反手击球时，握拍的稳定性相对较差，需要变换握拍方法。

○ 西方式握拍法

西方式由来：曾在美国西部海岸加利福尼亚州一带流行，因而得名。

西方式正手握拍，是将球拍平放在地上，手掌从上面握住拍柄，食指底部关节压住拍柄的右下斜面。

优点：

◎打高球时，能有很大的威力。

◎球有力，球旋转度大。

不足之处：

◎对低空截击球、低球比较难处理。

◎打锐角球也比较困难。

○ 半西方式握拍法

半西方式由来：在西方式握拍基础上发展的，介于东方式和西方式之间，所以称为半西方式握拍。

优点：

◎ 既可打击快速的平击球，又可以打出带有一定旋转的上旋球。

◎ 对腰腹的力量要求不是很高。

◎ 既可以打高空截击，又可以打底线球及中场较低的球。

◎ 转换反手比较方便，快捷，许多职业选手及业余高手常采用该握拍法。

（二）站位

网球站位分三种：一是双腿前后分开站立，称为关闭式；二是平行站立，称为开放式；三是介于前二者之间，称为半开放式。

关闭式正手击球

○ 关闭式正手击球

双腿前后分开站立，左脚在前，以右脚为轴。运动时右膝、右脚脚尖先迈向身体前方，重心转移至右脚。关闭式站位有利于前后快速移动，比较稳定，适合大力击球。大陆式或东方式握拍选手常选用此站位。

○ 关闭式反手击球

反手击球时经常需要关闭式步法。与正手击球相比，反手击球左右可涉及的范围变窄了。

关闭式反手击球

○ 开放式正手击球

双腿左右分开，以右脚为轴，转动腰部，击球时重心在右脚。开放式站位有利于快速左右跑动、移位，比较适合拉上旋球，对腰腹力量要求较高，西方或半西方握拍选手常选用这种站位。

○ 开放式反手击球

“开放式”步法以左脚为轴，膝关节和脚尖向身体前方倾斜。

单手握拍反手击球时，如果采用开放式步法，左右可涉及的范围也会扩大，大力击球也将会更容易。

○ 半开放式正手击球

综合开放式和关闭式的优点，启动灵活，介于两者之间，既可平击球又可拉上旋球。

○ 半开放式反手击球

半开放式将前两种站位优势综合，既稳定又便于发力，既可打平击球又可打上旋球。

开放式正手击球

开放式反手击球

半开放式正手击球

半开放式反手击球

拍面与角度

拍面角度不同，球触拍后的飞行方向也不同。击球时，球接触拍弦的时间很短，约为1/3000

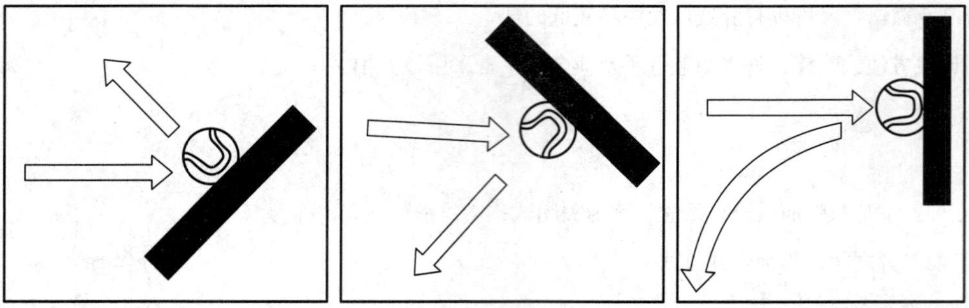

开放　关合　垂直

三种拍面状态

秒，这样，击出去的球速度也就很快。每击出一个回球时，都要控制好并保持拍面的相对垂直和稳定。

拍面分为开放、关合、垂直三种状态。

（1）开放的拍面将使球上升并向后旋转。

（2）关闭的拍面将使球下坠并向前旋转。

（3）垂直的拍面击出的球，自然飞行直至因地球引力而下落。

击打球的不同部位，产生不同效果，如果将网球看作一个时钟，可以用指针指示击球部位：

（1）大陆式握拍，正手平击球、反手平击球应打在时钟3时的位置，球适前冲速度快，不产生旋转。

（2）东方式握拍，正手、反手应打在2时、10时的位置，球稳定性高，旋转不强，适用于初学者。

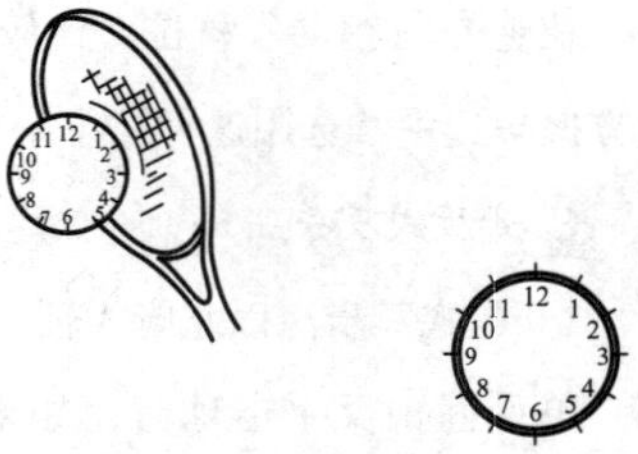

球拍与时钟

（3）西方式握拍，正手、反手通常打在1—2时和10—11时的位置，这时球落地后产生上旋，球前冲力大，适用于中级以上水平。

（4）正手、反手打在4—5时和7—8时的位置上，球落地后产生下旋，反弹低，不向前冲。也适用于挑高球的击球点。

（5）正手、反手截击球，高点通常打在1—2时和10—11时、低点打4—5时和7—8时的位置，网上球打3时位置。

（6）正手、反手网前放小球，通常打在5—6时和6—7时的位置上，这时球落地后不产生前冲，往往迅速下落并向回旋转。

旋转与落点

（一）旋转

在球体的旋转上，变化最多的莫过于乒乓球。网球同乒乓球类似，经常有各种旋转，要正确认识旋转规律，才能击出和对付旋转球。

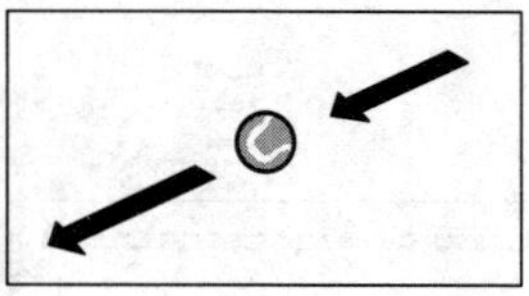

平击球

上旋球

下旋球

侧旋球

○ 平击球

不旋转的球。由于没有旋转的影响，所以球的冲力大、速度快。

○ 上旋球

球顺时针旋转，球落地后会突然高高的弹起（以正手为例）。

○ 下旋球

球逆时针旋转，球落地后反弹不高，不仅不往前走，而且有时会向回旋转。这种球空气阻力大，滞空时间长。在打削球时，常常可产生这样的旋转。

○ 侧旋球

主要在发削球时使用。顾名思义，球是做侧向旋转，如果是右旋的话，则球从右往左曲线前进。

（二）落点

回击对方的来球有两种情况：一是球在空中未落地之前击出，称为凌空球；二是在球落地之后再回击，称为落地球。击凌空球往往用在高压球和截击球上，可以最快在第一时间将对方来球击回。击落地球又分为击上升球和击下落球。一般来说，初学者打下落球较好掌握。打上升点较难，但击球早，回球快，能给对方压力。较高水平和有一定球龄的选手应掌握击上升球。如果能在第一时间打凌空球最好。如果是直上直下的高球，最好落地再打，击球要择机而行。

在训练中经常强调击球点。击球点是指击球时拍面与球撞击瞬间球在地面投影的位置。掌握好击球点往往是击准球拍甜区的关键。击球点的位置=移动距离+手臂伸展长度+拍柄至甜心区长度。正手击球时（右手执拍者）的击球点一般在距双脚右前方70 ~ 80厘米。

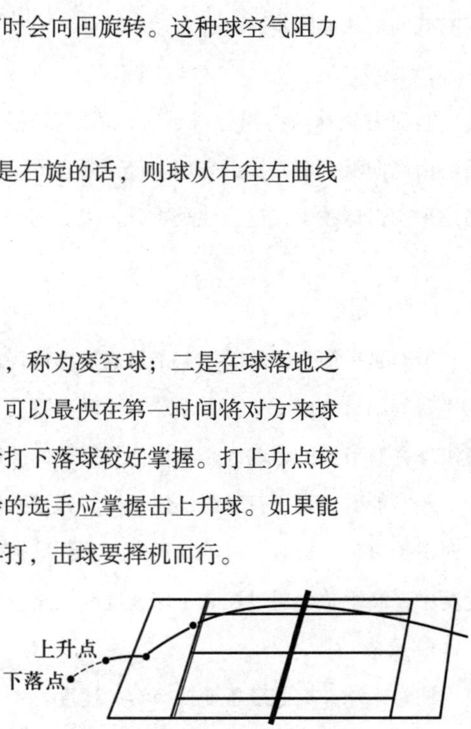

球的落点

击球点与握拍方法也有着密切的关系。西方式握拍法的击球点高，且靠身体前方。大陆式握拍法的击球点低，靠身体稍后。东方式握拍法击球点在西方式与大陆式击球点之间的位置上，也就是说大约在肚脐的高度击球。

步法与节奏

（一）步法

移动是为了在正确的击球点击球，只有移动到位，才能正确地把球击出。身体重心移动的时机和双腿移动的方法必须合适，才能在最短的时间内将身体迅速调整好。

步法主要有三种：

○ 垫步

面对球网，若来球距你稍近时，则用垫步移向来球，以调整身体与球的距离。

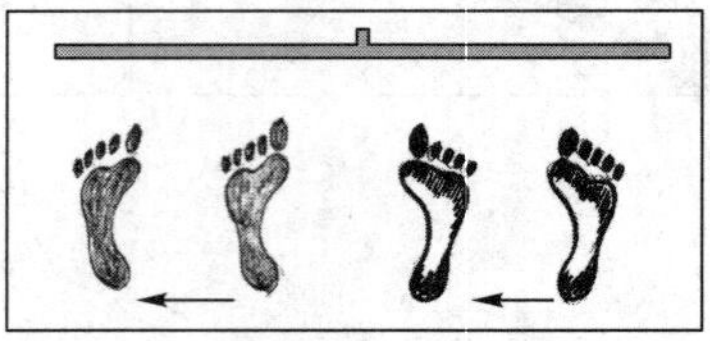

垫步

垫步时，若向左，先跨出左脚，带动右脚同时向左移动；若向右，先跨出右脚，然后带动左脚同时向右移动。

○ 交叉步

这在底线的正手、反手击球中经常运用。当球较远时，可采用左、右交叉步的步法向球接近。步子大，速度快，左、右脚依次替换，找到“合适的频率”。当接近球时，步子要变得小而精确。适合向左、向右或向前快速跑步。

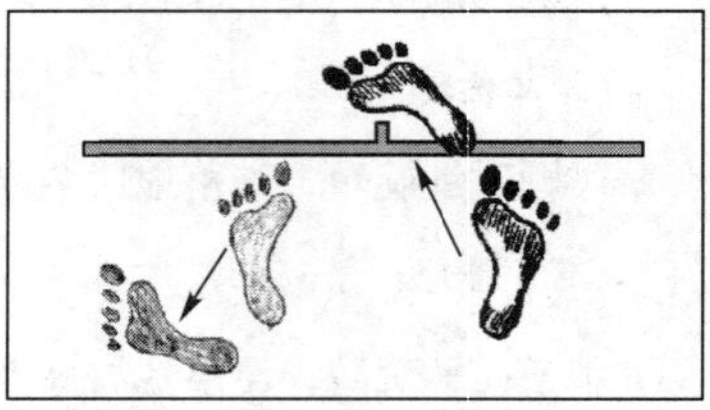

交叉步

○ 跑步

当对方把球放得离你很远时，后脚快速蹬地加速向球方向跑动，重心由高向低移动，接近来球。蹬地要有力，加速要快，在奔跑时要考虑采用击球技术，这往往是得分与失分的一次机会。

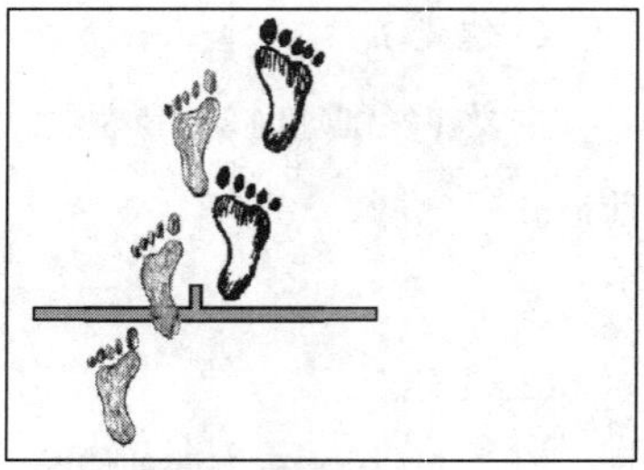

跑步

（二）节奏

节奏是平衡身体的节拍。击球的速度快慢、身体跑动变化、击球的声音等因素构成了节奏。击球、移动都要在节奏中进行。打球时注意来球并有节奏的运动，是保证你打好球的关键。

经常能看到高手打球时不慌不忙、张弛有度，他们就是掌握了运动的节奏。而一些业余选手有时挥拍过早，有时又过晚，经常打不到球拍甜点或击不上球，就是没有掌握好打球的节奏。在比赛中，高手总会通过控制击球速度和线路，主动变换节奏，取得主动，从而战胜对手。

○ 要点

注意来球，提前准备变换节奏、速度。

将身体移动到正确的击球点上击球。

重心的移动来自准确的判断。

用不握拍的手保持身体平衡。

Chapter 16

第十六章 | 技术指南

第一节　正手——进攻得分的制胜法宝

单手握拍正手击球步骤（均以右手持拍为例）

单手正拍是网球最基本的击球技术，是最基本的进攻和防守手段。

1. 准备姿势

东方式握拍，关闭式站位。屈膝沉身，肩部放松，两肘自然下垂，轻触侧腰。

2. 侧身引拍阶段

当球来自正手方向时，迅速移动，尽快向后引拍，同时左脚向前踏出，以右脚为轴，转体侧身，两脚前后站立，重心落在后脚，保持肩膀水平；转体的同时，右臂稍收腋下，引拍自然水平向后（也可从上至下环绕）；拍头翘起高于手腕，低于来球高度，拍面接近垂直地面，拍柄底部正对来球。

正手技术

3. 重心前移挥拍阶段

当球接近身体时，先蹬后脚，重心前移，同时转体、转肩，左手指向来球，右手顺势向前、向上挥出。击球点的位置在前脚的侧前方，固定与腰齐高。在球接触球拍前，重心已在前脚，收紧下巴，眼睛盯球。

4. 击球阶段

手腕锁紧，拍面垂直地面，利用转体带动大臂，牵引小臂，充分将球向前送出。击球点一定在身体前。尽量延长球与球拍接触的时间，想象是用手掌心将球推出。

5. 随挥阶段

在球离开球拍后，继续将球拍向前、向上挥出，使右臂自然接触下巴，拍头挥至左前上方，并用左手扶住拍颈；右脚尖要停留在地面上，鞋底面正对后挡网，重心充分停留在前脚，并站稳身体。

正手击球要领提示

1. 合理掌握手腕的用力松紧程度

握拍的手腕在整个引拍、挥拍和击球过程中，只有击球的瞬间是紧张、用力的，其他时间都应该处于放松状态，握球拍就像握着一只小鸟一样放松。

2. 保持侧身迎击来球

在有充足准备时间的情况下，尽可能以关闭式站位，侧身迎击来球，依靠前后脚的重心移动，即用身体的力量打球。保持侧身迎击来球的前提是，早判断来球的落点，迅速移动，提前引拍准备击球。移动的最后一步要踏实后脚，向来球的方向迈出前脚。

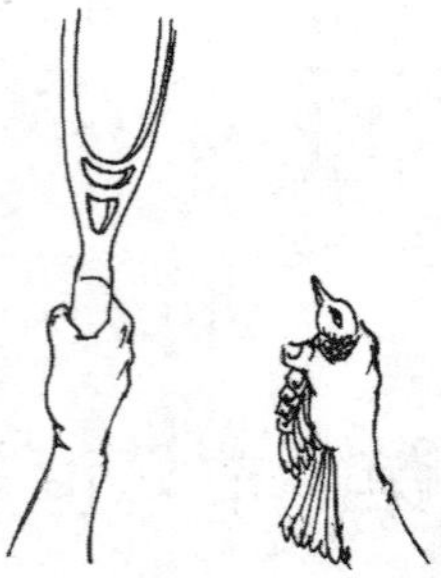
握球拍时应像握着一只小鸟一样放松

3. 向后引拍要收紧腋下

东方式握拍击球向后引拍时，持拍的手臂要夹紧于腋下，随身体的转动自然、短促地向后引拍，引拍结束的位置要稍低于来球，并仍将持手臂收紧于腋下。

4. 要善于利用左手

在东方式正手击球中，左手一定要随着侧身转体而指向前面的来球。其目的一是保持身体的平衡，二是帮助判断和预测来球的位置。

保持身体平衡是稳定击球的基本条件。如同投掷运动员用左手维持平衡一样，左手指向来球，还可以作为球的参照物，用来判断、预测球与身体的距离远近，从而决定何时向前挥拍击球。

向后引拍

掷铁饼运动员用左手保持身体平衡

5. 击球位置要固定

保持在与腰齐高的高度击球。当来球较高时，应迅速后退，让球落到与腰齐高的高度击打。要保持在身体右前方70 ~ 80厘米的距离。在向前挥拍时，拍面正对球网且与地面垂直，手臂保持尚未打开伸直、稍许弯曲状。

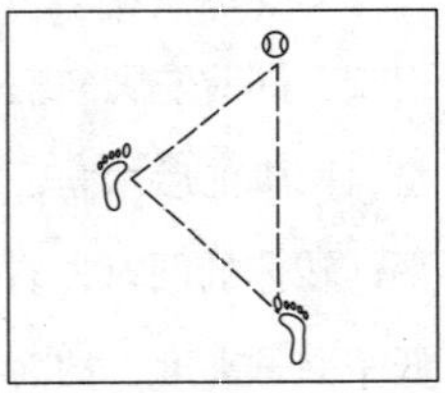
击球的位置要固定

6. 击球时机要固定

应根据来球落地的速度和旋转方向，在球飞到击球点前，开始向前挥拍，争取在身体前击球。击球点固定，击球节奏固定，手臂与球拍运动半径固定，挥拍击中率就可达90%以上了。

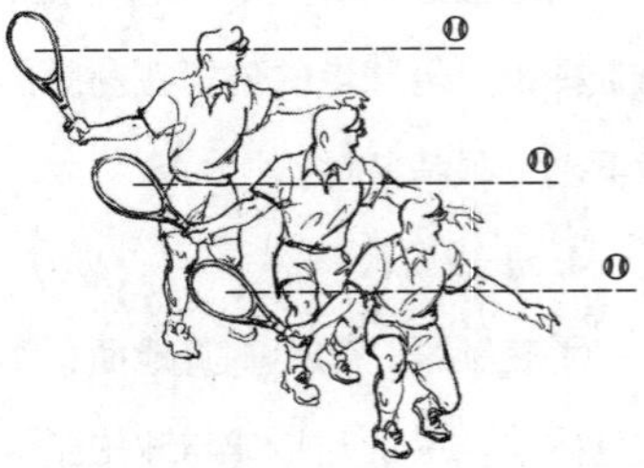
注意引拍的合理高度

7. 要注意引拍的合理高度

对待高球，重心要稍高一点，引拍也应稍高一些，但必须保证球拍低于来球；对待与腰部齐高的来球就要调整到固定击球点击球；对待低球，应尽量降低重心，甚至将球拍贴近地面，也要保证后引拍低于来球。

8. 要有完整的随挥动作

要保持击球后动作的完整性。东方式正手击球时，要体会用手掌很重地向前推出球拍，且顺势将球拍挥到前上方，用左手扶住拍颈，右臂贴近下颌，重心全部落在前脚上。如果随挥动作不充分，球离开球拍后动作就停止，击

完整的击球动作

球将失去稳定性，击出的球也将失控。整个动作要连贯，一气呵成。

提示：像推动重物似的夹紧右肋发力击球

正手击球引拍时充分扭转向上并夹紧右肋，就像人以夹紧两肋的姿势推动重物一样，就很容易发出最大的力量来。

正手高难技术

○ 正手上旋球

1. 准备姿势

拉上旋球需采用西方式或半西方式握拍，开放式站位。

2. 引拍

采用西方式握拍向后引拍时，要充分利用肩、肘、手腕的柔韧性和灵活性，以肘部领先后引，带动手腕上翻，拍头顺势上举，再自然环状下挥，利用球拍自身重量和环状挥拍的离心力，击出上旋球。

3. 击球位置

与东方式击球比较，西方式的击球点一般要略高一些。由于西方式击球是开放式站位，因此，它的击球点在右脚前方附近，高度比直立状态下的腰部位置稍低。一般来说，对于稍高的来球，西方式击球能拉出强有力的上旋球；但对于低球，由于拍头受力限制，无法靠屈膝降低重心来击球，因此，西方式握拍对于低球的处理难度比较大。

4. 拍面

拉上旋采用西方式握拍，拍面看似完全关闭向下，但在环状挥拍过程中，拍面是一直变化的。在击球一瞬间，拍面是垂直地面的，向上擦击球的力量越大，触球时间越长，击上旋球的效果越好。

5. 左手的位置

与东方式正手击球不同，西方式击球时，左手的作用主要是转动肩膀，其次才是保持身体平衡和帮助判断球的位置。所以，西方式击球时左手要靠近右手。有些职业球员的西方式击球，左手靠近右手，好像戴着手铐一样，以此保证能更充分地转动肩膀，从而在击球时增加肩膀的回转力量。

西方式击球时左手要靠近右手

6. 随挥动作

西方式击球在球离开球拍时，还要顺势向上、向前、向后继续挥拍，保持环状挥拍的连贯性和完整性。只有这样，才能保持击球的稳定性。具体的结束动作是，右手臂绕过颈部，挥拍至左肩后方，也有的职业选手随挥至左腰部。

7. 步法

西方式正手击球，因为主要用转肩的力量来拉上旋球，所以击球时重心落在后脚上，常采用开放式步法击球。

提示：

要想打出有威力的上旋球，最重要的是扭转上体充分地挥动球拍，正手击球要夹紧右肋，以右脚为轴同时转体击球，触球时以右肘为支点从右向左像雨刷器似的大幅度挥拍，这样就能打出强力的上旋球。

○ 上升球

击上升球是指在球即将上升到最高点时击球。击上升球的好处是能抓住时机很快地处理球，给对方一定的精神压力，使对方没有喘息的时机。

击上升球一般采用西方式或半西方式握拍，开放式或半开放式站位。

1. 引拍

比正常打下落球要快而短，紧急情况以肘关节为轴，甚至稍用手腕。

2. 击球

击打球体中上部，尽可能向上、向前击打。

3. 击球时机

选择比腰部高的位置，在球弹跳的上升期快速击打。

4. 随挥

相应比较短促，不要旋转腕部，自然往前。

为了寻找合适的击球点，快速的步法是重要的。不过由于击球利用了对方打过来的球的速度，即使力量不是很大的运动员，也能借力打出速度很快的回球。

○ 机会球（中场落地球）

通过凌厉的一发或大力的底线抽球迫使对方回球质量下降，落地较浅，速度较慢的中前场球，称为机会球。这种球是得分的最佳时机，切不可放过。

1. 弹跳高于肩的球

（1）准备动作：开放式站位，西方式或半西方式握拍。

（2）引拍：引拍动作比打上升球大，比底线小，以右肩关节为轴，拍头高于球。

（3）击球时机：在球弹跳的最高点击球，有一种向上“够着打”的感觉，有时可以以右脚为动力脚蹬地将身体弹起，如同手球运动员跳起侧身射门状。击球时有下压右肩的动作。

（4）随挥：随着压肩自然向斜下方随挥，球拍结束至右腰部。

要以大步接近球体，再快速以碎步调整脚步和身体。击球时一定要保持身体平稳。

2. 弹跳低于腰的低平球

站位及握拍同击高于肩的球。边行进边引拍，拍头翘起，引拍适中，击球时以肘关节为轴，加大摩擦，拍头要低于球，击球身体平稳，随挥动作小，完成于左腰部。

○ 正手凌空球

自己已被调动至中场附近，来不及撤回底线，而对方将球回击至中场，此时必须在空中回球称凌空球。

正手击凌空球技术要求很高，但只要动作正确就可以抓住机会得分，或为下一次创造得分机会。击凌空球的站位为开放式或半开放式，握拍为西方式或半西方式。

1. 引拍

引拍要早，引拍动作与底线相同，但须在运动中完成动作，边跑动边引拍，引拍同时要转体。

2. 击球

迎球而击，击球点在身体前方。高度在胸与腰之间，不要太高或太低，否则不易发力。击球时，收住身体，保持平稳，拍头低于球。

○ 斜线（角）球

双打中，由于同伴封网，经常会出现双方对拉斜线或斜角球的场面。

拉斜线球的站位是开放式，握拍为西方式或半西方式，紧盯对方动作和来球，边移动身体边引拍，引拍过程同底线打上升球，强调以肘关节为轴，加大对球的摩擦，稍加手腕动作。同时加一定拍头速度，保持从网中央通过。击球时要保持身体平衡和稳定，完成击球动作后要随时调整身体和步法，准备击打下一个球。

● 正手常见错误、原因及纠正方法

现象		原因	纠正方法
1	球触拍失控，松懈无力	手腕松动，未击中球拍甜点	绷紧手腕，练腕力，眼盯紧球
2	经常击在拍框上	身体未到位，眼睛未盯准球	反复练习插位，眼盯球
3	击出球常飞对方左场外	引拍小，击球点靠前，转体早或过大	练习节奏，加大引拍
4	击出球常飞对方右场外	引拍过大，击球晚，击球点靠后	背靠后挡网、限制挥拍、早拉拍
5	击出球经常高飞，身体后仰	重心不稳，引拍过大，击球点靠后，击球晚	限制引拍，掌握重心
6	击出球经常下网	击球点过高，前送不够，随挥不够	减慢节奏，球落到腰间高度再打
7	击出球太长，出底线多	击球点过高，未控制住球	用七分力，控制发力
8	球打不深	引拍不够，缺乏重心前移，转体不够	加大引拍、转体，将球包住、前送
9	欠着身体（够着打）	离球太远，脚不到位	调整身体位置
10	肘部伸不开，击拍柄或拍框上	离球太近，调整过早	练习调整身体、脚步
11	回球缺乏弧线	摩擦不够，随挥不够	及时收小臂，加大摩擦，完成随挥
12	身体左右摇摆不稳	未用左臂，缺乏平衡	充分利用左臂做掷铁饼旋转练习

第二节　反手——攻守兼备的常规武器

双手握拍反手击球步骤（均以右手执拍为例）

在现代高水平的网球比赛中，利用双手握拍反手击球是运动员基本的回球技术。这种打法更稳定、更积极、更富有进攻性。

1. 准备姿势

一般采用关闭式站位，身体侧向来球。右手为东方式反手，左手为东方式正手。

2. 引拍

双手反拍的引拍要简单，幅度要小。手臂随转体而自然地向后拉拍，并尽可能地保持两只手臂贴近身体。拍头位置稍低于来球，但不要低于手腕。保持拍柄的底部正对来球。边向后球拍，身体边接近击球点。将击球点确立在最适宜肘部伸展的地方。

双反击球连续动作

3. 前挥

向前挥拍时，一定要靠重心前移来带动转体前挥球拍。在挥拍过程中，尽量保持拍面垂直地面，并沿着向前、稍向上的轨迹挥动。

4. 击球

击球点的位置一定要固定在体侧，离身体约一个球拍的距离，高度与腰部同高。

5. 随挥

随挥动作要充分向前、向上、向右外上方挥拍，环绕至右肩上方，并使左臂贴紧下颌，将身体转向正面，将球拍像扛在肩上一样。

双手反拍技术要领

1. 向后引拍动作较小

双手反拍击球比正手击球容易，原因之一是向后引拍动作稳定。击球时受身体动作的妨碍，向后引拍动作不可能很大。与此相比，单手击球在向后引拍时，没有任何阻碍，很难控制引拍动作，引拍动作越大，击球的距离越大，击球动作误差也越大。

2. 以左手为主导

双手握拍法避免了球拍的旋转，比较适合打出上旋球。最重要的是，用双手反手击球时左手更起作用，也就是说右手执拍运动员在使用双手击球时左手领先作主导。

3. 跨步大，转体早

因受双手限制，移动必须要早，跨步大，大幅度转体，有充分时间早准备、早引拍。

4. 肩膀压低

在引拍结束时，要保证肩膀确实转动有力，要压低肩膀有挤扛的感觉，保持上身的扭转，使右肩背对网，可以从右臂的后面看到来球。

5. 引拍结束时，重心在后脚，同时收紧下颌，伸展背肌，保持身体平稳

6. 球拍触球时，左臂伸直，拍面垂直地面，并有向前推击的感觉，同时保持收紧下颌，眼睛盯住球

7. 选好击球位置

击球点不要太靠近身体；双肘不能太直，也不能太曲，要在伸展最舒适的地方击球。

8. 随挥动作要充分，要足够大

双肘及时自然回收，向右外上方挥拍，环绕至右肩上方，左臂最好与下颌接触。

9. 挥拍结束时，重心要充分落在前脚，并保持后脚与地面接触，后脚鞋底正对后面的挡网

10. 到位是关键

双手反拍对脚步动作要求高，击球时身体必须到位，要求必须及早判断，迅速移动，在最佳位置击球。

开放式站位也可击球。有时因对方球速太快，脚步来不及调整成关闭式站位，在开放式站位情况下，只要注意及时侧转身体，压低重心，同样可击好球。

整个击球过程要注意连贯、自然、流畅。

双手反拍技术动作

提示：

反手击球过程如同双手端盆泼水。

反手高难技术

○ 单反击球

（1）站位与握拍：采用关闭式站位、东方式反手握拍。

（2）击球步骤。

◎ 引拍：早转体，以左脚为中心轴。早拉拍，拉至左肩之上。

◎ 向前挥拍：身体保持稳定，前倾，右肩扛网感觉，眼睛紧盯来球，紧收下颌。击球前手腕放松。

◎ 击球：右手臂外展，拍球垂直地面，低于来球，击球时重心迅速移至右脚。

◎ 随挥：将身体旋转至正面，完全打开，结束在右前上方。

（3）单反击球要求高，难度大，建议在准备充分情况下再使用。

单反击球连续动作

（4）不可过早将肩部打开，否则身体会后仰，球拍失控。

（5）击球时右脚要跨过左脚，脚跟先着地，保持背对来球。

（6）击球点比正手（东方式）要靠前，击球时机更早。

（7）充分发挥左手作用，引拍时用左手拉动，击球后左手向后向上用力，形成与右手的平衡。

（8）击球后不要急于返回空当，一定要把随挥做充分再移动，否则前功尽弃。

提示：

掌握擂大鼓的动作要领就会很容易体会单反击球的感觉，充分转肩引拍结束后要让拍头先行，之后向前水平挥拍，这样才能把挥拍的动力直接传给球。

○ 双手反拍上旋球

（1）双手握拍容易控制拍面，容易拉出较强上旋球。

（2）准确到位，放慢节奏。肩和手腕放松。

（3）在腰部位置击球，尽力向上向前摩擦，手臂上举，侧向回转。

（4）触球后不要改变球拍方向，直接向前做随挥动作。

（5）随挥转体动作如肩上扛东西一样旋转，头部始终保持不变。

○ 单手反拍上旋球

（1）单手引拍不受右手限制，引拍幅度越大，对拉上旋球越有利。

（2）右脚大步前跨，背对球网，重心更低。

（3）击球前放松手腕，前挥时从下往上挥击，不要旋转手腕。

（4）大幅度伸展上半身。

（5）控制挥拍，力量不宜过大。

（6）随挥进入到脑后。

○ 双手反拍制胜球

（1）同单手正拍击打机会球一样，如来球高于肩头，要快速迎上，早转体，早拉拍，提高重心，加大两脚之间的跨度，抬起脚后跟，赶在最高点击球，击打球的中上部，球拍要高于球。

（2）来球低于肩部，要快速迎上，拍头翘起，低于来球，击打球的中部，加大摩擦，引拍短促，依靠身体转动的力量加大击球力量，不要旋转手腕。

○ 单手反拍制胜球

（1）对于高于肩膀的机会球。靠小臂带动手腕打反扣球，引拍要短促、迅速，引拍动作不能大，提高重心，踮起脚尖，高点击球，肘部先于身体。

（2）对低于腰部的中前场球。要及时迎上，或靠转体发力打平击球，或用削球打出直线球，此时要求随挥至身前戛然而止，以增加回球速度。

● 反手常见错误、原因及纠正方法

	现象	原因	纠正方法
1	击不到球	双脚不到位，击球点不准	反复练习插位，打原地球
2	欠身够着打，常击中拍头上部	离球太远	调整身体
3	常击球拍颈部或拍柄	离球太近，双肘伸展不开	调整身体，练习打原地球
4	击出球常飞对方右场外	侧身不够，挥拍过早，击球点太前	提早引拍，加大转身，调整击球点
5	击出球常飞对方左场外	引拍过大，过慢，击球点滞后，未充分打开身体	减小引拍幅度，加快引拍，提前击球
6	击出球经常下网	前送不够，双肘收拍过早	加大向上、向前引拍幅度，提升力量，身体充分展开
7	击出球出底线较多	击球点过高，重心高，双肘未及时收，摩擦少	降低重心，随挥动作要充分完整，增加上旋摩擦
8	身体后仰，球高飞	重心高，击球点高，用力过大，重心未及时转移	控制用力，及时转移重心，击球后身体前倾
9	机会球失误	眼睛过早离开球，注意力在落点或下一个动作	集中注意力，专注当前一击，保持身体平稳
10	对快速来球反应不及时，球经常下网或击出左场外	未及时调整节奏，挥拍晚	来球越快，引拍击球越快
11	单反打不准甜点，球乱飞	缺乏对手臂和球拍的控制	不要过早将手腕、手臂外展，动作要固定
12	单反失误率高	多数属于动作不合理，身体调整不到位	建议在较舒适位置、较好的机会使用单反技术

第三节　截击——短兵相接的利刃尖刀

截击分类

截击是指网前直接回击来球的基本技术，是得分的重要手段。截击分正手截击和反手截击。每一种截击又有高位截击（来球高于腰部）、中位截击（球过网在腰部）、低位截击（球过网低于腰部）。

截击技术（中位截击）

○ 正手截击

1. 站位与握拍

屈膝沉身，面对来球，拍头翘起，大陆式握拍或东方式反手（正反手不变）。

2. 转体引拍

左脚向右前方跨半步，固定右肩，靠转体引拍。动作迅速、简单、幅度小，手臂基本不动，固定手腕。

3. 击球

点尽可能早，身体主动上迎，下压动作击球，稍用小臂，手腕在身体前，保持球拍与手腕、下颌呈三角状。拍头高于球，拍面立起，始终指向目标。

4. 随挥

截击的随挥轨迹为反抛物线，如同反向彩虹。

握拍站位

转体引拍

击球

随挥

提示：

正手网前截击如同用手推门或拉窗帘的动作和感觉。

○ 反手截击

1. 站位与握拍

同正手截击。

2. 转体引拍

同正手截击，方向相反，上右腿，右肘稍立起，左手扶拍颈。

3. 击球

同正手截击，充分利用身体回转力量，肘部先于身体。

4. 随挥

随挥短促，沿击球方向送出30厘米左右及时收拍。

反手截击的连贯动作

几项高难截击动作

○ 正手高位截击

重心抬高，靠转体引拍，小臂与大臂、大臂与身体均保持90° 左右（直角），互相位置不变，击球时保持拍头高于来球，拍面稍微关闭，靠转体及身体下压力量击球。主动迎球，动作幅度小且快速。随挥短促，收至胸前。击球后重心向前平移。

○ 单反高位截击

拍头拉过头顶至左肩上，高于来球，拍面稍微关闭，转体幅度要大。靠身体回转力量，以右肩为轴加手臂向斜下方“砍”，做切削状。挥拍轨迹由斜上向斜下。击球后重心随之前移。球拍即时刹住于胸前，几乎无随挥。

○ 双反高位截击

双手握拍打反手空中截击时，手腕容易固定，便于控制拍面，能利用转体的力量，准确截击。要想打出漂亮的空中截击球，必须有好的随球动作。整个击球动作一气呵成。在进攻后左手自然脱离球拍，自然随挥。

○ 正手低位截击

截击低于球网的来球，要求身体下蹲，膝关节弯曲，重心进一步降低。靠转体引拍。来球越低，拍面打得越开，越接近水平。击球时必须将拍面和手腕作为一个整体来完成动作。拍头要低于来球，截击后球拍应保持在较高处，以便及时打下一个球。

○ 单反低位截击

反手低位截击是比赛中大量采用的技术。从人体结构讲，左转身比右转身更便捷，因此，网前尽可能用反手截击。转体、引拍、击球及随挥均同正手低位截击。

○ 截击放小球和反弹球

在低位正手、反手截击中，不加前送动作，用手腕控制力量轻击，击后停止挥动即成放小球，有时可加旋转。网前回低位球，完全下蹲，拍面垂直地面，无引拍和随挥动作，完全借力凭手感即为反弹球。

不同截击技术动作比较

○ 拍面高度不同

截击时，来球高度的不同，击球拍面也呈现不同的高度和角度。

如果把三种截击时的拍面用一条线连接起来，正好形成凹面镜的形状。高位截击时拍面稍稍向下，中位截击时与地面成直角，低位截击时拍面应该稍稍向上。

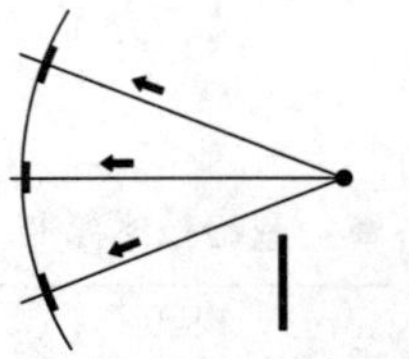

说明：三种撞击的拍面形成凹面镜的形状，像太阳光线集中到一点，使球击到对方场地深处

○ 击球部位不同

截击中，球拍的触球部位是由球的底部点到后中部点变化着的。一般来说，来球愈低，拍面击球的部位愈低；来球愈高，击球的部位也愈高。

○ 截击距离不同

根据物理学原理，截击的位置距球网越近，截击球的角度越大，同时封堵的角度也越大，封堵面越广。因此，截击时，应尽可能靠近球网。

○ 球拍与手臂位置不同

正手截击时，应做到以手腕领先于身体击球，即手腕在击球时处在身体的最前面，使球拍和手臂呈“<”状。

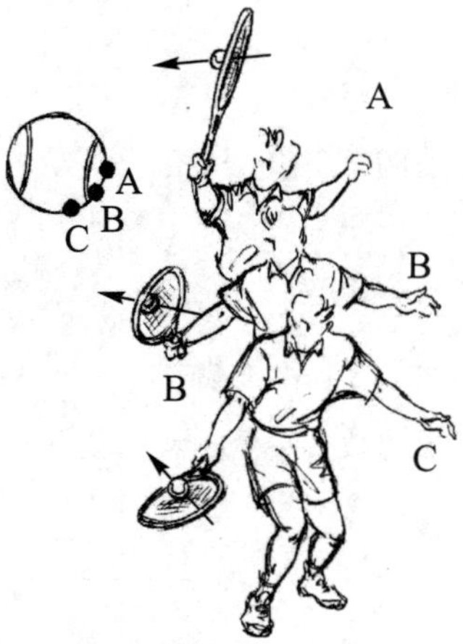

击球部位不同

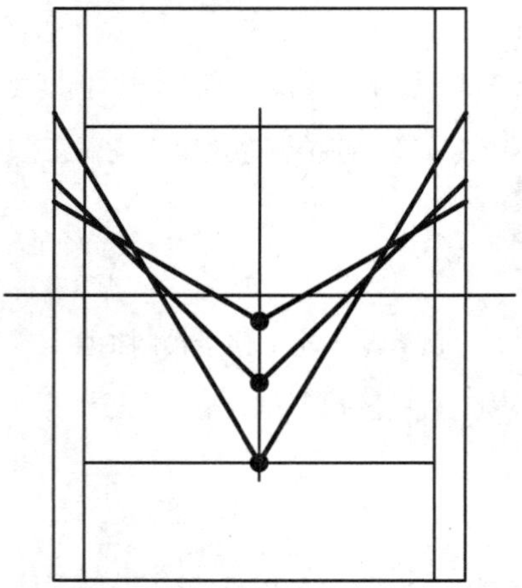

说明：从发球线截击，可以击出球的角度充其量为60°。前进到发球线与球网之间击球，角度可接近90°。到球网前1米，击出球的角度可扩大到120°

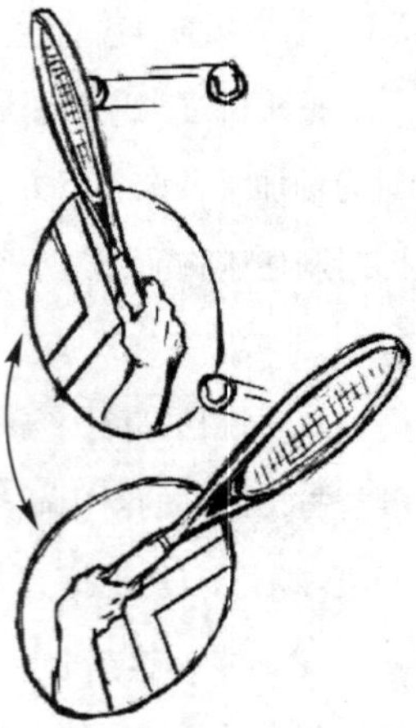

正反截击时球拍与手臂的位置

反手截击时，要做到以肘部领先身体击球，即肘部在击球时处在身体的最前面，使球拍与手臂呈“>”状。

提示：

联想一下拉窗帘的动作。拉窗帘时，一般用食指和拇指抓住窗帘，让窗帘平行于地面移动，只是手腕在身体前向左、右移动，限定在平行移动的一定范围内。这个动作的感觉不仅适用在正手截击上，同样也可以用于体会反手截击时的挥拍，只是身体的朝向有些变化。

● 截击技术常见错误、原因及纠正方法

	现象	原因	纠正方法
1	对穿越球反应不及时	眼睛未盯住球，准备姿势未举拍	全神贯注，截击时准备，保持举拍姿势
2	经常打空，击不到球	引拍动作大，回转身体慢	网前切忌引拍，主要靠转体引拍、转体用力
3	迎面来球迎面堵挡	未侧身	避免正面挡球，要将球让置身边，侧身截击
4	截击松软、无力或下网	手腕松动或使用手腕	击球瞬间握紧手腕，保持手腕与球拍保持整体性
5	截击快球时球拍翻转、松动	腕力不足或未握紧拍柄	加强腕力训练，击球瞬间增加握力
6	高位截击经常下网	拍面关闭过多，用手腕下压	根据来球高度调整拍面角度，尽量不使用手腕

续表

	现象	原因	纠正方法
7	中低位截击经常下网	重心降的不够，拍面关闭过多，拍头高于来球	降低重心，适时打开拍面，拍头低于来球
8	回击球经常过高、过长、出底线	拍面打开过多，拍头未高于球	调整拍面
9	回击球经常出左场	引拍动作大，转体慢	提前转体，主动击球
10	回击球速度慢	依赖手腕，未用转身和身体下压力	靠回转身体和下压加力
11	击球时震手或手腕疼痛	过多使用手腕	除网前放小球外，一般忌用手腕。将手臂看作球拍的延长

第四节　削球——防守过渡的必备手段

削球分类

削球主要指下旋球。削球在实战中应用很广泛，主要用于防守和过渡，特别是反手位。职业高手也经常运用反手削球进行攻击，有效调动对方跑动，或打出制胜球。

削球主要分为正手削球和反手削球，大量运用在反手位，即反手下旋球。

反手削球步骤

1. 站位与握拍

关闭式站位，采用大陆式握拍或东方反手握拍法。

2. 引拍

引拍要充分转肩，左手扶住拍颈，向后上方拉拍，保持拍头竖起高于肩部、高于来球、高于手腕，肘关节抬起，拍面斜向天空。

3. 前挥

挥拍击球时，拍面的轨迹是由上向下再向上，注意不能靠手臂和手腕的主动发力来完成。球拍要随着转体和重心前移，同时右肩膀向前顶出，顺势挥出。

完整的单反削球动作

4. 击球

击球时避免拍面正面向下，要接近于垂直，才能使球削切得比较厚实。如果拍面仰开，削击球太薄，就会使回球轻飘无力。击球点最好离身体稍近一些，保证回球有力。

5. 随挥

击球后身体充分打开，让球拍随着击球方向往上、往前平稳运行，直至送到右肩斜上方，并保持打开拍面。随挥动作要舒展，幅度要大。

反手削球技术要领

1. 准备动作要充分

决定用反手打削球后，立即调整身体右脚上大步，做到早转体、早引拍、早击球。

2. 靠转体转肩引拍

扭转肩膀并紧张用力，可以在球速太快、来不及向前主动削击时，也能依靠肩膀的紧张用力，较好地把球削挡过去。要利用自己的体重对球施加更大的力量，增加球的更大下旋。

3. 击球时眼睛的作用

击球时眼睛要紧盯球，直至球确实离开拍面。从理论上讲，反手削球时，球与球拍接触的时间较长。因此，应尽可能的长时间盯着球，保持头部不动，增加击球的稳定性。

反手削球的拍面运行轨迹类似香蕉的弧度

4. 击球时左手的位置

击球时左手应保证留在身后，维持身体平衡和右手平稳地向前挥击。左手从扶持球拍到球拍向前挥击离开后，开始与右手呈对称式运动。右手不断向前挥出，左手不断地向后摆。

5. 挥拍击球的完整性

击球后的随挥动作是让球拍随着球击出的方向继续向前平稳地运行一段距离后，再自然地将球拍向上挥到右边外侧比腰高的位置。不要突然停止挥拍，或过早地将球拍向上提拉。反手削球的拍面运行轨迹，类似于香蕉的自然弧度。

提示：

反手削球击球轨迹如同右臂拂去桌面橡皮末。反手削球时，手腕要固定，球拍和胳膊形成整体挥拍，这样能准确地击中来球。击球动作是以右肩为支点，用前臂（稍倾斜）把桌面上的橡皮末拂掉的感觉击球。

其他几种削球技术

○ 底线正手削球（下旋球）

正手下旋球在实战中常用于上网截击。另外，在正手位来球球速较快来不及引拍抽球时，也会运用正手削球技术。底线正手削球技术是被动的或防守性质的击球，在实战中来不及换握拍，采用正拍抽球时的握拍法即可。

正手削球可以打不同高度的来球，但在实战中如果来得及引拍，应进行进攻，即以抽球为主。

底线正手削球技术要点：

（1）球拍后引动作要小，一般要拉到身体侧肩的高度。

（2）挥拍方向和挥拍轨迹要根据来球的速度、角度和旋转进行必要的调整。底线削球时，球拍前挥时向下运动的角度要小一些，强调球拍前送。

（3）击球时球拍拍面后仰。击球部位要根据来球和击球技术选择。如果对方来球是下旋球，则击球的后中下部；如果对方来球是上旋球，则击球的中上部。

（4）随挥动作一般不长。击球后迅速调整身体，准备击打下一个球。

提示：

要想打出有速度且较深的削球，击球动作应该像用石片向水面打水漂一样。击球时大幅度向后引拍，夹紧腋下以转体带动手臂击球，击球后随挥要长。

○ 行进中的反手削球

这是在比赛中经常化被动为主动的一种打法。如果对方回球稍浅，可以采用行进中反手削球，打对方斜线或较深的直线，从而赢得主动。关键是判断准确，迅速靠近球，及早引拍。在击球的瞬间双脚要刹住车，保持身体稳定。切削球要果断、有力，随挥要短。击球后，可以迅速调整步法上网截击。球王费德勒经常使用该打法。

○ 行进中的正手削球

这是在紧急情况下迅速上前击出的正手下旋球，短促有力。引拍、击球、随挥均同正手底线削球，不同的是可以击向预先用余光看准的空当，取得上网主动。

● 削球技术常见错误、原因及纠正方法

	现象	原因	纠正方法
1	削不上球	拍面角度不对，击球时机不对	掌握拍面角度与回球高低关系，反复徒手练习
2	削过去的球太高、太远	拍面打开过多，重心不稳，失去平衡	适当闭合拍面，保持身体稳定
3	削球下网	拍面闭合过多，重心过高，击球点高	适当打开拍面，调整重心和击球点
4	削球松懈无力	手腕松动	练习腕力，绷紧手腕
5	手腕酸痛，不敢用力	过多使用手腕，未用腰部力量	力量来自腰部及身体转动
6	削球过网后，球经常飞出对方右场外	站位未用关闭式，击球点过前	引拍及时转动身体，击球时机不要过早
7	削球过网后，球经常飞出对方左场外	引拍过大，回拍慢，随挥不够	击球及时转体，控制引拍不可过大
8	球拍角度、引拍、击球、随挥都对，仍击不到球	节奏不对	按来球的节奏击球

第五节　发球——不受对手制约的攻击技术

发球分类

发球技术是网球比赛中最重要的技术。发球是网球诸多技术中唯一一项不受对方制约和控制的技术。网球比赛中的发球分为一发和二发，一发一般以力量和速度为主，二发更强调角度、旋转和落点。

对于初学者来说，可以将发球技术分为上手发球与下手发球。击球点在肩以下称为下手发球。上手发球分为平击发球、切削发球和上旋发球。上手发球技术中最常用的是平击发球。

发球基本技术（发平击球）

1. 准备姿势

左手持球，右手握拍，采用东方式正手握拍或大陆式握拍，侧对球网，站于端线后中点标记附近，面向右侧网柱，左脚与端线约成45°，右脚基本与端线平行，左手持球位于球拍拍颈附近，高度与腰齐，拍头指向球网方向，身体重心落在左脚上。

2. 抛球与引拍

由准备姿势开始，身体重心后移，随着球拍后引动作，左手持球向身体前上方抛球，抛球时手臂基本伸直，以托、送的发力方式将球抛起，右手继续后引并开始上抬，肘关节弯曲外展，手臂使拍头上举，与此同时，身体右转、屈膝、展肩、挺胸。引拍动作完成时身体应侧向球网，两脚前后站立；屈肘举拍，拍头向上；重心主要落在右脚，双膝弯曲、顶胯、挺胸、展肩，身体成后弓形。肘关节、拍头向下引拍，好像用拍头去搔后背一样，俗称“搔背动作”。

3. 挥拍击球

当球下降接近击球点时迅速向上挥拍，双脚蹬地，身体向左回转，以胸带肩，肩带肘，肘带小臂挥动球拍，腕关节带动小臂快速内旋形成鞭打动作。

4. 随挥动作

击球后双脚蹬地发力而离开地面，身体向侧前方倾斜，右手随挥保持充分伸展，继续向前下方挥摆，使球拍挥至身体的左侧下方，左臂自然弯曲置腰腹，双脚着地后身体重心前移。

发球技术要领

1. 正确握球是抛好球的前提

一般用左手拇指、食指和中指轻轻将球握住。握球不能太松，也不可太紧，好比是用手擎茶杯。

2. 抛球是发好球的关键要素

抛球首先要平稳，二要直上直下，三要有一定高度。保持平稳就不能用手腕或单纯靠小臂，要以左肩为轴由下向上，大臂带动小臂，将球托起，如同电梯运行。抛球高度以球超过举拍高度的20 ~ 30厘米为宜。抛球位置在左前方。

3. 放松摆臂

要获得流畅、快速的发球，首先要使肌肉放松。保持缓慢的节奏，放松摆臂，包括手腕，这样才能使提臂、搔背、甩鞭等动作畅快、流利地做出来。

完整的平击发球动作

4. 引拍动作手掌向下

引拍时保持手掌掌心向下，能形成使球拍加速的弧形挥动，从而更好地产生爆发力，击出有力量的球。

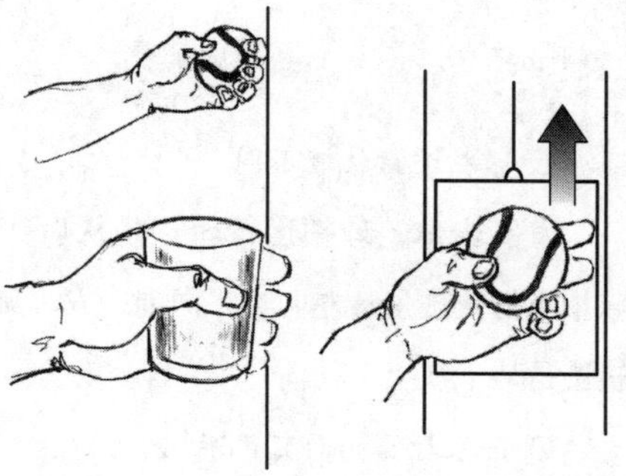

5. 击球轨迹

球拍击球的运行轨迹是向上—向前—向下，要保持蹬地后在最高点击球。

6. 合理使用左臂

为了有效地保持身体平衡，使力量合理传递到拍面，击球前将左手向身体前方伸出，以带动右肩动作，从而使手腕和球拍加速。击球后左手收至身体右侧不动，自然形成与持拍手交叉状。

发球的技术关键在于准确的抛球位置、准确的发力时机、准确的击球部位和准确的拍面控制。力争保证一发。一发对发球者有心理优势，球发过去就有50%的得分把握，双误则100%的丢分。二发尽可能发向对方反手，使其不易进攻。发球的整个动作强调连贯、自然、放松、流畅、一气呵成。

完整的发球动作

三种发球技术比较

○ 击球点距离身体的位置不同

发平击球时，击球点的位置在右肩上方，高度接近身体向上伸展开的最高点；而发侧旋球击球点的位置稍靠右外侧一点，高度也比平击发球的位置稍低一些；发上旋球抛球的位置在头顶偏后一些。

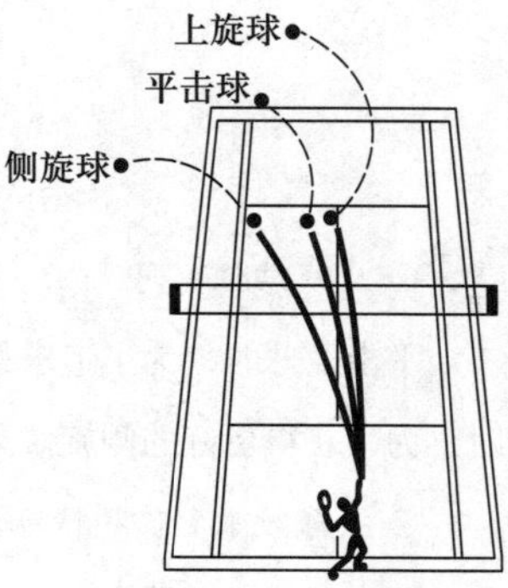

三种发球的球的飞行路线

○ 球的飞行路线不同

平击球的飞行路线接近于直线，落地后直来直去；侧旋球的飞行路线在空中有一定的弧线，并在落地后继续沿着弧形向右侧飞行；上旋球落地后向后弹起很大弧度。

○ 球拍触球的部位不同

发平击球，拍面触球点在球的正后方中部；发侧旋球，拍面触球点在球的中部或中下部偏右方；发上旋球，球拍触球的部位在中部偏上。

○ 球的力量与旋转方向不同

平击球的球速很快，力量很大，几乎没有旋转；侧旋球的球速较慢，侧旋较多；上旋球的球速不是很快，但向上旋转很多，弹跳很高。

时钟示意图：
平击球——3 时至 9 时
上旋球——8 时至 2 时
侧旋球——3 时至 12 时

平击球　上旋球　侧旋球

三种发球的触球部位

○ 球拍运行轨迹不同

发平击球，球拍运行轨迹是从后往前；发侧旋球，球拍运行轨迹是从左向右、向前；发上旋球，球拍运行轨迹是从下往上、往前。

平击球　侧旋球　上旋球

三种发球球拍触球的部位

○ 击球时的拍面变化不同

发平击球时，拍面垂直地面并与球的中后部碰撞，顺势将拍面向上、向前、向下平稳挥出；发侧旋球时，拍面与击球路线呈一定的角度，好像是用球拍切掉1/3个苹果，或削去苹果中后部的一块果皮；发上旋球时，拍面稍向上翻，与球形成一定夹角，好像从后面切削苹果。

○ 握拍方法不同

发平击球，初学者应先使用东方式正手握拍练习，待水平提高后，再选用大陆式握拍发球；发侧旋球，较常用的是东方式反手握拍或大陆式握拍；发上旋球，较常用的是用东方式反手握拍。

三种发球击球时的拍面变化

○ 底线站位不同

平击发球时，为了追求最大效果，直线距离越短，球速越快，所以站位靠近中点；发侧旋球时，为了获得更好的侧旋效果和稳定性，球的飞行路线较长，所以站位离中点靠右一些。

○ 击球效果和使用情况不同

平击球进攻性强，容易得分，但由于落点太靠近发球线，准确性不高，常用于一发；侧旋球和上旋球虽然球度慢一些，但稳定性较高，还带有强烈的旋转，对手不敢贸然进攻，常用于二发。

另外，发平击球追求的是全力击球，所以身体负担较大；而发侧旋球用力相对小一些，身体负担较小，比较适合于业余爱好者使用。

提示：

发平击球就好像用铁锤向墙壁钉钉子的动作。发快速的平击球诀窍在于击球点和手腕的使用方法，如果能借用右手握住铁锤向正前方墙壁高处打进钉子的感觉，则甩腕和挥拍动作就会变得流畅了。

发上旋球像棒球投手那样将手掌外翻。击球时，球拍是从下向上运动并且手臂内旋使手掌向身体右侧翻转，就像棒球投手投球的动作。

● 发球常见错误、原因及纠正方法

	现象	原因	纠正方法
1	打不出旋转，摩擦不上	握拍不对	发上旋球或发侧旋球需用东方式反手
2	抛球左右前后偏离	使用了肘部和手腕	以左肩为支点，用手臂向上托举
3	抛出球往后勾	用肘和手腕带了球	以左肩为支点，用手臂向上托举
4	球经常下网，肘部伸不直	抛球高度不够，球距身体太远，挥拍慢，未在最高点击球，手腕下压过早过多	掌握抛球距离、高度，伸展肘部，在最高点击球，从下往上击球
5	球经常高飞出场外	抛球太后，击球点靠后，身体前压不够，手腕未下压	保持抛球位置正确，身体及时前压，手腕适时下压
6	发上旋球没有“搔背”动作	未屈身弓背	加强腰腹力量，年纪稍大者建议发平击球和侧旋球
7	发球加不上力	手腕及手臂肌肉紧张，动作不连贯	放松手臂、手腕，力争动作流畅连贯
8	击球后身体后仰	随挥臂未及时收到左腹	反复练习击球随挥
9	击球后球拍碰打左手	击球时左臂配合不好，未及时收到右腹	注意右臂动作，合理配合
10	肩部疼痛	动作过猛、过大，手臂过分伸直	控制力量，控制动作

第六节　接发球——后发制人的进攻手段

接发球基本技术

人们常说“最重要的技术是发球，其次是接发球。”

在网球比赛中，接发球和发球相比，毋庸置疑，发球更关键。但是，在和一个强大的发球者对抗时，如果不能控制住接发球，取得比赛的胜利是极其艰难的事情。也就是说，接发球的好坏也决定着比赛的方向。

接发球技术

1. 握拍与站位

距底线1米左右，双脚平行站位，与肩同宽，屈膝沉身，右手采用大陆式或东方式正手握拍，左手扶拍颈。判断来球准备接球时，迎上1 ~ 2步。如正手接，握拍不变；如反手接，及时换东方式反手。接一发一般站发球区中间偏右侧底线外（准备正手打），接二发一般站中间偏左侧（准备打反手或侧身正手）底线内。

2. 引拍

判定来球，决定用正手还是用反手接球，如对方发球不在左侧，则侧身对网，将球引入右侧前方，将拍引至侧身，转体同时或直线或斜线击球，引拍幅度控制不要太大，高不过肩，对方球速越快，转身引拍越快，幅度就越小。

3. 击球

身体下蹲，重心迅速前移，击球瞬间拍面垂直地面，手腕绷紧，保证在身前击球，后脚不要离地，保持身体稳定。

4. 随挥

击球后持球手臂顺势向左前方向挥动，动作不要太大。双脚随即跟上，以准备下一个击球。

接发球技术要领

1. 提前预判

提前判断对手发球落点的位置，充分准备并想好回球的方式和路线。提前判断和预测发球的因素有迅速掌握对手的发球习惯，观察对手发球站位（是靠中间或是靠边），看清对手抛球的位置等。

2. 接球过网是第一要素

只要接过网，就有50%成功的可能，特别是接一发，千万不可贸然发力、攻击，一般回斜线比较安全。

3. 接二发要灵活处理

在观察、了解了对手二发的能力后，有时可以向前站位，分散发球者的注意力，施加心理压力，迫使其发球失误。有时可根据对方二发较浅或速度较慢，可回斜线、直线或打脚下直接进攻。

4. 引拍大小取决于来球速度

对方发球的速度将决定有没有时间向后引拍，较弱的发球会有充分的时间引拍，增加击球力量。无论何时引拍，都要保证随挥动作完整。

5. 接反手位发球首选切削

发至反手位球不易进攻，特别是上旋球不好打，而切削回球比较安全。用反手切削接发球，需要短引拍，把球让在体侧，拍面在接触球的瞬间与地面垂直，转肩“打开”拍面击球，手臂保持伸直。击球动作不可过猛，拍面击球部位不合适，球容易飞出底线。

6. 合理运用双反回球

双手反手接发球可增加击球力量，稳定拍面。对方发出较慢的球将会有充分的时间向后引拍。击球要在腰部与肩的位置，手腕固定，手臂向外伸展，肘部自然弯曲。在挥拍过程中膝关节要稍屈，挥拍路线由低到高，保持身体平衡。

7. 回球线路原则

接发球的回球线路原则上是回对角斜线球。但如果对手发球上网，则一般多采用直线球破网。当对手的网前技术不强，不敢轻易上网时，也可回击一些斜线短球，迫使对手上网。接发球最保险的方向是打较深的斜线球或中路球。假如要打更多的进攻球，目标可考虑直线球、网前球、有角度的斜线球。

8. 进攻机会必须抓住

一般二发比较弱，特别是业余选手，二发球浅且速度慢。在这种情况下，早一点上前侧身将球击向底线或对角线上。这种接发球使对方不太可能上网，迫使他对手在前进过程中受阻；同时进攻性接发球要迫使对手处于防守，这样可以迅速上网控制网前，占据主动。

9. 盯球不盯人

接发球者从对手抛球开始，就要一直紧盯着球，要学会用眼睛的余光观察场上的情况，特别是当对手发球上网时，千万不可去看对手，而忽视盯球，造成接发球失误。

● 接发球常见错误、原因及纠正方法

	现象	原因	纠正方法
1	接发时紧张，定不下心	处于守势，心理被动	要树立攻守平衡的思想，用抖动手臂、大腿或者转动球拍等方法来消除紧张情绪。这些都是在接发球前自我放松的好办法
2	经常够不到球	缺乏预判，心中没底	注意看对手抛球时拍面是平的还是有角度的。如果有角度即为发侧旋球，可准备向场边移动
3	回击的球打不准甜区	眼睛未盯准球，挥拍慌乱	全神贯注，不要放松，早判断，早定线路

	现象	原因	纠正方法
4	回击球多下网	引拍动作大、慢，小臂下压早，站位不准	小臂下压不要过早，找准合适击球的位置
5	回球大都飞出底线	击球点靠后，引拍动作大	减小挥拍幅度，快速回拍，击球点在身前
6	机会球打丢	急于求成，动作变形，发力过猛	掌握节奏，保证每个动作准确，完整发力

第七节　高压球——乘胜追击的高空轰炸

高压球基本技术

高压球是网球比赛中最有杀伤力的攻击方法，也是最有效的得分手段。好的高压球技术不仅可以破解对方的挑高球防守，更能从心理上打击对手的信心。高压球一般分为前场高压和后场高压。前场高压和后场高压只有击球的位置不同，技术动作基本相同。

完整的高压球技术

1. 握拍与引拍

采用东方式正手或大陆式握拍。引拍时，转身左肩对网，屈肘，同时指向来球，随着球移动，一直到选好击球位置。

2. 移动与后撤

如果球很高，要用交叉步快速移动。先大步，后碎步调整，迅速接近目标。如果球越过头顶，不要匆忙起跳，先迅速向后撤两步，并屈膝准备起跳。移动要快，左肘对准来球，眼睛盯球。

3. 击球

开始引拍击球时，球拍在身体的后上方。转肩，头保持稳定。后脚向上起跳，用力击球。击球时手腕下勾加力，拍头高于手腕，击球点在身体前上方，充分伸展身体。

4. 随挥

击球后顺势下挥，后脚前移，保持平衡，让不持拍的手围绕着腰慢慢移动。身体落地的瞬间，重心随着持拍一侧的腿前移，随挥球拍到腰的另一侧。

高压球技术要领

1. 引拍小且从身前引拍

高压球动作与发球动作相似，但后摆引拍幅度没有发球时大，高压引拍多从身前引拍。

2. 高压球并不是从高处往下压

想把高空球打向对方场地深处，必须掌握从下向上挥的技术，以及手腕动作，也可以打出旋转球。

3. 脚先后撤再调整

在看到对方挑高球时，第一反应要准备后撤，根据来球迅速先用交叉步撤后，再从后往前碎步调整。可以多撤一些，因为向前移动比后退要容易。

4. 击球点保持在头上稍靠前的位置

击球点保持在头上方稍前一点即可，不可太靠前，否则会下网。

5. 以肘关节对球

巧妙使用左臂，及时将左肘关节对着来球，比用左手指球更能准确判断来球落点的位置，同时更有利于自然转动肩部，准确击球。

6. 打高压球整个动作要干脆、果断

切记力量不是主要的，首要是安全打到对方场地，其次是选择深度、角度和落点（空当）。

提示：

调整步法，及时找准击球位置就像在收音机搜索频道一样，先大幅度地转动调频器，待至附近位置时，再微调精确位置。

● 高压球常见失误、原因及纠正方法

	现象	原因	纠正方法
1	来球看似能打着却够不着	判断失误	遇短距离的挑高球，先往后撤步，再迎上前去打
2	经常击空	眼睛未盯住球，击球节奏不对	看准来球，正确掌握击球时机和击球点
3	击球经常下网	击球点太前，手腕压得过早	调整击球点，注意手腕动作
4	球经常高飞出场	击球点靠后，未及时撤到位	宁可多撤，不可不够
5	球飞出右场外	未侧身	及时侧身转动

第八节　特殊球——机动灵活的秘密武器

挑高球

挑高球是比赛中经常使用的战术性技术，是当对手封网压迫时或在底线被动接球时使用的一种技术。

按功能分，挑高球可分为防御型挑高球和进攻型挑高球。在被对方逼至底线，并处于被动时，为缓冲对方的攻击，有意将球高挑至对方底线，称防御型挑高球；在对方上网截击封网时，有意将球挑过对方头顶和身后，破坏对方节奏，赢得场上主动，称进攻型挑高球。

按击球方位来分，可分为正手挑高球和反手挑高球，反手挑高球又分为单反挑高和双反挑高。

○ 正手挑高球

1. 握拍与引拍

采用东方式握拍。向后早引球拍，转肩，有效地击打球的下部。如果来球很低，要屈膝向前移动，准备姿势低一些。

2. 击球

当球开始下落时，向前一步转肩，拍面打开向前上方挥，使球超过对方的触球范围，在身体前击球，并继续向上挥拍，形成完整的上升姿势。

3. 随挥

当球拍继续向上方挥动时，腿要伸直，用另一只手维持身体平衡，球拍停止在随挥的高点上。好的随挥动作有助于挑高球，打完挑高球后，要回到适当的位置，保护好自己的场地。

持拍手要掌握好松紧程度，要将力量有效地用在击球的瞬间，其他时间要松弛。

正手挑高球

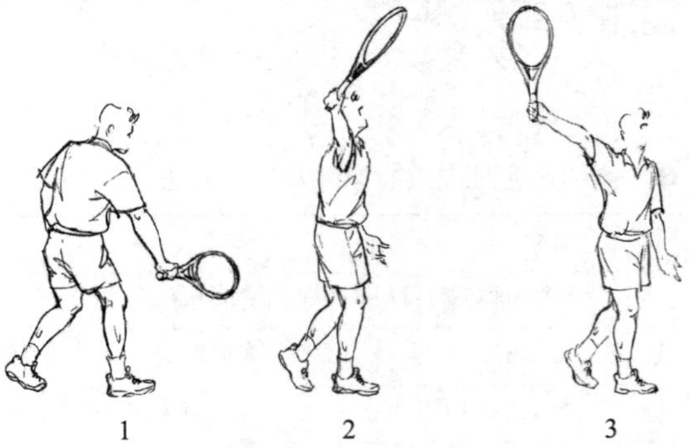

单反挑高球

○单反挑高球

1. 握拍与引拍

握拍同单反击球，快速移动，并用另一只手扶拍，向后早引拍，眼睛看球。

2. 击球

挥拍击球的下面时，要保持拍面打开的状态。

3. 随挥

随球向上挥拍，伸膝，使球打得更高。

提示：

挑上旋高球在触球的瞬间挥拍速度要快，瞬间擦击球给球施加强烈的上旋。从引拍时屈膝，降低腰部的准备姿势开始，像推铅球似的利用下肢的蹬伸迅速向上提拉挥拍，随挥动作同样要长，这样才能打出落地后弹跳高的上旋高球。

● 挑高球常见错误及纠正方法

现象	纠正方法
1 挑的高度、深度不够	站在底线，原地进行多球练习，将球击高击深，不要怕出底线。跑动中完成挑高球的练习
2 挑球忽高忽低、忽远忽近，控制不好	进行无球挥拍或多球练习，球拍跟进动作要及时、连续。改进并掌握完整动作
3 挑出的球轻飘无力	适当加大握拍力量，在球拍触球瞬间更要握紧球拍，绷紧腕关节
4 挑出的球缺乏上旋或上旋力量不强	多做模拟练习，使拍头低于手腕，手腕后屈，加强腕部控球力量，完成弧线上拉

放小球

放小球是一种不用力的击球，也称为“触击球”。放小球可把对方调动到网前，然后打穿越球或挑高球。放小球不仅仅是为了直接得分，还是为了调动对方在场上的移动，从而赢得主动。

放小球有两大特点：一是隐蔽性，二是突然性。放小球经常会产生奇效，但放小球需要较高技巧，主要是手感，要靠多年磨炼才能掌握。

放小球可分为正手小球和反手小球，不同的放小球有不同的技术和方法。

○ 正手放小球

1. 握拍与引拍

当放短球时，使用击打落地球的握拍方法，或用大陆式握拍来增加旋转，向后高引拍，比截击球的引拍动作要大一些。一般在中前场放小球。

2. 前挥

当球拍向前挥动时，握拍要放松，拍的底边在前面，直接向前下方挥拍，保持拍头高于手腕。动作像底线击球，以使放小球具有隐蔽性。

3. 触球

当球拍要接触球时，打开拍面，用球拍的底边去切球，使球产生向后的旋转，击球后要保持放松握拍。

正手放小球技术

4. 随挥

随着球和球拍渐渐分离，球拍继续前挥，高于球网，拍面对准击球方向，非持拍手帮助保持平衡。

放小球时手感要柔和。网前回低位球，完全下蹲，拍面垂直地面，无引拍和随挥，完全借力凭手感将球反弹轻落过网。

○ 反手放小球

1. 握拍与引拍

使用反手旋转球的方法握拍，转肩，向后高引拍，眼睛注视着来球。要避免在后场放小球，等待中场时机再放。

2. 触球与随挥

用球拍的下边缘摩擦球的下部，然后向前挥拍。保持拍面打开，这样可使球容易过网。向前随挥球拍，在身体的远端触球，击球点向前一些，保持拍面方向。同时头部稳定，另一侧肩向后。拍头对准击球方向。非持拍手帮助保持平衡。

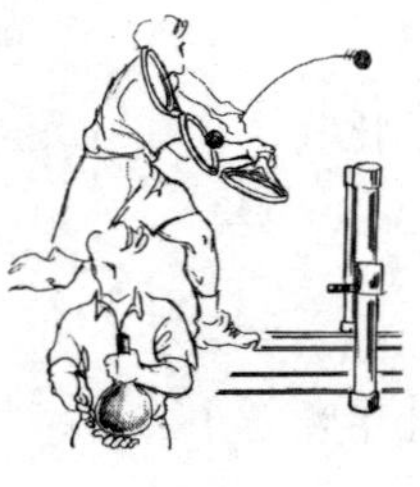

提示：

像图示那样，体会用右手掌顺着左手拿着花瓶的底部摩擦滑动的感觉，以这样的感觉使球拍潜入来球的下方摩擦击球。反手放小球时，基本动作与正手一样，只不过是好像用右手的手背去摩擦花瓶底部。

反手放小球技术

● 放小球常见错误与纠正方法

现象	纠正方法
1 经常被对方猜中	在触球前的一刹那再打开拍面，动作自然、柔和。要有隐蔽性，不能暴露意图。通过反复练习，才能掌握好时机
2 经常被对方截击	放小球最佳位置在中前场，因为它离网近，线路短，容易控制。在没有把握的情况下，不要放小球
3 经常下网	在底线放小球，距离太远，不易控制，或手腕过早泄力。加强手感练习
4 小球放得太远	缺乏对球的控制，或准备不足，用多球练习
5 小球放得太高	击球位置不准确，犹豫不决或决定太晚，多进行定点练习

Chapter 17

第十七章 | 制胜法宝

第一节 战术与规则

比赛是网球技术水平最直接的体现方式。通过比赛，可以直接反映技术的差距，为下一步训练指明目标和方向，从而促使技术提高。同时，网球最大的乐趣也在比赛之中，提高网球比赛水平是每一位网球爱好者的心愿。目前网球技术书较多，介绍的技术、打法五花八门，而比赛中，情况千变万化，异常复杂。为了叙述简明扼要，易懂易学，这里按发球局、接发球局的基本形式，对网球比赛单打战术、双打战术做一些简单介绍。

单打战术

（一）发球局

○ 发球上网战术

是利用发球的力量、速度、旋转与角度使对方被动接球，并随着发球所获得的优势直接上网截击的战术。

右区发外角球：利用速度较快的平击发球或侧旋球发向对方外角（使对方基本在外场回球），发球后快速跑至发球线中线偏左侧的附近，以拦对方正拍直线球或角度不大的斜线球。

右区发内角球：利用大力平击发球或上旋球控制对方进攻，发球后快速向中场附近跑动，判断对方击球角度并伺机截击对方回到中场附近的球，回球目标应向着对方底线的两个角，尽量打深。

○ 随球上网战术

是当对方接发球出现质量不高的中场球或落点较浅的球时，利用正拍或反拍抽出较大角度和较深落点的球，并随机上网的战术。随球上网战术要做到看准时机、果断上网，主动创造机会，争取进行第二次截击得分。

○ 底线对击战术

是当对对方威胁不大、难以创造上网机会时，就应坚持打底线对击的战术。发球后及时后退至底线外，根据对方回球及时选择和调整前后左右位置。快速靠近球，在击球后快速回到发球线与中点线位置上。

○ 防守反击战术

一旦能够在场上的任何位置轻松移动和击球时，就可以考虑怎么进攻。开始阶段多打一些直线球或者斜线球，改变击球过网的高度，同时多打旋转球，争取改变球的方向。特别是当对方回球质量不高、速度不快、位置不好时，要利用正手大力抽击大角度深球，以创造得分机会。

○ 变换发球战术

变换发球，使对手捉摸不定。例如，关键分发追身球；在右区发球时，发外角侧旋球；在左区发球时，发中路侧旋球；发平击球时，发左右区的内角；发上旋球时，在左区发内角，在右区发外角。

○“保护二发”战术

弱的二发常常会受到对手的攻击。保护二发的最好手段是发向对方的反手，使对方难以发起攻击，此时用上旋球较合适。同时，发球后一定要留在后场，随时准备接好对方的深球。

（二）接发球局

○ 站位

根据对方发球速度确定站位。一般在接一发时站底线附近，接大力平击球时在底线外一米以上。接二发站底线以内，适当靠前，站发球线中点偏右。准备动作远离底线一二步，接球时前进一二步。回合中，不上则下，切忌站底线与发球线间的死亡区。

○“安全”战术

接一发时要稳，力求不让对手一发轻易得分。安全接过，就有50%的成功率。对付大力发球时，采用挡球式接发球，球落地后提前击球。迎上去挥拍击球，而不是撞击。用正确的转髋和转肩动作向后引拍，动作要小。

○ 接发随上战术

此战术主要针对对方二发。由于二发无论从力量上还是从速度上都要小于一发，所以二发的威胁性比一发要小得多，有利于接发球方。接发球上网战术要求要有较快的反应速度和起动速度，而且接发球一般打球的上升期，尽快上网封堵对方的回球，取得主动。

○“接死”战术

对于快速的一发平击球（正手或斜线），应早做判断，降低重心，快速正手推挡或击反弹球，回至对方右斜角，出其不意，可置对方于“死地”。或对外角侧旋发球早做准备，拉出更大斜线球，使对手反应不及。

○ 攻击二发战术

攻击二发时，当球上升至肩高时击球，以保持场上的主动，用正手侧身攻或跑动中正手打直线球或斜线球。应有攻击二发的意识，动作要稳、准、狠，操之过急反而容易失误。

○ 坚持打弱、打持久战术

选择攻击对方弱点，多打对方反手，特别是打反手方深球、高球比较有效。要耐心打重复球。多次重复，往往是最后的获胜者。

（三）单打比赛基本要则

○ 发球“FBI”原则

即“First Ball In”（第一发必须有效）。一发有心理优势，接发球者处于守势，即使发球速度不是很快，也可给接发球者造成心理压力。只要发球不失误，就可占据主动。

○ A区发外角原则

通过发外角侧旋球，可调动对方到场外，从而有大部分空当可以攻击。

○ 二发发反手原则

一般二发较慢，力量也不大，很容易受到对手攻击。一般反手击球比正手弱。加旋转的高于腰部的来球不好处理。因此，如果二发尽可能用侧上旋发向对方的反手，十分有利于扼制对手的攻击。

○ 接发“过网定律”

无论怎样的发球，只要接过网，就有50%的成功率。或用推挡或回高球，特别是在业余比赛中，把难题交给对方，是一种安全的方法。

○ 回球“打深”原则

越深的来球，身体调整越困难，回球越容易失误。因此，回球要尽可能深一些，特别是打向对方反手位的深球威胁更大。

○“避风险”定律

回合中，如没有太大把握，尽可能回击对方中路，一方面可造成“追身”，一方面可避免出边界，这是安全的选择。

○“正手优先”原则

对一般选手而言，正手技术比反手技术水平高，失误小。要扬长避短，能选择正手，尽可能用正手。

○“发球退守”原则

如果不是打发球上网和随球上网战术，发球后切记要将进入场地的身体及时撤到底线后，前移的重心调整到后腿，以便及时回击对方打过来的深球。

○ 变换节奏、打法

在对击回合中，不能总用一种节奏，更不可跟着对方的节奏打。适时将速度放慢，适时将速度加快，适时放小球、打小斜线或挑高球等都是制胜法宝。

○“难易”原则

曾执教过阿加西、罗迪克的著名教练吉尔伯特在其《丑陋的胜利者》一书中写道：“好球员通常只打他们比较有把握的球。”斜线容易直线难。击斜线时，身体容易调整，同时球网中间低（0.914米）好打；直线球对身体调整要求高，边网（1.070米）比中网高出0.156米，相对难打。

○ 明确优势，树立风格

要清楚个人的技术优势，在对击回合中，要千方百计使对方将球回到最适合发挥自己技术的位置，用自己最擅长的、最有把握也是最有效的手段得分，从而形成自己的技术风格。

○ 减少失误最为重要

吉尔伯特说过：“你不输，对方就赢不了；对方赢不了，你就赢了。”比赛首先是自己与自己的对抗。

双打战术

（一）发球局

○ 发球局站位

（1）前后式站位，在各种级别的比赛中都比较常见，是大多数运动员采用的站位。前后式站位的特点是网前队员以控制自己一侧的对方直线回球为主，并伺机移动力争网前截击。网前队员可根据发球队员线路变化进行适当的位置调整。一般在二发时，网前队员要适当后撤以更好地判断对方来球。

（2）澳式发球站位，其特点是网前的队员位置更靠近中线。它的优点就是对中线附近的球控制增强，不足是运动员在起身接球时动作易受影响，另外左右两边空当过大，一旦发球失去控制和威胁，则会给对方留下破网的空当。

○ 发球局打法

（1）发球人控制底线，同伴网前截击球（前后式打法）。主要适用于底线球技术好、威胁大并能为网前同伴制造得分机会的队员发球轮次。其战术特点是底线队员回球具有扼制对方进攻的能力，并在回合球中占据主动，可底线直接得分，可创造机会由网前队员截击绝杀。

（2）发球后上网（双上网打法）。此战术要求发球队员一发成功率要高，可以有意识地降低一发的速度与力量，转而以落点和旋转控制住对方，为自己上网创造条件。网前队员在守好自己一侧的基础上也要根据对方回球积极移动，抢网截击。

（3）发球后抢网截击（双上网打法）。网前队员在本方队员发球后，快速跑向自己站位的另一侧，截击对方回球。运用此战术时要与网前队员形成默契，可以利用网前队员在背后做的手势作为抢网战术实施的信号。此时，发球队员要迅速跑向另一侧，对网前队员留下的空当进行补位防守，以防对方突然打出直线球。

（二）接发球局

○ 双底线站位战术

接发球方队员均在底线回合球中控制对方进攻并伺机上网。这种战术主要是针对对方发球威胁大，容易给接发球搭档造成截击机会的情况，接发球方搭档在底线容易判断和回击对方的来球，是防守的有效战术。

○ 前后站位战术

接发球者控制好底线球，网前队员伺机截击。这种战术是大多数中等水平以上选手采用的战术，前提是对方发球不是很快，己方接发球有一定能力，可保证回斜线避免对方网前截击。这种战术可攻可守，容易掌握主动。缺点是万一接发质量不高，容易被穿越或使网前搭档被动挨打。

○ 双上网战术

接对方发球后随击球动作上网。这种战术最大的优势是可以造成对方的心理压力，以确立进攻优势和网上优势。对网前截击、高压等技术要求较高，要随时防止对方挑后场高球及中路穿越。

○ 抢网战术

网前队员根据接发球队员接发球情况，在出现机会时抢网截击。这种战术对对方威胁大，易主动进攻，但风险也大，对网前和后场高压要求很高。

（三）双打比赛基本要则

单打比赛中的一些基本要则，如“FBI”发球原则、右区发外角原则、二发发反手原则、接发“过网定律”、“强攻二发”等均适用于双打比赛。但是，双打更强调的是跑位配合、技术互补。

○ 站位原则

要扬长避短。第一，正手好者站右区，反手好者站左区。右区接发球多于左区，故接发球较好者站右区。第二，关键球多在左区（如比分在30：40或40：30时，或局点、破发点时），故左区应由技术水平稍高，心理素质较好者担当。第三，如持拍手为左、右手搭档，一般左手打右区，右手打左区，但也有调过来站位的，因为这样有利于中路的防守。

○ 分工原则

双底线站位时，基本是各自负责各自半场。前后站位时，前场负责抢网攻击得分，救近网小球，后场负责底线攻击为前位创造截击机会，同时负责补位。此种站位切忌两人站同一条线上。双上网打法时，发球和接发者相对同伴稍后一点，承担更多责任。

○ 控制网上原则

网口是双方前沿阵地，谁控制网口谁就能占据主动权，只要有机会就应坚决抢网，只要有能力就尽可能打双上网。

○“高空第一”原则

对于半场高空球或后场高空球，尽可能扣杀（高压、高空截击），少打下落球。

○“让强避弱”原则

对于中路来球，一般让左区的正手选手去打，如果右区实力更强，则应让右区选手去打，“强者正手优先”，思想上要明确。

○“中心理论”原则

进攻时，特别是面对双上网封网、对手打穿越时，要坚持打两人中间，这是防守最薄弱的环节，最易突破得分。

○“打脚下”原则

在网前截击时，面对前后站位的防守者，截击方向不要对后者。要坚持打网前者的脚下。

○“眼盯球，向前看”原则

无论前后站位还是双上网站位，在对方回球、搭档跑动击球时都要全神贯注盯住前方，而不要看伙伴。要全力盯住对方的击球动作和来球，用余光观察场地情况和形势。

○ 交流与鼓励原则

争取每局、每分后及时交流。失误后要互相安慰，好球时要鼓励，保持斗志、信心是获胜的重要因素。

比赛基本规则

根据国家体育总局审定的《网球竞赛规则》，网球比赛中的主要规则归类简介如下：

（一）发球

1. 发球站位

发球员在发球前应先站在端线后中点和边线的假定延长线之间的区域里。然后用手将球向空中任何方向抛起，在球接触地面以前用球拍击球，球拍与球接触时就算完成球的发送。发球时，发球员在整个发球动作中不得通过行走或跑动改变原先站的位置。击球前不得踩踏端线。

2. 发球顺序

经过挑选（一般用掷币），一方发球后交替发球。在平局决胜局的接发球方在下一盘首先发球。

每局开始，发球员应先从右区端线后发球，得或失1分后，再换到左区发球。如果发球位置错误而未察觉，比分仍然有效，一旦发现，应立即纠正。

3. 发球有效区域

发出的球应从网上越过，落到对角的对方发球区内，或其周围的线上。如果发出的球在落地前被接球员击打，判接球员失误。

4. 发球无效

发出的球触到了网带、中心带或球网后落在发球有效区域或在球下触及网带、中心带或后球网后落地前触及接发球员或其同伴的身体及其所穿、所携带的物品，则此发球无效，重发。发球时对方未准备好或受干扰，则此球重发。

5. 第二次发球

第一次发球失误，可有第二次发球机会。发球员第一次发球失误后，应在原发球位置进行第二次发球。如第一次发球失误后，发现发球位置错误时，应按规则改在另一区域发球，但只能再发一次球。

6. 发球失分

（1）违反了站位规定或发球时踩线（脚误）。

（2）抛球后试图击打而未击中球。如果发球员向上抛球，又不准备击球而用手将球接住，不算失误。

（3）发出的球，在落地前触及固定物（不含球网、中心带）。

（4）发出的球（第二次发球），未落在有效区域或下网。

7. 发球得分

（1）接发球方未触及发来的有效球，也称ACE球。

（2）接发球方在来球未触地前先触球（身体及物体）。

（3）接发球方在来球触地后未能回到对方场地内。

（4）发出的球（不属于重发情况下）触及接球方衣物或携带品。

8. 平局决胜局发球顺序

先由发球员发第一分球，然后由对方发第二、三分球，此后轮流各发两分球直至比赛结束。第一分球发球员在右区发，换对方发第二分球时，先在左区发，第三分球在右区发。双方得分之和为6时以及决胜局结束都要交换场地。

（二）接发球

1. 接发球者做出准备姿势，发球者就可发球。

2. 接发球者表示尚未准备好，未发到发球区的发球也不算失误，在二发时不能算接发球者得分。

3. 接发球者只能在球落地后还击。

4. 接发球者可以在自己球场一侧任何地方接发球。

（三）有效击球

1. 击出的球触及球网、网柱、单打支柱、绳或钢丝绳、中心带或网边白布后，从网上越过落入对方场区内，为有效击球。

2. 对方发出或还击的球，落到本方有效场区内又反弹回去或被风吹回对方场区上空时，本方运动员挥拍过网击球，球落到对方场区内，其身体、衣服或球拍并未触及球网、网柱、单打支柱、绳或钢丝绳、中心带、网边白布或对方场区的地面，为有效击球。

3. 球从网柱或单打支柱以外还击到对方场区（不论还击的球是高于或低于球网，还是触及网柱或单打支柱）均为有效。

4. 合法还击后，球拍随球过网，为有效击球。

5. 对方发出或击出的球碰到场区内的另一球，而还击的运动员仍能回球到对方场区内，为有效击球。

6. 击出的球压在端线或边线上为有效还击。

7. 击出的球，落到对方场区地面后再触及固定物（球网、网柱、单打支柱、绳或钢丝绳、中心带、网边白布除外）时，判击球者得分。

（四）运动员失分

如果运动员出现下列情况将失分：

1. 球从发出的那一刻开始成为活球，在活球状态下，在球连续两次触地后击球。

2. 在活球状态下的回击球在落地前触到了对方场地界线以外的地面、固定物或其他物体。

3. 截击球失误，即使站在场地外面。

4. 故意用球拍拖带或接住处于活球状态中的球，或故意用球拍触球超过一次。

5. 在活球状态下，球拍（无论是否在他手中）或穿戴、携带的任何物品触到球网、网柱、单打支柱、网绳、钢丝绳、中心带、网带或者对手场地的地面。

6. 在球过网前就截击（过网击球）。

7. 在活球状态下的球触到了除手中的球拍以外他的身体或他穿戴、携带的任何物品。

8. 抛拍击球并且击到球。

9. 在比赛进行中，故意做出妨碍对方的举动，阻碍对方击球。

10. 对于明显的出界球，无论接球员在场内还是在场外，只要接触到在空中的球，球仍处于活球期，如击出对方有效区或下网，均判其失分。

（五）双打规定

单打规则原则均适用双打，此外双打也有其规则。

1. 双打站位要求

网球双打比赛中的运动员，除发球员发球时的站位有特殊要求外，其他运动员可以站在自己场地一边的任何位置上。

2. 双打发球次序

每盘第一局开始时，由发球方决定由何人首先发球。对方则同样在第二局开始时，决定由何人首先发球。第三局由第一局发球方的另一球员发球，第四局由第二局发球方的另一球员发球。以下各局均按此次序发球。发球次序错误，应在发现时立即纠正，但已产生的分数均有效。

3. 双打接发球次序

先接球的一方，应在第一局开始时，决定何人先接发球，并在这盘单数局中始终先接发球。对方同样应在第二局开始时，决定何人先接发球，并在这盘双数局始终先接发球。他们的同伴应在每局中轮流接发球。接发球次序错误发现后仍按错误的次序进行，等到下一接发球局再纠正。

4. 双打还击

接发球后，可由其中任何一名队员还击。如球员在其伙伴击球后，再次以球拍触球，则判对方得分。

5. 平局决胜局发球次序

轮到发球的运动员在右区发第一分球，此后每方轮流交替在左、右区发两分球，发球次序仍按该盘比赛中原先的发球次序轮换，直到决出该局及该盘的胜负为止。

（六）连续比赛与休息时间

1. 第一次发球失误，发球员必须毫不犹豫地开始第二次发球，接发球员必须同时准备好接发球。

2. 当外界有干扰使比赛无法连续进行时，裁判员可以酌情处理。分与分之间间歇时间不得超过20秒。

3. 交换场地时，从上一局结束到下一局第一分发球开始，最多有1分30秒的间歇时间。

4. 如因事故而受伤，裁判员可允许一次暂停（3 ~ 5分钟）。

5. 男子比赛在第三盘打完之后，女子比赛在第二盘打完之后，双方球员可以有不到10分钟的休息时间。

6. 运动员做准备活动的时间，一般不超过5分钟。

（七）更换新球

一般比赛在11局结束后更换新球。各项比赛组委会有权决定换球的局数。

（八）指导

团体比赛中，在交换场地时，可由坐在场内的教练给以指导，但在决赛换边时不得进行指导。在其他比赛时，运动员不能接受指导。

比赛判例

（一）站位与发球、接发球

【例1】接发球员是否必须站在场内接球?

答：接发球员在自己球场一侧，可站在任何位置接球。

【例2】单打比赛中，发球员可以站在端线后、单打边线与双打边线的假定延长线之间发球吗?

答：不可以。

【例3】发球员向上抛球准备发球时，又决定不击球而将球接住，是否算失误?

答：不算失误。

【例4】发球员可否下手发球?

答：可以，对所采用的发球种类，无任何限制，即发球员可下手发球也可上手发球。

【例5】发球方发球，第二发球擦网在落地前触及接发球方衣物，主裁应如何判定?

答：判第二发球。

【例6】发球时，球拍从发球员手中飞出，在球触地面前触网，这是一次发球失误还是发球员失分?

答：发球员失分。因为在活球期间球拍触网。

【例7】甲乙和丙丁比赛，甲发球给丁，丙在球着地前触网，然后由于球落在发球区外，如何判罚?

答：应判丙、丁失分。因为在活球期间，丙触网。

【例8】发球方第一发球，在他触及球之前，端线司线员叫脚误，发球员继续做动作将球打下网，如何判?

答：重发第一球。在球未被击出之前不能成为脚误，因此该呼报是失误并干扰了发球方。

【例9】在平局决胜局中，运动员甲错发了运动员乙的第二分球。在该分结束后发现了这个错误。如何处理?

答：比分有效。现在该由甲来正常发两分球。

【例10】运动员的第一发球被司线员叫出界后又被更正，主裁将这一分判给发球方，接发球方不同意，主裁能改判该分重赛吗?

答：主裁不能因为运动员的申诉而改判，应判发球方得分。

【例11】单打比赛在双打场地上进行，使用了单打支柱，发出的球触及单打支柱后落入规定的发球区内，是应判失误还是判重发球？

答：判失误。因为单打支柱、双打支柱以及其间的球网、网边白布均系固定物。

【例12】发球员错区发球，失分后提出站位错误应判发球失误，该如何处理？

答：比分有效。下次发球应按正确的站位进行。

【例13】比分为15∶15时，发球员站错位置在左区发球，得了该分，然后到右区发球，第一次发球失误后发现发球位置有误，先前所得的1分是否有效？第二次发球应该站在何处发？

答：原先得分有效，比分是30∶15，该改站到左区发第二次发球。

【例14】第一次发球失误，这时一个球从另外一个场地滚过来，如何判？

答：如果运动员已经开始第二发球的动作，那么应该给他第一发球的机会，因为清除该球时间过长而打乱了发球方的节奏。在其他情况下则应为第二发球。如果运动员已经看到来球还继续发球的话，则只能是第二发球。

【例15】在决胜局时，某方运动员的发球次序错误，是否在发现后仍按错误的发球次序轮流交替进行，直到该局结束时止？

答：如运动员已发完该轮次球，则按错误的发球次序轮流交替进行下去。如该运动员尚未发完该轮次球时，发现错误后应立即纠正发球次序，原先比分有效。

【例16】双打比赛中，发球员的同伴或接发球员的同伴是否允许站在妨碍接发球员视线的位置上？

答：可以。发球员的同伴或接发球员的同伴可以按其意愿站在自己一侧球场内外的任何位置。

【例17】站在发球区外的运动员，在对方发来的球落地前被击中，他是得分还是失分？

答：被击中的球员失分（球擦网后被击中视为发球无效，重发）。

【例18】发球员发球直接得分，接发球员宣称没有准备好，应重发球，该如何判定？

答：应判发球方得分，除非裁判员确认接发球员未做好准备，才可判重发球。

【例19】双打比赛中发球方是否一定要站在中点和单打边线的假定延长线之间区域内发球？

答：双打发球方可站在中点与双打边线之间的任何地方发球。

【例20】第二次发球，司网员呼报“擦网”，发球线司线员呼报出界，然后又更正为好球，如何判？

答：重发第二次发球。

【例21】第一次发球擦网后，弹向底线，在球落地前，接发球员用球拍弹给球童，如何判？

答：第一发球。

（二）比赛进行中

【例22】运动员击球前或击球后超过了球网的假定延长线，是否判他失分？

答：不判失分。只要他不进入对方场区内即可。

【例23】甲方运动员还击失误，裁判员未判，比赛继续进行，乙方运动员可否在往返对打结束后，声称他（她）应得这一分？

答：不可以。甲方还击失误，但如果比赛继续，乙方就不得有此要求。

【例24】当球反弹后回过网去，追击该球的一方过网击球，但受到对方阻碍未能击球，应如何判决？

答：裁判员可判受阻方得分或令该分重赛。

【例25】运动员可否要求将停留在对方场区内的球取走？

答：可以，但不得在活球期间进行。

【例26】一方在击球过程中触碰了对方，是否应判罚？

答：不。除非裁判员认为是故意行为时应判罚。

【例27】若击球无意连击，是否构成影响对方击球的动作？

答：不是。

【例28】在比赛中一名观众叫“OUT”（出界），运动员停下来并申诉说干扰，如何判？

答：判该运动员失分。

【例29】运动员站在场区外还击空中球或用手接住球，声称他应得此分，因该球明显出界，可以吗？

答：如果他用手接住球，判他失分。如果他击空中球失误，判他失分。如果他还击球为有效还击，则比赛继续进行。

【例30】接发球员在对方发球未落地前击球，是否判失分？

答：判失分。

【例31】在相持中，球是否必须从网上越过到对方场地？

答：不一定，球也可以从网柱外高于或低于球网落入对方场地。

【例32】一方运动员还击，球触及裁判员或裁判椅，他称该球正向场内飞入，应如何判决？

答：判击球者失分。

【例33】发球或相持过程中，球触及停留在场内的另一球，是否就此判得分或失分？

答：比赛应继续进行。如果所碰球是外场进来的球时，应重赛。

【例34】如果裁判员或司线员错报，继而又予以纠正，两项判定何者有效？

答：应判重赛，并给两次发球机会。如果裁判员认为双方运动员在击球中均未受到影响，则纠正的判决有效。

【例35】甲削球刚过网，球又反弹至甲场区，乙够不着球，抛拍击球，拍与球一起落入甲方场区内，甲这时回球出界，乙失分还是得分？

答：乙失分。

【例36】在平局决胜局，比分4–3时发现没有按规定交换场地，该如何判决？

答：立即交换，比分有效。

【例37】活球期间拾球员拾球阻碍了运动员的击球，该如何判定？

答：因拾球员拾球属意外阻碍，因此判重赛。

（三）赛场

【例38】在一分结束后，运动员要求该分应重赛，因为球软了不能打。

答：比分有效。软球不能作为重赛的依据，即使主裁认为有必要更换该球。

【例39】运动员的减震器从球拍上飞出触到球网或落到对手的场地上，如何判?

答：如果在一分球进行过程中，该运动员失分。减震器被认为是球拍的一部分。

【例40】比赛进行中，某运动员的帽子、毛巾或球从他口袋落到自己场上，如何判?

答：主裁应呼报“重赛”，重赛此分。

【例41】在比赛中，如果运动员因脚滑而滑到网下并没有触到网，能认为是触网吗?

答：不能。如果运动员没有真正地接触到球网就不能认为是触网。

【例42】在单打比赛中运动员跑动中救一个小球并将球回击到对手的场上，然后他触到网柱与单打支柱之间的球网，如何判?

答：比赛继续进行，这部分球网被看作是永久固定物。

【例43】一个向场外飞出的球，触及网柱或单打支柱而落入对方场区内，是否属于有效还击?

答：如果是发球，不属于有效还击。如果是回击来球，则属于有效还击。

【例44】甲方运动员打一个高压球，落在乙方场区内，球反弹得很高，触及球场上空的树枝，但不影响乙方击球，乙方将球回击过去，应如何判?

答：应判乙方失分。

【例45】甲方运动员挑高球，球在落地前触及球场上空的树枝，但不影响乙方击球，乙方将球回击过去，应如何判定?

答：应判甲方失分。

（四）裁判

【例46】司线员判球出界后，运动员声称他的回击球是好球，主裁可否改变司线员的判定?

答：不可以。主裁决不能因为运动员的抗议或申诉而进行改判。

【例47】一个球印外沿紧靠在边线外沿，在球印与边线之间没有间隙，这种情况应如何判定?

答：判为好球球的任何部与线的外沿接触均视为好球，否则，视为出界或失误。

【例48】甲方向前拦击球时，乙方将球击到甲方的后场，甲方无法追到此球，主裁报“出界”，又立即更正为好球，并判乙方得分。甲方以干扰为由提出重赛，是否可以?

答：不可以重赛，判乙方得分。前提是甲方确实无法追击到此球。

【例49】主裁判重赛，但某运动员声称该分不该重赛，可否请裁判长做出判定?

答：可以。裁判长做出判定是最后的判定。

【例50】如果主裁认为相持球过程中有一明显错误，可否在这一球结束时，改判司线员的判定?

答：不可以。裁判员只能在发现错误后，立即改判司线员的判定。

【例51】裁判员已报分，司线员可否改变他原来的判定?

答：可以。如果司线员发现自己判错，只要立即呼报“更正”就可以。

（五）伤、停

【例52】在准备活动期间，某一运动员突然受伤，使比赛无法开始。当3分钟意外伤害事故治疗结束后，该运动员仍无法开始比赛，此暂停能否继续延长？有时间限制吗？

答：不能延长暂停时间。受伤运动员若不能按时开赛，将视为弃权或取消其比赛资格。

【例53】在男子网球比赛中，对运动员意外伤害事故暂停何时开表计时？

答：有以下两种情况：一是当运动员受伤后，要求立即暂停时。二是等待大会医生到场并开始治疗时。

【例54】某运动员脚踝受伤，给他一次伤害事故暂停。5局以后，他的脚踝又一次受伤，他要求给他一次伤害事故暂停，可以吗？

答：允许他的要求，再给他一次伤害事故暂停。

【例55】一场三盘两胜的男子比赛，某运动员已去过一次厕所。他告诉主裁，下一次换边时，希望再去一次厕所。

答：主裁可以允许运动员去，但是必须告知运动员，任何超过90秒的延误，均将按罚分表处罚。

【例56】主裁给运动员违反20秒的时间准则警告，运动员申诉说他应该有额外的时间，因为有观众在移动找座位。

答：违反20秒的时间准则警告有效。比赛不应因为观众移动找座位而中断，除非主裁认为这种移动是故意影响或者是在较低位置上时，所以主裁应时刻观察赛场情况。

（六）其他

【例57】虽然在比赛前已决定并宣布采用长盘制，但是在这一盘比分为6–6时用平局决胜局计分制比赛，试问已得分数是否有效？

答：如果在第二分球尚未开始发现此错误，则第一分有效，则应立即纠正错误。如果在第二分球已开始比赛后才发现此错误，则继续按平局决胜局计分制比赛。

【例58】虽然在比赛前已决定并宣布采用平局决胜局计分制，但是在这一盘比分为6–6时用长盘制比赛，试问已得分数是否有效？

答：如果在第二分球尚未开始发现此错误，则第一分有效，则应立即纠正错误。如果在第二分球已开始比赛后才发现此错误，则继续按长盘制比赛。如果此后本盘比分到8–8或更高比分时（即10–10、12–12…），则应采用平局决胜局计分制。

【例59】违反“行为准则”三级处罚的内容有哪些？

答：第一次给予警告，第二次给予罚分，第三次取消比赛资格。

第二节 “武器”与装备

球拍的选择

“工欲善其事，必先利其器。”打网球或参加网球比赛，首要的是选好武器——球拍。

如今，高科技迅速被广泛应用于球拍制造业，各厂商不断推出采用各种最新材质、外形和重量不一、价格各异的球拍。要选择适合自己的球拍就必须了解球拍的性能、特点。

○ 球拍材质

网球拍的材质有木质、铝合金、碳纤维等。目前市场上由碳纤维制成的球拍几乎占领了网球拍市场，它轻巧、耐用、弹性好。随着科技的发展，制造商也将现代高科技材料用于制造网球拍，如在拍中加入少量的玻璃纤维、硼、石墨、凯夫勒、瓷料、钛、纳米等。但所加的量极少，主要成分还是碳纤维。

加玻璃纤维的球拍，其硬度会降低，虽然重量不会减轻，但降低了造价；加硼是为了增加球拍硬度；加凯夫勒则能增加球拍的韧性；加入钛合金能减轻球拍的重量，增加球拍的硬度。有的材质成本高，相应价格也贵。加入超刚性碳纤维可以极大降低球拍的重量，空拍仅重220克，挥拍速度更快，上网更自如，所以球拍价格会更高。

如果以锻炼身体或尝试接触网球运动为目的，可选择一些加玻璃纤维、造价较低的球拍。初学者主要建立技术基础，高档的材质并不能起太大作用，而待打上一段时间，水平提高后再根据经济实力和感觉换拍。如果已有一定的技术基础，此时球拍的材质对击球和控球的影响和作用就比较大，如有一定经济能力，建议选择加硼、钛、凯夫勒或超刚性碳纤维的球拍。

○ 球拍重量

球拍重量通常指未穿线时的空拍重量，1盎司=28.33克，球拍的重量一般在280 ~ 350克。

挑选球拍重量的原则是选择在臂力范围内感到舒适的最重的球拍。这就需要在购买球拍之前，先去找几支轻重不等的球拍来试验，以确定最适合的球拍重量。

一般来说，年轻力壮的小伙子所用的球拍带线重量可在310克以上，力气稍差者及中老年人适合280 ~ 320克，女士最好不超过300克。

如果已经有一支球拍却觉得较轻，那就在拍框的两侧各贴上1克的铅片试试，若不够再加。

○ 拍面面积

市场上出售的球拍拍面大小尺寸各异，拍面按大小可分为小拍面、中拍面、中大拍面、大拍面和超大拍面五种。

小拍面是给进攻欲望极强的人设计的，此类球拍拍面面积为90平方英寸和85平方英寸，甜区极小，打出去的球特别狠，如流行于20年前的木质板，所以一些怀旧者依然喜欢使用小拍面的球拍。

职业球员最爱用95平方英寸的中拍面，此类球拍攻击性强，而且不像小拍面球拍那样因甜区小而击球时手感到发木。这种球拍可以将职业球员的高速和精准发挥到极致，所以业余球员中水平较高者也偏爱此类球拍。

拍面面积在95 ~ 100平方英寸之间的球拍属于中大拍面，这种球拍加大了甜区的面积，使得在高速对抗中依然能够不失去控制。特别适合职业球员及控球技术良好、反应快、动作灵敏的业余球员。

市场上卖得最好的恐怕是100 ~ 115平方英寸的大拍面球拍了，尤其是拍面面积为110平方英寸的球拍最受欢迎。这类球拍的甜区面积相当大，球拍弹性也不错，普通人用起来手感颇佳。初学者、女性、老人都可以用。很多稳定型职业球员也采用此类球拍。

○ 拍框薄厚

球拍的厚度也影响着球拍的性能。球拍厚度一般在22 ~ 34毫米，越厚的球拍硬度越大，爆发力也就越强，击出的球强劲有力，但控制性差，容易出界。如果臂力充足最好使用较软一些的薄型拍。此外，有些球拍不是一样厚，比如把拍头部分做厚是为了增加底线对抽的分量；把拍颈部分做厚是为了在击球一瞬间增加球拍的稳定性。

此外，拍框越厚，球拍弹性越大，薄框的球拍弹性相对较小。因此，建议女性和中老年朋友选用中等偏厚的球拍，而年轻男选手则可以选择中等偏薄的球拍。

○ 球拍的平衡点

平衡点就是指杠杆的支点，也是反映拍头轻重的标志，而拍头的轻重直接关系到击球的速度力量。

首先可量一下球拍，球拍的1/2处就是球拍的平衡点，然后把球拍水平置于椅背，正对平衡点。这时，球拍往拍头方向下垂就是头重，反之则头轻，如果球拍能保持水平就是平衡。

拍头重的球拍适合底线对打；拍头轻的球拍适合网前截击，上网型和双打球员多用此类球拍；攻守兼备的全能型球员一般用较平衡的球拍。

若球拍与技术风格不符，可以用铅片来调整：把铅片加到拍框两侧，拍头就变重了，把铅片加在拍柄底部上，拍头就会变轻了。

○ 拍柄规格

在打球时手和球拍的唯一接触点就是拍柄。太细的拍柄不仅会使人疲劳，而且不容易处理好小球和截击球；太粗的拍柄会让人抓不紧球拍，用力击球时容易产生松动导致球拍失去稳定。

什么规格的拍柄最适合呢？那就要看自己手掌的大小了。注意球拍上的标注，普通男性一般选用$4\frac{3}{8}$号握把，手大者用$4\frac{1}{2}$号；普通女性一般选用$4\frac{1}{4}$ ~ $4\frac{3}{8}$号，手特小者用$4\frac{1}{8}$号。

如果已用的球拍拍柄粗细不合适，如细一些，则可再加一条手胶；若粗一些，则换薄的手胶，或换球拍。建议在选择拍柄时挑略细一点的。

此外，还有挥重（表示球拍挥动时球拍重量）、绕曲度/硬度（表示球拍击球时的变形量）等技术指标，这些技术指标主要针对职业选手，对一般业余选手影响不大。

● 球拍的性能对比

分类	甜点	球心（控球）	弹性	球速	减震	适合人群	适合打法
大拍面	大	差	大	慢	好	中、老年和女子	防守、底线
中、小拍面	小	好	小	快	差	高水平青年男子	网前、主动进攻

分类	甜点	球心（控球）	弹性	球速	减震	适合人群	适合打法
厚拍框		差	大	慢	好	中、老年和女子	防守、底线
薄拍框		好	小	快	差	高水平及青年男子	网前主动进攻
硬度拍	大	差	大	慢	差	初、中级水平	底线
软度拍	小	好	小	快	好	高水平	全面

球拍的保养

除了会选择适合自己的球拍外，也要懂得保养球拍的常识。

○ 交替使用两支同样的球拍

过度或频繁使用一件物品，将会造成该物品的“极限提前”。交替使用，有利于材质使用极限延长，从而延长物品的使用时间。因此，最好准备两支同样的球拍交替使用。

○ 放置在能避日照防潮湿的地方

日照时间长，易使球拍的材质老化，改变原来材质的物理和化学性能，使球拍拍框扭曲、变形，严重时甚至导致使用者不能准确握拍。潮湿的环境，容易使球拍和弦线诱发霉斑，有些金属材料制造的球拍会加速材质氧化或锈蚀。

○ 防止冬季冷冻

低温会改变球拍的软硬度，原来是偏硬的球拍会更硬，而原来偏软的球拍控制力会削弱。低温会让球拍延伸度大幅下降，降低弹性，勉强加力会使变脆的拍线断裂。因此，冬天球拍应放进有夹层的拍套里，避免与冷空气直接接触。

○ 切忌用球拍敲打硬物

球拍无论用何种材料制成，都为了增加其硬度或韧度。由于材质的硬度系数不同，如果用球拍去敲打更为坚硬的地面或硬物，容易造成材料物理性裂变，从而降低了该球拍的正常使用寿命。

○ 习惯使用网球拍的保护产品

网球拍和球拍袋的配套很有必要。球拍袋可遮挡空气中的水蒸气及阳光中的紫外线，对于使用羊肠线的球拍更为重要。另外，在球拍袋中备用吸湿剂更有利于延长羊肠线寿命，也可放一小瓶拍线油，以备在高温环境下给弦线涂上保护油。

○ 重视球拍配件

球拍的许多配件其实很重要。如果握把胶皮使用时间过长或已破烂，会使手汗侵蚀握把，造成握把打滑、腐烂，影响击球质量。再如避震器和弦线保护扣也应时常检查，这有利于防止手肘受伤和弦线过早断裂。

○ 使用正确的球拍穿线方法

在穿线时，一定要使用正确的穿线方法。暂时不使用的球拍最好不要穿线，以免拍框受力不均或长期受力导致变形。断弦后的球拍应尽快剪断其他部分线。否则，拍框长时间处在非平均受力状态下，也容易导致变形。

拍线的学问

球线是网球运动中不可忽视的重要环节，挑选好球线的重要程度绝不逊于挑选好球拍。与匹配球拍、适合打法、高质量的球线能最大限度地发挥球拍的特性，使击球更有力，球速更快，落点更准确。正因为如此，网球圈内有“三分球拍七分线”之说。

（一）拍线的分类

网球线主要分为两大类：人造合成线和天然肠线。

○ 人造合成线的材质组成及制造

通常人造合成线主要指以尼龙为主的材料加工制成的网球线，细分为以下几个品种：

（1）单芯线。习惯上称为硬线。此种线是在一条粗芯线外层直接以表层保护膜工艺处理后形成的单线。这种线最便宜，但耐用性及弹性不高，且松弛掉磅比较快，只适合初学者用。

单芯线单缠绕：这是目前市场销售最多的一种网线，它是经过专门的工艺在其外层缠绕一层能保持紧度、维持弹性、抗磨系数高的保护线。

单芯线双缠绕：这是在中芯线外用细纤维线两次缠绕制成。此款线有极好的弹性，比较适合非职业选手和休闲球员。

（2）多纤复式线。这是人造线中的极品，它用多条细纤维线扭合而成，其外观很接近天然肠线，亦称仿肠线。这款线弹性理想，线质地柔和，又称为软线。比赛型选手最喜欢使用。但其缺点是弹性维持时间不长。

（3）混合线。这种线实际是把两种性质不同的线组合后使用，也有人称AB线，认为既有A线的坚固，又有B线的弹性。

○ 天然肠线的材质组成及制造

目前在网拍线制造材质中主要以牛肠为多，部分线使用羊肠制造，习惯上把它们称为羊肠线。

由于天然肠线具有韧度高、弹性强、击球稳定、减震系数高、恢复弹性好、保持弹性时间长等人造线所无法达到的卓越性能，因此，天然肠线始终是每个职业选手比赛的首选用线。

天然肠线弹性高，手感良好，但价格较高且受温度的影响较大。处理不当还很容易断线。

（二）拍线的规格

拍线的规格主要反映在粗细上。

总的说来，较细的拍线击球感较好，而较粗的拍线耐用性较好。拍线的规格范围是从15（最粗）到19（最细），半号的拍弦通常在数字后面用“L”表示（如15L、16L），一条15L线的粗细界于15和16之间。较细的拍线由于能够更深地吃球，所以能够给球增加更多的旋转和控制。但这种线不耐用，因此较适合借力击球的网前选手使用。而较粗的拍线比较耐用，因此较适合经常主动发力的底线型选手使用。在选择拍线时可以参照打法选择。

● 拍线的规格与直径对照

规格	直径（毫米）
15	1.41 ~ 1.49
15L	1.34 ~ 1.40
16	1.26 ~ 1.33
16L	1.22 ~ 1.26
17	1.20 ~ 1.24
17L	1.16 ~ 1.20
18	1.10 ~ 1.16
19	1.00 ~ 1.10

注：通常每条弦的长度为40英尺，即12.2米。

（三）穿线的磅数

线的磅数是一个物理量，用来衡量击球时拍线对球的作用力，它需要仪器才能测量出来。所有拍线都随时间逐渐失去张力，在拍线张力减小的过程中，拍线的磅数将改变，同时球拍的性能将受到影响。实验表明，新换的拍线比赛4小时后张力下降5%。球拍线磅数的确定与拍线张力消耗的程度有关。

拍线的磅数对球拍性能有较大影响。拍线磅数越低，球拍击球力越大，击出的球速快，即拍面越松弛，拍面对球的弹性越大，就会给球很大的能量；而且击球时越舒适，因为拍面与球接触时变形很大，可缓冲来球的冲力，从而保护选手的手和拍框，但控球能力越差。

由此可见，初学者可选用磅数低的拍子，而随着自己球技的提高可增加拍线的磅数。

● 拍线与穿弦效果对比

分类	球感（控球）	弹性	球速	耐磨度	适合拍面	适合打法
粗线	差	大	慢	好	大、中拍面	底线
细线	好	小	快	差	小拍面	网前旋转
低磅（55 ~ 60）	差	大	慢	好	大、中拍面	底线
高磅（62以上）	好	小	快	差	小拍面	网前主动进攻

（四）换线的时机

业余球手的击球力量较差，回击球拍点不集中，因此，断线的机会较少。但实际上，自网球拍穿上球线开始，受张力拉伸作用，其柔韧性日渐衰减，弹性指标亦随之降低，打网球时的控球能力和力度都会降低，因此必须定时更换拍线。

什么时候应该换线呢？提供几个观察标准：

◎ 拍线边缘出现许多“毛边”，说明球线内部纤维绽开，已无弹性，应及时换线。

◎ 纵线、横线重叠部位出现多处压凹痕迹，说明球线已无韧性，应及时换线。

◎ 回击球失控次数明显增多，控球失误率上升，或者拍线明显低于原穿线磅数时，应及时换线。对于业余选手而言，一般3个月就应换一次线。

另外，采取一些措施，可减少断线机会。球线重叠交点是最容易损坏断裂之处。如果在此处安装保护扣（或称颗粒）可以减少球线之间的摩擦，从而降低断线概率，当然也节省了球线费支出。

配好“马鞍”

好马配好鞍。球拍的“马鞍”就是球拍柄皮。只有缠上薄厚适中、防水吸汗的柄皮，打起球来才能如鱼得水。

（一）柄皮的分类

通常分为内柄皮和外柄皮两类。

（1）内柄皮，直接缠绕在球拍握柄上，将球拍内部的材料与外界隔绝。作用是防止拍柄内纤维组织遭受汗水、空气、有害元素等的损害，以延长球拍握柄的寿命。

（2）外柄皮，顾名思义，就是裹在拍柄最外一层和手直接接触的那一层缠布。它的作用是保护内柄皮不受直接的磨损和腐蚀，同时也使握拍时获得更为舒适、牢固的手感，还吸汗防滑，因此也有人称它为“吸汗带”或“固手胶”。

（二）外柄皮的选择

外柄皮有许多颜色和种类，依照其表面的光滑程度，可分为有纹和无纹两类。有纹外柄皮可再细分为突起式（或有轮廓线）、图案式和黏着式三种。

（1）突起的外柄皮，可以让球员将球拍抓握得更加牢固。突起式的柄皮还有助于稳定球拍，防止握柄在手掌中打滑。

（2）图案或齿孔花样的柄皮，具有增加防滑的功能，还有排散湿气的作用。

（3）黏着式柄皮，在球员手心出汗时，可起到增加手与球拍的附着力的作用。

（三）缠柄皮的步骤

一般外柄皮的长度比较固定，大约在125厘米，而不同拍子的拍柄却不同。外柄皮的开始部分较窄，缠时应从拍柄底部开始。先将边缘对齐拍柄底部，缓慢转动拍柄，使柄皮绕拍柄一周。缠绕用力要均匀，既不要太松也不要太紧。缠得太松不美观，且容易松脱或起褶皱；太紧则会使柄皮变形，同时手感也会太硬。如果缠到最后还有一些剩下的部分可以用剪刀修剪。

收尾部分，用绑着柄皮的胶带最后将柄皮固定、收紧。在开始缠柄皮时要注意，先别忙着把护胶纸一次全撕掉，要随黏随撕，注意不要让手指接触到胶面。

足下装备

人们常说，“网球是用脚来打的”，可见脚对网球运动的重要性。所以网球鞋袜的选择非常重要。

（一）网球鞋的选择

○ 球鞋的分类

由于科技的发展和进步，网球鞋的设计越来越合理、科学，具备了可以帮助提高击球的性能。

网球鞋最早都是白色低帮。随着20世纪80年代后期高帮篮球鞋逐渐流行，网球鞋也出现过高帮。但是，篮球与网球运动的方式有所区别，篮球向上弹跳的动作较多，而网球低重心的前后左右移动较多。针对这种情况，最近几年，一些运动生理学专家又设计出比较适用的中帮网球鞋。这种鞋利用了中帮低凹处触及脚踝下部时的条件反射，来提醒球员注意动作，避免损伤，从而有效地保护脚踝。

根据不同场地表面的性能，网球鞋的类型也有室内和室外、硬地和土场之分。一般室内鞋底是细致条纹，室外鞋底是粗犷条纹。硬地球鞋与硬地场表面的摩擦力较大，所以鞋底设计得比较耐磨、较厚。而土场球鞋与泥土的摩擦系数小，又有专门的滑步技术，鞋帮鞋底采用普通的橡胶即可。

○ 选择提示

（1）最好在刚刚打完球或下午的时候去选择网球鞋，因为这时候脚比较大，同时，要穿着打球时常穿的袜子去选鞋。

（2）每只脚都要试一下鞋，感受鞋的宽度和长度。

（3）检查鞋的稳定性。一手把住鞋跟，另一只手挤压鞋的前部。鞋应该在脚能活动的关节位置弯曲，因为这是个生理弯曲点。如果鞋在鞋弓处弯曲，那这双鞋就不能提供很好的支撑。

○ 网球鞋的保护

（1）避免长时间穿一双网球鞋，最好准备两双同样的球鞋交替使用。

（2）为减少不必要的磨损，在不打网球时，尽量不要穿网球鞋。

（3）在每次打球后，需把球鞋放置在通风干燥处，千万不要用塑料袋将其密封起来，以免脚汗腐蚀球鞋，滋生病菌。

（4）不要在有水的场地上打球，穿着湿鞋继续打球会影响球鞋的性能和使用寿命。

（二）不可忽视的球袜

要保持运动的舒适感，除了有合适的鞋，还要有舒适的袜。纯棉质地的网球袜底部从脚趾到脚跟是加厚的，与脚掌皮肤的接触面像毛巾一样柔软舒适，并能在脚与地面之间形成良好的缓冲层，减缓硬地产生的震荡。很多老年球友不愿意在袜子上“花钱”，其实当人们衰老时，脚底的脂肪层厚度也在不断降低，所以为了自身健康，“奢侈”地穿双网球袜并不过分。

有些球袜连脚面部分也有加厚处理，这是考虑到缓冲作用。舒适的球袜还可以填满脚与鞋之间的空隙，使脚与鞋真正地合为一体。如果穿不太厚的运动袜，建议穿两双袜子打球。

由于网球袜质地厚实，有些人认为在夏季打球会热。其实除湿性能是球袜设计者早就考虑到的，棉质网球袜加入了许多透气、吸汗的特殊纤维，可充分吸收汗液，控制湿度，保持双脚干爽。人脚上的汗腺比身体任何部位都发达，而看上去凉爽的薄袜子并不会控制运动时汗液的分泌，所以吸收带走湿汗才是最关键的。

网球运动员经常需要大范围地快速奔跑、起动、急停，一切都得靠双脚，因此千万不要忽视网球袜！

第三节　比赛与热身

参赛前的准备

（1）报名参赛以后，要了解与比赛有关的信息，包括比赛的场地情况、比赛的用球、比赛的形式和规则。

（2）要有明确的目的。要把参赛作为展示和检验练习成果的平台，不断积累实战经验。

（3）技术方面，要多练习发球。提高和增强发球的准确性和成功率，特别是第二发球。可安排几次实战演习，施加比赛的压力，但不要同太强的对手练习，以免有伤自信心。

（4）除衣物、饮料等外，最重要的是在比赛的一周前准备两支以上同样型号、同样张力且练习过一两次的新线球拍，换上新柄皮。

（5）要保证在规定的报到时间之前到达赛场，最好能提前半小时到达赛场。迟到15分钟，即视为弃权。到达赛场时，应立即去组委会报到，并查看自己的名单、参赛场次和时间。

（6）报到后，根据具体的比赛时间，恰当地安排好热身准备活动。热身要充分、细致。这不仅可以避免受伤，主要还可以使机体尽快地进入最佳状态，充分有效地发挥出平时练习的水平。

（7）要了解对手的技术特点，温习自己擅长的技术，多感觉直线线与斜线球、上旋球与下旋球及高压球，将自己的球感调整到最佳状态。

（8）如果后面还有比赛，不论第一场比赛胜负如何，首先应抓紧时间休息，调整疲劳的身体，调节心理状态。其次适当补充水分或能量，如吃香蕉。假如下一个对手正在比赛，可及时观察对手比赛情况，寻找对手弱点，为比赛做好准备。

赛前热身准备

如何才能在比赛一开始就达到最佳状态呢？这就要靠热身运动。

职业运动员在比赛开始前大体上都进行30 ~ 60分钟的练习之后才参加比赛。电视转播放出的只是比赛前5分钟的准备活动情景，实际上在此之前，运动员的热身运动已经结束了。

作为业余选手，至少要在比赛开始前20分钟通过跑步进行热身，也可做一做拉伸动作以便将韧带等拉开。比赛开始前10分钟，直到微微冒汗为最适宜的状态。在后面的时间不要使身体发凉，保持微汗状态等待比赛开始。有关专家认为：“当你没有做好热身就上场打球时，其实你已经把自己置于本完全可以避免的风险之中。”为了避免这种风险，延长网球生命，花上几分钟做运动前热身确实十分必要。

赛前热身的步骤及方法

（1）以5分钟的慢跑或慢速跳绳开始，使体温升高，血液加速流入肌肉组织，在跑步中加入向后倒着跑、向左右的侧向跑以及交叉步跑。

（2）伸展手腕。手背处向下或向上伸屈腕。

（3）拉伸肩臂。用另一只手把上臂拉到胸前，这时会有拉伸感穿过肩外侧和背上部，保持10秒钟，再拉伸另一手臂。一只手从肩部向后与另一只手从腰下向上在背部相扣加力，保持10秒钟，两手交换。如相扣不到可用球拍代替。

（4）拉伸肩侧部。将上臂抬起紧靠头部，用另一只手轻轻地将它往后拉，然后慢慢地向另一侧倾斜，直到感到背部中间自然放松。拉伸时一定要用到腰部。

（5）拉伸小腿。一脚脚掌前抵，脚后跟着地，逐渐向前施加力量，直至感觉到已拉到小腿跟腱，保持10 ~ 15秒。再拉伸另一腿。

（6）拉伸腿部。一只脚架于高处，另一只脚支撑，两手尽力前压，而后抱脚尖，持续10 ~ 15秒。再拉伸另一腿。

（7）拉伸大腿。一只脚向后抬起，膝关节弯曲，将抬起的脚放到支撑物上，保持10秒钟。或原地轮流用小腿向上向后甩动，尽量向臀部踢。再拉伸另一腿。

比赛基本礼仪

○ 文明练球

球员参加比赛时，在赛前练球热身过程中应把对方视为与己同等的参与者，并有义务为对方的练习提供帮助，任何有意妨碍对方练习的做法都是有失风度的。

○ 稍等一下

当球滚入邻场，而邻场的球员正在练球，若贸然入场捡球，既无礼貌，又不安全，此时应等对方死球后再捡球，或请其帮忙将球传出来。

○ 不可闯入

当球场上有球员正在进行比赛时，其他人不可以进入比赛场区内捡球，并且要避免在球员视线范围内随意走动，否则不仅不礼貌，而且还影响比赛的正常进行。如果一定要穿越球场，可先站在一边观看，等球成“死球”后，再从场边快步通过。

○ 说声“对不起”

练球时，当击球出界或还击下网，使同队伙伴因此丧失了一次得分的机会，此时应主动承担责任向伙伴说声“对不起”。而在练习或比赛中，若遇到不慎将球击到对方身体，或球擦网，使对方失误等情况，均应向对方道声“对不起”。

○ 先礼后兵

发球时，最好先看一看对方是否已做好了接球的准备，不要连看都不看一眼就把球发出去了。如果在练球时这样做，会被认为是对对方的不尊重，也极有可能导致“误击事件”的发生。在正式比赛中则可能要被判发球无效或重发球。

〇 司线责任

练球时，应主动承担起为对方做司线的责任，告诉对方他打过来的球是“出界”“界内”，还是压线。

〇 善待球网

球网忠心耿耿地为双方做着“分界员”，所以，尽量不要从它上面一跨而过或者将身体压在其上面去捡对面场地上的球。

〇 珍视球拍

球拍是打球人最亲密的伙伴，拿它当支架或坐垫坐，拿它当出气筒乱扔、乱摔，这都有失风度，而且极易损坏球拍，更会影响比赛。

〇 尊重裁判

裁判员与球员之间有时会因界内、界外的问题发生分歧，这时候，球员应尽量保持情绪上的稳定，如有球印的话可向裁判指出，没有则应服从裁判。

信任制基本准则

在网球比赛中，没有裁判员执法的比赛方法称作“信任制”。目前国际上级别稍低的青少年比赛和业余赛事大多采用这种比赛方法。

张学军编著的《现代网球运动实用手册》一书中所著，在信任制比赛中，选手应遵守以下基本准则：

（1）所有比赛都应在绝对诚实中进行。如实呼报“出界”或“界内”，是球员最基本的道德准则，切不可唯利是图，信口胡报。

（2）运动员及时呼报，并答复对方询问是否出界是参赛者的责任和义务，对自己的发球应由对方呼报。

（3）运动员在确定出界或界内时，不应寻求观众的帮助。任何非临场裁判员均无权干涉场上的情况。

（4）“就近原则”。离线最近和与线平等的选手，在对球的判断上，一般要比远离或比斜视那条线的选手准确。故一般应以前者的判断为准。

当运动员未在线附近而是在场地一边时，不负责呼报球场另一边线附近的球。

除被要求外，运动员一般不要在活球期间对对方的呼报提出质疑。接住正在比赛中的任何球而不是用球拍回击，都将认为是失分，不管此时接球者是站在球场内还是球场外。

（5）任何呼报，如“出界”“失误”或“重赛”等，必须要及时；相反，如果认为是好球，则应继续比赛。“及时”是指呼报应在对方击球前或对方回击失误前。最重要的是：一分球只有当它被呼报出界时，才被认为是出界球。对于及时呼报的要求是避免“二次判断”。

（6）比赛中，被呼报出界的球，由于球速过快，也可被击出。在此情况下，接球方已做出一种选择，就应继续比赛。不管回击后是得分还是失分。在多回合结束后，一方球员不可再寻找击打过程中的球印，并因此呼报出界。

（7）呼报任何落在己方场地上的球，是每个运动员的责任。如果对于一个球不能呼报出界，这意味着它是好球。对一个球落点的迟疑，意味着一分应属于他的对手。

（8）在双打比赛中，同队选手中一人说出界，而另一人说好球。两人之间对球判断出现分歧，意味着该球是好球。

（9）通常，要求重赛是一种不肯定的象征，只能偶尔出现。例如，对方来球己方呼报出界，同时你将球回击到对方的场地上，而对方已停止了击球，经仔细观察后，发现自己呼报错误。由于你已回击球过网，所以此球应当重赛。如你未回击那个球，则改判对手得分。

（10）无论怎样，一旦呼报出界、失误或擦网，听到这些呼报后，都应停下比赛，这是必须遵循的原则。

（11）在一分球进行中，发现此分开始时发球站位有误，那么应继续比赛，直到该分结束，而不能中途停止比赛。

（12）运动员有责任将自己一边的“家”看好，将己方场地上的球或其他东西清理干净。

（13）在对抗中（放小球除外），球接触地面后会留下一个椭圆形的球印。该椭圆形的任何一部分接触线（整体或它的一小部分擦边）都表明是好球。球的99%是出界，但该球仍是100%的好球。

（14）在双打比赛接发球时，非接发球者负责呼报发球线，接发球者负责呼报边线和中线。

（15）当发球方在第一和第二发球之间，由于接发球方的原因而影响了第一发球和第二发球之间的连续性时，则重发该分球。由于外界原因，延误的时间过长，可重发第一发球或第二发球。

（16）接发球方或其同伴，可在提醒对方注意后，方可呼报对方脚误。只有当准确发现对方脚误时，才可呼报。

（17）当球被击向对方场地时，同伴之间不应交谈。一旦己方已击球过网，直到对手击球前，不应讲任何话。更不应大声呼喊而干扰对方击球。

（18）当球在飞行中或某一方将要击球时，运动员可以用自己的身体做假动作。他可在对方发球时，变化自己身体位置，但用挥动手臂或球拍、跺脚、说话等干扰比赛是不允许的。

（19）无论己方场地上的球滚到旁边球场上，还是旁边球场上的球滚到己方球场上来，都可重赛。对从旁边球场滚来的球，等到他们赛完一分球后，再递过去。当旁边球场的一分球结束后，方可向他们索要自己场地的球。

（20）在回击对方已失误的球时，不应漫无目的地乱打。应将球接住，并用球拍将球击向对方，使该球落地后反弹到对方手中。

（21）对对方应有礼貌。某些运动员每击一分球，都大声呼喊，这会使旁边场地上的运动员感到恐惧。输球后不要沮丧，而应赞美对手打得好。

（22）比赛时，运动员服装应整洁；不允许穿工作裤、花里胡哨的短裤或非网球鞋参加比赛。如到一个陌生的地方比赛，而又不知道该比赛对服装有何规定时，那么穿白色服装最为稳妥。不要将毛巾搭在球网上或放在场地上。

（23）如果服装、鞋、球拍等在活期中出现了问题，只有等该形成“死球”后，方可更换。当一分球赛完后，运动员方可在合理的时间内离开球场，更换服装、鞋等，但换拍不能离开场地。

（24）在双打比赛中，任何一方都可呼报擦网，但前提必须是听清楚。接发球方必须要在回击球之前，或在回击球之后，对手接触球之前呼报发球擦网。

（25）呼报内容还包括运动员侵入对方场区、过网击球、球两跳等。任何运动员当发现违反以上规定时，都应立即宣布。

（26）任何一名运动员都有为他的对手提供共同做准备活动的义务，并在准备活动中，应尽力将球回击到对方手上。

（27）如果在接发球时，还未做好准备应不予回击对方发过来的球。如果做好击球的动作，证明已做好接球的准备。

（28）当接发球方表示已做好接球准备，并且发球方发了个“ACE”，接发球方同伴不得以自己未做好准备而要求重赛。在双打比赛中，接发球方的接发球者做好接球准备，意味着其同伴也做好了准备。

（29）用三个球比赛，在一分球开始前，如果发球方要求接发球方将他场区内的第三个球递给自己时，接发球方应照办。为了避免有关比分的争议，发球方应报分，并且声音要响亮，应让对手和观众听到。每一局发球前宣报本盘比分（如5-4）。每一个发球前宣报本局比分（如30∶40）。这是十分重要的。

（30）对方回击的球如果出界，己方可做出界手势或呼报出界大约距离。

第四节　伤病与营养

网球场上十大伤病

○ 跟腱炎

（1）原因：跟腱负荷太重，足部韧带脆弱；扁平足；击球时脚的位置不正确；鞋子不合适（多是鞋子太大）；网球场地面坚硬；等等。

（2）症状：抬脚时脚疼痛，脚后壁肿胀。

（3）紧急措施：用冰块按摩，短暂的休息。

（4）预防和治疗：在网球比赛或训练前充分做好热身活动和伸展运动，尤其是先天性足弱者；挑选合适的鞋子；检查击球时脚的位置。患病后，可用冰块按摩、使用消炎注射剂、用绷带包扎等方法。严重者需做手术。

○ 跟腱断裂

（1）原因：进行激烈训练、比赛时强烈急停、变向；跟腱韧带劳累过度。

（2）症状：足部表面无异常现象，但有剧烈撕裂疼痛。

（3）紧急措施：快速用冰水冷却，固定踝关节，抬高患肢，求助医生。

（4）预防和治疗：充分做好热身活动。损伤发生后需手术。

○ 腰痛

（1）原因：脊柱负荷过重；腰部肌肉紧张过度；脊柱出现畸形或椎间盘突出。

（2）症状：腰部僵直，突发性锐利疼痛；脊柱突出，以致出现压迫坐骨神经，使大腿失去知觉，肌肉无力。

（3）紧急措施：中断比赛，热敷、按摩或椎骨复位。

○ 网球肘

（1）原因：由于突然过分伸展肘关节附近的肌腱，使其嵌入肱骨上踝。多是反手击球动作不正确或是球拍过重、过大造成的前臂肌肉紧张过度或肘关节有炎症。

（2）症状：肘部痛，从而转化为整个手臂疼。

（3）紧急措施：停止比赛，用冰块按摩；缠绷带固定肘关节；必要的休息。

（4）预防和治疗：增加臂力练习；纠正错误动作；检查球拍的重量和大小。损伤发生后要进行按摩、超声波疗法、用绷带包扎等。肘部出现疼痛后应立即休息，否则病情会复杂。

○ 肩关节痛

（1）原因：肩关节的肌肉、韧带、关节囊等负荷过重，多是由于发球、高压球时用力过猛造成的。

（2）症状：肩关节在发球、击球、高压球时出现疼痛，并使手臂痉挛。

（3）紧急措施：停止比赛，短时间固定肩关节。

（4）预防和治疗：平时加强肩部肌肉的训练；赛前做准备活动；提高发球、击球、高压球技术。出现损伤后，采用超声波疗法、消炎药物等。此损伤很少手术。

○ 肌肉痉挛

（1）原因：体力不支、天气太冷而引起的肌肉僵直；天气太热、出汗过多而使盐分损失过多所致。

（2）症状：痉挛部位的肌肉突然伴有疼痛和无法控制的僵硬感。

（3）紧急措施：拉伸痉挛肌肉。

（4）预防和治疗：若打球时间过长，需要多带一些含有盐分的水、饮料等。损伤后注意休息。

○ 肌肉拉伤

（1）原因：背肌损伤是在下蹲击球或转体动作时造成的；腹肌损伤是发球或高压球用力过猛所致，或者肌肉负担过重引起的；肱三头肌损伤是由于肘关节突然伸直或食指和拇指握拍太紧，妨碍手腕的运动，肘关节快速伸直所致。

（2）症状：肌肉有轻微撕裂感。

（3）预防和治疗：做好热身活动，使全身肌肉放松。拉伤后，对伤处进行冷敷，加压包扎。

○ 踝部韧带拉伤断裂

（1）原因：运动中剧烈变向，鞋子不合适，网球场上表面起伏不平；踩球。

（2）症状：踝部剧烈疼痛。

（3）紧急措施：冷敷，用绷带包扎，找医生。

（4）预防和治疗：正确地选择鞋子；加强肌肉练习；运动时带护踝。出现损伤后，用冷水泡；喷“好得快”，点金门、申脉、昆仑、悬钟等穴位；用向心力推抚法和牵引法。

○ 膝关节痛

（1）原因：膝关节韧带紧张过度，比赛地面坚硬；先天性膝关节脆弱。

（2）症状：紧张剧烈运动或负荷过重时疼痛，伴有水肿。

（3）紧急措施：用冰块冰敷；涂抹消炎软膏、超声波疗法、缠绷带等方法。

（4）预防方法：准备活动充分；加强关节力量练习；练习正确的技术动作；增加膝关节加量的练习，如变向跑；选择合适的鞋子；带护膝。

○ 半月瓣损伤

（1）原因：屈膝制动击球；抢占最佳位置；变向；膝关节完成快速伸膝并伴随旋内旋外的动作。

（2）症状：半月瓣突出、变形、剧烈疼痛。

（3）紧急措施：找医生。

（4）预防和治疗：准备活动充分；使用护膝；加强膝关节力量练习；选择合适的鞋子；规范技术动作。

网球运动中的能量补充

多场次的网球比赛类似于马拉松而不是短跑冲刺。从赛前两天开始，要增加摄入碳水化合物（比例加大到60% ~ 70%），集中增加全麦面包、谷物和面食，多吃水果和蔬菜。

赛中别忘了喝水！无论在室内还是室外，每当比赛或训练休息的时候，要补充能量，防止因能量消耗而导致脱水。补充水分流失掉的能量，最好的办法是饮用运动功能饮料。研究表明，在运动结束后30分钟之内摄入高含量碳水化合物，将会使肌肉在12 ~ 16小时内消解疲劳。

在比赛时，喝什么好？原则上应有利于吸收，有助于补充养分，有益于迅速提升血糖指数。这里提供几个配方：

纯净水+2%生理盐水+3%葡萄糖水+15%鲜果汁

富氧水+3%生理盐水+20毫克维生素+30毫克咖啡因+10%柠檬汁

有专家指出，如果巧妙地饮用咖啡，既可帮助在网球场上保持一定的兴奋程度，又可维持运动能力。但是，需要讲究饮用时间和饮用量。比赛前一小时，饮入3杯咖啡，可有充足的能源投入战斗，保证体力不衰减。

专家认为，有4种类型饮料以少喝、不喝为好，为碳酸化合物饮料（易打嗝、反胃）、纯净水+白砂糖+葡萄糖片（使消化和吸收缓慢）、高浓度的酸性果汁（易反胃、吐酸水）、冰冻饮料（易患急性胃炎）。

在比赛或训练时，激烈跳动的心脏承受不了过高的负荷，循环系统也无法承受过速的新陈代谢，而消化系统亦吸收不完过多的摄入，由于体液稀释过快，会有愈喝愈渴的感觉。如果不科学、合理地补充能量，将造成状态下降、体力衰弱、呕吐、反胃、腿软、抽筋等现象，比赛结果可想而知！长此以往，将可能导致心脏病、胃肠疾病等。

科学、合理地补充能量有助于迅速调整好状态。科学、合理地补充能量讲究：少量多次，如小鸟啄水一般；喝少含多，徐徐咽下，荡气回肠；小啄一口，以润为主……

第五节　评判与自测

网球是一项技术性比较强的运动，如何衡量一个选手（包括业余选手）的技术水平，各国际网球组织尚未形成统一的分级标准。目前采用比较多的是美国网球联盟推广的NTRP（国家网球分级体系）和国际网联推广的ITN（国际网球技术评定系统）。

NTRP

NTRP即国家网球分级体系（National Tennis Rating Program），创立于1978年，是美国网球联盟专门为参赛选手设定的一个球员水平分级系统，旨在帮助不同水平的选手确定自己的水平，为以后接受培训、寻找陪练、参加比赛等提供依据。

NTRP将从初学者开始，直至世界职业网球选手按其各项基本技术动作及整体技战术特征，科学地划分1.0 ~ 7.0共12个级别。1.0 ~ 2.5级的选手为初级；3.0 ~ 4.0级为中级选手，4.5级以上可视为高级选手。从我国目前网球运动的总体状况来看，业余选手的水平顶多能达到4.5级；省（市）级现役队员一般为5.0级、5.5级，国家级水平的现役选手能到6.0级。

业余选手一般技术都不够全面，在对照某一级别的描述时，可能出现有的达不到，有的又超出的情况。建议：用达不到的项数（负值）与超出的项数相加，如果得数不小于“–1”则可定为该级别，反之，最好先降低0.5级，待有针对性地改进后，再重新评级。每位业余选手及职业选手都可按其技术特征对号入座，作为参加比赛的依据，这样有利于公平竞赛，提高水平。

NTRP主要技术分级标准：

1.0　网球初学者。

1.5　经验有限，仍在向把球打到场内努力。

2.0　这类球员需要更多的场上经验。尽管在比赛中还有明显的弱点，但是已熟悉了单打和双打的基本位置。

2.5　仍在熟悉判断来球的走向，在场上的防守区域有限。可与程度相当的球员在球速较慢的情况下打几个来回。

3.0　可以比较稳定地打出中等速度的球，但对于不同的来球仍然无法自如地处理，并且在方向、深度与力量上都缺乏控制性。此级别球员最常见的双打站位是一前一后，但缺乏配合和补位。

3.5　击球的稳定性已提高，可以控制中等球速的方向，但击球仍然缺乏深度，在与对手打相持球的过程中时常会失去耐心。双打比赛中更多依靠搭档。

4.0　拥有十分稳定的击球动作，在打正、反拍时能对中速球有良好的方向和深度控制，在打高吊球、过顶球、近逼球和截击球时有一定的成功率。这类球员在面对压力时发球会出现失误。在与对手打相持的过程中时常会失去耐心。双打比赛中有战术意识，更多采用团队协作。

4.5　已经开始能够驾驭力量与旋转，并开始能够控制球速，有良好的步法，可以控制击球的深度，并开始对不同的对手采用不同的战术。可以打出力量与准确性兼具的一发，并能将二发打到要求的位置。双打比赛中通常可打出比较有进攻性的网前球，能熟练地运用双打战术。

5.0　拥有良好的预判力，并且可以经常打出漂亮的好球，对比赛进程有所控制。有极佳的稳定性，可以经常打出制胜球，在处理对手打来的短球时能经常让对手受迫性失误，并且能截杀对手的截击，可以成功地打出高吊球、小球、半截击和高压扣杀，并且大部分的第二发球具有良好的深度与旋转。

5.5　已经将力量和耐力培养成主要的武器。能在正式的比赛中改变战略或打法风格，并能在面对压力的情况下打出可靠的回球。

6.0　一般而言已经不需要NTRP的评分等级。他们通常已经在一些区域性或全国性的比赛中取得过名次。6.0的选手通常接受过比较正规的训练。

7.0　球员则是国际性球员，他们通常靠比赛的奖金谋生。

ITN

ITN即国际网球技术等级评定系统（International Tennis Number），是由国际网球联合会于2001年向全世界推出的一项网球技术等级评定系统，是为网球运动员确定技术水平提供的最权威的国际标准。

ITF创造、推行和发展的ITN，旨在提高全球各个水平的网球人群从事网球运动的乐趣和竞争性。”

ITN从高至低分为10至1级，初级10级又分为3级，具体标准如下：

ITN 1　球员经历过密集的高水平强对抗性质的职业比赛和训练，具有较多的职业联赛经验。运动员有能力或已经拥有ATP或WTA排名，并且收入的主要来源是职业比赛的奖金。

ITN 2　球员能够依靠力量或稳定经常得分，并善于在比赛中运用各种战术。运动员一般拥有国家排名。

ITN 3　球员能够打出主控性良好的球，也能经常打出漂亮的好球。

ITN 4　球员在大力击球的同时还有很好的控制性，其中包括对击球深度和旋转的控制，以及处理好自己的步伐，能够根据对手的不同运用合适的对应技术。一发可以发出大力球，二发可以发出旋转球。

ITN 5　球员具有可靠的击球技术，包括判断球在场上的方向和深度，拥有稳定的发球，有能力进行吊高球和过顶球，能成功地打一些落地球和截击球。

ITN 6　球员具备不错的网前攻击能力，全场的跑动水平有很大进步，击球的控制性也得到了改善，双打中不断提高合作精神。

ITN 7　球员能比较稳定地接打中速球，但并不是所有的球能轻松击打。缺乏控制深度、方向和力量的能力。

ITN 8　球员能判断球的来向，并能偶尔回击一些低速球。

ITN 9　球员还需要提高场上的经验，但也能打出一些成功球。

ITN 10　球员刚开始在场上使用专门的比赛用球打球，已能发球和回球。

ITN 10.1　球员能保持回合并控制活球。

ITN 10.2　球员在回击来球有些技术，但不能成功地控制球和保持活球。

ITN 10.3　球员处于初学阶段，正从事一些简单的训练，能够完成一些简单的教学要求。

为了享受更多网球乐趣，中国网协与国际网联联合在中国推广ITN标准，并举办同级比赛。参加的程序为：

1. 免费注册成为“ITN（中国）”的会员获得自己的会员空间。

2. 仔细阅读ITN球技等级标准，自我评估出合适的球技等级（注：拿捏不准时可以略高一级评估）。

3. 会员可以方便快速地从会员服务中心得到“同级比赛”报名信息。

4. 连续参加7场同级比赛且成绩合格的人，其自测的球技等级就可以得到认证。

5. 享受权威的球技等级管理服务，参加更多的同级比赛，享受更多的网球乐趣。

Chapter 18

第十八章 | 欣赏网球的钥匙

第一节　打开欣赏之门

欣赏网球如同品茶

观看网球比赛，特别是观赏一场高水平的网球，对不了解网球的人来说，可能感受不大，而对懂网球、会欣赏网球的人说来则是一种享受。

欣赏网球类同品茶，品茶不仅要看茶的品牌，而且要看冲茶的用水，更讲究茶的器具。古典名著《红楼梦》中第四十一回《贾宝玉品茶栊翠庵，刘姥姥醉卧怡红院》中记述了一段史太君与贾宝玉等人到妙玉的栊翠庵品茶的经过，十分有趣，现摘录如下：

妙玉笑往里让，贾母道："我们才都吃了酒肉，你这里头有菩萨，冲了罪过。我们这里坐坐，把你的好茶拿来，我们吃一杯就去了。"

宝玉留神看他是怎么行事。只见妙玉亲自捧了一个海棠花式雕漆填金云龙献寿的小茶盘，里面放一个成窑五彩小盖钟，捧与贾母。贾母道："我不吃六安茶。"妙玉笑说："知道。这是老君眉。"贾母接了，又问是什么水？妙玉笑回："是旧年蠲的雨水。"贾母便吃了半盏，笑着递与刘姥姥，说："你尝尝这个茶。"刘姥姥便一口吃尽，笑道："好是好，就是淡些。再熬浓些更好了。"贾母众人都笑起来。然后众人都是一色的官窑脱胎填白盖碗。

紧接着，曹雪芹笔锋一转，写起了贾、宝、黛在耳房里的情景，摘录如下：

又见妙玉另拿出两只杯来。一个旁边有一耳环，杯上镌着"𤪸瓟斝"三个隶字，后有一行小真字，是"晋王恺珍玩"，又有"宋元丰五年四月眉山苏轼见于秘府"一行小字。妙玉便斟了一斝，递与宝钗。那一只形似钵而小，也有三个垂珠篆字，镌着"点犀䀉"，妙玉斟了一䀉与黛玉，仍将前番自己常日吃茶的那只绿玉斗来斟与宝玉。宝玉笑道："常言'世法平等'，他两个就用那样古玩奇珍，我就是个俗器了。"妙玉道："这是俗器？不是我说狂话，只怕你家里，未必找得出这么一个俗器来呢！"宝玉笑道："俗语说'随乡入乡'，到了你这里，自然把这金玉珠宝一概贬为俗器了。"妙玉听如此说，十分欢喜。遂又寻出一只九曲十环一百二十节蟠虬整雕竹根的一个大𠷂出来，笑道："就剩了这一个，你可吃得了这一海？"宝玉喜的忙道："吃的了！"妙玉笑道；"你虽吃的了，也没有这些茶你糟蹋。岂不闻一杯为品，二杯即为解渴的蠢物，三杯便是饮驴了？你吃这一海更成什么？"说的宝钗、黛玉、宝玉都笑了。黛玉因问："这也是旧年的雨水？"妙玉冷笑道："你这么个人，竟是大俗人，连水也尝不出来！这是五年前，我在玄墓蟠香寺住着，收的梅花上的雪，共得了那一鬼脸青的花瓮一瓮。总舍不得吃，埋在地下，今年夏天才开了，我只吃过一回，这是第二回了。你怎么尝不出来？隔年蠲的雨水哪有这样清淳，如何吃得？”黛玉知他天性怪僻，不好多话，亦不好多坐，吃过茶，便约着宝钗走了出来。

品茶的情趣和奥妙被曹雪芹描写得入木三分。深谙茶道的妙玉令人感慨，而怡红院中那位多才多情的宝哥哥因对品茶的一知半解而差点闹出笑话使人忍俊不禁。

看网球如同品茶，不可囫囵吞枣，更不可“牛饮”，而要细细地品味、观察和体验，只有这样，才能品出网球的味道。根据环境、选手、场地对网球有三种品法：一品不同赛事的不同环境，二品不同选手的不同风格，三品不同场地的不同特点。

网球的每项赛事都有不同的地域风格，而不同的地域总是伴随着不同的民族文化特色。每项赛事除了精彩的选手竞技，吸引人的还有场外的东西，包括各色各样的文化、娱乐、饮食等，来自四面八方的人们将自己打扮得形形色色，各显其性。每当法网、温网、美网及澳网四大公开赛开打时，乡土各异、风情迥然的文化传统都会尽显其中。

网球比赛是世界性的，每一次赛事都会集聚世界各个不同地区的优秀选手。不同地区的选手总是有不同的技术风格，并凸显着不同民族的血统和精神：从费德勒、辛吉斯身上可以看到瑞士人的严谨和精细；从罗迪克、达文波特身上可感受到美国人的霸气；萨芬、莎拉波娃身上渗透着俄罗斯民族的粗犷和凶悍；从纳达尔、费雷罗身上看出西班牙人的斗牛士精神；从纳尔班迪安、科里亚、冈萨雷斯身上则看到南美人顽强不息、一拼到底的勇气和斗志。即使同样的美国籍选手，也会表现出他们不同的民族气质：桑普拉斯的希腊民族的冷峻与机敏，阿加西伊朗后裔的虔诚与执著，格拉芙的日耳曼民族的坚毅和果断，威廉姆斯姐妹则表现出黑人的不屈不挠。

网球比赛主要在硬地、土场、草地三种场地进行。不同场地的比赛又会演绎出不同的风景。硬地球场是全能选手的舞台，既利于进攻又利于防守，底线、网前、长球、短球、高压球、放小球，十八般武艺尽显其能，比赛起来，煞是好看。土场则是底线防守型选手的天地，由于球速较慢，再犀利的发球也会被减缓，通过快速移动、大幅度滑步，使防守者在底线游刃有余，更增加了回合，比赛也更加精彩。而草地的比赛，因球速较快，发球选手则有优势，常常突然上网，或截击，或被穿越，一前一后，一左一右，难解难分，精彩纷呈。

在欣赏网球比赛时，千万别忽略赛事的精彩结尾，因为那往往是戏剧的最高潮，这就是颁奖仪式。网球大赛的颁奖仪式虽不像奥斯卡仪式那样豪华，但绿色场地上鲜红的地毯，服装统一的球童，裁判八字排开，将获奖选手簇拥在场地中央，那简朴却隆重的场面同样精彩。特别是手捧金光闪闪奖杯的选手发表获奖感言，如同奥斯卡上手捧小金人的明星，同样经典，令人兴奋、激动，难以忘怀。难怪满场的观众站立在看台上，忘情地鼓掌、欢呼，久久不愿离去。

观看网球如同欣赏音乐

中华民族的传统文化，丰富而悠久，博大而精深，如戏剧、音乐、绘画、书法、诗词等。要想欣赏其中的某一种文化形式，必须对中国文化有一个全面的了解。前不久，听到这样一个笑话：一位外国朋友学习中国古典诗词，由于缺乏对中国文化的全面了解，对词牌“蝶恋花”竟解释为“菜碟中的花”，而将“菩萨蛮”解释为“野蛮的菩萨”，让人哭笑不得。

同样道理，网球是一项历史久远、文化深邃的体育项目，更是一种精美高雅的文化。网球出自西方，源于欧洲文化，如果不了解西方的文化背景，不了解西方的历史，也很难全面认识网球、理解网球。而对西方和欧洲的历史、文化有了一定的认识后，就能真正了解网球，品尝到其中的滋味。

欣赏网球又类同于欣赏交响乐。从风格上分，交响乐中有一类叫“音画”的，以描写自然界及生活的景物为主要内容，如贝多芬的《田园交响乐》；有一类属“舞曲”，大多描写风俗性的节日欢乐活动，有载歌载舞的特点；也有从舞剧中剪取片断成为单独的器乐曲，如约翰·施特劳斯的400余首圆舞曲等。

从内容上分，有一类交响乐有故事情节，一般均有标题或每乐章都有小标题。此类乐曲大多取材于民间熟悉的、广泛流传的戏剧、诗歌、传说、神话、小说、故事等。有一类是无故事情节的，多属无标题，它通过音乐手段，反映了人们细腻丰富、变化多端的感情起伏。此类反映的是某个特定的社会中，人们对社会的看法和希望。如贝多芬的《英雄交响曲》《命运交响曲》，柴可夫斯基的《第五交响乐》《悲怆交响乐》等。这些乐曲，以抒发人物的细致内心感情为主，让听者从心灵上去感受。

在欣赏交响乐时，假如欣赏者同时具备音乐上的基本知识，了解和掌握交响乐的曲体、调式、主题的变化和发展，配器、表现手法、调性色彩对比等。那么，就可得到更好的精神愉悦和美的享受。如果欣赏者事先了解它所描写的内容，在听乐曲时，随着音乐响起，脑海中就会有所想象，就会进入乐曲所规定的特定意境，引起情感上的共鸣。

同样，网球欣赏者如果对网球悠久的历史、厚重的文化能有所了解，对网球运动的基本规律有所认识，对基本规则和基本技术有所理解，对赛事及选手特点、风格有所熟悉，那么欣赏起来自然会得到最大的快乐和享受。

欣赏交响乐，对曲作者所处的时代、环境、经历、遭遇、身世等了解得越多，那么对作品就理解得越深。欣赏网球比赛时，欣赏者对场上选手的身体条件、技术特点和风格了解得越多，对比赛的门道也就看得越深，才能像体味交响乐一样充分领略运动员表演的内涵和乐趣。

人们观赏一场精彩的比赛，实际上就是在欣赏一部优秀的音乐作品，选手是作品的中心人物，竞争是作品的主题，比赛的跌宕起伏是故事情节，美则是作品永恒的主旋律。

欣赏网球的钥匙

ITF主席比特2001年发表施政感言时说道：“网球运动中体现的文化因素和精神愉悦催化剂正日益吸引着一批又一批的忠实拥趸。世界上最优秀的选手每周都相聚一起，让世界球迷有机会欣赏和体验这些充满激情的戏剧性的激动人心的表演。”那么，究竟如何去欣赏高水平的网球比赛呢？

○ 观看网球是一种文化享受

在世界上，不同地区的网球大赛总是体现着不同民族的历史和文化。四大网球公开赛，看起来是网球的大赛，实际是世界上不同民族不同地区的文化博览盛会。

有人以音乐、舞蹈比喻四大网球公开赛：温网为宫廷华尔兹，雍容华贵；美网为现代迪斯科，自由不羁；法网为拉丁舞，风情浪漫；澳网则是新潮流行乐，热烈火爆。有人以节日比喻四大网球公开赛：美网为圣诞节，法网为情人节，温网为中国的春节，澳网为元旦。由此可见，网球与民族、民俗文化联系紧密。

不同球场的比赛宛若不同地域的乡土音乐风情，演绎着不同的协奏曲。硬地球场演绎的是力量与技巧完美结合的音乐，那种长拉短吊、险象丛生、斗智斗勇、奋力搏击让人激情喷涌，刻骨铭心。土地球场演绎的则是充满野性与悬念的音乐，那精彩的底线对杀，一次次大角度的奔袭，一个个优美的滑步，令人感叹不已。草地球场演绎出的音乐充满温文尔雅的贵族气息，泰山压顶在发上，快如闪电、短兵相接令人眼花缭乱，目不暇接，让人似乎看到中世纪宫廷剑士那充满悬念而富有激情的优美决斗。

○ 观看网球是一种精神愉悦

人类的精神情感可以不通过语言来进行交流。有人说过，世界上最简洁和最广泛的交流方式有两种：一是通过音乐的交流，二是通过体育运动。在人类非语言的交流中，最感人和最使人动情的方式是音乐。排列第二的就是体育运动。在刺激、煽情和情绪冲击方面，体育运动的作用有时甚至超过了音乐。

网球比赛不像足球、篮球那么疯狂，也不像体操、跳水那么恬静，它既有惊心动魄的刺激，又有赏心悦目的技艺，更是心智和体力的角逐。网球比赛动中有静，险中有美。高水平比赛中的每个动作，都如芭蕾舞者潇洒、舒展，然而却没有丝毫的表演成分。在一些知名选手关键的比赛中，每一个精彩的回合，每一分的激烈争夺，每一次惊心动魄的抢救险球，都会让人心弦紧扣，荡气回肠。

在所有体育运动中，网球对人们感情的冲击，精神的愉悦，心理的感悟和提升可以说是最突出的。正像一位球迷所言："网球比赛生动地教给你果断、专注、坚强、耐心、灵敏等心理品质，这种球场外的意外收获更是人生旅途上闪闪发光的金子，也是人生拼搏的制胜法宝。"

网球比赛有单打、双打、混合双打。不同的比赛，会让观众有不同的心理感受。看单打比赛，可以欣赏到选手斗智斗勇，激烈角逐，特别是双方意志品质和心理的较量；看双打比赛，则更多地可以欣赏到完善的战术和各种精妙的配合；看男选手比赛，可以欣赏到力量、速度和阳刚之气；看女选手比赛，除了欣赏优美的动作、迷人的身材，更可以欣赏到女性特有的魅力和服饰美。此时球场已变成运动员展示个人魅力和时尚新潮的T台，而观众则是在心理和精神上获得最大满足的看客。

○ 对网球的技术欣赏

对于不打网球者或是一般网球爱好者来说，看网球比赛，主要是欣赏网球选手优美、舒畅的击球动作，欣赏精彩的回合对阵，特别是在一些局点、盘点、赛点的关键分的争夺，紧张激烈，跌宕起伏。

对于已参加比赛的网球爱好者来说，在欣赏精彩比赛同时，如果结合自己打球的经历，有针对性地认真观察学习高水平选手的动作，将是十分有趣而有益的事情。

从技术上说，观看网球比赛时先观察整个技术环节，可以先集中看选手的步法移动，然后集中观察选手击球动作。最后当对步法移动和击球有了准确定位后，可以通过想象（就是想象自己是场上的球员）来整体地看每一球。要特别注意在不同情况下如何迅速地判断，及时地调整身体，做出精准的技术动作，只有这样才会提高自己的步法和击球。

从战术看，成功的比赛是通过完美的战术运用而取得的。技术再好，如没有成功的战术运用也是徒劳的。比赛有如打仗，什么时候防守，什么情况下攻击，什么时候攻防转换都受战术支配。要观察和学习高水平选手对战术的运用。比赛如下棋，不能下一步看一步，高水平选手是下一步看三步。

高水平选手从第一个发球起或从接发球起，就已经开始实施一整套战略战术，而战略战术是赛前针对对方特点而制定的。观看比赛时就要善于观察和分析他制定的是什么战术？他为什么确定这种战术？进而要弄明白他是怎么样实施这种战术的？特别是在原定战术受阻时，又是如何应变的？如何化被动为主动，如何反败为胜。学习和借鉴这些经验对提高战术素养和水平是有帮助的。

第二节　网球的舞台

场地

（一）场地规格

详见图。

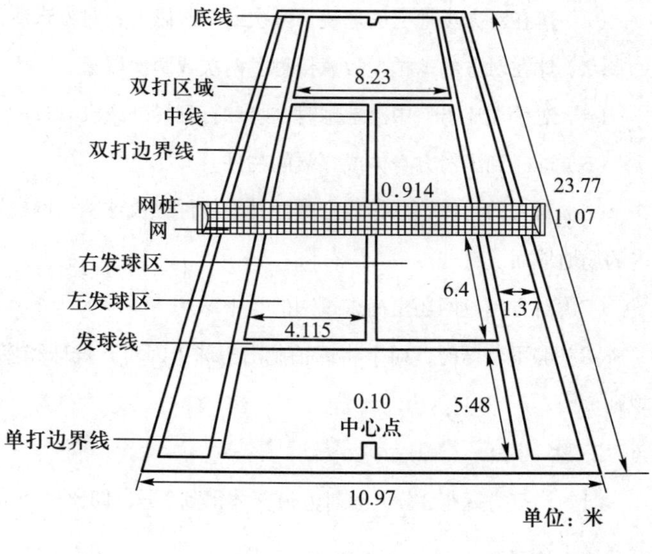

场地规格

（二）场地分类

网球场地分为硬地、沙地、草地、塑胶地面4种。

硬地球场：水泥或沥青地面球场，球反弹高、速度快，属快速球场。适合混合型打法的球员。

沙地球场：使用石灰、炉渣、黏土、细沙等，经过特殊工艺制作的球场，球落地反弹速度慢，属慢速球场。尤其适合底线型打法的球员。

草地球场：分天然草地和人造草地两种。英国的温布尔顿网球场就是天然草坪网球场，属中速球场，这种球场对上网型打法球员有利。

塑胶球场：和硬地球场相近似，场地平整，硬度高，色泽鲜艳，使用寿命长，便于管理和维修。美国网球公开赛和澳大利亚网球公开赛比赛场地属于这种场地，适合各种打法球员。

（三）场地设备

包括网柱、球网、中心带、推水器、防风网、拉线机、裁判椅、休息椅、遮阳伞、记分显示器、灯光设备等。

比赛计分

（一）比赛方式

公平选择：通常的网球比赛是用挑边器或抛硬币的方法决定选择场地或首先发球权、接发球权，得胜者有权选择或要求对方选择。选择了发球或接发球，应让对方选择场地。选择了场地，应让对方选择发球或接发球。

轮换发球：每人一个发球局，每一局结束后，均交换发球权，直到比赛结束（决胜局发球办法另案）。

交换场地：双方应在每盘的1、3、5等单数局结束后以及每盘结束时，交换场地。

进位：每4分为一局，每6局为一盘，每3盘或5盘为一场。

（二）计分办法

1. 胜一分

（1）当打在对方界内或线上的球，对方没有将球回击到己方半场中，或球出界、下网。

（2）落在对方场地上的球跳了两次或两次以上，对方未能接起球时。

（3）球在对方的球拍上故意接触了两次或两次以上。

（4）对手在还击空中落地球时，将球打到界外或没有过网。

（5）球碰到了对方身体或穿戴的物件。

（6）对方的身体、球拍或穿戴的其他物件触及球网、网柱、中心带、网边白布或对方场区以内的场地地面。

（7）对方越过网还击尚未过网的空中球。

（8）够不着球时，对方将球拍抛出击球（因对方发球和接发球失误而胜分另案）（详见网球规则）。

2. 胜一局

（1）当己方赢得3分，而对方最多才得到2分，即比分为40：0、40：15、40：30时，若再得一分就赢了这一局。

（2）当和对手都同时赢得3分后，即比分为40：40时，必须净胜2分，才赢得此一局。

（3）通常平分后，根据领先的一方，报发球占先或接发球占先。当比分占先时，再得1分，也就是净胜2分，方可赢得这一局。

3. 胜一盘

（1）当赢得了6局之后，而对方最多赢了4局时，即比分是6-0、6-1、6-2、6-3、6-4时，若再赢一局，才算赢得这一盘。

（2）当和对手都同时赢得了5局，即比分是5-5时，则必须连胜2局，即比分为7-5时，才算赢得这一盘。

（3）当和对手本盘比分是6-6时，则以决胜局定胜负。

决胜局比赛的计分方法有两种：一种是长盘决胜制，就是某一方必须净胜两局才胜该盘；另一种是平局决胜制，就是双方再赛一局，胜者即为胜该盘。平局决胜制即为“抢七”制。平局决胜制按以下办法执行：先得7分者胜该局及该盘。若此局比分为6–6时，一方须净胜2分才胜该局及该盘。

平局决胜制计分方法：第一分球得分，报1:0或0:1，得一分记一分。比分打到5–5或6–6时，须连胜两分才能决定谁为胜方，在记分表上本盘比分则记为7–6。

4. 胜一场

一场比赛男子最多打5盘，5盘3胜制，比赛双方先胜3盘者为胜一场。女子最多打3盘，3盘2胜制。比赛双方先胜2盘者为胜一场。

第三节　职业网球赛事指南

当今世界的职业网球赛事，可以说是多如织麻，密不透风。世界网球三大组织各有各的赛事，ATP拥有大师杯、大师系列赛、国际黄金系列赛、国际系列赛、挑战赛、卫星赛等70余项赛事；WTA则拥有年终总决赛、1 ~ 4级的国际巡回赛、公开赛等60余项赛事；ITF全年除负责戴维斯杯、联合会杯外，还要举办上百个青少年赛事。

除此外，三大组织和澳网、法网、美网、温网组委会定期举办四大网球公开赛。粗算下来，全年全世界的职业网球赛事要达300个以上，几乎是日日有赛事，周周有看头，月月有精彩。这在竞技体育的世界中，是独二无二的。

在现代生活的节奏下，如何在有限的时间掌握网球大赛的动态，有效地抓住重点，欣赏精彩赛事呢？为此特别做世界网球大赛周历，供大家参考。

● 赛事周历（上）

时间		名称	地点	总奖金	时间		名称	地点	总奖金
一月	第一周	多哈公开赛（ATP）	卡塔尔，多哈	138万美元	二月	第一周	联合会杯第一轮	主客场	—
	第二周	悉尼国际赛（ATP）（WTA）	澳大利亚悉尼	61.8万美元		第二周	迪拜/卡塔尔公开赛（WTA）	阿联酋/卡塔尔	266万美元
	第三周	澳大利亚公开赛（ATP）	澳大利亚墨尔本	4 000万澳元		第三周	迪拜（WTA）	阿联酋	77.6万美元
	第四周	澳大利亚公开赛（WTA）	澳大利亚墨尔本	4 000万澳元		第四周	迪拜免税公开赛（ATP）	多哈	306万美元

时间		名称	地点	总奖金	时间		名称	地点	总奖金
三月	第一周	戴维斯杯第一轮	主客场	—	四月	第一周	戴杯世界组1/4决赛	—	—
	第二周	印第安维尔ATP）	美国印第安维尔斯	891万美元		第二周	沃尔沃公开赛（WTA）	美国查尔斯顿	77万美元
	第三周	巴黎银行公开赛（WTA）	美国印第安维尔斯	767万美元		第三周	蒙特卡洛大师赛（ATP）	摩纳哥蒙特卡洛	524万欧元
	第四周	迈阿密公开（ATP） （WTA皇冠）	美国迈阿密	891万美元 767万美元		第四周	保时捷（WTA）、慕尼黑宝马	德国斯图加特	134万欧元
五月	第一周	马德里大师赛（ATP）、公开赛（WTA）	西班牙	719万欧 592万欧	六月	第一周	法国公开赛（WTA）	巴黎	2 100万欧元
	第二周	罗马大师赛（ATP） 意大利国家赛（WTA）	意大利罗马	544万欧 308万欧		第二周	诺丁汉公开赛（WTA）	英国伦敦	25万美元
	第三周	布鲁塞尔女子公开赛	比利时	205万欧		第三周	伯明翰精英赛（ATP）	英国伦敦	85万欧元
	第四周	法国公开赛（ATP）	巴黎	2 101万欧元		第四周	伊斯特本公开赛（ATP）（WTA）	英国伦敦	72万英镑

● 赛事周历（下）

时间		名称	地点	奖金	时间		名称	地点	奖金
七月	第一周	温布顿锦标赛（ATP）（WTA）	英国伦敦	2 256万英镑	八月	第一周	罗杰斯大师赛ATP）	加拿大	594万美元
	第二周	温布顿锦标赛（ATP）（WTA）	英国伦敦	2 256万英镑		第二周	西南财团公赛ATP）、罗杰斯杯（WTA）	美国辛辛那提/加拿大	63万美元 528万美元
	第三周	名人堂冠军赛（ATP）	美国纽波特	62万美元		第三周	西南财团公赛（WTA）	美国辛辛那提	567万美元
	第四周	汉堡公开赛（ATP）	德国汉堡	175万美元		第四周	美国公开赛（男子）（ATP）	美国纽约州	3 425万美元
九月	第一周	美国公开赛（女子）（WTA）	美国纽约州	3 425万美元	十月	第一周	中国公开赛（WTA）	中国北京	518万美元
	第二周	戴维斯杯半决赛	主客场	—		第二周	上海大师赛（ATP）	中国上海	525万美元
	第三周	广州公开赛（女子）（WTA）	中国广州	25万美元		第三周	克里姆林杯	俄罗斯莫斯科	77万美元
	第四周	武汉（WTA）	中国武汉	251万美元		第四周	WTA年终总决赛	新加坡	700万美元

时间		名称	地点	奖金	时间		名称	地点	奖金
十一月	第一周	联合会杯世界组决赛	主客场	—	十二月	第一周	—	—	—
	第二周	巴黎大师赛（ATP）	法国巴黎	544万美元		第二周	—	—	—
	第三周	ATP年终总决赛	英国伦敦	850万美元		第三周	—	—	—
	第四周	戴维斯杯世界组决赛	主客场	—		第四周	霍普曼杯	澳大利亚珀斯	100万美元

第四节　职业网球排名体系

排名的由来及旧式排名

为了真实评估职业网球选手的技术水平，客观衡量选手的参赛成绩，同时也为了更合理地选择大赛的参赛选手，并确定种子球员，使比赛更加公平、公正，比赛的组织者在实践中总结和推出一套积分排名制度。

自从ATP在1973年引入电脑排名（WTA为1974年）以来，经过30多年的发展和完善，职业网坛已经拥有一套相当成熟的积分排名体系。

旧的排名办法是以职业球员在52周为一个周期内的积分为基准。即每过去一周，球员们就要加上新一周内获得的积分，同时又要减去一年前相应这一周内取得的积分。对一个年初第二周参加职业网球大赛的新选手来说，当年是没有积分排名的，只有在第二年的第二周参赛后才能获得排名。

积分排名最初采用“平均分”排名的方式，1990年后改为选取选手一个周期内参加的其中14项最好的比赛成绩进行排名，这也是为了鼓励选手多参加比赛。过去男女职业球员的积分除了取得轮次积分之外，还会从自己战败的对手身上获取加分（Quality Points）。战胜的球员排名越是靠前，获得的奖励积分也就越多。那么，球员的积分是如何获得的呢？目前职业网球比赛（除年终总决赛外）都采用单淘汰赛制，球员每晋级一轮就会获得相应的轮次积分（Round Points），积分多少由ATP、WTA制定的排名规则决定，而且赛事规模越大、奖金越高，参赛球员的数量越多，每轮次给予的积分就越多。

● ATP 各类赛事的积分分配

	冠军	亚军	四强	八强	16强	32强	64强	128强	资格赛
大满贯赛事	2 000	1 200	720	360	180	90	45	10	25
巴克莱ATP世界巡回赛总决赛	*1 500								
ATP世界巡回赛大师1000系列赛	1 000	600	360	180	90	45	10（25）	（10）	（1）25

	冠军	亚军	四强	八强	16强	32强	64强	128强	资格赛
ATP世界巡回赛500系列赛	500	300	180	90	45	（20）			（2）20
ATP世界巡回赛250系列赛	250	150	90	45	20	（5）			（3）12
挑战赛125 000+H	125	75	45	25	10				5
挑战赛125 000	110	65	40	20	9				5
挑战赛100 000	100	60	35	18	8				5
挑战赛75 000	90	55	33	17	8				5
挑战赛50 000	80	48	29	15	7				3
挑战赛35 000+H	80	48	29	15	6				3
希望赛**15 000+H	35	20	10	4	1				
希望赛**15 000	27	15	8	3	1				
希望赛**10 000	18	10	6	2	1				

*巴克莱ATP世界巡回赛总决赛以不败战绩夺冠可获得1 500积分（每场小组赛获胜200分，半决赛获胜400分，决赛获胜500分）

**ATP在希望赛双打中，只有半决赛以上的成绩才能获得ATP双打排名积分

（1）主签表大于56人时只能获得12分

（2）主签表大于32人时只能获得10分

（3）主签表大于32人时只能获得5分

- WTA 各级别赛事积分分配

赛事级别	冠军	亚军	四强	八强	16强	32强	64强	128强	资格赛
大满贯赛	2 000	1 400	900	500	280	160	100	5	60
顶级巡回赛（皇冠赛事，96签）	1 000	700	450	250	140	80	50	5	30
顶级巡回赛（皇冠赛事，64签）	1 000	700	450	250	140	80	5	—	30
顶级巡回赛（超五赛事，56签）	900	620	395	225	125	70	1	—	30
顶级巡回赛（56签）	470	320	200	120	60	40	1	—	12
顶级巡回赛（32签）	470	320	200	120	60	1	—	—	20
国际巡回赛（56签）	280	200	130	70	30	15	1	—	10
国际巡回赛（32签）	280	200	130	70	30	1	—	—	—

从20世纪70年代开始，烦琐的积分计算系统就饱受人们的批评和质疑。前球王桑普拉斯过去抱怨最多的就是令人费解的积分排名系统。“根本没有了解积分是怎么算的，我只希望它像一般比赛一样，季末谁的分数最高谁就是世界第一。”

迈阿密大师赛的主席、前ATP总裁布彻对积分排名系统的评价是：“那是一个连业内人士都会晕头转向的东西，普通网球爱好者就更是不易理解。”

一位美国的疯狂球迷说道：“每年我都在辛辛那提大师赛的现场为球迷讲解积分排名体系的时候，发现用了2个小时之后，他们还是懵懵懂懂的。”

球迷当然想知道世界第一为什么会更换人选，但过去的解释工作通常不是需要长篇大论，就

是会耗费太多的转播时间。在减除积分、额外给分、较好比赛成绩取代最差比赛成绩等之后，排名积分系统成了数字崇拜者的天堂和新闻工作者的梦魇。

1999年，旧排名系统给了世界网坛一次重击。卡费尔尼科夫在该年5月3日登上世界第一之前的一个月内，在连续参加的4站巡回赛中均是首轮被淘汰，但因为他在1998年相同时间内的战绩更糟糕，总积分反而在加减分相抵之后没有大的改变，而他的竞争对手桑普拉斯却因为在1998年相同时期内有过夺冠经历，但1999年却在相应月份中没有参赛，结果被活生生砍掉230分，拱手将世界第一让给了俄国人。

新排名体系及其局限制

在旧的排名体系饱受争议之后，ATP和WTA决心进行排名改革。2000年，在新世纪到来之时推出了新排名制度冠军积分排名系统。它以“18项积分制度”为核心内容，即球员的年度总积分由四大公开赛、超级9项赛事和5项其他赛事组成的18项比赛的积分相加而成，取消奖励。

新排名制度以年度为单位，每个球员在赛季开始时的积分一律为零，经过一个赛季的“资本积累”后，年终积分最高者成为当之无愧的世界第一。新制度更为简单明了，改变了旧体系统计算积分时“瞻前顾后”的复杂。它还淡化了旧排名体系每周世界第一的重要性，更加突出了年终积分第一的珍贵。如果一个球员没有资格进入大满贯和大师赛、皇冠赛的正选赛的话，这些球员一年内参加的所有赛事挣得的积分是他们的总分，而不用受大赛的限制，但是只要他们获得了进入大赛正选的机会，比如得到了外卡，就必须计算此项大赛的成绩，而不管成绩是否理想。

新排名制度保持了为球员“保留”排名的功能。当球员因伤被迫在一定时期内休养的话，就可以向ATP或WTA申请“排名保护”。只要在ATP或WTA规定的合理疗伤期间，球员的排名将被视为申请之前的排名，凡是他们过去参加的小型巡回赛都要默许这种冠军。

另外，新排名制度取消了低排名选手击败高排名选手的奖励分，这样在一项赛事里两位同样赢得半决赛胜利的选手将会获得同样的积分，即使其中一位是击败了一位最高排名的顶尖选手，而另一位仅仅击败了排名200名开外的选手。从这一点来说，新排名制度显然有失公允。这种不公平导致了男选手纷纷看中ATP原有的52周参赛排名系统。

目前，只有WTA的排名系统还在沿用奖励给分的制度。

人们对建立的新系统的质疑甚至比对旧积分系统还要强烈。如果完全摒弃旧积分排名系统，存在的问题主要有两点：第一，如何确定种子选手。如某世界排名前10的选手，如果在年初的澳网第一轮就被淘汰的话，是不是他就无法在下一项赛事中被列为种子选手了呢？第二，如何确定正选参赛资格。球员报名参赛的资格依据是排名顺序，如果每周的排名变动幅度都很大的话，那该如何规定参赛资格，球员该如何准备比赛呢？正是考虑、上述两大难题，ATP在推出简单易懂的冠军积分排名系统的同时，还建立了一个与旧排名系统颇为相似的52周参赛排名系统，来帮助赛事组织者确定种子选手和正选名单。

ATP和WTA不得不选择了目前的双排名体系，以互相补充。

○ ATP排名具体计分方法

每名球员的总分由计分时段内的以下积分之和：

（1）4个大满贯比赛。

（2）8个规定参加的ATP1000大师赛。

（3）ATP年终总决赛。

（4）以下比赛中最好的6站比赛成绩：ATP500，ATP250，ATP挑战赛，Futures系列赛。

如果一个球员每次都没有能够进入大满贯、大师赛的主签表，那么（4）的计分比赛数目就增加一个。

在4站大满贯和8站大师赛没有打的时期，对（4）中比赛数目做相应调整。

一旦球员进入大满贯和大师赛的主签表，不管是以何种方式进入的，该站比赛都按他打了这个比赛来计分。

球员在他的职业生涯中每打三年就可以减少参加一站规定的8个大师赛，而用（4）中的其他比赛积分代替。

○ WTA排名具体计分方法

WTA排名系统衡量一个球员在所有赛事里的表现，每周发布排名。所有规则要先考虑Section IX中关于WTA年终决赛和精英赛的规则。

1. 所有球员

过去52周的最多16站比赛+WTA单打总决赛+11站双打比赛。受WTA总决赛和精英赛规则影响，排名系统计算球员最好结果的比赛积分，这些计分的比赛必须包括：大满贯，顶级规定巡回赛（Premier mandatory tours），WTA年终总决赛。

如果是Top 10球员，计入她结果最好的2站超五比赛积分。

如果是Top 20球员而且参加了超五赛事，计入她最好的2站（最多2站）超五比赛积分。

任何0分处罚，这里应该是说Top10必须打2站超五，不打就按0分计算，Top20如果参加了就可以计入2站（最多2站）超五，其他球员不要求。

2. Top 20球员

（1）对新的前20球员，她打第一个超五赛之后，她52周内的最好超五赛事积分必须计入。打第二个超五赛之后，其52周内最好的超五赛事积分必须计入。

（2）跌出前20的球员，上个赛季的超五比赛积分会在52周到期后扣除，这些积分可以用本赛季的超五比赛结果替代。

（3）对前20球员，该球员上一赛季的超五积分扣除后，就可以计入其他赛事的积分。比如，去年打了1个超五，今年一直没有打，在这个超五积分扣除后，就可以多计入一站其他比赛的积分。

在女子比赛中,WTA年度排名（保时捷排名）和52周排名（世界排名）之间的关系与ATP冠军积分排名和参赛系统排名的关系相似，区别在于WTA不像ATP那样有两套积分系统，也就是说果一名球员在皇冠赛（相当于ATP1000赛）中夺冠，那她在WTA年度排名和52周排名上将同时增加1 000分。

为了防止选手利用多参赛来攫取积分，ATP和WTA在这方面都有相应的规定。从2000年开始，ATP以“18项积分制度”取代了原来的“最佳14项积分体系”，即球员的总积分由四大公开赛、大师系列赛和成绩最佳的其他5项赛事组成的18项比赛的积分相加而成。根据这一规定，只要一名球员的世界排名达到了直接进入大满贯或大师赛正选赛的报名标准，或者通过资格赛或外卡等方式得到了正选赛参赛资格，无论其最终是否参赛，这项比赛的积分都将被计入该球员的总分之内。WTA统计单打积分的范围是包括四大公开赛和9站一级赛在内的17项比赛，双打则为11项赛事。

为了深刻了解两套系统，我们以其功能、定义、积分范围、分值、起始时间及特殊规定几个方面进行一些比较，具体比较见排名体系对照表。

● ATP/WTA（单打）排名体系比照表

	ATP冠军排名系统（新排名体系）	ATP52周参赛排名系统（传统排名体系）	WTA年度排名系统（保时捷排名）	WTA52周排名系统
定义	本年度排名。2000年实行的新年度简化排名办法	一个年度的最高世界排名。动态形式，每增加新一周的积分，就扣除上一年同周的积分	本年度排名。内容同ATP	传统排名。一个年度的排名，内容同ATP
功能	确定参加ATP巡回赛总决赛资格	确定除大师杯赛外各项比赛参加资格、种子及排序	确定参加WTA年终总决赛资格	确定除年终总决赛外各项比赛参赛资格、种子及排序
积分范围	18项赛事积分：大满贯4项，大师1000赛9项，其他ATP巡回赛5项（均为正选赛，如未进正选，可计其他赛事积分）	19项赛事积分：除ATP冠军排名系统18项赛事外，再加总决赛积分	16项赛事积分：大满贯4项，皇冠赛4项，超五赛2项，其他6项赛事	17项赛事积分（外加总决赛）
赛事分值	大满贯：冠军2 000分，亚军1 200分 ATP1000赛：冠军1 000分，亚军600分 (其他低级别赛事略)	同ATP冠军排名系统	大满贯：冠军2 000分，亚军1 200分 皇冠赛：冠军1 000分，超五冠军900分（其他低级别赛事略）	同WTA年度排名系统
起始时间	每年度1月1日—12月31日。年初所有选手积分归0	截至从本年度本周赛末，起始于上年度同一周	同ATP冠军排名系统	同ATP52周参赛排名系统
特殊规定	1. 年度总决赛积分计入 2. 未进入大满贯和大师赛的可记其他赛事积分 3. 排名保护：因伤超过6个月经批准可以“特殊排名”参加最初的8项赛事 4. 取消奖励分值	1. 年终总决赛积分计入，但同时扣除上年总决赛积分 2. 积分相同，以参赛次数少者排前 3. 无奖励分值	1. 保留奖励分 2. 积分相同，奖励分多者排前，再相同，参赛次数多者排前 3. “排名保护”基本同ATP冠军排名系统。可列入种子，但须排在事实上同名次选手之后	同WTA年度排名系统

第五节　观赛礼仪

网球运动是一项很有特色的运动。参加比赛的选手随时要在极短的时间内做出判断和移动，因此需要高度的专注。此外，网球场没有足球场那么大，而比赛的运动员又不像篮球那么多，网球比赛时，球员（2人或4人）在全场观众的关注下，压力远比其他运动员大，注意力也更易受到场外的干扰，任何外界的声响或游动的人员都会分散选手的注意力，会影响到选手的发挥。只有在绝对安静的环境下，球员才能全力集中精力比赛，否则将造成失误、失分。

从观看比赛的角度，观众欣赏网球，需要一个良好的环境，观看网球是欣赏的过程，是品味的过程，是享受的过程，不同于足球和篮球的狂欢和宣泄，即使网球需要激情，也只能在死球和换边时表现。正是基于网球这些特殊性，才要求观众在观看比赛时，必须保持一个绝对的安静环境。

为了使球员保持专注力，发挥最好竞技水平，奉献最精彩的赛事，也为了使观众能如愿地欣赏网球乐趣，请严格遵守赛场秩序：

一、观众应在赛前入场进入观众席就座。比赛进行中一律不得走动，不得要求入场或出场。只有在运动员交换场地或比赛暂停时，方可走动。

二、观看比赛时不得大声喧哗，更不得在球来回飞行中鼓掌喝彩。只有在每分球结束后，方可鼓掌表示赞赏。

三、服从裁判员的规劝，每当听到裁判员在话筒中要求观众“安静”时，应立即停止鼓掌或说话，保持赛场安静。

四、若运动员不慎将球打入观众席内，观众拾球后，不得在比赛进行中随意将球扔回球场，以免干扰比赛的进行。

五、除必要的工作人员（裁判长、裁判工作人员、拾球员或获准入场的队长、教练员和摄影记者等）外，其他人一律不得进入赛场。

六、不得以任何方式干预裁判工作。

七、观众不得与裁判员、司线员、拾球员或运动员等聊天攀谈。

八、记者须在指定的地点摄影录像，非休息时段，切勿游移走动。摄像时不得使用闪光灯。

九、观众不得向场内投掷任何物品。

十、不得带婴儿入场。

附　录

附录1　国际网球名人堂

国际网球名人堂，是纪念和表彰为世界网球事业做出杰出贡献者的殿堂。进驻国际网球名人堂，是对这些网球运动员及网球从业者职业生涯的最高肯定和最大荣耀。

国际网球名人堂位于美国罗得岛州纽波特网球博物馆。该博物馆是世界上最大的网球博物馆。在这里，可以看到网球运动的起源和发展，可从规则、场地、球拍、服装等方面去了解这项运动的变迁。当然，网球迷还可以领略进驻国际网球名人堂的网坛名宿的风采，并欣赏来自四大满贯和各项重要巡回赛的珍贵展品。可以这么说，国际网球名人堂就是一部生动的、立体的、浓缩的网坛历史。

在20世纪50年代，时任纽波特大赌场总裁的Jimmy Van Alen参观了美国棒球名人堂，深受启发。曾经身为网球好手，他认为网球也需要这样一个名人堂。于是，他成功说服了当时的美国网球协会领导层，将纽波特大赌场改造成为网球名人堂博物馆，并在1986年正式得到了ITF的认可。其设立的宗旨为“保存网球历史曾有的完美球赛的圣堂”。1965年，创办人去世后被进入国际网球名人堂。
自1958年以来，一共有来自23个国家的252位个人入驻了国际网球名人堂。

评选机制及条件

目前，国际网球名人堂的评选分为三大类：新近退役的球员（退役20年以内，并且最近5年没有显著参与ATP、WTA或者轮椅网球的赛事），退役多年的球员（退役20年以上），以及网球事业贡献者（比如来自于网球相关的管理、传媒、教练、裁判等工作人员）。

从2018年开始，国际网球名人堂的评选分类和过程将进行了重大改革。

◎ 取消“退役多年的球员”这一类别，把“新近退役的球员”这一类别改为“球员”类别，表彰退役5 ~ 20年且取得过突出成就的网球运动员。
◎“轮椅网球运动员”和“网球事业贡献者”两个类别的评选，将四年举办一次。
◎ 加入自动提名机制，如果符合以下标准，将自动获得提名资格：

单打球员：获得3个或3个以上大满贯单打冠军，并且在世界第一的位置上至少保持13周；或者获得5个或5个以上大满贯单打冠军。

双打球员：获得12个或12个以上大满贯双打冠军，并且在世界第一的位置上至少保持52周；或者获得15个或15个以上大满贯双打冠军。

如未能满足以上自动提名资格，专门的提名委员会将审查并提名成就突出的网球运动员作为候选者，进入投票程序。

选举委员会的委员将综合考虑各项标准进行投票。其中，对于候选球员，除了场上成绩以外，体育精神、人格魅力等也是重要考虑因素。

这么说来，目前ATP里的四巨头在退役5年后都能够自动获得提名资格呢。不过，我们当然还是希望他们都健健康康地在球场上多打几年，继续为我们带来精彩的高水平对决。

入选国际网球名人堂名单（截至2017年）

2017年 安迪·罗迪克（Andy Roddick），克里斯特尔斯（Kim Clijsters），维克·布莱登（Vic Braden），史蒂夫·弗林克（Steve Flink），莫尼克·卡尔曼（Monique Kalkman）
2016年 贾斯汀·海宁（Justine Henin），伊冯·佩特拉（Yvon Petra），萨芬（Marat Safin），玛格丽特·佩吉·斯克里文（Margaret Peggy Scriven）
2015年 毛瑞斯莫（Amelie Mauresmo），大卫·霍尔（David Hall），南希·杰夫特（Nancy Jeffett）
2014年 尼克·波力泰利尼（Nick Bollettieri），达文波特（Lindsay Davenport），布朗·格兰姆斯（Jane Brown Grimes），尚塔尔·万迪伦当克（Chantal Vandierendonck），约翰·巴雷特（John Barrett）
2013年 玛蒂娜·辛吉斯（Martina Hingis）
2012年 库尔滕（Gustavo Kuerten），卡普里亚蒂（Jennifer Capriati），奥兰特斯（Orantes），迈克·戴维斯，斯诺（轮椅网球选手）
2011年 阿加西（Andre Agassi），克雷梅尔（Peachi Kellmeyer）
2010年 伍特福德（Mark Woodforde），伍德布里奇（Tood Woodbridge），布拉德·帕克斯（Brad Parks），德里克·哈德威克（Derek Hardwick），吉吉·费尔南德斯（Gigi Fernandez），欧文·戴维森（Owen Davidson），娜塔莎·兹维列娃（Natasha Zvereva）
2009年 塞莱斯（Monica Seles），安德雷斯·吉米诺（Andres Gimino），唐纳德·戴尔（Donnald Dell），罗伯特·约翰森（Dr. Robert Johnson）
2008年 张德培（Michael Chang），马克·麦考马克（Mark McCormack），吉尼·斯科特（Gene Scott）
2007年 桑普拉斯（Pete Sampras），桑切斯（Arantxa Sanchez-Vicario），斯文·戴维松（Sven Davidson），鲁斯·亚当斯（Russ Adams）
2006年 拉夫特（Patrick Rafter），萨巴蒂尼（Gabriela Sabatini）
2005年 考瑞尔（Jim Courier），诺阿（Yannick Noah），诺沃特娜（Jana Novotna），布奇霍尔兹（Butch Buchholz）
2004年 埃德伯格（Stefan Edberg），格拉芙（Steffi Graf），多罗西·多多·切尼（Dorothy Dodo Cheney）
2003年 贝克尔（Boris Becker），杜尔（Francoise Durr），瑞切（Nancy Richey），杜宾（Brian Tobin）
2002年 施赖弗（Pam Shriver），维兰德（Mats Wilander）
2001年 伦德尔（Ivan Lendl），莫文·罗斯（Mervyn Rose）
2000年 安德森（Malcolm Anderson），凯莱赫（Robert Kelleher），纳芙拉蒂洛娃（Martina Navratilova）
1999年 麦肯罗（John McEnroe），麦奎格（Ken McGregor）
1998年 吉米·康纳斯（Jimmy Connors），赫尔曼（Herman David CBE）
1997年 奥斯丁H.W.（“Bunny” Austin），莱斯利·特纳·保利（Lesley Turner Bowrey），温菲尔德少校（Walter Clopton Wingfield）
1996年 罗西·卡萨尔斯（Rosemary Rosie Casals），丹·马斯克尔（Dan Maskell）
1995年 艾芙特（Chris Evert）
1994年 阿瑟·柯林斯（Arthur W. Bud Collins，Jr.），曼德利科娃（Hana Mandlikova）
1993年 拉马·亨特（Lamar Hunt），莫蒂默（Angela Mortimer Barrett）
1992年 翠茜·奥斯汀（Tracy Austin），夏蒂埃（Philippe Chatrier），鲍勃·休伊特（Bob Hewitt），弗路·麦克米兰（Frew McMillan）
1991年 库柏（Ashley Cooper），伊勒·纳斯塔斯（Ilie Nastase），维拉斯（Guillermo Vilas）
1990年 约瑟夫·卡尔曼（Joseph F. Cullman 3rd），简·科德斯（Jan Kodes）
1989年 帕特森（Gerald Patterson），弗吉尼亚·韦德（Virginia Wade）
1988年 伊芳·谷拉恭高利（Evonne Goolagong Cawley）
1987年 比约·博格（Bjorn Borg），比利·简·金（Billie Jean Moffitt King），丹尼斯·拉尔斯顿（Dennis Ralston），艾利克斯·奥利梅多（Alex Olmedo），斯坦·史密斯（Stan Smith）
1986年 多罗西·让·里特（Dorothy Round Little），查克·麦金利（Chuck McKinley），约翰·纽康比（John Newcombe），派屈利（Nicola Pietrangeli），托尼·罗切（Tony Roche），泰德·提林（Ted Tinling）
1985年 阿瑟·阿什（Arthur Ashe），大卫·格雷（David Gray），安·海顿·琼斯（Ann Haydon Jones），弗雷德·施托勒（Fred Stolle）
1984年 约翰·布罗姆维奇（John Bromwich），阿德里安·奎斯特（Adrian Quist），尼雷·弗雷瑟（Neale Fraser），桑塔纳（Manuel Santana），塞古拉（Pancho Segura）
1983年 克拉克（Clarence Clark），罗迪·多德（Lottie Dod），杜保尼（Jaroslav Drobny），欧内斯特·伦肖（Ernest Renshaw），威廉·伦肖（William Renshaw）
1982年 罗伊·埃默森（Roy Emerson），威廉·麦克切斯尼·马丁（William McChesney Martin），汤姆·佩蒂特（Tom Pettitt），郎斯·汀盖（Lance Tingay）
1981年 罗德·拉沃尔（Rod Laver），海斯特（W.E. Slew Hester），玛丽·奥特布里奇（Mary Outerbridge），多罗西·道格拉斯·钱伯斯（Dorothea Douglass Chambers）
1980年 肯·罗斯威尔（Ken Rosewall），卢·侯德（Lew Hoad），雷金纳德·多尔蒂（Lawrence Doherty），古斯塔夫（King GustavV of Sweden）
1979年 玛格丽特·考特（Margaret Smith Court），杰克·克劳福德（Jack Crawford），格拉迪斯·赫尔德曼（Gladys Heldman），兰尼（Al Laney），拉斐尔·墨桑塔纳（Rafael Osuna），弗兰克·塞德曼（Frank Sedgman）
1978年 玛丽亚·布埃诺（Maria Bueno），皮埃尔·伊切巴斯特（Pierre Etchebaster），凯萨琳·迈凯·盖德弗里（Kathleen McKane Godfree），哈里·霍普曼（Harry Hopman），苏珊·朗格伦（Suzanne Lenglen），安东尼·威尔丁（Anthony Wilding）
1977年 曼努埃尔·阿隆索（Manuel Alonso），诺曼·布鲁克斯（Norman Brookes），帕蒂（Budge Patty），贝蒂·努萨尔·舒梅克（Betty Nuthall Shoemaker），戈特弗里德·冯·克拉姆（Gottfried von Cramm）
1976年 雷恩·拉科斯特（Rene Lacoste），简·巴罗塔（Jean Borotra），科切特（Henri Cochet），雅克·布鲁尼翁（Jacques Brugnon），梅布尔·卡希尔（Mabel Cahill），迪克·萨维特（Dick Savitt）
1975年 劳伦斯·贝克（Lawrence Baker Sr.），弗雷德·佩里（Fred Perry），艾伦·罗斯福（Ellen Roosevelt）
1974年 伯莎·汤森德·图尔明（Bertha Townsend Toulmin），弗雷德·霍维（Fred Hovey），朱丽叶·阿特金森（Juliette Atkinson），鲍勃·法尔肯博格（Bob Falkenburg）
1973年 阿拉斯泰尔·马丁（Alastair Martin），达琳·哈德（Darlene Hard），吉尼·马科（Gene Mako）
1972年 布莱恩·格兰特（Bryan Grant），盖德纳尔·穆洛伊（Gardnar Mulloy），伊丽莎白·瑞恩（Elizabeth Ryan）
1971年 艾尔莎·吉布森（Althea Gibson），伊丽莎白·摩尔（Elisabeth Moore），维克·赛斯阿斯（Vic Seixas），阿瑟·尼尔森（Arthur Nielsen）
1970年 托尼·特拉伯特（Tony Trabert），佩里·琼斯（Perry Jones），雪莉·弗里伊尔文（Shirley FryIrvin），克拉伦斯·格里芬（Clarence Griffin）
1969年 查尔斯·加兰（Charles Garland），玛丽·瓦格纳（Marie Wagner），卡尔·贝赫（Karl Behr），多丽丝·哈特（Doris Hart），阿特·拉森（Art Larsen）
1968年 阿里森·丹泽（Allison Danzig），杰克·克雷默（Jack Kramer），莫林·康诺利·布林克（Maureen Connolly Brinker），潘乔·冈萨雷斯（Pancho Gonzalez），埃莉诺拉·希尔斯（Eleonora Sears）
1967年 鲍比·里格斯（Bobby Riggs），比尔·塔尔伯特（Bill Talbert），玛格丽特·奥斯本·杜邦（Margaret Osbourne du Pont），路易斯·布莱克·克拉普（Louise Brough Clapp）
1966年 乔·亨特（Joe Hunt），弗兰克·帕克（Frank Parker），西奥多·佩尔（Theodore Pell），泰德·施罗德（Ted Schroeder）
1965年 波琳·贝兹（Pauline Betz Addie），艾伦·汉塞尔（Ellen Hansell），沃特森·沃什伯恩（Watson Washburn），唐·麦克尼尔（Don McNeill），詹姆斯·范·阿伦（James Van Alen）
1964年 爱丽丝·玛贝尔（Alice Marble），唐·巴奇（Don Budge），乔治·洛特（George Lott），弗兰克·希尔兹（Frank Shields），乔治·阿德（George Adee），西德尼·伍德（Sidney Wood）
1963年 威尔默·埃里森（Wilmer Allison），莎拉·帕弗雷·丹泽（Sarah Palfrey Danzig），约翰·范·雷恩（John Van Ryn），朱利安·迈里克（Julian Myrick）
1962年 约翰·多格（John Doeg），埃尔斯沃思·万斯（Ellsworth Vines），海伦·赫尔·雅各布斯（Helen Hull Jacobs）
1961年 文森特·理查兹（Vincent Richards），弗兰克·亨特（Frank Hunter），马尔科姆·蔡斯（Malcolm Chace），弗雷德·亚历山大（Fred Alexander），哈罗德·哈克特（Harold Hackett）
1959年 比尔·蒂尔登（Bill Tilden），海伦·威尔斯（穆迪·罗克）（Helen Wills（Moody Roark））
1958年 比尔·约翰斯顿（Bill Johnston），莫拉·马洛里（Molla Bjurstedt Mallory），林德利·穆雷R.（Lindley Murray），莫德·巴格-沃勒克（Maud Barger-Wallach）
1957年 玛丽·布朗（Mary K. Browne），莫里斯·麦克劳林（Maurice McLoughlin），哈泽尔·霍奇怀特曼（Hazel Hotchkiss Wightman），理查德·威廉姆斯（Richard N. Williams 2nd）
1956年 威廉·克罗什尔（William Clothier），德怀特·戴维斯（Dwight Davis），霍尔科姆·沃德（Holcombe Ward），梅·萨顿·邦迪（May Sutton Bundy），威廉·拉内德（William Larned），比尔斯·怀特（Beals Wright）
1955年 西亚斯（Richard Sears），詹姆斯·德怀特（James Dwight），亨利·斯洛克姆（Henry Slocum），奥利弗·坎贝尔（Oliver Campbell），罗伯特·雷恩（Robert Wrenn），马尔科姆·惠特曼（Malcolm Whitman），约瑟夫·克拉克（Joseph Clark）

附录2　世界职业网球主要赛事一览表

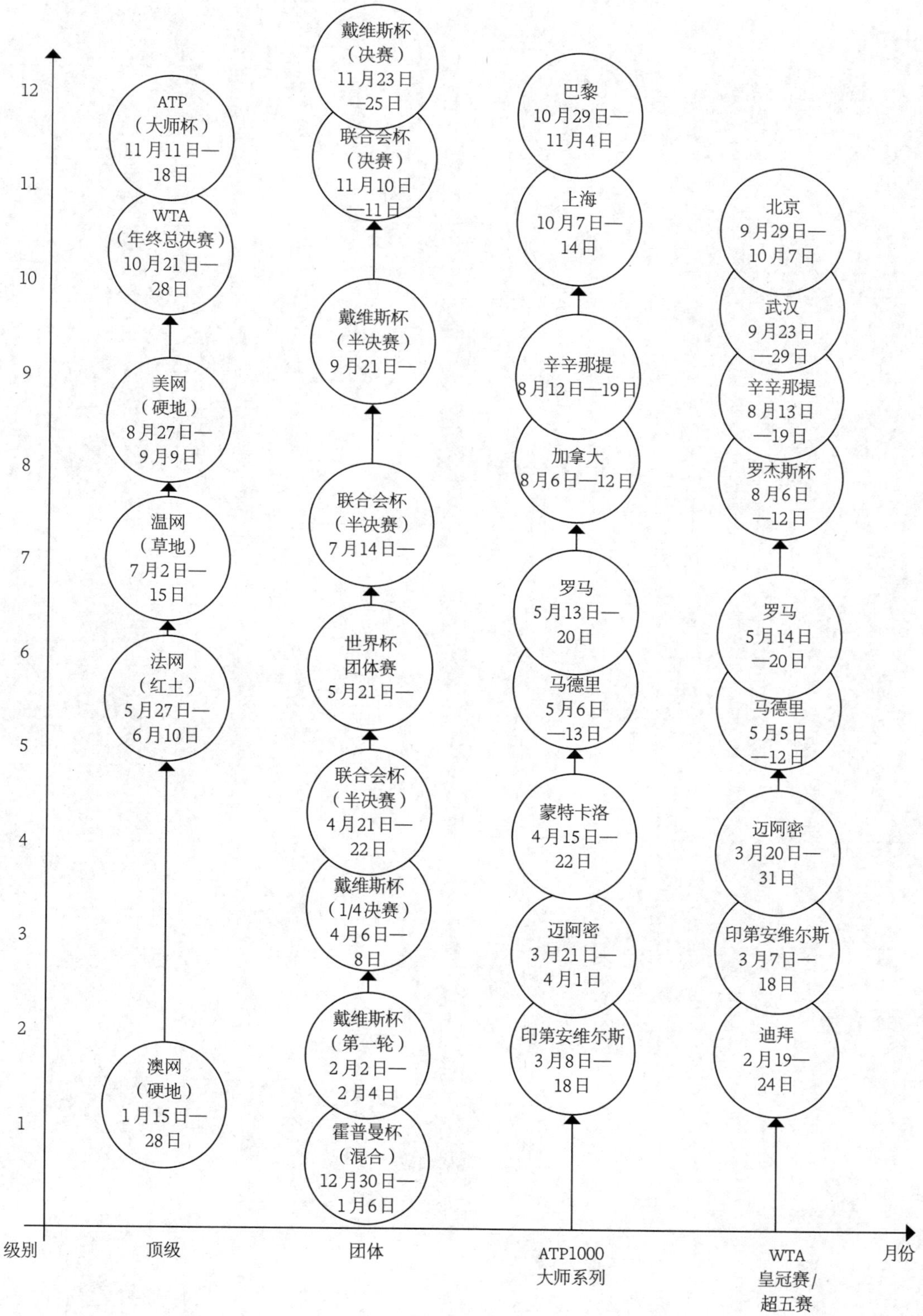

附录3　世界网球大事记

1873年：沃尔特·温菲尔德少校发明草地网球。同年12月，在南特科尔维德聚会上他第一次表演了草地网球游戏。这一年，温菲尔德出版了《斯菲戴克游戏》（也称《草地网球》）一书。

1874年：温菲尔德少校获得了草地网球游戏的专利。他编制了游戏规则，规定了球场的尺寸，设计出了手提木箱用来专门放置球网、球拍和球。同年，美国人M.奥特布里奇将草地网球带入美洲大陆。

1876年：美洲大陆的第一个网球俱乐部在美国波士顿成立。

1875—1881年：现代网球先后传播至美洲、澳洲、亚洲及欧洲各地。

1877年：第1届温布尔顿草地网球锦标赛举行。本瑟·戈尔获冠军。同年，全英槌球协会改名全英槌球和草地网球协会。

1881年：美国草地网球协会在纽约成立。第1届美国网球锦标赛在纽波特举行。

1884年：英国女子网球运动员莱德·沃森获得温布尔顿网球锦标赛冠军，成为第一位女子网球冠军，并开创了以纯白色为基调的网球装备新时尚。

1891年：第1届法国俱乐部草地网球锦标赛在巴黎的皮杜举行。

1895年：巴黎网球俱乐部创办。

1896年：网球被列为首届现代奥运会比赛项目（至1924年）。英国人约翰·博兰获得男子单打和男子双打两枚金牌，成为奥运会第一个网球冠军。

1900年：美国人德怀特·戴维斯创办了第一个网球团体赛——戴维斯杯。戴维斯率领美国队击败英国队首获冠军。第2届奥运会列入女子网球项目，夏洛特·库珀成为奥运会史上第一个获得网球金牌的女运动员。

1904年：澳大利亚网球联合会成立。

1905年：第1届澳大利亚网球锦标赛在墨尔本举办。

1908年：在第4届奥运会上，室内网球被首次作为比赛项目，设男子单打、男子双打、女子单打项目。

1907年：英国王子威尔士首次到全英草地俱乐部观看网球比赛，开辟了“皇室包厢”，并接受了担任俱乐部主席的请求。

1910年：在南京举办的第1届全国运动会上，第一次设立网球男单项目，上海圣约翰大学潘文焕获冠军。

1912年：英国登录普试制空心球，空心橡胶充气内胆改变了网球历史。

1913年：美国人杜安·威廉姆斯在巴黎组织发起成立国际草地网球联合会（现ITF），当时有英、法、美等12个国家参加。

1915—1918年：因第一次世界大战，温布尔顿网球锦标赛中断。

1919年：开始实行抽签决定“种子”制度。

1920年：苏珊妮·朗格伦身着由帕图设计的网球比赛服，获得了在安特卫普举办的奥运会网球比赛的单打冠军，并和马克斯·德库吉斯合作获得混双冠军。

1922年：全英草地网球锦标赛由温布尔顿沃波尔路迁至教堂路，一直延续至今。

1924年：因在运动员参赛资格问题上的分歧，网球参加本届奥运会后正式退出奥运会。

1926年：查尔斯·C.派尔组织职业网球巡回赛。朗格伦、理查兹等著名选手表演引人注目。

1927年：法国“四个火枪手”击败美国队，为法国捧得戴维斯杯。同年，英国首创无缝网球，使球速明显加快。

1928年：罗兰·加洛斯网球场在巴黎建成。

1927—1932年：法国“四个火枪手”为法国连续六年捧得戴维斯杯。

1931年：蒂尔顿在巴黎组织第一个大型职业网球赛事，先后有科泽卢、科歇、维恩斯等高手参与，使职业网球开始形成与业余网球的对峙。

1933年：英国网球运动员邦尼·奥斯丁第一次身着短裤参加网球比赛。年轻的美国网球冠军艾丽丝·玛博身着短裤和短袖衫出现在温布尔顿网球锦标赛的赛场上引起轰动。同年，美国人蒂尔顿采用炮弹式发球，革新了网球发球技术，使网球运动进入新发展阶段。

1934年：蒂尔顿组织成立国际职业球员协会，并组织了洲际间的巡回赛。

1935年：英国人佩里成为世界上第一个获得四项大满贯赛冠军的“大满贯”运动员。

1933—1936年：英国因拥有弗莱德·佩里和班尼·奥斯丁的助阵而连续四年捧得戴维斯杯。

1937年：英国广播公司（BBC）第一次广播直播网球比赛。

1938年：美国唐·布奇先后在澳网、法网、温网、美网获单打冠军，成为第一位在一年内荣获全满贯的运动员。

1940年：10月的一天，温布尔顿中心球场被炸弹击中，直到1946年才重建使用。

1946年：英国杰克·克雷默开创了发球上网的打法，并于1947年获温布尔顿网球锦标赛冠军。

1951年：澳大利亚F.塞奇文和K.麦格雷戈合作先后在法网、美网、温网、澳网中获得了男子双打冠军，开创了网球史上双打全满贯先例。

1953年：美国莫林·凯瑟林·康诺利连续获得温网、美网、法网、澳网的女子单打冠军，成为网球史上第一个在一年中获得全满贯的女运动员。

1956年：艾尔西亚·吉布森成为历史上第一位获得法网冠军的黑人选手。

1959年：杜邦公司获得了其生产的斯潘德克斯弹性纤维的专利权，取名莱卡。将其与其他材料编织在一起制成的网球服装更加柔软、舒适。

1961年：澳大利亚B.M.科特和N.A.弗莱彻先后在温网、法网、美网、澳网中获得混合双打冠军，成为网球史上第一对混合双打全满贯运动员。

1963年：国际网联创办联合会杯赛。拉考斯特发明第一只金属钢拍。

1965年：公鸡体育用品公司发布了其设计的网球服饰并成为法国冠军帕特里克·普罗伊西的赞助商。公鸡体育用品公司与霍斯特·戴斯勒的德国品牌阿迪达斯公司联合。

1966年：阿迪达斯公司设计出第一款皮制网球鞋，取名“罗伯特·哈雷”。维尔胜（Wilson）推出T2000型球拍。

1967年：网球运动的白色主色调寿终正寝。法国选手弗朗索瓦·杜尔在罗兰·加洛斯获得法国网球锦标赛冠军，并引领了身着超短连衣裙的时尚。英国广播公司首次电视直播网球赛事。

1968年：国际网联正式允许职业运动员参加它管辖的各种比赛。5月，罗兰·加洛斯举行的法网首先向职业选手打开了大门，接着温网、美网上业余选手和职业选手第一次同场竞技。自此，网球走向公开赛时代。这一年，阿瑟·阿什成为第一个美网赛场上黑人冠军。

1969年：阿迪达斯公司发布了为伊利·纳斯塔斯、哈罗德·索罗门和埃迪·蒂波斯设计的网球服饰系列。带有阿迪达斯三条线标志的网球衫第一次出现在网球场上。

1972年：克雷默挑头组织成立国际男子职业网球联合会（ATP），由罗德·埃默森等60名职业球员组成。同年ATP制定了著名的“十字路口网球计划”。

1973年：6月，南斯拉夫选手尼基·皮里克遭到不公被温网拒绝参赛。在克雷默和斯坦·史密斯的率领下，79名球员联合罢赛。9月，前世界冠军里格斯挑战女选手比莉·简·金，赌注10万美元，史称“性别大战”，结果比莉·简·金获胜，被媒体称为“为人权而战的角斗士”。同年，比莉·简·金挑头成立国际女子职业网球联合会（WTA）。

1974年：比约·博格身着带有深蓝色条纹和斐乐公司（FILA）著名的红蓝F标志的白色比赛服在罗兰·加洛斯获得其运动生涯第一个大型赛事的冠军。

1978年：美网赛事地点由福瑞斯特山移到法拉盛球场。将土场改为硬地场地。

1979年：法国罗兰·加洛斯开始扩建，并于1994年再次修建中心球场。

1980年：法网组委会邀请著名画家为法网创作宣传海报，从此每年一幅，并在法网期间同时举办海报展览。

1983年：法国运动员亚力克·诺阿在罗兰·.加洛斯网球场举行的法网决赛中获胜，赢得其第一个大满贯头衔。

1983—1984年：美国人纳·娜芙拉蒂洛娃和P.施赖弗合作，先后在温网、法网、美网、澳网上获得女子双打冠军，成为网球史上第一对获女子双打全满贯的运动员。至此，所有网球项目均产生了全满贯的运动员。

1984年：网球被第23届洛杉矶奥运会列为表演项目。

1987年：5月11日，第92届国际奥委会全会通过恢复网球的奥运会资格。

1988年：格拉芙获汉城奥运会冠军后，成为迄今为止唯一的在一年内获得“金满贯”的选手。在这届奥运会上韩国人用“针刺植绒毡布”解决了球脱毛的问题。同年克雷默与球员工会召开著名的“停车场会议”，开始全面掌管除四大公开赛及戴维斯杯以外的所有男子重大赛事。同年，澳网从库杨草地场迁移至墨尔本公园，并于1996年再次进行扩建。

1989年：锐步公司设计生产出名为“推动力”的轻型红土场地的网球鞋。张德培和桑切斯穿此鞋在1989年的罗兰·加洛斯赢得他们的胜利。

1993年：4月30日，在汉堡杯女子网球大奖赛中，发生一起网球史上少见的暴力事件。塞莱斯在1/4决赛中，局间坐在场边休息时，一名中年男子，手持尖刀突然刺向她的背部，刀伤在脊柱旁深1.5厘米。未伤其要害，也没有任何并发症，但造成其心理上的伤害。至1993年底，塞莱斯没有参加任何比赛。行刺人冈特是德国人，是格拉芙的崇拜者。

1994年：锐步完善其网球鞋系列，用“Insta Pump”（即时充气系统）三层充气膜技术，提供无与伦比的超轻球鞋。

1995年：锐步成为青少年冠军维纳斯·威廉姆斯网球装备独家赞助商。

1997年：美网扩建法拉盛网球中心，世界最大、有23 000个座位的阿瑟·阿什中心球场正式投入使用。

2000年：澳大利亚墨尔本网球中心1号中心球场——沃达丰球场正式落成。从2000年开始，ATP以“18项积分制度”取代了原来的“最佳14项积分体系”，即球员的总积分由四大公开赛、9项大师系列赛和成绩最佳的其他五项赛事组成的18项比赛的积分相加而成。这就是全新的冠军排名系统（The Champion Race），同时保留了旧的排名系统即52周参赛排名系统。

2001年：耐克公司副总裁凯文·沃尔夫任WTA首席执行官。

2002年：ATP大师杯在中国上海举行。托米·哈斯在纽约弗拉兴牧场举行的美网公开赛中，因身穿无袖的T恤而被驱逐出场。锐步公司开发试制出新型DMX Lite技术（流体气垫避震技术），即鞋底部为中空设计，提供最大限度的减震作用。维纳斯·威廉姆斯穿此款球鞋参加比赛。

2003年：WTA首席执行官沃尔夫离任。曾任ATP首席运营官的斯科特执掌。由保罗·霍金斯发明的"鹰眼"技术开始在北美试用。5月，全英草地俱乐部通过提案，对中心球场增盖顶棚，将于2009年完工。同时宣布，废除运动员向皇室行屈膝礼的传统。

2004年：北京开始举办"北京网球公开赛"。美网协宣布实施"大美网"计划，提出"200位球员，10项大赛，200万奖金"的口号，并统一比赛场地为品蓝色。中国李婷，孙甜甜在雅典奥运会上夺得女双冠军，实现中国网球重大突破。

2005年：上海获得2005—2007年的大师杯举办权。ATP掌门人马克·迈尔斯离任，由南非商人德·维里尔斯接管。2005年迈阿密大师赛第一个正式使用"鹰眼"技术。

2006年：在劳伦斯世界体育大奖评选中，网球获得五项大奖中的三项，成为劳伦斯的最大赢家。中国姑娘郑洁、晏紫荣获澳网、温网女双冠军，实现中国网球的历史性突破。美网正式使用"鹰眼"技术。

2007年：2月25日，ATP决定2009年大师杯即年终总决赛将重新回到欧洲，它将被重新命名为"ATP世界巡回赛决赛"。另外，还将把现在的9站大师系列赛减少至8站，其中一站将确定在中国上海。WTA在2007年3月宣布改革计划：将目前的26项一级和二级赛事在2010年压缩到20项同属第一级别的赛事。从2009年起，女子赛事将有4个皇冠级赛事，分别是在印第安维尔斯、迈阿密、西班牙马德里和澳网实施"鹰眼"技术。2007年温网正式实行男女同工同酬，正式采用"鹰眼"技术，规定每盘有三次机会，平局决胜局时增加一次，长盘决胜制时清零，仍为每盘三次。ATP一些五盘三胜制的比赛改成三盘两胜制，包括巴塞罗那、巴塞尔、格斯塔德、斯图加特、维也纳、汉堡等。同时，ATP自2000年以来首次增加了奖金。2008—2010年，WTA年终总决赛将移至卡塔尔多哈举行。温网实行男女同工同酬。

2008年：纳达尔、费德勒和德约科维奇成为ATP球员理事会成员，这是该组织历史上第一次在两年的同一时期前三名选手加入了议会。所有世界网球组织（WTA、ATP、ITF和大满贯委员会）成为一个完整的单位。巴克莱银行则成为巴克莱伦敦ATP世界巡回赛总决赛的赞助商。WTA庆祝成立35周年之际，在中国北京成立了第一家亚太总部。

2009年：ATP宣布除目前的9站大师系列赛将调整为"8+1"的冠军积分等级为1 000分，同时强制排名前20的选手必须参加"1000分赛事"之外，又将10项巡回赛提升为冠军积分等级为500分的"500分赛事"（包括中网），而调整后这10项巡回赛的赛事级别将仅次于四大满贯赛与8+1的"1000分赛事"，成为影响力相当于目前ATP黄金赛事级别的巡回赛，同时还有"250分赛事"。WTA缩短了全年的赛程，并将奖金增加了40%。温网中央球场加盖顶棚。

2010年：ATP两个主要赞助商Corona Extra为首席合作伙伴，FedEx作为铂金合作伙伴。11月，ATP执行主席兼总裁赫尔芬特（Adam Helfant）宣布，2012年将增加7周的休息时间，让球员能够更好的放松及备战。

2011年：启动了ATP ACES慈善奖励计划。WTA历史上，首次出现前10名球员均来自不同国家的现象。WTA总决赛移至伊斯坦布尔举行。

2012年：1月，德拉维特（Brad Drewett）接任ATP执行董事长兼总裁。ATP宣布年终总决赛在伦敦续约两年。ATP组建了一个竞赛委员会。12月，ATP宣布阿联酋航空将成为新的排名赞助商。

2013年：ATP宣布与阿联酋航空、劳力士和泰尼飞成为新的全球合作伙伴。ATP当时执行董事长兼总裁德拉维特因病去世，克里斯·科莫德从2014年开始接任。ATP自2015年将女王杯和哈雷升级为"500赛事"，同时在2014年新增设中国深圳站为"250赛事"。WTA成立40周年。

2014年：ATP宣布与FedEx和意大利国家电力公司Enel合作续约，并与Vixlet技术平台建立新的全球合作伙伴关系。新加坡成为亚太地区（第九个城市）举办WTA年终总决赛的城市。

2015年：ATP宣布推出了自己的社交网络"MyATP"，并由Vixlet技术平台提供支持。ATP宣布年终总决赛与伦敦续约延长3年。

2016年：历时三年、耗资1.5亿美元的阿瑟·阿什球场大顶棚于本届美网正式投入使用，并计划在2018年呈现一个新的阿姆斯特朗球场。

2017年：美网资格赛试行使用带时钟的记分牌防止选手在发球时超时，允许教练做场边指导等。今年11月在意大利米兰举行的世界新生代男子球员总决赛，是ATP男子世界巡回赛新引进的一项赛事，并实行充满青春朝气的新赛制。

参考文献与参考资料

1.（英）大卫·米勒.萨马兰奇与奥林匹克［M］.梁丽娟，译.北京：人民体育出版社，1993.

2.（英）H.G.威尔士.世界史纲［M］.徐建萍，朱凤余等，译.西安：陕西师范大学出版社，2006.

3.（日）儿玉光雄，高桥仁大.网球技术提高讲座［M］.赵子江，译.北京：人民体育出版社，2005.

4.（日）丸山薰.网球技巧图解［M］.修翠华等，译.北京：北京体育大学出版社，1999.

5. 张学军.现代网球运动实用手册［M］.北京：人民体育出版社，2003.

6. 汪俊.网球全程点拨［M］.北京：人民体育出版社，2001.

7. 王捷.网球入门与技巧图解［M］.北京：人民体育出版社，2006.

8.《网球》杂志.网球技术精解全书［M］.北京：人民体育出版社，2004.

9. Bud Collins. Total Tennis : The Ultinnate Tennis Encyclopedia [M]. America: SPORT Media Publishing, 2003.

10. Allie Ritzenberg . Capital Tennis : A Memoir [M]. America: Francis Press, 2004.

11. Diane Elisabeth Poirier . Tennis Fashion [M]. France : Assoulie Publishing, 2003.

12. Cameron Brown. Wimbledon: Facts, Figures & Fun [M]. London : AAPPL Artists' and Photographers' Press, 2005.

13. Arthur Ashe, Arnold Rampersad. Days of Grace : A Mernoir by Arthur Ashe [M]. London : Willian Heinemann, 1993.

14.《体育文化导刊》杂志，2003（2—6）.

15.《网球天地》杂志，2000—2007.

16.《网球》杂志，2004.

17.《网羽世界》杂志，2004—2005.

一版后记

15个月前的一天，在咸亨酒店，经中国网球管理中心办公室主任肖宁的介绍，我认识了高等教育出版社体育分社社长尤超英、策划编辑范峰。在饭桌上，他们对我撰写网球专著的设想给予了高度肯定，并提出了很好的建议。从此，我就像套上了一辆在泥泞路上艰难行走的马车。

人们常说，没有做不到的，只有想不到的。然而，当你要把美好的蓝图一步步变成现实的时候，才会发现，这种"做"是何等之难！尽管有30年的文字功底，10年的资料积累，尽管胸有成竹，但真正拿起笔的时候，才感受到这支笔有何等之重！在写作的过程中，纷繁的历史、人物、事件，杂乱而庞大的组织、赛事、纪录曾让我感到眼花缭乱，头昏脑涨。但历史的探秘，人物的趣事又让我感到莫大的乐趣。特别是在写"与名人的对话"时，甚至有一种文学创作的冲动，令人兴奋不已。

15个月后的一天，当我将半尺厚的文稿交给编辑时，我真想向他及我所有的亲朋好友大吼一声：我终于写完了！我终于解放了！

这一年多，对我来说发生了太多的事情。2006年5月，长篇人物传记《李梦华的体育之路》要收笔；9月，中国网球公开赛，要对大会工作人员和大学的同学做网球知识讲座，每天要接待网球爱好者咨询网球知识；10月，参与了"北京国际网球元老赛20周年纪念"活动及策划；11月，尊敬的荣老去世，要撰写纪念文章，接受记者采访……直至今年5月仍有电视台采访和书稿之约。此外，还有媒体对北京申办奥运会历程的采访，等等。每当这些事情在与写本书争夺时间时，我都心疼得要命，但这些又必须要做。这期间，因久坐不动，两次发作腰腿病，使我不得不躺在床上打草稿，多亏运动创伤专家周海强的及时治疗，才避免了本书写作出版的延误。

从某种意义上说，这本近50万字的作品是集体的产物。在撰写的450多个日日夜夜里，我得到众多领导、亲人和朋友的无私援助和支持。

在这里，要感谢段局（体育总局副局长段世杰）、万老大（对万伯翱的昵称）、王越指导为本书作的热情洋溢的序；要感谢本书的策划顾问——中国网协新闻委员会主任肖宁、技术顾问——前中国网协秘书长张大诚的真诚支持；要感谢著名画家、工艺美术设计家鄢和曦精美的封面设计和著名服装设计师刘安生动的运动速写；要感谢策划编辑范峰、责任编辑王玲、美术编辑张志奇的辛勤劳动。

在此书即将问世之际，永远忘不了一直关心、支持我的庞大亲友团。夫人王淑琴一直为我提供了极好的后勤保障，记不清有多少次，饭菜凉了热，热了凉，送到桌边的水果及酸奶却常常被我忘掉，不免引起一些抱怨……女儿周蕾、周婧一直是我创作的动力。为了写作，朋友从国外购进6本网球原著，参加翻译的有陈慧生、郝彤、张申、贾娣等，特别是欧联盟驻华团项目官员陈慧生提供和翻译了大量外文资料，做了很多的拾遗补缺。在搜集、整理图片方面，得到了郭君、汪洋、杜志海、孟晰等的大力支持，特别是郭君付出了很大心血。在此，我要由衷地感谢他们，没有他们的帮助、支持，这本书是很难完成的。

参与完成这部书的除出版社的同志外，几乎都是我的球友，因此，还应该感谢网球。

最后，要特别感谢巴德·科林斯（美）、戴安·伊丽莎白·波伊利尔（美）、阿利·里岑伯格（美）、日本横滨网球博物馆、《网球天地》杂志社、《网球》杂志社的宝贵文字和图片资料。

书中的个别图片，因找不到作者或因种种原因联系不上，只好在此表示感谢。如看到本书，请与我们联系，将不胜感激。

网球是源于西方、历史悠久的运动，内容十分丰富和庞杂。要想通过一本书将其归总，本身就是十分困难的事。由于知识、地域的局限，本书肯定有许多不完善之处。再者，网球本身在不断地发展与变化，尽管完稿后一再补充，仍会留下一些遗憾。衷心希望广大读者朋友批评指正。

周铭共

2007年5月 于京城育龙家园

再版后记

光阴似箭，时间如梭。自《网球 世界因你而精彩》一书出版发行以来，一晃就过去了10年。该书走过了10岁，我也年长了10岁。

这本被新华通讯社誉为“中国首部网球大百科全书”的书，一经问世便受到中国网球届和广大网球爱好者的欢迎和认可。最初几年，对此书我并没有什么再版和修订的打算，然而一次偶然的事情让我改变了初衷。两年前的一天，我突然接到广东网球朋友的一个微信，说想买一本《网球 世界因你而精彩》的书，结果在网上买到一本盗版。我难以置信，让他寄来。收到后一看，果然是标准的盗版书：尽管内容、设计、图片完全一样，但纸张低劣，印刷粗糙，原漂亮的彩色插页都换成黑白篇。不久在上海等地也陆续发现类似情况。在我气恼和愤怒之际，却又有一种隐隐的窃喜。书被盗版，不也说明它在市场的价值和受读者欢迎的程度吗？难怪后来许多朋友还向我表示祝贺呢。

此后，我便产生修订的念头。而高等教育出版社也同时决定再版，其体育分社社长范峰还宽容地告诉我，可不受时间限制，完全看我的身体和时间定。

真正开始重新修订工作时才感到，这项任务对于我这个患有眼疾的古稀老人来说并非易事。世界的历史、文化是永恒的，网球运动是永恒的。作为全面反映网球运动历史、文化、组织、赛事及网球的基本规律和理念的著作，绝大部分是不受历史和时间局限的，有相当的可读性和指导性。但是，随着时代的发展，网球技术的不断更新，世界网球格局发生巨大变化，特别是球员中生代的不断成熟，新生代的迅速崛起，世界网坛众多赛事的变更，记录和数据日新月异，庞大的数据和繁杂的内容令人眼花缭乱。要从世界的高度，全面准确地概括网球运动，实在不是一日之功，一人所能。

在修订的过程中，越修订越觉得需要修订的方面多，越补充越觉得需要补充的内容多。为此，大半年来，我不得不每天要借助放大镜花费好几个小时工作，包括春节的七天假，而且不得不动员包括海外的众多朋友来帮忙。无奈由于精力有限，能力有限，离真正的“网球大百科全书”还有差距。希望广大读者给以理解和谅解。

在修订工作中，承蒙中国网球协会泰尼斯总经理肖宁主任的大力支持，派出其员工马伶协助我，为我查资料、当翻译，做了大量工作，在此表示衷心感谢！

由于国内资料有限，在求助海外朋友中，得到加拿大朋友梁伯熙、美国朋友詹嫒的大力支援，美国某大学助理教授任风飏不仅应约撰写文章，而且帮助搜集校对相关数据，在此表示衷心感谢！

在修订过程中，还得到原国家队教练付众，中网公开赛裁判长陈述，央视网球解说员吴文胜等中国网球达人的支持帮助，一并表示感谢！

本文的图片，得到《网球天地》杂志图片编辑丁川及著名网球摄影家陈功的大力支持和协助，在此表示感谢！

在修订的过程中，有幸赶上互联网时代，得到我微信中若干网球朋友群（“快乐网球驿站”“网球汇联盟”“中直网球哈哈乐”“总局元老网球圈”“青岛蓝天网球”“深圳长青网球”）等上千网球朋友的关注和支持，同时还得到“网球之家”“网球汇”等公众号的帮助支持，在此一并表示感谢！

需要说明的是，书中网球组织和赛事的历史纪录及资料，主要来自以下方面：ITF官方中文网站，ATP官方中文网站，WTA官方中文网站，中国网协官方网站，维基百科网站，百度百科网站，tennis28网站，Sporting99网站……

《网球　世界因你而精彩》一书在出版10年后，重新修订出版。再过10年，是否需要修订？我无法肯定。但可以肯定的是，如果需要修订，一定是后来者，可以肯定他（她）一定会比现在做得更全面、更完美。希望在我有生之年看到这一天！

周铭共

2018年2月　于京城龙潭西湖

网球　世界因你而精彩（修订版）

Wangqiu　Shijie Yinni er Jingcai

内容简介：本书是一部内容丰富的科普读物，它概括了网球独特的魅力和对人们的影响，记述了网球起源与发展的艰难历程，描写了重大的网球历史事件与网球的名人轶事，介绍了庞大的国际网球组织及其繁杂的赛事，分析了当代世界网球的格局和最新发展趋势，收集了重要网球赛事和不同阶段的成绩、纪录，总结了网球的基本理念和基本规律以及有关学习网球的基本方法、诀窍，等等。本书将历史与任务、观念与方法、技术与知识有机结合，同时具有欣赏性、可读性、实用性。

本书既可以作为高校体育专业网球课教材，也可作为大众网球爱好者科普性读物。

图书在版编目（CIP）数据

网球：世界因你而精彩／周铭共著．-- 修订本．-- 北京：高等教育出版社，2019.8

ISBN 978-7-04-051196-3

Ⅰ．①网… Ⅱ．①周… Ⅲ．①网球运动－基本知识 Ⅳ．①G845

中国版本图书馆CIP数据核字(2019)第010148号

策划编辑　范　峰
责任编辑　易星辛
书籍设计　张志奇
责任校对　刁丽丽
责任印制　刁　毅
出版发行　高等教育出版社
社　　址　北京市西城区德外大街4号
邮政编码　100120
购书热线　010-58581118
咨询电话　400-810-0598
网　　址　http://www.hep.edu.cn
　　　　　http://www.hep.com.cn
网上订购　http://www.hepmall.com.cn
　　　　　http://www.hepmall.com
　　　　　http://www.hepmall.cn
印　　刷　中农印务有限公司
开　　本　787mm × 1092mm　1/16
印　　张　36
字　　数　840千字
插　　页　8
版　　次　2007年9月第1版
　　　　　2019年8月第2版
印　　次　2019年8月第1次印刷
定　　价　88.00元

物料号　51196-00